为中国而战

1937～1945 年中日战争军事历史论文集

主编：马克·皮蒂

爱德华·J·德利亚

方德万

译者：陈力行

文汇出版社

图书在版编目(CIP)数据

为中国而战：1937——1945 年中日战争军事历史论文集 /（美）马克.皮蒂 爱德华·J.德利亚，（英）方德万编著；陈力行译. —上海：文汇出版社，2021.3
ISBN 978 - 7 - 5496 - 2905 - 3

Ⅰ. ①为… Ⅱ. ①马… ②方… ③陈… Ⅲ. ①抗日战争—军事史—中国—文集 Ⅳ. ①K265 - 53

中国版本图书馆 CIP 数据核字(2020)第 259091 号

The Battle For China: Essays On The Military History of The Sino—Japanese War of 1937—1945. Edited by Mark Peattie, Edward Drea and Hans van de Ven published in English by Stanford University Press.

Copyright © 2011 by the Board of Trustees of the Leland Stanford Jr. University. All rights Reserved. This translantion is published by arrangement with Stanford University Press, www. sup. org.

军事地图由大卫·瑞内提供。

日本照片由株式会社アフロ/每日新闻社(译者版权)复制提供。

为中国而战

编　辑 / 马克·皮蒂
　　　　爱德华·J·德利亚
　　　　方德万
译　者 / 陈力行〔美〕
责任编辑 / 梅文革
封面装帧 / 薛　冰

出版发行 / 文汇出版社
　　　　　上海市威海路 755 号(邮政编码 200041)
经　销 / 全国新华书店
排　版 / 南京展望文化发展有限公司
印刷装订 / 上海颛辉印刷厂有限公司
版　次 / 2021 年 1 月第 1 版
印　次 / 2024 年 10 月第 2 次印刷
开　本 / 710×1000　1/16
字　数 / 680 千字
印　张 / 40.5

ISBN 978 - 7 - 5496 - 2905 - 3
定　价 / 108.00 元

夫兵久而国利者，未之有也。

《孙子兵法》

序 一

Ezra Vogel

傅高义[*]

    首先，让我深深感谢为我们论坛会准备文稿的各位专家学者，有了他们才有了今天的《为中国而战》。大家同心协力、不遗余力地修改各自领域的文稿，为的就是给读者展现一幅全面的中日战争的军事历史。我同时还需要感谢本书的翻译陈力行先生以及文汇出版社的同仁，因为有了他们的努力，我们今天才能将《为中国而战》呈现给中国读者。

    当年我在哈佛大学费正清中国研究中心担任主任，以携手其他学者专研中国历史和中国国际关系史为己任。当初我就了解到 1931 年在中国东北开始的战争，以及之后延伸的 1937 年至 1945 年中日全面战争，是非常重要的课题。然而，公正地探讨这场战争却非常困难。我当初的愿望就是：公正地了解中日战争也许会为改善中日和平打下某些基础。

    不同国度和地区出席研讨会的专家学者会对中日战争持有不同的观点，这点我很清楚。大家以各自掌握着不同的文献来解读本次战争。我的初衷就是让中国、日本和西方学者能够坐在一起，采集文献、研讨课题，这样我们就会互通有无、彼此受益。

    美国的直接参战是 1941 年 12 月以后的事，1937 年至 1941 年期间美国一直是个旁观者。我认为像我这样的西方学者由于本国不是中日战争的直接参与国，我们应该主动邀请中日双方学者来组织一系列学术研讨会。我也非常希望中日双方学者能够收敛锋芒，为公正全面地解读这段历史向前跨出一步。

---

[*] 美国哈佛大学社会学院荣休教授，著有多部关于中国、日本和亚洲研究著作，包括《邓小平时代》(2013 年)

2000 年我们在日本召开了第一次计划会议,准备开启一系列中日战争的研讨会议。中方、日方和西方学者都有参加。我非常荣幸地得到了中国社科院近代史研究所杨天石教授和日本庆应大学法学院院长山田辰雄教授的鼎力相助,他们仔细挑选并安排中日两国的著名学者参加我们后期的一系列学术研讨会。黛安娜·莱瑞和斯蒂芬·麦金农教授积极配合我组织了第一次研讨会。以后大家依然继续努力办好了后续系列研讨会以及相关的出版作品。

第一次研讨会于 2002 年 1 月在哈佛大学召开。我们的研讨专题是:中日战争对中国各个不同区域的影响。我们之后也在日本和中国重庆开过研讨会,这个系列活动我们至今仍然在继续。2017 年夏天,在英国剑桥大学方德万教授的指导下,各国学者参与了一个座谈会,其目的也是促进中日战争的研究和理解。

第二次研讨会于 2004 年 1 月在夏威夷召开。会议的学术主题围绕着第二次世界大战中的军事话题,这也是本书《为中国而战》的原始来源。已故军事历史学家马克·皮蒂是那次会议的主持人。皮蒂教授曾经著有多部关于石原莞尔(中日战争日方战略家,也是关键人物)和日本海军的相关著作。杨天石教授和山田辰雄教授积极召集中国和日本的相关学者专家参加研讨会,而皮蒂教授又联手美国的日本军事历史学家爱德华·德利亚和英国的中国军事历史学家方德万教授组织、编辑了这部《为中国而战》。他们对参与者的论文做了详细的修改以求完美无缺。

鉴于中日战争军事历史中有许多敏感问题,要召集多方论坛并出版一卷作品实属不易,需要各方面学者的共同努力。本书中的论文出自于不同国家的专家学者,意见分歧也是合乎情理。但是专家学者们还是不遗余力、努力扩展大家对第二次世界大战中的军事战役的共同认识。他们的成就即为《为中国而战》提供了一份综合军事史。我为研讨会的启动打开了大门,我的见解也许不能完全的客观,但是我个人认为这部《为中国而战》是世界上任何语言出版物中论述中日战争最为完整的综合军事史。对于那些对二战战争历史有兴趣的读者,如果你们需要客观地综合理解中日战争中的军事历史,《为中国而战》是个极好的开端。

序 二

杨天石

战争是个大怪物,可怕的怪物。它毁灭生命、财产,制造不幸、灾难、悲剧,吞噬、毁灭人类长期创造、积累的文明。古往今来,人类之间进行过的战争已难以数计,给人类带来的灾难也难以数计。以 1937 年至 1945 年的日本全面侵华战争为例,据不完整统计,这次战争中,中国人牺牲 2 千余万人,中国军队伤亡 380 余万人,中国军民伤亡总数 3 500 万人。如以 1937 年的美元计,中国财产损失 600 余亿美元,战争消耗 400 余亿美元。这样的战争难道不应该反对吗? 如果没有场战争,如此巨大的损失和牺牲自然可以避免,中国国家的面貌和中国近代的历史也许是另外一种样子。

自然,战争多种多样。有正义战争与非正义战争之分。例如,一个国家为统治、奴役另一个国而进行的战争是非正义战争,而被侵略国家为维护自身的独立所进行的战争是正义战争。又如,压迫者、剥削者为维护一己私利而所进行的战争是非正义战争,而被压迫者、被剥削者为维护自身的自由和生存所进行的战争是正义战争。两种战争,性质不同,不可以一概反对。当被侵略者、被压迫者、被剥削者不得已而选择战争这一形式以维护自己的权利时,理当得到应有的支持和同情。这是战争史的基本常识,也是全世界人民的普遍良知。不分是非,笼统地反对一切战争是错误的,绝不可取的。

然而,战争毕竟是一种无比巨大的破坏力量,能够避免要尽量避免。如果人类能够有其他方式解决自身发展过程中出现的各种各样的矛盾和问题的话,那末,还是不用战争这种形式为好。中国古代的圣人老子说过:"兵者,不祥之器,非君子之器,不得已而用之。"唐代的大诗人李白曾经根据老子的思想,加以发挥,写过一首题为《战城南》的诗,描写一场鏖战后的战场惨景。诗云:"烽火燃不息,征战无已时。野战格斗死,败马嘶鸣向天悲。乌鸢啄人肠,衔飞上挂枯树枝。士卒涂草莽,将军空尔为。乃知兵者是凶器,圣人不得已而用之。"可见,中国人民自古就热爱和平,但是,并不一般地、笼统地反对战争,其原则是"不得已而用之"。尽管如此,中国人仍然希望有一天能够消灭战争。毛泽东,这是一个大半生南征北伐,靠战争打下江山的历史巨人。他当然深知战争的功用,但是,他也深知战争的残酷,主张消灭战争。他说:"战争——这个人类互相残杀的怪物,人类社会的发展终久要把它消灭的,而且就在不远的将来会要把它消灭的。"

消灭战争,就要研究战争。多年前,哈佛大学的傅高义教授联络中国学者、日本学者和西方学者,共同研究上一世纪的中日战争(1937—1945)。这是一场对中国、对亚洲、对美国,也对日本自身造成巨大伤害的战争,世界各国人民都应该记住它的惨痛历史和经验教训,共同保卫和平。我很赞同傅高义教授的这一想法,积极参与其事。记得2002年在美国波士顿举行第一次讨论会时,论题是"战时中国的各地区"。来自不同的社会背景和学术背景的东西方学者围坐一室,本着求真、求实的精神各抒己见。特别使我深有感触的是,参加会议的中日两国的学者各有十余人,虽然有争论,但气氛融洽。这使我想到,当年,这两个国家的士兵相互对阵、仇杀,而今,两国学者友好相处,同席论文,历史发生了多大的变化呀! 会议闭幕的那天,我曾经当场写作并朗诵了一首小诗:

> 曩时对阵两相分,
> 而今同席共论文。
> 武战何如文战好,
> 鹅湖辩难为求真。

宋朝的儒学有"理学"和"心学"之争,相互对立,形同水火。公元1175年(南宋淳熙二年),"理学"派的大师朱熹和"心学"派的大师陆九渊在江西信州的鹅湖寺相会,进行辩难。双方唇枪舌剑,各不相让,但是,所使用的武器仅止于唇舌，目的是为了探求真理，辩论之后，友谊仍存。我觉得，这是一种很好的风气，值得提倡。

有人群的地方，就难免有分歧，有争论。或为意见之争，或为观念之争，或为利益、权力之争。怎么办？诉诸"武战"嘛，不好！还是要用"文战"，即讨论、辩论、协商，谈判、表决等方法为好。倘若世界上的所有人都能习惯于用这些"文战"的方法来代替"武战"，那么，战争，这个人类互相残杀的怪物也就消灭了，和谐世界也就出现了。

应该说明的是，当年交战国双方的学者以及其他各国的学者共同回顾、总结当年的那场战争，由于各自的背景、环境、视角不同，观点自然会有所不同，甚至有很大不同，这是正常的，也是不难理解的。相信读者会以宽宏的态度对待持有各种不同见解的文章，相信学者之间的交流、切磋以至"文战"，会有利于对那一段历史的全面、深入的认识。

还应该说明的是，这一项国际共同研究还在进行中。目前的新的研究课题是"战时国际关系"，已有中、日、美、英、俄等国的许多学者决定参加。有关研究成果完成后将继续结集出版。

译者的话

让历史说话　用史实发言

　　83 年前的今天,"七七卢沟桥事变"爆发,成为中国全民族抗战的开端。89 年前的"九一八事变"成为中国人民抗日战争的起点,从此揭开了世界反法西斯战争的序幕。今年是中国人民抗日战争胜利 75 周年,抗战的胜利既是中国人民,也是中国人民同世界反法西斯盟国以及世界爱好和平和正义的各国人民并肩战斗,取得的伟大胜利。

　　本人对二战军事历史颇有爱好,基于中英文有关书籍的广泛阅读和跨越国界和文化的国际视野,最终使我自然而然把眼光聚焦到浩渺太平洋上的海岛——夏威夷,那里在 2004 年举行了一次由各个主要交战国,也包括中国台湾地区在内的历史学家们参加的,有关中国战场军事历史的学术研讨会。他们以各自的角度和立场重新审视着这场战争,特别是中日双方学者也坐在一起研讨这个痛苦而又敏感的课题。这要归功于哈佛大学傅高义教授,这位荣获"世界中国学贡献奖",并被认为是美国唯一的一位对中日两国事务都精通的学者的动议、邀集,和其他种种努力与支持。这次会议的主要成果之一就是英文版论文集《The Battle for China》。本人向中国读者译介这本书,目的就是要把该书中不同立场和视角对这场战争认知的国际视野、国际观点,集中地全方位地展现给中国读者,冀望能够对中国学者继续全面深入地研究抗战、总结抗战有所裨益。本书的翻译、编辑出版历经四年半时间,其间的艰辛非一言可以道尽。傅高义先生和中美英日其他学者对于本书的出版延宕,深表理解。就在本书得到出版许可的前夜,傅高义先生不幸辞世。本书最终成功出版,也可告慰傅高义先生的在天之灵。

　　由于这主要是一部抗日战争的军事历史著作,因此,对抗战时期中美英苏日在这一时期及其前后的复杂的国际关系基本没有涉及。我想，那本应就是另一部宏伟巨著才可以理清的。不过，由于这段时间的国际关系始终影响着战争的起因、发生、发展和结局，影响着战后东亚乃至世界历史的发展进程，影响着战后国际关系的发展，本书未曾涉及，未尝不是一种巨大的缺憾。从而也使这部军事史未能揭示它本应揭示的更为深刻的历史意义。

此外，正如书稿中很多教授指出的，由于本书将抗日战争的期间定为1937年7月7日卢沟桥事变至1945年8月15日日本投降，战争的主要主体为国民政府和日本政府，对"九一八事变"前及其后至全面抗战时这个全民抗战的准备阶段的历史，包括军事斗争史，都没有或少有涉及，因而让人感觉不够全面——它对国军正面抗战的叙述与对中共敌后战场的叙述都不够全面、充分，对国民政府在不同历史时期的抗战态度和努力的描述，甚至是偏颇和文饰的。日本方面学者的一些立场和叙述同样也具有天然的片面性——至少在材料的来源、使用和观点上是如此，他们不仅企图否定日本政府蓄意发动侵略战争，而且还蓄意贬低中国抗战在二战中的历史地位，虽然笔法是如此地曲折隐晦。

战争走向的逻辑，使西方学者认同了人民战争的威力

但即使如此，正如傅高义教授在他的序言中所说，《为中国而战》依然是"世界上任何语言出版物中论述中日战争最为完整的综合军事史"。其力求全面、完整和专门的解读，既为中国读者和研究者开阔了新的视野，也为他们的研究拓展了新领域和新方法。

西方学者已经普遍认同日本对中国的侵略所带来的深重的灾难是无法用统计来归纳的。无论日本方面怎样蓄意掩盖、篡改，甚至企图漂白它罪恶累累的侵略历史，都不能丝毫改变日本侵略者的残暴和倒行逆施，它是人类历史上最为黑暗最为残忍最为丑恶的那一页，它将日本侵略者永久地钉在了历史的耻辱柱上。日军的入侵使中国无数的城市和农村遭到破坏，亿万人口背井离乡，家破人亡。日本侵略者还实行就地补给，"以战养战"，对中国占领区实行了大规模的广泛的有组织的制度性的疯狂掠

夺、破坏和毁灭。

西方学者把中日战争相比一个世纪前的西班牙战争。在整个交战过程中,特别是全面抗战的初期,中国人几乎每场会战都失败了,但是中国却最终赢得了战争。1938年～1939年保卫长江的会战结果让日本和外国专家们大吃一惊,西方学者基本认为它代表着中日战争的转折点。接下去的南昌、长沙会战的结果就是进入相持阶段。中国人民更是建立了全面的抗日统一战线,实行全面抗战,如同西班牙当年的农村一样,不论占领军多么强大、占领政策多么残酷,抗日力量却日益成长壮大。

在《为中国而战》中,美国现代军事历史学家斯佩克特有这样一段论述:毛泽东的军队"从战争初期的土枪土炮到战争末期装备比较精良的正规部队,他们在整个战争的每个阶段都是奉行一个不变的、崭新的作战思想:'人民战争'。这是毛泽东倡导的在社会、政治和经济上动员农村人民群众进行的军事斗争。这点过去是、直到现在都是中国对战争历史的最大贡献"。不论中国正面战场的结局如何、不论国际的风云莫测,有了人民战争就保证了中国不会灭亡,就能保证抗日战争的最终胜利。西方学者能够看到并认同这点,难能可贵。

《为中国而战》中西方学者对中国战场的意义、日军战前情报误判和战争起源、杂牌军(特别是桂系)和保定军校派系在抗战中的贡献、抗日统一战线、蒋介石个人能力、中国边疆区域和保甲制度、日军战略轰炸的失败等等方面都做了独特的分析。

日本学者偏爱"假设",是对战争不彻底反省的一种表现

对中国读者最大的挑战,即是日本学者们的观念。日本学者的论文基于自己单方面的战时资料,研究细腻、数字明确、逻辑性强。其中对日本军人的剖析值得一读(比如第三十七师团案例),对日本人作战内部的作业、战略判断、人物世界观的描述也有某种现实意义。但是,我们分明从他们的字里行间里读到了那么一点狡辩,那么一点抵赖,那么一点不甘,甚至那么一点得意,那么一点轻蔑,那么一点"优等民族"的优越。无论是有意的,还是无意的,正如中日战争之初的日本军人强于战术而弱于

战略一样,日本学者们缺乏宏观意识,他们只看到他们愿意看到的历史材料,熟视无睹和竭力抹杀那些他们所不愿面对的。除了对战争中的暴行轻描淡写、把他们在台儿庄和长沙会战的失败说成是"没有挫折感"的撤退外,其基本论调就是极力辩解日本没有败给中国,而是败给了美国,中国不过是乘上了顺风车而已,否则……

比如,在洋洋洒洒的文字中,他们乐道来自侵略军自己片面的伤亡数字,潜台词是日军十分优秀,常常以一当十,甚至以一当百。这种历史叙述非常雷同于众多二战德国将军们的战后回忆录,例如西方人非常欣赏的 Friedrich Wilhelm Von Mellenthin 将军的《坦克战》。作为德军第四十八装甲军参谋长的 Mellenthin,在书中叙述他是如何协同军长 Balck 将军在 1943 年～1944 年冬季(在另外一个战后抱怨失败的曼斯坦因元帅的指挥下)出神入化地在强大的苏军装甲部队和机械化部队的攻击波中左右突击。以上的代表作品尽其所能表现德军如何英勇、技战术如何高超,而苏军是如何笨挫、无知、不专业。乍一看,读者会产生误解,究竟是德军胜了还是苏军胜了? 异口而同声,这难道不是典型的失败者自我狡辩、美化自己、逃脱责任的思维么?

此外,日本学者还像某些德国人一样:他们喜欢对外部因素提出责怪,有对历史作出各种"假设"的偏爱。其中典型的例子就是日本学者对日军不能攻占重庆、消灭国民党中央政府念念不忘,这个情节同德国人喜欢讨论 1941 年 8 月德军中央集团军群应该继续进攻莫斯科而不是分兵南下攻占基辅一样。他们似乎是在向历史喊冤啊! 其实他们都忘了一个真正的现实:拿下重庆(或者拿下莫斯科),中国(或者苏联)就亡国了么? 真是坐井观天,仰面自唾!

中国战场的作用毋庸置疑,盟国集体力量的胜利

传统西方学者非常习惯以现代化战争的观念,来评判甚至贬低中国对第二次世界大战胜利的贡献。平心而论,这点在本书中已经有很大改观。许多西方观点的表述相对客观,也对中国抗战事业表示同情,但是他们对中国的历史还是缺乏全面的了解。他们还是以美国和英国战胜德国

和日本的胜利者观点出发,来评论中国战场。对此,中国的读者也无需感到愤愤不平。在这里,我们可以再次举例前苏联来观察西方的胜利观,即英美主流长期贬低苏德战场的重要性。现在世界上人们只知道诺曼底登陆,根本没有人听说过1944年6月同月在苏德战场上发生的"巴格拉季昂行动"。要知道,当年苏军在苏德战场中央战线发起攻击,几乎全歼德军实力最强悍的中央集团军群、突入波兰。这两个发生在同一个月的战役,后者的规模和对德国的打击是前者无法相比的。况且,诺曼底登陆是在红军已经将全部入侵德军赶出国土后,正向波兰实施战略反攻,二战胜利已成定局时,英美盟军才发动的。

西方历史学界的狭隘和偏见可见一斑,那么他们对中国战场的看法也就不足为怪了。英美的确在北非、欧洲和整个太平洋战争作战中起到了很大的作用,但是须知德意日轴心国(特别是德国)是一个非常强大的军事集团,不是哪一个国家、哪一支部队、哪一个军种、哪一位领袖,或哪一种战略单挑能够决定性地战胜他们的。本人认为,是英美苏中等世界反法西斯统一战线和中国最广泛的全国抗日战争统一战线的共同力量,包括中国各个党派、抗日团体和武装的集体力量最终击败了他们。

美国学者斯佩克特认为中国长期顽强抗战、在艰难困境下保持不倒,这本身就是对盟军在军事上、政治和精神上的最大贡献。日本法西斯标榜要从西方帝国主义手中"解放"全亚洲,但是只要亚洲人口最多、土地最广的中国能够坚持抗战,能够站在盟军这一边,日本人的罪恶嘴脸就会原形毕露,战争才得以避免种族战争的错觉。不管怎样,中国人民进行了长期抗战、忍受了艰难万苦,付出了巨大牺牲,这一切不仅仅是为了给盟军作战做贡献,他们是在日本人的铁蹄下解放自己的国土,维护中华民族的尊严。中国人民最终完成自我解放,是他们的牺牲和正义的最终回报。

史实说话,"文战"把侵略者永远钉在历史的耻辱柱上

历史的启迪和教训是人类共同的精神财富。中国人民抗日战争和世界反法西斯战争的胜利成果不容置疑,几千万人为独立、自由、和平付出的牺牲不容否定。一切否定侵略战争性质的言行,一切歪曲甚至美化侵

略战争的言行,一切逃避侵略战争罪责的言行,不论以什么形式什么面目出现,不论打扮得多么花枝招展,宣讲得如何冠冕堂皇,都是自欺欺人的,也是不攻自破和不能容忍的。

我们在本书的的中文译本中,之所以保留了各个国家和地区的不同立场的学者的观点,一是为尊重学术自由和学术问难的精神,因为只有这样,真理真知才会越发地明确,越发地颠扑不破,越发地传播久远,越发地为广大读者所掌握而具有无法撼动的力量;一是为了中国的读者更加全面了解国际上对中国抗日战争历史研究现状,了解他们的立场、方法和观点,从而推动中国对抗日战争的更加全面深入的研究,推动对抗战时期中国处理国际关系全面深入的研究,不断提高中国抗战历史研究的水准。

中国研究抗日战争的权威杨天石教授在他的序中提出过"文战代替武战"的研究思想。人类要消灭战争,就要正确地揭示战争的残酷,战争的因果关系,防止悲剧再次发生。在有人否认战争责任和贬低中国抗战的时候,我们更需要一种"文战",将自己的"故事"讲好。在学术层面上,打好"文战",我们首先就要将国外优秀的研究著作引进来,也要将中国优秀的研究著作送出去;要在国际和国内两个层面上,将中国人民抗日战争的牺牲和贡献令人信服地讲清楚,讲全面,确立中国人民在抗日战争历史研究上的主导的话语权。

我们要借鉴前苏联(俄罗斯)的教训:阵亡三千万人,打断了希特勒德国的脊梁骨,结果在历史和"文战"中却没有确立苏德战场是第二次世界大战第一主要战场的地位。

我们要借鉴犹太人的智慧:被害几百万人就能让德国人忏悔、赔偿几十年。他们能够出版书籍、电影千千万,受害博物馆遍布全世界的主要大城市;要借鉴他们用国际语言创立独特的名词,比如 Holocaust("大屠杀")。一个大大的"H"就是一座高大的墓碑,它牢牢地铸立在人们的心中。

在重温历史的同时,衷心答谢和崇高的致礼

在这里,本人要衷心地感谢哈佛大学傅高义教授和中国社科院杨天

石教授的鼓励和支持并为本书作序;还要感谢剑桥大学中国军事历史学家方德万先生为本书出版做出的联络、协调和文字帮助等出色工作。方德万教授是本人顺利拿到中文版权的关键;感谢所有中方学者在百忙之中提供他们的原始论文。他们是杨天石、张瑞德、章百家、杨奎松、臧运祜、王奇生。正是这些学者的共同努力为本书中文版画上了完美的句号。

本书的翻译实属艰难,中文地名、日本人名、各参战国部队和军种建制名称由于统一在英文基础上,经过再次翻译很容易出现误差。而且西方学者某些挑选会战地点、作战单位以及会战动态方向的叙述和里程的换算,与我们传统的描述有所不同,需要详细核对每个细节。特别是一些重要历史人物原文的翻译和引述,特别困难。本人再次感谢中国大陆和台湾学者能够提供他们的原始文件,使得历史人物能够逼真地还原给读者。译文难免的差错之处,请读者批评指正。

此外,本书的翻译版权的事务性工作量也超乎寻常。由于本书是由二十多位学者个人分别完成的,许多版权只限于文字的"英文"作品,而其中文版需要取得作者们的个人授权。在此,必须感谢剑桥大学方德万教授和斯坦福大学出版社的 Frederoele Simdarm 和 Ariane de Pree－Kajfez 的努力和配合,所有的中文版协议才得以顺利完成。每个学者都衷心希望本书中文版及早问世。

除了购买本书的中文版权之外,本人还投资购买了包括日本方面的照片版权和地图版权。不仅如此,还购买了原来英文版图书中没有的八张中国方面的照片版权。这些照片将尽可能地全面反映中国抗战的各个方面。

最后,本人要衷心感谢复旦大学教授臧志军先生审读了本书,臧教授还提出了许多中肯的修改意见,厘定和校译了中文译本中的大量日文译文,纠正了中文译文和英文原版著作中的日文错误;臧志军教授的敬业精神和专业水准令人敬服。感谢地图制图师 David Rennie、日文名称翻译赵宏嗣先生、文字指导黄福海先生、文法提点的陈发奎先生、日本 Toyomi Asano 教授和图片供应商 Aflo 的紧密配合,以及海石资本孙晖先生支持,他们为本书的如期出版做出了自己的贡献。

最后,本人要真诚地向在十四年抗战中遇难的中国同胞默哀! 向包括国民党系统的军队和中国共产党领导的人民军队以及全国各族人民的抗日武装、全国各界救国会、各抗日民主党派、地方自发的抗日团体和抗日武装、向全体抗日将士和志士们致敬!! 同时,我们也不会忘记为中国抗战作出贡献的所有国际盟友、国际组织、国际友人、志愿军、反战人士,广大的爱国华人华侨,无论他们来自什么国家,无论他们属于什么民族,无论他们来自什么军队,无论他们操着什么语言。

陈力行(Lloyd Chen)

2020 年 12 月 20 日于美国纽约长岛

目 录

插图目录

照片

中方照片

日方照片

表格目录

作者简介

　　浅野丰美先生是日本中京大学国际人文学院的教授,著有《日本帝国的殖民地法制》,于 2009 年获得了大平正芳纪念奖和吉田茂奖。1998～2000 年,曾在日本早稻田大学亚太研究中心担任过研究助理;2006～2007 年,在美国乔治华盛顿大学艾略特国际事务学院西格尔中心做过访问学者。

　　张瑞德先生是台北中国文化大学的历史教授及台北"中央研究院"近代史研究所的兼任研究员。他的著作包括《1905～1937 年平汉铁路与华北的经济发展》《1876～1937 年中国近代铁路事业管理的研究：政治层面的分析》《1937～1945 年抗战时期的国军人事》。

　　爱德华·J·德利亚先生是一位军事历史学家,曾在美国陆军指挥参谋学院及美国陆军战争学院任教,并在华盛顿特区美国陆军战史研究中心工作过。他出版的著作包括《麦克阿瑟将军 ULTRA 行动计划：1942～1945 年对日密码破译和作战》(MacArthur's ULTRA：Codebreaking and the War against Japan)、《为天皇效忠：日本帝国陆军研究论文集》(Service of the Emperor：Essays on the Imperial Japanese Army)。最近出版的著作有《日本帝国陆军的崛起与衰落,1853～1945》(Japan's Imperial Army：Its Rise and Fall)。2003 年,他获得了军事历史协会久负盛名的"塞缪尔·艾略特·莫里森"终身成就奖。

　　萩原充先生是日本北海道钏路市钏路公立大学经济学院院长兼教授。他从北海道大学研究生院经济学专业获得经济学博士学位,曾在北海道大学经济系担任过一段时间的博士后研究员,随后加入了钏路公立大学执教,专长中国近代经济史。萩原教授的最新研究范围包括中国企业史和中国近代交通政策史。

原刚先生是日本防卫厅防卫研究所的研究员,主攻日本帝国陆军通史。他毕业于日本防卫大学,是对幕末时期和之后的国防史进行研究(1988)的作者,也是《日本军力与海军事务》(1977)的作者。他在日本防卫厅教授自卫课题。

服部聪先生是大阪大学讲师。他的研究范围包括军事通史、两次世界大战之间的外交史以及 1930 年代日本外交和贸易政策史,已发表过关于这几方面的各类学术文章。另外,他的有关 1940~1941 年间松冈洋右时期的外交政策著作,目前正在印刷中。

河野仁先生是位于日本横须贺市的防卫大学公共政策系的社会学教授。他的研究范围包括军事历史、战争与维和社会学以及冷战之后日本的军民关系,已发表过关于这些方面的各类文章,还是《玉碎的军队、生还的军队》之书的作者。

史蒂芬·麦金农先生是美国亚利桑那州立大学历史学教授。著有《1938 年的武汉:战争、难民和近代中国的形成》(Wuhan, 1938: War, Refugees, and the Making of Modern China)。他与戴安娜·莱瑞女士和傅高义先生一起,共同编辑了《中国在战斗:1937~1945 年间中国不同区域》(China at War: Regions of China, 1937~1945);早期还与戴安娜·莱瑞女士合著过《战争创伤》(Scars of War)及其他著作。

马克·皮蒂先生是斯坦福大学舒思深亚太研究中心的访问学者兼斯坦福大学胡佛研究所"战争—革命—和平"课题的研究员。他的出版作品包括《石原莞尔和日本与西方的对抗》(Ishiwara Kanji and Japan's Confrontation with the West)、《南洋:日本在密克罗尼西亚群岛的兴衰,

1885～1945》(Nan'yo：The Rise and Fall of the Japanese in Micronesia，1885～1945)，还与雷蒙·迈尔斯一起合编著作《1895 年～1945 年日本殖民帝国》(The Japanese Colonial Empire)。另外，与大卫·埃文斯合著《日本海军：日本帝国海军之战略、战术和技术，1887～1941》(Kaigun：Strategy，Tactics，and Technology in the Imperial Japanese Navy)，此书于 1999 年被军事历史协会评为年度最佳书籍。

罗纳德·斯佩克特先生是乔治华盛顿大学艾略特国际事务学院的历史和国际关系教授。他的著作《老鹰与太阳的对决：美日之战》(Eagle Against the Sun：The American War with Japan)为美国"每月一书俱乐部"的"主要选书"，还赢得了"西奥多和富兰克林罗斯福海军历史奖"。最近出版的著作有《帝国废墟中：日本投降与为战后亚洲而战》(In the Ruins of Empire：The Japanese Surrender and the Battle for Post-war Asia)。其他著作包括《越南春节攻势之后：最血腥的一年》(After Tet：The Bloodiest Year in Vietnam)和《海上作战：20 世纪的水兵与海战》(War at Sea：Sailors and Naval Combat in the Twentieth Century)，此书于 2002 年获得军事历史协会的杰出图书奖。

户部良一先生从日本京都大学获得了学士学位、硕士学位和博士学位，主攻政治研究。他是日本防卫大学教授，主攻日本政治与外交史，同时也在日本文化国际研究中心授课。1999 年与他人合著《战略的本质》、2005 年与他人合编《日中战争的军事发展，1937～1945》。

等松春夫先生是日本防卫的外交和战争史教授。他的研究范围包括关注国联的国际领土的委托统治制度和以后的联合国国际领土的托管制度。此外，他还研究英日关系史、日俄战争、满洲事变、日本对密克罗尼西亚群岛的统治、1937～1945 年时期的中日战争，以及联合国维和行动；曾编撰过著作《再论日中战争(1937～1945)》。

艾德娜·陶女士是加州大学伯克利分校中国历史专业的博士生。

她的博士论文剖析了在 1937～1945 年间中日战争时期大规模空袭对中国国家和社会所造成的政治、社会和文化影响,记录了中国政府对于日本针对战时的首都重庆发动空袭的回应,论证空战是中日战争中的关键战场之一。中日战争彻底改变了那个时期的政治、军事及外交的发展。

方德万先生是剑桥大学中国近代史教授。他著有《从朋友到战友》(From Friend to Comrade)和《战争和中国的民族主义》(War and Nationalism in China),还编撰了著作《中国历史上的战争》(Warfare in Chinese History)和《中国共产党革命的新视角》(New Perspective on the Chinese Communist Revolution)。目前,他正研究全球化如何对中国产生影响的发展史。

王奇生先生是北京大学的历史学教授,主要专业领域为中华民国史和中国国民党史。他的著作包括《党员、党权与党争:1924～1949 年中国国民党的组织形态》和《国共合作与国民革命》。

杨奎松先生分别担当北京大学和华东师范大学教授一职,之前曾在中央党校担任党史研究编辑兼在中国社科院担任研究员。他还是以下两本著作的作者,分别为:《西安事变新探》和《失去的机会:全面抗战前后国共谈判实录》。

杨天石先生是中国社科院近代史研究所研究员。1960 年从北京大学毕业后,他在北京的一所中学教书,之后加入了中国社科院。著有《王阳明》和《朱熹》等专著,以及民国历史专著,包括北伐时期的通史和关于蒋介石的重要著作。杨天石先生获奖无数,包括中国社科院荣誉学部委员称号。他也是《百年潮》杂志主编。

章百家先生是中共中央党史研究室研究员,曾撰写过关于中国对外政策、中共历史和中国决策过程这些方面的众多著作,其中包括《冷战与中国》和《中国改革开放史》，还撰写过许多文章与政策性文件。

　　臧运祜先生是北京大学历史学副教授，曾在中国人民解放军军事科学院军史部工作过。他的研究范围包括近代中外关系史和中华人民共和国历史。

英文版序言

日本有位著名的左翼知识分子,他是有关中国问题的观察家尾崎秀实。他在北平郊外卢沟桥小规模战斗之后的第五天写下了这么一段文字:"(我)相信(卢沟桥事变)将一定会上升为世界历史上重大意义的一个事件。"尾崎秀实随后不断地论证了他的预言。直到 1943 年临终前,他一直坚持认为第二次世界大战的关键性战场不是在太平洋而是在中国。诚然,中日战争给两国人民都带来了巨大的悲痛,它改变了战后亚洲格局,其影响至今还十分明显。

尽管中日战争规模之大和影响之深远都是空前的,西方的军事历史学却对这段历史十分忽视。西方突出的只是欧洲和太平洋战场。西方人写到中国和日本的部分更多只是停留于介绍中国和日本的经济现代化、文化变革和中国的革命。研究中日战争的著作并不多。现有的也只限于研究中国外交、政治事件、战争动员,或者是日军在中国的扫荡战役,或者类似南京大屠杀那样的重大事件。我们找不到由日本、中国和西方材料综合编写的英文版中日战争军事历史。由于没有这方面的历史知识,我们就无法公平地理解第二次世界大战,亦无法细细分析这场东亚战争及其意义,当然也就无法正确评判尾崎秀实论点的实质所在。

这便成为编辑本书的中心目的。哈佛大学的傅高义先生资助了第一期研究工作,启动了对中日战争进行长期和广泛的学术研究。斯蒂芬·麦金农(美国亚利桑那大学)和黛安娜·莱瑞(加拿大不列颠哥伦比亚大学)是两位中国问题专家,他们在哈佛大学组织召开了重新检讨中日战争的国际研讨会。这是实现目标迈出的第一步。研讨会上发表的论文由斯坦福大学出版社出版。

傅高义先生同本书编辑联络后,希望组织一个中日战争军事方面的国际研讨会议。由于研究日本军队的权威人士德利亚、研究中国军事历史的专家方德万、中国社会科学院的杨天石、日本早稻田大学（按：原文有误，应为庆应大学。参见傅高义先生的序）的山田辰雄、筑波大学的波多野澄雄，加上许多研究中国和日本的西方学者共同参与和鼎力支持，我们的这个计划才得以完成。由哈佛大学亚洲中心出资，我们终于在 2004 年 1 月于夏威夷毛伊岛召开了为期四天的中日战争军事研讨会。

在这个国际会议上，我们编辑委员会给众人讨论的范围和本书内容定了基调。首先，组织者要求与会者把论文局限于军事方面，因为以前还没有详细介绍中日战争的军事历史先例，其意义非凡；其二，大家认为突出军事战役和战略会使得研究主题重点更加清晰，也有助于论证这场战争基本上主宰了中日两国的政治、经济、社会和文化等各个领域。这两点大家很快取得共识。

其三，组织者认为只有中、日、西方学者的精诚合作才能写出高质量的论文来。当然，二战史中东亚战事最好的专家来自中国和日本。本书的目的就是要让他们的研究结果呈现给更加广泛的读者。由于历史和政治的原因，中、日学者的合作多年来受到限制。因为中日战争在东亚有很大的敏感性。此书的完成是这批学者们学术性对话和争论的结晶，能够对话和争论有助于发展对中日战争进一步的了解和认识。

有时候中方学者听到日方某些评论感到非常气愤，而日方也对中方坚持日方必须对日军战时行为做全方位道歉而感到不快。这都很自然。让人吃惊的是，当美国在中国扮演的角色和贡献受到质疑时，美方有些学者显得特别反感，特别是牵涉到史迪威将军的角色。尽管如此，来自多国的四十多位学者带到会议上来的是一个共同的愿望，那就是学术合作交流。研讨会的气氛是健康的。会议的硕果就是一批论文，它们对 20 世纪中最大军事冲突之一的中日战争做出了权威性的介绍。

同所有合作性质的项目一样，不是所有大家感兴趣的主题都能涉及到。主要原因是找不到相关的权威专家。我们还是部分弥补了这个缺口。在本书中，我们给读者提供了整个战争中重大军事战役的概括介绍，同时附上大事记，每部分的章节前都著有序言。

日本战争罪行是当今一个热门话题，本书中的描述只是针对特定战役或战略中所发生的日军的暴行。因此,本书没有特别论证日军战争罪行,因为这是个独立的主题。而且许多书籍、自述和杂志都有大量描述。有兴趣的读者可以翻阅近期发表的(美国)"国家档案和记录管理局给国会的报告"(National Archives and Records Administration Report to Congress)。

本书编辑明白,在东亚,第二次世界大战爆发日是个有争议的话题。近来,大多数中国的学者都以日本1931年占领满洲作为他们抗日战争的起始点。1941年12月7日日本轰炸珍珠港后美国加入了这场战争。由于外交和法律上的原因,直到这时中国才正式向日本宣战。大多数美国学者只关注1941年以后的事件。战争结束日定为1945年8月15日。因为在这一天日本裕仁天皇宣布日本接受《波茨坦公告》,无条件投降。而今天的中国认为,战争的正式结束日期是1945年9月2日,即日本代表登上停在东京湾上的美国密苏里号战列舰签订投降书的日子。本书暂以1937年7月7日卢沟桥事变作为中日战争的起始日。至于战争结束日是8月15日还是9月2日同本书所追求的目的不十分相关。

本书的参考书目不是完整的。它只是给对这个长期被忽略的课题有兴趣读者提供一个引荐,具体研究和论证还是需要读者自己的努力。

除了几个特别的地方,中文的英文拼写我们采用的是拼音法。对大家都非常熟悉的名称,我们用了已经接受的英文拼法,如Peking(北京)、Chiang Kai-shek(蒋介石)、Whampoa(黄埔)、Kwantung Army(关东军)。至于日语,我们采用的是赫本系统(Hepburn System)。

答　谢

　　本书的原型取自于这十年间中日两国学者与哈佛大学荣誉教授、杰出的社会学家兼中日两国的终生朋友傅高义先生之间的一系列早期通信内容。傅高义教授曾在中日两国生活过并游历广泛，能对两国语言运用自如，结交了许多中日学术界内的朋友与熟人。他对两国的社会与文化有着权威性的、极富见地的论述，对本书的编撰起着关键性作用。他热情鼓励并明智建议，介绍引荐中日学术圈内具有影响力的学者，主动提供重要的学术融资来源，所有这一切对于组织委员会及编委来说都是无价之宝。

　　我们在这里非常感激梅隆基金会（Andrew W. Mellon Foundation）为本书所召开的研讨会及编撰方面提供资助。没有基金会的物质援助，本书所做的研究就只能停留在设想阶段。

　　我们非常有幸能够召集到本书中的专家阵容，对他们撰文所做出贡献表示感谢。我们能够获得如此众多权威学者的参与和合作，主要得归功于中日两国业内具影响力学者们的共同组织与协作。在这些学者中，我们要特别感谢北京中国社会科学院近代史研究所的杨天石先生、东京开放大学的山田辰雄先生（译注：山田先生自庆应大学退休后，到了东京开放大学），和筑波大学政治经济研究院院长波多野澄雄先生。

　　同时，还要特别感谢那些为此研究做出贡献的口笔译工作者们。他们的不懈努力使得中、日、西方与会学者能够相互理解各自所述内容及观点。在笔译工作方面，我们要感谢美国新泽西州威廉帕特森大学的西奥多·库克先生、佛罗里达州迈阿密大学的爱德华·德雷尔先生、圣芭芭拉市加利福尼亚大学的乔舒亚·弗格先生、斯坦福大学的莱曼·范斯莱克先生以及乔治华盛顿大学的杨达青先生。另外，也对那些在夏威夷毛伊岛会议中所做出的专业、艰巨工作的口译工作者们表示感谢,他们分别是:梅琼女士、梅江中先生、法雷利玲子女士、佐藤藤子女士以及宇都宫智子女士。

学术报告能够得到专业性、建设性的意见是本书成功的关键。以下专家学者使我们受益匪浅。他们分别是:纽约州立大学石溪分校的迈克尔·巴恩哈特先生,台北"中央研究院"的张瑞德先生,内布拉斯加大学的柯博文先生、西奥多·库克先生、爱德华·德雷尔先生、乔舒亚·弗格先生,英属不列颠哥伦比亚大学的戴安娜·莱瑞女士,加州蒙特雷市海军研究生院的爱丽丝·米勒女士,以及斯坦福大学胡佛研究所和海军研究生院的道格拉斯·波茨先生。

本研讨会还有幸能够邀请到来自中、日、美三国的其他许多优秀学者。他们分别是:爱知大学的马场毅先生、北京近代史研究所的李玉贞女士、台北"中央研究院"的刘峰汉(音译)先生、南京中国第二历史档案馆的马振犊先生、日本教育部的摩玛莱拉(音译)女士、位于北京的中央文献研究所的庹平(音译)先生、怀俄明大学的山本昌弘先生以及美国海军学院的余茂春先生。

文献参考书目是编撰本册论文集式的学术文献的关键。在这方面,我们得到了马里兰州陶森州立大学史蒂文·菲利普斯先生的鼎力相助。菲利普斯教授运用自己的学术知识和对档案资料的熟悉,针对1937~1945年间中日战争军事历史的相关内容,在中日美三国语言中挑选出了最重要的标题与档案资料来源,这对我们的研究非常重要。另外,包含在本册著作中的精美地图是来自大卫·瑞内先生。

在夏威夷毛伊岛会议上,我们对讨论事项进行书面记录,否则我们很难对那次会议的结果进行回顾与思考。来自檀香山智库太平洋论坛的布拉德·格罗斯曼先生及美国海军战争学院的安得鲁·威尔逊先生为我们记下了那些重要的笔记。

感谢陈珔敏女士及海军上将香田洋二先生为完善本书后面的人物列表所提供的协助。也感谢迈克·莫利特先生因编译如此之多作家的作品而所承担的艰巨任务及安妮·史密斯女士因校对这些作品的排版而所做的出色工作;同时,感谢萨曼莎·米勒女士详尽地为本书编辑索引,尽可能地满足了各方面的要求。另外,还要感谢 www. bookmatters. com 网站的大卫·皮蒂先生及其全体人员,他们对本书的完善起到关键作用。

　　最后,要特别感谢霍莉·安吉尔女士对哈佛大学亚洲中心全体人员的大力支持。她为研讨会的召开不辞辛劳、召集安排。研讨会结束后的几个月内,她协助编辑专注编制本册著作;在此期间,安吉尔女士承担了大量行政工作。她非常勤劳专心,工作效率显著,对本书成功至关重要。

第一部分

战争概况

本书第一部分首篇"1937～1945,中日战争年表"和第一章"1937～
1945,中日战争重要军事战役概况"给读者初步介绍了中日战争军事战
役。概况给书中后来的论文提供了铺垫。8 年抗战的所有战役细节不可
能在论文集中全部详细阐述到,所以以上两篇至关重要。

在第二章"龙的种子:战争的起源"论文中,马克·皮蒂从历史角度
追溯了战争的起源,即 19 世纪中国王朝的衰败与同一时期正在现代化、
具有扩张侵略野心的日本之崛起。许多人认为 19 世纪日本对华的蚕食
是经过精心策划的,日本政府和军队的策划是一个有理性筹划、协调周
密、进展顺利的过程。但是皮蒂则认为日本的中国"政策"是非常怪异的。
他承认 1894 年日本对华宣战是蓄谋已久的,但日本随后在华行为都是其
国内各派系之间内部争斗的结果,不乏许多不经意的偶然性。他所说的
派系包括各军种的参谋部、外务省、财团、政治团体、少壮派陆军军官、狂
热的改革派、个别理想家、冒险家和极端民族主义分子。这些日本人都有
一个共同的意愿:即威逼中国承认日本对其主导地位。他们的第一步就
是 1915 年那个臭名昭著的《二十一条》。皮蒂认为事态恶化的根本原因
必须归咎于那批驻扎在中国的日本陆军军官们,他们扮演了最为积极和
险恶的角色。鉴于这个理由,皮蒂花费了很大篇幅来研讨这些军官们的
知识面、世界观和行为准则。他发现这批日本军官对当地中国军队和军
阀了若指掌。然而由于傲慢和偏见,他们对中国二三十年代一个最突出
的现象却置若罔闻:即外国(特别是日本)对中国的干涉已经激发了中国
民族主义情绪的高涨。

皮蒂所论述的中国民族主义对西方读者来说是十分熟悉的:第一次

世界大战后的几十年间，孙中山领导的中国国内初步改革步履蹒跚；长期的军阀割据；蒋介石的崛起和北伐统一中国；蒋介石国民党政权建立，但其统治是基于各地军阀同改革派官僚之间脆弱的联盟。蒋介石从未间断与内部各种势力的斗争，其中包括对抗内部政敌、镇压共产党武装暴动；同时他还必须采用"费边战略"来应对日本在中国边境的军事挑衅。皮蒂认为日本对中国的长期淫威和中国民众对其爆发性的强烈反感最终导致了这场战争。1936 年西安事变、蒋介石蒙羞于自己军队中的激进分子是导致 1937 年 7 月全面战争的最终催化剂。皮蒂认为这个时间段非常不幸，因为冲突爆发之际正是日本政府（包括部分军事将领）重新评估对华政策之时。此时的日本正在考虑改变敌视中国并宽容接纳蒋介石政府。但这一切都已为时过晚。

1937～1945，中日战争年表

作者：方德万/爱德华·J·德利亚

1937 年

7 月 7 日：在北平附近的马可波罗桥（中文为卢沟桥；日文为
Rokokyo）上，夜间演习的日军同中国宋哲元的部队发生冲突。

7 月 9 日：蒋介石在江西庐山召开紧急军政要员会议，商讨备战。

7 月 17 日：周恩来和中国共产党（CCP）主要领导人到达庐山，同国民党和其他党派领导人商谈抗战。

7 月 27 日：日本内阁紧急会议之后宣布，日本决心建立亚洲"新秩序"。中国外交部声明中国已经为和平做了最大努力。

7 月 29 日～30 日：日军占领北平和天津。

8 月 13 日：蒋介石在上海开辟第二战场，"淞沪会战"开始。

8 月 14 日：中国国民党空军试图炸沉上海江面上的日本战舰，但是炸弹落到了市区，造成民众伤亡。

8 月 21 日：中国和苏联签订《互不侵犯条约》。苏联开始援助中国。国民党和共产党代表在南京开始谈判。

8 月 24 日：日军进攻南口（北平西北方向）。

8 月 28 日：蒋介石任命桂系头目李宗仁为华北第五战区司令长官。

9 月 5 日：日本第二、第三舰队封锁中国大部分海岸线。

9 月 8 日：日军援军到达并开始在上海发起总攻。

9 月 13 日：日军占领山西大同。

9 月 16 日：日军突破上海北部中国军队防线，中国军队伤亡惨重。

9 月 19 日～20 日：南京上空发生重大空战。

9月23日：蒋介石承认中国共产党合法地位，第二次统一战线成立。

9月25日：在山西平型关，中国共产党声称战胜日本板垣征四郎手下第五师团。

10月5日：国联谴责日本违反《九国公约》(Nine Power Treaty)。

10月9日：华北日军攻击河北石家庄。10月10日，石家庄陷落。

10月12日：长江以南的中国共产党部队组建为新四军，叶挺将军为军长。

10月13日：山西"忻口会战"开始。三个星期大战，日本大胜。向南通往太原的道路被打开。

10月14日：中国军队在上海北部反攻失败。

10月25日：日军压迫中国军队向江苏省苏州撤退。中国军队在上海苏州河重新构筑防线。

10月30日：中国政府决定迁都四川重庆。部分政府机构在湖北省武汉市建立临时办公区域。

11月3日：《九国公约》签署国布鲁塞尔会议召开。日本受到谴责，但是会议拒绝采取联合行动。

11月5日：日军登陆上海南部杭州湾，开始包围上海。11月9日，蒋介石下令总撤退。

11月9日：日军完成占领山西省太原市。

9

11月11日：苏联第一批援助物资到达甘肃兰州。

11月29日：日本海军大批集结开进长江，日军兵分四路进攻南京。

12月5日：蒋介石宣布除非日本从中国撤军，他不会开启和平谈判。

12月13日：日军攻入南京，开始一系列大规模的暴行。

12月24日：浙江省会杭州陷落。

12月25日：由于韩复榘将军擅自撤退，山东首府济南陷落。韩将军被军法从事。

12月31日：中国人采取"焦土抗战"策略，撤出并焚烧了山东省青岛市。

1938 年

1月5日：一百名苏联志愿飞行员到达武汉。

1月16日：经过陶德曼第二次调停，日本政府发表正式声明：不再承认国民党政府，也不再同其打交道。（"近卫声明"）

2月5日：日本第一次对广州进行恐怖空袭。

2月20日：日军在开封渡过黄河。

3月中旬：徐州会战打响。日军华北方面军和华中派遣军试图歼灭江苏以北徐州第五战区六十万中国军队。日军最终占领了徐州，但是5月15日蒋介石下令撤退，中国将士突出了日军的重围。

3月23日："台儿庄会战"战斗打响。4月6日以中国军队战术上获胜结束。

3月19日～4月1日：国民党在武汉召开全国代表大会，决定制定"抗战建国纲领"和召开"国民参政会"。

4月7日：日军最高统帅部重新调整徐州战线。

4月29日：武汉上空空战。苏联援华志愿飞行员参战。

5月21日：德国召回在国民党军队中任职的军事顾问。

5月29日：武汉上空空战激烈，双方互有损失。

6月1日：蒋介石决定在河南省花园口的黄河段炸坝放水，以阻止沿陇海线徐州向西进攻河南省郑州市的日军。

6月6日：日军占领河南省会开封。国民党邀请七名中国共产党成员（包括毛泽东）参加国民参政会。

6月12日：日军占领安徽省安庆，以备"武汉会战"。

7月4日：日本最高统帅部重新调整华中派遣军，准备总攻武汉。

7月31日：日本和苏联军队在张鼓峰发生冲突，八月中旬签订停战协议。

8月6日：日本外相声明日本意在东亚建立大东亚新秩序，包括中国、法属印度支那、荷属东印度。

8月22日：日本最高统帅部发布进攻武汉的命令。日军海军沿着长江而上，陆军则沿着长江南北两岸前进。

9月27日：日军空袭昆明。

9月29日～11月6日：按照共产国际的指示，中国共产党召开第六届中央全会，确立通过毛泽东的战时方针政策，批判毛泽东的对手王明。

9 月 30 日：英、法两国在德国慕尼黑同意德国并吞苏台德地区。

10 月 21 日：日军第 21 军占领广州。

10 月 22 日：汪精卫派特使去上海同日本人洽谈。

10 月 25 日：国民政府下令放弃武汉。

11 月 3 日：日本内阁声明愿意同中国合作，条件是放弃抵抗政策。

11 月 8 日：日军轰炸湖南省衡阳和长沙。

11 月 12 日：日军攻占湖南岳州。由于错误估计日军已经到达，国民党当局下令火烧长沙。

11 月 25 日～28 日：国民党召开南岳军事会议，确定重新划分战区，设立八个正面战区（第一至第五战区，第八至第十战区），两个敌后游击战区（鲁苏战区、冀察战区）。会议提出抗日第二阶段分散抗战已经开始。

12 月 18 日：汪精卫和蒋介石决裂，离开重庆去寻求同日本妥协。12 月 21 日，汪精卫抵达河内。

12 月 22 日：日本首相近卫文麿发表结束战争的"三条原则"，并号召建立"东亚新秩序"。

1939 年

1 月：国民党开始在包括上海的大都市展开恐怖和刺杀政策。

1 月 13 日：中国共产党以周恩来为代表在重庆开设办事处。

1 月 15 日：日军发动对重庆第一次空袭。

2 月 10 日：日军登陆广东省海南岛。

2 月 20 日：甘肃兰州上空发生激烈空战。苏联志愿飞行员参战。

2 月 23 日：周恩来指示皖南的新四军扩大军事范围。国共摩擦加剧。

3 月 17 日：江西省"南昌会战"打响。

3 月 30 日：英国和法国担保波兰独立。

4 月 29 日：中国军队反攻后，日军占领南昌。

5 月 4 日：重庆遭受严重轰炸。大火蔓延、人员伤亡严重。

5 月 5 日～28 日：李宗仁将军指挥的第五战区向湖北省枣阳和随县

发起攻击。此次会战是为取得湖北北部山区建立根据地并切断北平—汉口铁路线。日军随后占领这两座城市，却无法把中国军队赶出这个区域。

6月14日：日军封锁天津的法国和英国租界。

7月7日：对重庆的夜间空袭。

7月25日：日军封锁珠江口。

8月20日：日军和苏军在"满洲国"和外蒙古边境的诺门坎发生战事。经过一个夏天的厮杀，在8月20日～31日之间，苏联将军朱可夫利用坦克包围并重创了日本关东军三个主力师团。随后停火协议签订。双方直到1945年8月前再也没有发生战事。从此，在同盟军开战之前，日军将集中兵力消灭中国军队的抵抗。

8月23日：《苏德互不侵犯条约》在莫斯科签订。苏联取得波兰东部、芬兰、拉脱维亚、爱沙尼亚和比萨拉比亚。德国得到了波兰西部和立陶宛。

9月1日：德国入侵波兰。由于英国和法国已经承诺帮助波兰，第二次世界大战在欧洲爆发。

9月23日：日本在南京建立中国派遣军总司令部，以便统一军事指挥。日本声明它愿意同重庆政府进行谈判。

9月29日～10月6日：在湖南省，中日展开第一次"长沙会战"。由于国民党在江西北部和安徽南部的配合性军事行动，薛岳将军的反攻取得大捷。

9月24日：日军开始在山西南部发起攻势。

10月29日：国民党召开第二次南岳军事会议，大多数战区准备参加冬季攻势。

11月4日：日军轰炸四川省成都市。

11月19日：日军在广西钦州登陆，攻击并于11月24日攻占南宁。

11月24日：山西军阀阎锡山发动对共产党部队的攻击。

12月12日：国民党军队发动冬季攻势。战斗持续到第二年1月20日前后。战斗失败。

12月19日：国民党部队重新夺回广西昆仑关。两天后日军重新夺回并占领龙州。

12月30日：汪精卫和日本签署《中日新关系调整纲要》。

1940 年

1月8日：日本内阁同意汪精卫在南京成立国民政府。

2月21日～25日：国民党召开柳州军事会议检讨"冬季作战"。蒋介石书面检讨对日军在广西登陆估计不足。主要军事将领如陈诚和白崇禧受到处分。

2月25日：阎锡山和共产党在山西达成停火协议。

3月30日：汪精卫的"中华民国"在南京成立。

4月11日：日军开始在河北、安徽、上海周边进行反共扫荡。

4月：日本海军航空兵发动"101号作战"行动，目的在于彻底消灭四川中国空军，特别是在重庆周围的军事设施。

5月1日：日军在华中多处发动重大攻势，湖北枣宜会战开始。日军作战目的是撬开鄂中、鄂北的第五战区，占领肥沃的汉江平原并占领湖北西部的宜昌，以求切断四川和其他战区的交通联系。

5月10日：德国发动欧洲西线战役。丘吉尔接替张伯伦担任英国首相职务。

5月22日：重庆上空发生大规模空战。

6月1日：日军占领宜昌。

6月8日：日军占领沙市。

6月20日：法国关闭滇越铁路。

7月15日：日本施压迫使英国关闭中国西南同外界的最后一条通道：滇缅公路。

7月31日：日军展开对国民党大规模空袭。整个夏季和秋季，重庆、成都、西安、兰州和其他大城市不间断地受到空袭。

8月1日：日本近卫首相宣布其政策目的为建立"大东亚共荣圈"。它将由日本主导，包括中国、印度、缅甸、高棉、马来亚、菲律宾、荷属东印度、澳大利亚、巴基斯坦、法属印度支那、阿富汗和西伯利亚。

8月13日："不列颠空战"开始。德国空军出动1485架次轰炸英国港口和机场，为德军入侵英国做准备。

8月19日：日军零式战斗机第一次出现在重庆上空。法国同意日本使用法属印度支那的金兰湾军港。

8月20日：共产党部队发动"百团大战"。"百团大战"历时四个月，以区域作战为主，沉重打击了河北、山西、内蒙和察哈尔地区的日伪军。日军170架飞机投掷燃烧弹轰炸重庆。日军占领上海公共租界虹口。

9月7日：日军发动对长沙的第二次进攻。结果失败。（原文如此。错误。应为1941年）

9月15日：德国"不列颠空战"失利，推迟登陆英国。

9月22日：日军攻占法属印度支那北部的河内。

9月27日：德国、日本、意大利签署《三国同盟条约》。其目的是阻止美国参战。

9月30日：日本开始空袭云南昆明。

10月1日～6日：江苏中部黄桥发生大规模国共摩擦。

10月8日：国民党军队攻入湖北省宜昌市。日军之后又成功将其逼退。丘吉尔同意重新开放滇缅公路。（原文如此。误。当为1941年）

10月10日：昆明上空爆发大规模空战。

10月18日：英国重开滇缅公路。

10月19日：国民党下令共产党新四军调回黄河以北，并大幅缩编其人员编制。

10月29日：日军从广西龙州和南宁撤退。

11月19日：国民党中断对共产党八路军的资金支持。

12月8日：国民党再次下令要求共产党新四军把部队从皖南和苏南撤出。

1941 年

1月1日～7日："皖南事变"发生。国民党歼灭新四军一个师。新四军大批人员死亡，包括其指挥官项英。新四军其余部队向北转移。

1月24日：日军发动"豫南会战"打通平汉铁路。

1月28日：新四军在苏北重新组建，建制达9万之众。

3月6日：国民党拒绝共产党关于"皖南事变"的要求，但是承诺不再对共产党部队采取进一步军事行动。

3月15日：中日"上高会战"打响。日军企图消灭江西第九战区罗卓英部，解除其对长江和日军从江西攻打长沙的威胁。四月中旬，日军撤退，损失惨重。

4月13日：日本和苏联签订《互不侵犯条约》。

4月18日：日本对重庆空袭。

4月19日：日军占领福建省福州市。

4月20日：日军占领浙江省宁波市。

5月3日：重庆大轰炸。

5月6日：美国罗斯福总统宣布《租借协定》适用于中国。

5月7日：在山西南部，日军强大的攻势将卫立煌将军的国民党部队赶出中条山；国民党部队原来于此拱卫西安，切断共产党延安与华北和华中其他根据地的交通线。

5月9日～10日：日本继续对重庆空袭。

5月11日：汪精卫国民党伪政府开始长江下游的"清乡"军事行动。周恩来同蒋介石在重庆会面。

5月16日：日军继续轰炸重庆。

6月5日：在一场夜间轰炸重庆过程中，由于缺氧，数千人死在防空洞中。接下去几周内，美国和英国大使馆被炸。

6月22日：德国实施"巴巴罗莎计划"进攻苏联。

16　　7月2日：日本御前会议决定不参与苏德战争，而集中力量攻击东南亚。

7月30日～31日：日军大规模轰炸重庆和四川其他地区。

8月1日：美国罗斯福总统下令禁止对日本石油出口。美国空军志愿队（简称AVG，或称陈纳德"飞虎队"）正式加入中国空军序列。

8月7日：日军开始昼夜连续轰炸重庆。

8月15日～10月26日：日军在华北地区开始反共大扫荡。

9月7日：日军开始对长沙发动第二次进攻。日军攻势力度极大而且短促，但是由于后勤困难和中国军队激烈抵抗，被迫于月10月1日再次撤退。陈诚将军乘势争夺宜昌，但是尽管宜昌被围日军弹尽粮绝，原参加长沙会战的日军部队迅速赶到增援，宜昌之围被破。

10月24日：苏联中断对华援助。

12月7日～8日：日军发动南进作战，计划150天内占领东南亚。两线攻势先拿下菲律宾和马来亚，然后围攻荷属东印度。对珍珠港的袭击旨在防止美国太平洋舰队干预他们的计划。日军占领上海公共租界和天津的英美租界。

12月9日：泰国向日本投降。

12月10日：在马尼拉湾近海，英国"威尔士亲王号"战列舰和"反击号"巡洋舰被日军炸沉。日军入侵菲律宾。麦克阿瑟将军12月23日撤离马尼拉，次年2月22日离开菲律宾。

12月12日：日本占领九龙。

12月16日：日军入侵英属婆罗洲。

12月24日：第三次长沙会战开始。次年1月15日，日军攻势被挫败。

12月25日：英国放弃香港。

12月22日～1942年1月14日：第一次美英首脑华盛顿会议（代号"阿卡迪亚"，故又称"阿卡迪亚会议"）召开。罗斯福和丘吉尔做出"欧洲优先"政策。

1942 年 {17}

1月1日：英、中、美、苏和其他22个国家签署《联合国家宣言》。阿奇博尔德·韦维尔伯爵(Sir Archibald Wavell)被任命为在东南亚的美英荷澳盟军最高指挥官(ABDA)。

1月3日：蒋介石被任命为中国战区盟军最高指挥官。中国战区包括法属印度支那和泰国。

1月11日：日军入侵荷属东印度和荷属婆罗洲。

1月16日：日军入侵缅甸。

1月26日：日军开始从马来亚向新加坡发起进攻。防卫新加坡注定失败，因为大批盟军，包括英属印度部队都已调往中东和北非战场，现有部队没有海军或空军的协防。英国驻军于 2 月 15 日投降。

2 月 1 日：毛泽东开始"延安整风运动"。

2 月 2 日：日军入侵爪哇岛。（原文如此。误。应在 3 月 1 日后）

2 月 6 日：美国志愿者"飞虎队"在仰光同日军航空兵交战。

2 月 7 日：英国接受中国向缅甸派遣远征军。

2 月 9 日：日军第十五军接到命令占领缅甸战略要地。在控制安达曼海后,日军于 3 月 8 日占领仰光。经过连续作战于 4 月 29 日占领东固。盟军指挥陷于混乱。韦维尔 2 月 24 日辞职,美英荷澳盟军指挥部解散。丘吉尔派遣哈罗德·亚历山大将军(Sir Harold Alexander)接管驻缅英军、驻印英军和威廉·斯利姆(William Slim)指挥的缅甸军。中英双方互相猜疑,盟军指挥配合受到影响。

2 月 16 日：日军在广西雷州岛登陆。（原文如此。当为广东）

2 月 27 日~3 月 1 日：日军在爪哇海战取得胜利。

3 月 4 日：美国史迪威将军到达重庆,担任中国军队总参谋长。

3 月 10 日：史迪威被任命为中国远征军司令官。陈纳德的"飞虎队"归建美国空军成为第十四航空队。

18　　　　3 月 15 日：英国起初拒绝中国军队的支援。中国远征军在卫立煌将军的指挥下进入缅甸。

3 月 23 日：史迪威将军指挥的中国第二百师在东固(Tounggoo)被围。日军快速向腊戌挺进,中国远征军已经无法阻止日军在缅甸的攻势。

3 月 23 日：日军入侵孟加拉湾的安达曼群岛。

4 月 18 日：杜立特空袭。美军 B-25 轰炸机群向日本本土投掷炸弹并在中国沿海迫降。

4 月 29 日~5 月 1 日：腊戌和曼德勒陷落。

5 月 20 日：日本占领缅甸全境。

5 月 14 日：日军发动浙江省境内大规模攻势,以求清除对日本本土轰炸有威胁的国民党机场。攻势持续到六月底。

6 月 4 日~5 日："中途岛海战"发生。日本损失四艘航空母舰;美国损失一艘航母。6 月 9 日,日本放弃占领中途岛计划。

6 月 20 日~25 日：第二次华盛顿会议召开。在激烈辩论中,丘吉尔批评了美国参谋长联席会议成员、陆军参谋长马歇尔将军马上渡过英吉利海峡反攻法国大陆的计划。罗斯福总统同意美军参加北非战役，代号"火炬行动"（OPERATION TORCH）。其目的在于展示给斯大林看英美确实在同德军作战，同时，还可以保护地中海和苏伊士运河。丘吉尔和罗斯福同意以对等合作伙伴的身份参加原子弹开发试验。

6月29日：史迪威被任命为中国驻印军司令官（蓝姆迦地区Ramgarh），罗卓英为副司令官。

8月8日～9日：瓜达尔卡纳尔群岛战役打响。战役于1943年2月1日以日军撤离而结束。

9月27日：日军对共产党晋察冀根据地展开秋季大扫荡。

9月：英军计划在缅甸若开邦（Arakan coast）沿海向阿恰布（Akyab）山区攻击。结果失败。

10月10日：英国和美国决定终止其领土扩张政策，废除在亚洲的不平等条约。

10月13日：在陕西省西安，蒋介石同共产党将领林彪商谈改进军事合作的问题。

10月21日：日军进攻太行山的共产党根据地。

12月19日：日军进攻把国民党部队赶出太行山南部地区。

12月20日：日军航空兵空袭加尔各答。

6月～12月：美国开始从印度飞越驼峰（西藏）空运物资给中国。

1943 年

1月14日～24日：在"卡萨布兰卡会议"上，盟军确立了无条件投降的战争目标。在激烈争论后，美国和英国决定提前登陆（意大利）西西里岛，以求拉长德国陆军战线、支援斯大林；在法国海岸采取有限度的攻势；英军进攻缅甸的阿拉干山脉以求重新打通缅甸北部通往中国的连线。其作战目的也是协助美国在中国建立轰炸机基地用以攻击日本本土。

1月31日：日军和泰国军队进攻云南，占领部分边境城镇。

2月：美国史迪威将军下令建筑通往印度—缅甸边境的"利多公路"。

2月21日：日军占领广东省的广州湾。

3月23日：日军开始从湖北省宜昌向西攻击。

4月10日：苏联军队从中国新疆哈密撤出。苏联曾经占领此地以确保锑矿石来源，包括钨矿。

4月20日：日军开始对共产党晋察冀根据地以及位于河北南部、河南北部的国民党部队进行扫荡。

4月24日：美国第十四航空队轰炸在缅甸的日军。

4月25日：日军在太行山包围国民党第二十四集团军司令部。

5月2日：美国第十四航空联队攻击湖南北部的日军。

5月5日：日军开始在湖北西部和湖南北部展开大规模攻势。6月中旬，日军撤退到原来的出发地。

5月11日～25日："三叉戟会议"召开（又称"第三次华盛顿会议"）。罗斯福总统同意推迟一年跨海攻入法国。至于中国问题，罗斯福和马歇尔赞成陈纳德的轰炸战略计划，他们不赞成史迪威的倡议——通过滇缅公路装备中国陆军反攻中国境内的日军。但是"三叉戟会议"支持反攻缅甸。蒋介石同意了以上的建议，但条件是他必须得到盟军的海、空军的强大支持，他亦希望美国陆军参与作战。

5月9日：美国第十四航空队在广州上空同日本空军激战。

5月22日："共产国际"解散。

5月31日：美国第十四航空队在反攻宜昌作战中支援中国陆军行动。

6月1日：美国对日本航运进行潜艇战。

6月6日：国民党胡宗南将军把黄河防区的部队北移，用于封锁共产党陕甘宁边区（延安）。国共第三阶段摩擦开始。

7月23日～24日：美国第十四航空队在湖南、广西上空同日本空军交战。

7月28日：美国第十四航空队空袭香港和九龙。

8月2日：在延安，毛泽东声明第三次反共高潮已经结束。

8月21日～25日：（美国）第十四航空队空袭武汉。

8月17日～24日："四分仪会议"（史称"盟军魁北克会议"）。中国外长宋子文以非正式身份参加了会议。"四分仪会议"确立 1944 年 6 月 1 日(原文如此,应为 1944 年 5 月 1 日)为"霸王行动"日期:即从英国反攻法国;会议同意登陆意大利;建议推迟反攻缅甸计划;会议决定加大对德国的轰炸;确定德国投降后一年击败日本。阿恰布海岸线惨败后,在中国战区和印度司令部外,丘吉尔(原文如此。应为丘吉尔、罗斯福)决定建立盟军东南亚战区司令部。路易斯·蒙巴顿(Lord Louis Mountbatten)为最高盟军统帅。史迪威为副总司令。

9 月 6 日～13 日:国民党第五届十一次中央全体会议召开。蒋介石声明中国共产党是个政治问题,对共产党的军事行动需要停止。

9 月 8 日:意大利向盟军投降。

9 月 16 日:日军开始对共产党晋察冀根据地扫荡。

9 月 20 日:美国第十四航空队在昆明上空和日军激战。

9 月:日军集结大批部队准备秋季在华北对共产党冀鲁豫根据地 21 扫荡。

11 月 2 日:湖南常德会战开始。日军月 11 月 18 日进逼常德郊县,12 月 3 日占领该城。12 月 8 日被中国军队逐出。

11 月 8 日:美军第十四航空队空袭厦门。

11 月 17 日:美军第十四航空队空袭香港。

11 月 22 日:美军第十四航空队空袭湖南西部的日军阵地。

11 月 23 日～26 日:蒋介石同罗斯福和丘吉尔参加开罗会议。会上各方商讨了东南亚会战,包括反攻缅甸的"泰山战役"(Operation Tarzan)。但是美英在这个议题上热情不高。反攻缅甸的"泰山战役"最后才确定了。蒋介石继续要求美国和英国加大参战力度,罗斯福答应在孟加拉湾发动大规模海陆两栖作战。开罗会议声明满洲将归还给中国。

11 月 25 日:美军第十四航空队空袭台湾日军航空兵基地。

11 月 28 日～12 月 1 日:"德黑兰会议"召开。罗斯福和丘吉尔同意提早进攻法国,以争取俄国加大对德国的进攻力度。俄国答应在德国投降三个月后同日本宣战作为回报。

12 月 1 日～3 日:第二次开罗会议召开。丘吉尔和罗斯福决定在东南亚降低行动力度,并减少海空军的协助。蒋介石没有参加。罗斯福和丘吉尔认为在欧洲的登陆战役之时无法在东南亚分散其两栖作战力量。罗斯福把这个决定通知了蒋介石。

1944 年

1月9日：英属印度陆军重占缅甸孟都(Maungdaw)。

1月10日：中国远征军重新进入胡康河谷。

1月16日：国民党邀请周恩来重返重庆。

2月10日：第四次"南岳军事会议"召开。蒋介石下令沿长江沿岸各大战区做好准备，三个月内发动总反攻。蒋同时也认识到他需要国外的支援，特别是空军和重炮。

22

2月11日：美国第十四航空队对香港和九龙进行空袭。

2月23日：美国航空母舰舰载飞机空袭马里亚纳群岛。美军两栖登陆部队于8月8日占领该群岛，这给B-29"空中堡垒"轰炸机轰炸日本提供了重要基地。这样，中国内地轰炸机基地的重要性便降低了。

3月3日：病重的汪精卫去日本名古屋治病。他将死在那里。

3月4日：美国第十四航空队轰炸海南岛。

4月17日：日本发动"一号作战"，其目的是建立通往东南亚的陆上通道。战役最初的行动是集中精力清除河南和湖北省境内的中国军队。

4月21日：日军大规模攻势从河南开始，首先清除平汉线。中国防线迅速崩溃。4月22日，日军占领郑州。第二天占领新郑、密县。

4月29日：国民党空军轰炸黄河上的大桥。

5月6日：中国空军攻击汉口。但是日军"一号作战"攻势已经接近湖北省襄阳。

5月9日：日军打通平汉线。

5月10日：日军沿着陇海线向西推进，逼近洛阳。

5月14日：日军航空兵空袭昆明。

5月17日：中国远征军在温盖特指挥的"钦迪队"(Wingate's Chindits)和"麦瑞尔突击队"(Merrill's Marauders)协助下，攻占密支那日军机场。对密支那的围城持续到8月4日。

5 月 25 日：日军占领洛阳并成功打通陇海线。

5 月 26 日：日军"一号作战"战事燃烧到湖南省。日军分三路，长沙和衡阳会战开始。

5 月～6 月：史迪威率领中国军队沿着缅甸孟拱河谷反击日军。

5 月 11 日～9 月 30 日：中国 Y 部队（Y-Force）在云南境内开始作战。

6 月 6 日：诺曼底登陆开始，欧洲第二战场开辟。

6 月 8 日：日军完全包围长沙。

6 月 15 日：美军 B-25 轰炸机从中国起飞轰炸日本本土。

6 月 17 日：日军对长沙发动总攻并于第二天攻占该市。

6 月 25 日：盟军顺利通过孟拱河谷。

6 月 29 日：日军开始"衡阳会战"。6 月 30 日日军占领该市机场。

7 月 7 日：罗斯福要求任命史迪威为所有中国军队的总司令。

7 月 28 日：中国和美国空军空袭湖南省岳州。

7 月 31 日：日军航空兵空袭广西省柳州和桂林。

8 月 1 日：美军空军对满洲的日本工业基地进行轰炸。

8 月 8 日：日军占领衡阳。

8 月 9 日：美国第十四航空队轰炸上海。

8 月 16 日：中国军队攻击宜昌。美军轰炸机空袭衡阳的日军。

9 月 1 日：日军发动对桂林的强大进攻。广西和贵州的会战开始。

9 月 3 日：日军沿着湘桂线向西南挺进。

9 月 5 日：日军攻占湖南祁阳。

9 月 9 日：在广东，日军占领怀集和信都。在浙江，日军占领温州。

9 月：日军"一号作战"进入桂柳战役。

9 月 14 日：中国远征军收复云南省腾冲。日军占领广西省全县。

9 月 16 日：日军攻占广东高要。

9 月 19 日：罗斯福拍电报给蒋介石，要求他不要从缅甸撤出中国远征军，并要求任命史迪威全权指挥全部中国军队。

9 月 20 日：日军攻占广西梧州。数日之后占领容县和灌阳。

9 月 25 日：蒋介石要求罗斯福召回史迪威并另外任命一位美国军官

23

指挥中国军队。

9 月 28 日：雷州半岛的日军向广西进发，包围桂林。

10 月 1 日：日军占领湖南常宁。

10 月 12 日：日军攻占广西桂平。盟军对台湾进行大规模轰炸。

10 月 13 日：日军沿着湘桂线向大溶江发动攻势。

10 月 18 日：史迪威被解职，由魏德迈将军代替。

10 月 23 日～26 日：莱特湾海战开始。日本神风突击队攻击开始。

10 月 24 日：日军对广西南宁进行迂回攻击。

10 月 27 日：日军空袭成都和恩施。

10 月 29 日：史迪威被召回之后，蒋介石任命魏德迈将军为中国战区总参谋长。

11 月 8 日：日军占领广西鹿寨县、象县、柳城县。

11 月 11 日：桂林落入日军手中。日军同时占领柳州。

11 月～12 月：由于"一号作战"国民党军队败北，蒋介石下令从缅甸抽调 2 个师支援，阻止日军在中国南方的攻势。

11 月 15 日：中国远征军占领缅甸八莫。

11 月 18 日：日军占领广西怀远。

11 月 28 日：日军沿着洛茂铁路进入贵州。

12 月 2 日：日军占领贵州境内的独山，逼近四川边境。

12 月 24 日：日军攻占南宁。

12 月 18 日：美国第十四航空队轰炸武汉和岳阳。

12 月 28 日：中国远征军在缅甸势如破竹。

12 月：由于后勤困难，日军"一号作战"之桂柳战役最终受阻。

1945 年

1 月 4 日：英军攻占缅甸实兑。

1 月 9 日：美军攻入菲律宾。

1 月 20 日：中国远征军攻占畹町。

1 月 22 日：美军对台湾进行大规模空袭。

1 月 25 日：美国第十四航空队空袭北平附近的日本机场。日军攻占广东陆丰。美国第十四航空队轰炸南京。

1月26日：日军占领广东韶关。

1月31日：日军成功打通粤汉铁路线。

2月4日～11日：斯大林、丘吉尔和罗斯福在雅尔塔会议上碰头。斯大林同意组建联合国；罗斯福接受苏联在东欧的势力范围；斯大林同意参加对日作战。签署秘密条约确立大连的国际化（苏俄海军基地旅顺口亚瑟港）、中苏共同控制满洲铁路。

2月19日：美国开始进攻硫磺岛。

2月22日：中国军队收复广西蒙山。

2月25日：美国大规模轰炸日本东京。

3月3日：美军占领马尼拉。

3月7日：中国远征军占领缅甸腊戍。中国军队收复广西柳城。

3月20日：英属印度部队占领曼德勒。

3月30日：中国远征军同英属印度军队会师。

4月5日：苏联废除同日本的中立条约。

4月9日："湘西会战"开始。

4月16日：中国军队收复湖北襄阳和自忠县（今宜城）。

4月23日：苏军攻占柏林。（原文如此。应为：4月27日苏军突入柏林市中心区。）

5月8日：中国军队在湘西发动总反攻。

5月8日：欧洲胜利日。（西方时间）

5月11日：中国军队占领福建福州。

5月27日：中国军队占领广西南宁。

6月18日：中国军队占领浙江永嘉。

6月28日：日军从广西柳州撤退。

6月28日：麦克阿瑟将军宣布菲律宾战役胜利。

7月5日：中国军队占领镇南关，日军退入法属印度支那。

7月10日：美军开始大规模轰炸日本。

7月17日：中国军队收复江西赣州。

7月17日～8月2日：波茨坦会议召开。

26　　7 月 23 日：中国军队占领广东南雄。

7 月 25 日：美国空军轰炸上海。

7 月 27 日：中国军队占领桂林。

7 月 31 日：中国军队攻入江西西部。第二天占领湖南新宁和江西上高。

8 月 6 日：美国在日本广岛投下原子弹。

8 月 8 日：苏联对日本宣战。

8 月 9 日：美国在日本长崎投下原子弹。苏军在满洲攻势势如破竹。

8 月 15 日：日本接受《波茨坦宣言》，无条件投降。

9 月 2 日：在东京湾美国"密苏里号"战列舰上，日本正式签署投降书。

中国行政区划局部图

★ 首都
⊙ 省、自治区首府
● 其它地名

0 ————— 600 千米
0 ————— 400 英里

苏 联

乌兰巴托 ★

蒙 古

乌鲁木齐 ⊙

● 吐鲁番

齐齐哈尔 ●

黑龙江

哈尔滨 ●

吉林

● 牡丹江

长春 ⊙

海参崴 ●

日 本 海

日 本

甘肃

河北

沈阳 ⊙

辽宁

朝鲜

青海

★ 北京

大连
旅顺

天津市

釜山 ●

西宁 ●

太原 ⊙

⊙ 石家庄

Huang R.
(Yellow)

黄 海

青岛 ●

兰州 ⊙

延安 ●

山西

邯郸 ●

济南 ⊙

山东

宁夏

西安 ⊙

开封 ●

郑州 ⊙

徐州 ●

江苏

拉萨 ⊙

宝鸡 ●

陕西

湖南

信阳 ●

安徽

南京 ●

上海 ●

成都 ⊙

四川

湖北

宜昌 ●

武汉 ●

浙江

东 海

重庆 ⊙

长沙 ●

南昌 ●

台北 ●

贵州

湖南

江西

福建

台湾

昆明 ⊙

桂林 ●

广西

台南 ●

云南

柳州 ●

广东

Zhu (Pearl) R.

广州 ⊙

缅甸

南宁 ⊙

香港 ●

河内 ★

法属
印支

海南

南 海

泰国

N

地图一

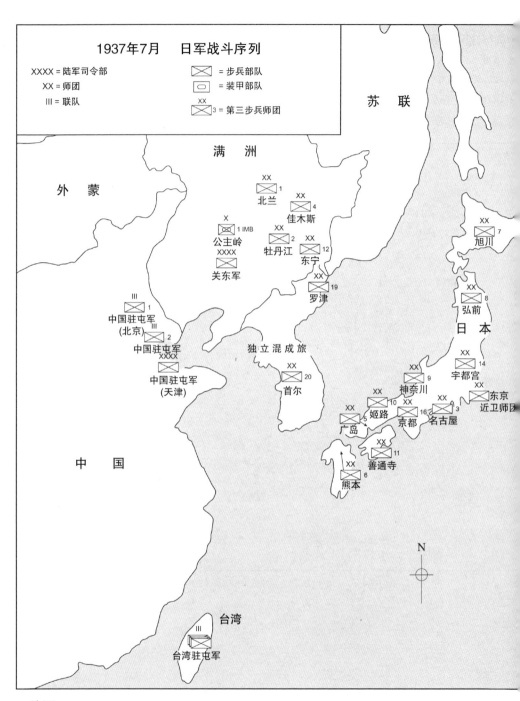

地图二

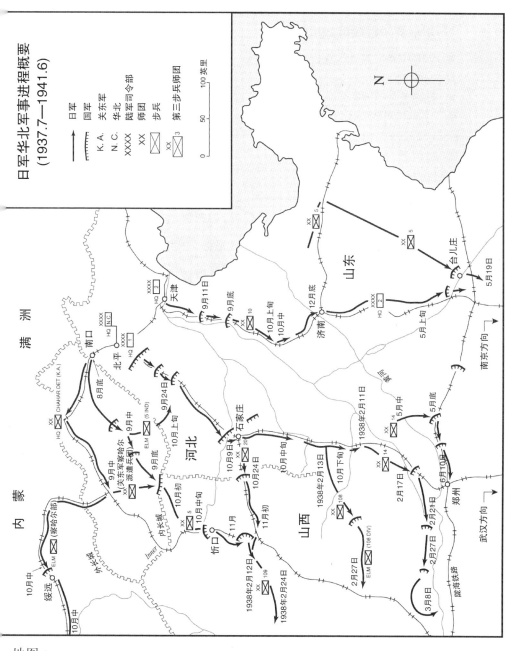

日军华北军事进程概要
(1937.7—1941.6)

图例：
→ 日军
↗ 国军
K.A. 关东军
N.C. 华北
XXXX 陆军司令部
XX 师团
xx 步兵
3 第三步兵师团

N

0　50　100 英里

满　洲

内　蒙

河北

山西

山东

地图三

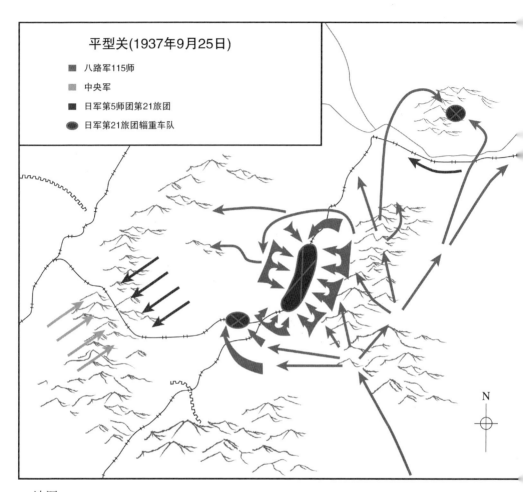

地图四

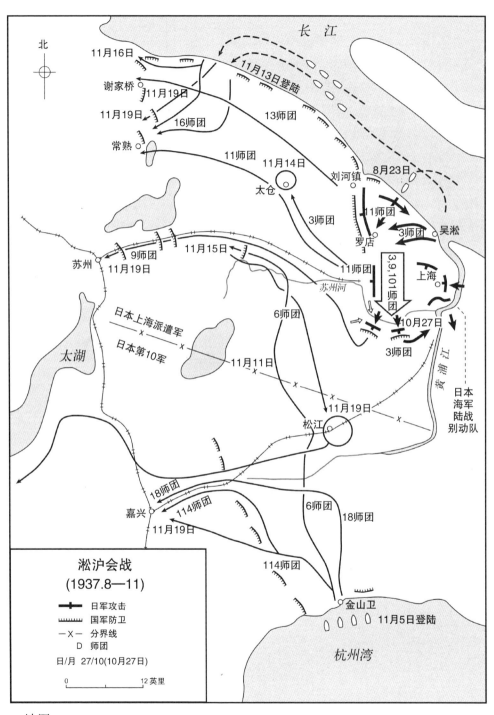

北

长 江

11月16日

11月13日登陆

谢家桥 ○ 11月19日

11月19日

16师团

13师团

常熟 ○

11师团

刘河镇

8月23日

太仓

11月14日

11师团

罗店

3师团

吴淞

3师团

9师团 11月15日

苏州 ○

11月19日

11师团

苏州河

3,9,101
师团

上海 ○

6师团

日本上海派遣军

——×——

日本第10军

11月11日

太湖

11月19日

3师团

10月27日

黄浦江

日本
海军
陆战
别动队

松江 ○

18师团

嘉兴 ○ 114师团

11月19日

114师团

6师团

18师团

淞沪会战

(1937.8—11)

 日军攻击

 国军防卫

—×— 分界线

 D 师团

日/月 27/10(10月27日)

0   12英里

金山卫 11月5日登陆

杭州湾

地图五

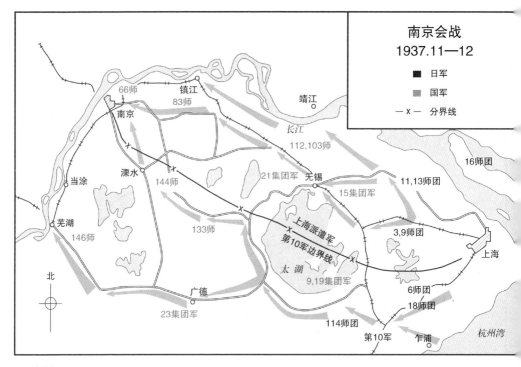

地图六

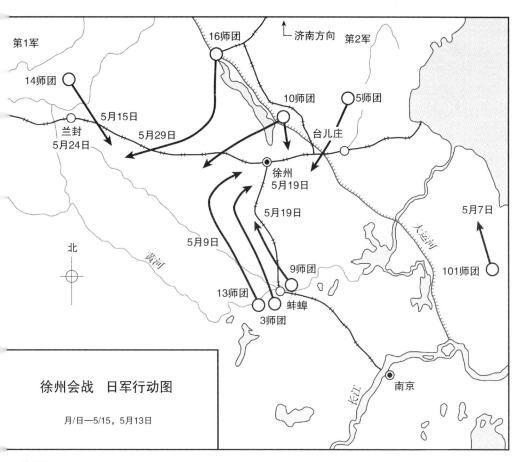

第1军

14师团　5月15日
兰封
5月24日　5月29日

16师团

济南方向　第2军

10师团　台儿庄　5师团

徐州
5月19日

5月19日

5月9日

9师团

13师团　蚌埠
3师团

101师团　5月7日

北

黄河

长江

南京

徐州会战　日军行动图

月/日—5/15，5月13日

地图七

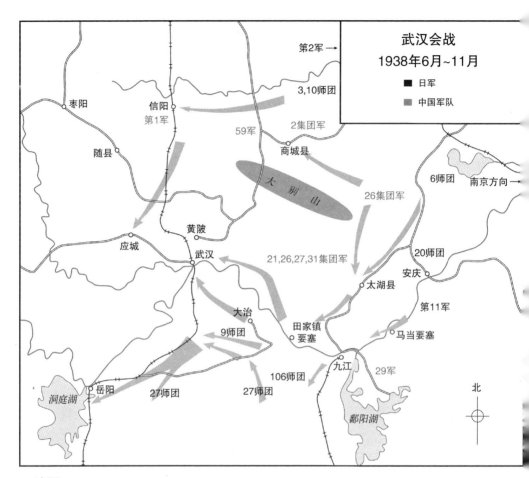

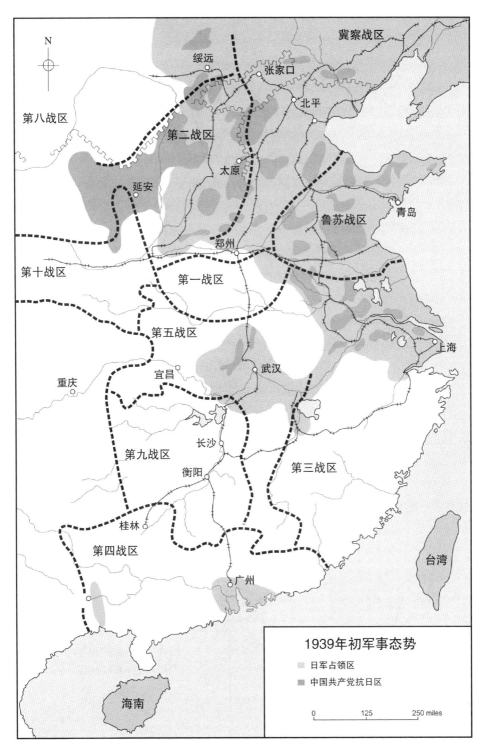

第八战区

N

绥远　张家口

冀察战区

北平

第二战区

太原

青岛

延安

鲁苏战区

郑州

第十战区

第一战区

第五战区

重庆　宜昌

武汉　上海

长沙

第九战区

衡阳

第三战区

桂林

台湾

第四战区

广州

海南

1939年初军事态势

日军占领区

中国共产党抗日区

0　　125　　250 miles

地图九

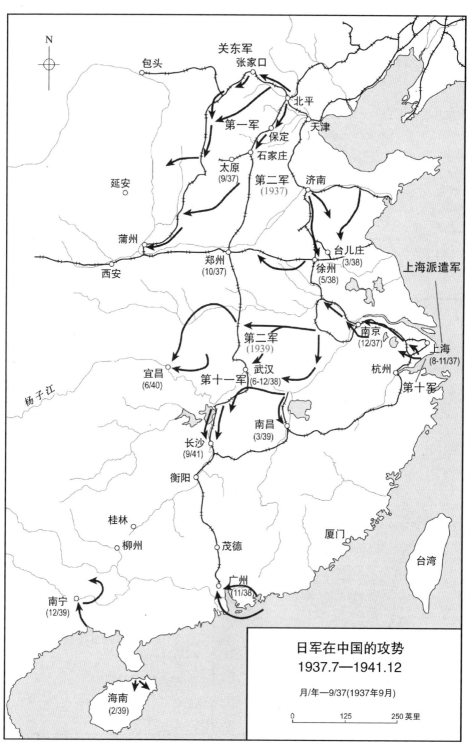

日军在中国的攻势
1937.7—1941.12

月/年—9/37(1937年9月)

0   125   250 英里

地图十

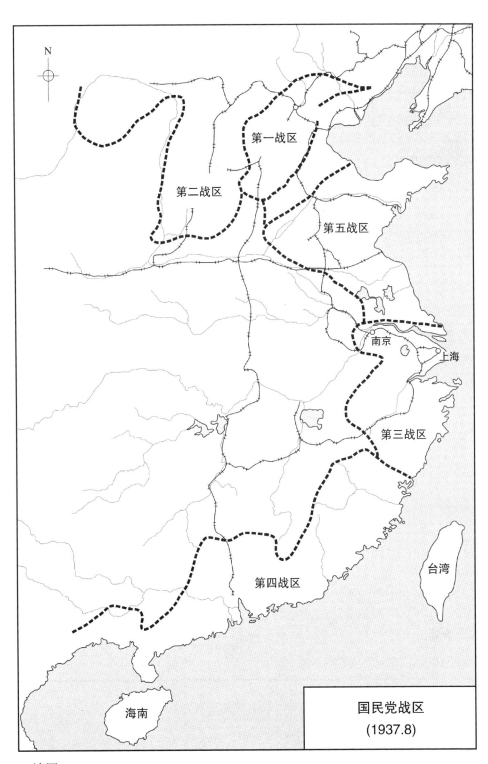

N

第一战区

第二战区

第五战区

南京
上海

第三战区

台湾

第四战区

海南

国民党战区

(1937.8)

地图十一

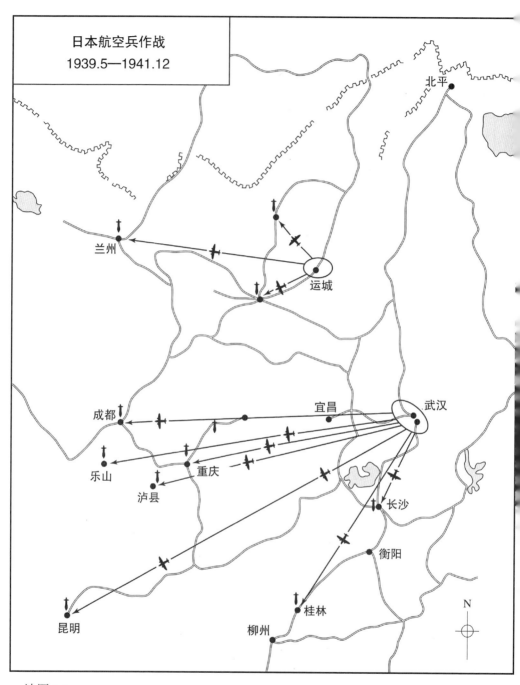

日本航空兵作战
1939.5—1941.12

北平

兰州

运城

成都 宜昌 武汉

乐山 重庆 长沙

泸县

衡阳

昆明 桂林

柳州

N

地图十二

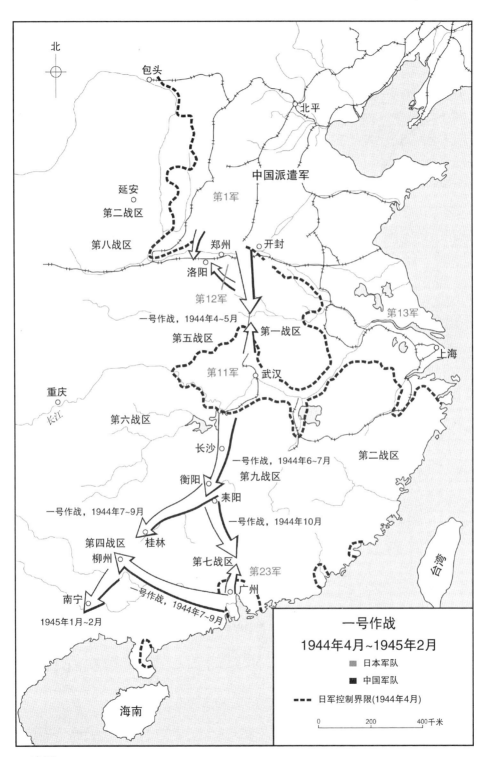

北

包头

北平

中国派遣军

第1军

延安
第二战区

第八战区

郑州　开封

洛阳

第12军

一号作战，1944年4~5月

第五战区　第一战区

第13军

上海

第11军　武汉

重庆

第六战区

长沙

一号作战，1944年6~7月

衡阳　第九战区

耒阳

一号作战，1944年7~9月

一号作战，1944年10月

桂林

第四战区　第七战区

柳州　第23军

南宁　广州

一号作战，1944年7~9月

1945年1月~2月

台湾

海南

一号作战
1944年4月~1945年2月

■ 日本军队
■ 中国军队
- - - 日军控制界限(1944年4月)

0　　200　　400千米

地图十三

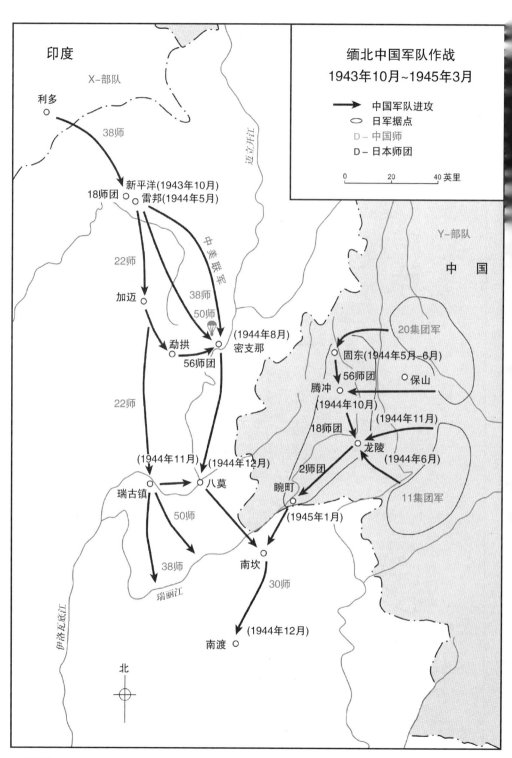

印度

X−部队

利多

38师

新平洋(1943年10月)
18师团 雷邦(1944年5月)

迈立开江

22师

中美联军

加迈

38师

50师

勐拱

(1944年8月)
密支那

56师团

22师

(1944年11月) (1944年12月)

瑞古镇 八莫

50师

2师团

瓦町

(1945年1月)

38师

瑞丽江

南坎

30师

(1944年12月)

南渡

伊洛瓦底江

北

缅北中国军队作战
1943年10月~1945年3月

中国军队进攻
日军据点
D − 中国师
D − 日本师团

0   20   40 英里

Y−部队

中 国

20集团军

固东(1944年5月~6月)

56师团 保山

腾冲

(1944年10月) (1944年11月)

18师团

龙陵

(1944年6月)

11集团军

第一章
1937～1945，中日战争重要军事战役概况

作者：爱德华·J·德利亚/方德万

1937 年 7 月 7 日之后，中日双方最高层都没有料到卢沟桥事变会演变成蔓延中国大陆以及周边国家的总体战，更没想到战争会持续 8 年之久。日本最高统帅部最初认为他们能够控制局面并逼迫中国对他们所提的要求做出让步。中国国民党当局此时已下定决心不再向日本对华北主权要求做出妥协，但不到迫不得已，他们也总是努力避免战事扩大。毕竟这是同一个强敌交手，战争有其不确定性，甚至会带来灾难性后果。中日双方军队都刚刚开始军事变革和装备更新。日本是 1936 年开始的，而国民党则在消灭了中国中部和南方共产党根据地后于 1934 年才逐步展开。糟糕的是，尽管客观形势不利于战事扩大，但是双方都不肯让步。冲突也就很快上升为多个师级的厮杀。

日本迅速增援中国驻屯军，并征集后备役三个师团以使其达到战争规模。7 月底，中国军队被迫撤出北平和天津。日本参谋部命令新增 20万大军开赴华北。国民党领袖、中央军司令长官蒋介石综观事态发展后感到，尽管中国军队还没有完全备战完毕，但也不得不应战日本了。

日本希望通过包围并歼灭华北的中国军队从而迅速结束战争。但是日本人往往缺乏长远的总体军事战略。他们在中国发动的一次接着一次战役都是临时性的，根本没有连贯性的军事战略目标。我们今天已经无法了解国民党在 1937 年的真实战略构想，但是不难想象那也只不过停留在战场的随机应变上。为了抵御日本，国民党总的想定是：鉴于日本害怕同苏联开战，急于在中国发生冲突后迅速寻求解决方案，那么中国则愿意以空间换时间来打一场消耗战。只要条件允许，中国军队也会争取战

场主动权,迫使日军在中国人自己选择的时间和地点进行交战。①

"七七事变"之后,蒋介石把德国装备和训练的中央军调往华北增援当地的军阀部队,后者包括了在卢沟桥和日军对峙的宋哲元部队。不仅如此,蒋介石很早就计划在上海地区开辟第二战场。于是国军即在南北两线之间的徐州周围聚集部队、积极修筑工事、预设接敌战场。日军在徐州地区将远离他们的补给线,地形也将减弱其机动和海空优势。现存的国民党战争计划档案非常清楚地证明,从沿海向内陆甚至重庆撤退也已酝酿多时。

当然这并不是说蒋介石在战争第一年就能正确预测到了战争的进程。往往战事同预期截然相反,愿望同现实相距甚远。国民党陆军的表现屡屡让蒋介石大失所望,直到日军大举进攻、华北沦陷,他才决心升级对日的作战。他一直以为日本人非常担心苏联,不敢轻易冒进。蒋认为战事升级会给他带来有利的谈判机会,并为此做好了最坏打算。然而现实是,国民党既没有战略规划也缺乏军事实力将日军赶出中国大陆。日本人其实也是一样,他们也缺乏逼迫蒋介石投降的计划和相应的军事实力。

日军进攻中国华北的路线主要是两条平行铁路线:东面的津浦线和西面的平汉线。日本第一军从北平向南,第二军则先向南,然后折向西,企图在滹河北岸夹击中国军队。为了便于协调控制两支部队,从 8 月下旬起,东京正式启用"日本华北方面军"(NCAA)编制。

中国的地形对日本人的计划来讲是把双刃剑。整个战区面积相当于美国密西西比河以东的广大地区。假设北平位于密歇根上半岛,那上海就在华盛顿这个位置,而广州则在新奥尔良、武汉相对于圣路易斯、重庆则在堪萨斯西南部的位置上。中国农村土地广阔,根本无法建立一个连续性的防线,日本军队可快速迂回中国防御重心。国共之间的不和,加上中国南、北、西各方面军阀部队同中央军的不协调,使得统一的作战战略实施起来备加困难。日军虽然经常实施机动包抄,但由于缺乏足够兵力,

---

① 《蒋委员长对敌人战略政略的实况和我军抗战获胜要道》训词(1937 年 8 月 18 日).参见:秦孝仪编.《中华民国重要史料》.台北:国民党中央执行委员会党史研究委员会,1981～1988 年第二册,第一部,P44～48。

无法真正包围敌手。中国军队屡屡利用空隙跳出包围。日本战场指挥官们常常施压，要求参谋部和"帝国大本营"（IGHQ，1937年成立）扩大作战区域、深入中国腹地。

战争一开始，双方主要是陆军厮杀。日本海军的作用是封锁中国海岸线并配合陆军登陆作战。日本海军陆基和舰载航空兵是主要打击力量。日本海军航空兵在前三年的战争中起到了关键但非决定性的作用。[1]

战争开始阶段，日军空战战场划分给了两个兵种：陆军航空兵负责华北区域，海军航空兵负责华中和华南。战争初期日军在满洲和内陆空军基地较少，淞沪会战打响后，实际参加空战的战机来自于东海方向的舰载机或来自日本西部、台湾和广东租借机场的中型轰炸机。日军起初的目标只是沿海城市或靠近沿海的内陆机场。日本从九州和台湾起飞的是三菱重工制造的中型远程双引擎轰炸机。它们长途奔袭能力使中国和西方世界吃惊不小。幸亏日本人缺乏战略轰炸经验、组织战术漏洞百出，又缺少战斗机护航和飞机机身易燃等特性，使得其折损比例远远大于其对目标轰炸的收获。

在日本陆军南下的同时，关东军和日本华北方面军的战略预备队第五师团发起了第三个方向的攻势，他们占领了北平西北的察哈尔省。日军起初进展顺利。机械化部队和航空兵为北京—绥远铁路沿线的汽车步兵开辟道路。然而至9月中，第五师团在平型关山区受挫。国民党中央军和共产党一一五师在撤出战场前给了日军迎头痛击。

8月14日（按：原文如此，应为13日），蒋介石在上海开辟第二战线。淞沪会战爆发。蒋介石计划用强大的兵力消灭驻沪日军。[2] 日本海军陆战队被切成两段，并被压缩在上海沿江码头的狭小区域。然而此时的国军攻势嘎然受挫。日军增援部队登陆到达。中国军队迅速占领预先加固的阵地，战事开始北移。双方都避开了上海市区，因为上海有各大列

30

---

① 以下几段关于日本空军在华作战取材于马克·皮蒂.旭日：日本海军航空兵的崛起1909～1941.美国海军学院出版社，2001，P102～124。

② 1932年第一次上海事件（指"一·二八事变"）后停火协议，允许日本海军陆战队驻扎上海.参考杨天石第五章。

强的商业、金融和行政利益,其中包括法租界和公共租界。日本此时希望避免同西方列强发生冲突,而中国更不能得罪这些列强。①

日本参谋部向上海派出两个师团的上海派遣军。蒋介石也把大批部队送往同一地区(中国军队最终达到 70 个师之众),决战时机已经成熟。日军始终无法击溃中国部队,而自身则损失惨重。9 月中,东京再次增派 3 个师团以求速决。由于自然地理障碍和中国军队的坚固防线,日军进攻的战场实际成为了一个绞肉机,双方每前进几百米都十分困难。进入 10 月份,日军强攻中国军队的堡垒防线,损失已经超过 25 000 人。蒋介石部队的损失也非常严重。双方都投入了预备队,但是都无法打破这个消耗战的僵局。可以说蒋介石成功地将日军拖在上海进行一场持久的消耗战,这大大减轻了中国北方的压力。

10 月上旬,东京参谋本部要求华北方面军彻底消灭山西境内的中国军队,以求解除日军侧翼的隐患,并攻破西北国民党和共产党根据地的保护屏障。日本参谋本部还从华北方面军中抽调两个师团用于上海方向,同时于 10 月 20 日命令本土第十军准备在上海西南部进行两栖登陆包抄作战,时间定为 11 月上旬。在 10 月 30 日,日本参谋本部成立了华中方面军用于指挥此次战役。在 11 月上旬前,日军反复的进攻终于突破了上海西部苏州河一线中国军队的最后防线。随后,日军在上海南翼登陆,中国军队被包围已趋明显。此时蒋介石只得下令撤出已经打残的全部剩余部队。淞沪会战双方损失都非常惊人。日军损失 4 万人之众,中国军队的伤亡也许超过 20 万。

与此同时,日军从河北进入山西,准备强攻山西首府太原。日军在忻口遭到中国军队的顽强抵抗。战斗虽然没有淞沪会战那样激烈,但是战斗依然从 10 月中一直打到 11 月份。日军第一军和第二军同时希望在平汉线石家庄附近合围中国军队。中国军队则能避开包围,成功地保存了实力。日军此刻战线过长,攻占目标也越来越多。东京参谋本部一再要

---

① 王道平. 中国抗日战争史. 北京:解放军出版社,1995 年,中卷. P141～160;德国赴华军事顾问关于"八一三"战役呈德国陆军总司令部报告. 参见:民国档案,1998 年,第 3 卷. P33～41,50～56;1998 年,第 1 卷. P46～55;八一三淞沪抗战——原国民党将领抗日战争亲历记. 北京:中国文史出版社. 1987 年。

求控制作战范围，但是日军战场指挥官们执意认为大胆进攻才能消灭中国军队。日子已经到了11月下旬，尽管黄河以北广大地区都已落入了日军手中，国民党部队并没有投降或被打散。日本人此时只能另寻对策。

这个对策即令日军第十军进攻南京，他们认为国民党首都一旦失守，蒋介石必定求和。11月中，日军开始从上海到南京280公里的长江沿江而上。他们进展迅速。一路占领制高点的中国军队不是被包抄就是被迂回。强大的日本海、陆军航空兵，外加装甲和炮兵，一路猛轰孤立或撤退中的中国军队，为日本步兵扫清前进道路。这种类似闪击战的效果使日本大本营深信占领南京后国民党政权即会垮台。东京大本营此时也只得默认进攻南京的这个事实。12月10日，日军已经兵临南京城下。

国民党知道南京是守不住的，但是南京毕竟是中国首府、中山陵所在地。作为象征意义，蒋介石命令部队抵抗到底。国内外因素也需要蒋介石向世人展示他还有抵抗的决心和意志、更有全国人民的支持。唐生智本是蒋介石的内政劲敌，此时他搁置前嫌、以民族危亡为己任，毅然担当南京城防司令。可惜的是，中央军从上海撤退时出现混乱，纪律涣散。南京的防务只能落在军阀的部队和大批新兵肩上。激战三日，南京应当守还是撤，蒋介石再三犹豫。他的举棋不定和没有正式下令放弃城防给部队和南京带来了极大灾难。[1]　最终，中国军队在撤离时出现混乱。日军则犯下了20世纪中最骇人听闻的战争罪行：对中国平民和投降的军人进行大肆屠杀。[2]

到1937年底，日军已经占领北平—天津走廊、山西全部、长江下游地区以及上述地区境内的重要铁路干线。此外，日军改进了轰炸作战技术和编队组合、占领了大批内陆机场并加强护航战斗机编队。1937年入秋以前，这些措施弥补了战争初期空战缺陷。日军航空兵此刻得以主动发动空中攻势。鉴于这些优势，日本海军航空兵乘势把空中打击集中于以下三个目标：切断中国交通补给线；配合陆军摧毁中国军队及其基地；恐怖空袭中国城市和平民以迫使国民党政府投降，或至少把它打到谈判桌

32

---

[1]　南京保卫战：原国民党将领抗日亲历记. 北京：中国文史出版社，1987年.
[2]　张宪文等编写. 南京大屠杀史料集，第28卷. 南京：凤凰出版社，2005年.

上来。在陆军航空兵的配合下,日本海军航空兵前两个战术目标完成得比较完美。陆基航空兵轰炸机对中国北方的公路和铁路进行了无情的轰炸。这些都是中国得到苏联援助的重要干道。海上航空母舰上的轰炸机主要是空袭沿海航运和南方沿海内陆交通干线。

然而,尽管日本强占了大片中国领土、制造了"南京大屠杀",并采取连续猛烈的空中攻势,中国并没有屈服。国民党此刻把长江重镇武汉确立为华中全国抗战中心。中央军则避开日军锋芒撤往内陆以利再战。和日本陆军预期的相反,南京的陷落没有结束战争。相反,日军暴行更加增强了中国人民的抗战决心。

桂系军事实力乃中央军后排行老二。蒋介石和桂系领袖李宗仁达成协议,任命李宗仁为第五战区司令长官,坐镇徐州。在淞沪和其他战场战事焦灼之时,大批部队汇集在李宗仁的指挥之下。其目的就是利用津浦线、平汉线和陇海线补给第五战区,使其能够防止华北分散孤立的日军与长江下游的日军合为一股。徐州对中国来讲是个很好的地理选择,可以一战。因为徐州处于日本陆、海军航空兵火力范围之外、陆军补给线的末端;徐州城外的河川又能阻碍日军的机动。所以,在中日战争第一阶段,中国人预设了徐州这个决定性会战战场。①

对日本来讲,1937 年投入中国战场的部队已达 16 个师团。这 60 万大军等同日本战前和平时期部队的总和。但是战争的结束却遥遥无期。② 更糟糕的是华中日军已经精疲力竭、伤亡惨重、弹药不足、后勤保障不全。日本大本营于是决定在华中地区压缩战役规模,以便部队的重建、补充和整顿纪律。同时日本也想借此机会在 1938 年中在本土再动员10 个步兵师团,并将日本的主要工业纳入战时轨道。但是,由于战争扩大、伤亡增加,日本国内对战争的回报要求也水涨船高。③

33　　　日军华北方面军经过 6 个月的作战,损伤相对较小。那些少壮派军官强烈要求继续扩大战争、分兵南下。1938 年 3 月,华北方面军第二军

① 王道平. 中国抗日战争史. 中卷. P158~170;徐州会战:原国民党将领抗日亲历记. 北京:文史出版社,1985 年.
② 秦郁彦. 日中战争. 河出书房,1972 年. P287.
③ 古屋哲夫. 日中战争. 岩波新书,1985 年. P154.

从山东发起进攻,扫荡黄河以北地区,以备日后进攻徐州或武汉。日军从东、北两个方向直扑向台儿庄。日军两大进攻纵队之间空隙巨大。台儿庄是津浦线和大运河的集散中心。日军的钳形攻势遭遇到精锐的中央军第二十和第二集团军的坚决抵抗。日军第五师团暂时占领了台儿庄部分地区,但很快发现有被包围的迹象,便迅速撤离。经过 3 月 24 日至 4 月 7 日近 2 个星期的血战,日军第五和第十师团伤亡数千,但突围成功。日军增兵后反扑,实力削弱后的中国军队被迫撤出战斗。日军的受挫是中国人的大捷,台儿庄会战大大鼓舞了中国人的士气。台儿庄大捷具有较大的政治意义。此时的国民党正在武汉召开全国代表大会,决心团结全国抗战到底。对日本人来讲,中国人的胜利和日军的损失使得日本计划压缩战事规模的目的越来越难以达到。[①]

台儿庄会战 4 月 7 日刚结束,日本大本营即刻启动包围消灭中国军队的大规模新会战。由华北方面军从北面和 1938 年 2 月 14 日成立的华中派遣军(CCEA)从南面参加。此次作战日军共出动兵力 7 个师团 20万兵力。[②] 日军采用南北夹击方式,意在徐州合围国民党至少 50 个师的部队。这次会战历时 2 个多月,日军攻占了徐州,但是还是没有能够围歼中国军队。中国大部分部队和装备乘本地大雾跳出了包围圈。会战再次暴露了日军后勤的严重不足。其一线作战部队粮草和弹药频频告罄。

南京沦陷没有能够最终解决中日战事,军事上亦没能达到消灭中国陆军的目的,于是日本开始更换策略:放弃寻求同中国军队决战,只求攻占重要的战略要地。这回目标锁定在了武汉。武汉是中国的行政中心、中国军队长江防线的后勤和集散中心。1938 年夏这里是抗日救国的集结地。

5 月中,日军渡过黄河,然后向西沿陇海铁路向郑州方向进攻。那是 34

---

① 秦郁彦.日中战争.P288;2 月 20 日至 5 月 10 日,第五师团伤亡 6 600 人,第十师团 3 月14 日至 5 月 12 日记录是伤亡 5 000 人。其中大部分伤亡发生在台儿庄战役。中国军队伤亡大约两万。日本防卫厅防卫研究所编.战史丛书:支那事变陆军作战,第二册,到 1939 年 9 月为止.朝云新闻社,1976 年.P41;儿岛襄.日中战争.文艺春秋社.第 4 卷.P329.

② 这反映了部队建制的沿革。华中方面军(CCAA)的名称于 1937 年 10 月 30 日启用。1939 年 9 月 12 日开始的实质性编组,建立了统帅部;华中派遣军(CCEA)于 1939 年 9 月 12 日启用,以求掌控在华部队。

陇海线和平汉线的交汇处。攻占郑州可以保障其武汉会战铁路运输线。
6月上旬,中国军队撤离徐州,日军威胁攻击武汉。蒋介石下令在河南省
花园口黄河大坝决堤,阻止日军西进。[①] 滔滔洪水在郑州以东 96 公里地
处孤立了日军两个师团的部分部队,日军进展受阻。蒋介石的炸坝放水
暂时缓解了日军对武汉的直接威胁,使其部队能够及时撤退和重组。然
而日军并未放弃占领武汉的计划。他们正等待长江夏季汛期、利用海军
帮助陆军沿长江两岸西进。日军屡屡利用海军的炮舰迂回,从中国防线
的背后清除前进障碍。

　　不幸的是,花园口黄河决堤造成苏鲁豫三省 90 万平民死亡、300 万
流落为难民。[②] 此外,分散的中央军也被日军赶出了该地区。灾区汪洋
一片,所有当地的行政指挥全部瘫痪。

　　在武汉市之东沿着长江两岸和三镇以北广大山区,中日双方军队于
七八月间多次接战,中国军队节节败退。日军在会战中投入 30 万人马,
而中国投入部队则达到上百万之多。战区道路的破旧和山势的崎岖使得
日军后勤倍受困扰,其运输线负载过大而濒临崩溃。此时长江沿线正值
酷暑季节,疟疾流行,痢疾袭扰着双方的部队。后勤不济的日军在华中夏
暑战役中不断推进,但其士兵口干舌燥、见水就喝,结果第十一军霍乱
暴发。

　　此时的蒋介石坚信他能够挡住日军、守住武汉。他决定把许多剩余
的精锐部队投入这场旷日持久的会战。日军为了突破中国军队的坚决抵
抗,有选择性地使用了毒气(诡称"特殊烟幕弹")。[③] 武汉会战对日军来
说打得非常艰难。7 月到 8 月上旬,在朝鲜—苏联边境上的张鼓峰又发
生了团一级的日苏边境冲突。日本大本营甚感不安。他们无法确定苏联
参战是为了援助中国,还是仅仅试探日军防御。因此,日军陆军将领决定

---

　　① 1938 年黄河决堤资料一组.载于:民国档案.第三卷(1997 年).
　　② 黛安娜·莱瑞(Diana Lary).淹没的土地:1938 年黄河决堤的战略考量.战争和历史,
8,第 2 部,2001 年.P198～200;黛安娜·莱瑞(Diana Lary).被蹂躏的地方:1938 年徐州地区的
毁灭.莱瑞和麦金农(Stephne MacKinnon).战争的伤痕:中国现代战争的烙印.温哥华:不列颠
哥伦比亚大学出版社,2001 年.P112 表格 4.3。
　　③ 儿岛襄.日中战争.P172;谢尔登·哈里斯(Sheldon Harris).死亡工厂:日本细菌战
1932～1945 和美国的隐瞒.伦敦,Routledge. 1994 年。

暂缓武汉会战、以利 8 月中旬解决边境冲突问题。

8 月 22 日,日本大本营才最终下令十一军占领武汉、配合二十一军两栖登陆广州。武汉和广州这两个战略中心的陷落将使国民党在华中失去一个重要军事和行政中心、南方则失去一个重要的港口和补给基地。日本希望战略要地的丢失和沿海封锁会导致中国人失去继续抗战的意志。10 月 21 日广州陷落。5 天后武汉失守。10 个月的会战期间,蒋介石损失了大批优秀军官、中央军实力也受到严重削弱。[①] 为了避免"南京大屠杀"悲剧重演,在日军抵达武汉之前,蒋介石下令总撤退,最终迁都偏远的重庆。

武汉陷落后,国民党开始着手制定新的军事方针。第一年的战事证明大规模的阵地战意义不大、成本代价太高,中国必须规避。中国认定日本不敢冒险同欧洲列强和美国发生重大冲突,也就不会在中国南方发动重大战事。四川人口稠密、农业自给自足、四周环山,国民党即把四川建为抗日基地。同时,中国利用苏联与日本在中国北方的紧张局势,希望把战争引向北方。中国开始在全国范围内组建各大战区。北至苏联边境南至大海、法属印度支那和缅甸,在这广大地区设立战区既保护了重要交通线也切断了日军在华中和西北方向的进攻道路。这些战区对日本构成了多方位的威胁、使其在中国辽阔土地上兵力分散,无法集中兵力做决定性打击。这一方针还促使国民党部队骚扰日军,使其无法巩固占领地区。在这个总体思想下,国民党还在华北日占区建立了游击区。国民党还削减了三分之一的作战部队,对部队进行整训以备持久战。[②]

对日军而言,武汉会战已经到了日军进攻能力的极限。其大规模进攻的灵活性已经消失。[③] 他们也非常担心在苏满边境上他们将面对更加强大的对手。所以在武汉会战后,日军力求把国民党政府困于四川,使其不能发挥作用。同时日军强化对占领区的控制并希望逐渐把驻华兵力从

35

---

①　中国第二档案馆编辑.抗日战争正面战场.南京,江苏古籍出版社,1987年.P648～779;麦金农(Stephen MacKinnon).现代亚洲研究 30,第四部(1986 年).P932;武汉的悲剧 1938 年;秦孝仪.重要史料初编,第二卷.P180～202;武汉会战:原国民党将领抗日战争亲历记.北京:中国文史出版社,1989 年;秦孝仪编.重要史料初编,第二卷,第二部分.P287～314.

②　王道平.中国抗日战争史,第二部.P423～429;参考:中国第二档案馆原始资料复印编辑.抗日战争正面战场.第一卷,P22～36.

③　半藤一利.诺门坎之夏.文艺春秋,1998.P12.

80 万降低到 40 万。日本人还决定花大力气扶植汉奸伪政府来抗衡蒋
介石。

36　　　　1939 年 3 月,日本大本营下令占领江西省南昌市。在此之前,日军
已绕道迂回过这座城市。鄱阳湖畔的南昌是通往华中、华南各大战区和
战时陪都重庆的主要物资集散中心。

日军 11 军于 3 月 20 日出动,一个星期后占领南昌。中国军队在以
后的 2 个月中反复攻击试图夺回该城,但均告失败。5 月间,第五战区李
宗仁部进入湖北山区建立基地并威胁平汉线,日军马上先手反击。这类
反击战役是这一段时期日军的特点:即快速合围,然后快速撤离战场,其
目的只限于阻止国民党军队的集中。中日战事正酣之际,日军和苏联军
队再次在满洲和外蒙边境上的一个名叫“诺门坎”的地方发生大规模战
斗。多师团规模的战役从 5 月一直持续到 9 月。双方均出动了装甲部队
和空中力量。日本大本营不得不暂缓中国境内的陆上军事行动。

陆战搁浅,东京最高统帅部只能仰仗天空了。日军对中国平民,特别
是战时陪都进行了恐怖性轰炸。他们试图用恐怖和苦难来逼迫重庆国民
政府投降。看来也只有这一招了。日军海军航空兵再次充当空袭的主要
兵种。1939 年 9 月,海军联手陆军航空兵发动代号“100 号作战”,这是一
系列远程空袭中国北方基地的开始。

8 月底,苏德签署《互不侵犯条约》。1939 年 9 月 1 日,德军入侵波
兰。日本陆军觉得国际势态的巨大变化给他们带来了千载难逢的好机
会:他们可以全力用武力彻底解决“支那事变”了。日本陆军的将领们早
就对大本营限制战役规模的做法存有不满。于是日军十一军司令官中将
冈村宁次决定于 9 月至 10 月在长江和长沙之间动手,试图包围并消灭这
一地区 30 个师的中国军队。但是日军兵力不足,无法形成包围圈,使得
中国军队受到重创后依然能够顺利撤离。中国军队的随后反击又迫使日
军 3 个师团于 10 月上旬退出该区域。冈村宁次除了军事进攻之外,根本
无望达到大本营的战略目的。①

然而在 12 月间,蒋介石突然发动 70 个师的全国性冬季攻势。日军

---

① 稻叶正夫,臼井胜美编. 现代史资料,第 9 卷,日中战争,第 2 部分. 美篇书房,1964. P34.

为此大吃一惊。日本在诺门坎和长沙的失利,大大鼓舞了中国军队。1939年秋国民党制定了冬季作战计划,调动长江沿岸、华北铁路沿线和广州附近各大战区,骚扰日军各大交通线并孤立武汉地区日军。[①]尽管冬季攻势使日军措手不及,然而其效果却不尽人意。1939年秋,山西军阀阎锡山同日军达成妥协,国共摩擦升级。

日军十一军所属各师团分散在130至190公里的战线上,根本没有防御纵深。日军的机动全部依赖公路,而铁路桥梁皆被中国军队破坏,要集中其分散的兵力做大规模梯次性反击作战是十分困难的。此外,帝国陆军只注重进攻,鄙视防御,为此日军付出了相对沉重的伤亡代价。由于没有战略预备力量,日军越来越感到捉襟见肘。而此时的对手国民党也由于后勤和指挥困难根本无力扩大初胜的战果。

1940年1月中旬,日本最高统帅部再次调整部队以求再战。蒋介石急调一个机械化师增防南宁,另派遣其他部队增援以抵御由杭州向西南方向推进的日军。但是国民党万没有料到日军会进攻广西、从南方威胁四川。冬季攻势没有形成长江沿岸和华北对日反击战,却演变成在南方进行的一系列激烈的争夺战。2月中旬,蒋介石的冬季攻势已成败局,中国军队人员物资损失巨大。日军进行反攻并重新占领。中国军队被打回了原出发地。冬季攻势失败了,但日军不得不承认中国军队还是具有相当战力。[②]这也许就是蒋介石在抗战最困难阶段所需要显示的,也是冬季战役之目的所在。

与之同时,从1938年底到1940年,华北日军展开一系列清乡和扫荡游击区的行动。东京需要确保后方安全用以扶植1940年3月30日在南京成立的汪精卫伪政府。[③]只有通过不断的扫荡进攻才能真正控制占领区。[④]1940年早期,日军华北方面军便制定一个方案:通过对山西省境

①　蒋委员长指示冬季攻势各战区作战任务及开始日期手令.参阅:秦孝仪.重要史料初编,第二卷,第一部.P196～197;张宪文等编.中国抗日历史.P645～659。

②　第十一军参谋部.1939年冬季作战经过概要.1940年3月5日,载于:现代史资料,第9卷,第二部.P440。

③　黄美真,张云.汪精卫国民政府成立.上海:上海人民出版社.1984.

④　伪政府依靠中国那些投机分子和职业机会主义者,他们专横跋扈,失去民心,也最终破坏了日本人的最终目的。参考:布莱恩·马丁(Brian Martin).汉奸的盾牌:汪精卫政权的秘密警察,1939～1945年.原载于:情报和国土安全,第16,第4部分(2001).P89～148。

内一系列压迫性扫荡来确立一个治安模范区域,以便为全国仿效。在主
要公路和铁道线上,日军安插了一系列据点用于分割孤立共产党和其他
抗日武装。许多据点其实只有伪军把守,日本驻军只对最危险地段进行
扫荡。这种"点和线"的战略对付"打了就跑"的游击战术十分有效。

38　　　　不奏效的要数日军海军航空兵的"101 号作战"、对重庆及其周围基
地的轰炸。由于缺乏战斗机护航,中国空军截击机起初能够击落大批日
本轰炸机。1940 年夏季之后,三菱 A6M"零式"战斗机投入战斗,中国城
市上方的空战发生了颠覆性的变化。一线日本海军航空兵迅速扫清中国
空军。但这个优势却没有给日本人带来长久的利益。"101 号作战"末
期,日机投掷了 2 000 多吨炸弹,重庆已成残垣,百姓死伤无数。政府和
百姓被迫躲藏于山壁岩石之中。然除此之外,轰炸没有达到任何其他效
果。国民政府根本没有谈判的迹象,更不用说投降了。现实足以证明日
本对华战略的彻底失败。日本航空兵已黔驴技穷,除了进行"102 号作
战"之外,毫无良策。空袭重庆除了带来进一步的破坏,达不到任何其他
目的。

　　日本在中国的战略轰炸没有赢得战场的胜利,甚至没有给日军带来
军事上的优势。战略轰炸是第二次世界大战中各国都面临的挑战。出于
西方列强主义的思维方式,西方军事理念自持战略轰炸理论是其独有绝
活,根本对日本空军在中国的作战经历不屑一顾。当然,中国战场传出来
的情报也往往互相矛盾,甚至于夸大事实。

　　1940 年 5 月 1 日,日军第十一军展开宜昌会战,其目的是要击溃湖
北中北部第五战区的中国军队、打开进入重庆的门户、占据轰炸陪都重庆
所需的空军基地。然而日本大本营此时却拒绝增兵,并规定宜昌会战不
得超过 2 个月,进攻部队必须按时返回原驻地。日军在炮兵、装甲部队和
强大空中力量的联合作战下击溃了中国军队的抵抗。6 月 12 日,宜昌陷
落。五天之后,日军按照命令退出城外并返回原出发地。[①]　就在这个当
口,由于德军在欧洲西线大捷,日本大本营马上变更原定计划。法国和欧
洲诸小国相继沦陷,大英帝国看似必败无疑,西方列国对中国的援助中

---

　　① 藤原彰.日中全面战争,第 5 卷.昭和史(小学馆 1982).P288～289.

断。这就给了日军一个重新通过武力解决中国问题的机会。日本大本营命令部队重新折回,攻占宜昌,并将其改建成对中国城市进行战略轰炸的前哨基地,以求最终粉碎中国的抗日意志。同时,宜昌也将成为南下的跳板,这也正是日本陆军将领们希望自由行动所梦寐以求的。1940 年 9月,日军占领法属印度支那北部,进一步封闭了中国陆地从外界获得物资的通道。日本极力希望再次通过武力结束中国战事。9 月下旬,日本同德、意签署互不侵犯条约,死心塌地跻身于轴心国的行列之中。

早在 1939 年夏季,日本参谋本部和陆军省就建议在 1941 年之前把驻华部队从 85 万降低到 40 万。中国派遣军极力反对这个计划。但最终妥协同意在 1939 年底前裁减部队到 75 万。1940 年 3 月,日本参谋本部和陆军省得出结论:如果在 1940 年内无法击败中国的话,中国派遣军必须准备自给自足。因为大本营必须腾出资源重新编练和改装陆军,以备战苏联。要达到这个目,唯一方法就是从 1941 年起开始让部队后撤并缩小占领区。1943 年之前,日军占据着上海三角地区和华北三角地段。尽管日军时有撤出占领区的行动,但是其规模远远不能达到预期的效果。于是在 1941 年 1 月,日军只得再次修改计划:减少部队压缩的数量,时间也可以拖得更长。[1]

此时的中国没有任何放弃抵抗的迹象。1940 年 8 月间,华北共产党部队一改游击方式,突然发动"百团大战"。本次作战力求切断日军的公路、铁道交通线、制造日军伤亡、破坏占领区内的日本工厂和矿业。"百团大战"规模之大、协调之好,为日伪军所始料未及。日军直到 9 月中才站稳脚跟,同中共部队展开拉锯战。日军凭借优势火力,战场形势才得以逆转。10 月底,中共部队开始撤退。日军开始了屠杀性的追击。[2] 中共这次大规模的攻势促使日军重新考虑对付敌后抗日运动的新策略。

在华北,1941 年仲夏,日军华北方面军新任指挥官冈村宁次一改过去被动封锁的战略方针,着手施行一种全面积极对抗游击队的方式。其

① 藤原彰. 太平洋战争史论. 青木书店,1982. P124～125.

② 莱曼·斯莱克(Lyman P. Van Slyke). 百团大战:中日战争中的协调和掌控问题. 出自:现代亚洲研究 30,第四部(1996 年 10 月). P979～1005. 张宪文等. 中国抗日战争史. P731～750。

基点便是恐怖、强迫迁移、掠夺。中国人称其为"三光政策",即"杀光、烧光、抢光"。在 1941～1943 年期间,数百次的小规模报复性扫荡给华北人民带来了无尽的痛苦和灾难。据统计,1941 年 1 月底至 1945 年 3 月期间,华北方面军至少发动多师团级规模的扫荡 30 多次,时间从几个星期到 3～4 个月不等,其目的即是铲除共产党游击队、击溃国民党残留部队、控制华北地区。[①]

　　与此同时,日本大本营正力求切断通往重庆的一切交通运输线。1940 年 7 月,在日本的压力下,英国同意关闭滇缅公路。这里是中国通往世界的南方大动脉。9 月中,日军进攻法属印度支那,河内通往云南的铁路亦被切断。1941 年 1 月开始的半年内,东京征集动员 4 个师团、一个航空师和第二海军远征舰队攻击福建至广州之间各大重要港口。仅在二三月间,日军对广州至香港一线的各大港口就进行了多达 8 次联队级规模的两栖登陆作战,以求切断中国沿海运输和对其内陆部队的补给。

　　为了达到从中国抽调部队又能稳定占领区的目的,日本大本营从 1941 年 1 月以后试着减少大规模的地面攻势。日本海军希望利用海上封锁和空中轰炸来打垮中国的抗战意志。对重庆、昆明和其他主要城市的狂轰滥炸使得平民百姓只得在地下坑道生活,国民党努力改善工业基地和军工生产计划遭到严重打击。为了准备太平洋战争,在 1941 年夏季之前,日本海军开始从中国撤出轰炸机部队。这使重庆和其他城市获得了喘息机会。

　　东京依然同意陆军进行有限度的攻势。由于兵力不足,其效果亦只限于先发制人性攻击,以求防止中国军队的战略集中。由于中国军队方针是以空间保存实力,日军 1 月底包围第三十一集团军和 2 月上旬进攻平汉线均以失败告终。3 月中至 4 月初,长江以南的上高会战,日军亦缴获甚微,自损严重。

　　以 1941 年 5 至 6 月的中原会战(即"中条山战役")为例,日军出动 6 个师团又 2 个混成旅。中国军队共有 26 个师参战。战斗发生在山东半

　　① 《每日新闻》编.一亿人的昭和史,第 6 卷.日中战争,(1979 年 12 月)第四部分.P81;国防大学编辑.战史简编.北京:解放军出版社,1983.P283～384;王道平主编.中国抗日战争史,下卷.P53～115.

岛以西、黄河和大运河之间。历时5个星期。中方战死43 000人,35 000人被俘。日军损伤3 000,随后撤退。其获胜也只是战术上的。

这些大规模的攻击虽然暂时击溃了中国军队,但是一旦日军撤离(他们总是这么做的),中国军队即刻返回收复失地。地形有利于中国军队。公路铁路缺乏阻碍了日军进攻和后勤补给。中国军队往往集中在河流或山川等自然屏障后面,守等日军前来。但是一旦形势不利,中国军队便迅速撤离。而日军则只得反复攻击同一个地区,因为他们知道撤离后中国军队很快就会折回。

这就是1941年主要会战模式。1月25日,日军扫荡平汉线南段。第五战区部队且战且退,直到日军远离其补给线,然后举行反攻、后尾包抄、侧翼攻击。日军只得奋力突出重围,退回原出发地。3月中,日军又发动江西上高会战——罗卓英将军第九战区的主要基地在此,它威胁长江航道、阻断日军从东往西攻击长沙。尽管突破三道防线后占领上高,日军自身也陷入重围,只得求助武汉方面的增援,突出包围。日军伤亡惨重,再次撤退。[①] 之后另一场大战为日军进攻山西南部的中条山。这里是卫立煌将军指挥的第一战区。此次会战给了国民党一个重大打击。中条山本来阻断了中共大本营延安同其他各地的交通联络,同时它也是国民党在山西防范当地军阀阎锡山的前进基地。

1941年4月,日军第十一军新任司令官阿南惟几中将认为这种来来往往的作战效率低下,建议发动一次重大会战攻占长沙,消灭那里的三十万中国军队,夺取中国粮仓。他相信这将最终结束中国战事。然而,1941年6月22日,德国进攻苏联,大本营只能暂时搁置阿南的计划。直到同年7月,日本政府此时已经决定不再北进进攻苏联,而采取南进占领美、英、荷兰的亚洲殖民地。同月,日本强迫法国政府接受了日军"进驻"法属印度支那南部的要求,此举一来希望给重庆施加压力迫使其就犯,二来为南下行动占领机场和前进基地。直到8月下旬,日本大本营才同意阿南着手进攻长沙。

9月18日,阿南以四个师团开始向南进攻长沙。在炮火、装甲部队

41

---

① 王道平主编. 中国抗日战争史,下卷. P171~174.

和航空兵的支援下,日军 10 天后便拿下了长沙市。但是马上又不得不撤回原出发地。10 月上旬,陈诚将军对宜昌发起反攻,威胁阿南西面侧翼。宜昌城内第十三师团被围 10 天之久,日军不得不从长沙会战中逐步抽调部队驰援。第二次长沙会战于 12 月 24 日展开,日军一周后再次攻占长沙,但遭到中国第十集团军的坚决反击。日军 2 个师团在 1942 年 1 月上旬被围,由于形势不利,日军于 1 月中旬最终向北撤退。长沙会战就像1937 年 7 月的会战一样没有给日本人带来进一步解决中国战事的效果。①

阿南仍不甘心。1941 年 9 月,第十一军再次向大本营建议拿下重庆。这个计划非常大胆但不切实际。重庆距离长江上游日军最西端的前哨有 430 公里,其间充满着峡谷和群山,进攻将十分吃力。然而日军还是不懈于力地开始着手攻占重庆的作战计划。

在 1941 年 10 月 14 的日本内阁会议上,东条英机情绪激动地拒绝了美国提出的日本从中国撤军的要求。他指出一旦撤军,"满洲国"和朝鲜安全将会产生多米诺骨牌效应。他呼吁用日本战神的精神来杜绝当前的投降外交。② 四天后,近卫文麿第三次内阁倒台,东条英机成为新的首相。这时,四年半的不断战争使日本阵亡人数高达 18 万(包括 48 344 人因病而死),323 700 士兵负伤(包括 36 470 永远残疾)。③ 遗憾的是,这些并不足以督促日本摒弃其对华政策,相反,东南亚和太平洋战争的危险还在继续扩大。

1941 年 12 月 7 日(美国时间)日本偷袭珍珠港美国舰队,并于同日入侵马尼拉。亚太战争的太平洋战争阶段正式开始。中国南方的日军在12 月迅速攻占了英国殖民地香港。次年 2 月 15 日攻占马尼拉,3 月入侵缅甸。英军起初拒绝中国军队的帮助,中国实感羞辱。蒋介石最终还是派出包括其唯一的机械化师在内的远征军投入缅甸战场,这不仅仅是显示同盟国并肩战斗的决心,缅甸毕竟是中国现存对外联络的唯一通道。④

---

　　① 张宪文.中国抗日战争史.P815～835;秦孝仪编.重要史料初编,第二卷,第二部.P523～551.

　　② 臼井胜美.日中战争.中公新书,1967 年.P129。

　　③ 陆战学会编.近代战争史概说——资料编.九段社,1984.P99。

　　④ 尽管英国殖民了缅甸,缅甸北方依然继续正式效忠中国。

但是中国军队连同他们的英美盟军被彻底击溃。失败的原因主要是没有足够的海空军力量,步兵装备差,卡车和坦克行动过于依赖公路。轻装的日军可以通过丛林,迅速包抄合围盟军。此外盟军高层指挥不和、关系紧张,对于是坚守缅北的曼德勒还是反击仰光意见不合。

　　1942 年 4 月间,美国中校詹姆斯·杜立特从航空母舰上起飞的中型轰炸机袭击了东京和其他几个城市,极大地鼓舞了国人士气。然而轰炸对中国战场产生了极其重大的不同效应。为了防止本土再次受到攻击,日本大本营决定攻占江西、浙江等能够达到日本本土的军用机场。上海地区驻军第十三军从杭州出发向西南方向进击。5 个师团和 3 个独立混成旅计划在 5 月中旬同南昌方向过来的第十一军所属 2 个师团汇合。至 9 月,中国在该区域的所有机场全部被捣毁,其中有些还是刚刚新建的。日军在扫清 290 公里长的杭州至南昌铁路沿线时,对周边地区进行了烧杀掠夺。[①] 由于缺乏粮食、弹药和运输工具,日军在 60 年来最大雨季的泥泞中挣扎。因疾病,特别是营养不良的减员人数是战斗伤亡 4 千人的三倍之多。之后,来自南昌的第十一军承担警戒长江南北两岸之间的广大地区。

　　在华北,日军想通过给军阀提供武器和军饷来拉拢这些汉奸向汪精卫伪政府靠拢,以此实现地区性的媾和。由于太平洋战争对日本财力的巨大要求,这项计划无法得以实施[②]。1942 年春夏之际,日军在华兵力到达顶峰。在华中地区,日军积极备战重庆会战,希望给中国军队最后一击,摧毁其后勤基地。1942 年开春之前,日军已经集结了 16 个师团,计划利用 5 个月时间攻占重庆。日本参谋部命令中国派遣军必须在 9 月份完成作战准备。然而美军 8 月份在瓜达尔卡纳尔岛登陆,紧接着所罗门群岛也发生战斗。阿南不得不放弃攻占重庆的计划,因为东京需要向新的战场增援部队。1943 年到来之际,日本大本营不间断地把一线师团抽调到吃紧的太平洋和东南亚战场。为了弥补这些被抽调走的师团,日军只能把旅团上升为师团。然而这些新师团的机动力和炮兵都很缺乏。零

　　① 王道平主编.中国抗日战争史,下卷.P186～191;秦孝仪编.重要史料初编,第二卷,第二部.P555～592。

　　② 臼井胜美.日中战争.中公新书,1967,P144～146。

时拼凑的师团负责占领区的安全,而剩余的第一、二线的师团则在本年(1943)的 2 月、5 月、11 月中负责有限的战役攻势。

从 1943 年 2 月中至 3 月底,第十一军联同汪精卫政府的伪军在湖北—江西北部边境的山区对新四军和国民党第二十四集团军进行了扫荡(原文有误。译注:应为在苏北对新四军进行"清乡扫荡"。同时在河北、山西交界太行山区对国民党第二十四集团军残部进行清剿)。以几百人的代价,日军便杀死和滞留了 3 万中国人,国民党部队被赶到黄河以南。日军十一军接着用 3 个师团在河南(5 月)、湖北(6 月)发动了攻势。日军6 个师团沿着 220 公里的战线上一线排开,从北面的宜昌过长江到洞庭湖,压缩并攻入第六战区纵深达 160 公里。中国军队在石牌要塞坚守日军突出部的北翼,然而在 5、6 两个月的战斗中,日军给予战斗力较弱、装备差的国民党军造成了重大伤亡。

1943 年度最后一次大仗是常德会战。日军此战雄心很大,于 11 月初至 12 月中动用 6 个师团参战。4 个师团在沙市和洞庭湖之间渡过黄河(按:原文如此。当为长江),在 130 公里的战线上以四路纵队向西推进 100 公里,会师常德城下。另外两个师团从北边进攻,渡过澧水,通过山区,向南直扑常德。刚刚成立的"中美联合航空队"和美国空军给了极其有效的空中打击和支援,他们迫使日军只能在晚间集结和运动。

日本陆军航空兵自 1942 年之后便担负起在大陆空中的作战任务。随着美国空军的出现,日军开始处于守势。1943 年 12 月中,日军试图反击盟军的空中威胁。其陆军航空兵对长沙以南、湘江一线的机场以及中国西南部空军基地进行了空袭。然而,此时日军的地面和空中的攻势已经无法挽回劣势。中国军队 12 月 9 日增兵常德并收复该城。尽管损伤巨大,伤亡被俘 4 万之众,国民党在 12 月中还是重新恢复了原来的战线,赶走了日本人。日军战死 1274 人,这也是相对高的数字了。

1943 年整年日军的作战有个共同的特点:在宽大的正面发起攻击,采用多路围攻占领目标区域。日军在华北主要目的是最大限度打乱对手军事目标和破坏民生。由于无法驻防,日军最终也只能退出新占领地区。而中共和中央军的部队就会慢慢收复那些被严重破坏的地区。日军攻占常德这个行政经济中心是为了切断通往重庆的交通线。由于日军无法长期占领该城,其战役结果还是失败的。

1944 年,在缅甸受美军训练装备的中国远征军各师,被编号为"X-部队"(X-FORCE),在一支美国部队的配合下,于缅甸北方展开了局部大反攻,试图打开通往中国的滇缅公路。中国军队在胡康河谷成功击退日军,并联合美军于 5 月中突袭密支那。这次战役后,日军第 33 军被迫放弃缅甸北部地区。坚守密支那的日军顽强阻击中国三个师的进攻,直到进入 8 月。日军赢得时间在更远的南部重新构筑防线。与此同时,做困兽之斗的日军大胆进攻并包围了驻守在印度缅甸边境英帕尔和科希马英军第十四集团军的部分部队,威胁位于印度阿萨姆的盟军(包括 X-部队)补给线。5 月上旬,中国驻云南第二十集团军(下辖 16 个师,编成 Y-部队,Y-Force),在密支那以东 160 公里的宽大正面强渡怒江、企图击溃日军在龙陵的第五十六师团、从东北方向打通滇缅公路、同 X-部队在缅甸八莫会师。

6 月 1 日,中国第十一集团军加入南翼的战斗、威胁孤立于崇山峻岭中的日军各据点。此时日军仍然顽强防守着密支那,蒋介石无法增援 Y-部队。日军利用原始森林攻击中国部队渡口,阻缓其进展。雨季已经来临,日军成功反击中国钳型攻势南翼。中国军队进攻于 6 月下旬受阻。然而 9 月份日军对中国军队在怒江西侧的攻击没有成功。此时正在缅印边境战斗的日军十五军遭到惨败,日军三十三军被迫在战略上处于守势。而此时在中国的"一号作战"规模越来越明显,中方的注意力此时也开始转移出缅甸北部。

日军中国派遣军于 1944 年 4 月至 1945 年 2 月发动"一号作战"(大陆打通作战)。战役沿着平汉、粤汉和湘桂铁路线展开。它是日本陆军历史上发动的最大规模战役。总共动员人马 50 万(20 个师团),占 62 万中国派遣军 80% 的兵力。其目的是捣毁中国南方对日本本土有空袭威胁的美军空军基地、开辟一条从朝鲜釜山到法属印度支那的陆上通道。从 1944 年 4 月开始,日军许多新兵从朝鲜和满洲调往武汉地区准备参加"一号作战"。许多部队根本没有武器,甚至几个士兵分享一支步枪。士兵随带的个人物品标配很低,比如饭盒也是用竹做的。士兵甚至被要求在战场上捡拾敌人丢弃的武器。①

　　"一号作战"第一阶段（1944 年 4 月中至 5 月底），日本华北方面军由北向南扫清平汉铁路南半段并占领洛阳。中国派遣军第十一军由南向北沿铁路线接应日本华北方面军，最终控制了这条重要交通干道。中国中央军的反应非常迟钝，对日军的野心迟迟不明。此外，河南饥荒，中国军队战力不佳，饥饿的百姓对国民党部队非常敌视。② 日军的战略企图在战役第二阶段已很明显（1944 年 5 月至 12 月）。这是一联串有次序的大规模攻势作战。日军第十一军攻占长沙和衡阳（中国军队死守衡阳），第二十三军占领桂林、柳州、南宁各地的美国空军基地。蒋介石的部队在宽大的战场正面部署过于分散，无法集中反击日军的进攻。日军在印度支那北部的第二十一军由南向北力求会师北部的日军。一条贯通整个中国大陆的陆上交通线被日军打通。但是，此时日本在太平洋战场已处于决定性的劣势。

　　10 月中旬后，中国远征军在缅甸密支那南段，进展顺利，威胁日军第三十三军左翼。③ 三个师在八莫会师，然后挥师向西南，迫使日军第三十三军残部后撤。日军负隅顽抗，于 12 月后撤至瑞丽江东岸。④ "一号作战"正在继续，美军在中国西南方向的空军基地遭受危险，蒋介石不得不从缅甸战场抽调兵力保护机场。尽管如此，中国在缅甸北部继续保持着二条进攻路线。

　　1945 年 1 月下旬，X 和 Y 部队终于会师。2 月滇缅公路恢复通车。3 月，中国军队进逼腊戍。日军 5 年之久的对中国路上封锁被打破，中国远征军取得了决定性的陆上胜利。

　　1945 年 1 月、2 月，中国南方的日军再次试图攻击美国空军在华基地。美国空军不间断的轰炸削弱了日军行进纵队，有力地支援了中国陆军的抵抗。此时经过换装后的中国现代化军队随即发动反攻，日军死伤

① 臼井胜美. 日中战争. 中公新书，1967. P163.

② 白修德（Theodore White）. 中国发出的惊雷. 纽约：William Sloane 出版社，1946 年，P166～178.

③ 第二档案馆. 正面战场，第二卷. P1440～1502.

④ 由于太平洋和缅甸南线战场的不断失利，日本大本营下令把第 2 师团从缅甸调往西贡。

惨重。1945 年 5 月前日军 15 000 人战死,5 万人受伤。[1] 6 月底,中国军队重新占领桂林,日军退守广州。尽管日军仍然占有着大城市和广大地区,但是他们已经失去了进攻作战的能力。日军只能龟缩在自己的区域内直到 1945 年 9 月亚太战争正式结束。

全面抗战 8 年以来,日军战死 41 万(1941 年 12 月后战死 23 万)、92 万负伤。[2] 中国伤亡数字不详,也许高达上千万之众。平民百姓的伤亡更是军队的一倍。长期的战争使得无数中国平民背井离乡,为了生存而大逃亡。[3]

对中日战争概况的叙述看似作战地图上的红、蓝箭头。但是我们要求读者记住,在 1937 年 7 月至 1945 年 9 月间,中国遭受了巨大的苦难。至今还没有人能够准确地估算出整个战争所造成的破坏程度。暂且不论日军的残暴和倒行逆施,战争本身彻底破坏了中国政治、行政根基;民生经济被彻底摧毁;上亿人口背井离乡;纵横整个中华大地的城市和农村遭到破坏。日军最初入侵中国时并没有一个长期占领政策,我们只能看着中国民政基础崩塌。此外,日本没有能力对其深入内陆的作战部队进行有效的补给,大本营就只能于 1942 年下令在华日军就地自给自足。这便酿成了对中国大规模的掠夺。本章只能对战争进程进行概述,却无法展示这场空前的地面战争所带来的痛苦和灾难。谁能描述一支武装日军征粮队逼近村庄时中国百姓所体会的恐惧和害怕呢? 中国人民就是在这种恐惧和害怕中渡过了 8 年。山河四分五裂。

47

---

① 臼井胜美. 日中战争. 中公新书,1967,P177～178;秦孝仪. 重要史料初编,第二卷,第二部. P695～709.
② 黑羽清隆. 日中十五年战争. 教育社,1979 年,第三卷. P266.
③ 齐锡生. 军事层面:1942～1945. 发表于 James C. Hsiung & Steven I. Levine 汇编. 中国惨胜:1937～1945 年对日战争. Armonk, NY: M. E. Sharpe,1992. P180,表格 3.

第二章
龙的种子：战争的起源

作者：马克·皮蒂

　　中日战争的原始起因早在 19 世纪就播下了种子。[①] 中华帝国是个农业官僚机制治理的国度。随着经济、地缘和科技的变迁，大清体制的缺陷既无法抵御外部列强的蚕食，也不能维持国内社会的稳定。[②] 中国缺乏国际间的联盟，亦无法掌控边境疆域和居住在那里的百姓。在国境和海岸线上，列强们虎视眈眈。19 世纪最后三十多年间，中国已经没有能力制止列强对其主权和版图之蹂躏了。1870 年～1874 年，日本入侵台湾；1879 年俄国占领新疆伊犁；1885 年出让安南给法国；1894～1895 年中日甲午战争，中国蒙受灾难性的重创，大清海军和陆军被同时击败；朝鲜被除去藩属国地位；台湾、辽东半岛和澎湖列岛割让给日本。之后，中国再次接二连三蒙受屈辱：法国要求修改中国安南（译者：越南）边境线；德国占据山东半岛南岸的胶州湾；英国要求在山东半岛北部海岸线建立威海卫港口作为（对德国的）对冲；法国要求租借中国南方沿海广州湾；而英国立即要求进入香港对岸的九龙"新界"。这些新殖民区域的周边地区皆是列强的势力范围，它们不断吞噬着中国的工业和现代交通要道。

　　新世纪到来后，大清帝国又实施了灾难性的决策：他们鼓励并支持

---

　　① 本章节部分参考马吕斯·詹森（Marius Jansen）《日本和中国：从战争到和平，1894～1972》（芝加哥：Rand McNally 出版社，1975）；在本章节后半部分，我对中国政治和军事的理解很大程度上受到帕克·科布尔（Parks Coble）的影响，他著有非常出色的论文《面对日本：中国政治和日本帝国主义，1931～1937》（麻省剑桥：哈佛大学东亚研究，1991）。

　　② 本段和后面三段文字参考：方德万. 中国战争史. Leiden, Brill, 2000 年，P25～26。

包括义和团在内的一系列反对西方列强的运动。这个国策是源于前 30
多年来列强对中国的羞辱。然而,清廷和义和团运动最终被列强联合军
事行动给彻底击败。清廷被迫签订《辛丑条约》,其中惩罚性的条约规定
允许包括日本在内的列强在北京至山海关一线各要地驻军。

西方学者习惯把义和团运动看成中国系统性的暴力运动,而《辛丑条
约》对中国的惩罚标志着中国近代史上国运之最低点。在论述中国失败
的原因时,历史学家们渐渐认识到义和团并非是个简单的起义反抗运动,
它其实是中国军事历史中一段重要插曲,就是一场中国同西方的战争。
它给中国带来了民族主义的新生,标志着 40 年后抗击日本侵略的民族主
义热情的开端。不可否认,中国的边境疆域进一步受到削弱,港口、河流
和经济资源落入列强的掌控之中,但是这份累积的民族怨恨最终将在新
的世纪迸发出来。

1894～1915 年间日本对中国的蚕食

由于时空和距离的缘故,西方列强对中国领土主权的蚕食无法得到
完全的实施,毕竟这些国家远在半个地球之外。日本却不同。作为一个
亚洲的邻居,日本 19 世纪下半叶的现代化转型造就了一个崭新的、带有
侵略思想的国家。这种思想建立于赤裸裸的追求自我利益的世界观之
上。日本认为其国家的安危必须依靠在亚洲大陆建立外围卫星国区域。
日本的政治和军事高层都希望通过朝鲜半岛逐步控制亚洲大陆的事
务。[①] 日本至 1880 年代后期开始调整其战略优先,即从被动防御日本沿
海改为在亚洲大陆寻求积极的政治和军事存在。日本此时开始释放出令
人致命的潜能。19 世纪最后的 10 年,日本已经准备同中国开战。尽管

---

①　日本战略安全这个计算方式——必须控制向外辐射、关系到国家利益的那些地区和中
心地带——是由日本军人政治家山县有朋于 1880 年代首先提出。起初这种理论合乎逻辑,但是
它包含着一个致命的错误:日本安全要求的无限膨胀,实际无法满足,最终导致日本必须执行其
帝国野心。参考:马吕斯·詹森. 明治日本的现代化和外交政策. 出自罗伯特·沃德(Robert
Ward)编撰. 现代日本政治发展. 新泽西:普林斯顿大学出版社,1968,P182;参考:马克·皮蒂.
日本殖民帝国:1895～1945. 文章出自:彼得·杜斯(Peter Duus)编. 剑桥大学·日本历史,第六
卷,二十世纪. 剑桥:剑桥大学出版社,1988,P218～222。

时机已晚，中国还是决心保卫其在朝鲜的宗主国地位。1894 年～1895 年
甲午战争，清朝军队大败。清廷不仅失去大片土地，战事更强化了日本的
大陆政策和日本对中国能力的鄙视。① 对华惩罚性的《辛丑条约》后十年
间，日本逐渐在大清王朝变革自救的过程中扮演重要角色，但其目的是想
借这些运作在中国大陆争取主导地位。

50
　　大清帝国所蒙受的一连串屈辱足以证明其机制之落后，特别是其武
装力量。大清统治摇摇欲坠，1901 年～1911 年的最后十年间各种势力不
断涌现。保守势力的代表慈禧太后最终同意进行彻底改革，这也是中国
激进的知识分子此前二十多年来所一直倡导但未成功的理想。

　　改革项目中包括对国家武装部队进行重组、重建和现代化。在大多
数领域内，传统满旗军队的皇族式结构皆被废除。地区权贵建立了各自
崭新的现代化军队。指挥官都是对国家抱有认同但敌视外国威胁的年青
一代。这些"新军"②组织有效、训练有素、装备比较现代化、具有比较专
业的军事素质。其中最强悍的无疑是直隶总督袁世凯指挥的北洋军。作
为大清帝国改革的一部分，北洋军估计是在 19 世纪中叶镇压太平天国至
20 世纪 30 年代蒋介石国民党军队之间最重要的军事力量。同过去的皇
族满旗军队相比，北洋军的确是支令人羡慕的现代化军队。③

　　可以研究一下 20 世纪初中日军队的交往。一个有意思的现象是北
洋军是以日本军队的模式组建的。袁世凯在保定所建立的北洋军官训练
学校中，日本人的影响非常之大。学校不仅派送大批学员去日本深造，还
有大批日本教官来校授课，④因为此时日本的军事专业程度在东亚是最
先进的。袁世凯在清廷姗姗来迟的改革中选择日本技术也顺理成章。对
日本而言，改变和指导中国国内最强的陆军，符合其本身利益。北洋军也

---

　　① 本世纪交替之际莎拉·潘恩(S. C. M. Paine)在其《中日战争 1894～1895：评判、力量和
优先》(剑桥：剑桥大学 2003)中对中日战争以洋人的眼光进行了详细的研究。

　　② 波多野善大撰文《新军》对这些军事议题有详尽的讨论，文章出自：玛丽(Mary C.
Wright)编辑，革命中的中国：1900～1913 第一阶段. New Haven，康乃迪克州：耶鲁大学出版
社，1968. P365～382。

　　③ 参考：拉尔夫·鲍威尔(Ralph L. Powell). 中国军事力量的崛起：1895～1912. 新泽西，
普林斯顿：普林斯顿大学出版社，1995. P144～146。

　　④ 麦金农. 晚清帝国权利和政治：北京和天津的袁世凯 1901～1908. 洛杉矶：加州大学出
版社，1980. P97～99。

就是未来中国国防军的雏型。日本对中国军事院校的渗透一直持续到军阀混战时期,甚至延续到 20 世纪 30 年代。

不论是出于友好还是邪恶的动机,20 世纪前 10 年间日本开始扩大对中国事务的影响力。清廷在教育、行政和军队专业化建设上都以日本为楷模。同时日本为数千名赴日留学生提供了反清思潮的温床。日本在指导清廷现代化的同时,也造就了一批日本本土沙文主义者和冒险家。这些日本人把中国当作其个人野心和国家扩张的场所。在这动乱的土壤上孕生了孙中山。孙中山是个流放的反清激进分子。在反清的道路上,为其革命事业,他向海外华人集资,倡导一个革命的理念,并试着建立一个革命的组织。在那些年里,孙中山和一群日本朋友合作,他们大多是日本的理想主义者或极端民主主义分子。他们对孙中山最主要的诱惑是建立一个横跨整个亚洲的友好合作圈,协力对抗共同的敌人:西方帝国主义。[①]

众所周知,孙中山推翻君主皇权的计划其实滞后于事态的变化。外国势力干涉加上清廷政治合理性的丧失和内部凝聚力的削弱,使大清帝国于 1911 年土崩瓦解。这和孙中山积极抗争只有部分关联。尽管孙中山回国后在南京被选任临时大总统,新的权贵其实是那些清朝原军事元老,他们都是各省的军事都督。在这种情况下,孙中山只能让位给了袁世凯。因为袁世凯军事势力强大、政治技巧娴熟,是当时中国唯一能够平息内乱、抵御外国干涉的领袖人物。在这种非常不稳定的形势下,日本找到了在华扩张的新机会,特别是对满洲的渗透。早在 1912 年,日本即已开始策划军事行动,希望把满洲从中国版图分割出去。虽然这个举措被东京的文人政府所封杀,那些政府内外的好战分子却从未停息怂恿在中国采取更加大胆的侵略计划。[②]

第一次世界大战之前,这些好战分子一直受到日本政府的约束。因为当时的日本政府认识到,如果在中国贸然推进,势必会同西方的利益发生

① 了解孙中山和日本人的关系,请参阅:马吕斯·詹森.日本人和孙中山.麻省剑桥:哈佛大学出版社,1954。

② 参考:阿尔文·库克斯(Alvin Coox).诺门坎:日本挑战俄国,1939.加州斯坦福:斯坦福大学出版社,1985,第一卷.P11~12。

冲突。中国人智慧地通过设局,成功地挑拨列强之间的竞争和相互敌视。在 19 世纪的一系列条约中,中国成功地限制了任何列强单独坐大。此后,西方列强的焦点开始转移到了欧洲,日本便顺势抓到了这个势力真空的良机。1914 年,日英联合派遣军解除了德国在东亚和太平洋利益的一部分,日军出兵山东,攻占了济南,胶济线和青岛。紧接着,在中日谈判中,日本确认了在山东半岛的主导地位。然后在 1915 年初,日本提交了臭名昭著的《二十一条》,明目张胆地试图掌控整个中国。其递交袁世凯政府条款的方式非常狡猾险恶。[1] 但是《二十一条》在国际上受到关注。由于来自国际压力,《二十一条》实施受阻。然而日本人在中国的野心已暴露无遗。尽管《二十一条》的主要目的是经济,即独霸中国资源,但是其政治影响非常巨大。中国民族主义的神经被真正触动了:群众集会游行、抵制日货;中国学生、知识分子和政治领袖纷纷抗议示威,举世瞩目。以至那些希望同日本和睦相处并寻求日本援助的中国人也觉得被其出卖。比如,袁世凯早在此前就开始筹备复辟帝制。他幻想(并非毫无根据)日本会给其行为提供物质资助。但是日本的撤资和不予承认直接导致复辟失败。[2] 在孙中山方面,他正极力争取外援来实现他的"共和"理想。在同日本人的交往中,孙中山不止一次地尝试着利用各种势力,也不止一次在主权问题上向日本让步。然而那些寻求日本援助的努力一再让其失望。孙中山到死也没有真正意识到日本在华用心险恶这一残酷事实。[3]

袁世凯倒台之后,中国四分五裂。这似乎给日本在大陆的"前进政策"提供了肥沃的土壤。《二十一条》所不能一步到位取得的利益,日本在政治和军事上的蠢动正在逐步慢慢地获取。中国全国各地的爱国志士已经清楚地认识到日本是中国单一的最大威胁。这种观点一直持续于此后30 年的中国内战和日本对华入侵。如果说 19 世纪中国是各西方列强竞

52

---

[1] 陈志让(Jerome Ch'en). 袁世凯 1895~1916. 加州斯坦福:斯坦福大学出版社,1985,第 1 卷. P152~158. 书中叙述了袁世凯的条件和答复。

[2] 任宽何(音译. 美籍韩裔,Kwanha Yim)著. 袁世凯和日本人. 东亚研究期刊,第一本(1964 年 11 月). P63~75。

[3] 马吕斯·詹森. 日本人和孙中山. P213~222;阿尔佛雷德·奥特曼(Alfred A. Altman),哈罗德·斯弗陵(Harold Z. Schiffrin). 孙中山和日本人:1914~1916. 现代亚洲研究 6,第四部(1972). P385~400。

技场，现在这里已经变成了两大领域竞争力量的战场：一个是正在呈现的中国民族主义，另一个是暴发性的日本侵略扩张主义。[1]

日本对华政策中的体制性障碍

如果我们认为日本对华政策的运行是一个通过数十年的精心策划、目的单一明确、运作顺畅的庞然怪物，那就大错特错了。恰恰相反，在中国这个舞台上走过太多的演员和新涌现的明星。日本根本无法确立一个前后联贯、有影响力的外交政策。正如美国历史学家马吕斯·詹森所观察到的："整场戏中，日本人物众多，来去匆匆。他们中间有冒险家、民族主义分子、军事人员和经济机构的间谍等等。所有这些人都互相认识，也和同样的中国人打交道，但是他们却各怀鬼胎。"[2]正是由于这些互相竞争的利益团体的大量存在，日本对华政策才趋于盲目性地从一个目标跳跃到另一个目标。

日本内部结构和政治上的弱点只能产生出一个混乱、模糊的对华政策。其中最突出的就是日本现代宪法的致命缺陷，集中表现为两个方面：一边是理论上的皇室皇权代表着最高地位，享有所有政治的法统和政府权力；另一边则是政治责任定义不清晰。换而言之，日本政坛上任何一个机构一旦聚集足够实际力量，就可以挟天子以令诸侯，扮演最高决策者角色。在日本，没有一个机构能够享有宪法给予的权力来充当这个角色。但是有一个例外，那就是武装力量的"最高指挥权力"。这个权力使其直接对天皇负责，无需顾及行政政府。日本陆军和海军就得到了应有的法理权限，他们可以以天皇的名义行使自我意志。由于天皇在宪法上并不对其国内任何行政机构负责，武装部队在理论上就可以随心所欲，行政政府对其根本无法进行约束或干涉。[3]

---

① 奥特曼、斯弗陵著. 孙中山和日本人. P385。

② 马吕斯·詹森. 日本和中国. P206。

③ 英文著作中对日军指挥系统和最高统帅部的权限最有权威的解读来自于：梅森（Yale C. Maxon）. 控制日本外交政策：对文官和军界对抗的研究，1930～1945. 西点，康乃迪克州：Greenwood 出版社，1973. P24～26。

现代日本早期年间,行政和军事机构是由一批元老(Genro)非正式组成的。这些军队和行政的领袖们当初以年青的武士道倡导者建立了现代日本社会。他们随后就变成了老一代政治人物。这个现象所带来的灾难性后果最初并不十分明显,一旦在20世纪前数十年中元老们开始生老病死,他们的作用就被各政治党派、商业集团、行政官僚和军队所瓜分。日本军事和外交政策方面便出现紊乱,预兆不祥的后果显而易见。在各派纷争的权斗中,日本武装部队凭借其代表天皇意志占据着最强势的地位。

在第一次世界大战结束后的数年内,随着行政官僚机构政治影响的削弱,日本各政治党派取得了一定政治权力和合法性。然而,党派之间的竞争激烈,腐败贪婪盛行,根本没有培育大众选民。由于得不到大众支持,面对1920年代间国内外一连串隐患危机,日本各党派已无法应对,只能在政治土壤中挣扎求生。此时日本的民意开始偏向右翼民族主义,他们倡导的是一竿子插到底的政策,对日本武装力量的依赖也越来越严重了。

由于内部派系和各兵种之间矛盾竞争,日本军队不能顺利地策划或施行某个政策。陆军和海军有各自不同的战略重点。两兵种文化迥然不同、对公共事务和预算安排争论不休。他们的矛盾使日本无法确立一个完整的战略,对长远的战略优先的问题意见大相径庭。陆军的焦点是俄国,而海军的重点则是中国南方和东南亚。为了理性协调分歧、确立联合军事外交战略,日本于1907年签发了《帝国防卫大纲》。大纲由各武装部门起草,分三个部分,由天皇正式认可。然而不论是第一稿大纲还是其之后的三次修改(1918,1923,1936年),它始终无法化解日本两大武装力量之间的战略分歧。

在1907年的防卫大纲中,日本陆军确立了其基本战略,内涵为防止敌方侵犯日本本土的方针,以及此方针的各种具体推演。[①] 也就是说,在亚洲大陆上必须向外划分出安全地带,以确保日本在任何冲突后的谈判

---

① 每次的帝国防卫大纲分为三个部分:概述日本战略目的;阐述达到这些目的所需要的军事力量和结构;如何运用和何时运用这些军事力量的计划声明。

桌上能够取得谈判优势。日本必须在战争初期取得快速、决定性的胜利。这种理论便称为"速战速决"。这是 1907 年《帝国防卫大纲》中最核心的要素。①

　　然而在各军兵种内部，派系对抗、官僚机构间竞争激烈，阻碍了以上方针的具体落实。陆军方面，派系是按照区域、年龄段、思想和个人性格区分的。最深的裂痕可以追溯到陆军封建时代的根源和三大势力之间的矛盾，它们是长州藩、萨摩藩和肥前藩。19 世纪中叶旧的封建秩序被一一推翻。随着时间的推移，长州藩在陆军上层占据了主导地位。由于局外的年青人不断加入军官团，年龄段不同的军官之间的关系日趋紧张。年青人对长州藩老人们的巨大影响力感到愤怒。这批年青人熟悉第一次世界大战后军事科学革新，对其上司无力推动军队现代化感到反感。同时，他们也对现政府无力解决日本内部社会、经济不平衡而深恶痛绝。②部分年青参谋军官积极倡导日本军队进行彻底现代化，以备进行总体战。而 1930 年前这个理念主要是针对苏俄的；还有部分青年军官则认为日本在科技竞争上无法战胜各大列强，他们倡导恢复日本战斗精神，在全军上下灌输日本不败的"皇道"。

　　除政策和机制性缺陷外，亚洲大陆上的日本军队享有极大的自主特权，特别是总部驻扎在关东州（辽东半岛租界）旅顺港的关东军。关东军成立于 1906 年，其主要目的是保护关东州、满洲日本人的人身财产。其实就是保卫南满铁路。关东军最初的兵力只有一个师团（一万人加上一个独立铁路警卫队 6 个大队）。1919 年，关东军摒弃其行政角色，而集中于军事防卫责任。1920 年代之前，关东军中某些野心勃勃的军官积极煽

55

　　①　日本海军对于战略防御态势有着自己的不同观点，参考大卫·埃文斯（David C. Evans），皮蒂．日本帝国海军的战略、战术和技术，1887～1941. Annapolis, MD：海军学院出版社，1997. P149～150.

　　②　剖析日本陆军官僚机构，参考：北冈伸一（Kitaoka Schinichi）.陆军官僚组织：重新看待日本军国主义.军事历史期刊（特刊 57），1993. 10. P67～86。莱纳德·汉弗莱斯（Leonard Humphreys）著.天赐军刀之路：1920 年代日本陆军.斯坦福大学出版社，1995.职业分析了 1920 年代日本陆军内部派别；詹姆斯·克劳利（James Crowley）.亚洲研究期刊 2，第三部（1962 年 5 月刊）P309～326.分析了 1930 年代初日本陆军内部派系；关宽治（Seki Hiroharu）撰文. 1931 年满洲事件.参阅 James W. Morley 编.日本爆发：伦敦会议和满洲事件，1928～1932.纽约哥伦比亚大学出版社，1984. P145～147.

动向满洲进行侵略扩张。由于陆军和一线部队享受直接向天皇负责这一传统的指挥架构,关东军越来越独立于(东京)日本文官控制,甚至于对东京大本营的指令都不屑一顾。①

其实日本中国驻屯军的行为也不逊于关东军。义和团运动之后的条约允许中国驻屯军②能够驻扎华北地区。③ 编制先是留守天津的 900 人。随着中国国内的政治和军事的每次内乱,日本都会加强其在天津的力量。1930 年中,中国驻屯军人数增至 4000。他们已经远远不能满足保护日本侨民生命和财产的任务。同东北的关东军一样,他们积极收集军事情报、策划在华北的进攻行动。④

最后,不得不提上海的日本海军陆战队。早在 19 世纪晚期,日本炮舰已停靠在长江口岸。在以后的几十年内,日本海军一直依赖海军陆战队。一旦中国发生内乱或在上海的日本社区和商业受到暴力威胁,这支部队就会登陆上岸。1932 年,这批穿着海军制服的陆战士兵是人数最多、可以长期驻扎在上海的一支日本军队。其驻地毗邻上海日本社区,同当地日本准军事单位保持着紧密联系。海军陆战队自然成了日本驻上海的一支好战先锋。⑤

这种日军在亚洲大陆所享受的独立自主还得益于另一份特权,即当地指挥官可以以安全因素的名义在其责任范围区动用任何一支下属部队。这种特权被称为"战场独断"。调动战地友邻部队则必须得到天皇的允可(比如从关东军调部队去天津的驻屯军),然而在自己管辖范围内调

　　① 罗伯特・库克斯(Robert Coox).关东军分寸.参阅:彼得・杜斯,Ramon Myers,皮蒂.日本在中国非正式的帝国:1895～1937.新泽西:普林斯顿大学出版社,1989.P395～428,文章对关东军和其历史做了专业阐述;对关东军的组建,参阅阿尔文・库克斯.诺门坎.第一卷第一章,"1905～1929 关东军的成因".P1～29。

　　② 中国驻屯军在华历史在英文和日文书籍中无法找到。古野直也(按:原文误作 yoshino,应为 kono)著有《天津军司令部》,但是也是泛泛之谈。

　　③ 华北定义是包含河北、山东、山西、绥远、察哈尔。

　　④ 林肯・李(Lincoln Li).华北日军:1937～1941—政治和经济控制所带来的麻烦.纽约、伦敦:牛津大学出版社,1975,15,第三卷;岛田俊彦(Shimada Toshihiko).华北规划.发表于:詹姆斯・莫莉(James William Morley).陷入中国泥沼:日本在亚洲大陆的扩张,1933～1941.纽约:哥伦比亚大学出版社,1983,P105～106。

　　⑤ 皮蒂.日本在华港口租借条款:1895～1937 年.参阅:彼得・杜斯,Myers,皮蒂.日本在中国非正式的帝国:1895～1937.新泽西:普林斯顿大学出版社,1989,P198～200。

动部队则无需请示天皇。无疑这为一些激进军官打开了冒险的方便之门。① 因此，日本在亚洲大陆驻军区域，也就变成了未来中日冲突的火药桶。这使得日本本来已经非常紊乱的中国政策变得更加脆弱。②

日本军界对中国的态度

56

甲午战争的惨败，大大加深了日本对中国的轻视。第一次世界大战之前，对中国的理解和同情跌到了最低谷。在日本，只有学术界专家和少部分知识精英还认同中国文化。中国此时成了日本各种极端理想主义者和扩张主义倡导者实现个人野心的舞台。中国是日本工业原材料的基地、资本获取利润的市场，更是日本不断扩张保障自身国家安全的土地。然而，日本似乎并不重视对中国的深度理解。日本外务省和中国驻屯军的指挥官们都享有广泛的中国人际关系网，各自都有自己的中国通。然而这些所谓的中国通却甚少介入外务省和军界高层。两大系统内部的领导阶层关心的只是现代化的西方，而不是那些"落后"的亚洲国家。

日本商人认为，经济增长需要稳定的市场和外国原料来源。日本全身投入参与自由资本主义国际贸易体系。原以为市场和原材料都已经确保了，然而，第一次世界大战期间日本奉行的政策和战后自给自足的经济政策大大伤害了日本出口贸易。按照日本历史学家入江昭所言："日本外相币原喜重郎的'全中国政策'实际是为了向中国倾销更多产品而扫清障碍。"③币原喜重郎并不是中国通，但是他和他在外务省的同盟者希望提出一个新的方案来取代日本军方在中国的纯军事存在。当然所有的方案都是追求对中国主导控制，而非出于合作。日本外务省内的中国通和其同情者们试图扭转日本在华侵略性的趋势，但是他们的努力皆被日本在

① 梅森.日本外交政策控制.P24～25。

② 从日本统帅部角度来看日本优先目的，在华的军事政策其实比我在本文中所阐述更加协调和一贯。如果以非常权威日本人士角度来看，请参考：日本学者北冈伸一.日本陆军和日本大陆政策，1906～1918.东京大学出版社，1978。

③ 入江昭（Akira Iriye）.经济扩张主义的失败：1918～1937.转引自：伯纳德·西尔伯曼（Bernard Silberman），哈罗吐纳（H. D. Harootunian）.危机中的日本：大正民主论文集.新泽西普林斯顿大学出版社，1974，P246.

华驻军的指挥官们所挫败。①

　　细细分析日军对中国的了解程度,我们可以看到一个对比十分鲜明的景象。在战术层面上,东京最高统帅部和两支在华驻军总部对中国军队以及其调动了如指掌。日本在华的无线电侦测情报十分有效。1927年在东京参谋部情报局内设立了一个代码和密码办公室。在关键的1930年～1936年间,这个办公室专属参谋部的中国课。1930年代早期在中国的满洲和其他地方都设立了分支无线电情报部门。这些部门破获中国军事密码非常容易,中国驻屯军能及时掌握蒋介石部队的编制、战力和动向。关东军至少能阅读中国北方各军阀之间70%的秘密通讯。这便给日军带来很大的便利,日军总能先中国军队一步采取军事行动。②

　　在华日军同样也能截获某些有价值的政治情报。③ 但是,大战爆发前的数十年间,不论是当地驻军还是东京最高统帅部都惊人地忽略了一个非常重要的战略变局:即日军在中国咄咄逼人的行径正在日益增加中国民众的敌对意识。这是个极其严重的盲区,这是中日战争最基本的根源。

　　发生这样的错误,原因有几个。首先,日本外务省那批军事高参们往往都不是什么专家,更不是什么中国问题专家。但是他们在制定中国军事政策时却往往具有绝对发言权。其次,习惯上认为,当时的日本陆军在中国具有长远的自身利益,但是当代学者发现:制定中国政策的那些陆军军官们的世界观和行为都为了追求他们个人私欲或部门利益。④ 驻华公使、武官、东京参谋总部、关东军,各自持有自己的认识和观点,而这些认识、观点都局限于其狭隘的各自利益范围之内。比如早在1920年代,当时日本陆军对华政策相对保守。他们只是利用中国军阀互相内斗。每

　　① 芭芭拉·布利克斯(Barbara Brooks).外务省中国专家们:1895～1937.转引自:彼得·杜斯,凯泽,皮蒂.日本在中国非正式的帝国.P388～393。

　　② 高桥久志:个案研究:日本的中国情报分析1931～1945.转引自:Walter T. Hitchcock.情报革命:第十三届军事历史恳谈会议程.Colorado Springs,Co,美国空军学院1988,P203～207。

　　③ 唐纳德·乔丹(Donald Jordan)认为关东军对在1931年夏末中国政治景象的情报分析是日本1931～1932年占领满洲计划制定的关键。乔丹在《中国》双月刊109期(1987年3月)中发表文章《中国分裂因素在日军1931年战略决策中的地位》,P42～63。

　　④ 我个人对日本陆军中的中国专家的认识受影响于本书第四章中的观点;北冈伸一.陆军中的中国通.引于:日本在中国非正式的帝国.P331～369。北冈伸一认为,没有客观方法来定义日本陆军中的"中国通"。所以,"中国通"泛指长期在华服役的军官。

个军阀都雇佣日本军事顾问，这些顾问只愿向陆军省推销自己受雇军阀的利益，因为这直接关系到他们本身的职业生涯、前途问题。

结果，注定了日本无法真正全面了解中国。尽管某些军官在中国任职时间较长，在20世纪二三十年代也收集了大量十分准确的情报。比如1920年代一些驻北京武官对正在高涨的中国民族主义已有十分实际的理解，但是这些意见往往被他们的顶头上司拒绝或忽略。因为他们的长官们对中国事务漠不关心。此外，在华任职的日本军人往往是那些各地军阀的军事顾问或者是在华日军特务机关军官[①]。他们通常混迹于中国最腐败的江湖之间，因此他们往往会被自己的情绪和偏见所迷惑。他们周围的所见所闻决定了他们对中国事务的看法。他们通常认为中国人个性贪婪、无力也不愿意关心国家大事。以这种观点，他们认为将来的中国领导人一定是糜烂、腐败的，只会对自己私人的地位和自身利益关心。[②] 中国农村的贫瘠更加深了他们的偏见。他们认为中国人是群贫穷、愚昧、迷信、肮脏的群体，他们长期受到极其贪婪、吸血成性的地主阶级的压迫，根本不可能跨入先进文明社会。中国人除了像牲口一般地苟活着，其他将一事无成。只有极少部分军官，比如石原莞尔少佐（1920年代在华中地区任职）清楚地认识到中国进步是有希望的。他看到了日本对中国的欺凌势必最终遭到中国报复这一危险。但是绝大多数日本军官，甚至包括参谋部中国课的人员，都在自命不凡地大骂"中国佬"。事实上他们对中国的了解（甚至于军事地理）都惊人地欠缺。[③]

58

中国军阀的兴起

如果说日本对华政策有结构性智障，那对大清之后的中国权力之争

---

　　① 日本陆军"特务机关"是参谋部下属的情报单位，主要收集情报、政治策反、经济破坏和其他在华秘密行动。

　　② 这些观点的典型之作来自于宇恒一成将军（1868～1951）。他不是什么"中国通"，只是在20世纪初的几十年他在中国做了几次旅行调研，对日本和中国的关系出谋划策。池井优（Masaru Ikei）. 宇恒一成对中国和中国政策观. 转引自入江昭编. 中国人和日本人：政治和文化的交融论文集. 新泽西州普林斯顿大学出版社，1980，P199～219。

　　③ 皮蒂. 石原莞尔和日本同西方的冲突. 新泽西州：普林斯顿大学出版社，1975，P288～289。

只能以混乱来描述了。① 袁世凯之类的军事强人可以执政,但其统治缺乏合法性。皇权统治刚刚崩溃,公共福祉和民粹主义体制还未形成。民间涌现出大批政治人物,他们拥有崭新的政治统治理念,但缺乏军事力量来予以实现。现实导致了袁世凯复辟的失败,但也暴露了孙中山"三民主义"建立共和国的艰难。1913 年"二次革命"失败后,为了重建共和,孙中山再次逃往日本。他试图重组国民党,把它变成更加紧密的团体,用来对抗袁世凯对民国的背叛。在之后的数年里,孙中山致力于"民主集权制"之理想。然而他自己却没有看清中国的反日情绪日益高涨。1917 年孙中山返回中国。此时的军阀国会之争愈演愈烈。他试图在广州自己筹建军事政权。但是面对强大的军阀势力,孙中山只能对许多革命理念作出妥协。孙中山眼看着自己的事业趋于失败,在寻找物资支持的压力下,拱手向日本敞开中国资源大门,而且这种妥协居然大大超过日本当初的窥求。孙中山对日本的包容一方面是由于他本人认同日本友人的"泛亚洲"理念;另一方面也是他自身局限所导致的。② 然而这一切对中国都将是致命的,孙中山的包容和妥协加速了日本对中国事务的干涉。

　　《二十一条》以后,日本对中国的干涉从未间断过。其中最多的是金融干涉。第一次世界大战之后,国际竞争和自由贸易盛行。日本自拥大量剩余资本,过去没有得到的,这次希望利用资本在中国投入楔子以谋求得到。日本首相和元老寺内正毅认为金钱是同盘踞在北京的北洋军阀取得联盟的手段。通过他们,日本即可掌控华北事务。一个愿意为其效劳的工具就是(北洋)总理段祺瑞。段祺瑞和日本结成了军事同盟、引进日本教官、接受寺内正毅内阁的秘密代表西原龟三所安排的巨额借款。这批款项给北方的各大军阀提供了军事帮助。表面上,这些行为给日本提供了原本在《二十一条》中所追求的在华行动自由,也减轻了中国在第一次世界大战爆发之际对日军占领山东半岛的敌对情绪。实际上,按照马

---

　　① 我非常了解,在中国历史中使用"军阀"这个名称会有许多麻烦,这个难处方德万教授在他阐述中已经说的清楚了。同方德万教授一样,我用这个名称也是图个方便,再则也没有找到更好的词汇。所以方德万教授的高谈阔论使得我有理由先这么做了。请参考:方德万. 中国的战争和民族主义,1925~194. 伦敦,纽约: Routledge Curzon,2003,P72。
　　② 马吕斯·詹森. 日本人和孙中山. P174~212。

吕斯·詹森的说法,这些行为是日本对中国"最具野心、协调周密、代价昂贵的阴谋。"①

万幸的是,这些阴谋并未得逞。1919 年 5 月中国广大民众爆发了愤怒的反抗运动,反对凡尔赛和约默认日本通过秘密条约确认日本战时对山东的控制。这些运动深深动摇了北洋政府的根基,并最终逼迫日本放弃对山东半岛的野心。那些借款没有给日本人带来丝毫好处。日本在同军阀联盟上浪费了大量资金,而这些军阀无非是一些"精心装饰着羽毛的过境之鸟"。② 在这个反抗运动中,日本对借款追加利息点燃了广大民众的怒火。

对中国而言,寺内正毅希望通过提供金钱维系北洋军阀政府,达到军阀割据的目的,但这恰恰延缓了中国的统一,加剧了社会的动荡。1920年代军阀之间错综复杂的联盟和反戈、互相之间的来回征战也直接影响当时的中日关系。这点值得在本章再做进一步表述。1920 年代中期,中国实际已经被南北两派军阀所分裂。京津区域和山东受奉系张作霖控制("满洲军阀")。张作霖又称"老帅",原是土匪出身,后任沈阳军事都督。尽管满洲是他的地盘,但张的野心却是剑指全国;和奉天系对抗的主要力量是占据湖北和河南的直系吴佩孚。吴佩孚原是北洋军指挥官,许多人认为 1924 年直奉大战是中国最终走上统一的重要环节。内战虽然破坏巨大,但中国民族主义情绪亦已呈现。正如亚瑟·沃尔顿所说:"1924 年的战争所带来的破坏是随之到来的国民革命不可或缺的先决条件"。③

即便如此,这些军阀混战大大增加了日本军人参与中国内部事务的机会。在军阀混战互有胜负这个大背景下,日本在中国寻求主导地位这个战略日益明显。自从袁世凯和《二十一条》之后,日本统治阶层,不论政府还是军队,都坚信日本国家的利益在中国,特别是在满洲。为此,日本需要在中国建立一个非正式的霸权,而非第一次世界大战之后奉行,而为

60

---

① 马吕斯·詹森著. 日本和中国. P221。
② 同上,P222。
③ 亚瑟·沃尔顿(Arthur Waldon). 从战争到民族主义:中国的转折点,1924～1925. 剑桥纽约:剑桥大学出版社,1995,P266。

华盛顿公约中所废除的"直接帝国统治"。① 为达到非直接统治中国这一目的,日本认为在华必须寻找一个实权派(或者军事派系),以求最佳时机统一中国,并通过这个依附日本军事和政治的实权派来施展日本的影响。沃尔顿如下评论是正确的:"东京希望……中国政府有能力维持秩序,保证已签条约,达到统一中国;但这个政府又必须非常脆弱,它不得不按日本人的意志行事。"②沃尔顿补充说:如果不能全盘统治中国,日本最低限度也得在东三省找到能够保护其在满洲利益的领袖人物。最初,日本人以为他们找到了这个实权人物——张作霖。出于这个原因,1924 年第二次直奉大战中,日本人给直系对手张作霖提供资金、装备、情报和顾问。这些支援确立了张作霖的最终胜利。③ 然而沃尔顿认为日本对奉系的鼎力相助导致直系的溃败和北京中央政府的垮台,其结果是全国性混乱和事后反抗外国势力的民族主义浪潮——这是日本所不愿看到的。④ 从《二十一条》后,日本应该学会看清了,但是他们偏偏执迷不悟:日本主导中国事务所采取的方式,即建立一个统一但又听令于日本指挥棒的中国,是永远自相矛盾的。⑤

在中国南方,孙中山在广州于 1921 年～1924 年间开始重新组织其越来越激进的政治团队。他同共产国际建立了关系。孙中山一再向西方求助实现中国改造和重建的建议没有得到响应。共产国际便成为实现他的梦想的唯一国外势力。糟糕的是,他准备北伐统一中国,但是在同当地军阀的斗争中他再次失败,只得逃往上海。1923 年,孙中山重返广州,重启并加强他和中国共产党的合作,同时他加强对自己的国民党思想和政治的控制。

在严密掌控国民党之际,孙中山坚信其革命政府能够统一中国。为了实现这个梦想就必须建立一个思想坚定的党的军队。这支军队将北伐击败北洋军阀、统一全国。黄埔军校便应运而生。1924 年,黄埔军校

---

① 彼得·杜斯,Myers,皮蒂著. 日本在中国非正式的帝国.
② 亚瑟·沃尔顿. 从战争到民族主义:中国的转折点. P207。
③ 同上,P204～205
④ 同上,P207。
⑤ 同上。

开学。蒋介石任校长，学校中的教官主要来自于苏俄，师资大多为受过日本培训的军官。[①]

黄埔军校的办学，其着重点是思想和军队纪律教育。孙中山一年后逝世。黄埔军校是其最后一项伟业。国民党和军队的领导权由蒋介石接任。蒋介石当初毕业于袁世凯军校，但他是孙中山党派一员。他是"一个夹于上海商派和革命政治中间灰色地带的一股重要力量"。[②]蒋介石继承了孙中山北伐的思想，以求控制北洋军阀而统一全国。重要的是蒋介石现在拥有一支国民革命军，这支军队将实现中国统一的愿望。[③]

在中国南方各路政治和军阀派系争斗中，蒋介石以他的技巧、手段和政治智慧成为了全国革命领袖，志在铲除各路军阀和帝国主义势力。1926 年他开始北伐、统一中国。最初在中国共产党和国民党左派的积极参与下，国民党的部队向北转东向长江流域大城市进发。蒋介石攻入上海后，即开始对付共产党。经过血腥的镇压，南方城市中的共产党政治力量被彻底消灭，几十年后才得以恢复。1927 年后期，北伐军在山东暂时受阻于日本陆军。1928 年北伐军占领北京，蒋介石定都南京。

在本章节对中日战争根源叙述中，我们省略了许多重大事件。比如：1926 年～1928 年北伐中的复杂进程、"五卅"反帝运动、国民党左派和右派的决裂、镇压共产党时期斯大林和共产国际对控制事态发展的无奈，以及毛泽东激励农民暴动和城市工人起义的挫败。这些都在其他论文中阐述了。[④]

在所有重大事件中，北伐的特点和重要性无与伦比。方德万教授归结为：北伐作战本身是暴力的表现、是内斗文化，其结果就是全国的各军事集团的大分裂、集团间各大势力的私人敌对情绪呈现。方德万认为北伐得以"统一"中国其实是个假象。蒋介石之所以能掌权，并于 1928 年

62

---

①　对黄埔军校建校和国民革命军成立最有权威的介绍来自于：方德万著. 中国的战争和民族主义. P183～188。

②　马吕斯·詹森. 日本和中国. P296。

③　关于国民革命军成立的背景、蒋介石军事改革、中国国内和国外的形势，请参考：方德万著. 中国的战争和民族主义. P183～188。

④　乔丹. 北伐：中国全国革命 1926～1928. 夏威夷：夏威夷大学出版社，1976。

前于南京宣告北伐成功,归功于他拥有中国最有战斗力的军队。在攻占南京前一连串的战斗中,蒋介石表现出过人的政治智慧和战场上的大胆指挥,这些击溃了他的竞争者和敌人。然而要维持自己的地位,蒋介石必须依赖其长期维系的军阀同盟、商业关系、甚至于他那地下的盟友圈。[①]

"南京十年"开启时的派系和地方主义

　　1927 年～1937 年的"南京十年",是行政重组、经济发展、政治派系内斗的十年。维持中国国体可谓步履艰难。蒋介石政府必须笼络各路军阀势力、平叛内地共产党暴动、应付边境上日军咄咄逼人的入侵。尽管这十年中国已经拥有了一个中央政权和国家军队,蒋介石政府依然必须在军队和军阀派系中纵横捭阖,玩弄利益平衡才能生存。一些地方军阀的确在国家军队中挂有头衔,那也只是此一时彼一时的利益所致。这些人在 20 年代军阀混战中都同蒋介石有过过节、发生过争权夺利,自以为同蒋平起平坐。此外更有觊觎政权的野心之人,根本不愿自动服从中央政府,同蒋介石的私人关系紧张。同各个派系的内斗无疑妨碍了蒋介石防御日益敌对的日本势力。

　　让我们简单了解一下。"南京十年"初期,最重要的军阀势力在北方是满洲的张作霖。张本是土匪首领,20 世纪 20 年代军阀混战的老手。在他的保护伞下,张作霖的儿子张学良号称"少帅",在其父遇刺之后掌控满洲大权;其次重要的是冯玉祥。这位著名的"基督将军"控制着河南北部。1927 年冯玉祥公开支持蒋介石国民党;[②]再次是阎锡山,他也是20 年代军阀混战的老手了,长期盘踞山西;[③]最后还有宋哲元,他受恩师冯玉祥之托指挥西北军一个军,但他很快同蒋介石结盟,并被委派指挥驻扎察哈尔的第二十九军。尽管这些人在 20 年代军阀混战的不同时期都

　　① 方德万. 中国的战争和民族主义. "北伐中的文化和暴力,1926～1928".
　　② 詹姆斯·雪瑞达(James E. Sherida). 中国军阀冯玉祥一生. 斯坦福大学出版社,1966.
　　③ 唐纳德·吉岭(Donald G. Gillin). 军阀:山西的阎锡山,1911～1949. 新泽西州普林斯顿大学出版社,1967.

和蒋介石为敌，由于现在蒋介石掌握着中国最大的军事力量，没有人胆敢公开挑战蒋的统治。

“南京十年”初期的政治形势十分复杂。党派同盟、官僚派系、经济团体的组合变化不息。有些同蒋介石结成联盟关系，有的却千方百计地颠覆他，更有的在各个派系之间摇摆不停。所有人都在积蓄力量，相互威慑、制衡和妥协，等待时机。这里就有“CC系”，他们在南京政府中占据要职；另外还有上海银行和金融界的圈子；就在国民党内部也有实力派，而其中最为突出的人物是汪精卫。汪曾经是孙中山的亲密助手，在党内地位仅次于蒋介石。在人生不同时期，汪时而是蒋介石的盟友，时而是他对手。汪口齿伶俐却性格多变。他提倡文人治国，但也不反对收买各路军阀来达到目的。1930年汪尝试过在北京另立政府，并在1931年积极组织反蒋运动。两次他都失败了。但这也显示了汪精卫的势力不容小觑。1930年代汪蒋开始一段不寻常的合作，汪出任行政院长，蒋介石为最高军事领袖，开始放手处理共产党的军事问题。此时中国共产党正在江西山区安营扎寨。

对蒋介石来说，共产党，特别是毛泽东是其政权的最大威胁。蒋介石认为共产党的思想和目标同他有根本不同，而且共产党的野心更大。因此，国共不会、也不可能妥协。铲除共产党是1930年代南京蒋介石一心一意的目标，哪怕日军此时已经开始兵临城下。

诚然，中国如何对付日本是“南京十年”的1930年代中国政治最大的命题。一方面，日本在华总方针是破坏蒋介石统一中国，试图利用各路军阀矛盾，通过贿赂、颠覆和恐吓来分裂南京中央政府，以达寻找其代理人的目的；另一方面，蒋介石在这十年中不遗余力地避免同日本发生正式战争，以求迟缓日本对中国的蚕食。他时而迟滞、时而谋略、时而妥协。要达到这个目的，蒋介石认为实现国内和平和稳定至关紧要。那就必须铲除共党暴动。只有这样，他才能最终回头对付日本侵略者。这种同胞相争并同时与日本谈判的方针被称为“攘外必先安内”。这个政策引起了国内极大民愤，几乎撕裂了整个中国。在这个大环境下，蒋介石的使命步履艰难。他是在和时间赛跑，一方面日本对中国的军事野心咄咄逼人，另一方面民众的愤怒大有和政府冲撞之势。

日本攫取满洲及其后果（1931～1932 年）

　　1920 年代后期，日本发生了一系列经济危机，岛内政治和社会动荡。这极大地扭曲了日本对外政策。1923 年的关东大地震，五年内日本政府增加公共投资用以刺激经济。然而 1927 年日本又发生金融危机，一系列银行倒闭；粮食价格瘫痪，农民日子穷苦。接下来的世界性大萧条使得日本市场和出口贸易受到重创，大量人口失业。1930 年代开始，日本民众对其工业领导层失去信心，对全球经济的公平性、各个政党无力拯救经济灾难感到失望。[①] 日本政府决策层寄望于向外扩张解决人口过多、失业、经济萧条和国家安全等各类隐患。此时驻扎在亚洲大陆上的日本军队享受着远离东京政府和军界的最大自由。驻华日军的激进扩张和 1928 年后不断上升的中国民族主义情绪直接发生了冲撞。

　　蒋介石于 1927 年继续远征北方统一中国，同时他还对共产党不断地作战。驻华北和满洲的日军已经察觉国军北伐对日本在大陆利益带来的威胁。1928 年春，日本政府派遣 5 千兵力增援山东以保护日本侨民。这些日本部队正好挡住了从山东向北挺进的国民党军队。在这种动荡的环境下，双方极有可能擦枪走火。冲突最终还是由于青岛日军指挥官的挑衅在济南发生。中日双方在济南城外交火。日军即刻占领济南（直到 1929 年）。随后双方商谈结束争端。[②]

　　日本陆军这种挑衅性求战主要是出于对满洲的特殊战略和经济形势的担忧。日军希望阻止或引开蒋介石的北伐军队。日本在华三大利益机构（陆军、外务省、南满铁路局）都在北京同军阀政府沟通，以求取得日本在满洲利益的承认和保证。然而，直到 1920 年代末，日方收获其微。

　　对日本陆军——特别是满洲的关东军来说，要保持和扩大这些利益，就必须把满洲从中国人控制中切开。1920 年代后期，日本陆军开始和满

65

---

　　① 伊恩·尼什（Ian Nish）著. 两次世界大战中的日本外交政策. Westport，Ct：Praeger 出版社，2002，P65～66。

　　② "济南事变"和日本 1928 年在山东半岛军事扩张，参考：入江昭. 帝国主义之后：在东亚寻找新的秩序，1931～1941. 麻省剑桥：哈佛大学出版社，1965，P146～147、192～205、248～251。

洲匪首张作霖合作阻止北伐军进入东北。然而关东军内部少壮参谋军官们却认为张作霖自己有坐大中国的野心，故不适合作为日本满洲傀儡。他们需要暴力手段来铲除这个障碍。1928 年 6 月日本人炸毁行进在满洲的张作霖私人列车，张作霖身亡。关东军希望以此制造混乱，迫使日本东京最高统帅部同意他们占领满洲全境。但是张作霖的死没能引起直接的日军军事干预。暗杀谋划者的阴谋暂时没有得逞。这次蓄谋是日本陆军至此为止在中国最大的一次劫持日本外交政策的事件。[①] 这次受挫并没有阻止他们寻找新的导火线。满洲问题也使得中日矛盾日益严重。中国开始普遍抵制日货（特别是上海地区），全国各地不断爆发小规模激烈对抗事件。

　　日本外务省试图控制事态发展，但是徒劳无功。日本当时媒体和公众观点由于受右翼煽动，民族主义情绪高涨。国际事件的和平解决已没有可能。从 1929 年初开始，东北的关东军再次积极行动，试图打破平静的事态。他们着手规划实施吞并东三省，操盘手为当时关东军作战课长石原莞尔大佐。此人聪明过人，富于远见而具有感召力。他认为立刻占领满洲对日本生存十分重要，因为这里是阻挡苏联向南扩张非常关键的战略区域。[②]

　　东京的日本最高统帅部并没有参与石原莞尔的谋划，但是对其和关东军参谋部的意向还是了解的。[③] 其实日本最高统帅部虽然反对关东军极端挑衅行为，但也拿不出自己明确的对华政策，更何况其本身也准备了未来占领满洲的预案。东京总部和旅顺港本部的区别只是时机和规模。由于担心东京阻止延迟其计划，关东军于 1931 年 9 月在沈阳北部南满铁路段制造爆炸事件，他们诬指这是中国人的"暴行"，并迅速攻占沈阳兵营和武器库。关东军已经蓄谋两年之久，尽管人数上只有中国军队的二十分之一，但他们敢于迅速扩大作战范围。此时东京总部想约束也时机已

---

　　① 阿尔文·库克斯. 诺门坎. 第一卷，P14～16。
　　② 对石原莞尔本人和其思想的全面的解读请参考皮蒂. 石原莞尔。
　　③ 在皮蒂《石原莞尔》一书中（87～139 页）阐述了石原莞尔的计划实施；参考：关宽治（Seki Hiroharu）.1931 年满洲事变. 发表于：威廉·莫莉（William Morley）编辑. 日本爆发：伦敦海军会议和满洲事变，1928～1932.纽约：哥伦比亚大学出版社，1984，P139～240。

过。打着作战安全和"战场自主权"的名义,关东军很快占领了整个东三省。日本陆军称之为"满洲事件"。其意义在于日本军界此时已取得共识,关东军这次犯上行为获得成功(尽管不是完全成功)。满洲已被牢牢掌控,日本政府已无能力再把这种权力夺走了。

关东军以数量微弱的部队对满洲施行军事占领,但是这并不意味着他们有能力控制和管理满洲。掌控广大地区面临着实际、复杂的行政问题,占领军于是开始扶植中国末代皇帝溥仪建立"满洲国"。在中国人眼里,这其实是为其合法性涂脂抹粉的荒谬行径,效果也根本没有达到。总体上来说,这种和某当地自治领袖人物合作的方式将成为未来十年日本把控被占领区的主要行政策略。

日本占领满洲完全出乎东京的预料,在西方各国也引起质疑。为了分散对于满洲的国际注意力,日本驻沪特务部门开始煽动反日抗议游行。随后,骚动很快失控。1932 年 1 月,驻沪日本海军司令官要求海军陆战队联手当地驻沪日籍侨民进行"维持秩序"。但是日军遭到中国军队出人意料的顽强抵抗。日本海军不得不求援陆军派遣两个师团。在接下去的两个月中,中国第十九路军和第五军在没有增援和南京总动员的情况下,奋力抵抗日本侵略者。日本对上海这座国际城市的巨大破坏引起了国际关注,日方越来越感到窘迫。在昭和天皇个人干预下,日本战区司令官下令限制上海战事。停火协议在 5 月生效。双方划定停战分界线。除海军陆战队外的所有日本军队开始撤离战区。①

马吕斯·詹森数年前有这样的评论:日本对满洲的占领引起了国际间的反对。国际联盟李顿调查团的报告曾提出强烈谴责并要求日本从满洲撤军。西方列强对日的谴责"激怒"了日本,日本于 1933 年决定退出国联。日本海外扩张受到日本国内的普遍支持,因为扩张战争可以缓解日本国内的经济和社会危机。②

---

① 赫伯特·碧斯(Herbert P. Bix).昭和天皇和现代日本.纽约:Harper Collins 出版社,2000,P250～251。1932 年上海事变最完整的介绍,请参考:乔丹.中国玩火:1932 年上海之战.Ann Arbor,密歇根大学出版社,2001。
② 马吕斯·詹森.日本和中国.383～384 页;阿尔文·库克斯.诺门坎.第 5 章,卷一,P55～62。

对民国政府来说,丢失东三省是灾难性的。不仅满洲海关关税收入尽失,华北与满洲傀儡国边境沿线大批日货毫无阻拦地涌入内地。对蒋介石政府最致命的影响是中国统一事业受到损害。蒋认为,统一是中国全国改革和发展进步不可欠缺的组成部分。但是,由于蒋介石不情愿也无能力组织兵力在东北和上海抗击日本的侵略,民众义愤填膺,中国内部抗日暴动的压力日益加剧。国民党内外积蓄的猜疑,加上倒蒋势力兴起,直接威胁着蒋的政权。

进一步入侵：日本在华北设局

今天我们看得很清楚：这一轮日本对中国的欺凌为蒋介石国民党政府提供了重新唤起广大民众支持的机遇。对满洲事变的绥靖政策和上海停战没有消除中日敌对冲突的隐患。相反,在 1932 年秋,冲突火苗骤然燃烧起来。冲突发生在长城东段入海口的历史名城山海关。按照《辛丑条约》之规定,日本在该地驻有一支小部队。这支日军和当地军阀部队发生了一连串冲突。前两次冲突都得以和平方式解决,然而第三次却引发了激烈的战斗。1933 年元月,日本驻军司令官(蓄意)挑起事端,日军随即投入一个师团和大量海军。中国军队在日军强大军事压力下撤至长城南线,日军占领山海关的南大门。中国政府向国联抗议,但是没有成功。西方列强决定袖手旁观。冲突最终得以解决。但是,日本在羞辱中国一系列的行为上又增添了新的一笔。[1]

日军根本不顾及战事可能升级。他们蛮横坚持满洲的安全是日本的生命线,执意在满洲西南方向建立缓冲区,以此抵御中国激进的民族主义情绪和统一中国的热情。此外,满洲已不全是关东军和天津本部的参谋们想要的宝库,他们开始觊觎华北的资源,特别是煤和铁,日本需要用来弥补东北的短缺。这些日本军官们反复掂量挑起事端的胜算把握。他们的结论是：华北仍然军阀互竞,派系林立,经不起日本的威逼、颠覆和贿赂。

---

[1]　岛田俊彦.华北工作.P13~15。

　　日本侵占中国东北之后,无视中国反对,基于对防卫安全、掠夺资源的野心以及政治上的机会主义的错误认识,这些因素共同作用,诱使日本继续向华北和内蒙古方向推进扩张。和在满洲一样,日本的基本目的是建立日本控制的缓冲区域,把国民党势力影响赶出去。其基本的操作手段是唆使并幕后运作独立自治运动。这个过程中夹杂着日本臭名昭著的军队特务组织的积极活动,他们不断煽动、颠覆和采用政治胁迫来逐步瓦解地方政府。

　　日本在满洲西部边界跨出致命的第一步,就是让关东军占领热河,以"扩展"满洲领地。行动之前,关于日军新扩张的传闻已经布满全国。驻热河最多的中国陆军的指挥官张学良恳求蒋介石投入中央军协助击退日军进攻。但是蒋介石此时正在江西剿共,没有理会这一要求。蒋对张的支持只体现在公共场合表达抗争的决心上。而张自己则让最弱的部队保卫热河,结果酿成灾难。1933 年 2 月,日军两个师团入侵热河击溃张的部队。张的部队在慌乱中仓皇逃命,热河陷落。京津门户大开。这场溃败在全国各地掀起了反对蒋介石"攘外必先安内"政策的大规模群众性抗议风潮。广大民众群情激愤,蒋的政敌亦暗中蛹动,但蒋介石却顽固坚持自己的政策。①

　　蒋介石固守其首先铲除共党内患的政策,但是关东军激进军官们的胃口却越来越大了。其结果便是沿着长城的几个隘口发生了激战。关东军试图攻占中国防线中几个至关紧要的防御隘口,但遭到中国华北部队和中央军的顽强抵抗,只可惜中央军和地方部队配合欠佳。此时东京总部温和派强行介入,不断限制陆军过于激进的行为。侵华日军的战略开始呈现出一个新的规律:每次关东军地面作战时,在天津的陆军特务部门会积极配合,而配合的方式便是煽动河北民众反对南京政府。可惜效果不佳。②

　　1933 年 5 月,关东军全线突破中国军队防线,在长城各段涌入关内,再次威胁北京和天津。面临再次的军事失利和政治危机,蒋介石决定求

----

　　① 帕克·科布尔. 面对日本. P90～102。关东军的热河会战,参考:岛田俊彦. 华北工作. P18～27。

　　② 帕克·科布尔. 面对日本. P90～92。

和,平息双重危机。蒋介石委派属下同日本人进行谈判。表面上看来,谈判签署的任何协议都是临时的,且带有区域限制。日本方面由关东军出面。他们不等东京总部指令,自己掌控谈判,也根本无视日本驻华领事代表。《塘沽协定》于 1933 年 5 月得以签署。这是个彻头彻尾的凌辱性条约。《协定》规定长城以南、河北省大部划出近 13 000 平方公里的非军事区,国民党部队必须马上撤出该区域。按照《协定》,日军可以"自由选择"时间"志愿地"撤回长城地段。[①]

《塘沽协定》实乃日本军事力量入侵华北的第一步。同时也开启了日本对华北的严重政治和经济渗透。最糟糕的是,日本奉行的是在满洲"分而治之"的老一套战略:即从国民党手中分割当地领土,扶植地方傀儡政权,令其受命于日本人指挥。今天有人可能认为《塘沽协定》至少让蒋介石摆脱了更大的灾难,北京和天津也得以保住,谈判范围也是地区性的;况且,蒋介石名字在协定中没有被提到,而其中许多最为敏感的条款一直处于保密阶段。对蒋来说,最重要的是北方战事得以停战,"攘外"而先"安内"的政策得以继续,他能够回头根除共产党了。[②] 但是这一政策后患无穷。

1933～1937 年日本的侵略和防卫南京的战略

从 1933 年的《塘沽协定》至 1937 年春,中日关系主要沿两个轨道进行着。一方面,日军积极试图通过军事、煽动反国民党骚动和颠覆手段,力图把华北从国民党政权分裂出去;另一方面则是蒋介石努力通过妥协、迟滞、防卫性作战来拖困日军,以便蒋介石保持足够的精力和部队围剿内陆的共产党根据地。

日本外务省在这四年中的角色非常模糊。日本外交官的确时而介入了解决两国争端。他们在南京和国民党代表谈判时,给双方政府一种幻觉,即中日长期和睦相处似乎是有可能实现的。但是,日本陆军对此类谈判却显得非常不耐烦。他们警告说:谈判只能在意欲分裂出去的省份内提高国

---

① 帕克·科布尔. 面对日本. P106～111。
② 同上,P113。

70

民党的统治地位。从而他们为彻底解决设置重重障碍。然而,有时外务省和军部却沆瀣一气。1934 年臭名昭著的"天羽声明"发表,证明外务省紧跟军部步伐这一趋势。这是日本版的"门罗主义":日本开始强行掌控亚洲事务,并警告西方,日本不再容忍他们对南京政府物资和道义上的支持。[①]

关东军担心中日谈判会增强南京在北方的统治。于是乎,他们在 1934 年秋和 1935 年初于河北和热河地区再次挑起了一连串暴力事件,同时胁迫东京和南京。南京政府在处理这一系列事件中受限于广州反蒋事态的发展,倒蒋派破坏了蒋同日本达成共识。蒋介石此时正专注于剿灭共产党的部队(共产党部队 1935 年 6 月开始的撤退最终演变成著名的二万五千里长征)(按:原文如此。应为 1934 年 10 月,中央红军被迫转移。此前,已有四支红军部队先行突围远征),他授命军政部长何应钦同天津日军驻防司令梅津美治郎中将谈判。1935 年 6 月 10 日签署的最终协议是国民党大规模的对日妥协:不再是国军从非军事区撤退,而是军队和党部所有机关从整个河北省撤出。

《何梅协定》赋予日本天津驻屯军在河北省内所有自由行动权利。可是关东军并没有因此而善罢甘休,现在急切地要增强对察哈尔省的控制权。日本沈阳特务机关土肥原贤二为此制定了周密的计划,其内容是:加快深入对内蒙古的渗透、准备建立"蒙古国"傀儡政权。《何梅协定》签署后两个星期,土肥原即向新上任的(国民党)内蒙长官秦德纯递交一系列新的要求,以求驱逐察哈尔省国民党的军事和政治机构。关东军大兵压境,而南京则救援无望,秦德纯竟顺从地在土肥原的文件上签上了自己的名字(按:指《秦土协定》)。

1935 年这两份《协定》极大地打击了国民党政府的威望,削弱其在华北的统治。[②] 相反,"分而治之"政策使得日本在华北(特别是河北和察哈尔)取得了统治地位。[③] 由于南京不抵抗政策,日本轻而易举地逼迫中国

---

① 外务省情报局长天羽英二随意对日本记者发表这个声明,在西方和中国引起轩然大波。其实这是日本在中国一贯政策,只是他用词比较强硬点。

② 帕克·科布尔认为《何梅协定》的条款对南京政府民意损伤很大,蒋介石起初否认由此协定存在。参考:帕克·科布尔. 面对日本. P205。

③ 在日军的怂恿下,华北出现两个"自治"区:冀东防共自治委员会和冀察政务委员会。

政府接受了屈辱性协定,沿两省边境线进行分裂南京统治的活动一直在继续着。1935年丧权辱国的两个《协定》之后,更多的中国人开始认清了日本人各种形式入侵的嘴脸,即使接受"满洲国"这个既成事实也不会阻止日本人继续向南侵略中国的野心。这一认识的不断深入最终演变为强大的压力,促使南京最终改变其对日退让政策。

援助、唆使政权颠覆、对华北官员的恫吓都是日军在这些省份所发动的经济战的组成部分,其目的就是要在经济和政治上主导这些省份。对中国最有伤害力的是华北(特别是沿海地区)走私活动,日本大肆逃避关税,向内陆走私大量廉价商品。国民政府资源捉襟见肘,根本无法掌握海关。日本称这种公开、猖獗的走私行为是"特殊贸易"。在河北,走私贸易是得到关东军认可的。日本海军也不甘落后,他们常常护航从台湾基地走私货物运往中国南部沿海城市。[①]

这些"特殊贸易"给中国带来了严重的后果。它极大地损害了国民党政府在该地区的统治基础,严重地削弱了国民党政府的关税来源。这笔损失接近往年中央财政收入的一半。

走私贸易对华北正常商业也带来冲击。在许多情况下,中国产业纷纷倒闭,日本人迅速介入,这使日本人进一步控制了该地区的经济命脉。由于中国经济机构在北方的衰微,日本军方(特别是华北驻屯军)便开始着手开采该地区的资源和市场了。[②]

这一切最终掀起反对日本经济入侵的抗日浪潮,中国各大报刊口诛笔伐。在民众的抗议声中,行政院长汪精卫备受责难,而蒋介石却能置身事外。汪和其他几位国民党大佬们威胁辞职,逼迫蒋介石分担公众对其绥靖政策的愤怒。1935年10月,汪精卫遇刺住院,于是辞去了政府和党部的一切职务。

在这个新形势下,蒋介石只得承担起对日关系的全部工作。然而,蒋依然刚愎自用,坚持"攘外必先安内"的既定政策。

蒋之所以能够维系这个政策,主要得益于他能够小心平衡中国国内

---

① 帕克·科布尔. 面对日本. P303～309;岛田俊彦. 华北工作. P161～174。

② 关于日本军队隐蔽经济计划,参考:中村隆英. 日本在华北的经济推进:1933～1938日本华北开发公司的成立. 发表于:入江昭编. 中国人和日本人. P220～253。

政治的利益关系,特别是那些政治上弱势但军事实力强盛的地方军阀势力,比如冯玉祥和阎锡山。张学良是个例外,他特别反感蒋对日本占领东三省和热河所采取的不抵抗政策。蒋介石本人也意识到这一点,认为张是个军事隐患。他非常担心张会擅作主张袭击日本军队,从而使局势失控。于是蒋任命张为西安剿共司令部总司令。他认为此项任命会孤立张,把他绑上反共剿匪的战车。张将在中国对外政策调整变革中成为关键历史人物,这是蒋介石错误任命决定的。

　　1935 年间,日本在华的两大驻军继续进行着干涉和威胁等阴谋活动,蓄意颠覆国民党华北政府、威逼地方官员和军阀(比如宋哲元)加入日本推动的华北自治。这一系列活动的策划者是坐镇沈阳的日本特务机关土肥原大佐。土肥原和其关东军同僚所策划的阴谋十分险恶:利用日本宪兵逮捕中国境内的国民党官员(特别在北平和天津市内的官员),要求南京政府在全国范围内打压报刊杂志中的抗日情绪,在河北边境上集结大量兵力,不预先通知便派遣军机挑衅飞越北平、天津上空等等。此外,还有一系列挑衅性小动作。其手段之多,胆子之大令人惊愕。在这些事件中,两大驻屯军自称是在协助中国剿共和反腐,对本部的所作所为及其后果置若罔闻。殊不知,他们的行为已经引起中国广大民众的强烈敌视。①

　　土肥原之类自以为他们会让中国丧失抵抗能力从而达到统治华北的目的。但很快他们就发现自己的算盘打错了。1935 年底,面对日本的野蛮行径,中国民众激怒了。"全国救亡运动"开始导向学生和民众,他们展开大规模游行示威,一致要求停止内战、全民抗日。民众的呐喊影响巨大。此时的蒋介石通过数年经营,政治军事大权在握,但其绥靖政策已没了活动空间。同样,与日占区接壤的各路军阀也已无法再向日本妥协,因为他们都面临着部队反抗和倒戈的危险。

　　中国对日本的仇视情绪让日本吃惊不已。关东军和华北方面军的强硬派已经认识到,利用威胁和玩弄当地军阀以掌控华北的策略宣告失败。民众普遍上街抗议游行,当地军阀亦显示出了强硬态度,抗拒日本的百般

---

　　① 　奥宫正武著. 没有宣战的战争之教训. 转引自: 海军研究所主办. 进程 93 期,1972 年 12 月号. P30。

淫威。日本陆军面临艰难选择：要么放弃以代理人控制华北的梦想，要么动用武力摧毁中国抵抗力量。

在这关键时候，也就是 1935 年 11 月份，日本东京最高统帅部中的温和派开始介入。他们试图限制土肥原和其同僚们的强权政策。东京认为陆军的挑衅行为没有达到所期待的效果。日本参谋部于是下令停止一切行动，并召回土肥原。南京政府即刻抓住这个压力锐减的难得机会，展开同日本陆军的紧张谈判。他们最后达成共识，即建立了一个半自治的冀察（河北—察哈尔）政务委员会，由宋哲元担任委员长。国民党在其中两省拥有相当权力。

此外，日本在华诸多挑衅行为也屡屡受挫。最严重的是关东军自身受到屈辱性败北。日军于 1936 年整年间不断挑起事端而往往能够得手。然而短期的战术优势损害了长远的战略。[1] 同年 11 月，关东军冒险干涉内蒙，结果事与愿违。为了保障"满洲国"边境安全，关东军参谋部寻求反华的内蒙分裂势力，并向蒙古一王子提供武器、装备和军事顾问，期望再次分裂出一个"独立自治区"。但是不出一个星期，国民党军队便击溃入侵之敌，把日本人和傀儡军队赶出了绥远。对陆军的鲁莽尝试，日本政府自感羞辱，并掩盖事实、否认日本参与这次行动。[2]

1936 年少壮派军官叛乱、东京恢复主导对华政策

日本对华政策因近期的挫败必须做出调整，这只是原因之一。更为重要的是 1936 年初日本政坛发生了变化。日本政治和军事权力已从极端势力回到了相对温和派的手中。虽然 1931 年至 1936 年间，右翼分子和下级军官施行了一连串暗杀和未遂政变，今天我们都不能证实这些极端分子通过文官政府或者军界直接影响了日本对华政策。在那个动荡的年代，传统保守势力根深蒂固。但是同情部下激进思想的大有人在，特别

---

[1]　岛田俊彦. 华北工作. P180～195。

[2]　具有讽刺意味的是石原莞尔是满洲事变的筹划者，1931 年间他无视东京最高统帅部，使得关东军成了脱缰野马。而此时他却升任总参谋部作战部主任。他出行华北却无法阻止关东军他过去的同事们的极端冒险行为。参见：皮蒂. 石原莞尔. P277～279。

是陆军内部的高级军官们。他们静观事态发展，一旦时机成熟，就会站出来再次暗中支持激进思潮。他们的动机很简单，每个人都有自己的野心和权欲。

军方的极端思潮终于酿成了"二二六事件"（1936 年 2 月 26 日）。当时陆军第一师团部分"皇道派"少壮军官发动叛乱，一度占领皇宫附近战略要地。然而几天后，少壮派的梦想就破灭了。他们的行径受到天皇的指责，军界主流大佬们也极力反对，叛乱遭到镇压。[1] 接踵而来的是对陆军内部叛乱分子及其同情者进行的大清洗，特别在军界上层。参谋总部清洗后空缺出来的重要位置被一批主张革新、现代化创新的"统制派"军官们所占据。一批有责任心的文官和武官最终制定了 1937 年至 1945 年间重大的日本对华方针政策。他们不是疯狂的空想家，也不是头脑发热的下级军官，更不是一党成员。难道是驻华日军左右了日本对华政策了么？绝非如此，因为东京总部牢牢地掌控着时局，[2]虽然最高统帅部和陆军省对中国时局的认识意见不同、纷争不止。平息叛乱本身并没有把中日冲突推向战争。

1937 年春：日本对华政策的改向和中国走向战争

1937 年春，日本陆军的战略优先再次突然改变。起因是 1930 年代中期苏联在东北亚集结强大兵力。这一新的动向迅速改变了日本陆军对中国的看法。东京最高统帅部部分上层军官（比如石原莞尔）开始鼓动日本支持中国统一，而不是分化中国。这种新的观点要求日本摒弃过去"分而治之"的方针。其"帝国主义侵略"行径以及在中国的卑劣自私的运作必须回避。石原提倡通过"王道"政策联盟中国。他认为只有这样才能让日本真正得以备战苏联。[3]

---

① 对于流产政变，本·阿米·氏罗尼（Ben-Ami Shillony）的书最有权威：日本出现的叛变：年轻军官和二二六事件.新泽西：州普林斯顿大学出版社，1973。

② 许多年前，詹姆斯·克劳利已经谈到了这个问题。参见其：日本寻求自治：国家安全和外交政策，1930~1938.新泽西州：普林斯顿大学出版社，1966。

③ 皮蒂.石原莞尔.P273~286。

但是日本高层反对意见甚多、军界对华政策意见分歧严重。由于石原的影响，参谋本部力求避免同中国全面战争。日本必须集中精力重新武装并进行部队现代化，以备未来迎战苏联。然而强硬派势力还是非常强大的。参谋本部（滑稽的是这里有些军官是石原的部下）、军部、关东军、中国驻屯军内部强硬派势力最终决定了日本陆军对华政策。那些"鹰派"对中国使用武力毫无顾忌。他们认为"姑息"中国将损伤日本军人的荣誉，甚至鼓励中国军队的反抗。他们一致认为，按照过去的经验，战争一旦爆发，中国即会崩溃。[①] 这些声音在日本对华决策中举足轻重。

日本参谋本部起草的 1936 年《防卫大纲修定版》中的作战计划指出：一旦同苏联开战，华北将成为日本战略后方。《大纲》认为，只要国民党政府软弱无能，国土分裂，同国民党全面开战可能不会发生。为了保持这个状态，日本需要尽量避免同中国发生摩擦事件。如果华北反日情绪一旦真的爆发，东京最高统帅部将防止事态扩大。1937 年初，日本参谋本部正式声明其对华政策为"互助、共荣"，摒弃以往把国民党从华北赶出去的方针。为了表示诚意，日本军部建议撤销冀北伪政府。[②] 一年前的三月，近卫内阁已经开始施行妥协政策，承认中国统一，反对通过武力威慑求得外交妥协。

我们暂且无需给近卫或石原等权势人物带上"远见、仁慈"等花环。他们倡议的对华政策并没有改变日本侵华这一基本事实。但是他们的新倡议在 1937 年 7 月的形势下至少还算带有那么一点理智。日本也只有这一条路可走。那么为何日本深感苏联"威胁"呢？这种忧虑是否合理？恐怕这是另外的学术研究了。正如爱德华·德利亚在本书第四章中所提到的：日本陆军一面降低在华备战作业，一面大批增兵满洲—苏联边境。

为了应对同苏联军队立刻交战的可能，驻扎在华北的日军也开始相应的技战术演练。在这种新的大环境下，东京统帅部中多数人认为，同中国可能发生的战争是个麻烦而且分散精力，所以必须尽量避免；哪怕一旦战事无法避免，也必须速战速决。他们认为中国军队不堪一击。

76

77

---

① 日本参谋部中国处大佐高桥担吹嘘过"一旦第一辆运载日本军队的火车通过山海关，中国人就会迅速投降。"转引自：防卫厅防卫研究所. 大本营陆军部. 第一卷，P430。

② 同上注，P285. 岛田俊彦. 华北工作. P226～227。

　　在中国,日本迟迟到来的避免战争策略已经无法扭转高涨的反日情绪。1936～1937 年的局势发展太快,蒋介石的对日政策全盘失控。蒋当时的中心任务依然是巩固政权、剿灭"共匪"。后者是对他领导统治的最大挑战、心腹大患。尽管蒋已决心在领土主权上对日绝不再退,但是他认为"全国救亡运动"和对日军发动正面反攻的条件根本不成熟,而且这种想法非常危险。因此他必须除掉全国抗日运动的各界领袖。于是他逮捕这个、威胁那个。这种压制措施只能更加激怒广大民众。蒋任命张学良和杨虎城坐镇西安剿匪,但这些将领已经公开支持"全国救亡运动"。形势已经对蒋十分不利。1936 年 12 月,坐立不安的蒋介石亲自飞往西安,要求张、杨两人支持他,最后完成剿灭盘踞在陕西偏远地区的共产党。但是张、杨两将已受够了,因为前期剿匪作战全部失利;他们害怕的是愤怒的全国民众,而不是蒋介石。

　　蒋介石错误地估计了形势,盲目地跳入了陷阱。到达西安不久,蒋被突然扣押。张、杨两人放人的条件是答应他们提出的一连串抗日要求,其中包括:蒋介石必须公开支持"全国救亡运动"、结束剿共内战、改变南京对日方针并准备全民抗战。蒋介石无奈之下只得同意。张最终释放了蒋介石,公布了和谈声明,并陪同蒋回到南京。此刻南京热烈欢迎蒋介石重新获得自由。"全国救亡运动"也欢迎蒋重新掌权,并响应中国共产党号召建立抗日民族统一战线。

　　面对木已成舟的形势,日本此刻的反应非常迟钝。东京和南京关于华北的谈判已无法继续。战争已不可避免,开战只是个早晚的问题。这真是个极大的悲剧性讽刺:悲就悲在双方外交政策于 1937 年春季开始背向而驰,势态最终导向全面战争。自私自利的日本似乎准备开始温和其 50 年来的侵略政策,但这已为时过晚;中国积累了半个世纪的怨恨,1937 年的国民政府对日政策日趋强硬,其态度坚定、报仇心态明显。[①] 终于,1937 年 7 月 7 日晚上,北平郊外火花迸出。日本本以为同过去无数次小规模军事冲突一样,事态会通过谈判迅速熄灭。然而,这次的火花已经无法通过妥协来控制了。觉醒的人民现在意志坚定,火花终于燃成熊熊大火。

---

　　① 皮蒂.石原莞尔.P285～286。

第二部分

战争前夜双方军队

人们普遍认为中日军队根本不相匹敌。日本拥有现代化的工业基础,强大的军事机构,民众对军队热情支持。中国则没有这些优势。然而,蒋介石领导的中国军队成功地把日本军队拖入一个长期的消耗战。这个看似矛盾的事实我们可以在张瑞德和爱德华·德利亚关于1937年中日军队状态的文章论述中找到缘由。

张瑞德在本书第三章中展示中国有影响力的思想家从1920年代便开始考虑持久战的概念。从1920年代到1930年代中期,在德国人的指导下,国民党军队开始循序渐进地进行备战。中国领导层坚信日本早晚会对中国入侵。中国防御的宗旨是,对外需要一个费边战略,对内构建坚固的防御阵地(特别在上海周边地区);尽管缺乏资金和大众支持,中国还必须建立一支新型的军队。国民党军队的武器配备标准杂乱,炮兵和运输工具缺乏,部队后勤补给长期脆弱。更糟糕的是地方部队与中央军、蒋介石与各派系将领之间缺乏默契,政治家、知识分子与军事将领之间更是如此。蒋介石强调部队的整训系统——他注意到部队召兵不足,地方区域性强弱不一,无法培养足够的有技能的参谋人员等缺陷。蒋介石此时正在对其非常脆弱的国民党军队进行改革和重建。但是到了1937年,时间已经没有了。

爱德华·德利亚在本书第四章中给我们呈现的是同中国军队截然不同的日本军队。他的叙述重点是战略战术规划、技战术、战场理论的发展。日军是个训练有素、纪律严明、自命非凡的军事机器。按照1937年的标准,日军算是武备精良。日本军界的思维是通过快速进攻性作战以求决战,并在短期的交战中取得决定性胜利。1931年"满洲事变"发生后,陆军开始把更大的注意力集中于对付苏联,而非中国。正如当时的中国认为同日本开战是不可避免的一样,日本将军们认为同苏联必有一战。因此,日军的理论、作战策划和部队的结构都是用于对付苏联的。当然,策划参与人员也有对付中国的备案,因为区域性的摩擦时有发生。但他们认为这些冲突只会是短暂的,而且日本必将全胜。1937 年日军正处在组织调整,装备更新现代化的过程当中。当时预期,日军的改换装备计划要到 1940 年代初才能完成。所以日军也是尽力避免在大陆上大战,但是,对日军来说,时间也没有了。

第三章
战争前夜的国民党军队

作者：张瑞德

前　言

　　1937 年 7 月 7 日中午，国民政府军事委员会办公厅主任徐永昌与友人闲谈，他表示："今日温饱子弟与学生皆不愿当兵，惟穷人愿当兵；穷人稍温饱亦不愿当兵。虽使强征来，亦非出于志愿，毫无战斗力。如此国家，尚侈言抗日，直以羊猜虎耳。是知教育不改革，必至亡国而后已。今日发牯岭（军事委员会委员长蒋中正所在）一函，条陈改革教育也。"当天晚间，卢沟桥事变爆发。①

　　8 月 2 日，蒋中正致电各省军政长官，声言中央已决心抗战，命速入京共商大计。桂系领袖李宗仁、白崇禧于接到电报后，与桂系要员商量，众人均反对白入京，惟恐中央对他们不利（李、白两人北伐期间对抗过蒋介石）。

　　白崇禧以抗战是两广素来的主张，也是国民一致的要求，如今抗日时机成熟，正是我们报效国家的时候，如果自己不到南京，不仅有负蒋的德意，而且过去所提的抗日口号均为自欺欺人，必将为国人所唾弃，因此他力排众议，并说服李宗仁立即覆蒋一电，表示中央既已决心抗战，我们誓当拥护到底，自当即遵命起程，听候驱遣，李则暂留桂林，筹划全省动员事

---

　　① 蒋永敬.从卢沟桥事变到上海撤守—据徐永昌日记的资料.引自：近代中国.第 99 期，1994 年 2 月，p. 137。

宜,一旦稍有头绪,也将立即北上,共效驱驰。①

84　　　　当李、白同中央电报往返之际,四川省主席刘湘和云南省主席龙云均
有所闻,两人也相继来电劝阻。大意是说,传闻中央预备对日抗战,不过
是否出于诚意,尚在未知之数,兄等不可轻易入京,万一抗日不成,反而失
去自由,则国家将因此愈益多事,务盼兄等深思。刘、龙二人当时在政治
上的立场与桂系颇为接近,故对李、白二人是否北上,十分关切。他们认
为蒋中正的为人最尚权诈,万一藉抗战之名,将李、白二人骗往南京,加以
拘留,则广西必为蒋系所控制,川、滇两省恐也将岌岌可危,故来电劝阻。
李得电后,立即覆电刘、龙二人,劝他们拥护中央,并动员全省人力、物力
参加抗战,切勿迟疑不决,致贻蒋以吾人不愿共赴国难的口实,而向侵略
者低头。②

　　　8月7日晚间,蒋中正召集国防会议及中央政治委员会联席会议,讨
论作战策略,到京各省军政长官,包括阎锡山、白崇禧、余汉谋、何键、刘湘
等,也全体列席。讨论终结时,蒋中正宣示:"战争必具最后决心,乃生死
存亡之关键,一切照原定方针进行。或进或退,或迟或速,由中央决定。
何时宣战,亦由中央决定。各省与中央须完全一致,各无异心,各无异
言。"当时所有与会人员全体起立,一致赞成。出席会议的铁道部长张嘉
璈认为:"全场中举国一致精神之表现,恐为数百年来所未曾有。"③不过
也有流言指出,此次会议阎锡山与刘湘愿意参加,与白崇禧的入京有
关。④ 刘湘返四川后即会同下属商讨派兵上前线事宜。有助手建议他有
胃溃疡,不宜亲自带兵前往。刘湘则说:"过去我打了那些残酷的内战,但
今天我们有机会参加对日抗战。我们必须为国家尽力,历史会赞扬我们

---

　　① 贾廷诗、马天纲、陈三井、陈存恭访问兼纪录.白崇禧先生访问纪录.台北:中央研究院
近代史研究所,1989 年,p. 98~99;李宗仁口述,唐德刚纪录.李宗仁回忆录.香港:南粤出版社,
1986 年,p. 451。
　　② 李宗仁.李宗仁回忆录.p. 451~452。
　　③ 李云汉.卢沟桥事变.台北:东大图书公司,1987 年,p. 407~408。龙云也于会后赶到南
京,这是他出长滇政近十年后首次进入首都。参阅:杨维真.从合作到决裂——论龙云与中央的
关系(1927~1949).台北:国史馆,2000 年,p. 154~155;石島紀之.雲南と近代中国——周辺の
视点から.東京:青木書店,2004 年,p. 206。
　　④ 贾廷诗等.白崇禧先生访问纪录.p. 99。

对战争的贡献。"①

　　中国的对日抗战，即是在这样的背景下开始的。国民政府 1927 年完成北伐，定都南京，致力于各项建设，在各方面均有显著的进步，在军事方面也不例外。不过和日本不同的是，直至 1937 年中国仍然不是一个近代国家，它的军队虽然自 1924 年成立，已有 13 年之久，也还不是一支近代的军队。本文即拟探讨抗战爆发前夕的国军及其在战前十余年的变化，讨论的范围包括战略(含国防计划)战术、编制装备与后勤补给、国防工事与后方基地的建设、军事教育与训练、参谋制度、军队各阶层的组成分子、战前整编与作战能力等。由于篇幅的限制，本文讨论的对象，仅限于陆军，海军及空军均不包括在内。

85

战略、国防计划与战术

　　自 1910 年～1920 年 10 年间，即已有一些中国知识分子认识到中日两国全面冲突的不可避免，开始探讨中国如果面临此种不可避免的冲突时，所应采取的策略，持久战即为他们当时所提出的因应之道。

　　最早倡言持久战者，当属蒋方震(又称蒋百里)。蒋早年留学日本，深谙日本政府与军界的动向，早在 1917 年即预言将来中日两国必将一战，而且必定是长期的战争，战场一定是在平汉、粤汉路以西。② 其后在《国防论》一书中，蒋更明确指出中国在未来的中日之战中，应实施持久战以打破日本速战速决的企图。③ 蒋方震所倡导的持久战，有两个要点：第一，基于敌强我弱的事实，中国应充分利用其地大人多的优势，以拖为上策；一拖下去，日本的优势即会丧失，而中国的优势将逐渐显现。第二，诱敌深入后，在平汉线以西与之决战。1934 年地理学家丁文江则在《大公报》撰文指出，"华北是我们的乌克兰，湖南、四川、江西是我们的乌拉尔，

　　① 刘湘的叙述来自于本书英文版。转引自邓翰翔(音译)著. 刘湘和蒋介石的勾心斗角. 文史资料选辑. 1960 年 5 集, p. 70—译者。
　　② 曹聚仁. 蒋百里评传. 香港：三育图书文具公司, 1963 年, p. 65。
　　③ 蒋方震. 国防论. 台北：中华书局, 1962 年。

云南、贵州是我们的堪察加,……大家准备到堪察加去。"①他主张中、日两国一旦开战,中国政府可以退至西南,利用西南的优越地理条件,作长期抗战。丁文江的说法,较蒋方震又进了一步,所设想的抗日纵深,不仅限于平汉线以西,而且深至大西南。以上这些学者的言论,对于国民政府的政策制定,多少会产生一些影响。

"九一八事变"时,国民政府和张学良均持不抵抗态度,备受国人指责。日军"满洲事变"(1931年)和进攻上海(1932年)时,蒋中正自然不能毫无抵抗,但是又并不真正想打,尤其是不愿调动全部力量,与日军决战。其原因,一方面固然是剿共工作尚未完成,但是更重要的是日本已是现代化的国家,日军武器精良,战斗力强。因此,在蒋看来,中国军队"有败无胜,自在其中"。他甚至估计,日军在三天之内即可占领中国沿海、沿江的要害地区,切断军事、交通、金融各项命脉,从而灭亡中国。因此,蒋认为对日作战应是一场长时期的持久战斗,"越能持久,越是有利"。②

1935年5月"华北事变"后,日本对华北步步紧逼,蒋中正对日态度渐趋强硬。国民政府提出"一面呼吁和平,期求集体安全(按:指寄望国联。);一面整备国防,充实军备,至和平绝望时,举全国力量从事持久消耗战,争取最后胜利。"③至此时,持久消耗战的基本战略乃正式确立。战略构想必须透过国防计划予以落实。1932年"一·二八事变"发生后,军事委员会为了因应淞沪战场战事的发展,曾通令实施全国防卫计划,将全国划分为四个防卫区及一个预备区,各区司令长官除酌留部队绥靖地方外,"均应将防区内兵力集结,以便与暴日相周旋"。这是最早一份以对日作战为目的的国防计划。④ 此后又陆续制订国防计划大纲多种。具体确定对日作战的战略构想,但是直至1935年才真正开始实施。

1935年军事委员会制订的《防卫计划大纲》分为甲、乙两案,各自根据对日采取的消极和积极作战态势,分别拟订未来抗战的战略方针。其

---

① 《大公报》,1934年7月21日。
② 杨天石.卢沟桥事变前蒋介石的对日谋略.近代史研究,2001年第2期.p.5~6。
③ 薛光前编.八年对日抗战中之国民政府(一九三七年至一九四五年).p.24。
④ 刘维开.国难期间应变图存问题之研究:从九一八到七七.台北:国史馆,1995年,p.222。

中甲案较为保守,重点为"为抵御强暴,使敌难达其速战速决之目的起见,集合国军实力坚固占领预定之阵地,以消耗之战略,行逐次之抵抗,将全国形成为若干防卫区及核心,俟达长期抗战之要求。"乙案则更进一步提出:"为制止敌之蚕食野心,确保我之领土完整起见,应集全国之精锐,于适当地区与敌决战,一举而击破之。先行消灭在长江以内及沿江海之敌势力为要。"

　　1935 年 8 月,德籍军事顾问法肯豪森呈送蒋中正一份关于应付时局之建议,预测日本对中国的进攻将兵分三路:第一路将攻击河北至郑州方面,第二路将攻击山东与徐州方面,第三路将进出长江,攻击首都,沿江向上进至武汉,并认为第三路为日军兵员最多之路。因此,法肯豪森提出未来以长江为对抗日本的主战场,不得已时退守四川,作为最后抵抗的基地。[①] 1936 年制订的《国防计划大纲草案》,将全国分为抗战、警备、绥靖和预备四个区域,其中抗战区包括察、绥、冀、晋、鲁、豫、苏、浙、闽、粤十省。指导要领规定"抗战区,不得已时,退至预定最后抵抗线"。另在《国防设施计划纲要草案》中确定以四川为作战总根据地,长江以南以南京、南昌、武昌为作战根据地,长江以北以太原、郑州、洛阳、西安、汉口为作战根据地。

　　1937 年 1 月,中国参谋本部在该年度的作战计划中,设想了中日之间可能爆发战争的三处战场,并拟订了抵抗日军侵略的具体战斗计划。这份作战计划分为甲、乙两案。甲案以长期作战为原则,"于不得已,实行持久战,逐次消耗敌军战斗力,乘机转移攻势",计划以平汉路为重点,集中兵力与日军进行第一次会战;万一失利,则向预备阵地后退,并补充实力,准备随时转移攻势,歼灭日本侵略者。乙案则以单纯拒敌入侵为考虑,拟于开战初期,"以迅雷不及掩耳之手段,于规定同一时间内,将敌在我国非法所强占各根据地之实力扑灭之,并在山东半岛经海州及长江下游亘杭州湾以南沿海岸,应根本扑灭敌军登陆企图。在华北一带地区应击攘敌人于长城以北之线,并乘机以主力侵入黑山白水之间,采积极行

87

　　①　中国第二历史档案馆.德国总顾问法肯豪森关于中国抗日战备之两份建议书.民国档案,1991 年第 2 期.p.25～27。

动,而将敌陆军主力歼灭之。"甲乙两案的基本企图是北面拒止日军于长城以北,东面拒止于平津以东,在沿海则防止日军登陆,并摧毁日租界内之日军根据地,利用时机反攻东北。①

至卢沟桥事变发生前,国民政府已完成了《计划》中所拟的各项主要任务。总计已在全国各地设立军需总库 6 所(金陵、蚌埠、信阳、华阴、南昌、武昌),分别负责京浦、京沪、津浦、平汉、陇海、福建、浙江地区的补给任务。下辖的分库、独立库达 29 个,又成立野战仓库 15 所,以南昌、武昌为全国核心库。军用物资的储备量包括有:(1)弹药:长江北岸各地共存储约 6 000 万发,武昌储存 4 000 万发,南京储存 1 亿发,统计可供 20 个师三个月之用。(2)粮秣:存储量为可供 50 万人、10 万匹马一个月之用。(3)燃料:存储量为汽油 300 万加仑、航空汽油 250 万加仑。在战时医疗救护方面,已成立后方医院 10 所,可收容 1 万病员,临时医院 20 所,可收容前线 1 万病员,加上旧有医疗机构,总计可收容 8 万病员,并且储备有 100 个师 6 个月所需卫生材料。其余如南京、武汉等重要都市防空设施,也均已着手布置。由于战争在 7 月爆发,《计划》中所列内容并未能全部完成。②

至于战术,和日军相反,国军的战术主要为防御。1934 年 7 月,蒋介石对庐山军官训练团演讲时,曾表示未来抗日的战术有四种:第一是以守为攻,取攻势防御;第二是步步为营,处处设防,每到一处,立即构筑工事;第三是固守阵地不退;第四是注重游击,用各种非正式的军队(如游击队、义勇队等),进行游击战,牵制其主力活动;蒋提出训练民众,使全国民众军事化,协助军队作战。③ 1938 年 1 月,蒋中正在一次演讲中,则将游击战定位为正规战的一种,必须要由战斗力强的正规部队担任。④ 基于蒋中正的此种理念,国军的战术往往以阵地战为主,而以运动战和游击战为辅。

这种战法,在面对火力强大、机动性强的日军时,处处设防而处处薄

---

　① 张宪文主编. 中国抗日战争史(1931～1945). 南京大学出版社,2001 年,p. 200。
　② 马振犊. 惨胜——抗战正面战场大写意. 广西师范大学出版社,1993 年,p. 51～52。
　③ 蒋中正. 抵御外侮与复兴民族(中). 总统蒋公思想言论总集,卷 12. p. 325～326。
　④ 蒋中正. 抗战检讨与必胜要诀(下). 总统蒋公思想言论总集,卷 15. p. 45～46。

弱,因而损失颇大。随着战争的发展,国军从实战中汲取经验教训,并修改其战术,重视游击战的作用。蒋中正 1939 年底在制定第二期抗战要旨时,更提出"游击战重于正规战"的口号,并举办多期"游击干部训练班",轮训中、上级军官。在具体作战中,国军多采取逐次纵深配备军队,以消耗敌军,破坏道路以降低其机动性,向敌后和外线转移,并侧击敌人以破坏补给线等措施,使日军的优势无法发挥,待其疲惫并消耗殆尽时,再将其歼灭。最有名的例子,即为 1942 年的第三次长沙会战大捷。[①]

编制装备与后勤补给

在武器装备方面,中、日两国陆军的差距更大。中国一个陆军调整师与一个日本师团的编制和装备,可以作以下的比较:

表 3.1　中国陆军调整师与日本师团编制装备比较表　　89

	兵　种	日　军	华　军		类　别	日　军	华　军
编制	步　兵	旅二 (团四)	旅二 (团四)	装备	人　员	24 440 人(挽) 28 200 人(驮)	10 923 人
	炮　兵	团一	营一		步骑枪	9 586 支	3 821 支 (含手枪)
	骑　兵	团一	营一		轻机枪	292 挺	274 挺
	工　兵	团一	营一		重机枪	96 挺	54 挺
	辎重兵	团一	营一		掷弹筒 (grenade launchers)	304 具	243 具
	其　他	特种部 队若干	特种部 队若干		山、野炮	48 门	16 门
					团、营炮	56 门	30 门

数据源:徐勇.征服之梦—日本侵华战略.广西师范大学出版社,1993 年,p.28。

日军每个师团除了上述的装备外,另配备有一个战车大队(含轻战车 39 辆、轻装甲车 21 辆),军马 6 000～7 000 匹和汽车 200～300 辆,特种部

---

① 　施建,p. 70～71。

队则包括毒气部队,均为国军的步兵师所无。国军中虽然有装甲团,但是装甲车尚不到72辆。[①]

与日军相较,国军武器的最大弱点或许在火炮的缺乏。依国军1936年调整师建制,每师有炮兵营共3个连12门火炮,另有机关炮一连4门,全师各种火炮16门。日军一个师团4个步兵联队,另有一个山炮或野战联队,每一联队有3个野炮大队和一个榴弹炮大队。联队本身有一山炮中队(4门),大队则有七〇步兵炮一分队(2门),合计64门山(野)榴弹炮,以数量而言即为中国一个师的4倍,质量更是远远超过。更有甚者,至1936年时,即使在国军最精锐的20个调整师中,仍有12个师连炮兵营均尚未筹设,而有炮兵营的调整师所拥有的火炮,也绝大多数是1917年式山炮。至于全国近200个师中,有炮兵编制者更属凤毛麟角,纵或有之,多半也只是少许为野战炮兵团所淘汰或是原来地方军时代所配置的山、野炮,有的部队甚至只有用迫击炮充数。火炮的来源列国杂陈,观测、通讯器材缺损,弹药不足。山、野炮大部分为七五口径,射程短,杀伤力小,无法具备火力支持的能力,例如1937年广西第二十一集团军赴上海参战,日军野炮射程8 000米,桂军山炮射程仅1 200米,在战场上根本无用,反成累赘,最后只有运回广西。又有的国造山炮因限于炼钢技术,炮身钢质差,发不了几炮,炮管即变红,有膛炸的可能。[②]

上述国军装备仅限于"调整师",其中部份且未达到表中所列的编制和装备,至于地方部队的装备则好坏不一,有些比中央军好,例如战前滇军采法式配备,还有反坦克炮及重机枪,且法式机枪以空气排热,优于中央军所用以水排热的德式机枪。[③] 不过大部分地方部队的装备比不上中央军,如徐州会战时坚守滕县的川军一二二师王铭章部,轻重机枪均为四川土造,经常发生故障,步枪除川造七九式外,尚夹杂着不少清代的产品。这些枪支口径不一,长短不齐,有单响的,有三响钩的,有的打几十发子弹

---

① 刘凤翰. 论抗战前日人对中国军事之调查.

② 黄润生、彭广恺、于翔麟. 抗战前后国军炮兵之变革及对作战之影响. 二十世纪的战争与军事革命学术研讨会论文. 2004年11月3日,p. 21.

③ 龙绳武先生访问纪录. p. 111～112。抗战爆发时的滇军装备,详见:杨维真. 从合作到决裂—论龙云与中央的关系(1927～1949). p. 158～161。

即会故障,并且射程有限。

战前国民政府和各地方部队,均有各自的枪炮生产和进口管道,致使部队装备各不相同。国产的枪械有汉阳造、东北造以及他省造的不同,进口者则有德国、法国、俄国、日本、意大利等国的差异。同一师内的枪械常无法通用互换,遑论全国陆军。武器来源的庞杂,使得补给上的困难程度增加,战时尤其是抗战初期中国军队即为此吃亏不小。[①] 至于弹药,根据抗战初期的一项估计,国军各兵工厂每日生产枪弹总量超过 300 万发,尚不虞匮乏。[②]

在通讯和运输方面,通信兵的发展甚为落后,在 1936 年以前并无独立兵科,而是附属于工兵科之内。军用无线电质量不佳,至急电报常几天无法发出,最后只得采取邮寄方式寄送。[③] 运输方面,新式运输工具欠缺,1937 年,全国只有不足 3 000 辆军用车辆,只能仰赖传统的马骡运输。1936 年时,国军的 20 个整编队共需马 10 647 匹和骡 20 688 匹,但是1935 年底时只有马 6 206 匹和骡 4 351 匹。[④] 马骡除了数量不足,饲养也欠佳。根据一项 1936 年的统计,国军马匹的倒毙比率有达 5％者,部分部队甚至高达 10％。[⑤]

国军自北伐后所进行的历次整编过程中,武器装备的分配每多成为争议的焦点。同是正规军,所谓"嫡系部队"和"杂牌部队"所分配到的武器装备往往差距甚大。此时国内兵工生产有限,加上从外国进口部份武器,也无法满足需要,因此改善装备势必有先后优劣之分。加之中央蒋中正确也有借整编削弱非嫡系部队实力的用心,因此待遇的等级区分即十分明显。当时中央军军界人士一般的印象为中央军所分配到的武器最为优良,其次才是地方部队。在地方部队中,西北军、东北军中靠拢中央的部队待遇较佳,晋军等部队次之,桂系部队由于野心较大,补给又次之。

① 施建,p. 65~66。

② (吉尔·泰特乐、库尔特·拉特克编.中国的荷兰间谍:中日战争第一阶段(1937~1939年).Leiden:Brill 出版社,1999,p. 61。

③ 陶佩经.抗战前国民党通信部队及其教育机构情况.文史资料存稿选编·军事机构(下).p. 631。

④ 军事委员会第三十九次会报.军事委员会会议纪录.转引自 Chu, p. 129。

⑤ 何应钦将军九五纪事长编(上).p. 570。

91　　至于石友三、李鸿昌(原文如此。当为吉鸿昌。)、孙殿英等,被中央军视为
"土匪部队",所分得的装备自然最少。中央的此种作法,一方面固然加速
了若干地方部队的"中央化",不过另一方面,由于分配不均,也助长了离
心的力量,间接造成了北伐后的连年动乱。①

　　在后勤补给方面,战前国军军费开支庞大,以 1937 年为例,军费支出
占该年国家支出总数 65.48%。② 虽然如此,军费开支多用于人事费用,
其他开支甚受排挤。各机关部队经费需自负盈亏,如有结余,多用于对作
战有功官兵的奖励及伤病人员的照顾,与经费领入一时未济作为周转之
用。如有不足,则以"吃空缺"方式弥补,即遇士兵逃亡,迟日上报,新补士
兵,早日上报,余出旷日粮饷,供单位使用或遭贪污中饱。因此,出纳、军
需多由主官可靠亲信充任。③ 战争爆发后,这种危害即已明显。1937 年
淞沪会战期间,部分一线官兵无粮无饷数月;受伤的士兵与百姓不得不到
处寻找后方医院。大部队撤离时,大批粮食、弹药、武器和汽油被丢弃。
战区长官陈诚认为"此现象说明我们没有能力补给前线部队。中国国家
贫穷、管理落后。"由于部队补给工作弊端甚多,直接影响到士气与战力。
蒋中正即曾于 1933 年的一次演讲中指出,一般部队之所以逃兵多,即为
经理不当所致,或是伙食、被服过差,使士兵感到生活痛苦,或是饷项短少
迟缓,甚至遭克扣,使士兵灰心。④ 在医疗方面,由于专业人员和设备的
缺乏,病兵的比率及伤兵的死亡率均偏高。根据一项 1936 年的官方统
计,某些部队每年病号有多至 10%,死亡率有高达 5%者。⑤ 根据日本军
方的估计,日军每 3 名伤兵中有一名死亡,而根据抗战初期一位在华荷兰
军官的观察,国军每 2 名伤兵中即有一名死亡。⑥

　　由于国军装备低劣、运输工具有限,他们不得不强租农夫和农具。由
于没有帐篷等相关设备,士兵只能租用民宅。因此,部队和百姓的冲突就
司空见惯了。

---

①　胡静如. 烬余掇拾. 台北:龙文出版社,1994 年,p. 43～44。
②　何应钦. 军政十五年. 台北:国防部史政编译局,1981 年,p. 143。
③　文显瑞. 国民党军队经理浅谈. 射洪文史资料. 第 4 辑,p. 22。
④　蒋中正. 带兵要领. 总统蒋公思想言论总集,卷 11. p. 155。
⑤　《何应钦将军九五纪事长编(上)》,p. 570。
⑥　同上页注②,p. 147.

国防工事与后方基地的建设

中国疆域辽阔,海岸线长,近代的重要要塞包括长江方面的吴淞、江阴、镇江、江宁、武汉等处,沿海的镇海、虎门、长洲等处,除武汉要塞系1929 年～1930 两年经营渐建设,其余均系清光绪年间所修筑的露天式炮台,因年久失修,火炮陈旧,零件不全,已失要塞的价值。

1932 年"一·二八事变"发生,吴淞要塞的三座炮台均被日军炮火摧毁,长江内口洞开,且江苏至山东一段海岸无任何防御措施,万一战事发生,日军可在任何一处港口登陆,因此要塞的整建势不容缓。1932 年 12月,军事委员会成立城塞组,统筹执行修建各要塞及国防工事,并聘请在华的德国军事顾问协助。1935 年,华北事变后,国民政府加速依照国防线与防区构想构筑国防工事。分布特点是以首都南京为中心,首先布署沿海和黄河沿线,其次为黄河以北各战略要地。同时,为了增强各要塞火力,国民政府向德国订购大批要塞重炮,其中一批平、高射两用重炮约数十门,于"七七事变"前夕运到,星夜装置在江阴、镇江、南京、武汉各要塞。至 1937 年上半年,全国共有南京、镇江、江阴、宁波、虎门、马尾、厦门、南通、连云港等九个要塞区整建完毕,拥有炮台 41 座、各种要塞炮 273 门。[①]

各国防工事建成后,有些并未妥善管理,无法达到战备的要求。例如有些国防工事平时无专人管理,也没有固定部队驻守。许多国防区域内的部队,完全未曾进行临战进入各指定阵地的训练,也没有阵地与工事参考图,连工事在壕何处,应如何使用也不知道。要塞各炮台隐蔽性差,炮弹储备甚少,官兵平日实弹训练的机会不多,一遇战事,则状况百出。如苏福(苏州至福山)、锡澄(无锡至江阴)国防线,在淞沪战役前期,因日军掌握空权,日夜侵扰,国军撤退秩序甚为紊乱,而且国防工事均已上锁,钥匙由于驻防该地的部队不断流动,几经转手,早已不知去向;钥匙或由各地保甲长、乡长保管,枪声一响,保甲长、乡长多数逃遁,致使部队需利用防御工事抵挡时,每不知防御工事位置所在,即使找到了也无钥匙开门,

92

---

① 陈谦平. 试论抗战前国民党政府的国防建设,南京大学学报,1987 年第一期。p.27.

因此工事未能发挥其功能,影响攻防甚巨。[①] 虽然如此,国民政府战前所整修的国防工事,毕竟在后来抵抗日军的侵略时发生了一些作用。例如沧、保、德、石和鲁南阵地,即在后来平汉路、津浦路北段抵御日军和台儿庄会战中,发挥了若干作用。

战前中国的政治、经济重心,均集中于沿海沿江地区,面对日益紧迫的日本侵略,如何迅速建设后方基地,便成为国民政府的当务之急。

1932 年 1 月,日军进攻上海,威胁南京,国民政府乃迁至洛阳。3 月 5 日,国民党召开四届二中全会,更决议以洛阳为行都,以长安为西京,并成立西京筹备委员会,有意于抗战一旦全面爆发,立即迁都长安。1933 年 2 月,中央政治会议通过“开发西北案”。1934 年 2 月,全国经济委员会成立西北办事处,处理若干开发计划。[②] 10 月 18 日,蒋中正飞抵兰州。当天,他曾在日记中记载:“黄河形势雄壮,西北物产至丰,倭俄虽侵略备至,如我能自强则无如我何也,极思经营西北,已(以)为复兴之基地。”[③]

最后抗日大后方不是西北而是四川。1934 年 10 月,红军撤离苏区,进行长征,蒋已经决定经营四川。不过,谋求西南政治的统一,是建设后方基地的先决条件。1935 年元月,军事委员会南昌行营,首先派遣一支特组的参谋团抵渝,中央军也陆续西开进入四川。2 月 10 日,四川省政府于重庆成立,结束了四川长期以来的分裂割据。3 月 2 日,蒋飞抵重庆,两天后发表演讲,强调“四川应为复兴民族之根据地”。他说此次入川的目的,除了督剿红军外,更要“统一川政”。3 月 7 日,蒋即致电财政部长孔祥熙,请其从速派员入川整理财政与金融,并从统一币制与统制汇率着手,期使四川财政能纳入全国财政。接着蒋又巡视贵州、云南等西南各地,直至 10 月始返南京。11 月,蒋于重庆设立军事委员会委员长重庆行营,行营职权广泛,代表委员长发布命令。

① 薛岳.抗战回忆录. p2～3;黄镇球.南京防空经验.贵阳:防空学校,1939 年,p113;胡春惠、林泉访问,林泉纪录.尹呈辅先生访问纪录.台北:近代中国出版社,1992 年,p61～21;贾廷诗等.白崇禧先生访问纪录. p140～141;李君山.为政略殉:论抗战初期京沪地区作战.台北:国立台湾大学出版委员会,1992. p105～108。

② 张力.近代国人的开发西北史观.中央研究院近代史研究所集刊,第 18 期(1989 年 6 月). p. 177。

③ 杨天石,前引文。

1937 年 6 月,蒋又派军政部长何应钦入川,召开川军整军会议,将整编后的川省军队一律纳入国军系统,达成控制川军武力的目标。在蒋的直接监督和指挥下,四川的各项建设,有突破性的进展。如北洋时期的防区制被打破,所有各军戍区的防务,一律归省政府管辖;各军的薪饷费用,一律由善后督办公署统筹核发,各军不得再向地方征收任何赋税;整理川省财政金融,统一币制,稳定汇率;中央银行在重庆、成都、万县等地设立分行,由国民政府核准发行公债,以支应军费和建设费用;此外如严行禁烟、推行新生活运动等,也有良好的成效。① 同一时期,这种中央一体化的政策和措施也推行至贵州和云南。西南按此方法建立了抗战的大后方,以上的措施对日后中国命运有极其重大的意义。

征兵与国民军制

民国以来的军制,沿用清代的募兵制。国民政府于 1933 年颁布兵役法,并于 1936 年开始实施。依兵役法的规定,兵役分为国民兵役和常备兵役二种,男子年满 18 岁至 45 岁,在不服常备兵役时,服国民兵役。常备兵役分为现役(在营二年或三年)、正役(以现役期满者充任,为期六年,平时在乡、战时动员召集回营)、续役(以正役期满者充任)三个阶段,目的在建立后备武力。应服兵役的男子,除服常备兵役及不适于服兵役者外,其余均服国民兵役。军政部将全国划分为 60 个师管区,先就苏、浙、皖、赣、豫、鄂六省,成立师及团管区司令部,开始实施征兵业务,至 1936 年 12 月,共征集新兵约 50 000 人。②

此一兵役法,颇有利于社会上的中、上阶层。如政府机关人员不需服役,一些有势力的人即将其子弟在政府机关中挂一名字;中学以上学生不需服役,富有家庭的子弟可不当兵,贫穷人家的子弟无钱读书,即需服

---

① 吕实强.抗战前蒋中正先生对四川基地的建设.转引自:蒋中正先生与现代中国学术讨论集编辑委员会编.蒋中正先生与现代中国学术讨论集.台北:近代中国出版社,1986 年,第三册.p263。

② 何应钦.军政十五年.台北:国防部史政编译局,1981 年,p73~74。

役。① 地方乡镇保甲长负责经办适龄壮丁的调查和免税的申请,他们往往和地方政府的兵役人员勾结,从中牟利。例如当时征兵原则中有一条为"三丁抽一,五丁抽二,独子免征",但是有钱有势人家的子弟,只要打通关节,即使兄弟有七八人,也没一人需要服役。相反的。穷人子弟如果不花钱贿赂乡镇保甲长,即使是独子、独孙,也难免于被列为适龄壮丁之列。② 由于在征兵过程中乡、保长的权力甚大,因此战前皖南民间即有"过去有灭门县知事,现在有灭门乡保长"的说法。

军方所派接兵人员,也每多大量卖放壮丁,将壮丁卖了后即报逃亡。亦有冒名顶替收取费用,因而有职业做壮丁的。1936 年于安徽芜湖地区所征得的 600 名壮丁,根据该师管区人员事后的回忆,甚至"没有一个不是买卖顶替或抓捕来的"。③

不过也有少数地区办理征兵较为成功,例如广西地区自 1933 年起实施征兵,虽然征到的壮丁中只有不到 40% 系出于自愿,④不过由于训练成功,至卢沟桥事变前,广西已有四届受过军事训练的士兵退伍在乡,各级干部也储备齐全。抗战爆发后,广西政府拟立即组织 40 个团开赴前线,一经号召,各县农民蜂拥前往县政府报到入伍,由于报到者过多,政府尚案以抽签方式决定取舍。不满 1 个月,即编成了 4 个军,共 40 个团,后来改编为 3 个集团军。⑤

除了征兵外,国民政府并自 1929 年起实施高中以上学校军事训练,常年教育每星期实施学、术科各一次(共三小时)。1934 年起,另于每届毕业前,选择适当地点集中实施军训 3 个月,以当地军队高级长官为总队长,授以预备军士及候补军官佐教育,没有军训结业证书者不得毕业。⑥

---

① 李昭良. 我所知道的国民党兵役情况. 转引自:文史资料存稿选编・军事机构(下). p1。

② 周建陶. 我所知道的浙江、四川国民党兵役情况. 转引自:文史资料存稿选编・军事机构(下). p. 26。

③ 李昭良. 我所知道的国民党兵役情况. p2。

④ Diana Lary, *Region and Nation: The Kwangsi Clique in Chinese Politics*,1925～1937(Cambridge:Cambridge University Press,1974),p. 169. (戴安娜・莱瑞. 地方和中央:1925～1937 年中国政治中的桂系. ——译者)

⑤ 李宗仁. 李宗仁回忆录. p. 452;朱浤源. 一九三○年代广西的动员与重建. 原载于:中央研究院近代史研究所集刊. 第十七期,1988 年 12 月,p. 336～337。

⑥ 葛明达. 国民军训与复兴社. 转引自:文史资料存稿选编・军事机构(下). p. 79。

各学校的军事教育由军政部训练总监部考取正式军官学校毕业者,经短期训练,再分发各学校担任。各校对学生除实施军事训练外,并实施军事管理。[①] 至 1936 年底,237 000 名高中及同等学校学生接受了军训。[②] 学生军训系由三民主义力行社所主导,训练的内容除了军事知识外,并且重视政治教育。有些数据显示,确有一些学生于参加军训后报名入伍从军;[③]1937 年淞沪会战爆发后(本书第五章杨天石提到),上海地区学生在军训部发动下,组成战地服务团,共 3 个团约 1 000 人,分配在前线各部队,担任担架救护及运输工作。后来并且大多补充了部队的初级干部,伤亡也不少,显示出学生军事训练尚具若干成效,[④]不过也有的数据显示,军训教官在校园内对学生(甚至教师)的思想和言行进行监视,并从中发展三民主义力行社的组织,引起争议。[⑤] 总之,学生军事训练尚有一丝效果。

军事教育与训练

中国近代由于军队日益庞大,各军事教育机构一直无法培养足够的军官。设施和教材陈旧、教官缺乏、地方和军阀主义都使得国府无法克服军官培训这个软肋。日本人在对付国军时充分地利用了后者的弱点。

北伐完成后,由于国民政府的努力,军事教育逐渐标准化,中央军校(原名黄埔军校)成为初级军官的主要制造场所。战前陆军军官教育,可分为入伍生教育和学生教育两部份。入伍生教育,包括一般教育、分科教育及分发部队实习,共需时一年六个月。学生教育则按各兵科分别实施本兵科教育,以完成初级军官应修得的学术、技能为主旨,共需时两年。

96

---

① 萧作霖."复兴社"述略.转引自:庞镜塘等着.蒋家天下陈家党. p172;Frederic Wakeman, Jr., *Spymaster: Dai Li and the Chinese Secret Service*(Berkeley: University of California Press, 2003), pp. 120~121.(弗雷德里克·威克曼.特务头子:戴笠和中国谍报部门.——译者)

② 何应钦.对五届三中全会军事报告.转引自:何上将抗战期间军事报告. p. 37。

③ 邓元忠.三民主义力行社史。

④ 李骧骐.回忆国民军训.转引自:文史资料存稿选编·军事机构(下). p. 76。

⑤ 萧作霖.复兴社述略. p. 172。

中央军校所培育的学生,在第十一期(1937年毕业)以前,均照此办理。[1]
中央军校战前由于军人待遇良好,报名者多,录取十分不易,如1935年第
十二期招考高中毕业生,各考区报名人数达10 000余人,经复试录取者
仅约7%强。[2] 学生毕业后,通常均分发至国军部队。在德国顾问的协助
下,这些军校毕业生,一般认为素质颇高。[3]

军事教育部成立于1928年。国民党战前改善军事培训学院的时间
不多了。北伐中的国民革命军皆为各路军阀部队组成,他们对变革不热
衷。蒋介石担任各类军校的头衔,往往跳过教育部,故其改革影响力有
限。教育部内部有名无权,对蒋的忠诚不足却值得拉拢。桂系的盟友
何应钦、蒋介石的政敌李济深、湖南的唐生智都担任过教育部检察长
一职。

战前国军教育行政上的主要缺点为教育系统未确立。中央军校和各
兵科学校训练的对象缺乏合理的区分,军校有高等教育班,各兵科学校也
有学员队,教育缺乏一贯的系统,造成人力和物力的浪费。另一方面,国
军又缺乏军士学校的设立。近代中国各部队的军士多由老兵升充,间或
有由各部队自行训练者,但因缺乏学校正规教育,不仅素质难求优良,即
地位也不为人重视,因此真正合格的军士,实属凤毛麟角,即或有之,也早
已升为军官。如此不仅影响部队战力,也影响军官的人事体系。白崇禧
于军训部长任内,曾建议设立军士学校,建立职业军士制度,但是军政部
以需增加预算而反对。

在师资方面,办教育者在军中职业声望不高,且不受重视。国军自北
伐时,部队军官升迁快速,教育军官则否,于是优秀军官多集中于部队,存
留于教育机关者,仅其残余,部队军官作战成绩欠佳者,每将其调教育机

---

[1] 何应钦.何上将抗战时期军事报告. p. 146。

[2] 陆军军官学校校史编纂委员会编.陆军军官学校校史. p. 4 - 274。

[3] Hsi-sheng Ch'i, *Nationalist China at War: Military Defeats and Political Collapse*, 1937~45, p. 60. (齐锡生.战争中的国民党中国:1937~1945年间的军事失败和政治垮台.——译者)德国军事顾问对于国军教育训练的影响,详见:Donald S. Sutton, "German Advice and Residual Warlordism in the Nanking Decade: Influences on Nationalist Military Training and Strategy." *China Quarterly*, 191(September 1982), pp. 389 - 397. (唐纳德·萨顿.南京十年德国顾问和军阀割据:对国民党军队训练和战略的影响.发表于:中国季刊191期,1982年9月号.——译者)

关服务。另一方面,教育军官既然被大家看不起,认为是没有出息,于是自己也心存此种观念,认为前途无望,因而自暴自弃,不再求上进,也不想再入部队,导致学校和部队的人事无法对流。

在教材方面,战前中央军校及其他初级军官学校所用军事书籍,其编纂体系及内容材料,多属清代旧著,仅稍增机关枪、步兵炮、坦克车、飞机等内容,一直未能做大幅度的改革。军界人士以为,不仅不合于用,而且系统不清,学者不易循序渐进。军训部成立后,设有军学编译处负责审核各军分校、兵科学校所用教程,及各种军用图书、图表,并从事译印外国兵学新知,但是成绩似乎均十分有限。①

在教育重点方面,军界人士以为,战前军校教育以教程为主,侧重于理论的传授,忽略了典范令的研究,基本战斗技能未能熟习,以致学生毕业后,下了部队无法教士兵。至抗战爆发后,军校教育才改以典范令为主,注重实际运用。②

为了提升军官的素质,国军自 1931 年起,在原有的各专门兵科学校,如兵工、军需、军医、兽医、测量、宪兵等学校外,另陆续开办炮兵、步兵、交通兵、辎重兵、工兵、通信兵等专门兵科学校,以培养各兵种所需人员。军界人士以为,战前的各兵科学校,主其事者及设备俱称一流,如以王俊长步校、邹作华长炮校、林柏森长工校,均一时俊彦,他们不仅主持校务,同时也是大本营参谋总长何应钦的特业参谋顾问,每有重要会战及国防会议,无不参与机要,成绩斐然。③

在部队训练方面,近代中国军队,自清末起即学习日本。国民政府成立后,废除日式,改采德式,广聘德籍顾问,负责各军事学校干部的教育,并先后成立 3 个教导师,由德籍顾问负责训练。至抗战前夕,受德式教育

97

---

① 以养战闻名的国军将领关麟征,于 1947 年担任陆军军官学校校长,上任后发现许多教程还是欧战前的旧作。参阅:关麟征.本校一年来之回顾.转引自:关麟征.关校长训话集.成都:陆军军官学校,1948 年,页 176～177。

② 军事委员会校阅委员会编.陆海空军校阅手簿(出版时地不详)。

③ 值得注意的是,抗战爆发后,各兵科学校的教育长纷纷调为大本营或战区司令长官部的高级幕僚与指挥官,优秀教官也多调部队服务,继起者学养不如旧人,加以学校辗转迁移,器材损失,物价高涨,生活艰难,教育水平也大不如昔。参阅:万耀煌.万耀煌将军日记.下册,p245～246;柴钊.p28。

毕业的学员生,共约 15 000 人;由教导师扩编的部队,约有 50 个师。[①] 至于其他的国军部队,则进步有限,在训练上的缺点共有以下各项:

第一,训练内容不合潮流。在第一次世界大战以前,由于武器简单,火力稀薄,所以部队多采密集队形,一次大战以后,由于兵器进步,火力猛烈,为了减少损伤,部队多改采疏散队形。1935 年,国军训练总监所颁布的操典,开始采用战斗群的战斗队形和疏开作战。[②] 但是采用新式训练方式的部队仍未普遍。至抗战初期,中央军已多能采用疏开队形运动,不过部分地方部队仍用传统方式训练士兵。例如台儿庄之役时,南方卢汉的部队仍用集中队形,因此伤亡甚大。[③]

第二,忽略重点教育。国军各部队忽视重点教育的情形,在战前即已存在,抗战爆发后仍旧持续,如著名将领陈诚即曾于 1938 年的一篇文章中指出:过去我们训练部队,太注重呆板的形式,太注重不切实用的制式教练,每每士兵几个月不剃头洗澡,但内务不得不求整齐划一,或者持枪、打靶、跑步、前进等可以不学习,而向左转、向右转非求熟练不可。这种怪现象,在平时已经不可原谅,而在抗战开始以后,还是沿用这一套,不但训练士兵用这一套,就是在训练一般智识水平较高的青年学生时也还是这一套。[④] 相对的,同一时期的共产党军队,在训练上所面临的恶劣物质处境和国军类似,但是共产党军队采取了简化训练内容的策略,特别强调跑步(目的在增强部队的体力和机动性)和实弹射击两项科目。中日战争中物质环境恶劣、道路欠缺,中共军队战力得以提高。[⑤]

第三,训练和人事制度无关连。一个部队的训练成绩,如果可以影响到部队长官人事的升降,则部队自然重视训练。例如北洋时期奉系军队的训练不佳,至于极点,因此战斗力低下,后来经过郭松龄的大力整顿,凡

---

① 中国第二历史档案馆.整军建军专题报告(1946 年).转引自:民国档案,1994 年第 2 期,p54。

② 中国军事史编纂组编.中国军事史,第 1 卷.北京:解放军出版社,1983 年,页 274。

③ 白崇禧.白主任委员训词(二).转引自:军事委员会校阅委员会.陆海空军校阅手簿.p61;贾廷诗等.白崇禧先生访问纪录.p535～536。

④ 陈诚.今后部队训练之要领.转引自:陈诚.第二期抗战关于政训工作之指示.重庆:国民政府军事委员会政治部,1939 年。

⑤ 蒋中正.军官训练团训练之目的与手法.转引自:总统蒋公思想言论总集,卷 22.p83;蒋中正.军事训练之方针和要旨.转引自:总统蒋公思想言论总集,卷 22.p391～392。

是训练成绩不良或是不懂教育的军官,无论其阶级是团长或旅长,一律予以撤职,东北军至此逐渐强健。[①] 国军由于训练和人事未发生关连,致使部队不重视训练,办教育训练者在军中的地位低落。国军中的常见现象为第一等人当师长,第二等人当参谋、幕僚,第三等人到教育机关,第四等人当教官。[②] 如名将胡宗南对于那些无能但是也不好撤差的将领或军官,即常命其办训练或当教官。[③]

第四,训练不够普及。国军部队的训练,多偏重于战斗员兵,甚至战斗员兵也只能训练至二分之一,校阅时多派"选手"表演,至于杂兵及佐属人员,均置而不顾,虽间有训练,也多流于形式。[④] 根据一项统计,抗战时期国军 500 万部队中,有 300 万后勤人员,加上军医、军需、文书及勤务人员,平时均不注意战斗教练,[⑤]颇为影响战力。

参谋制度

直到最近以前,战争的胜负通常决定于交战双方中的一方统帅伤亡或是被俘之时,因为通常都是统帅自己一个人制定作战计划,指挥部队。当战争变得日趋复杂,开始需要有专业化参谋的协助。当拿破仑作战时,他通常是自己制订作战计划,然后让侍从的顾问骑马到山上观测战场地形。第一次世界大战时,将领们则通常是在火线后方的司令部中研读地图,然后利用电话和汽车下达命令。到了第二次世界大战时,战区指挥官手下的参谋人数更多,分工也越细。战场的范围,由地面扩大为陆、海、空三面;高级指挥官通常在远离战地的司令部中作成决策。

以上所述,虽然是近代西方指挥官角色的演变,但是同时也是参谋兴起的过程。近代中国,由于技术条件的落后和一些其他的因素,使得此一过程的发展,较西方为缓慢。1937 年前中国总共只培训了 2 000 名指挥、

---

① 白崇禧.白部长训词(一).转引自:军事委员会军令部编.军事教育会议纪录.p32。
② 张朋园、林泉、张俊宏等.于达先生访问纪录.p99～100。
③ 张朋园、林泉、张俊宏等.于达先生访问纪录.p99。
④ 范程远.论现代军事教育应有之改造.转引自:现代军事,第二卷,第七期(1947 年 7月),p15。
⑤ 万耀煌.万耀煌将军日记,下册.p294。

参谋人员。直至抗战以前,参谋工作由指挥官自己兼职。军中选拔部队
长,多偏重天才,或重作战经验。[①] 作战时,由于事务简单,指挥官一人之
力已足付,对于幕僚,视如军事秘书,仅盼其能起草命令、报告、绘制图表,
有为军官,多不屑为,甚至非军人也滥竽其间。[②] 各地方部队的参谋机
构,更只是聊备一格而已。1937 年 3 月,黄埔出身的刘子清奉调第四十
四军的政训处长。第四十四军为川军刘湘属下的部队,军部驻成都,军长
王缵绪。刘上任后,对军部日常运作的情形,有以下生动的描述:

> 军长管不着部队的事,部队调到那里去了他也不晓得。刘湘直
> 接要掌握的是旅、团长,次之是师长;至于军长,不过是给他一个官
> 位,让他安插一些亦官亦商的亲戚和旧部,按月分领一点民脂民膏罢
> 了。军部的办公,一张长桌,两排椅子,上午时十时左右,各处主官去
> 签个到,私人有事就走,无事便坐下来「充壳子」。慢慢从女明星谈到
> 女戏子,再从命相学谈到生意经,以及麻雀牌与鸦片烟;有时也偶然
> 想到国事,谈谈报纸上的消息,以及交换一点内幕新闻。下午多半是
> 八圈麻雀,几场宴会,然后到什么太太那里去玩玩(成都私娼。每自
> 称略有地位的某太太,以示伊之身份高贵而非娼也)。上午办公,军
> 长多到场,且高踞主席座位,因此我每日上午都去参加,后来我觉得
> 太浪费时间,也就少去了。军部那些人,不是一袭长衫,便是一套西
> 装。少见有穿军服的。年龄大一点的,还手拿一枝长一尺以上的烟
> 枪。即使参加总理纪念周,不但服装是如此,而那根烟枪,也还是爱
> 不释手,并且行礼如仪过后,到讲解遗教或工作报告时,他们也就继
> 续抽他那未完的半节叶子烟了。他们这种生活与习惯,简直使我无
> 法适应。

以上所述,只是战前地方部队一个极端的例子,一般国军部队的风纪

---

① 杨学房.陆大沿革史编后感言.转引自:杨学房、朱秉一主编.中华民国陆军大学沿革
史.p277。

② 国军作战经验节要.转引自:军事委员会军令部编.抗战参考丛书(合订本第 1 集).重
庆:编者印行,1940 年,p126。

较为严明,不过敬业精神仍然不足。

总而言之,抗战时期国军的高级参谋和中、下级参谋,不论在学识和技能上,均无法和先进国家的参谋相比。[1] 抗战爆发后,各级指挥官多依内战经验指导作战,缺乏绵密的计划,或根本没有计划,遑论巧妙运用。

军队各阶层的组成分子

军队成员素质的好坏,和军队战力的高低有直接的关系。一支军队如果成员素质低弱,即使部队的人数众多,其战力也不能强大。以下爰将抗战前期的陆军军官分为重要军职人员(各路军总司令、军长及师长)、中、下级军官和士兵三类,对其出身背景和素质分别加以讨论。

根据一项统计显示,战前重要军职人员出身保定者颇多,且职务越高者,出身保定者越多,如各路军总司令中出身保定者占三分之二,军长出身保定者占 37%,师长出身保定者约 20%。出身黄埔者则极少,各路总司令中,无一人系黄埔毕业,军长、师长中也只有约十分之一是出身黄埔。至于出身地方军校及行伍者,则占三分之一以上。(见下表)

表 3.2　战前陆军重要军职人员出身背景统计

出身/职务	各路军总司令	军　长	师　长
黄　埔	0(0%)	7(10%)	20(11%)
保　定	4(67%)	25(35%)	36(20%)
留　学	0(0%)	1(1%)	6(3%)
陆　大	0(0%)	2(3%)	9(5%)
地方军校及行伍	2(33%)	35(49%)	63(36%)
不　详	0(0%)	1(1%)	43(24%)
总　计	6(100%)	71(100%)	177(100%)

数据源:张瑞德,《抗战时期的国军人事》(台北:"中央研究所"近代史研究所,1993 年),p.7。

这些陆军将领,自离开学校后,除了短期的训练班队外,很少有人能

---

[1] 蒋中正.参谋长会议训词(二).转引自:蒋总统思想言论集,卷 15. p308。

够有机会继续接受兵科学校和陆大的正规深造教育。在先进国家的军队中,军校毕业后尚可由机关、学校、部队的轮调中学习新技能,但是中国的军官却无此机会。此外,国民革命军自成立以后,由于连年作战,因此升迁容易,常是一战一升官,也减少了历练的机会。战前德国顾问对国军此种快速升迁的方式即引以为忧,多次向蒋中正陈述,认为一个军人如果不先任下级军官,遍充排、连、营、团长各职多年,必定不能于短期之内具有高级指挥官的经验,即使是如何勇敢,也无济于事。[1] 蒋中正即曾于1938年的一次会战中指出,国军将官的学问和技能,远不如同级西方先进国家的军官,也比不上日本的军官,他甚至认为"我们作总司令的,只比得上人家一个团长,我们的军长、师长,只当得人家一个营长和连长。"[2] 一般国军将领也都认为日本高级将领之中,虽然缺乏出色的战略家,但在基本战术、战略原则上,均能一丝不乱,绝少发生重大错误;做事也多能脚踏实地,一丝不苟,令人生敬生畏。[3]

　　中、下级军官方面,1936年1月28日美国驻华武官的一份关于中国陆军军官出身统计报告(如下表)显示,战前陆军军官出身各种军校者占70.9%,其中出身黄埔军校者占31.6%。北伐完成后,由于中央政府的努力,军事教育逐渐标准化,中央军校成为初级军官的主要制造场所,学生毕业后通常均分发至中央政府的部队,例如陈诚的第十八军,从连长、排长至师长,有80%为黄埔出身。[4] 在德国顾问的协助下,这些军官的素质,一般认为颇高,[5]但是数量过少。据估计,1928年至1937年之间,中

---

　　① 中国第二历史档案馆.德国军事顾问佛采尔关于整顿中国军队致蒋介石呈文两件.民国档案,1988年第四期.p39。

　　② 蒋中正.抗战检讨与必胜要诀(下).转引自:蒋总统思想言论集,卷14.p72~73。

　　③ 李宗仁.李宗仁回忆录.p539。关于日本将领的优缺点,另可参阅:Alvin D. Coox, "The Effectiveness of the Japanese Military Establishment in the Second World War," in Allan R. Millett and Williamson Murray, eds., *Military Effectiveness*, Vol. 3, *The Second World War* (Boston: Unwin Hyman, 1988), pp. 36~38. (考克斯·阿尔文.二战中日军编制的效率.发表于艾伦·米利特和威廉姆森·莫雷编辑的《军事效率》第三卷《第二次世界大战》。——译者)

　　④ 刘福祥."小委员长"陈诚.转引自:王维礼编.蒋介石的文臣和武将.郑州:河南人民出版社,1989年,p239。

　　⑤ Hsi-sheng Ch'i, *Nationalist China at War: Military Defeats and Political Collapse*, 1937~45, p. 60. (齐锡生.战争中国民党中国:1937~1945年间的军事失败和政治垮台。——译者)

央军校毕业学生仅有 10 731 人。① 抗战爆发后，中国和其他国家一样，由于对军官的需求剧增，必须加速训练工作，水平自然因而下降。至于自行伍升上来的军官，虽未接受过特别的军官教育，但是在战场上常被指挥官及官兵视为比仅受过速成教育的军官更值得信赖。②

表 3.3　陆军军官教育程度统计(1936)　　　　101

种　　类	人　　数	百　分　比
黄埔军官学校	43 018	31.6%
陆军小学堂	20 033	14.7%
陆军中学堂	11 493	8.4%
保定陆军军官学校	6 575	4.8%
各种军官团	5 621	4.1%
工兵学校	2 175	1.6%
军需学校	2 175	1.6%
外国军事学校	1 922	1.4%
军医学校	1 414	1.0%
特种兵科学校	1 075	0.8%
陆军大学	992	0.7%
兵工学校	237	0.2%
行伍	39 744	29.1%
总计	136 474	100.0%

资料来源：Report：Statement on Commissioned Personnel Strength and Classification as to Training. January 28，1936. U. S. Military Intelligence Reports：China，1911～1941，Reel V，pp. 521～524.(报告：1936 年 1 月 28 日美国军情报告：中国 1911～1941。按照士官人数和培训不同分类。第 V 卷微卷，p. 521～524。——译者)

　　上表显示，战前国军军官出身行伍者占 29.1%。一般说来，能升为军官的士兵，每多擅于作战，但是，行伍军官的缺点，则为未入过军校，相对说来，对于军官的要素——指挥，较为缺乏，③训练部队也比不上军校

---

① 国防部史政编译局编. 黄埔军官学校校史简编. 台北：编者印行，1986 年，p. 180。
② F. F. Liu, *A Military History of Modern China*, *1924～1949* (Princeton：Princeton University Press，1956)，p. 149. (F·F·刘. 1924～1949 年间现代中国军事史。——译者)
③ 周至柔. 如何建立现代军事教育制度. 台北：实践学社，1951 年，p. 18。

出身的军官,①加以知识水平较低(根据估计 1935 年时,有一半以上的行伍军官完全不识字),②因此在部队中常不被视为正途出身而遭排斥,升迁速度也较慢。③

　　步兵向为国军的主力,占中、下级军官人数 80% 以上,值得作深入的观察。1936 年印制的《陆海空军军官佐任官名簿》共收录有步兵上校1 015 人、步兵中校 2 159 人的资料,兹将其出身背景分别统计如下:

表 3.4　步兵上校、中校出身背景统计(1936)

阶　级	标本数	黄　埔	保　定	行　伍	其　他
步兵上校	1 105 (100%)	160 (14.48%)	294 (26.61%)	53 (4.79%)	598 (54.12%)
步兵中校	2 159 (100%)	475 (22.00%)	406 (18.81%)	135 (6.25%)	1 143 (52.94%)

　　资料来源:根据军事委员会铨叙厅编,《陆海空军军官佐任官名簿》(南京:编者印行,1936年),第一册,pp. 143~259,317~544 所列的数据计算而成。转引自张瑞德. 抗战时期的国军人事. P27。

　　上表显示,战前步兵校级军官的"黄埔化",已获一些成果,中校以下军官出身黄埔已超过保定。另一方面,抗战时期步兵中、下级军官的素质,也有降低的现象。1944 年时,步兵中、下级军官出身正规军校者占27.3%,而出身行伍者则增至 28.1%。另一项资料则指出,1937 年时,在一个普通的步兵营中,军官出身军校者占 80%,至抗战后期则降至 20%左右。

102　　　　至于士兵,战前士兵的教育程度,迄今尚未发现较为详尽的统计数字,一般的印象是大多为文盲。社会学家陶孟和曾于 1929 年调查山西第

---

　　①　陈瑞安. 抗日战争中的陈明仁将军. 湖南文史资料,第 28 辑(1987 年 12 月),p130;邱中岳. 远征. 台北:邦信文化事业有限公司,1988 年,p74。在某些部队甚至有一项传统,即连长如为行伍军官,第一排排长则必为军校毕业生,以利平时的教育和训练。参阅:徐枕. 阿毛从军记.台北:福记文化,1987 年,p. 152。

　　②　Report: Statement on Commissioned Personnel Strength and Classification as to Training. January 28, 1936. in U. S. Military Intelligence Reports: China, 1911~1941, Reel V, p. 524. 军校毕业生与行伍军官之间的心理距离,可以参阅:徐枕. 阿毛从军记. p. 130。

　　③　冯玉祥. 蒋冯书简. 上海:中国文化信托服务社,1946 年,p123;徐枕. 阿毛从军记. p.131。

三编遣区警卫旅的 946 位士兵,结果发现能自己写信者占 13％,其余均未曾识字读书,或曾读书而不能写信。① 不过 1938 年 8 月,冯玉祥在湖南益阳检阅长岳师管区第三补充团,发现新兵识字者竟达八成左右。② 抗战时期,所征的兵的质量日益低下。根据一般的观察,士兵不识字者,占百分之九十以上;无科学常识者,几占百分之百,③颇不利于学习武器的操作。此外,士兵的教育程度低,临阵作战时必须依赖中、下级军官亲自指挥,否则即无法应付环境,例如 1937 年淞沪战役时,因下级军官损失过多,即连带影响到此一时期的战斗。④

在经济背景方面,由于士兵的社会地位低落,所以战前入伍当兵者,多为贫困人家的子弟,⑤平常人家如有子弟当兵,常会被讥为"没出息"。因此许多年轻人从军,事前均不能让家人知道;也有许多人不愿意将女儿许配给军人。⑥ 战前虽然实施普遍的征兵制,但是由于有知识、有钱、有地位者,可以逃避兵役,⑦以致各地征送的壮丁,多为贫者、愚者和弱者。至于士兵家庭的职业,根据 1930 年一项针对山西一部队士兵所作调查,出身农家者占 79.8％,与整个社会的农业从业人员比例接近。⑧

军界人士多认为出身农家的士兵,具有朴实、勇敢、服从、坚毅,以及吃苦耐劳等各种美德,⑨根据战前美国军事观察家的观察,养一个中国兵的费用只要养一个日本兵费用的 2％,⑩中国人"是作军人的极佳材料,具

---

①　陶孟和. 一个军队兵士的调查. 社会科学杂志,第一卷,第二期(1930 年 6 月),p115.

②　冯玉祥致委员长支亥电. 收于:冯玉祥. 蒋冯书简. p70.

③　刘峙. 建军的基本条件. 建军导报,第一卷,第二期(1944 年 8 月),p6。

④　曹聚仁、舒宗侨编. 中国抗战画史. 上海:联合画报社,1947 年,p120。

⑤　根据陶孟和 1929 年对山西一部队 946 名士兵的调查,士兵自认家庭贫穷者占 73％,将足用度者占 24％,有余者占 3％。参阅:陶孟和. 一个军队兵士的调查. p115。

⑥　谭继禹. 戎马琐忆.(未注出版时地),p7。胡静如. 烬余掇拾. p48。

⑦　关于兵役的话. 大公报. 重庆,1942 年 10 月 14 日。

⑧　陶孟和. 一个军队兵士的调查. p99。根据刘大中和叶孔嘉的估计,1933 年时全国 7～64 岁的就业人口(working population)中,从事农业者占 79.1％;男性就业人口中,从事农业者占 74.9％。参阅:Ta-chung Liu and Kung-chia Yeh, *The Economy of the Chinese Mainland: National Income and Economic Development*, *1933～1959* (Princeton: Princeton University Press, 1965), p. 182.(刘大中和叶孔嘉编著. 中国大陆经济:1933～1959 年国家财政和经济发展. 两位都是美国华裔经济学家。——译者)

⑨　白崇禧. 现代陆军军事教育之趋势.(出版地点不详,1945 年),p107。

⑩　U. S. Military Intelligent Reports:China, 1911～1949, No. 8231, March 1, 1932. 转引自:陈存恭. 从美国军事情报探讨"安内攘外"政策. 现代中国军事史评论,第五期(1988 年 4 月),p28。

有无穷的耐性,高度地服从权威,加上一个强壮、不易生病的体格。如能加以适当的训练和配置,让他吃饱穿暖,定期有饷可拿,即使是以我们的标准来看,他也将是个好士兵"。[1] 战时在华的外国人士,也多有类似的观察。

　　不幸的是,抗战期间军中的生活水平下降,士兵的体格也随之恶化,如 1943 年国军派送 1 800 名新兵至蓝姆伽受训,其中竟有 68％因体格不合标准而被拒绝。国军士兵体格之差,由此可见一斑。

战前整编与作战能力

　　国民革命军北伐成功,全国统一后,军队理论上属于中央管辖,但是地域色彩依然浓厚,各军编制不一,装备不同,训练方法也不一致。在编制上,如东北军有其东北军的编制,川、滇、黔、桂军,也各自有其不划一的编制,即使是中央直辖的军队,也因为历史渊源的不同,而有两三种编制。此时的中国军队,正如陈诚所说:"以之内哄则有余,以之御侮则不足。"[2]

　　1933 年秋天,德国将领塞克特来华访问后,向蒋介石提交了一份《陆军改革建议书》。这份建议书指出,中国军队的最大弊病为多而杂,因此"目前必须达到的目标是大量减少常备正规军,而以一支小型配备精良、士气高昂、战斗效率锐利的军队,取代一群既无良好武器装备,又无严格训练的乌合之众。"[3]他建议将中国军队编为 60 个师,并成立一个教导总队,训练在职军官,使他们具备相当军事技能和指挥现代化战争的经验,以提高军队整体作战能力。蒋接受了塞克特的建议,在德国军事顾问的协助下,开始整编中国军队。1935 年 1 月 26 日,蒋中正在南京召开全国军事整理会议,布置整军工作。3 月 1 日,陆军处在武昌成立,陈诚任处长。同月,法肯豪森任德国驻华军事顾问团总顾问,于中国军队采用德式训练方式,装备德国武器。至抗战前,接受德国顾问训练并配备德式装备的部队,总计约有 19 个陆军师,达 30 万人。

---

[1]　U. S. Military Intelligence Reports: China, 1911~1941, Reel V, April 30, 1928.
[2]　陈诚. 陈诚个人回忆资料. 民国档案,1987 年第一期。
[3]　辛达谟. 德国外交档案中之中德关系. 传记文学,第四十一卷,第六期。

　　1936 年,国民政府深感大规模整军的不易,并为适应国防需要,及以预算的武器经费,选择已就国防位置而素质优良的 10 个师,予以调整充实,并以所余的装备,更调整 10 个师,先后两次,共 20 个师,命名为调整师。原预定自 1936 年至 1938 年共整理 60 个师(包括 20 个调整师在内),配以相当特种部队,以为国防军的基干,此项特种兵部队,也就现有者予以整编并充实。至抗战前,此项计划已完成过半,不料"七七事变"突起,原订计划未能全部完成。[①]

　　抗战时期,国军各部队由于背景不一,因此素质与战斗力也不一致。以训练、军官的素质、武器装备及给养而论,由北伐时期国民革命军第一军及黄埔学生所发展出的部队,在抗战初期为全国最佳的部队(日人称之为"中央直系军"),然后依次为其他的中央军、广西军队,原来的西北军及东北军、一部分的西北回军、粤军、晋军,再其次为云南、四川等其他省份的省军。[②]

　　国军各部队素质和装备的好坏,和其战斗力的高低并不完全一致。抗战前期,装备和训练最优良的中央核心部队,在上海会战中表现优异,在其他的各战役中,中央军虽有个别单位的英勇事迹,但是整体而言,表现平平。至抗战后期,派遣至印缅战场的远征军由于有最新式的装备,严格的训练,及优秀的指挥,因此也有优异的表现。在地方部队中,广西部队及部分西北军的部队表现十分出色,临沂、台儿庄、徐州各战役最为人所熟知,即使是装备简陋的一些地方部队,也曾有良好的表现。可见战斗力并不一定完全取决于武器装备,士兵的爱国情操和指挥官的能力、决心等精神因素也很重要。[③]

结　论

　　国军的作战能力远逊于日军。1937 年军政部长何应钦即指战前淞

---

　　①　中国第二历史档案馆.整军建军专题报告(1946 年).民国档案,1994 年,第二期,p55。

　　②　徐乃力.抗战时期国军兵员的补充与素质的变化.抗日战争研究,1992 年第三期,p53。关于抗战前夕国军各部队战力的评价,另可参阅:防卫厅防卫研修所战史室.支那事变陆军作战(1).东京:朝云新闻社,昭和 50 年,p104～105;刘凤翰.论抗战前日人对中国军事之调查.p368～383;Carlson, *The Chinese Army*, chap. 6.(卡尔森.中国军队.第六章——译者。

　　③　徐乃力.抗战时期国军兵员的补充与素质的变化.p12～13。

沪、长城诸役,国军与日军兵力约为四比一仍无法取胜;[①]1940 年代美国驻华记者白修德则认为通常中国军队人数比日军为五比一仍不能取胜。国军统帅蒋中正本人于 1938 年所作的比较,也指出国军各期作战之初,约以三师人数抵日军一师,若就全局而言,国军几以八师或十余师人数与日军一师对战,尚且无法取胜。[②] 日军一个师团通常有兵力 16 000～17 000 人,配属特种兵后,有将近 20 000 人。至于国军的一个师,通常编制为 10 000 人,除抗战前期外,一般状态为缺员,每师只有 6 000～7 000人。双方火力的差距太大,国军不仅兵器落后,而且弹药补充不继,各战斗单位素质不齐,彼此之间的协调合作情况也不一。[③] 至于步、炮协同的不良,更是国军作战的一大弱点。[④]

本章想论述的是,国军在战前所从事的军事改革及备战工作,虽有若干成效,不过仍未能达成预期的目标(国军的训练不力、将领无知、战术陈旧、补给系统落伍、战斗力薄弱等,均为不争的事实[⑤]),其原因固然很多,包括政府财政困窘、工业基础薄弱、备战起步较晚等,但是北伐之后,国民政府仅有统一之名,而无统一之实,为其主因所在。政府以武力方式铲平各反对势力,所损耗的人力、物力,较之北伐,实有过之而无不及。仅以1930 年的中原大战为例,双方各动员七八十万人,激战六月,叛军伤亡 15万人,国军伤亡也逾 9 万人,战地人民流离失所,财产损失,更难以估计。

1937 年 7 月 7 日,卢沟桥事变爆发,11 月蒋中正即曾在一次国防最高会议上表示,"这几年来,我们埋头苦干,积极准备,同心一德,完成统一,到这次卢沟桥事变发生为止,我们的国内形势和军事准备,比之以前,当然有更多的把握。可以说较之民国二十四年,已增加了一倍,而较之'一·二八'与'九一八'当时,增加了二三倍还不止。我们国防上已经有初步的准备,如果尚有和平的可能,当然要迟延二三年,再过三年,我们的

　　① 何应钦将军九五纪事长编(上).p563.
　　② 总统蒋公大事长编初稿.卷 4(上).p265。
　　③ 黄仁宇.地北天南叙古今.台北:时报文化,1991 年,p227.
　　④ 黄润生、彭庆恺、于翔麟.抗战前后国军炮兵之变革及对作战之影响.p35～36。
　　⑤ Ch'i, *Nationalist China at War: Military Defeats and Political Collapse, 1937～45*, pp. 16～17. (齐锡生.战争中的国民党中国:1937～1945 年间的军事败仗和政治垮台.——译者)

国防力量，当然格外不同。……现在如单就军队力量比较，当然我们不及敌人，就拿军事以外两国实际国力来较量，也殊少胜利把握。"[1]蒋中正认为军事准备工作如能继续三年，国防力量将可"格外不同"，足以和日本对抗，虽然是过分乐观的想法（他忽略了日本的兵力在三年中间也不可能停滞不进，1930 年代日本的海上及空中武力已可对美、英造成威胁，即使战争延后三年，国民政府也无力应付日军海上及空中的威胁），[2]不过如果国民革命军完成北伐后，中央与地方军政势力均能摒除一己之私，以国家安危为重，则战前备战工作的绩效当更为辉煌。当日本军阀目击中国团结兴盛，或将改变其侵略野心，国民政府未始不可调整中、日邦交，杜绝一场长达八年的浩劫。纵使仍掀起战争，则中国的胜利也不致赢得如此艰苦，牺牲也不会如此惨重。不幸的是，时光无法倒流，1937 年国军被迫必须对日一战。

---

[1]　蒋中正.国府迁渝与抗战前途.转引自：总统蒋公思想言论总集，卷 14，p654。

[2]　Bruce A. Elleman, *Modern Chinese Warfare*, 1795 ～ 1989（London：Routledge, 2001），p. 185.（布鲁斯·艾伦. 现代史上的中国战争 1795～1989 年.——译者）

第四章
战争前夜的日本军队

作者：爱德华·J·德利亚

前　言

　　7月7日那天日本正在庆祝七夕节。竹枝上点缀着色彩缤纷的纸条和装饰，大街小巷和田野里钟声回荡。按照习俗，彩带绑在竹枝上漂入小溪或大河，它们将给主人带来好运。但是1937年夏天那个夜晚，好运再也没能回到日本。那天夜里，东京以西2 100公里外的田野里聚集着另一批日本人，他们是中国驻屯军的士兵。这是一支1901年《辛丑条约》后即驻扎于此的日本军队。第一步兵联队第三大队第八中队大尉清水节郎正在北平西南十五公里处的卢沟桥进行夜间演习。当天的各项命令都在勉励士兵努力训练，在七夕节向家乡亲人致敬。[①]

　　清水节郎的中队连同第三大队其他部队驻守在北平西南郊区的丰台。1937年7月间，日军在华北布置一个正规军大队，其编制、任务、训练课目体现了日本对华政策的改变。其内容可以看出中日关系恶化的前奏。士兵们仔细察验了随身武器，因为第一步兵联队长牟田口廉也大佐近期就下令演习采用实弹。这是对中国越来越严重的反对日本在华北驻军的对应措施。[②]

　　中队级演习刚刚结束，牟田口廉也正在让部队在三十多度7月夏日高温下进行大队规模的逼真训练。由于演习十分艰苦，清水节郎下令轻

---

　　① 儿岛襄著. 天皇. 文艺春秋，1974，第3卷，196～197。
　　② 日本陆军大学. 华北作战史要，1937年7月8日～1938年12月30日. 防卫厅防卫研究所战史部资料馆，东京，日本。以下标注为"JDA"（日本国防档案）。

装,留下沉重的钢盔,只携带一半行囊继续夜间的演习。[1] 但是士兵们仍然负重不轻,随身物品包括野战背包、饭盒、弹药盒、应急口粮、武器等等。他们正从自己的兵营通过中国控制的地带走向实弹射击地点。这是离卢沟桥非常近的一片荒漠地段。日军为何混入中国各防区之间,并在离开卢沟桥如此接近的地段演习呢? 要找到答案,我们必须了解 1930 年代日本陆军的对华政策。

106

国安政策和华北

许多西方研究论文都详细论证了日本军队是如何试图颠覆国民党政府、提倡华北自治运动的。[2] 我在此就不重复了。值得观察的是 1932 年至 1937 年中日本对华政策的变迁期间,日本陆军扮演着关键的角色。日本陆军早在 1933 年便开始在华北推动一系列自治行动。当时关东军相信中国绝无可能成为一个现代的国家,其广大国土终将分裂。日本的国策就是维系中国的贫弱和分裂状态,这对日本在伪满洲国的战略利益是有益的。[3]

国民党自 1933 年起开启五年计划,他们在德国军事顾问的帮助下积极扩充军队、更新装备。而此时华北的反日热情正迅速蔓延。日本陆军也经常提醒这些危险。[4] 比如 1936 年 3 月,关东军参谋长板垣征四郎少将和 1935 年 8 月上任的参谋部作战课长石原莞尔大佐(满洲事变策划者之一)认为:一旦同苏联爆发战争,一个统一的中国势必同苏维埃共和国

① 秦郁彦.卢沟桥事变的再检讨.政治经济史学,333 期,1944 年 3 月,P4。

② 岛田俊彦著,詹姆斯·克劳利(James B. Crowley)翻译.华北的设计,1937～1939.转引自:詹姆斯·莫雷(James William Morley)编辑.日本走向太平洋战争:中国泥沼—日本在亚洲大陆的扩张 1933～1941.纽约:哥伦比亚大学出版社,1983,P11～230;Parks Coble 著.面对日本:中国政治和日本帝国主义,1931～1937.麻省剑桥:哈佛大学出版社,1991;孙有利.中国与太平洋战争起源,1931～1941.纽约:St. Martin's 出版社,1993;马乔里·德莱堡(Marjorie Dryburgh).华北和日本扩张主义,1933～1937. Richard mound, Surrey, UK, Curzon 出版社,2000。

③ 秦郁彦(Hata Ikuhiko).卢沟事变的研究.东京大学出版社,1996,P9。

④ 防卫厅防卫研修所战史部编.战史丛书,第八卷,大本营陆军师团(第一编),到 1940 年5 月.朝云新闻社,1967,P398.以下标注为"DRB(I)"。

结盟。① 板垣对中国充满着顾忌，认为国民党是改善中日关系的绊脚石。② 为了解除中国这个隐患，日本陆军就必须发动一场先发制人的战争、彻底摧毁蒋介石政权。

东京对陆军对华政策的任何改变都会遭到关东军的坚决阻挠。不仅如此，在 1937 年 2 月，关东军策划一场秘密军事行动，强行把国民党军队从华北驱逐出去。他们甚至准备对华发起先发制人战争，确保未来同苏联发生战争时的战略大后方。③ 在 3 月份东京召开的会议上，中国驻屯军和关东军的参谋们坚决认为，对中国的退让将是严重的错误，最多也只能取得"暂时效果"，④他们强调对中国的任何妥协都是不利的。关东军强烈反对对华政策的任何重大改变。同年 6 月，刚刚上任关东军参谋长的东条英机中将声明，在摧毁南京政府、确保后方安全之前备战苏联是"自找麻烦"。⑤ 1937 年早春上任的近卫文麿承接了一个备受争议的对华国策。日本各方都认定对手是苏联，日本的备战不能被中国问题所挟持。日本人的目标很是清楚。方法呢？只有天知道。

战争计划

日本内阁于 1936 年 8 月通过了《国策基准》。它暗示着陆军和海军都需要一段稳定时期，以便重新组合日本的战争机器。现在的关键是长期的战略目标和近期的华北实际利益必须吻合，当前的平衡暂且不能触动。然而基于扩张的需求，日本陆军开始筹划各类应对方案。日军在华北的传统任务是保护在华利益和 13 000 名日籍侨民。日本通常应付重大突发事件的方式是动用本土部队来华应急，然后再将部队撤回。1930

---

① 板垣征四郎. 关于与关东军任务有关的对外关系问题的军方的意见. 1936 年 3 月 28日. 转引自：外务省编. 日本外交日历和重要文件. 原书房，1965，第二部，P333.
② 孙有利. 中国和太平洋战争起源. P54。
③ 臼井胜美著. 日中战争. 中公新书，2000，P58；秦郁彦. 卢沟桥事变的研究. P9。
④ 转引自：大杉一雄. 日中十五年战争史. 中公新书，1996，P16，
⑤ 秦郁彦. 日中战争史. 河出书房，1972，P135、137；大杉一雄. 日中十五年战争史. P243；秦郁彦. 卢沟桥事变的研究. P9；关东军关于对苏对华战略意见建议. 1937 年 6 月 9日. 转引自：秦郁彦. 日中战争史. 文件附件 P22、351。

年代中期,由于苏联对"满洲国"的威胁日益增大,过去的方式已经无效。华北各类事件已经具有了战略性的影响力,因为它们会干扰关东军备战苏联的工作。华北的动乱将影响战略物资的供给,日军的现代化和军工所需原材料供应将出现问题。此外,关东军附近的中国军队十分仇日,一旦同苏联开战,他们将威胁到关东军的左翼安全。鉴于这些考量,日军重新制定新的作战计划。华北就成了同苏军开战后的战略大后方。

1913 年后,日本陆、海军都习惯每年给天皇呈上一份详细的作战方案。其部队运作是根据《帝国国防方针》中第二部分中的准则所制定的。[1] 年度作战方案的时间段是当年的 4 月 1 日至次年的 3 月 31 日。1927 年后改为当年 9 月至次年 9 月。[2] 比如 1937 年的作战方案实施时间段是 1936 年 9 月至 1937 年 9 月。各军种一般是于 4 月呈交各自方案,6 月收到天皇核准。

日本在华部队数量是按实际情况而定的。1911 年作战方案提出:如果全面开战,出动 13 个师团占领南满、袭夺北京,然后占领浙江和福建。华北的局部冲突只需 2 个师团,它们将控制北京到山海关一线的铁路沿线。[3] 1931 年"满洲事件"(按:即"九一八事变")几个星期之后,东京参谋本部开始制定反制中苏同盟的具体方案。这个假设方案要求投入 15 至 16 个师团进行两个月的作战,其中大部分部队将用于对付苏联红军。两个师团保卫华北,而其他的小部队将警戒内蒙边境,以确保满洲的左翼安全。[4] 1932 年早期,日本参谋本部经过重新调整,在中国设置三个紧急预案:传统的任务仍然是保护日本利益和侨民,这里需要动用两个师团;同时还必须维持北京至山海关的交通线,这个任务落在了 1 700 名中国驻屯军身上。他们将得到一个师团的增援;一旦和中国全面开战(当时他们认为可能性不大),东京将投入 3 个师团增援关东军并外加 7 个师团和 3 个骑兵旅团来压制华北和山东半岛中国军队的抵抗。另外再增派 2 个

108

---

① 　野村实.太平洋战争和日本军事.山川出版社,1983,P251、268。

② 　同上,P280,第九部,P267。

③ 　岛贯武治.日俄战争后的国防方针、所用兵力、用兵纲领的变迁.第一部。转引自:军事史学 8.第四,1973 年 3 月刊,P13。

④ 　DRB(I),P319。

师团用于控制华中各个重要地点。[①]

　　1932 年至 1936 年间,日本参谋本部忙于应付苏联在远东的军事集结,对中国关注不多。只要国民党软弱和国家保持分裂,中日发生全面战争的可能性微乎其微。日本参谋本部主要方针是避免事态升级,限制其陆军向内陆扩张发展。[②] 如果反日形势失控,日本总部也认为只会产生小规模的局部性作战,日军最多投入 4 个师团便可恢复平津走廊的事态。[③] 1935 年的年度作战方案(1934 年 9 月～1935 年 9 月)要求在华陆军使用从 12 个师团减到 9 个师团。华北的中国驻屯军和关东军的一个旅团将得到 3 个师团的增援,占据平津沿线战略要地。另外 2 个师团将在海军的配合下在山东半岛登陆。以扇形方式展开,攻占战略要地。在华中地区,日军将配合海军使用 3 个师团登陆并占领上海地区。按照战场的形势需求,这股日军亦可以向中国内地扩展并占领武汉,配合从华北向南攻击的部队。在中国南方只需一个师团占领要地。1936 年日本作战方案修订版同 1935 年版基本类同,只是参谋本部取消了武汉作战部分,因为他们感到这样作战会兵力不足,况且苏联近期动作频繁,令人担忧。[④]

　　日本对苏联在远东军事集结深感不安。1936 年 5 月 21 日,日本起草了重新武装军队的计划。它作为其全国预算考虑的一部分呈给天皇。[⑤] 为了应对苏军的集结,陆军要求改善驻扎满洲日本军队的战略机动性。为了快速从日本投送部队到满洲战区,日本必须改进基础建设,如更新和扩建机场、港口、道路、铁路,改善陆军航空兵弹药库、储藏基地和医院设施等。[⑥] 日本在满洲东部(参考师团分布图)的布防剑指邻近的海参崴和布拉戈维申斯克,战时目标清晰。关东军在满洲中部公主岭地区布置一个机械化独立混成旅,这是一支装甲和骑兵组合的部队,作为华北

---

① 同前页注④,P329。

② 防卫厅防卫研修所战史部编. 战史丛书. 第 86 卷,支那事变陆军作战. 第一编,至 1938 年 1 月. 朝云新闻社 1982,P100. 以下标注为 SJRS(I)。

③ DRB(I),P370;安井三吉. 卢沟桥事变. 研文出版社 1993,P118. 还可见 DRB(I),P322～323 页。

④ SJRS(I),101～102;DRB(I),P369～370。

⑤ DRB(I),P403～404,P407。

⑥ SJRS(I),P64;陆军参谋本部第一课. 呈天皇报告:初稿. 1936 年 5 月 21 日. 转引自:防卫省. 陆军部绝密档案. 第一卷。

紧急状况的应急部队。一旦日本决定入侵华北,这些部队将马上开赴满洲西部边境地区。

此时的中国情况让人忐忑不安,日本参谋本部感到非常担忧。中国民族主义热情高涨。中国共产党于 1936 年 2 月北渡黄河并占据山西大部,唤起华北地区抗日情绪。局部的军事冲突可能突然失控,进而有爆发全面性战争的危险。中国正在不断改善军事力量,这将会给日军造成很大的困难。比如在上海地区,中国军队已经构筑了广大的大纵深永久性堡垒阵地,防御网络得到加强。[①]

1936 年 8 月,日本参谋本部作战方案的第二部分提到必须避免中日开战,这是地缘政治的需要。为了备战之用,还是假设中国在日苏战争中将站在苏联一边。鉴于这种考虑,日军计划投入一支小规模的派遣军,一举击败华北的反日力量。作战规模和用兵数量需要节省,但是力求一拳击倒对方。长期占领华北战略要地是十分必要的,这样能够控制战略资源。[②] 以上的构想被 1937 年度作战方案所采纳。

这份 1937 年的作战文件现已无从查对,根据当事人的回忆,这份作战方案扩大了陆军战略目标。它要求占领华北五省并提出在华中地区的新任务。为了确保实现这些野心,日本参谋本部把原有 9 个师团提高到 14 个师团。[③] 如果一旦需要,已经准备奔赴华北的 5 个师团还可以得到另外 3 个师团的补充。在华中地区,3 个师团可用于占领上海地区。由于近期中国军队已在上海备战,况且在受限的市区作战所带来的行动和战术不利,日军准备在上海南部杭州湾方向再登陆 2 个师团。日军可利用开阔的作战区间向内陆纵深推进。在上海地区击溃中国军队后,日军将汇集南京,以达最终控制上海—南京—杭州一线。同以往作战方案不同,为符合《帝国国防方针》,陆军此次行动以求长期占领,确保中国后方战略要地,支持对苏联的作战行动。[④] 经过修改的作战方案中附带了非

110

---

①　SJRS(Ⅰ),P103。

②　参谋本部第二课. 战争计划.(第一稿),1936 年 8 月,载于:日本国际政治学会编. 通向太平洋战争之路. 第八卷,附件,资料编. 朝日新闻社 1963,P227、230. 以下标注为 TSM(8)。

③　DRB(Ⅰ),P412～413;秦郁彦. 卢沟桥事变的研究. P47;岛贯武治. 第一次世界大战后的国防方针、所用兵力和用兵纲领的变迁. 转引自:军事史学第 9 卷之一. 1973 年 6 月刊,P74。

④　秦郁彦. 卢沟桥事变的研究. P47、48。

常详细的占领华北地区的行政统治方案。

中国驻屯军于 1936 年 9 月 15 日拟定《华北占领地区统治计划书》，针对的目标是中国或中苏联盟。[①] "方案 A"（华北军事行动）指令陆军从北平沿铁路往南占领长城和黄河之间广大地区，也就是华北五省，[②]同时，留下一个师团以维持占领区的秩序。"方案 B"（对中苏联盟的军事行动）指令用小部队占据张家口—北平—天津一线，然后占领战线后方区域。这支部队将采用坚守战术去阻断苏军可能的进攻。占领区部队确保日本战略后方、战略物资，并在其主力投入同苏军作战时保护战略侧翼。"方案 B"缩小了在华北的占领区域，因为需要更多的部队同苏军作战。同中国人作战的部队也只能相应减少。[③] 这两个方案都要求日军既能长期占领华北，又能节省用兵。

1936 年 9 月中旬，东京参谋本部下令从满洲调动一个师团到华北边界，以防重大不测事件。如果一旦战事爆发，中国驻屯军将在关东军的支援下，对中国军队进行惩罚性打击。日本统帅部希望当地驻军军官能够果断行事，用最少兵力干净利索解决战斗。日本的作战计划根本不考虑111其他的反制措施，就其应付微小突发事件也是采用这种狂赌一把的用兵之道。[④]

诚然，日本上层对华政策分歧很深。受石原莞尔影响，参谋本部希望避免冲突上升为全面战争。他们希望把精力集中在部队的装备更新和现代化的项目上。但陆军省参谋部（特别是第二作战课）和关东军的大部分高级军官都倾向于对中国用兵。他们认为必须消除正在升级的反日情绪。他们坚信过去的经验证明，一旦真正战事爆发，中国会一触即溃。[⑤]

然而，日本陆海军缺乏统一的军事战略，陆军上层对中国作战的理念

---

① 永井和. 论日本陆军在华北占领区的统治计划. 转引自：人文学报 64. 1989 年 3 月刊，P110。

② 中国驻屯军司令部. 1936 年度华北占领区统治计划. 1936 年 9 月 15 日，日本陆、海和其他国家机构档案馆，微胶片复印，1868～1945，T - 784，Reel 109，Frame 18802，美国国会图书馆。

③ 中国驻屯军司令部. 1936 年度华北战领区统治计划. F18804；永井和. 论日本陆军在华北占领区的统治计划. P111。

④ 引自 SJRS(I)，P91；DRB(I)，P418～419。

⑤ DRB(I)，P414。

也缺乏认同。他们作战一方面要求长期占领华北和华中广大地区,另一方面又要求控制局势以求全力备战苏联。作战计划中缺乏长远规划。日本陆军只能关注正在进行的战役,其长期作战计划都是"见机行事"。[①]总而言之,日本希望尽可能不使用军事手段解决中国问题。[②] 但是他们又不甘心在中国人面前退缩。

条 令

从1914年起日本在军、方面军级别的协调配合作战方面,《统帅纲领》即是其高级指挥官和参谋人员的圭臬。第一次世界大战中涌现出大量的新式武器、战法和建制,这就使得各大强国对其战略、作战和战术的现行理论重新进行评估。日本也相应修改了《统帅纲领》:除了在日俄战争后所强调的战役精神力量之外,它还加上了最新的概念,即现代总体战。《统帅纲领》1918年修订版中承认总体战中"武器装备突飞猛进",但是胜利还是取决于职任、爱国和自我牺牲精神。[③]

1920年代,日本参谋本部作战课在荒木贞夫少将指导下出版了意义深远的《统帅纲领》修订版。荒木贞夫是个极其反共、迷信作战中无形元素的狂热分子。他挑选了小畑敏四郎中佐和铃木率道大尉执笔重写《统帅纲领》。小畑敏四郎是个苏联问题专家,深受德国将军阿尔弗雷德·冯·施里芬的经典理论"歼灭战"的影响;铃木率道以第一名的成绩毕业于参谋学院第十三期,和荒木贞夫见识类似,认同"精神"角色和战争中无形元素的优点。他们俩聪明过人,但又高傲自负,漠视不同意见。在保密的情况下他们编组了一套新的理论。伦纳德·汉弗莱斯称之为"强化精神训练",用刺刀冲锋来压制对手物质上的优势。[④] 1928年版的《统帅纲领》所嵌入的教条便是:人的热忱和士气是"胜利或失败之最根本因素",

112

---

① 影山好一郎.支那事变和日本海军.防卫省,96RO-7H,1966,P55。这个字眼出现于《帝国军队用兵纲领》。

② DRB(I),P413。

③ 前原透.日本陆军的攻防理论和教义.研究资料86RO-5H,刻本,防卫省,1986,P147。

④ 莱纳德·汉弗莱斯(Leonard A. Humphreys).天赐军刀之路:1920年代日本陆军.斯坦福大学出版社,1995,viii;前原透.日本陆军的攻防理论和教义.P201、257。

这是"从古至今不变的道理"。[①] 总之,战争中的无形元素便成为了日本军队现代传统和理念。

　　最新版的《统帅纲领》强调快速进攻理念,以求会战决胜。它重新强调速战速决的速决战理论。[②] 能够达到这一目的的唯一方法就是进攻。陆军各级军官必须强攻到底、消灭敌人,占领重要地区。普通士兵被不断灌输进攻理念,培养必胜信念。这种对进攻的重视近乎到了疯狂极端的程度,荒木贞夫甚至把原来写着的"投降"、"撤退"、"防守"等字样从《统帅纲领》中统统删除。他认为这些字样对部队的士气有很大的心理负面影响。[③]

　　1929 年第一次颁行的《战斗纲要》手册也充满着进攻理念。它是提供给师团和联队级指挥官之用的联合作战文件。它指出近战肉搏是战斗的最高潮,是自 1910 年以来日本军事理论的不变法宝。[④] 战场高级指挥官们必须发扬"独断"精神,巧妙地运动部队把敌人包围,然后创造机会发起冷兵器式的最后冲击。步兵是进攻的重要力量,炮兵只是助攻手段。为了配合快速移动的步兵进攻,日本陆军设计了轻型、机动性的炮兵。在作战中,合围和夜战是胜利的法宝,哪怕人数不占优势也要勇敢包抄敌军侧翼。在攻击固定阵地目标时,部队要利用夜色,避免敌方炮火,占据凌晨攻击位置,利用火力和突然性突破敌方阵地。如遭遇,指挥官要敢于调动部队迂回敌人两翼,包围并消灭他们。如果一旦处于守势,指挥官必须寻找战机进行坚决反击,击溃敌军并夺回战场主动权。[⑤]

　　这些高级作战理论在 1928 年 1 月颁行的《步兵操典草案》中注入了战术元素。1937 年 5 月颁行《草案》又作略微修改。两个版本基本类同,都是强调速战速决,火力压制并消灭敌人。步兵是各兵种协同作战中的主要力量。步兵必须具备冷兵器时代的战斗意志。1928 年《步兵操典草案》强调部队指挥官必须灌输部下"必胜信念",此乃日本军队

---

　　① 大江志乃夫. 昭和的历史. 第三卷:天皇的军队. 小学馆,1982,P218。
　　② 前原透. 日本陆军的攻防理论和教义. P204～205。
　　③ 莱纳德·汉弗莱斯,P106;前原透. 日本陆军的攻防理论和教义. P215～216。
　　④ 前原透. 日本陆军的攻防理论和教义. P208。
　　⑤ 陆军省. 战斗纲要. 1929 年 2 月 6 日,池田书店,1977 重版,P12、65、69、128;前原透. 日本陆军的攻防理论和教义. P220、226。

的所谓"光荣传统"。[1]

尽管 1928 年和 1937 年版的《草案》吸取了第一次世界大战的经验，但其精华仍停留在日俄战争时期日军的作战风格之上。比如其战术和理念都从日本这个国家、民族和地理特性演变而来。军事教育和训练强调武器技术之上的"士气"和"热忱"这类无形元素。条令只限于作战所需，部队训练越是简单越好。以上这些要素在 1909 年至 1941 年间一直没有改变。[2]

表 4.1　日本步兵分队火力的演变

年	1923 年	1928 年	1940 年
武器	分队有轻机枪,大队有重机枪,联队有进攻炮火	分队有轻机枪,大队有重机枪,联队有进攻炮火	分队有轻机枪,大队有重机枪,联队有进攻炮火。小队有手榴弹投掷枪,中队有重机枪和冲锋枪,大队有炮兵和速射反坦克炮
火力	非常重要	非常重要	不强调
进攻	决定性重要	决定性重要	拼命冲击
分散	散兵线后方小队支援	散兵线后方小队支援	纵队采取轻机枪在前和侧翼,中间为掷弹筒
间隙	4 步	4 步	6 步
冲锋	50 码内冲锋(小组或其半皆可)	就是个人也要冲	个人或半小组时 30 码
射击方向	小队长指挥,分队长控制火力	小队长下令开火;分队长命令射击,如必要,个人开火	分队长下令投弹,开火后,个人射击

来源:徐勇著《征服之梦——日本侵华战略》(桂林:广西师范大学出版社,1993 年),第 28 页。(原文资料来源错误。译者无从考订。)

这两种不同的手册都表明了日本人的胜利取决于"日本军队伟大传统"和爱国精神、是物质和精神的结合。它们都强调夜间攻击、近战、

---

[1] 日本陆军教育总监部.步兵操典草案编撰理由书.1928 年,9,防卫省。

[2] 防卫厅防卫研修所战史部编.战史丛书,第二十七卷,关东军,第一册.朝云新闻社,1969,P28。

突袭来突破敌兵阵地。两种手册中最大的不同是关于师团机构的改革和正在组建的新战术单位的文字描述。我们下面会作论述。比如 1928 年版的《操典》没有提及反坦克战术,只是片面强调步兵战法,缺乏协同作战和作战中相互支援的理念。1937 年版的《操典》中加入了步兵中队、机枪组、炮兵、战车、野战炮兵、工兵组成联合协同部门,但也局限于小部队和大队级训练。①

　　1928 年步兵战术条令规定每四步一个士兵的散兵线。不鼓励个人主动行动(除非情况特殊),因为作战成功依赖于集中兵力和火力,在狭窄的战线突破敌军阵地。每小队有两个轻机枪分队、四个步枪分队,以便中队散兵线能需集中轻武器火力以备最后刺刀冲锋,突破敌方阵地。步兵中队集结在 140 米的正面做最后冲击,突破敌方主阵地预计会付出 50% 的伤亡代价。但从战争历史角度来看,这种战术很有缺陷。第一次世界大战中,防御阵地往往具有纵深。数条防御线碉堡据点密集,它们互相独立,都在炮火覆盖之下。如果步兵在冲击第一条防线中损伤严重,它如何能够继续突破多条防线呢?②

　　1937 年日本修正了突破苏军固定防线的新战术。新战术包含了许多日军新式武器,但是这些装备此时不是还在研发状态、就是还在生产阶段,大多没能服役。战术手册直到 1940 年才正式生效。1937 年夏季,日本中国驻屯军已经开始尝试新的战术。新的战术强调多伍编组成扇形散兵线。攻击尖头为轻机枪小组,其后左右两侧各有一名弹药手。轻机枪小组后面紧跟着 6 步间隔的步兵纵队队形。轻机枪为步兵接敌进行肉搏提供火力掩护。由于火力增加,进攻正面延长为 183 米宽。在攻入对方多道防线进攻时,步兵需要拉开距离、利用夜间推进。这样才能够降低敌人炮火所造成的伤亡。分队长负责指挥对敌方阵地做最后冲击,命令由分队长下达到伍长,这就要求下属军官和军士能够发挥战场主观能动力。

115

---

① 日本陆军教育总监帝.步兵操典,1928 年 1 月 25 日,P2～3;日本陆军教育总监部.步兵操典草案.,1937 年 5 月,P2～3。

② 日本陆军教育总监部.步兵操典草案编撰理由书.1937 年 1 月 21 日,防卫省,P61;分析第一次世界大战的教训和对步兵手册做修改,参考:远藤芳信.近代日本军队教育史研究.青木书店,1994,P165～177。

在千变万化的战场,前线士兵必须坚决果断。[①] 分队火力演变已在表格4.1上展示给了读者。

　　人们总感到日本军人在与中国军队交战中是依赖刺刀冲锋和武士道精神,其实不然。日本人采用了强大的火力和现代装备的协同作战。他们在进攻前会利用联队的炮火和重武器来软化敌方阵地。没有火力支援,日本步兵是无法成功攻占敌方阵地的。[②] 尽管 1937 年的日本还是强调作战中的"精神"元素,他们在其战术演训的部队中改进了机动性、加强了火力集中。结果从分队到联队,部队形成了一个攻击力强、快速机动的进攻部队。火力增强和意志提升造就了战术和战役条令,而这些条令完整了日本帝国国家战略、防卫政策和战争计划。日军上下,注重的就是主动进攻:快速决断、速战速决、消灭对手。

部队结构和人员

　　1937 年 1 月,日本帝国陆军有 247 000 官兵,战斗序列编制为 17 个常备师团、4 个坦克联队、54 个飞行中队(549 架飞机)。中国和台湾驻屯军各有 2 个步兵联队,在满洲有一个特别独立混合旅。[③] 朝鲜有长期驻屯军 2 个师团,还有 4 个关东军师团轮换驻扎"满洲国",其余部分全部驻扎日本本土。如果一旦动员,大量的预备役和受过初步训练的补充兵源将按照"组织和装备日程表"(TO&E)征集招募、把和平时期部队提升到战时状态。

　　日方兵源来自征兵。自愿当兵的青年人其实不多。为了征兵,日本划分师团征兵区域,自上而下再分联队征兵区域等等。行政机关负责征兵、动员和个人参军,同时也在其权力范围内负责处理老兵事务。参军者一般是归属其联队征兵区域。只有东京帝国近卫军下属联队的征兵是全国性的。相同的例外是人烟稀少的北海道第七步兵师团和长期驻扎中

116

---

①　过渡时期步兵战术一览表.油印刻本.,防卫省。
②　前原透.日本陆军的攻防理论和教义.P278。
③　陆战学会.近代战争史概说:资料编.陆战学会战史分会,1984,P39。

国、(中国)台湾和朝鲜的正规陆军。冲绳辖区参军的士兵一般在九州地区联队服役。[①]

所有满二十岁的成年男性必须在每年 12 月 1 日至次年 1 月 30 日参加陆军主导的参军前军体体检。这些潜在的兵源分为 A、B1、B2 三类。A、B1、B2 符合参军条件，其他被认为无法适应陆军的严格生活。在 1935 年受检验的人员中，29.7％被定为 A 类；41.2％被确定为 B1 或 B2 类。[②] 在 1937 年 742 442 名已达标的征兵普查中，陆军收录了 17 万名新兵，将近 22.9％。这个数目自日俄战争后的历年中都基本如此。[③] 其中 15 万 3 千名来自 A 类，1 万 7 千名来自 B 类。新兵服役为期两年，当然也有例外，这要按不同军种、和过去作为百姓时受训的经历而定。退役之后，还有长期的后备役义务。

达标人员中，470 635 名 B 类人员其实亦符合参军标准，但是除了陆军现已录取人员之外，已无需要再增加人员。陆军将这批人员归入第一补充兵团。他们将接受 120 天基本军事训练：使用轻型武器并学习基本技战术。在联队征兵区域内，这些后备役施训的教官都是正规陆军军官或士官生。[④] 陆军每年都召集后备兵源进行为期数天训练。

日本陆军将领视纪律为部队之生命。基本训练就是把新兵磨练成绝对服从上级命令的机器。之后才进行技战术训练，比如如何利用地形来突袭和包围敌人。但是日本军人的训练缺乏多样化，因为它受限于日本国内场地限制，训练中问题处理总是老生常谈。[⑤] 训练是残酷的，既有纪律准绳和规定的体罚，也有严酷的私刑，甚至有些分队内存在不受条令约束的暴力。这一切都是为了灌输绝对服从。"帝国陆军"和对天皇的顶礼

---

① 大江志乃夫.天皇的军队.P72。

② 百濑孝，伊藤隆编.事典昭和战前时期的日本：制度和实态.吉川弘文馆，1990，(Yoshilcaw Kobun kan（Ⅴ）.(Fukukaw kob unkan)（Ⅹ），按：原文有误.应为吉川弘文馆。)P271～272。A 类新兵必须身高 1.55 米，体格强壮；B1 和 B2 类比 A 类可以略微矮点。大滨彻野和小沢郁郎编.帝国陆海军事典.同志社大学出版社，1984，P38；近代战争史概说.P35。参加海军只有寥寥数千人，日本海军只得通过自愿兵役来补充它较小但又精良的兵种。

③ 河野仁.玉碎的军队，生还的军队.讲谈社，2001，P28～29；近代战争史概说.：资料编.P35。

④ 我必须感激日本防卫厅防卫研修所战史部的立川京一和原刚，他们给了我这个讯息。

⑤ 前原透.日本陆军的攻防理论和教义.P215。

膜拜这些理念被强化;帝国的象征和天皇的权威都在灌输士兵对上的绝
对服从。[1]　长官就是天皇意志的传达者。就是在这个时期,日本"国军"这
个名称被"皇军"所取代。陆军明显试图将军队同皇权紧紧联系在一起。[2]

至 1925 年开始,日本陆军派遣正规军官到全国中学、技校中去担任
军训教官。1926 年陆军创办"青年训练所"等志愿组织,主要提供民防教
育。预备役协会的成员为已完成学业的 16～20 岁的青年提供军事培训。
受训合格的毕业生以后一旦参军,可以减短服役期 6 个月。[3]　军队的价
值观和道德观已经灌输给了这批年青人。

陆军军官来源有三处:帝国军事学院(1932 年后每年毕业生大概是
300 名);符合教育、体格要求的志愿者,他们先下连队当兵,然后再进士
官学院进修;从受到提拔举荐被召入军官学院的现役优秀士兵中择优选
拔。1927 年改革之后,新的候补军官培养程序出现,军训合格的中学生
们有了成为军官的机会。通过考核,新兵入伍 4 个月后被分为 A(军官
生)和 B(士官生)两大类。军官生将在当地的军官学校实习 11 个月的课
程,然后随军服役 4 个月。服役期满,他们将正式成为候补军官。[4]　1929
年,完成军训课程的合格毕业生也可以继续候补军官培训。他们参军时
自身条件优先,服役一年后得再通过综合考试,然后进入军官学校进一步
深造。毕业后被封为候补少尉。和平时期,军官学院一般培养四千名候
补军官。[5]

士官生的挑选来自于重新入伍人员或那些已经有过当兵经验的志愿

---

①　藤原彰.死于饥饿的英灵们.青木书店,2001,P186～187;爱德华·德利亚(Edward J.
Drea).日本帝国军营内幕.武装部队和社会 15.第三期(1989);莱纳德·汉弗莱斯.天堂军刀.
P80、171;吉田裕.日本的军队.转引自:大江志乃夫等编.岩波讲座:日本通史,第十七卷,现代
之二.岩波书店,1994,P169～170.(按:原书此注释中将"大江志乃夫"误作"Ohama Tetsuya",
在此予以纠正)。
②　吉田裕撰文.日本的军队.岩波新书,2002,P182;汉弗莱斯(Humphreys).天堂军刀.
P106。
③　军事动员的制度和实践:研究资料.95,RO-4H 油印刻本,1994,防卫省,P85～87、93;
吉田裕.日本的军队,P143。
④　田中庆美.陆军人事制度概说.第二部,研究资料,95RO-4H,油印刻本,1994,防卫省,
P34～35。
⑤　吉田裕.日本的军队.P73;熊谷光久.旧陆海军将校的选拔和培养.研究资料,80R-
12H,油印刻本,1980,防卫省,P129.熊谷光久此修改过的研究文章后来发表于:关于日本军队
人事制度及其问题的研究.国书刊行会,1994。

者,他们必须通过考试。1927 年建立的"陆军士官学校预科"就是专业培养士官生的。[①] 1936 年间有超过一万四千名年青人受训,全国招收比例为每一千人有 31.4 名被录取。不同区域比例会有不同:郊区宫崎县每千名中有 81 名,而大阪市区每千名中只有 8.2 名。这个比例可以看出日军士官生大多来自农村地区。一般来讲,这些士兵都是农家第二或第三个儿子,家里务农没有前景,而军队给他提供了一个稳定的职业和归宿。[②] 录取后同所属区域部队进行一年训练,第二年进入预科学校。毕业时他们已成为正式士官。[③]

118 组 织

1937 年日本师团是四单位结构(按:四联队师团)。和平时期的部队力量是 12 000 多官兵,分成 2 个旅团(每个旅团 4 000 人),每个旅团下属 2 个步兵联队(每个联队 2 000 人);1 个战场火炮联队;1 个工兵联队和 1 个运输大队;这是师团的核心力量。1 个步兵联队下属 3 个大队(每个大队 600 人枪)。每个大队包括 3 个步枪中队(每中队 160 人)和 1 个武器小队(排)。1 个步兵中队(连级)含 3 个步枪小队和 1 个轻机枪小队。联队(团)里设数个步兵突击炮小队(排),大队(营)里设 1 个重机枪中队(连)。[④]

一旦战争动员,每个大队(营)增加第四个步兵中队(连),[⑤]另外补充勤杂人员(运输、服务部门将近有 5 000 人之多),这样战时的师团编制将达 25 000 官兵。战时步兵中队有 194 名官兵。机枪中队 139 人,大队级突击炮小队 56 人。战时步兵中队有 3 个步兵小队和 1 个掷弹筒小队(144 名官兵)。每个小队有一把轻机枪和 2 个掷弹筒,以及 3 个 11 人、1 个 9 人分队。然而 1937 年的实际情况是:每个小队只有 2 挺轻机枪和 2

---

① 军校本来只招募陆军,但是后来于 1933 年扩充了炮兵和骑兵。其他兵种部门有其各自的预备科学校或为此培训的特殊单位。请参考:田中庆美. 陆军人事制度概说. P113。

② 吉田裕. 日本的军队. P88、91。

③ 田中庆美. 陆军人事制度概说. P113。

④ 秦郁彦. 卢沟桥事变的研究. P95。

⑤ 日本陆军 1923 年减编制,去除了和平时期每个大队中的第四个中队,以避免关闭军事设施,参考:莱纳德·汉弗莱斯. 天堂的军刀. P62。

个掷弹筒。这种不足直到 1940 年才得以改观。机枪中队分成 3 个小队枪 8 挺,每个小队分 2 个分队。大队(营级)有突击炮 2 个分队,每分队 41 式山炮两门。[①]

战时步兵大队的编制将大大增加(超过 1 100 官兵)。人多机动性就差,运动和掌控都十分困难。但是日本陆军还是坚持 4 个中队的作战结构,希望开战时大队有足够的兵力保持战力。如此一般,把重武器加入大队,中队步兵的火力也大大加强,散兵线更加延伸,新战术和新队形也就应运而生。

武器装备

1922 年的改革压缩了人员编制,武器装备得到了改进。1930 年入列的 90 式 75 毫米口径的火炮射程远、精度高。91 式 105 毫米口径的榴弹炮和 75 毫米的山炮(可以拆卸用牲口搬运)已经成为师团基本配备。[②] 野战火炮轻型化、口径小、机动,战场上可以快速运动,不受大行李的影响。步兵和炮火可以快速在行进中展开,并迅速包抄敌人侧翼。为了防止进攻道路拥挤,日军甚至减少了联队四分之一的火枪数量。虽然火力大打折扣,但是速度和机动大为增加。日军也布置重炮,但这往往是在阵地战中施用,因为此时的作战是固定的。

重武器采购不仅仅需要考虑战术问题。其实日本的工业基础无法大批量生产重型武器。比如,生产一门 96 式 150 毫米重炮需要 8 个月的生产周期;96 式 240 毫米榴弹炮需要 18 个月。[③] 表 4.2 列出日本陆军库存的标准大炮和装甲数量。

1936 年师团野炮联队使用的是 90 式野战炮(或者是 94 式轻型山炮)共 36 门。训练强调的是质而不是量。射击手册强调是传统的"百发

119

---

① 防卫厅防卫研修所战史部编. 战史丛书,第二十七卷:关东军,第一编. 朝云新闻社,1969,P167;以下标注为 KG(I)。桑田悦,前原透编. 日本的战争:图解和数据. 原书房,1982,附件 6、10;美国远东司令部和第八集团军(后方). 日本对满洲的研究. 第五卷,步兵作战. 1956 年 12 月 14 日,P25。

② 第五、十一、十二 3 个师团有两栖登陆任务,他们装备的是轻型的、移动方便的山炮。

③ 加登川幸太郎. 回忆陆军. 第一部. 文京区出版社,1996 年,P19。

百中"。实弹射击演练非常少,因为日本本土射击靶场稀缺。[1] 炮弹的储存量远远不能满足作战要求。国营兵工厂 1936 年间每年生产炮弹 11 万发,按照战时消耗表格来看,这个数量只是需求的十分之一。[2] 类似的工业和生产落后还影响到火炮的机动和装甲性能。

120

表 4.2　日军炮兵和装甲兵的标准配备

年份	武　器	口径/射程	重量/速度	注　明
1929	89 式 15 炮	150 毫米/18 公里		围城用炮火
	89 型中型坦克	57 毫米主炮	14 吨/每小时 24 公里 四人组坦克手	
1930	90 式野战炮	75 毫米/10.6 公里		标准师团炮
1931	91 式 10 榴弹炮	105 毫米/10.8 公里		野战炮
1932	92 式步兵攻防炮	70 毫米/2.7 公里		大队炮
	92 式 10 炮	105 毫米/18.2 公里		野战炮
1934	94 式山炮	75 毫米/8.4 公里		轻型山炮
1395	95 式火炮	75 毫米/10.6 公里		野战炮
	95 轻型坦克	37 毫米主炮	8.1 吨/每小时 39 公里 四人组坦克手	
1936	96 式 15 榴弹炮	150 毫米/12 公里		野战重炮
	96 式 24 榴弹炮	240 毫米/16.6 公里		围城用炮火
	96 式 15 火炮	150 毫米/26.6 公里		围城用炮火
1937	97 型中型坦克	57 毫米主炮	15.8 吨/每小时 39 公里 四人组坦克手	

　　日本车辆依赖进口,摩托化成本高昂、效果也不好。满洲、华北和苏联远东道路状态甚差。军方估计整个日军上路需要 25 万辆卡车,这是汽车产业还处在起步阶段的日本所无法承受的。1933 年前日本每年的汽车生产还不到一千辆。日本人火炮和弹药、坦克非常欠缺,[3] 阿尔文·考

　　① KG(I)。P559;陆上自卫队参谋部编.诺门坎事件中的炮战.油印刻本,1965,防卫省,P53~59。

　　② 和田一夫.日本军队武器行政制度史之研究.研究资料,83 RO-4H,油印刻本,1983,防卫省,P14。

　　③ 参考:阿尔文·库克斯(Alvin Coox).诺门坎:日本对付俄国,1939.斯坦福大学出版社,1985,第二卷,P1085。

斯曾经非常恰当地评论道：日本的坦克几乎是手工制造、油漆精美；同重炮、炮弹一样，坦克十分稀缺，一般不轻易使用。陆军更喜欢轻型坦克（10吨以下）和中型坦克（16吨以下）。因为日军一般都是出海作战。装卸体积和重量都得考虑在内。轻型坦克也更适合华北和满洲的地形，同时也可以通过浮桥和摆渡。如同汽车和重炮一样，日本的工业基础无法批量生产坦克。1939年下半年，日本工厂也只能每月平均生产（所有型号）28辆坦克。[①] 1937年的徒步士兵依然同他们日俄战争时期的祖辈们一样靠牲口作为机动工具。在对付中国大杂烩式的军队时，日军仍然享有技术和物资的优势。然而在面对一流对手之时，火炮、装甲、汽车的缺乏将给日军带来灾难性的后果。

　　日军生产坦克、卡车、大炮受限也另有隐情：1936年日本决定扩充陆军航空兵和本土防空网。[②] 这便抽走了原能用于陆军的资源、资金和技术。陆军航空兵（JAAF）任务是侦察、攻击敌方基地、夺取制空权来配合陆军行动，然而直接火力支援陆军却很少。此时的日本参谋们不知道空中轰炸虽然不能替代炮兵，但也是非常重要的辅助攻击手段。他们扩充陆军航空兵的战略思维还是先发制人攻击苏联远东空军基地，以确保本土不受攻击。到了1930年代中期，陆军拥有战机650架，其中大约450架可以投入战斗。日本陆军航空兵培训严格，他们也是强调质量而非数量。1941年12月前，他们每年只培养750名飞行员。先培训基础飞行技能。特殊的技战术等到飞行员加入编队后再说。[③] 飞机产量从1930年的445架增加到1940年的4 768架，日本的民用航空采用了大量国外的技术以满足生产要求。陆军只在1937年～1938年间购买了意大利"菲亚特"BR.20"鹳"双发远程轰炸机。这也是陆军唯一一次国外军购。在中国的上空，这款飞机成了笨拙的易燃品。

---

　　① 　加登川幸太郎.帝国陆军装甲部队.修订本.原书房,1981,P43、72、77、239。

　　② 　防卫厅防卫研修所战史部编.战史丛书第八十六卷：支那事变陆军作战.第一册.至1938年1月.朝云新闻社,1982,P96

　　③ 　参考：阿尔文·库克斯撰文.日本帝国空军的兴亡.发表于：航空历史27.第二.1980年夏刊；阿尔文·库克斯撰文.二战中日本军事基础之效能.发表于：艾伦·米勒（Allan R. Millett）,威廉森·莫雷（Williamson Murray）编.军事效能.波士顿：Allen Unwin出版社,1988,第3卷,P6。

新型建制

第一次世界大战后,各列强都在考虑未来战争中的火力、机动和分散的问题。现代战争需要新的武器、新的建制来确保作战和战术胜利。以日本为例,东北亚的地理、地貌和帝国本身工业能力决定了其部队编制、武器和装备。日本的策划者、条令制定者和战略家们一致认为满洲是未来的战场。但是对于如何搭建合适的部队编制始终无法达成共识。

1920 年代以来,许多人建议实施三单位师团(按:三联队制师团),但是日本希望一个师团必须能够独立行动,在宽阔的正面持续作战。这种角色在欧洲或美国就得一个军才能胜任(2 个师以上)。日本作战课保守派还是比较热衷于四单位制的师团架构,因为其人员、武器、装备都充足,能够承受损失继续在战场上发挥战斗效力。他们的理由是较强的四单位制师团在火力和兵力上都占上风,可以击溃三单位制的师团对手。三单位制师团在持续性对决中缺乏耐力。日军最终保留了四单位制师团建制,然其结构既庞大又笨拙,此时的欧洲,自一战后都倾向于建制较小、机动性强的编制。①

1930 年代中期,日本改革派开始反对四单位制师团。他们认为此类师团的掌控和运动都非常困难;行进时占用太多公路,兵力无法快速展开投入战斗;由于队形密集,部队很容易遭到现代火力的打击。1936 年间,陆军省再次计划把部队建制改为三单位制师团,取消一个旅团部,一个步兵联队和一个炮兵中队。这种新型师团,下属 1 个旅团部加三个步兵联队并配有新型作战武器。人员编制减少了,但是火力、机动性大大增强。②

最终成形的师团含一个旅团 3 个步兵联队,1 个加强炮兵旅团,1 个

---

① 莱纳德·汉弗莱斯(Leonard Humphreys)著. 天堂军刀. P61;防卫厅防卫研修所战史室编. 战史丛书第八卷:大本营陆军部,第一册,到 1940 年 5 月. 朝云新闻社,1967,P402;防卫厅防卫研修所战史室编. 战史丛书第二十七卷:关东军,第一册. 朝云新闻社,1969,P145。

② 防卫厅防卫研修所战史室编. 战史丛书第八卷:大本营陆军部,第一册,到 1940 年 5 月. 朝云新闻社,1967,P402~404。

工兵联队和一批扩充后的通信和运输单位。四联队单位制师团被取消后多余的 17 个步兵联队(每个师团多余 1 个联队)组成新的 6 个师团骨干。这次重组使得陆军在 1940 年之前拥有 23 个常备师团。当时的东京已经看到世界将爆发大战,[1]但是部队改组、装备的更新、现代化还需要若干年时间的。

1936 年 5 月第一次递呈天皇的《军备充实计划大纲》,准备第二年开始落实。这是个雄心勃勃的五年计划。日军志在彻底改善陆军的装备、增强火力、改善通信、提高机动性;指挥部将更有效协调和指挥其分散各地的部队。[2] 除了驻朝鲜的第十九师团外,其余所有师团都在其步兵大队(营)级建立机枪中队(连);每个炮联队(团)增加一个 96 式榴弹炮中队(连);步兵联队另添新组建的突击炮队,给战术单位提供直接的炮火支援。

后　勤

按照后勤条令,为了补给和兵源的方便,日军作战一般定在火车运输线末端以外 195～290 公里的半径范围内。[3] 战场"大行李"输送队每天把物资从铁路线末端运往师团控制中心进行再分配。师团建立一座野战仓库,把物资送往中队或更小的单位。辎重兵负责把物资移到作战"小行李"输送队,"小行李"再把弹药、食品和设备送往前线部队。马车或其他牲口是主要的运输工具。

战时的师团下属一个运输大队,人员 2 200～3 700 不等,取决于其服务师团的类型。师团只带一天的补给。[4] 总动员之后,师团还增加了一个兵器队、一个野战医院、一个卫生队和其他的后勤生命线上的各种行李

123

---

[1]　防卫厅防卫研修所战史室编. 战史丛书第八卷:大本营陆军部,第一册,到 1940 年 5 月. 朝云新闻社,1967,P402。

[2]　陆军参谋本部第一课. 呈天皇报告(初稿).1936 年 5 月 21 日. 转引自:陆军部绝密档案. 第一卷,防卫省。

[3]　防卫厅防卫研修所战史室编. 战史丛书,第二十七卷:关东军,第一册. 朝云新闻社,1969,P245。

[4]　按照部队一天作战行动而预先确定的弹药、食品、补给的单天数目。

队。辎重兵联队的规模已从原来的 1 500 名官兵 300 多匹马增加到 3 500
名官兵和 2 600 多条牲口。辎重兵大队下属一个中队专门携带弹药,其
他 2 个中队运输炮弹,另 2 个中队运输粮食。当然这种方式也应作战需
要而改变。驮马或辕马分配到中队,它们主要牵引步兵突击火炮、迫击
炮、炮弹和食品。①

　　步兵携带最少的给养,一般为一公斤多的食品,主要是米饭和一些罐
装的调味品和食盐。野战"大行李"输送队中配备的野战厨房主要供应新
鲜蔬菜、大米或面包、酱油和酱菜。每天晚上"前方行李"输送队从"大行
李"车队临时集散地中领取物资进行分配。一旦需要开战,部分"先进辎
重队"带着重要物资,比如武器弹药、设备、医药用品,直接送往前线部队。
战斗打响后,这支"先进辎重队"同时还担负补给、撤离伤兵、兵器和设备
的维修。1937 年起草的《步兵操典》中增有"弹药小组",这也就是 1937
年夏天中国驻屯军野外实弹演习的部分内容(卢沟桥)。②

　　总而言之,日本陆军不重视后勤工作。陆大也只是喜欢讲述宏伟的
大战略和战术,谁也不愿搭理补给和维修这些婆婆妈妈的小事。③ 步兵
们也非常鄙视辎重部队,认为他们是二流部队。的确辎重队中许多人根
本没有完成基本军事训练,也根本没有晋升的机会。军事学院的学生总
是拿后勤部门取笑。陆军只指派中学毕业生去后勤部门当差,而非军事
学院毕业生。后勤部队的指挥官们被公开地调侃为二流军官,而他们负
责辎重运输这一特殊任务却使得他们感到边缘化和不平等。④

124　中国驻屯军

　　中国驻屯军成立于 1901 年 9 月《辛丑条约》签定之际。其任务是保

---

　　① 冈田生产(Ōkada Ikuhikō).陆军后方兵站制度概说.研究资料,83 RO-2H,油印刻本,
1983,防卫省,P195~201。
　　② 每日新闻社编.1 亿人的昭和史:第三卷,日本的战争,第一编,日中战争.每日新闻社,
1979,P191。
　　③ 藤原彰.死于饥饿的英灵们.青木书店,2001,P141~142。
　　④ 同上,P195~197。在日本陆军中没有一个后勤指挥官升迁到将军这个官阶,进入参谋
学院的更少,只有全部学生中的 0.01%。

护日本领馆成员、维护在华的外交使命,并警备北京至天津的交通线。1901年10月,陆军正式启用"日清驻屯军"。1911年辛亥革命两年后,部队改称为"中国驻屯军"。就规模而言,中国驻屯军并非是一支常规军队,它甚至于也不是一支(按照帝国条令所配备的)建制性的后备役部队。[①]它只是个临时的机构,同其他正规陆军并无关联。它只是从其他几个陆军师团中抽调中队和小队,以一年轮换制执行任务。1922年之前,这支"军队"下属4个步兵中队,共600名官兵。[②] 此编制随着中国国内形势而变化。比如,1927年蒋介石北伐,日本采取反制措施,中国驻屯军增加为5个步兵中队。其中1个中队守备北京,另外4个驻扎天津。在天津亦有一个指挥部,后者俗称"天津驻屯军"。

"满洲事变"之后,日本陆军频频试图颠覆华北、建立伪政权,确立日本对该地区的控制。他们支持并鼓励华北大规模的走私行为,以求破坏当地经济。这无疑激发了中国人的反感,反日运动重新燃起。1935年早期,日本陆军发现华北地区共产党活动频繁,抗日情绪高涨,于是5月16日日本陆军省下令翻倍加强中国驻屯军的实力,兵力达到1 771名官兵。[③] 北平地区布置了2个中队,而大部分部队(8个步兵中队,1个炮兵中队和1个工兵小队)驻守天津。日本这个增兵决定触发了全国性反日学生示威运动。[④]

东京感到它必须增强中国驻屯军的兵力,一方面是为了反制中日日益恶化的形势,另外一方面平衡关东军的势力野心。1935年9月间,中国驻屯军新任司令官多田骏少将强调其防区独立性必须受到尊重,他非常反感关东军对他职责范围的干涉。[⑤] 日本陆军军部表示支持,并于

---

① 松崎昭一.支那驻屯军增强问题.(上),国学院杂志,第九十六卷第二期,1995年2月,P28。

② 白石博司.满洲事变中关东军的固有任务及其解释、运用问题.载于:特刊:满洲事变再考.参见:军事史学.第三十七卷第一、二期合刊,2001年10月.P192~193.参见:松本圭祐.支那事变扩大的要因.研究资料,95RO-2H,油印刻本,1995,防卫省,P4~5。

③ 秦郁彦.日中战争史.86,第三部;防卫研修所战史部编.战史丛书第八十六卷,支那事变陆军作战,第一册,至1938年1月.朝云新闻社,1982,P73~74页;桑田悦,前原透编.日本的战争:图解和数据.原书房,1982,附件17。

④ 古屋哲夫.日中战争.岩波新书1985,P114。

⑤ 科布尔.面对日本.P244,83;秦郁彦.日中战争史.P61。

1935 年 11 月命令中国驻屯军直接同东京总部密切协调,不要受关东军摆布。处理问题时,不让关东军插手华北事务。[1] 当然,中国驻屯军得到加强后,任务是明确的,但其作战区域和细节却模糊不清。

由于中国国内形势趋向恶化,日本内阁也正在考虑修改其华北政策,日本参谋本部中国课课长喜多诚一大佐于 1935 年 12 月的天津会议上提出进一步加强中国驻屯军的兵力。12 月下旬,参谋本部的军官实地参观了几处兵营选址,以备增兵住宿之用。[2] 日本陆军 1936 年 1 月修改其对华策略,指定中国驻屯军负责处理华北事务,并限制关东军于长城以北地区事务。

1936 年 1 月中,日本天皇同意陆军重组和增兵计划,但要求陆军行动不要过于张扬。[3] 陆军省和参谋本部于是着手增兵计划。4 月 17 日,广田弘毅内阁也同意了这份计划。第二天,参谋本部任命中国驻屯军司令官直接负责汇报天皇,官升中将,并下令建立司令部。从此,中国驻屯军成为了一支"建制部队",享有自己的联队级军旗。[4] 参谋本部和陆军省命令中国驻屯军司令部独立运作,作战指挥听从参谋本部、行政事务向陆军省汇报。副参谋长西尾寿造中将 5 月间向中国驻屯军新任司令田代皖一郎中将说明:"华北作战计划即将更改,提升贵部至战时配置将使贵部在未来作战时发挥更重要的作用。"[5]1936 年 5 月 15 日,由于对日本侨民的暴力急剧增加和中共抗日部队活动,陆军省公开声明向中国驻屯军"部分增兵"。[6]

作为战时编制,中国驻屯军的现役兵力增加了三倍,至 5 774 名官兵,火力也大大地得到了加强。按照新的三单位制师团的模式新启动两

---

[1] 松崎昭一. 何梅协定. 转引自:军事史学 130.1997 年 12 月,特刊,P48。

[2] 松崎昭一. 支那驻屯军增强问题(上). P32～33。

[3] 同上,P30。

[4] 安井三吉. 卢沟桥事变. P98;防卫厅防卫研修所战史部编. 战史丛书第八十六卷:支那事变陆军作战,第一编,至 1938 年 1 月. 朝云新闻社,1982,P71;松崎昭一. 支那驻屯军增强问题(上). P28。

[5] 永井和. 论日本陆军在华北占领区的统治计划. 143,P24;秦郁彦. 卢沟桥事变的研究,P55

[6] 臼井胜美著. 日中战争. 中公新书,2000,P43;防卫厅防卫研修所战史部编. 战史丛书第八十六卷:支那事变陆军作战,第一编,至 1938 年 1 月. 朝云新闻社,1982,P77

个独立步兵联队,其中配有一个重机枪中队、多个通信单位、一个附属炮兵单位。总之,参谋本部配备了一个相当于战时旅团的编制,它将有能力进行独立的、能持续的作战。[①]

不同师团的队伍被抽调组成了这个新的旅团。1936 年 6 月 18 日,在皇宫举行正式仪式。天皇正式启动这个新编第一独立步兵联队,并向牟田口廉也大佐授予联队军旗。军旗于 9 天后收藏于驻北平联队司令部。[②] 此次增兵和调整海外驻屯军当然引起了中国人的注意。中国人认定日本又在阴谋分裂华北。[③]

126

增 兵

得到加强后的中国驻屯军保留其原来的作战任务:警备沿海至北平沿线、保护帝国官员和当地侨民、监视中国、履行关东军和中国代表 1933 年 5 月签定的条约(按:指《塘沽协定》)。[④] 1936 年 5 月 6 日,陆军指令中附加要求驻屯军负责一些同防卫满洲没有直接相关的任务,允许其可以任意使用武力来维持华北的秩序。[⑤] 1937 年年度作战方案中说明:一旦战事爆发,部队必须在作战初期阶段迅速占领战略要地,比如天津、北平、张家口、济南(山东省)。[⑥] 今天的历史学家们还是必须谨慎评估当时事态的发展。日本人的增兵、修改作战方案并不等同于他们正在蓄谋发动战争。几个月后的 1936 年 9 月,陆军省就拒绝了海军军令部向华中和华南派兵的请求。因为陆军不想同中国全面开战,在华投入也越少越好。[⑦]

────────────

[①] 桑田悦,前原透编. 日本的战争:图解和数据. 原书房,1982,附件 17;秦郁彦. 卢沟桥事变的研究. P53;松崎昭一. 中国驻屯军增强问题. (下),国学院杂志第九十六卷,第三期,1995 年 3 月,P55;防卫厅防卫研修所战史部编战史丛书第八十六卷:支那事变陆军作战,第一编,至 1938 年 1 月. 朝云新闻社,1982,P71。

[②] 日本陆军大学. 北支那作战史要. 防卫省;第一步兵联队司令部驻扎北平,同住一起还有第一大队。第二大队此时在天津,第三大队在丰台。

[③] 安井三吉. 卢沟桥事变. P100～101。

[④] 日本陆军大学. 北支那作战史要. 防卫省。

[⑤] 秦郁彦. 卢沟桥事变的研究. P54。

[⑥] 日本陆军大学. 北支那作战史要. 防卫省. 提到张家口是指当初 1937 年的作战计划。

[⑦] 古屋哲夫. 日中战争. P117～118;大杉一雄. 日中十五年战争史. P205;儿岛襄. 日中战争,第二卷,1932～1937. 文艺春秋,1984,P350～351。

不论主观目的如何,日本最高统帅部缺乏一个连贯性的对华作战方案。参谋本部 1936 年 9 月 1 日认为"开战对双方都非常不利",这点同石原莞尔的观点一致。[1] 然而两个星期后,同一批人又同意中国驻屯军"坚决惩罚"任何对"帝国军队声誉"的挑衅。[2] 参谋本部对增兵华北心有余悸,他们更希望当地指挥官能够自行解决。然而,陆军省却坚持推崇进攻华中南京,打垮国民党和蒋介石。[3] 同样,关东军对华北虎视眈眈,中国驻屯军也公开走私搞副业。日本人的做法矛盾重重、令人费解。

落　脚

中国驻军兵力一下子扩充了三倍,自然给兵营、伙房等设施提出了新要求,如何才能安置这些愤怒的中国人称为的"不速之客"是个棘手问题。[4] 北平的公共租界已经没了空间,现有的日军两个中队和其他国家的驻军已占据了各自的地盘。日军参谋本部当初希望部队能够分驻保定、北平和天津。但是陆军次官梅津美治郎中将反对驻扎保定,因为保定在 1901 年签定的《辛丑条约》所划给边界之外。日本参谋本部认为让部队驻扎条约规定线外有增加事端的危险,于是指定其第一步兵联队第三大队进驻北京西南郊区的丰台。[5]

丰台数年前有英军驻扎过,但此次选址却很不适合日军。这个地点空间太小,无法容下第三大队,日军只得在三个不同地点建造营房。这样,部队就非常分散,联队部不易掌控。而第二十九军各部在日军兵营之间都有驻扎,这便使得中日双方部队互相交错,大大提高了擦枪走火、摩擦挑衅的概率。有传言日军准备建造机场和一座大规模兵营以供大部队进

---

① 陆军参谋本部第二课. 对华政策研讨初稿. 1936 年 9 月 1 日,TSM(8),P227。参考:马克·皮蒂(Mark Peattie). 石原莞尔和日本同西方的冲突. 新泽西:普林斯顿大学出版社,1975,P275,石原莞尔对中国的见解。

② 对华时局对策. 1936 年 9 月 15 日。

③ 儿岛襄. 日中战争. 第二卷,P351;秦郁彦,日中战争史. P125。

④ 秦郁彦. 卢沟桥事变的研究,P59。

⑤ 石原莞尔中将回忆答问录. 1939 年秋,转引自:臼井勝美,稻叶正夫编. 现代史资料.(9),日中战争(2),美篶书房,1964,P304。日本竹田恒德亲王作为参谋本部战史课成员,对石原莞尔进行了面谈。

驻使用。这一举动再次触动了又一波反日浪潮,学生抗议游行在全国各大城市爆发。[1] 石原莞尔后来承认东京总部错误估计形势,把部队孤立在丰台,被四周中国军队包围。而此时反日情绪的焦点亦已集中于此。[2]

紧张局势

1936 年 9 月 18 日晚,"满洲事变"五周年,中国驻丰台第二十九军士兵和日军第三大队第七中队后卫卫生队的士兵发生冲突。一名日本军官骑马赶到现场,中国军人打了他的马后便逃回了自己的营区。日军大队长一木清直少佐紧急召集全体部队包围中国兵营,要求中方交出肇事者。为了挽回面子,旅团长河边正三少将命令联队长牟田口廉也大佐赶快解决事端。[3] 牟田最终逼迫中方道歉、惩罚肇事者,并从日本军营附近撤出三公里以外。尽管牟田和一木也想解除中国军队武装,以满足河边正三的要求和显示"武士道精神",他们还是同意了中国军队撤出时携带随身武器。[4]

以后,中国声称日军根本没有缴他们的武器,因为他们知道二十九军的厉害。牟田被日军所受的羞辱激怒了,誓言如果类似事件再有发生,他将决不让步,并一举消灭反日的肇事者。[5] 他警告联队里的军官:"对中国人的纵容将损坏帝国陆军的名誉"。并命令下属将来要猛打快打,迅速扑灭事件的苗头。[6]

本年 10 月底至 11 月上旬的日军野外演习让中国人感到非常讨厌。这是日本驻屯军最大的一次军事演习,动员 6 700 多名士兵和后备役。演习科目繁多,有夜间行军和野外战术操练。演习期间,日军借住中国民居。尽管演习期间,日军对损坏当地老百姓财物进行赔偿,但双方的紧张

128

---

① 桥本群中将回忆答问录.1939 年秋,转引自:臼井勝美,稻叶正夫编. 现代史资料.(9),P326~327;影山好一郎. 日本陆军. ,P9;秦郁彦. 卢沟桥事变的研究. P59。

② 石原莞尔中将回忆答问录. P307。

③ 日本陆军大学. 北支那作战史要. 防卫省;科布尔著. 面对日本,P303。

④ 日本陆军大学. 北支那作战史要. 防卫省;秦郁彦. 卢沟桥事变的研究. P68;科布尔(Coble).面对日本. P303。

⑤ 秦郁彦. 卢沟桥事变的研究. P68。

⑥ 日本陆军大学. 北支那作战史要. 防卫省。

关系却越来越深。① 1936 年日军绥远战败，1937 年夏秋的反日情绪已经达到了沸点。东京非常担心并责令河边旅团千万不要莽撞，以免使危险的势态更加糟糕。②

最高统帅部和战地指挥官

在 1937 年 3 月的人事调动中，石原莞尔上升为少将，并担任参谋本部第一作战课课长。然而石原的政敌，陆军省次官、对华强硬派梅津美治郎，成功游说林铣十郎内阁，结果陆军、海军主要官位空缺，石原推荐的人选都被拒绝。③ 中村孝太郎担任陆军大臣，不久就重病在身，由另一位对华鹰派杉山元将军接替，并在 1938 年 6 月前一直担任这一要职。石原莞尔支持者、陆军参谋次长今井清中将在其 1937 年 3 月至 8 月的任职期间，疾魔缠身，形同虚设。④ 今井清本应起到关键作用，因为 1931 年任命的陆军参谋总长载仁亲王只是个摆设。此时陆军省派系林立，无法合力寻找一位合适人选。⑤ 石原莞尔只能让步，任命武藤章大佐为参谋本部作战课课长。武藤章是个众所周知的对华强硬派，他认为武力是解决中国困境的唯一途径。

关东军总部内，鹰派司令官植田谦吉将军、参谋长东条英机中将都主张关东军必须扩张。对中国进行先发制人的战争是最佳方法。中国驻屯军则相对温和，因为田代皖一郎中将和参谋长认同总部的"不扩大方针"。⑥

中国驻屯军步兵旅团长河边正三少将和第一步兵联队长牟田口廉也大佐，不论是体型还是思想都截然不同。河边正三是个小个子，神志严

---

① 安井三吉.卢沟桥事变.P108；中国驻屯军第一步兵联队.卢沟桥附近战斗报告.S 12 - 7～8 - 12～7 - 9。转引自：1937 年 7 月 8～9 日.1：4，防卫省。

② 石原莞尔中将回忆答问录.P307。

③ 皮蒂.石原莞尔.P262～263；秦郁彦.军队法西斯运动.修订版.河出书房，1972，P192～194。

④ 岛田.华北的设计 1937～1939.；皮蒂.石原莞尔.P292。

⑤ 高桥久志.在中国的军事摩擦和外交斡旋，1937～1938.转引自：情报研究期刊 19. 1987 年 7 月刊，P72；约翰·鲍尔（John Hunter Boyle）著.中日之战 1937～1945.斯坦福大学出版社，1972，P44；汉弗莱斯（Humphreys）.天堂军刀.P178。

⑥ 秦郁彦.卢沟桥事变的研究.P25。

肃、外表文弱。他有多年参谋经验,深谋远虑;牟田口廉也是个极具野心、脾气暴躁的战场指挥官。他个子高大,肉体欲望超强且常常醉酒狂欢。牟田极其武断,刚愎自用并富于冒险。河边正三却完全相反。但是两人却能平安相处。牟田佩服河边的循规蹈矩,[1]河边喜欢其部下果断执行任务。只要他不破坏指挥程序,他不想从中干预,他会尊重这位桀骜不驯的下级。[2]

其他的一线指挥官,如中国驻屯军炮兵联队指挥官铃木率道大佐(《统帅纲领》的作者,也是武藤章的门徒)和牟田联队森田铁雄中佐(参加1932 年上海战事,"二二六兵变"同谋)都是少壮派军官,不愿在中国人挑衅面前让步。今天的历史学家们都认为这些头脑发昏的军官已经使中国驻屯军从消极防卫变成积极突击了。[3] 话虽如此,这两位人物只是整天忙于训练部队,他们并非是阴谋策划者。

前　夜

日本裕仁天皇战后回忆说,1937 年初夏,中日关系已接近爆炸的程度,[4]大家都有这种感觉。参谋本部作战课的井本熊男犬尉于 1937 年 5 月中旬视察华北后写道:华北各级日本军人一致认为中国人只懂得武力。不施用军事手段,任何事都无法解决。他还指出中国人态度强硬、越来越敌视日本驻扎丰台。牟田的部队驻扎于此,这时已经成为了火药桶。[5] 牟田自己认为他的部队能够迅速控制局面,华北的中国军队和其他相关事务都容易应对。[6] 牟田此时重点关注改组指挥结构,希望成为东京新的人事政策和修正战术条令的成功典范。

130

---

[1]　牟田在战后采访时说河边正三"作为一个指挥官不称职",但是他的抱怨可能是指 1944 年中印度英帕尔战役溃败。半藤一利. 指挥官和参谋. 文艺春秋,1992,P66。

[2]　儿岛襄. 峡谷中的英雄. 文艺春秋,1973,P53;藤原彰(Fujiwara Akira). 死于饥饿的英灵们. P72;半藤一利. 指挥官和参谋. P66~68。

[3]　松崎昭一. 中国驻屯军增强问题. 第二部,P60、67。

[4]　寺崎英成,寺崎·米勒(Terasaki Miller)合编. 昭和天皇独白录:寺崎英成宫内服务日记. 文艺春秋,1991,P35。

[5]　井本熊男. 支那事变作战日记(再版). 芙蓉书房,1998,P55、61~62。

[6]　同上,P61。

社会上关于日本正在谋划战争的谣言盛传。5月间,中国通、陆军省军务局柴嵊四郎大佐和参谋本部第七(中国)课课长永津佐比重大佐多次巡视满洲和华北。他们6月上旬提交的报告中表明中国共产党正在煽动学生抗日,国民党根本无法控制,华北的形势一触即发,只是时间问题。① 石原莞尔在收到报告后,于6月派遣其深信的间谍——冈本清福中佐赶赴中国驻屯军调查事实真相。这明显表明石原和作战课对陆军所谓"中国通"的不信任。冈本清福并没有找到阴谋论的任何迹象。他在报告中说,尽管反日情绪不断恶化、丰台情况也不容乐观,但是部队纪律依然非常严明,他们正在进行对抗苏联的技战术训练。②

危 机

日军训练新兵的传统方法是让他们在派送海外服役之前,先在本单位训练。作为条令更改的尝试,陆军省开始把新兵直接送往中国驻屯军进行训练和整合。③ 其效果不尽人意。从其他部队借来的已入伍的士兵都是日本东北部来的农民,而新兵都是城市男孩,无法适应野外艰苦生活。牟田必须强行把老兵、新兵融合一起,组成一个战斗队。他必须打消陆军省的疑惑,用实际行动证明士兵是可以克服方言、习惯、生活方式差异而凝合成一个统一团体的。④ 他依赖的是,强化战争状态下的夜间作战这类极其艰苦的野外演习。

牟田的训练表格上写的都是夜间作战、黎明进攻类科目,他希望部队习惯夜间行动和改进识别地形的技能。⑤ 训练强调《步兵操典》中的技战术,不断的核查和战术训练可以提高本联队军官和士兵的实战能力。指挥官必须熟悉本地区防御计划以备击溃中国军队的突然袭击,同时操练

---

① 防卫厅防卫研修所战史部编.战史丛书:第八十六卷:支那事变陆军作战,第一编,至1938年1月.朝云新闻社,1982,P134。

② 防卫厅防卫研修所战史部编战史丛书:第八卷:大本营陆军部,第一卷,至1940年5月.;户部良一.日本陆军和中国.讲谈社,1999,P197~198.关于石原莞尔的态度,请参考:皮蒂.石原莞尔.P289。

③ 秦郁彦.卢沟桥事变的研究.P61。

④ 松崎昭一.中国驻屯军增强问题.第二部,P58。

⑤ 日本陆军大学.华北作战史要.防卫省。

突发事件时的紧急"出动"。① 牟田要求部队不仅仅在野外训练中全力投入，还要求基层军官和士官必须上报任何违规事件。牟田不断地同他们强调，他们是一线部队，意外发生时，必须迅速、猛烈、坚决地战斗。他的命令强调部队必须是在人数处于劣势的情况下，利用机动、速度发起进攻。"前线部队有义务用闪电方式采取行动。因为我们人数不占优势，夜战是关键"。②

日军基础训练在5月告个段落。6月开始，丰台驻军开始进入联合演练（6月～10月），主要演练中队、大队战场分队和野外演习。每周夜间演习最少两次。1937年6月，时任日军总监部本部长的香月清司中将和军事教务总监、步兵学校战术部门主任的千田贞雄大佐到达丰台，他们亲临一线视察新编演练项目的进展情况。香月清司同意演练的重点是对付俄国人，同时也默认要增补同中国人作战的训练。他认为最大的缺陷是在华北没有适当的演习场地。6月底到7月初，千田贞雄视察了北平和丰台的部队，观看了他们按照修改过的《步兵操典》所举行的训练。③

从狭隘的军事角度来看，牟田只是想用鞭子把这只新部队训练成一支真正的作战部队。然而这一切不寻常的举动——不间断巡逻、不加掩饰地寻找演习地区、变化演练和战术训练、日军高官实地到访视察等等迹象——很容易给中国人不祥错觉，他们认为日本正在准备新的挑衅。④当然，日本士兵当时的心理也已到了临战极限，他们个个蠢蠢欲动。1937年之际，中日军队的相互敌视使得大家都做好了最坏的打算。

情　报

日军对华北形势的情报判断往往是事实、偏见、假设和个人意见的组合体。东京参谋本部第二部中国课负责情报分析，而情报的来源主要是军事武官、驻屯军军官、特务机关和中国军队的日本顾问。陆军认为蒋介

---

① 中国驻屯军. 卢沟桥附近战斗报告, 防卫省。
② 日本陆军大学. 华北作战史要. 防卫省；中国驻屯军. 卢沟桥附近战斗报告. 防卫省。
③ 中国驻屯军. 卢沟桥附近战斗报告. 防卫省。
④ 秦郁彦. 卢沟桥事变的研究, P55、63；中国驻屯军. 卢沟桥附近战斗报告. 防卫省。

石的亲日只是为了掩盖其扩军备战。① 他们对华北自治政府也是同样的看法。表面上他们表示亲日、反国民党、反共产党，但其同南京的秘密勾结显现了其真正反日态度。特别是二十九军，军官利用积极宣传抗日情绪来提高士气。②

　　新的一批中国通（中国组）出现在 1920 年代，他们认为中国民族主义情绪正在升高。国民党已经失去了其原有的革命热情。腐败、裙带关系和派系林立根深蒂固。他们认为反日情绪并不是民众对日本敌视，而是蒋介石故意煽动民众的抗日情绪，以利巩固其统治。因此，日本必须把国民党从华北赶出去。③

　　在作战层面分析，日军的情报分析偏见性极强，指挥官对那些不合胃口的情报置之不理，他们只采纳那些迎合他们作战方案的数据。总之，日本的"中国组"把其专家按地区分类，这些专家在其范围内对中国都有深度的认知。然而他们的重点却一直放在中国的缺陷上，而忽视许多正面的因素。此外，这些中国通其实对陆军政策影响非常小，对华政策的制定者往往都不是中国通，而这些高官关注点一直是苏联。再者，日本军官很少有人仕途于情报工作，而那些已经踏入情报单位的人员也很难升迁高职。④ 尽管有这些缺点，日军的情报收集还是很出色的。这证明日本人办事精细。可惜的是日本人情报分析非常糟糕，而且往往不能给整个大战略提供帮助。所以说，日本人对中国的情报工作是细致和准确的，但是对中国军队的观念陈旧，加上那些中国通也有同怀，那么情报数据的分析就错误百出了。

　　特殊情报部分—比如密码分析、信号侦听、无线电通信分析——主要

---

　　① 科布尔（Coble）.面对日本.P366；秦郁彦，卢沟桥事变的研究.P62～63；秦郁彦.卢沟桥事变的再探讨.转引自：政治经济史学.第 333 期，1994 年 3 月，P8；孙有利.中国与太平洋战争的起源，1931～1941.P43、54；户部良一.日本陆军与中国.P57。

　　② 大杉一雄.日中十五年战争史.P23；孙有利.中国与太平洋战争的起源.P68、75；秦郁彦.卢沟桥事变的研究.P57。

　　③ 户部良一.日本陆军和中国.P178～181。

　　④ 藤原彰.死于饥饿的英灵们.P148；林三郎.战时的陆军大本营.转引自：历史和人物.1986 年冬季号，P249～250；基础调查：日本陆海军情报机构和它们的活动.研究资料，84RO-2H，1984，防卫厅，P144～145；杉田一次.没有情报的战争指导.原书房，1987；户部良一.日本陆军和中国.P6、2250；北冈伸一.陆军中的中国通.发表于：彼得·杜斯，皮蒂编.日本在中国非正式的帝国.P367。

是针对中国无线通讯的。1930 年 7 月，"代码和密码办公室"被收入"中国课"，直到 1936 年 7 月。对中国军队和外交官的密码系统，日本人似乎早已突破。1935 年中国驻屯军成立了独立的特殊情报机构。其情报侦听官们收集了大量国民党和各军阀军队的兵力、配置、组织等情报。对国民党空军的侦测却不成功。同"中国组"那帮军官一样，日军的密码破译组对中国人非常歧视，对共产党的部队更认为是"匪"。[①]

中国驻屯军估计驻守北平的中国第二十九军兵力在 15 000～16 000 人（相当于四个师），在其附近还有 10 000 多其他部队。1937 年春，日军透过种种迹象发现中国军队正在准备战争。这些迹象包括在 6 月北平各城门增加了岗哨；卢沟桥增兵已超过两个营，卢沟桥附近中国军队正在设置新的火力点、战壕和构筑混凝土碉堡；中国军队派人员渗透日本演习区域收集其夜间战术情报；从 6 月起严格管理铁路岗哨。[②] 然而，日军根本不把中国人放在眼里。他们坚信中国军队战斗力薄弱、指挥无方、一触即溃。日本人理解中国人只会单一作战、军队的系统缺乏标准、没有有效的指挥控制结构；各个部队的战力和装备也是参差不齐，没有协调。

1933 年日本陆军学校把在华作战经验秘密总结成册进行分析。其中许多是直接的战术性观察和评判。比如，他们认为中国人防守时比较顽强，冲锋时较弱。这是由于缺乏基层指挥，士兵火力纪律差，普遍缺乏军事纪律。册子中有的观点是建立在对国人性格观察之上的。比如，中国人生活非常贫穷，因此对战场条件的艰苦相对麻木。中国人往往很容易受宣传鼓动，作战都是为了自身利益，容易接受贿赂，一旦军官失踪，战斗意志迅速瓦解。"遇弱则强，遇强则弱，这是中国内在本性。所以日军必须勇猛打击，绝不示弱"。[③] 这种解释加强了原有标准的日军战术条令，使日军从下至上各级军官都要求进行夜间刺刀冲锋，不论中国对手如

① 高桥久志. 个案研究：日本对中国和中国人的情报估计，1931～1945. 发表于：沃特·希区柯特（Walter T. Hitchcook）中校编辑. 情报革命：历史观. 第十三次军事历史座谈会日程，美国空军学院，Colorado Spring，Co，1988 年 10 月 12～14 日，首都华盛顿：美国政府资料部，1991，P205～208。

② 防卫厅防卫研修所战史室编. 战史丛书第八十六卷：支那事变陆军作战，第一册，至 1938 年 1 月. 朝云新闻社，1982，P141；中国驻屯军. 卢沟桥附近战斗报告. 防卫省。

③ 陆军步兵学校编. 对中国军队作战时的战术研究. 1933 年 1 月，P6，防卫省。

何强大。总之,这种"如何作战"手册完整了日军现有的步兵条令,宣扬了
《统帅纲领》中所指出的必胜信念。

在此还有一条具有严重恶果的条文:1931 年后,在满洲、华北和上海
的作战经验教会日本士兵要防备中国游击队伪装成农民、学生、苦力渗透
到日军后方地区。在城市作战中,成建制的中国军队会改穿平民服装,让
日军根本无法从大众百姓中把他们区分出来。而中国人的侨装行为,假
投降使得被俘中国军人成了日军的现实威胁。这让那些疲惫、愤怒和怀
疑的日军不加区分地认为中国百姓和战俘都高度危险,于是就大开
杀戒。[①]

总　结

日军上至大部队下至单个士兵都是按照训练和条令作战的。部队结
构、武器装备把战术和作战理念落到了实处。1937 年 7 月华北战事爆发
之际,日军的反应是按照固定条令执行。它的思想就是猛冲猛打,以求赢
得短期战争。他们训练、装备和思想就是那样。日军能够迅速反应、快速
行动、训练有素地展开作战。他们前期的优势是无疑的,但是日军根本的
缺陷是缺乏长远的战略,所以最终一切都是徒劳的。

1937 年 7 月的日军实力是一流的:对新兵的洗脑和训练具有一流的
效果;专业学校培养出大量的有能力的士官生和基层军官;中队级军官和
野战部队指挥官训练有素;武器装备已有改观;各级指挥具备协调和融合
的战术条令;同中国军队相比,日军火力强大,指挥上乘,信讯联络好,士
气和部队战斗精神非常高涨。最后,日本总体动员能力强,兵源充足。

这些起初的优势掩盖了日本结构性的严重不足。日军没有一个整体
的战略方针和在华持久作战的能力。日军现有的计划总是假设战事的速
战速决。由于没有明确的目的,日军没有总体的计划,只有临时即兴定
案。而其后勤问题亦加剧了作战方案的不足。由于日本没有预计于
1937 年同中国全面开战,故其弹药和装备储备严重不足。特别是炮弹短

---

① 陆军步兵学校编.对中国军队作战时的战术研究.1933 年 1 月,P6,防卫省。

缺,经过几个星期的激烈战斗后,炮弹就已告罄。其他兵器也是如此。日本工业还是按照和平时期生产武器、坦克、卡车、飞机等装备。部队对华进行闪击战配置不齐,无法应对持久作战。对中国军队的情报工作还是保持陈旧的偏见。再者,日本军队在 1937 年中正处于更改师团结构、修改条令、改进现代化装备的变革当中。这一过程一直是在动荡、争吵中推进。在此期间,日本部队还得兼职零星作战、维持前线防御、秘密行动等各种角色。同时陆军内部派系争斗非常激烈。陆军不仅得保障满洲战略物资源源不断地供应,还得夺取华北五省的更多的战略物资。这一切都是为了日本重整战争工业。

为了适应这个过渡时期,日本国策从过去的军事颠覆华北而改为较妥协的姿态。其结果则是驻外陆军和东京参谋本部的矛盾升级。对于处理所谓中日冲突的"解决方案",高级军官之间分歧越来越深。东京对卢沟桥事件的第一反应就证明这点。陆军省的柴嵘四郎大佐刚从华北巡视回来,他感到"这很麻烦"。而参谋本部的武藤章则兴高采烈地说"好事发生了"。① 当然,没有人能够预估到日本会陷入同中国的长期消耗战。他们还以为这只是在中国发生的另一件小事件。他们还认为这一枪打响后,他们会让中国人知道大日本帝国陆军是说到做到的。②

日本中国驻屯军少将参谋长桥本群后来说道:"卢沟桥事件也许可以避免,但是第二、第三次类似事件总会发生。除非根本问题解决,小小的零星事件总会点燃这根导火线。"③从 1937 年的宏观上来看,日本的扩张和中国要求统一,势必无法解决这些"根本问题"。从微观上来看,日军第三大队的官兵代表着日本国家和军事战略的大方针,他们是部队结构和战术条令的具体表现。当地发生了紧急事件,一线的士兵反应猛烈。他们就是这么受训和洗脑的,所以事态的发展也是意料之中的。

135

---

① 大杉一雄. 日中十五年战争史. P266。
② 同上,P276～277。
③ 桥本群中将回忆答问录. P335。

图1 1937年,南京地区的国军防空炮兵阵地

图2 1939年,长沙会战

图 3　1938 年,台儿庄会战期间之中国军队战壕

图 4　遭受轰炸后的重庆

图 5　1945 年重庆人民欢庆抗战胜利

第三部分

1937 年 7 月卢沟桥事变～
1938 年 10 月武汉陷落

中日战争开始阶段的特点是：危机逐步升级，然后双方各自采取反制措施。这一部分的论文主要围绕这个主题。服部聪和德利亚描述在华日本驻军不断向东京请求扩大战事，寻求行动自由，主导增兵和军事决策。杨天石论述了蒋介石指挥中国军队的抗日作战。他对华北的作战叙述不多，主要描述蒋介石决定淞沪会战的复杂原因及蒋所作决策所带来的后果。杨天石对战事分析细致、论点信服。蒋介石率先挑起淞沪会战，希望淞沪战场能够缓解日军对华北的压力。同时，蒋试图以此向世人展示中国抵抗入侵的决心。杨天石认为中国军队为坚守上海付出了高昂代价，如果蒋介石的策略能够更加灵活点，效果会是更好。

服部和德利亚论文重点是日军对华战争的各大会战以及其战术细节。华北各大战役描写得甚为详细，日军希望以速战速决的方式囊卷这片土地。两位作者都认为东京总部并不希望上海战事扩大。然而，由于华北日军不断以下犯上、驻沪海军陆战队又岌岌可危，东京总部只得对海军做出让步，同意增兵上海。杨天石认为蒋介石淞沪会战决心一定，便将手中最好的部队投入这场会战。读者会看到这场会战的浩劫和重大伤亡。

这两篇论文强调双方统帅部都缺乏对战场的指挥和掌控能力。东京参谋本部凡事都比战场指挥官慢一节拍；而蒋介石许多作战命令也很难得到真正落实。有些中国指挥官根本对蒋不予理睬，有些甚至抗命；就是那些顺从的军官也显得小心翼翼。这大大妨碍了中国军队的作战能力，这种缺陷在本书中会屡屡出现。

这两篇论文还介绍了蒋介石对坚守还是放弃南京的问题举棋不定。

他的优柔寡断酿成了一场最坏的结局：中国军队没有明确坚守首都的方针，而日军对中国军队这种毫无希望的殊死抵抗感到震怒。各方论文迫使我们对战争初期的战事重新评估。但是还有许多课题有待我们日后进一步研究，比如：双方军队指挥过程和对事态掌控的实际情况究竟如何？战事扩大后双方战术和战役策划有哪些？双方军队在整个事件中的角色是决定性的么？

1938 年华中地区的会战从根本上改变了中日战争的性质和导向。斯蒂芬·麦金农认为在华中发生的一系列战役对蒋介石和中国军队来讲是个分水岭。蒋和其将领们最终寻找到了一种克敌制胜的政治、军事双重战略。这个寻找过程是缓慢的、痛苦的，有时是惨烈的。取得这种双重战略归功于中国高层领导能力的提升和上层军事将领间的团结一致，这种聚结力迅速转化为同心同德抗击日本侵略的动力。麦金农把主要战役叙述的重点放在了发生在 1938 年夏的武汉保卫战。此次会战引起了全世界的观注。关键点是中国军队在本次武汉会战中，先是顽强抵抗，然后井然撤退。中国军队实施持久消耗作战的策略是正确的，它给中国军队注入了克敌制胜的全新信念。

1939 年间中国人显示出了崭新的自信和顽强精神。在高潮起伏的南昌和长沙等会战中，中国军队表现出一种崭新的胆识和勇气，会战中多方面协同作战能力令人刮目相看。激烈的战斗淘汰了无能的高级指挥官，勇于同日军拼杀的军官得到了升迁。诚然，当时的中国军队依然缺乏战胜日军的相应武器、后勤、军事基础，而且 1940 年 5～6 月的宜昌会战对蒋介石来说是个重大挫折。但是，此时的日军也已是强弩之末。因此，直到 1944 年，中国战场再也没有爆发重大会战。在此有个题外话，麦金农在挑战我们的思路：即华中保卫战是否开创了战后反殖民斗争的先例？借助强大的火力、严密组织和先进装备，殖民者可以在战场上获得胜利。但是，军事上的胜利要转化成政治上的解决，那又谈何容易！这个论题值得日后进一步的研讨。

户部良一于本书中从日本第十一军的视角阐述 1938 年至 1941 年间在华中发生的重大会战，日军第十一军为其主要的作战部队。南京丢失后，中国军队开始慢慢凝聚在了一起，而日军内部则山头林立，无法达成下一步的战略共识。1938年初,日本参谋本部希望通过武力取得军事上的胜利以结束战争。日本人认为在徐州地区消灭中国野战部队,战争就可结束,但是中国军队从徐州成功撤离了。大本营转而估计,攻取武汉将粉碎中国人的抵抗意志,其实这已经是战略改变了。然而户部良一认为武汉会战规模庞大、战役区域广阔,日军根本没有希望保证最后战事胜利。武汉陷落后,日军依然面对着一个强劲的对手。这使日军只得采取政治配合军事战略手段,扶植汉奸政权,以达长期占领。1939年夏,日军在满蒙边境诺门坎被苏联军队击败;9月欧洲战事爆发,这一切打破了东京的整个战略平衡。要利用这个国际形势,日军就必须结束在中国的战争。

日本第十一军发动了大规模攻势,以求摧毁中国军队,为扶植傀儡政府打下军事基础。然而1939年～1940年冬季中国军队居然率先出手,打得日军措手不及。就连日军中的强硬派也惊叹这种崭新的中国进攻精神。此时,第十一军要的是军事解决,但东京要的是政治解决。东京参谋本部需要巩固现有的占领区、减少在华军队数量、准备最终同苏联一战。但是陆军却极力反对这种做法,他们认为只有通过武力才能根本解决中国问题。实际上,当时的日本维持在华大军已备感吃力,装备和弹药短缺、临时后勤补给瘫痪。总之,1937年日军准备的是短期战争,其行为皆是临时拼凑的,根本没有一个长期对华战争的总体军事战略。1941年起第十一军只能进行惩罚性袭击,其作战规模受到限制,目的就是节省人员、物资和装备。户部良一认为战争已经处于僵持阶段。日军可能在某个战役上取得胜利,但是无法打败中国军队。户部良一在文章中建议进一步研讨日军战地指挥官和东京的指挥部的关系。只有揭开这个谜团我们才能了解日本人当初是怎么想的:他们到底想在中国得到什么?

第五章
蒋介石与 1937 年的淞沪、南京之战

作者：杨天石

1937 年 7 月 7 日当天,驻守北京以南卢沟桥的日军正在进行夜间演
习。一名日本士兵迷了路,他的指挥官要求进入卢沟桥附近的宛平镇。
他被拒绝了。那位失踪的士兵随后回到了部队,但是日本人开始了攻击,
中国驻防部队奋起反击。全面抗战的第一幕随即拉开。

最初中国军队认为华北是主战场。蒋介石亲自指挥并派遣德国顾问
亚历山大·冯·法肯豪森赶赴前线。8 月 13 日,蒋介石决定清除上海日
本驻军。中国面临两线作战。但是主战场移到了上海地区。中方动员兵
力约 75 万人,日方动员兵力约 25 万人。淞沪会战是中国抗日战争史上
规模巨大的战争,时间长达三个月。

蒋介石决定拒和、应战

"九一八事变"后,蒋介石长期对日本采取妥协退让政策。卢沟桥事
变后,蒋介石摸不清日方底细,方针难定,日记云:"彼将乘我准备未完之
时,逼我屈服乎?""将与宋哲元为难乎? 使华北独立化乎?""决心应战,此
其时乎?""此时倭无与我开战之利。"①次日,他一面派遣中央军北上,支
持宋哲元第二十九集团军"守土抗战",同时电复北平市长秦德纯等,"应
先具必战与牺牲之决心,及继续准备,积极不懈,而后可以不丧主权之原

---

① 蒋介石日记.(手稿本),1937 年 7 月 8 日。

则与之交涉"①

当时,中日两国国力、军力相差悬殊,因此,在国民政府内外,都有一部分人积极主和,或者设法推迟大战时间。在国民政府内部,以军事委员会常务委员徐永昌为代表。他认为,中日空中力量之比尚不足 1∶3,抗战准备至少尚须 6 个月。7 月 14 日,徐永昌致函军政部部长何应钦,主张"和平仍须努力求之"。② 16 日,徐致电阎锡山,"请为和平运动"。③ 18日,通过魏道明转告外交部长王宠惠,"在能容忍的情势下,总向和平途径为上计"。④ 何应钦同意徐永昌的意见,建议徐向时在庐山的蒋介石陈述。21 日,徐永昌致函蒋介石称:"对日如能容忍,总以努力容忍为是。盖大战一开,无论有无第三国加入,最好的结果是两败俱伤,但其后日本系工业国,容易恢复,我则反是,实有分崩不可收拾之危险。"⑤24 日,他又向蒋介石建言,"勿忘忍是一件很难挨的事。"⑥

在知识阶层中,胡适、蒋孟麟等都主张"忍痛求和",认为"与其战败而求和,不如于大战发生前为之。"为此,胡适两次面见蒋介石。7 月 30 日,他向蒋提出,"外交路线不可断"。8 月 5 日,他向蒋建议,放弃东三省,承认"满洲国",以此解决中日两国间的一切"悬案",换取东亚长期和平。⑦(按:英文原版省略了胡适面见蒋介石,及胡主和的主张)8 月 6 日,胡适要求在大战之前作一次最大的和平努力。他在面交蒋介石的书面建议中提出:

1. 近卫内阁可以与谈,机会不可失;

2. 日本财政有基本困难,有和平希望;

3. 国家今日之雏形,实建筑在新式中央军力之上,不可轻易毁坏。将来国家解体,更无和平希望。⑧

---

① 总统蒋公大事长编初稿.卷 4(上),台北,1978,P1120。
② 徐永昌日记.1937 年 7 月 14 日。中央研究院近代史研究所,台北,1991。
③ 徐永昌日记.1937 年 7 月 16 日。
④ 徐永昌日记.1937 年 7 月 18 日。
⑤ 徐永昌日记.1937 年 7 月 20 日。本函所述,徐已在 19 日的会上作过口头陈说。
⑥ 徐永昌日记.1937 年 7 月 24 日。
⑦ 参见拙作.胡适曾提议放弃东三省,承认"满洲国".转引自:抗战与战后中国.中国人民大学出版社,2007 年版。
⑧ 胡颂平编.胡适之先生年谱长编初稿.第五册,台北:联经出版事业公司,1984,P1598～1612。

胡适希望经过努力,能在中日间维持 50 年的和平。

和战是攸关国家命运、前途的大计,蒋介石不能没有矛盾。7 月 10 日,蒋介石认为,日军挑衅,意在夺取卢沟桥,"此为存亡关头,万不使失守也。"①12 日,蒋介石得知日本关东军已到天津,内阁宣言动员全国政界与产业界拥护阁议,感到"势必扩大,不能避战矣"! 当日下午,与汪精卫商谈时局。② 同日晚,蒋介石决定在永定河与沧保线作持久战,严令制止与日方的妥协行为。

7 月 16 日,蒋介石邀集各界人士 158 人在庐山举行谈话会,讨论"应战宣言"。该《宣言》空前坚决地声称:"如果战端一开,就是地无分南北,年无分老幼,无论何人,皆有守土抗战之责任。"③但是,对于这份宣言应否发表,何时发表,众议不一,蒋介石自己也犹豫不定。16 日日记云:"宣言对倭寇影响为利为害? 应再研究。"④17 日日记云:"倭寇使用不战而屈之惯技暴露无余,我必以战而不屈之决心待之,或可制彼凶暴,消弭战祸乎?""我表示决心之文书,似已到时间!"⑤19 日,蒋介石决定排除阻力,公开发表"应战宣言","再不作倭寇回旋之想,一意应战矣"。日记云:"人之为危,阻不欲发,而我以为转危为安,独在此举。但此意既定,无论安危成败,在所不计。"⑥当日决定核发战斗序列。为了减少这份《宣言》的冲击力,他将之改称为"谈话"。

庐山谈话的措辞空前激烈,但是,蒋介石并没有下决心关闭"和平解决"的大门,所以同时表示:"在和平根本绝望之前一秒钟,我们还是希望由和平的外交方法,求得卢事的解决。"此后,随着日本军事行动的扩展,蒋介石的抗战决心逐渐坚决。27 日,日军全面进攻北平附近的通州等地,蒋介石日记云:"倭寇既正攻北平,则大战再不能免。""预备应战与决战之责任,愿由一身负之。"⑦

---

① 蒋介石日记.(手稿本),1937 年 7 月 10 日。
② 蒋介石日记.(手稿本),1937 年 7 月 12 日。
③ 对卢沟桥事件之严正表示.转引自总统蒋公大事长编初稿卷四(上),P1131。
④ 蒋介石日记.(手稿本),1937 年 7 月 16 日。
⑤ 蒋介石日记.(手稿本),1937 年 7 月 17 日。
⑥ 蒋介石日记.(手稿本),1937 年 7 月 19 日。
⑦ 蒋介石日记.(手稿本),1937 年 7 月 27 日。

7 月 28 日,日本政府下令长江沿岸近三万日本侨民撤离,显示出异乎寻常的迹象。同日,北平沦陷。30 日,天津沦陷。蒋介石感觉到,再不抗战,必将遭致全国反对。其日记云:"平津既陷,人民荼毒至此,虽欲不战,亦不可得,否则国内必起分崩之祸。与其国内分崩,不如抗倭作战。"蒋介石认为:中国方面可谓完全没有组织与准备,弱点很多,"以此应战,危险实大",但日本"横暴","虚弱","以理度之,不难制胜","为民族之人格与振兴民族之精神,自有转危为安,因祸得福之机"。①

8 月 7 日,蒋介石召开国防会议,会上,何应钦报告军事准备情形,提出第一期拟动员 100 万人投入作战,其中,冀、鲁、豫方面约 60 万人,热、察、绥方面约 15 万人,闽粤方面约 15 万人,江浙方面约 10 万人,可见,当时尚未将上海地区视为主战场。何陈述的困难有财政开支扩大,枪械、子弹勉强可供 6 个月之需,防御工事未完成,空军机械不足等。蒋介石在谈话中对胡适主张颇有讥刺,参谋总长程潜甚至指责胡适为"汉奸"。会议决定"积极抗战与备战"。② 通过此次会议,抗战遂被正式确定为国策。当时,蒋介石估计中日战争将是一场"持久"战,战期大约一年,而且估计"对外战争易于内战"。③

中国军队力图先发制人

上海处于东海之滨,距当时的中国首都南京不过 300 公里。1932 年 5 月的中日《淞沪停战协定》规定,中国在上海只能由"保安队"维持秩序,而日军则可在上海公共租界及吴淞、江湾、闸北等地驻兵,建立据点。为防止日军自上海入侵,南京国民政府于 1934 年起密令修筑上海周边工事,在吴县、常熟等地,利用阳澄湖、淀山湖构筑主阵地——吴福(苏州—

---

① 本月反省录.蒋介石日记.(手稿本),1937 年 8 月 31 日;困勉记.此条系于 1937 年 8 月 4 日。

② 蒋介石日记.(手稿本),1937 年 8 月 7 日;参见同日:王世杰日记.台北:中央研究院近代史研究所,1990。

③ 蒋介石日记.(手稿本),1937 年 8 月 13 日。

福山)线,在江阴、无锡之间构筑后方阵地——锡澄线,同时在乍浦与嘉兴之间兴建乍嘉线,以与吴福线相连。其后,又在龙华、徐家汇、江湾、大场等地构筑包围攻击阵地,并且拟有《扫荡上海日军据点计划》。[①]

卢沟桥事变发生,蒋介石为加强上海防务,接受何应钦推荐,任命张治中为京沪警备司令。张受命后,即命所部化装为保安队入驻上海虹桥机场等处。7 月 30 日,张治中向南京国民政府提出,一旦上海情况异常,"似宜立于主动地位,首先发动"。蒋介石同意张治中的设想,复电称:"应由我先发制敌,但时机应待命令。"[②]

日本海军积极主张向华中地区扩张。7 月 16 日,日本海军第三舰队司令长谷川清中将向日本海军军令部报告:局限战将有利于中国兵力集中,造成日方作战困难,"为制中国于死命,须以控制上海、南京为要着"。[③] 8 月 7 日,米内海军大臣建议杉山元陆军大臣向内阁提出,为保护青岛和上海日侨,应迅速准备派遣陆军赴华。[④] 次日,长谷川清得到指示,为因应事态扩大,实施新的兵力部署。

8 月 9 日,上海日本海军特别陆战队西部派遣队长大山勇夫中尉带领士兵斋藤要藏,以汽车冲入虹桥机场,开枪射击中国保安部队。中国保安队当即还击,将大山等二人击毙。[⑤] 日军乘机在上海集中兵舰,以陆战队登陆,要求中国方面撤退保安队,拆除防御工事。海军总部通知第三舰队称,除武力外,别无解决办法,将在陆军动员之后 20 天开始攻击。10日,日本内阁会议同意派遣陆军。长谷川清命在佐世保待命的舰队开赴上海。12 日,陆军省决定动员 30 万兵力分赴上海与青岛。

保安队是上海地区仅有的中国部队。蒋介石认为,撤退保安队,上海将与北平一样为日军占领,决定拒绝日方要求,同时下令准备作战。11日,蒋介石得悉日舰集中沪滨,决定封锁吴淞口。同日,命张治中将所属

① 八一三淞沪抗战.北京:中国文史出版社,1987,P40。
② 张治中.揭开八一三淞沪抗战的序幕.转引自:八一三淞沪抗战.北京:中国文史出版社,1987,P17。
③ 蒋介石秘录.第四卷,湖南人民出版社,1988,P24。
④ 日本防卫厅防卫研究所战史室.中国事变陆军作战.第一卷第二分册,北京:中华书局,1981,P10。
⑤ 中央日报.1937 年 8 月 10 日。

八十七师王敬久部、八十八师孙元良两师自苏州等地推进至上海围攻线，准备扫荡在吴淞和上海的日军，拔除其据点。① 当时，日本在上海的海军特别陆战队总兵力不超过 5 000 人。② 12 日，国民党中常会秘密决定，自本日起，全国进入战时状态。③ 何应钦在会上表示："和平已经绝望"，"如果他稍有动作，就要打他，否则，等他兵力集中，更困难了。"④

张治中原定于 8 月 13 日拂晓前开始攻击，但蒋介石因英、美、法、意四国驻华使节等方面正在调停，要张"等候命令，并须避免小部队之冲突"。⑤ 同日上午 9 时 15 分，日本陆战队水兵冲出租界，射击守卫横浜路东宝兴路段的中国保安队，中国军队还击。⑥ 10 点半，商务印书馆附近的中国军队与日军发生小冲突。⑦ 同日黄昏，八字桥附近日军炮击中国军队，中国军队以迫击炮还击。⑧ 日军并以坦克掩护步兵攻击八十七师阵地，日舰连续炮击上海市中心。⑨ 14 日拂晓，张治中奉蒋介石令，发起总攻。同日，中国空军出动，轰炸日第三舰队旗舰及在虹口的海军陆战队本部。淞沪之战爆发，意味着中国在华北之外，又开辟了第二战场，名副其实地进入"全面抗战"。很快，淞沪战场就成了中国对日作战的主战场。

战争初起，中国方面以优势兵力进攻日军在沪各据点，双方在上海虹口、杨树浦等处进行巷战。15 日至 18 日之间，中国军队进展至闸北、虹口、杨树浦之线。20 日夜，推进至汇山码头，将日军压迫至黄浦江左岸狭隘地区，同时包围日海军陆战队司令部等据点。但是，日军在上海的据点大都以钢筋、水泥建成，异常坚固。8 月 17 日，张治中向蒋介石报告说："最初目的原求遇隙突入，不在攻坚，但因每一通路，皆为敌军坚固障碍物阻塞，并以战车为活动堡垒，终至不得不对各点目标施行强攻。"这种攻坚

---

① 上海作战日记.转引自：抗日战争正面战场.南京：江苏古籍出版社,1987 年,P263。
② 中国事变陆军作战史.第一卷第二分册,P4。当时日本在上海的兵力说法不一。
③ 王世杰日记.1937 年 8 月 12 日。
④ 中常会第 50 次会议速记录.1937 年 8 月 12 日。台北中国国民党党史馆藏。
⑤ 抗日战争正面战场.P265。
⑥ 抗日战争正面战场.P335。
⑦ 抗日战争正面战场.P335。
⑧ 抗日战争正面战场.P335～336。参见《日军对华作战纪要》。
⑨ 抗日战争正面战场.P336。

战,中国军队必须配备相应的重武器。张治中报告说:"本日我炮兵射击甚为进步,命中颇佳,但因目标坚固,未得预期成果。如对日司令部一带各目标命中甚多,因无烧夷弹,终不能毁坏。"①仅有的三门榴弹炮,一门因射击激烈,膛线受损;一门膛炸;一门不能射击。这种情况,自然无法克敌制胜。

中国军队当时是否完全缺乏攻坚武器呢?并非。关键在于何应钦没有想到,蒋介石也没有想到。11 月 20 日,蒋介石检讨说:"绪战第一星期,不能用全力消灭沪上敌军。何部长未将所有巷战及攻击武器发给使用,待余想到战车与平射炮,催促使用,则已过其时,敌正式陆军,已在虹江码头与吴淞登陆矣。敬之(指何应钦——笔者)误事误国,实非浅鲜。"②

蒋介石对张治中的指挥不满意。8 月 20 日,陈诚向蒋介石提出,华北战事扩大已无可避免,敌如在华北得势,必将利用其快速装备南下直扑武汉,于我不利,不如扩大沪事以牵制之。③蒋介石对陈诚的这一战略思想没有表示肯定或否定,仅答以一定要打。同日,军事委员会将江苏南部及浙江划为第三战区,蒋介石兼任司令长官,顾祝同为副司令长官,陈诚为前敌总司令。张治中被任命为淞沪围攻区第九集团军总司令,张发奎被任命为杭州湾北岸守备区第八集团军总司令,守卫上海右翼浦东。

148

这些举措,说明蒋介石开始重视上海战场,但是,蒋当时还没有在上海长期作战的思想准备,对这次战争的艰难与严酷也还缺乏认识。当日日记云:"本日沪战颇有进展,南口阵地已固,此心略安。对英提案运用其能实现,使倭得转圜离沪,以恢复我经济策源地,以今日战况或有退却可能也。判断情报,倭寇陆海军意见纷歧,政府内部不一致,已陷于进退维谷之势也。"④次日,日本拒绝英国调停,蒋介石感到事态严重,"忧心倍

---

① 抗日战争正面战场. P342。
② 本周反省录. 转引自:蒋介石日记.(手稿本),1937 年 11 月 20 日。
③ 陈诚私人回忆资料. 转引自:民国档案. 1987 年第一期。
④ 蒋介石日记.(手稿本),1937 年 8 月 20 日。

增"。① 22 日,蒋介石下令成立第十五集团军,以陈诚为总司令,守卫上海左翼长江江岸。

中国反登陆战失利

日军在上海的兵力有限,要持续进攻,必须通过海上的远距离运输,将军队源源不断地送到中国战场。中国海军的军力本极有限,舰艇在战争开始时或被炸沉,或奉令自沉长江,封锁航道,已经没有和日舰进行海上作战的能力;空军能作战的飞机不过 180 余架,不足以从空中遏制日本运兵舰艇的航行。② 中国军队所能进行的只有反登陆,在海岸及相关纵深据点布置军队,阻遏日军,但是,中国方面又未予以足够重视,守卫江岸、海岸的兵力都很薄弱。

8 月 13 日夜,日本内阁会议决定出兵。15 日,日本政府发表声明,"为讨伐中国之暴戾,以促使南京政府之反省,如今已到了不得不采取断然措施之地步。"③同日,日本政府下令,以松井石根大将为司令官,率领第三、第十一师团组成上海派遣军,协助海军,扫荡、歼灭上海附近的中国军队,占领上海。17 日,日本阁议决定:"放弃以往所采取之不扩大方针,采取战时态势上所需要之各种准备对策。"④22 日,日本上海派遣军司令松井石根率第三、第十一师团到达上海东南的马鞍群岛。23 日,日军第十一师团在三十余艘军舰密集炮火的掩护下,于长江南岸川沙口强行登陆,占领川沙镇,第三师团在吴淞铁路码头登陆,进攻上海北部的吴淞、宝山等地。据中国方面第九集团军司令部作战科长史说回忆:"在 23 日拂晓以后,日空军开始猛烈轰炸,使我援军不能接近,日海军也以猛烈炮火支援日军登陆。我沿长江岸守备的第五十六师和沿黄浦江口守备的上海市保安总团,兵力薄弱,日陆军登陆成功。"⑤

---

① 困勉记.1937 年 8 月 21 日。
② 王世杰日记.1937 年 10 月 12 日。
③ 林石江译.从卢沟桥事变到南京战役.台北:"国防部"史政编译局,1987,P373。
④ 同上,P374。
⑤ 八一三淞沪抗战.P95。

日军登陆后,中国方面力图阻止敌人向纵深发展。张治中在敌机猛炸下骑自行车赶赴前线,一面任命王敬久为淞沪前敌指挥官,指挥部队固守原阵地,一面抽调第十一师彭善在部、第九十八师夏楚中部北上,拒止登陆之敌。双方在罗店等地激战。中国军队向日军发动数次猛攻,虽有进展,但均未奏效。28日,守卫罗店的中国军队伤亡过半,日军第十一师团占领罗店。31日,日军第三师团攻占吴淞镇。

9月1日,日军精锐部队久留米第十二师团等三个师团到达上海,实力大增,向中国军队发动全线攻击。9月5日,日军以优势兵力及战车、炮舰、飞机联合进攻。中国第十八军第九十八师姚子青营奋力抗战,激战至第二日,全营官兵壮烈牺牲。① 蕴藻浜沿河之战,"双方死亡俱奇重,浜水皆赤,所谓流血成河,显系实在景况。"②据陈诚报告,自8月22日参战,至9月7日,仅第十一、第十四、第六十七、第九十八、第五十六5个师即伤亡官兵9 039名,第六师吴淞一役,即伤亡过半。"大部受敌飞机、大炮轰炸,人枪并毁。"其三十六团第二连,守卫火药库,"死守不退,致全部轰埋土中。"③

由于江岸地形有利于日本陆海空军协同作战,日军又源源增援,中国军队为减少损失,只能主动退守。史说回忆说:"日军在长江沿岸及黄浦江沿岸继续登陆,与我军一个点一个点地争夺,往往日军白昼占去,夜间我又夺回。""在日军舰炮火下,伤亡惨重,往往一个部队,不到几天就伤亡殆尽地换下来了。我亲眼看见教导总队那个团,整整齐齐地上去,下来时,只剩下几付伙食担子。"④9月10日,第十五集团军右翼阵地被突破。11日,第九集团军奉命向北站、江湾等地转移。

反登陆战争失利,日军后续部队源源增加。9月11日,自青岛调来的日军天谷支队进入月浦镇。12日,由华北方面军转调的后备步兵10个大队陆续抵达上海战场。14日,自台湾调来的重藤支队登陆。中国军队的处境越来越困难了。

① 抗日战争正面战场.P354。
② 王世杰日记.1937年9月6日。
③ 抗日战争正面战场.P356。
④ 八一三淞沪抗战.P96。

为维护中苏交通线、蒋介石决定坚守上海

　　9 月 11 日以后,中国军队转入顽强的守卫战。作为淞沪战场的最高统帅,蒋介石最先感到了中国军队的不利态势。8 月 28 日,罗店失陷,蒋介石日记云:"近日战局,渐转劣势,人心乃动摇矣。"31 日,吴淞失守,蒋介石再次在日记中表示:"我军转入被动地位矣。"在这一形势下,蒋介石不得不重新思考,仗将如何打下去。9 月 2 日日记云:"战略应尽其全力贯注一点,使敌进退维谷,以达我持久抗战之目的。""敌之弱点,以支战场为主战场,故其对华战争全在消极,且立于被动地位,故我如处置得策,不难旷日持久,使敌愈进愈穷也。"①这则记述说明,尽管上海战场形势不利,但蒋介石决定"全力贯注一点",在上海长期拖住日军。其后,副参谋总长白崇禧、作战组长刘斐等向蒋提出,淞沪会战应"适可而止",部队应及时向吴福线国防工事转移。蒋介石一度接受这一意见,下令执行,但第二天又决定收回命令。②同月 14 日蒋介石日记云:"集中兵力,在上海决战乎? 抑纵深配备,长期抗战乎?"③两种方案,前者意味着在上海和日军决出胜负,后者意味着向吴福线转移。这则日记,说明蒋对自己的战略决定有过犹疑。但是,这一时期,蒋从全国各地抽调的部队正陆续到达淞沪战场,因此,蒋仍然决定长期坚守上海。其日记云:"各部死伤大半,已觉筋疲力尽,若不支撑到底,何以慑服倭寇,完成使命也?"④

　　9 月 16、17 日,日军发动总攻击,中方阵地动摇,前线指挥官向蒋要求撤退,蒋严令死守,并亲往昆山督师。⑤ 21 日,蒋介石调整部署,将中国军队分为右翼、中央、左翼三个作战军。右翼军以张发奎为总司令,下辖第八、第十两个集团军;中央军以朱绍良代替张治中为总司令,下辖第九

（左栏边码）150

（左栏边码）151

---

① 本月反省录.参阅:蒋介石日记.(手稿本),1937 年 9 月。困勉记.此条于 9 月 2 日。
② 刘斐.抗战初期的南京保卫战.转引自:全国政协编.文史资料选辑.第十二辑,P3～4。
③ 蒋介石日记.(手稿本),1937 年 9 月 14 日。
④ 蒋介石日记.(手稿本),1937 年 9 月 10 日。
⑤ 王世杰日记.1937 年 9 月 21 日。此际,李宗仁也曾劝蒋,"淞沪不设防三角地带,不宜死守;为避免不必要的牺牲,我军在沪作战适可而止"。见:李宗仁回忆录.(下),政协广西壮族自治区文史资料研究委员会,1980,P692—693。

集团军;左翼军总司令陈诚,下辖第十五、第十九两个集团军。

为何需要坚守上海?

当时,中苏之间的枪械、弹药有两条运输线。一条是经外蒙古、内蒙古、山西大同至内地,一条经新疆、甘肃、陕西,连接陇海路。9 月 11 日,大同失陷,蒋介石极为震痛。14 日日记云:"阎之罪恶甚于宋之(失)平津,其为无胆识,一至于此,实为梦想所不及也,可痛之至。对于苏俄之运货交通更生困难矣。"当日,蒋介石向自己提问道:"集中兵力在上海决战乎? 抑纵深配备,长期抵抗乎?"① 25 日,蒋介石得悉平汉线中国军队溃退,河北沧州不守,估计日军将进攻河南郑州,中俄之间的第二条联络线有可能截断,决定加强上海战场,吸引日军主力。② 27 日,蒋介石决定四项抗敌策略:"一、引其在南方战场为主战场;二、击其一点;三、持久;四、由晋出击。"③

10 月 8 日,蒋介石决定调骁勇善战的桂军加入上海战场。10 月 15 日日记云:"相持半年,迟至明年三月,倭国若无内乱,必有外患,须忍之。"17 日,蒋介石到苏州督师。次日,中国军队在上海战场发动总反攻。

蒋介石之所以决定坚守上海,一是为了减轻华北战场的压力,维护中苏交通线,同时也是为了配合外交斗争,争取对即将召开的《九国公约》会议有较好的影响。《九国公约》签署于 1922 年 2 月,其签字国为美、英、日、法、意、比、荷、葡、中等九国。该条约表示尊重中国之主权与独立暨领土与行政之完整,强调各国在华机会均等与中国的门户开放。卢沟桥事变后,南京国民政府即向国联申诉,要求"谴责日本是侵略者"。国联没有采纳中国的要求,提议召开《九国公约》签字国会议讨论。10 月 16 日,比利时向有关 19 国发出邀请,初定同月 30 日在布鲁塞尔召开。蒋介石希望通过该次会议,"使各国怒敌,作经济制裁,并促使英、美允俄参战"。④

---

① 蒋介石日记.(手稿本),1937 年 9 月 14 日。"运货交通",《困勉记》改作"运械交通"。
② 蒋介石日记.(手稿本),1937 年 9 月 25 日。
③ 蒋介石日记.(手稿本),1937 年 9 月 27 日。
④ 蒋介石日记.(手稿本),1937 年 10 月 23 日。

因此,蒋希望在该会召开之前,上海战场能有较好的战绩,至少,要能坚守上海。据唐生智回忆,蒋介石曾向他表示:"上海这一仗,要打给外国人看看。"①同月22日,蒋介石通电全军将士,说明九国公约会议即将举行,全体将士"尤当特别努力,加倍奋励","于此时机表示我精神力量,以增加国际地位与友邦同情"。②为此,蒋介石向全国各地普遍调兵。24日,蒋致电龙云,询问滇军出发各部到达何处,要龙命令该军"兼程急进,望能于九国公约会议之初到沪参战",急图在会前有所表现的企图跃然欲出。③

日本政府采取对应措施,不断从华北、东北及国内向上海战场增兵。10月1日,日首相近卫、陆相杉山、海相米内、外相广田会议,通过《中日战争处理纲要》,决定发动10月攻势,扩大华北和华中战局,将中国军队分别驱逐至河北省及原上海停战协定规定区域以外,迫使南京政府议和,结束战争。此后,上海战场日军参战兵力超过华北,达9个师团,20万人以上。17日,日本陆军省限令上海作战部队在《九国公约》签字国会前攻克闸北、南翔、嘉定一带。④

双方既在国际政治舞台上较量,战场上的拼杀自然更加激烈。10月21日,广西增援部队第二十一集团军廖磊率部到沪,向蕴藻浜沿河之敌发起全线反攻。桂军作战勇敢,但武器落后,缺乏与现代化武装的日军作战经验,未能挽救危局。22日,蒋介石日记云:"沪局以桂军挫败顿形动摇。满拟以桂军加入战线为持久之计,不料竟以此为败因也。"⑤次日,桂军因伤亡过大,撤至京沪铁路以南地区整理。⑥其他部队也伤亡惨重,第三十三师打到官兵仅剩十分之一,师长负伤,旅长失踪。⑦ 25日,中央军第七十八军第十八师朱耀华部防地为日军突破,朱军放弃位于上海西北的战略要地大场。至此,蒋介石才觉得"沪战不能不变换阵地",决定命中国军队作有限度的撤退,转移至苏州河南岸。

152

---

①　南京保卫战.P4。
②　中华民国重要史料初编.第二编,作战经过(一),台北,1981,P55。
③　蒋委员长致龙云十月敬电.转引自:革命文献·淞沪会战与南京撤守.参阅:蒋中正总统档案.台北藏。
④　抗日战争正面战场.P281。
⑤　蒋介石日记.(手稿本),1937年10月22日。
⑥　陈诚致蒋介石密电.转引自:抗日战争正面战场.P372。
⑦　顾祝同致何应钦密电.转引自:抗日战争正面战场.P373~374。

但是为了给世人留下仍在坚守苏州河北岸的印象,他决定在闸北"派留一团死守"。① 27 日夜,第八十八师第五二四团团附谢晋元奉命率部留守闸北四行仓库,演出了 800 壮士(实只 400 人)孤军抗敌的悲壮一幕。31 日,该团退入上海公共租界,坚持至 1941 年 12 月 28 日。

蒋介石认识到,中国的对日战争只能是持久战、消耗战,但是,他提出的战略原则却是防守战。8 月 18 日,他发表《告抗战将士第二书》,主张"敌攻我守,待其气衰力竭,我即乘胜出击。""要固守阵地,坚忍不退,以深沟高垒厚壁,粉碎敌人进攻。"②9 月 13 日,蒋介石手拟《告各战区全军将士文》,再次强调固守,"虽至最后之一兵一弹,亦必在阵中抗战到底"。③10 月 28 日,他在松江召开军事会议,仍然表示:"要严密纵深配备,强固阵地工事","要不怕阵地毁灭,不怕牺牲一切","我们已移至沪战最后一线,大家应抱定牺牲的决心,抵死固守,誓与上海共存亡。"④

要杀敌卫国,自然需要强调牺牲精神,但敌人拥有海、空优势,配备重武器,呆板的防守战必然带来巨大的伤亡,最终也难以守住阵地。当时,日方有各种飞机 1 500 架,而中国仅有战斗机、轰炸机 300 架。⑤ 8 月 24 日,张治中致蒋介石、何应钦密电云:"连日敌机甚为活跃,全日在各处轰炸,毫无间断,我军日间几无活动余地,威胁甚大。"⑥白崇禧也表示:"无制空权,仗无法打。我官兵日间因飞机不能动,夜间因探照灯亦不能动。长期抵抗,须另有打算。"⑦淞沪之战,中国军队士气旺盛,英勇抗敌,但蒋介石单纯防御,将几十万精锐密集于长江南岸狭长地区内,层层设防,硬打死拼,大量消耗中国军队的有生力量,是很愚蠢的作战方法。后来,蒋介石回顾淞沪战役,就曾自我检讨,认为自己没有在九国公约会议之前,及早退兵于吴福线、乍嘉线阵地,"而于精疲力尽时,反再增兵坚持,竟使一败涂地,不可收拾","此余太坚强之过也"。⑧"坚强"是好事,但不顾条

---

① 蒋介石日记.(手稿本),1937 年 10 月 26 日。
② 总统蒋公大事长编初稿.卷 4(上),P1148。
③ 总统蒋公大事长编初稿.卷 4(上),P1167。
④ 总统蒋公大事长编初稿.卷 4(上),P1179。
⑤ 蒋介石秘录.第四卷,P28。
⑥ 抗日战争的正面战场.P294。
⑦ 徐永昌日记.1937 年 11 月 12 日。
⑧ 困勉记.1938 年 2 月 2 日。

件，"坚强"太过，没有任何灵活性，就是执拗了。

蒋介石的重大失误：忽视杭州湾防务

　　日军最初制订的作战计划是：在上海西北的白茆口和西南的杭州湾登陆，占有上海、南京、杭州三角地带。为此，日军早就对杭州湾实施侦察，收集地志资料。① 金山卫水深，可停舰艇，又有利于登陆的沙滩，明代倭寇扰浙时，即在此登陆。

　　8 月 20 日，蒋介石得报，金山卫有日本水兵登陆侦察，指令"严防"。② 10 月 18 日，军事委员会第一部作战组情报提出，日军有在杭州湾登陆企图，但估计登陆部队最多一个师，不会对上海战局有什么影响。③ 倒是张发奎有警觉，亲到当地巡察，并配置了兵力：以第六十三师担任乍浦、澉浦防务，以第六十二师担任全公亭、金山嘴防务。10 月 26 日，中央军撤到苏州河南岸后，浦东防务紧张，张发奎遂将第第六十二师主力调防浦东，当地仅余该师少数兵员，实力空虚。④

　　11 月 5 日，日军第十军司令官柳川平助以三个半师团的兵力，在舰炮掩护下，于杭州湾北岸的金山卫登陆。中国军队因兵力悬殊，无法阻挡。中国统帅部急令已调浦东第六十二师的主力回兵，会同新到枫泾的第七十九师合力反击，并令从河南调来、新到青浦的第六十七军向松江推进。蒋介石希望借此稳住阵地。6 日，蒋介石日记云："如我军能站稳现有阵地，三日以后当无危险矣。"⑤但是，由于天雨泥泞，加上日机轰炸，中国部队行动迟缓，日军后续部队源源登陆。第六十七军从河南调来，尚未集中，即遭敌各个击破。8 日，松江失陷，这样，退守苏州河南岸的中国军队侧背受敌，有被围歼危险。

　　日军在金山卫登陆，上海战场中国军队的侧背受到严重威胁，有可能

---

① 从卢沟桥事变到南京战役. P554～555。
② 困勉记. 1937 年 8 月 20 日。
③ 抗日战争正面战场. P282。
④ 第三战区淞沪会战经过概要. 转引自：抗日战争正面战场. P381。
⑤ 蒋介石日记.（手稿本），1937 年 11 月 6 日。

陷入包围,使退却无路,全军覆没。有鉴于此,白崇禧再次向蒋介石提议,中国军队向吴福线后撤。11 月 7 日,朱绍良、何应钦等也提出,"已到不能不后撤之时会"①。蒋介石权衡利害,这才认识到保存有生力量的重要,日记云:"保持战斗力持久抗战,与消失战斗力维持一时体面相较,当以前者为重也。"②同日,蒋下令中国军队自上海苏州河南岸撤退。③ 但是,他仍然担心此举会对《九国公约》会议造成不良影响,痛苦地写道:"苏州河南岸以兵力用尽,不能不令撤退,但并非为金山卫登陆之敌所牵动耳,惟藉此战略关系退,使敌知我非为力尽而退,不敢穷追与再攻,是于将来之战局有利,然于九国公约会议之影响必甚大也。"④

忽视杭州湾北岸防务是重大的战略错误。后来蒋介石总结说:"由大场撤退至苏州河南岸以后,易朱绍良,以张发奎为指挥官,使金山卫、乍浦一带,负责无人,而且不注重侧背之重要,只注意浦东之兵力不足,调金山大部移防浦东,乃使敌军乘虚直入,此余战略最大之失败也。"⑤

一个优秀的军事家必须既善于组织进攻,又善于组织撤退。蒋介石下令在苏州河南岸撤退后,中国军队争相夺路,秩序混乱,作战能力丧失殆尽。郭汝瑰说:"淞沪战役我始终在第一线,深知三个月硬顶硬拼,伤亡虽大,士气并不低落,战斗纪律良好,只要撤下来稍事整理补充,即可再战。唯有大溃退,数日之间精锐丧尽,军纪荡然。如在敌攻占大场时,就有计划地撤退,必不致数十万大军一溃千里。"⑥11 月 11 日,中国军队撤出上海南市,上海市长发表告市民书,沉痛宣告上海沦陷。

据日方统计,至 11 月 8 日止,日军在上海战场阵亡 9115 名,负伤 31 257 名,合计 40 672 名。⑦ 但是,中国方面损失更大。据何应钦 11 月 5 日报告,淞沪战场中国军队死伤 187 200 人,约为日军的 4 倍半。⑧ 更加严重的是,溃退后的军队虽然仍有庞大数量,但缺乏武器、弹药、粮食,士

---

① 徐永昌日记.1937 年 11 月 7 日。
② 蒋介石日记.(手稿本),1937 年 11 月 7 日。
③ 参见:徐永昌日记.1937 年 11 月 6 日。
④ 蒋介石日记.(手稿本),1937 年 11 月 8 日。
⑤ 蒋介石日记.(手稿本),1937 年 11 月 20 日。
⑥ 八一三淞沪抗战.P252。
⑦ 从卢沟桥事变到南京战役.P555。
⑧ 徐永昌日记.1937 年 11 月 5 日。

气低落,丧失斗志,不经整顿,已经很难再次投入战斗了。

南京: 守乎? 弃乎?

　　日军攻占上海后,军方出现两种意见,一种认为军队已经非常疲劳,
必须休整,一种意见认为,军队虽然疲劳,仍应攻占南京。11 月 7 日,日
军编组华中方面军,以松井石根兼任司令官,规定以苏州、嘉兴连结线为
"统制线",在此以东作战。但是,第二天,日军就兵分两路。一路以上海
派遣军为主力,沿沪宁铁路线西进,一路以第十军和国崎支队为主力,沿
太湖南岸向湖州集结。13 日,日军一部在常熟白茆口登陆,声势更盛。
15 日,第十军幕僚会议认为,中国军队已处于溃散状态,如果把握战机,
断然实施追击,20 天即可占领南京。华中方面军赞同占领南京的意见,
认为"现在敌军的抵抗,各阵地均极微弱",如不继续进攻,"不仅错失战
机,且令敌军恢复其士气,造成重整其军备的结果,恐难于彻底挫折其战
斗意志"。①

　　日军自太湖南北同时西进,威胁南京。11 月 13 日,蒋介石决计迁
都,长期抗战,粉碎日寇迫订城下之盟的妄念。日记云:"抗倭最后地区与
基本线在粤汉、平汉两路以西。""抗倭之最大困难,当在最后五分钟。""决
心迁都于重庆。"②但是,南京是战是守,意见不一。高级将领中普遍反对
"固守"。有人明确表示,不应在南京作没有"军略价值之牺牲",白崇禧主
张改取游击战,刘斐主张适当抵抗之后主动撤退,只作象征性防守。③ 蒋
介石一时也拿不定主意。11 月 17 日,他曾经考虑过请美、德两国出面调
停,也曾考虑请英美促进苏联参战,在南京固守或放弃之间"踌躇再
四"。④ 不过,蒋介石和唐生智都认为,南京为首都所在,总理陵墓所在,
不可不作重大牺牲。蒋并表示,愿自负死守之责。将领们认为统帅不宜

155

---

① 从卢沟桥事变到南京作战. P601。
② 蒋介石日记.(手稿本),1937 年 11 月 13 日。
③ 王世杰日记.1937 年 11 月 19 日;刘斐.抗战初期的南京保卫战.转引自:南京保卫战.
P8~9。
④ 蒋介石日记.(手稿本),1937 年 11 月 17 日。

守城,时在病中的唐生智遂自动请缨。① 19 日,蒋介石任命唐生智为南京卫戍司令长官,刘兴为副司令长官,负责守卫南京,时间为三个月至一年。② 不过,蒋介石也确知南京难守。11 月 26 日,蒋介石拜谒中山陵及将士公墓,叹惜道:"南京城不能守,然不能不守,对上、对下,对国、对民无以为怀矣。"③这正是蒋内心矛盾的表现。

淞沪之战打响后,主和之议一直未歇。9 月 8 日,蒋介石日记云:"主和意见派应竭力制止。""时至今日,只有抗战到底之一法。"④次日日记云:"除牺牲到底外,再无他路。主和之见,书生误国之尤者,此时尚能议和乎!"⑤

及至淞沪战败,主和之议再盛。居正原来坚决反对和议,力主逮捕胡适,此时转而力主向日方求和,并称:"如无人敢签字,彼愿为之!"⑥11 月 30 日,蒋介石处理南京战守事毕,慨叹道:"文人老朽,以军事失利,皆倡和议,高级将领皆多落魄望和,投机取巧者更甚。若辈毫无革命精神,究不知其昔时倡言抗战如斯之易为何所据也。"⑦

为了守卫南京,中国统帅部的第三期作战计划规定:京沪线方面,以最小限之兵力,利用既设工事,节节抵抗,同时抽调兵力,以一部转入沪杭线,抵御向太湖南岸进军的日军,一部增强南京防御能力。计划称,在后续援军到达时,将以皖南的广德为中心,与敌决战,在钱塘江附近歼灭日军。⑧ 当时,中国军队已退至第一道国防线——吴福线。

这道被誉为中国兴登堡防线的国防工程却"无图可按,无钥开门,无人指示"。⑨ 11 月 19 日,日军进占苏州。俗话云:"兵败如山倒。"吴福线不守,中国军队主力继续向锡澄线及太湖西南的安吉(浙江)、宁国(安徽)

①　王世杰日记.1937 年 11 月 19 日;参见:唐生智.卫戍南京之经过.转引自:南京保卫战.P3~4。

②　徐永昌日记.1937 年 11 月 6 日。

③　蒋介石日记.(手稿本),1937 年 11 月 26 日。

④　蒋介石日记.(手稿本),1937 年 9 月 8 日。

⑤　蒋介石日记.(手稿本),1937 年 9 月 9 日。

⑥　王世杰日记.1937 年 11 月 21 日。

⑦　本月反省录.转引自:蒋介石日记.(手稿本),1937 年 11 月 30 日。

⑧　淞沪作战第三期作战计划.转引自:抗日战争正面战场.P331。

⑨　抗日战争正面战场.P333~334。

等地溃退,蒋介石原来以为"有良好地形,坚固阵地,可资扼守"的锡澄线同样没有发挥作用。11月20日,蒋介石调集第二十三集团军川军刘湘部五个师、两个独立旅,由四川赶到皖南广德、浙西北的泗安、长兴一线。不过,川军作战能力很低,纪律很坏,"闻敌即走",并未发挥多大作用。① 11月23日,蒋介石到常州,召集前方将领训话,局势也并无改变。

11月25日,无锡失守。26日,位于太湖南岸的吴兴失陷。蒋介石得悉锡澄线守军撤退秩序不良,日记云:"不分步骤,全线尽撤,亦未得呈报,痛心盍极!"②29日,日军侵占宜兴。30日,日军攻陷广德,从东南、西南两个方面对南京形成包围之势。12月1日,江防要塞江阴失守。同日,日方下达"华中方面军司令官应与海军联合进攻中国首都南京"的皇命,日军分三路进攻南京

蒋介石反对与日本议和,但不反对国际调停。早在日军金山卫登陆之际,德国大使陶德曼即受日方委托,向蒋转达日方媾和条件,"防共协定为主",蒋介石"严词拒绝之"。③ 24日,蒋介石曾经寄以希望的九国公约会议闭会,没有取得任何积极性成果。12月2日,蒋介石为行"缓兵计",再次会见陶德曼,表示愿以日方所提条件为谈判基础,但要求先停战后谈判。6日,蒋介石得悉句容危急,决定离开南京,他在日记"雪耻"条下写道:"十年生聚,十年教训。三年组织,三年准备。"④7日,蒋介石飞离南京。日记云:"人民受战祸之痛苦,使之流离失所,生死莫卜,而军队又不肯稍加体恤爱护,惨目伤心,无逾于此。"又写道:"对倭政策,惟有抗战到底,此外并无其他办法。"⑤到庐山后,蒋介石即研究、制订全国总动员计划,准备在"全国被敌占领"的最坏情况下仍然坚持奋斗。⑥ 他勉励自己:"宁为战败而亡,毋为降敌而存。"⑦

南京的防御工事分"外围阵地"与以城墙为主要依托的"复廓阵地"两

---

① 　徐永昌日记.1937年12月3日。

② 　蒋介石日记.(手稿本),1937年11月26日。

③ 　蒋介石日记.(手稿本),1937年11月5日。

④ 　蒋介石日记.(手稿本),1937年12月6日。

⑤ 　蒋介石日记.(手稿本),1937年12月7日。

⑥ 　困勉记.1937年12月9日,记蒋介石称:"此次抗战,即使全国被敌占领,只可视为革命第二期一时之失败,而不能视为国家被敌征服,更不能视为灭亡,当动员全国精神力自图之。"

⑦ 　蒋介石日记.(手稿本),1937年12月9日。

种。12 月 5 日,日军进攻"外围阵地"。8 日,汤山失守,唐生智下令中国军队进入"复廓阵地"。9 日,日军逼近南京城墙,两军在光华门、雨花台、紫金山、中山门等处激战,光华门几度被突破。松井石根限令唐生智在 10 日午前交出南京城,遭到唐的坚决拒绝。12 月 11 日,松井石根下令总攻。

淞沪战后,中国军队消耗过大,蒋介石百方拼凑,守城兵力仅得 12 个师,约 12 万人,而且士气极端低落,其中新补士兵约 3 万人,未受训练,匆促上阵,官兵间尚不相识。这种情况,本已不能再用守卫战、阵地战一类的作战形式。

蒋介石之所以坚守南京,一是如上述,南京轻易失守,攸关尊严;二是对苏联出兵有所期待。当时在国际列强中,苏联是唯一表示愿积极支持中国的国家。8 月 21 日,中国与苏联签订久议未决的互不侵犯条约,苏方允诺中国可不以现款购买苏联军火。9 月 1 日,蒋介石就在国防最高会议上预言,苏联终将加入对日战争。[①] 28 日,苏联驻华大使鲍格莫洛夫奉召返国,曾和中国外交部长王宠惠谈及苏联参战的必要条件。[②] 10 月 22 日,蒋致电时在莫斯科的中国军事代表团团长杨杰,询问如《九国公约》签字国会议失败,中国决心军事抵抗到底,苏俄是否有参战之决心与其日期。11 月 10 日,伏罗希洛夫在宴别中国代表张冲时,要张归国转告:在中国抗战到达生死关头时,苏俄当出兵,决不坐视。30 日,蒋介石致电伏罗希洛夫及斯大林表示感谢,电称:"中国今为民族生存与国际义务已竭尽其最后、最大之力量矣,且已至不得已退守南京,惟待友邦苏俄实力之应援,甚望先生当机立断,仗义兴师。"[③]当时,蒋介石将苏联出兵看成挽救危局的唯一希望。12 月 5 日,斯大林、伏罗希洛夫回电称,必须在九国公约签字国或其中大部份国家同意"共同应付日本侵略时",苏联才可以出兵,同时还必须经过最高苏维埃会议批准,该会议将在一个半月或两个月后举行。[④]

158

---

①　王世杰日记.1937 年 9 月 1 日。

②　王世杰日记.1937 年 9 月 28 日。

③　蒋委员长致蒋廷黻、杨杰(请伏元帅转斯大林先生)电.转引自:革命文献·对苏外交.蒋中正总统档案。

④　斯大林、伏罗希洛夫致蒋委员长十二月电电.转引自:革命文献·对苏外交.蒋中正总统档案.原电无日期,此据《徐永昌日记》考订。

　　此电与杨杰、张冲的报告不同,蒋介石内心感到,苏俄"出兵已绝望"[①],但他仍然再次致电斯大林,表示"尚望贵国苏维埃能予中国以实力援助"。[②] 不仅如此,他还继续以之鼓舞身边的高级将领,声称"俟之两个月,必有变动"。[③] 12月6日,蒋致电李宗仁、阎锡山称:"南京决守城抗战,图挽战局。一月以后,国际形势必大变,中国必可转危为安。"[④]这里所说的"国际形势必大变",仍指苏联出兵。

　　12月11日,蒋已经指示唐生智等,"如情势不能久持时,可相机撤退,以图整理而期反攻"。[⑤] 但第二天却又改变主意,致电唐生智等称:"经此激战后,若敌不敢猛攻,则只要我城中无恙,我军仍以在京持久坚守为要。当不惜任何牺牲,以提高我国家与军队之地位与声誉,亦惟我革命转败为胜唯一之枢纽。"蒋指示:"如能多守一日,即民族多加一层光彩。如能再守半月以上,则内外形势必一大变,而我野战军亦可如期来应,不患敌军之合围矣!"[⑥]不难看出,蒋所说所的"内外形势必一大变"的"外",仍然包含苏联出兵在内。"苏俄无望而又不能绝望"[⑦],这正是蒋介石当时的无奈心理。苏联与中国同受日本侵略威胁,因此,支持中国抗战,但是,苏联更担心德国入侵,日苏之间的矛盾又尚未发展到必须干戈相见地步,苏联自然不可能轻易在远东有所动作。

　　12月12日,日军继续猛攻,中华门、中山门、雨花门、光华门等多处城门被突破,南京卫戍司令长官部决定大部突围,一部渡江撤退。但是,由于情况混乱,撤退命令无法正常下达。除少数部队突围外,大部分军队拥至长江边,形成极度混乱的局面。挹江门外,"被踏死者堆积如山"。[⑧]"仅有之少数船舶,至此人人争渡,任意鸣枪。船至中流被岸上未渡部队

　　① 蒋介石日记.(手稿本),1937年12月5日。
　　② 中华民国重要史料初编.第三编(二),P340.
　　③ 徐永昌日记.1937年12月6日。
　　④ 蒋委员长致李宗仁、阎锡山等鱼电.转引自:革命文献·淞沪会战与南京撤守.蒋中正总统档案.
　　⑤ 南京保卫战战斗详报.转引自:抗日战争正面战场.P413.
　　⑥ 蒋委员长致唐生智、刘兴、罗卓英电.转引自:革命文献·淞沪会战与南京撤守.蒋中正总统档案.
　　⑦ 困勉记.1937年12月6日。
　　⑧ 宪兵司令部战斗详报.抗日战争正面战场.P433.

以枪击毁,沉没者有之,装运过重沉没者亦有之。"①12 月 13 日,日军攻陷南京,随即大屠杀爆发。

在淞沪战败之后,南京失陷有其必然性,但是,突围与撤退时的严重混乱及其损失仍然是可以避免的。

在极端困难的状况下坚持抗战国策(以下为英文版省略部分)

首都失陷,常常和国家沦亡相联系,在中国历史上是很少有的现象。一时间,日军骄横气焰达于极点,中国政府、中国军队、蒋介石个人都处于极端困难的境地。怎么办? 中国的路应该怎样走下去?

12 月 15 日,蒋介石召集高级干部会议讨论,当时的情况是:"主和主战,意见杂出,而主和者尤多。"②汪精卫本来对抗战就信心不足,这时更加缺乏信心。次日,他向蒋介石提出,"想以第三者出而组织掩护"。③ 显然,汪企图抛弃抗战国策,在国民政府之外另树一帜。孔祥熙这时也从"倾向和议"发展为"主和至力"。④ 18 日,蒋介石日记云:"近日各方人士与重要同志皆以为军事失败,非速求和不可,几乎众口一词。"⑤当时,陶德曼的调停还在继续,蒋介石担心日方有可能提出比较"和缓"的条件,诱使中国内部发生争执与动摇。26 日,蒋介石得悉日方提出的新议和条件,发现较前"苛刻",认为"我国无从考虑,亦无从接受",内部不致纠纷,心头为之一安,决心"置之不理"。⑥ 27 日,蒋介石召集国防最高会议常务会议讨论,主和意见仍占多数,于右任等甚至当面批评蒋介石"优柔而非英明"。⑦ 会上,蒋介石坚持拒和。28 日,蒋与汪精卫、孔祥熙、张群谈话,声称"国民党革命精神与三民主义,只有为中国求自由与平等,而不能降

---

① 陆军第七十八军南京会战详报. 转引自: 抗日战争正面战场. P424~425。
② 困勉记. 1937 年 12 月 15 日。
③ 蒋介石日记. (手稿本),1937 年 12 月 16 日。
④ 王世杰日记. 1937 年 12 月 2 日、27 日。
⑤ 本周反省录. 转引自: 蒋介石日记. (手稿本),1937 年 12 月 18 日。
⑥ 蒋介石日记. (手稿本),1937 年 12 月 26 日。
⑦ 蒋介石记. (手稿本),1937 年 12 月 27 日。

服于敌,订立各种不堪忍受之条件,以增加我国家、民族永远之束缚。"①
次日,再与于右任、居正谈话,表示"抗战方针,不可变更。此种大难大节
所关,必须以主义与本党立场为前提也。"②蒋介石认为,与日本议和,外
战可停,而内战必起,国家定将出现大乱局面。次日日记云:"今日最危之
点在停战言和。"③1938年1月2日,蒋介石下定破釜沉舟的决心:"与其
屈服而亡,不如战败而亡。"④他最终决定,拒绝德国方面的斡旋,坚持既
定的抗战国策。

　　从8月13日至12月13日,蒋介石在长江三角洲地区指挥抗战四个
月,战略、战术呆板,对国际力量共同制裁存有不切实际的幻想和期待,未
能及时组织战略撤退,造成中国军队空前巨大的损失,但是,淞沪、南京之
战显示了中国军队、中国政府、中国人民的坚强不屈的精神,打击了日本
的侵略气焰和在短时期内速胜的美梦。此后,日本侵略者在中国广大战
场上就愈陷愈深,终致不能自拔。

　　从战争学习战争。淞沪和南京之战期间,蒋介石和部分国民党高级
将领认识到,中国对日抗战是持久战,必须以空间换时间,必须懂得保存
自己的有生力量,而不能在局部地区拼消耗;必须懂得运用阵地战、守卫
战以外的其他作战形式。9月16日,蒋介石日记云:"上海之得失不关最
后之成败,不必拘泥于此也。"⑤11月7日,日记再云:"此时各战区以发动
游击战争,使敌所占领各地不能安定,且分散其兵力,使之防不胜防
也。"⑥12月1日日记云:"战败敌军制服倭寇之道,今日除在时间上作长
期抗战,以消耗敌力;在空间上谋国际之干涉,与使敌军在广大区域驻多
数兵力,使之欲罢不能,进退维谷,方能制敌之死命,贯彻我基本主张,此
旨万不可稍有动摇。"⑦同月16日,南京失守后的第三日,蒋介石发表《告
全国国民书》称:"中国持久抗战,其最后决胜之中心,不但不在南京,抑且

---

①　蒋介石日记(手稿本),1937年12月28日。
②　蒋介石日记(手稿本),1937年12月29日。
③　蒋介石日记(手稿本),1937年12月30日。
④　蒋介石日记(手稿本),1938年1月2日。
⑤　蒋介石日记(手稿本),1937年9月16日。
⑥　蒋介石日记(手稿本),1937年11月7日。
⑦　本月反省录.转引自:蒋介石日记.(手稿本),1937年11月30日。

不在各大都市，而实寄于全国之乡村与广大强固之民心；我全国同胞诚能晓然于敌人之鲸吞无可幸免，父告其子，兄勉其弟，人人敌忾，步步设防，则四千万方里国土以内，到处皆可造成有形、无形之坚强堡垒，以制敌之死命。"①这些地方都说明，通过挫折和失败，蒋介石的战略思想有了长进。

还在淞沪之战的紧张关头，蒋介石曾经在日记中写道："凡我中国之寸土失地皆洒满吾中华民族黄帝子孙之血迹，使我世世子孙皆踏此血迹而前进，永久不忘倭寇侵占与惨杀之历史，必使倭寇侵略之武力摧毁灭绝，期达我民族斗争最后胜利之目的。"②淞沪之战虽然失败了，但是，中国军人所表现出来的浴血苦战、视死如归的爱国精神与牺牲精神必将长留在中华民族的史册上。

附记：当华北战场危急之际，蒋介石主动开辟淞沪战场。旧说之一以为，这是蒋介石为了将日军的进攻矛头由自北而南引向由东而西，以免日军过早地攻占武汉，截断国民政府自南京西迁的道路，是一项很高明的战略决策云云。此说曾引起激烈争论。一派主张蒋在事前即有明确意识，一派主张蒋在事前并无明确意识。两说长期相持不下。

关于开辟淞沪战场的原因，蒋 1938 年 5 月 5 日曾在《杂录》中写道："敌军战略本以黄河北岸为限，如不能逼其过河，则不能打破其战略，果尔，则其固守北岸之兵力绰绰有余，是其先侵华北之毒计乃得完成，此于我最大之不利。我欲打破其安占华北之战略，一则逼其军队不得不用于江南，二则欲其军队分略黄河南岸，使其兵力不敷分配，更不能使其集中兵力安驻华北。中倭之战必先打破其侵占华北之政策，而后乃可毁灭其侵略全华之野心。总之，倭寇进占京沪，其外交政策已陷于不可自拔之境，而其进占鲁南，则其整个军略亦陷于不可收拾之地也。"③据此可知，当时蒋介石开辟淞沪战场的目的，在于分散日军兵力，粉碎其首先占领华北的侵略计划。

---

① 总统蒋公大事长编初稿. 卷 4（上），总第 1200 页。
② 本周反省录. 转引自：蒋介石日记.（手稿本），1937 年 9 月 11 日。
③ 蒋介石日记.（手稿本），1938 年年末。

第六章
日军作战（1937 年 7 月～12 月）

作者：服部聪/爱德华·J·德利亚

卢沟桥事件到南京陷落期间的战斗进程

159　　1937 年 7 月 7 日～8 日夜间,谁先打了第一枪是日本历史界长期不解的问题。[1] 十分清楚的是,日本驻屯军和中国第二十九军之间的战斗引发了席卷全东亚的战争。日本持久的对华作战最终耗尽了全部国力。然而在 1937 年中日军界根本不可能预测到这点的。

　　原因有二:第一是政治上的。日军使用军事力量的目标始终模糊不清。日本在华大量投入兵力,其目的在于惩罚南京政府、逼其改变对日政策。卢沟桥事件突然爆发,东京希望能够迅速解决,这是以前所有事件发生后的模式。可是此时的日本没能正确判断到中国已经发生了根本性的变化,动武的理由即已错误。然而,除了动武之外,日本别无选择。日本即刻在亚洲大陆陷入了一场全面战争。

　　第二个原因是军事上的。日本坚信不出数个星期即会大获全胜。诚然,日军内部对本身大规模作战能力存在担心,意见也很分歧,但是绝大多数的看法认为中国不可能进行有效抵抗。速战速决能够避免拖长中国战事,日军将在战场上决战对手,通过快速运动围歼国民党中央军。开战初期东京的目的是消灭中央军。尽管 1939 年前日军不在乎占领一城一池,中国还是将大批重要城市丢失给了日本。

---

　　① 半藤一利.昭和史.平凡社,2004,P179～185;参考:秦郁彦.卢沟桥事变的研究.东京大学出版社,1996。

随着战事扩大,日军在作战中投入大量作战飞机,这是对中国非对称 160
优势。日本陆军和海军各自都拥有自己的航空兵。[①] 1937 年,陆军拥有
54 个飞行中队,海军拥有 200 架舰载和 390 架陆基飞机。[②] 1930 年年末,
海、陆两军都投入了新型国产战机。1937 年,陆军航空兵主要使用的是
双引擎 93 式重型轰炸机(九三重爆,载弹量 1 000 公斤)、双引擎 93 式轻
型轰炸机(九三双轻爆,载弹量 300 公斤)和 95 式复翼战斗机(两挺机
枪)。海军则使用双引擎 96 式陆上攻击机(载弹量 1 000 公斤,相当于陆
军航空兵的重型轰炸机)、舰载式复翼 96 式轰炸机(载弹量 250 公斤)、舰
载式复翼 95 式舰载战斗机(两挺机枪)和 96 式单翼舰载战斗机(两挺机
枪)。陆军的 95 式和海军 96 式舰载机都是非常优秀的战斗机。1937 年
年底前,新式 96 式中型轰炸机和 97 式舰载陆上攻击机投入中国战场。
日军的空中火力大大加强。

中国中央军空军成立刚满两年,拥有 7 个陆基和 7 个海上飞行中队,
一百多架飞机。中国空军飞行员缺乏作战经验。一位退役的美国空军军
官陈纳德受蒋介石邀请于 1937 年五六月间对中国空军进行了调查,他发
现中国空军远远落后于日本空军。[③] 日本空军不论数量上还是质量上都
占优势,它能轻而易举地夺取中国战场制空权。日本空军进行空中侦察、
地面支援、战略轰炸等任务,有效地发挥了空中火力优势。

此外,日本也向中国战场投入了少量的坦克和装甲战车;重型大炮和
海军舰炮火力使用也非常恰当。1937 年 7 月的日军拥有 2 个坦克旅团
另一坦克大队。主要装备是 89 式中型坦克(57 毫米主炮,自重 12 吨)、
92 式重型装甲战车(一挺机枪,自重 3.2 吨)、94 式轻型装甲战车(一挺机
枪,自重 3.2 吨)、95 式轻型坦克(37 毫米主炮,自重 7.5 吨)。1937 年 6
月,日军投入一款新型 97 式中型坦克(57 毫米主炮,15.3 吨自重)。日军

[①] 战争初期日本陆军航空队编制是:飞行团、联队、大队、中队。英文 Air Squadrons 是指
当时的飞行中队。陆军航空兵是以中队为基本建制单位,而日本海军航空兵则以航空队为基本
建制单位。战争开始后,日军取消大队编制,改由中队组成联队,再由战队组成飞行团。飞行团
组成飞行集团。——译者。

[②] 日本陆军的航空兵:战斗机 20 架一个中队、轻型轰炸机 15 架一个中队、重型轰炸机 10
架一个中队。航空飞行团拥有两个飞行中队。一个飞行集团包括大约 100 架战斗机和轰炸机。

[③] 罗纳德·海弗曼(Ronald Haiferman)著. 日中航空决战. 板井文也译. 产经新闻社,
1973,P8～11。

对中国军队享有压倒性的技术优势。①

整个中国海军只有 8 艘小型巡防舰,40 艘炮舰,4 艘鱼雷快艇。相比之下,日本驻中国第三舰队拥有 4 艘轻型巡洋舰,13 艘护卫舰和 12 艘炮艇。这支舰队的身后是强大的联合舰队(第一和第二舰队),其中包括 5 艘战列舰和 3 艘航空母舰。日本海军完全控制了中国沿海,并用最大限度的海军舰炮和舰载机来支援地面作战。总之,日军的优势武器装备大大胜出中国,这也弥补了日军人数上的不足。

中日战争的初期作战主要发生在三个方向:华北、察哈尔和上海。本章的重点是阐述南京陷落前日军在这三个完全不同战场上的作战和它们的重要性。

武装冲突升级

卢沟桥事变之后,战斗在北平附近展开。中国驻屯军下辖一个旅团(5 600 人)。他们的对手是中国第二十九军,它下辖 5 个师又 4 个旅(75 000 人)。由于华北形势严峻,东京内阁从关东军抽调两个旅团增兵中国驻屯军,再从朝鲜抽调一个师团开赴北平和天津。同时日本在本土动员 3 个师团,因为他们得到情报,说中国中央军正向北平靠拢。增兵中国驻屯军于 7 月 18 日完成。这期间,似乎形势趋于稳定,停战谈判也在北平进行。然而 25～26 日新的战事又在廊坊和广安门爆发。日本内阁决定向华北再派遣 3 个师团共 210 000 人(第五、六、十师团)。

8 月 21 日,日本再次动员新的师团。日本军界对解决危机保持乐观,冲突还未导致中日全面战争。日本也不相信会有全面战争,所以 8 月 25 日四相御前会议决定不作正式宣战。

华北会战

8 月 31 日,日本参谋本部建立由寺内寿一大将指挥的华北方面军,

---

① 92 型重型装甲车和 94 型轻型装甲车都是履带式牵引,其实就是坦克。

它融合了原中国驻屯军和最近赶到的部队。华北方面军下辖第一军(司令官香月清司中将)和第二军(司令官西尾寿造中将),每个军含三个师团。第一军含第六、十四、二十师团;第二军含第十、十六、一〇八师团。另外,一〇九师团正在从日本赶来的路上,第五师团正在察哈尔作战(下面论述),这两个师团也归华北方面军指挥。辅属部队包括2个坦克大队、两个重炮旅团归第一军;一个重炮旅归第二军;另两个重炮大队直接归方面军指挥。两个加强坦克大队拥有78辆89式中型坦克和41辆94式轻型装甲车。加上在察哈尔参战的坦克大队,陆军几乎在中国前线集中了所有的装甲部队。

162

　　为了支援大规模地面作战,参谋本部给每个军分配一个航空飞行集团。第一航空飞行集团归陆军第一军,第四航空集团归第二军。第一航空飞行集团下辖一个战斗机飞行团、一个轻型轰炸机飞行团,另加一个重型轰炸机中队;第四航空集团拥有一个战斗机飞行团、一个轻型轰炸机飞行团和一个侦察、一个轰炸机中队。第一航空飞行集团攻击力量较强,第四航空飞行集团强于侦察。华北方面军本身一共拥有两个空中侦察飞行团、一个重型轰炸机飞行团和一个战斗机中队。空中侦察弥补了日本陆军通讯薄弱状况。[1]

　　第一军的主攻方向是沿平汉铁路线(北平至汉口)直逼保定。第二军的进攻沿津浦铁路线(天津至浦口),沿第一军左翼平行前进,配合其攻势。作战目标是由涿县向西展开切断中国军队退路。[2] 战役目的是包围、歼灭中国军队。这是日本政府和总参谋本部的愿望,他们盼望消灭中国军队以求制服中国政府。占领土地不是其主要目的。

　　香月清司的部队进展神速。这要归功于贿赂北平南线的当地中国指挥官,让他们部队不战而退。9月中旬,国民党第九十一师师长冯占海下令部队从日军第十四师团正面撤出。几天后,万福麟军从日军第六师团当面撤走。其余3个中国师平摊在65公里防线上,地

　　① 防卫厅防卫研修所编.战史丛书(以下简称"BBS.SS"):中国战线的海军作战,至1938年3月.朝云新闻社,1974,P36。

　　② 儿岛襄.日中战争.文春文库编,第四卷,1988,P92。

势平坦,防守薄弱。① 日军第一军轻而易举地从两翼迂回,跳过他们的防区直插南下。9 月 18 日香月清司率军分割了华北地区的中国军队,但是无力实施围歼。②

由于无法包围中国军队,香月清司决定在保定进行决战。陆军航空队对中国后方重要城市石家庄和保定,以及桥梁和铁路进行了轰炸,以切断中国军队退路。③ 9 月 19 日,蒋介石下令固守保定,决战时机似已成熟。然而,中国在华北的第二军(按:原文如此。应为:第二集团军(司令刘峙)五十三军(万福麟掌)早已下令后撤,而邻近第三军(曾万钟)伤亡惨重已无力再战。这样只留第二集团军防守 65 公里长的防线,抵御近逼的日军。④

日军最初战役目标是在保定—独流镇一线收兵。但是华北方面军早已制定目标向华北纵深推进。9 月 20 日,寺内寿一将军表明了他的意图:"军官和士兵们必须把他们的水壶装满黄河的水作为纪念,否则就别回来了"。⑤ 两天后,香月清司用第十四、二十师团从西南方向包围保定,并命令第六师团攻城。中国军队此时虽然缺乏协同作战经验,但保定城防坚固,一旦扼守,日军的进攻还是能够打退的。保定城墙高近 20 米,宽4.5 米。城墙外设有内线护城河,最远处 550 米之外还有一条极深的外线护城河。两条护城河之间建有地堡、铁丝网、防御阵地和各种射击位置。所有防御设施都用大豆植被进行了伪装,日军飞行员报告城墙外是一片植被物。这些伪装完全骗过了日军空中侦察。

9 月 24 日,日本炮兵轰击保定北城墙,随后一个旅团发起强攻。炮击刚刚停止,中国指挥官立刻下令撤退,丢弃了完好的防御阵地。中国第一、第二集团军 9 万之众先后拱卫保定和涿县,但战斗却这样匆匆结束了。日军阵亡 1 500,伤 4 000。中国主力再次逃脱包围。原因之一是察哈尔会战突然激战正酣。

---

① 日军条例要求一个师团防守正面是 10～15 公里,具体看地形而定。参见:实地演练使用表格.1941 年 1 月 19 日。转引自:陆战研究协会.现代战争历史概要:文件部分.陆战研究协会,1984,P192。

② 儿岛襄.日中战争.第四卷,P93～94。

③ 防卫厅防卫研修所编.战史丛书:中国战线的陆基航空兵作战.朝云新闻社,1974,P36～37。

④ 儿岛襄.日中战争.第四卷,P94～95。

⑤ 同上,P95～98,P98。

察哈尔会战

中国第二十九集团军(一四三师,四十独立旅和十三独立骑兵旅)的部分部队驻扎在察哈尔省。其中山西部队和绥远部队的主力(5 个师又 3 个骑兵师)驻扎在山西、绥远北部,邻近中央军第八十四、八十九师。8 月上旬,八十九师沿长城以南进逼南口,威胁北平的日军中国驻屯军。第 1 骑兵军(含 3 个骑兵师和两个步兵师)同时进攻,逼迫德王的蒙古军队(11 个师)从边境地区撤出。8 月中,日本中国驻屯军从南面向八十九师发动进攻,部分关东军穿越内蒙由北向南向中国军队进攻。

关东军窥探察哈尔省已久。在接到东京参谋本部允可之后,关东军于 8 月 14 日建立了派遣兵团前敌指挥部,由其参谋长东条英机中将指挥。东京的目的是确保"满洲国"战略侧翼的安全,而关东军的目的是在华北建立伪政府,并把占领地区纳入日本势力范围。[①]

察哈尔派遣兵团下辖三个混成旅,其中包括一支日本最机械化的作战部队。这支部队配有中型坦克,重、轻型装甲车和轻型坦克。8 月 30 日,陆军最高统帅部下令这支特殊部队和中国驻屯军占领察哈尔省。华北方面军此时也动用了其战略预备队,即板垣征四郎中将指挥的第五师团。快速运动的日军利用其装甲部队冲破了中国军队的防线,他还利用铁路在察哈尔省内调动部队和物资投放到战略要点。日军第一独立混成旅对其坦克和装甲车运用非常奏效,但关东军"战事教训"评估中还是批评了这支部队,认为装甲部队进攻缺乏冲击力度,车辆损坏严重,战车消耗大量的后勤和维修资源。陆军认为战车的作战效应有限,于是该旅团于 1938 年被解散。日军机械化部队的编组任务越来越缓慢了。

察哈尔地面进攻得到了第二航空飞行集团的支持。8 月中旬起,驻扎在承德和锦州的日军航空兵对中国军队阵地、运输线进行了轰炸。此外,他们还进行侦察任务,甚至对被围的日军进行空投补给。空军迅速前移机场,积极跟上机械化部队的快速推进。8 月底空袭太原之后,有部分

---

① 防卫厅防卫研修所编.战史丛书:中国战线的海军作战.第一卷,P225～256。

航空队撤回原来驻地,只留下两个战斗机中队和两个重型轰炸机队中队组成"临时飞行团"。

9 月中旬,日军第五师团和察哈尔派遣军向西南方向翻山越岭通过山西。9 月 13 日,日军攻占大同。五天后,香月清司预感到决战在即,命令第五师团转向西南,奔袭保定以包围正在撤退中的中国军队。[①] 调整部队后不久,板垣征四郎从空中侦察获悉中国军队正在平型关集结(山西大营镇一带)。他担心中国军队会通过平型关向东威胁他的后方,于是 9 月 21 日下令第二十一旅团长三浦敏事少将带领一个联队的兵力控制平型关两侧公路,并击散敌军。

平型关

9 月 22 日中午过后,三浦敏事的部队登上卡车准备出发。前进的道路比预想的缓慢和艰难。陡峭的山谷间,一条单行土路蜿蜒曲折,49 辆卡车载运着步兵和重武器(机枪组和炮兵大队装备),车行速度只有每小时 11 公里。[②] 下午,前沿部队在平型关口以东 8 公里处遭遇了几百名中国军队。经过短暂的战斗后,中国军队撤出。天色已渐渐变黑,日军依然缓慢前进,直到离关口 1.6 公里处的一个村庄才停下。在这里他们突然遭遇到包括迫击炮和自动火器的顽强阻击。日军击溃中国军队第七十三师的反击后,三浦敏事决定发动夜间攻击。两个中队的日军在炮火和重机枪的掩护下向关口冲击,并于凌晨占领平型关西侧高地。中国援军很快赶到,试图夺回高地。高地争夺战在 9 月 24 日进行了整整一天。

与此同时,中共八路军一一五师(含六八五,六八六和六八七团)向南绕到了日军背后。一一五师只有 6 000 官兵,师长是 29 岁的林彪。一一五师于 9 月 24 日截断了三浦敏事部队和其补给基地之间平型关以东的大道。同日,中央军第七十一师在关口西侧对三浦敏事人数较少的部队发动了多次猛烈反击,大有歼灭日军之势。

---

① 防卫厅防卫研修所编.战史丛书:支那事变陆军作战,到 1938 年 1 月.朝云新闻社,1975,P325。

② 儿岛襄.日中战争.P108。

　　中央军和共产党的部队原本计划于9月25日拂晓向日军两翼同时发起攻击。但是瓢泼大雨耽搁了中央军后续部队。大雨声也掩盖了日军的夜袭进攻。日军利用中国军队夜间警备薄弱,突袭七十一师和八十四师,并把他们赶下平型关以西各主要阵地。三浦敏事此时坚信他已经控制了关口两侧,中国军队会同以往一样全线撤退。但他并不知道林彪的部队已切断关口以东入口处,所以三浦敏事依然命令其在平型关以东24公里处待命的后勤补给部队(辎重队)迅速前进。他急需给消耗殆尽的作战部队输送给养和弹药。

　　这支运输部队由70架马车和80辆卡车组成。在土路上,辎重缓慢地爬行着。部分路段由于大雨已经变成泥泞的沼泽。驾驶马匹和车辆的是一百多名没有受过训练也没有武器的士兵。一些正规辎重兵只携带着10把骑兵式卡宾枪,一支30人的步兵小队负责警戒护卫。80辆卡车上带着另外176名不同人员,其中士兵很少。这支运输补给队没有想到会遇到麻烦,所以也根本没有能力进行自卫。

　　这条下沉式的土路已经过数百年大篷车队的压碾,日军纵队慢慢逼近了平型关口这条人造土路,两侧山坡至少有10米之高。不到中午,纵队行至关口以东6.5公里处,土路开始变得狭窄,突然中共一一五师从伏击位置发动攻击。中共部队从高地投入大量手榴弹,轻型武器火力向被围日军一起开火。日军尽管拼命抵抗,但是突袭、居高临下和人数优势使整个土路瞬间变成了屠宰场。

　　中共军队击毙了几乎所有的辎重兵和步兵。三浦敏事在指挥所听到了稠密的枪声和爆炸声,他立即下令组织一个大队兵力增援运输纵队。中共六八五团控制了通往被围运输队的唯一通道,阻止了该部增援部队。六八五、六八六团部分部队迅速解决了日军行李车队。只有纵队垫后的五辆卡车得以逃脱。中共军队在抢劫了武器、装备和服装之后,焚烧了所有的车辆,然后向西南方向退入深山之中。中共宣称击毙三千日军,但更实际的数字是二百。但不容质疑,林彪的游击战取得了非常重要的战术胜利。

　　正当一一五师于平型关口以东摧毁日军补给纵队之时,中央军第六、七集团军(包括七十一师)对关口以西三浦敏事分散各处的部队不分昼夜地进行了一联串的攻击。双方损伤皆很惨重。中国军队从各峡谷四面八方向日军扑去,日军勉强守住高地。此时的日军已成孤军,中国军队攻击不断;日军缺粮、缺水、缺弹药;山间天气寒冷,日军没有御寒棉衣;寡不敌众,日军甚至只得从战死中国士兵身上搜取枪支、弹药。

坂垣即刻下令第四十一、二十一步兵联队,配关东军一步兵联队,于平型关东北方 80 公里处出发,解救被围的先遣部队。暴雨中,日军行进在山体间的单一小道上,进展缓慢。在平型关以北 65 公里处,援军兵分两路。第二十一联队向西迂回中国军队,其余 2 个联队继续向关口推进。西北方向上,日本察哈尔派遣军第十五旅团从大同向东南方向包抄中国军队。中国中央军于平型关西北 80 公里处的内长城地带给日军造成极大的杀伤。日军第四十一联队于 9 月 28 日才得同三浦敏事部队会合。当天,二十一联队在平型关西北 65 公里处内长城地段突破中国的顽强防御。这样,日军撬开了中国军队的整个防线,大有进行反包围之势。29日激战整日,日军第二旅团冲破中国中央军防线并向西挺进。中国第六集团军面临被围歼的危险,第二天,中国军队迅速向西南撤退。日军没有具体伤亡数字。中方声称日军损伤三千,同时也承认自己的损失要比日军多出十倍。

经过五天的山区激战,三浦敏事守住了阵地,但是鉴于该部损伤严重、加上救援部队的伤亡,日军只能称之为惨胜。国民党和共产党的部队向西南方向撤出战斗,以图来日再战。中央军在进攻和防御中所表现出的坚定意志和中共一一五师娴熟的"打了就跑"的战术狠狠地教训了日本军队。中国亦借此大肆宣传。

再战华北

10 月 1 日,日本参谋本部下令华北方面军在山西境内消灭中国军队。日军估计固守太原、阳泉、原平镇(忻州方向)的中国军队(晋军或中央军)共计二十多个作战师。10 月 13 日,日军第五、二十师团进逼太原,第十五师团加一个混成旅由原平镇向南攻击前进。第十五师团即刻遭到中国军队在即设阵地的顽强抵抗,进攻受阻。10 月 19 日～26 日,第二十师团同旧关附近坚守的 13 个中国师发生激战。他们击退中国军队无数次的坚决反击,但始终无法突破对方的防线。直到二十师团一个联队迂回到中国防线的侧后,中国军队才被迫全线撤退。得到补充后的第五师团于 11 月 3 日加入追击中国军队的行列,五天后到达太原。第二十师团向西的攻击,给从太原撤出的中国军队造成严重损失。此次会战日军以占领土地为目的,所以在战术和战役上双双获胜。不久之后,除了第二十师团以外,所有日本军队全部撤出山西。①

　　察哈尔会战结束,关东军控制了察哈尔、绥远、山西北部。日军即刻建立亲日傀儡政府。此次战役确保了满洲的侧翼西部边境,日军也延伸了其在内蒙的利益。然而,日军并未能够歼灭中国军队。相反,平型关的受挫大大激励了中国军队的抵抗热情。

　　日军情报部门估计有 23 个中国师在石家庄附近构筑工事。10 月 6 日,寺内寿一②下令第一军前往消灭他们,第二军仍将辅助包围作战。经过激烈的战斗,第一军进展迟缓,无法拖住中国军队。③ 第二军亦无法完成包围,只能占据一些城镇却无法长期掌控。④ 此时的华北方面军决定留守 6 个师团用以警备平汉、津浦铁路线和山西北部地区。

　　军事战役错综复杂,日军参谋本部很难实际掌控作战部队。比如 9 月 25 日,日本参谋本部命令华北方面军限制其作战范围为德州至石家庄以北一线。但是寺内寿一一再命令第一军继续向南扩张。12 月第二军已南渡黄河进入山东省境内,攻占济南这一重要铁路枢纽。参谋本部最终只得默许战场指挥官们的做法,这已经成了家常便饭,反正进攻的宗旨是消灭中国军队。日军战场指挥官认为这种以下犯上的行为是"战场特权",他们坚持认为战场上的指挥官(相比千里之外的东京)更有能力判断形势并随机应变。这种不服从参谋本部命令的事件在以后的战役中还会不断出现。

　　10 月下旬,日本华北方面军迅速南进,已经占领大多数的目标区域。

_____

① 　防卫厅防卫研修所编.战史丛书:中国战线的陆基航空兵作战.P367~372.

② 　华北方面军司令官。——译者。

③ 　防卫厅防卫研修所编.战史丛书:事变陆军作战.第一卷,P363~365.

④ 　同上,P365~367.

168

然而歼灭中国军队、摧毁其抵抗意志这一战略目标始终没能达到。中国军队很有技巧地避开决战。日本人再次估计错了，中国就是拒绝投降。[①]为了寻找决战这一战略目标，10 月初日本参谋本部决定在上海扩大战事。

淞沪会战

日本参谋本部原本希望不扩大华北战事。但是自 7 月以来，上海的局势日趋紧张。这是中日关系一个长期火药桶。（1937 年）8 月 9 日夜间，中国军队在其空军基地附近巡逻时击毙了一名日本海军军官和一名士兵。[②] 8 月 13 日，日本海军陆战队和中国军队爆发冲突。第二天，中国空军轰炸上海日军阵地。

169　　从 15 日起，日军开始第一次战略性轰炸。驻扎在台北和本土大村市的海军陆基航空飞行中队（每中队 20 架飞机）对南京、南昌、上海附近的中国空军基地施行了轰炸，以图摧毁中国空军。由于距离甚远，日军轰炸机没有战斗机护航，结果受到中国战斗机的攻击，损失惨重。[③] 同时，日本海军增兵上海。然而新到的四千援军认识到战况依然是寡不敌众，他们被斗志高昂的中央军压得喘不过气来。

8 月 17 日，经过内阁协商，陆军勉强同意海军增兵上海的要求。陆军动员 3 个步兵师团（第三、十一、十四师团）组成上海派遣军。松井石根中将以预备役身份应召统帅上海派遣军。他被召入皇宫听候指令。此时的裕仁天皇非常担心日本会被卷入一场旷日持久的战争，但他还是指令松井快去上任，保护日本在上海和北方的"利益"，保护居住在那里的日本人的生命财产。[④]

---

①　防卫厅防卫研修所编.支那事变陆军作战.第一卷，P384～396。
②　影山好一郎.关于大山事件的考察：第二次上海事变导火线的真相和对（海军）军令部的影响.转引自：军事史学.第三十二期之第三号（1996 年 12 月）.P14.影山认为事件一直扑朔迷离，从日本史料和亲历者叙述，他的结论是刚刚到达上海地区的中央军少壮派伏击了日本汽车.参见：儿岛襄.日中战争.P66～67。
③　防卫厅防卫研修所编.战史丛书：中国战线的海军作战.第一卷，P340～352。
④　臼井胜美著.日中战争（新版）.中公新书，2000，P79。

8月18日,裕仁天皇询问陆、海两军大臣:如何才能集中兵力给予中国军队致命一击? 如何才能迅速结束战争?[①] 两天后,两军大臣答复道:空中轰炸战役是摧毁中国抵抗意志的最有效方法。空中轰炸战役将伴随着日军占领华北战略要地,中国中央军将被消灭,海军将在合适的时候封锁中国沿海。第二天,陆军要求再动员三个预备师团,它们是第一〇一、一〇八、一〇九师团(一〇〇系列的师团是三十岁以上的后备役士兵组成的"三单位制"师团,战力比正规师团要弱一些)。这样,日军兵力比战前计划投入中国的力量又多了两个师团。同时,8月18日,日本海军陆战队又增派三个大队到达上海。

四天后,上海派遣军第三师团在舰艇炮火的支援下登陆吴淞口,增援上海公共租界东部的海军陆战队阵地。第三师团的任务即切断上海—吴淞铁路,占领附近机场,摧毁吴淞炮台,给海军提供进入长江的通道,并在上海北面同第十一师团会合。此时第十一师团正在川沙镇西北32公里处登陆。[②] 第十一师团的任务是向西南方向推进,占领罗店(内陆方向20公里),同第三师团会合,再向西前进分割上海中国守军。[③]

第十一师团通过的区域布满着天然和人造的障碍物。一路上皆是耕地、1.5米深的堤防围起的干稻田、破旧的道路、沼泽地形和各种纵横交错的河道和小溪(往往1~2米深,3至60米宽)。日军战术队形被打乱。乡镇地区四周都是厚实、加固的石墙,这些建筑很自然地变成了天然防御屏障。较小的农场、城镇和村庄布满着交叉火力。这里每个工厂、每个仓库都是抵抗中心。日军进攻倍感吃力。最激烈的战斗发生在罗店。在粉白的坚厚外墙内,中国守军抵抗极其顽强。日军试图通过肉搏方式击溃中国军队。

第三师团最初是在上海公共租界以东市区内进行作战。激烈的战斗实际就是控制仓库、工厂和城市建筑。砖墙建筑、狭窄街道、弯弯曲曲的弄堂严重限制了步兵运动和火力区间。日军密集在小小的区域内,很容易成为中国军的迫击炮、机枪组、狙击手的目标对象。日本士兵需要重型

170

---

①　臼井胜美著.日中战争(新版).中公新书,2000,79~80页;儿岛襄.日中战争.80。

②　防卫厅防卫研修所.战史丛书:支那事变陆军作战.第一卷,P267。

③　同上,P258。

火炮把守军从建筑物里轰出去。但是参谋本部按照早期的地形研究,认为当地土资松散,不适应重炮和坦克。因此,日军两个师团都是在没有重炮和装甲部队的情况下投入战斗的。① 这样减低了日军火力,日军被迫依赖轻型武器来敲开砖墙建筑、攻击守军。没有炮火的支援,进攻变得十分迟缓,伤亡也比预估的大得多。

尽管如此,战役进展依然按照日本人的时间表进行着。第十一师团主力于 8 月 28 日攻占罗店。第三师团一个联队兵力沿着海岸公路北上,迎接南下的一支第十一师团先遣部队。防守的中国军队陷入重围。8 月31 日,第三师团一部占领吴淞炮台。9 月 8 日,交通线被打开,日军补给得到了保障。②

9 月上旬,日本参谋本部预计 10 月上旬会在上海周围进行双方的决战。参谋本部作战课非常担心苏联将会于 11 月份加入这场战争,所以非常希望早点结束战事。③ 9 月 5 日,参谋本部责令华北方面军停止作战行动,并向上海调派两个师团的兵力。寺内寿一非常不情愿地答应了调派部队的要求,但是他还是无视规定,自行计划在苏州包围中国军队。

与此同时,第三师团主力强攻上海东部的中国人居住的老城区,跨过上海—吴淞铁路,在内陆 2 公里处组成一个弧形态势。④ 激烈的巷战随即展开。中国军队从厚厚的砖墙民宅和工厂内积极抵抗,左右邻舍的民居点变成了微型堡垒。阵地每日激战易手多次。即使日军轰塌房屋、洞穿墙壁,中国军队仍在废墟中继续顽强抗击。

到 9 月 9 日为止,第三师团已经伤亡 2 100 人,第十一师团伤亡 1 600人。后者伤亡主要发生在罗店地区。日本参谋本部即刻动员十个后备役步兵大队用于战场补充。⑤ 9 月 13 日,第三师团已经逼近上海跑马场(江湾)一公里地段。日军一周只前进了 8 公里。中国军队以后几天内反击十分猛烈。由于缺乏协调,无法击退日军。但是进攻还是给日军造成重

---

① 防卫厅防卫研修所.战史丛书:支那事变陆军作战.第一卷,P294。
② 同上,P278。
③ 儿岛襄.日中战争.P140
④ 秦郁彦.日中战争史.河出书房,1972,P281。
⑤ 防卫厅防卫研修所.战史丛书:支那事变陆军作战.第一卷,P297。

大伤亡。

日本参谋本部派来的观察员报告写道:没有适当的后勤支持,盲目投入师团到上海将无法持久应付 19 万之众的中国军队。中国士兵打得非常出色。他们熟练利用掩体和隐蔽场,被包围时亦绝不投降。他们的勇敢使得中国人民团结在蒋介石周围,激发出更强烈的反日热情。

中国指挥官是按照日军强大的火力来安排战术的。中国士兵总是守在坚固的堡垒周围,利用原始的步兵武器、手榴弹、迫击炮和徒手兵器压制进攻的日本步兵。双方阵地往往几尺之远,日军害怕伤及自己的部队,根本无法发挥炮兵的作用,故也只能用其原始的步兵武器、轻型枪支和刺刀驱逐隐蔽完好、勉力作战的中国士兵。淞沪会战要继续推进,日军就必须投入更多、更重型的炮兵来摧毁守军重兵防守的工事,然后步兵才能向前推进。在防御重点的内城区域则需要更多的机枪和手榴弹。①

日本参谋本部本来预计此次战役会像 1932 年早期那样既快又决断。他们原以为两个师团就足以应付作战。可是战况却不断恶化,日军 9 月份 1 个月间便战死 2 500 人,负伤 9 800 人。② 9 月 23 日,参谋本部只得再次动员三个师团,即第九、十三、一○一师团增援上海战区。第二天,天皇再次同意动员四个新师团,其中包括第十六、一○八、一○九师团。在这个时刻,日本已有 13 个正规师团在海外,其中 8 个师团在华北作战,4 个师团驻屯满洲,一个师团驻扎朝鲜。2 个预备师团还留守华北地区。第八师团已经接到命令奔赴增援满洲。日本本土只留有 3 个正规师团(第七师团在北海道、第九师团在金泽、近卫师团在东京)。参谋本部还是挑选了第九师团增援上海,虽然第九师团刚刚在满洲服役两年回到日本。第一○一师团也被重新征召,它是由已成家立业的三十岁以上后备役士兵组成,他们被选中投入上海担任占领任务。③ 以上 2 个师团都于 9 月底抵达上海。但是由于缺乏后勤和医疗单位,部队只得原地待命。

得到援兵之后,松井石根于 9 月 29 日重新制定作战计划,第十一、

172

---

①　防卫厅防卫研修所.战史丛书:大本营陆军部,至 1940 年 5 月.朝云新闻社,1967,P489。

②　防卫厅防卫研修所.战史丛书:支那事变陆军作战.第一卷,P387。

③　秦郁彦.南京事件.中公新书,1986,P65。

九、三、一〇一师团将向西平行攻击大场。大场位于上海闸北区西北 12
公里的一个公路要道,人口三万。日本计划择大场向南于 10 月 8 日到达
蕴藻浜,以求在平行于上海公共租界和法租界以北地区围歼中国军队。
然而,要攻取大场,日军就必须攻破蕴藻浜和走马塘之间中国军队构筑的
纵深阵地。松井石根预计这次进攻需要一周时间。①

　　10 月 1 日,第三师团突破沪太公路上的中国防线,但即刻在蕴藻浜
一线遇到中国军队的主防线。蕴藻浜有些地段宽度在 60～90 米,无法顺
利越过。日军只得在中国军队的密集火力下强攻蕴藻浜,然后向支撑碉
堡网发起正面进攻。由于缺乏炮兵和后勤,松井石根把部队集中在前线
狭窄地区,希望利用人数上的优势突破中国人防线。

　　日军在 5 公里的正面展开,第九师团位于中央、第三师团在右、第十
一师团在左。② 大队编制的炮火将中国军队前沿机枪阵地加以摧毁。经
过全线的激烈战斗,中国前沿阵地被打到了蕴藻浜北岸。10 月 5 日,上
海派遣军总部和海军空中侦察发现中国军队已从其右翼开始总撤退。③
同日,松井石根下令第十三师团(原本为战场预备队)掩护第九师团的右
翼,并准备利用突破口扩大战果。他同时下令第十一师填补第九和第十
三师团之间的空隙。以备在第九师团暴露的侧翼受到由西方向来的攻击
时能够阻止敌军反击。最后,松井石根把一〇一师团投入战斗。④ 其实
中国军队根本没有撤退,他们正在巩固现有的主防御阵地。在各个村落
和自然障碍物之间,中国军队设置了密集的互相支援的固定火力支撑点。
在这里中国守军顽强阻止住了日军的进攻,并给对方造成巨大伤亡。坚
固的城镇射出的火力特别具有杀伤力。蕴藻浜畔的拉锯战持续了三天。
中国军队反复进行反攻,有时一个夜晚达十次之多,许多阵地失而复得。⑤

173

---

① 秦郁彦. 日中战争史. P280～281。
② 一个师团正面进攻宽度为 2.5～4.0 公里。参见:日本陆军教育总监部文件. 演习用数
量表格. 1941 年 1 月 19 日,转引自:陆战学会. 近代战争历史概说:资料编. P192。
③ 第九师团参谋部. 第九师团作战经过概要. 1938 年 1 月,转引自:稻叶正夫,白井胜美
编. 现代史料,第九卷,日中战争. 第二部分,美篝书房,1964. P225。
④ 防卫厅防卫研修所编. 支那事变陆军作战. P379～380,地图 400;秦郁彦. 日中战争史.
P281。
⑤ 第九师团参谋部. 第九师团作战经过概要. P226。

10 月 7 日,日军第一〇一师团发起了总攻。[①] 战斗场景酷似第一次世界大战中的堑壕战。日军士兵和工兵在蕴藻浜沿岸挖掘前进堑壕。蕴藻浜北岸所挖的堑壕主要是掩护冲锋舟和架桥设备通过时而不受中国炮火和轻武器袭扰。日军炮兵拼命压制中国火力,掩护工兵把能够载员 20 人的铁制冲锋舟送到河岸。敢死队泅水拉动小船过河。到达对岸时,突击队拿着竹制爬梯跃过 1.8 米高、满是铁丝网的斜坡。一旦越过这个屏障,日军就马上暴露在中国军人轻型武器、迫击炮的交叉火网中(迫击炮射击诸元已经全部锁定)。说白了,这是个设计精妙的屠宰场。日军冲锋舟搭载增援人马不断投入战斗、随后再往回运送那些受伤或奄奄一息的士兵。[②] 日军在蕴藻浜攻击连续受挫,松井石根只得从一线撤出第一〇一师团、让其担任后卫掩护第三师团左翼。十天内该师团突击任务使其折损三千预备役士兵,日本国内大为震惊。[③] 随后日军指派第三、九正规师团继续进攻。经过激战,蕴藻浜中国防线终于被突破。

日军在蕴藻浜南岸勉强取得立足点后,在他们面前还有夹于蕴藻浜与走马塘之间 1.6 公里的纵深碉堡、掩体、射击点和各类障碍物。往往一天之内,一些村落、单个据点在激烈的冲击和反冲击中易手多次。最多时,日军投入 6 万兵力。4 个师团在 10～13 公里的狭窄正面展开攻击。日军情报估计中国军队在这个狭小区域有 7 个师参与防御。日军指挥官改变战术:集中炮火、航空兵、步兵武器打击有限个别目标。经过强大的火力准备后,日军步兵小分队沿着狭窄的正面攻击敌方已被摧毁了的阵地。然而,炮火的过分使用很快耗尽了日军的弹药库存。新的命令指示每门炮每天只得使用规定基数的 20%。[④]

10 月 7 日～13 日期间,战场大雨倾盆,日军航空兵无法出动。中国军队抓紧时机加强还未受损的第二道防线。大雨后水网泛滥使得道路无法通行,土路变成了泥泞的沼泽,堑壕和掩体大批积水;大雨使得食物变

174

①　防卫厅防卫研修所.战史丛书:支那事变陆军作战.P381。

②　参见:日比野士郎.吴淞江.转引自:阿川弘之.昭和战争文学全集,第二卷·攻入中国.集英会.1964,P47～49、64、77。当年 34 岁的日比野士郎是仙台报纸一位记者,应召到一〇一师团当下士。他在吴淞江战斗中负重伤。他的描述第一次是在《中央公论》杂志 1939 年 2 月期上发表。

③　秦郁彦.日中战争史.P65;防卫厅防卫研修所.战史丛书:支那事变陆军作战.P380。

④　第九师团参谋部.第九师团作战经过概要.P226。

质、疲惫的士兵浸泡在雨水中；日军的炊烟马上会引来中国致命的迫击炮火。一条匆忙赶建、只能通过轻型货车的铁路系统勉强使日军把给养和弹药运往前方的兵站。[1] 然而，再往前输送就更加困难了，辎重物质很快陷入泥地。辎重兵只得身背肩扛，把物资往前方送。大雨的唯一好处是日军在休战期间补充给养和兵源。

日军工兵在匆忙编织的竹梯上铺上木板以搭建临时木桥。物资、弹药、补充兵源在网状的河川间往前方运动着。按照河川深浅，日军士兵赤膊带竹梯下水、用身体"架起"浮桥，搬运工和士兵成单线从上而过。[2] 随后，真正的浮桥才能在个别地域得以建起。搭建竹桥外，日军还动用小帆船和舢板横渡相对宽阔、水深的河流；如果可行，日军也会搭建一些轻型行人浮桥。

10 月 13 日至 23 日间，日军第九师团经过激烈战斗突破蕴藻浜边厂房区中国军队的防线。中国军队本来占据着日军右翼这片重要防御地段，对日军在蕴藻浜和走马塘间部队调动的侧翼实施火力打击。日军开始只攻占厂区的一个角落。工兵不断对铁丝网和其他障碍物进行爆破；海军航空兵和重炮轰击中国阵地，使其不得增援或组织反冲击。日军机枪组掩护带有火焰喷射器的突击队前进、逐屋清除守军。[3]

与此同时，第九师团的两个联队配合第三师团突破三道防线，慢慢地消耗了蕴藻浜和走马塘间的中国军队。刚从日本运来的大口径重炮和海军航空兵轰击中国堡垒工事；日军陆军集中火力射击中国单个目标。战斗十分残酷，日军进攻消耗极大。但是日军的火力和兵力渐渐地展现出了优势。

10 月 25 日，日军第九师团最终抵达走马塘，并于当夜利用竹桥通过该屏障。该师团一个大队在受挫三次后终于在南岸强占登陆场，并于拂晓前攻入中国主防御阵地。[4] 第三师团紧跟其后于第二天扩大登陆场。中国守军疲惫不堪、损伤惨重，终于开始后撤。日军伤亡亦非常严重：步兵中队基本只剩 20 人枪并由下士指挥。在蕴藻浜与走马塘之间狭窄区

———————————

① 第九师团参谋部. 第九师团作战经过概要. 248。
② 森松俊夫. 第九师团的奋战. 转引自：历史和人物. 1985 年 12 月期，P244。
③ 森松俊夫第九师团的奋战. P247～248。
④ 第九师团参谋部. 第九师团作战经过概要. P227。

域,双方激战 20 天,日军伤亡 25 000 人,其中战死 8 000。[1] 第三、九、十一 3 个正规师团伤亡达到 70%。第九师团向蕴藻浜前进 15 公里就有 2 872 人战死、6 684 人受伤。[2] 日军通过 12 轮征兵和召回几乎所有后备役军人才勉强使部队保持战力,可见伤亡之惨烈。[3]

10 月 29 日,第九师团在师团和军的炮兵支援下冒着守军的火力于白天渡过苏州河。小帆船和舢板上的机枪组首先渡河占领对岸、然后四下扩散。工兵随后搭建临时浮桥让后续部队通过、扩大登陆场。后来突破口增加、日军连夜增兵南岸。松井石根严重低估了渡河作战的困难。日本老兵至今依然记得他们在南岸通过几个堡垒城镇时,逐村逐户的激烈战斗整整持续了 6 天。[4]

第九师团苏州河渡河战斗再次战死 961 人、受伤人数至少两倍。[5] 松井石根用一〇一师团增援第九师团追击撤退的中国军队。11 月 9 日,日军第十军在上海南线杭州湾成功登陆,中国军队撤退路线被包抄,松井石根才下令停止追击。[6] 淞沪会战就这么没有结果地结束了。日军总的伤亡高达 4 万之众。[7] (参考表 6.1)

表 6.1　日军在淞沪会战中的伤亡

师　团	战前兵力	战　死	受　伤	总伤亡人数
第 3	14 624	3 013	8 578	11 591
第 9	13 182	3 883	8 527	12 410
第 11	12 795	2 293	6 084	8 377
第 13	13 614	1 010	4 140	5 150
第 101		873	3 801	4 674
总　数		11 072	31 130	42 202

175

资料来源:秦郁彦《南京事件》(中公文库,1986 年),第 93 页。

[1]　防卫厅防卫研修所.战史丛书:支那事变陆军作战.P387。
[2]　第九师团参谋部.第九师团作战经过概要.P227。
[3]　秦郁彦.日中战争史.P282。
[4]　第九师团参谋部.第九师团作战经过概要,P252
[5]　同上,P228。
[6]　防卫厅防卫研修所.战史丛书:支那事变陆军作战.P381。
[7]　秦郁彦.南京事件.P93。

向南京进发

176　　　　10 月 20 日,日军柳川平助中将担任新组建的第十军指挥官,第十军
下辖日本派来的第十八和第一一四师团、从华北调遣来的第六和第十六
师团。他上任后第一道命令既是坚决"处理"那些被怀疑帮助敌人的平民
百姓。[1] 他警告部下中国军人会化装渗透日军防线。如此命令给日军对
平民的野蛮行径开了绿灯。柳川平助的任务是通过在上海地区决战彻底
摧毁中国军队。然而,他自己却有更大的野心。11 月 5 日拂晓,由舰队护
送的第六、十八师团在杭州湾金山卫突然登陆。附近的中国军队两个师被
击溃,日军很快向内陆纵深挺进。两天后,中国部队面临被包围、后退路线
被包抄的危险。蒋介石下令从上海总撤退,以保留剩余的战力以备再战。

　　　　11 月 7 日,日军两路大军在上海周边汇合,日本帝国大本营(IGHQ)
决定临时组建华中方面军,任命松井石根担任司令官,协调日军上海派遣
军和第十军的作战行动。方面军的任务是消灭上海附近的中国军队。大
本营明确规定不准跨越上海以西 70 公里的嘉兴到苏州一线。松井石根
原本一直希望夺取南京,无奈淞沪会战损伤巨大,他不得不同意东京的决
定,暂时不扩大战事。[2]

　　　　柳川平助的第十军此时却羽毛丰满。11 月 15 日,他提出全线出击
攻占中国首都南京。国民党政府已经早已撤离。如果中国军队决定把南
京变成上海的话,那么柳川平助准备采用围城方式,而避免伤亡惨重的正
面强攻。日本空军计划对围城实施一个星期的毒气弹和燃烧弹攻击,轰
炸将摧毁守卫者的意志。[3]

　　　　11 月 19 日,柳川平助开始了单独追击行动。3 日后,松井石根下令
柳川平助大部队原地待命,只让先头部队向太湖前进。淞沪会战后,中国

---

① 秦郁彦. 南京事件. P71.

② 参阅. 下村定大将回忆答问录. 转引自: 稻叶正夫,臼井胜美编. 现代史料,第九卷,日中
战争,第二部. 美篙书房,1964,P389;秦郁彦. 1937 年卢沟桥事件. 转引自: 詹姆斯·莫雷
(William Morlen)编. 日本走向太平洋战争:中国泥潭:日本在亚洲大陆上的扩张,1933~1941.
纽约:哥伦比亚大学出版社,1983,P278;儿岛襄. 日中战争. P283~284。

③ 儿岛襄. 日中战争. P158~160、173~174。

军队撤退出现混乱,上海以西防线脆弱。松井石根坚信南京陷落指日可待。11月22日,松井的参谋长向东京请求行动批准。日本参谋本部意见分歧。两天后,那个不可跨越限令得以取消。然而对于南京这个问题,参谋本部继续保持沉默。①

在日本帝国大本营召开的御前会议上,与会者对陆军考虑进攻南京表示不满。参谋次长当即表示华中方面军应该管束第十军。然而会议的第二天,华中方面军情报部门向东京报告说中国中央军现役83个师已经损失过半,其余的部队缺乏食品、弹药、士气低落。松井坚信占领南京会导致中国军队的全面崩溃。②

12月1日,日本参谋本部终于同意进攻南京。同时再次临时改名华中方面军为中国派遣军。松井仍然担任司令官。日本皇家成员朝香宫鸠彦王负责指挥上海派遣军。两天之后,松井指令进攻行动必须小心谨慎,确保占领战略要点、公路和水路;在南京和宁镇山脉以西进行决战。③ 然而第十军骄横自傲、加速推进,在飞机和装甲的掩护下,日行32公里(步兵每日步行极限),迅速扑向南京城。松井看到部队进展如此神速,即改变原先指令。日军随即抵达攻城。

在部队顺江而上追击至南京那一路上,日军时常焚烧民宅和楼房以防中国军队埋伏。④ 然而这种大面积的纵火行为已经超出了一般战术意义。一位后备役新上任联队长告诫部下不要任意纵火,一名大队长反问他是否知道陆军总部的命令是烧毁华中地区的一切房屋? 第十军参谋长终于站出来告诫部队不许任意焚烧民宅和村庄,因为过冬的时候部队需要这些房子。⑤

日军的炮兵和飞机袭扰着撤退的中国军队。日本步兵此时再次拥有了舒展空间,他们开始包抄中国据点,用优势火力摧毁抵抗。一旦需要发

① 秦郁彦. 日中战争史. P278;下村定大将回忆答问录. P391;山本昌弘. 南京:暴行的剖析. Westport, Ct: Praeger,2000,P50。

② 儿岛襄. 日中战争. P165～167;防卫厅防卫研修所. 战史丛书:支那事变陆军作战. P420。

③ 防卫厅防卫研修所. 战史丛书:支那事变陆军作战. P422～423;防卫厅防卫研修所. 战史丛书:中国战线的海军作战. 第一卷,P416～428;儿岛襄. 日中战争. P175～176。

④ 山本昌弘. 南京:暴行的剖析. P55。

⑤ 秦郁彦. 南京事件. P70;儿岛襄. 日中战争. P151。

起正面攻击,他们就让坦克、装甲开路,步兵跟进扩展突破口。日军中国派遣舰队的扫雷艇和炮艇沿长江而上炮击南京。海军陆基和舰载航空兵提供撤退中国军队的情报,并随意攻击混乱行进的中国军队。掌握制空权的陆基和航母舰载机也不断地对南京进行轰炸。① 此时的中国军队犯了许多战术错误。不论一路上高地防御价值如何,他们一律命令死守,结果却帮了倒忙。特别是日军第十军进攻的南路。这里地势平坦,高地不多。但是仅有的高地附近汇集了大批中国部队,他们相对孤立无援,日军可以轻易包抄绕过这些据点。②

　　一名第九师团下级军官后来回忆对中国人的追击就像在演习场上一样,唯一欠缺的就是后勤补给③。后勤的匮乏迫使第十军下令作战部队只携带重要的作战物品和医药。其中根本没有食品补给,日军要求部队就地自给自足、不依赖后勤支援。由于没有后勤物资,④日军便沿途烧杀掠夺。

　　南京的外围防御是一道 80 公里长弓形防线。防线位于距离南京城墙以东 30～50 公里处,距离城市较远。12 月 8 日日军轻易地突破包抄了这条外围防线。两天后他们突破了离城 8～16 公里的第二道防线;然后撞上了第三道复廓阵地、也是最后一道防线。对饱受轰炸的南京争夺战开始了。

　　日军于 12 月 10 日彻夜在整个战线发动总攻。支援炮火划破天空、整个南京成为"不夜城"。日军第六、一一四师团攻击护卫南京南门雨花台等各高地。铁丝网、反坦克战壕、加固后的水泥碉堡和互相交叉防御火力迟缓着日军的进攻。高地丢失后中国军队不断反击,双方伤亡人数不断增加。最终还是日本人占了上风。日军第十六师团占领了南京东北段大部分高地;第三、九师团汇集南京中央地段。在日军占领的高地上,向下俯瞰着一条宽阔护城河和高达 9 米的南京城墙。

　　12 月 11 日,日军第六师团集中炮火掩护一个旅团攻击南京中华门。由于晨雾,日军尝试利用炸药轰开城墙的计划落空。然而,在炮火支援下,攻击部队把中国军队打入城内。与此同时,日军第九师团在光华门渡

① 防卫厅防卫研修所.战史丛书:中国战线的海军作战.P402～407。
② 儿岛襄.日中战争.P111;森松俊夫.第九师团的奋战.P253。
③ 森松俊夫.第九师团的奋战.P253。
④ 儿岛襄.日中战争.P175。

过护城河。第二天凌晨,第六师团进攻受阻;第九师团对东面城墙的攻击、第十六师团强攻南京北部紫金山都遇到中国军队的顽强抵抗。直到下午,日军炮火轰塌了西南城墙,第六师团部分部队攻入南京城内。日军渡过护城河,利用城墙下燃烧的房屋做掩护、用竹梯登上倒塌的城墙。下午晚些时候,日本工兵在护城河上搭建木制浮桥,许多士兵跳入水中支撑起摇摇晃晃的人桥。[①]

　　鉴于不断的炮火和日军已经攻入城内,13 日晚上 7 点中国城防司令部下令总退却。日军第四十五、三十三师团南北夹击封锁了南京,中国军队的撤退很快演变成恐慌。有些部队试图突出日军重围、有些则丢弃武器、换上百姓的衣服混入城中。巷战时有发生。南京东南角的日军第一一四师团参谋长下令烧毁所有两层楼的房屋以求围歼抵抗者。[②]

　　松井石根原本命令第十军和上海派遣军各自选择 2~3 个步兵大队和军事警察进入南京城。[③] 然而随着城内东部和西北角巷战的发生,柳川平助于 12 月 13 日夜下令第十军违抗松井的命令,全力围剿市内抵抗。日军蜂拥而入。入城部队的人数高达 7 万之众,是原来计划的三倍多。部队得到命令是消灭一切抵抗。他们可以使用大炮和其他一切手段、甚至放火。柳川平助同时警告部队注意中国"散兵游勇",包括一切俘虏和形迹可疑的平民百姓。[④]

　　第九师团在南京攻坚战中战死 460 人、伤 1 156 人。在南京的打扫战场行动中他们报告"歼灭"7 000"散兵游勇"。[⑤] 日军第十六师团长中岛今朝吾中将更是直截了当,他的 12 月 13 日日记中写道:日本陆军当时的政策是不接受俘虏、捕获即杀。他后来得到报告有部队"处理"了 15 000名俘虏;一个中队就单独"处理"了 1 300 人。他的日记中写道"干掉"数千人需要把他们分成 100 或 200 人一组,尸体在各大战壕中集体掩埋。[⑥]

　　① 　儿岛襄. 日中战争. P210~211。
　　② 　同上,P222。
　　③ 　洞富雄. 南京大屠杀. 德间书店,1982. P125。
　　④ 　儿岛襄. 日中战争. P228;山本昌弘. 南京:暴行的剖析. P134。
　　⑤ 　第九师团参谋部. 第九师团作战经过概要. P233。
　　⑥ 　中岛今朝吾. 南京攻略战第十六师团长中岛今朝吾日记. 引自:历史和人物增刊. 1984年 12 月. P261。

　　杨大庆是南京大屠杀的编年史专家。他和其他学者都认为日军后勤补给的瘫痪、中国军队出人意料的抵抗、加上中国军队一夜之间崩溃让日本人措手不及,他们根本无法应对大批战俘和南京的平民百姓。同时,日军部队伤亡惨重、复仇心理严重;部队纪律涣散、下级军官不听指挥;再者日军对待投降的态度和对中国人的鄙视都是导致普通士兵大批滥杀无辜的原因。[①] 上级军官基本放弃掌控、任由下级自行处理战俘。高级军官对集体枪杀行为视而不见、甚至于鼓励屠杀。从军事角度上来看,这些在南京的奸淫、掠夺、纵火和滥杀,其效果适得其反。日军这些行径使得日后国民党和中央军更加顽强抵抗日军的侵略。中国没有失去抵抗的意志。德国驻华大使陶德曼的居中调停失败,蒋介石拒绝向日本投降。

180　　对日军来讲,从卢沟桥事变到南京会战是日本陆军第一次地面、空中联合作战,空中优势利用到了极致。然而,日军没有吸取察哈尔作战中装甲部队的经验教训。日军战时动员效率可圈可点,但是同时也暴露出许多缺点:部队在没有装备完毕、人员不足的情况下就盲目投入战场;整个淞沪会战时日军弹药匮乏,特别是炮弹;由于日本的工业还没有纳入全面战争状态,后勤补给一直困扰着华北和淞沪会战;兵源补充也是如此。新兵和后备役军人受训不足,其结果就是部队伤亡严重。从总体上看,日军低估了中国军队实力,在遇到顽强抵抗时往往不知所措。日军高层不得不在9月的平型关和10月的淞沪地区期间投入更大的兵力。淞沪会战中,面对中国军队坚固的防御阵地,松井一味正面强攻,结果日军进攻部队被打残的很多。当然,中国军队伤亡要大得多,而且已经露出败相,战役的转折点是第十军的侧翼登陆,中国军队的撤退随后变成了大溃散。

　　从战略的角度来看,日军在华北、淞沪、南京等一系列会战中速决速胜的战略方针宣告破灭。疲惫不堪的日本陆军已经陷入了中日战争长期僵局的泥潭中。

---

　　① 杨大庆.南京暴行:如何解释.转引自:黛安娜·莱瑞,麦克农编.战争的创伤:战争给现代中国带来的影响.温哥华:不列颠哥伦比亚大学出版社,2001,P84、86～88、90;秦郁彦和其他作者的研究成果。

第七章
长江中游的防御战

作者：斯蒂芬·麦金农

1938 年 1 月 26 日清晨。天气潮湿、寒冷。武昌东门外火车站附近有座双峰山，山上僻静地坐落着道教寺庙长春观。时钟指着七点钟。宁静的寺庙三楼突然一声枪响。胡宗南将军一颗子弹射入一个下跪的中年男子的头部。死者就是韩复榘将军。是他的军队刚刚丢失了华北人口最多的省份山东。韩复榘是至今为止中国现代军事史上因为渎职和指挥不当被枪决的最高级别军官。

作为山东省主席，韩复榘 1930 年末开始在山东行使独立的军事和政治管控。1937 年夏中日战争爆发以后，韩复榘表面上拥护蒋介石为国民党军事委员会主席，但在实际中，他依然掌控山东首府济南这一战略要地。在其防御部署上，韩独断专行，根本不同军事委员会协商。早先韩复榘还有意同日本人达成媾和，但是谈判失败。日军于是发起进攻、轰炸济南。日军从北京、保定、天津迅速南下，蒋介石命令韩复榘和其第三集团军进行抵抗，要求战至一兵一卒。韩复榘向来只有在蒋介石的指令符合他的利益时才会执行。所以他接到命令后一开始就是动摇的。为了保存自己八万人的部队，韩复榘下令撤退，济南城防被掏空。12 月间，济南周围基本没有发生战斗，而城内外百姓惊恐万状。[①] 此时正值国民党首都南京被围之际。日军不费吹灰之力在 12 月 27、28 日占领济南和港口城市青岛。两地丢失对蒋介石和他的同僚来讲是个沉重打击，日军华北部

---

① 魏宏运.抗日战争与中国社会.宁，1997，P163～176；老舍在"大公报"上的报告，1937 年 10～12 月，讨论山东百姓的恐慌。

队可以集中几乎所有兵力沿津浦线迅速南下。1938 年 1 月底,南下日军同占领南京的松井石根大部队大有会合之势,态势威胁极大。此外,南京和济南的相继失守使得抗战气息显得乌烟瘴气。大批的部队和平民百姓四下溃散,景象惨绝。大批民众向南、向西涌向武汉。①

而韩复榘命运的细节是这样的:1938 年 1 月 5 日,韩复榘随身携带着济南大部分的金银珠宝和一口银质棺材,离开了驻扎在山东南部的部队,飞往开封。1 月 6 日,韩复榘遭到逮捕并押送武昌。蒋介石于 1 月 16 日召开高级军事将领会议,期间军事法庭一致通过决议对韩复榘实行正法。这是十几年来各路军阀第一次联手行动。地方强人如李宗仁、白崇禧、冯玉祥都表示愿意配合蒋介石和他的嫡系陈诚、黄埔系胡宗南。大会期间众人义愤填膺,指责韩复榘拒绝抗日,直接导致首都南京保卫战的失败。南京的失守令人羞辱、平民百姓生灵涂炭。在军事法庭上,韩一言不发,看似非常震惊。最后在被带走的时候,韩抗议道:"我对山东的丢失负责,但是谁对丢失南京负责???"②

韩复榘不无道理,但是他错误地估计了正在改变的政治气候。尽管蒋介石作为战场统帅表现不佳,但各路军阀都已表示原意跟随蒋介石,同心同德抗击日本。中国的军人们一致认为日本帝国陆军是支残忍、没有人性的军队,也许难以战胜。但是只有团结才是存活的唯一希望,分裂则意味着灭亡。

对韩复榘的审判、枪决对抗日来说是个军事上和政治上的转折点。武汉已经成为名副其实的中华民国首都。武汉地区是长江中游最后一道

---

① 关于济南和青岛陷落的记录和相关文献请参考:中国第二历史档案馆.抗日战争正面战场.南京:第二历史档案馆,1987,第一卷(以下简称为《正面战场》);国防部.抗日战史:津浦铁路.台北:1962,P75～84;张宪文.抗日战争的正面战场.河南,1987,86～96;

② 大公报.1938 年 1 月 20、24、25、26 日。韩复榘被枪毙描述有许多版本,互相矛盾。我选的是在武昌长郡庙听到的最为戏剧性的版本。参考:王义民.关于韩复榘统治山东和被捕杀的见闻.文史资料选辑.第 12 期(1960),P59～67;孙东轩.韩复榘被杀前后.转引自:文史资料(总第五十四期),1962 年第六期.P99～109。陈庆华.蒋介石处决韩复渠真相.转引自:共鸣.52 期,广州。英文资料参考:唐德刚.李宗仁.李宗仁回忆录.Boulder,1979,P338～340;法兰克·多恩(Frank Dorn).中日战争史:卢沟桥到珍珠港.纽约,1974,P138～145,他们的叙述有些不同。在此同时,四川最重要的军阀刘湘和韩复榘交情很深,对南京也是历来不敬。他在武汉医院突然神秘死亡。2004 年座谈会上,刘峰焊坚持认为冯玉祥和韩复榘的枪决、刘湘的死有直接关系。

防线。一旦有必要,中国依然可以西撤到四川高山峻岭中的重庆。中国
军事领导机构对此战略计划一致认同,这是 20 多年来第一次的高度战略
统一,大家一致愿意服从以蒋介石任军事委员会委员长、陈诚为军事委员
会政治部部长的统一指挥机构。

全国各个政治团体、武汉各大报刊热烈拥护对韩复榘的法办,支持蒋
介石的军事领导地位。这里包括《新华日报》。这是从延安赶来的共产党
人周恩来和王明所领导的新型报刊。① 最有直接军事意义的是,蒋介石
过去的对手桂系军阀李宗仁、白崇禧的 50 多万新锐部队从南方投入保卫
华中的战斗。特别令人鼓舞的是昔日强大的西北军冯玉祥部队也投入蒋
介石的直接指挥。韩复榘的部队在其被正法后四下散去,有的投靠日本
当了伪军,有的占山为王或组织游击队,也有两边都做的。

学术界有个看法,即中国军事领导在抗日战争中没有一个连贯的战
略。沿海防御部队的迅速溃退、12 月间南京陷落、济南和青岛的丢失似
乎都在证明这种说法。但是,以后人的角度来观察、并查阅中日双方新披
露的资料来看,事实正好相反。从中国的角度来看,对战争的准备、特别
是对长江中游的防御计划早在 1930 年初就开始了。② 1938 年 1 月底,在
武昌军事委员会会议上,中国将领已经达成统一认识,那就是利用华中广
大地区拖住日本军队、迫其进行长期消耗的持久战。③

从表面上来看,日本军队似乎在军队的训练、装备、工业基础(包括从
满洲运输补给)都有较好的备战准备。日本的军事和民事统治阶层不反
对辅助中国的"解放和现代化"。日本人自认为对华战争是解救中国。在
他们眼里此时的中国是毫无希望地在自我历史中挣扎,日本希望把经济、

---

① 　共产党没有直接参加 1 月 16 日的法庭判决,但是在月底周恩来参加了武汉联合阵线,
在陈诚手下担任军事事务委员会政治部副主任。参考:抗战中的武汉. 政协,1985,P60～80;茂
雷等编. 武汉抗战史要. 湖北,1985。

② 　这个主题权威著作请参考:方德万. 战争和中国的民族主义,1925～1945. 伦敦,2003。

③ 　关于徐州和后来武汉的防务、日本人的战略,请参考:中国著名历史学家徐勇. 征服之
梦:日本侵华战略》(桂林,1993),147～156 页、179～228 页;敖文蔚《武汉抗战时期蒋介石的战
略战术思想. 转引自:近代史研究. 1995,第六期,P128～156。"持久战"作为战略概念最早是
1920 年代由蒋百里和其他人提出,但是也可以追溯到更早,有人说宋朝就有持久战之说。关于
这个问题参考:吴相湘. 中国使用的总体战略和 1937～1945 中日战争中主要会战. 转引自:Paul
Siheds. 中日战争中的国民党中国,1937～1945. Hicksville, NY,1997,P37～80。后来中文版发
表于《传记文学》,第 302 期(1987 年 7 月),P61～70。

社会、政治和全球一体化的现代模式带给中国。① 然而战场上,日军掌握
着制空权,空中力量破坏力极强。日军海军航空兵不但在任何一个会战
期间为所欲为,对中国后方城市的战略轰炸更是肆无忌惮。② 但是从今
天的眼光来看,日本对于持久的战争(指战争持续一年以上)缺乏任何
战略准备。他们期望在日军闪电战和恐怖战的压力下,在精良的快速
部队强大火力的打击下,蒋介石中国会迅速土崩瓦解。他们认为在华
的战争将是短暂的、决定性的。日本人对消耗性的"持久战"根本没有
预料,也没有任何准备。③

　　到了 1937～1938 年冬季,国际舆论和在华外国军事观察员、外交官
仍然认为日本人在华进展顺利,也有不少人对日本给中国提供"现代化"
的进程表示赞许。④ 现有许多历史材料都证明这一点,当时外国专家的
统一认识就是:南京丢失后,武汉坚守不了一两个月。一旦武汉三镇沦
陷,中国统一抗战即会全面崩溃。蒋介石通过中间人(包括德国大使)同
日本人的谈判也不是什么秘密。日军享有的不单单是绝对火力优势,日
本指挥官比中国对手在人员培训和部队协调方面更是技高一筹。中国由
于军阀割据历史,外界认为统一军事指挥架构是不可能出现的。中方无
法对战略达成统一认识、更不要说战术协调了。最后,这批专家们认为保
卫武汉的中国军队素质低下,缺乏实战经验。⑤

　　更有甚者,战场上的中国军官们之间、蒋介石与其手下将领之间敌意
有余、互信不足。1936 年期间,蒋介石还受到地区长官的绑架。在西北,
共产党和蒋介石之间摩擦不断。蒋介石著名的说法是:"共产党是心腹大
患,而日本人则是疥癣之疾。"还有许多人(比如《纽约时报》地区主编哈雷
特·爱坂德)认为日本霸占中国是件好事,它会给中国带来最终的现代

184

---

　　① 约翰·道尔(John Dower).另外的占领中得到的教训.转引自:Nation 杂志 277,第一,
2003 年 7 月 7 日,P11～14。

　　② 马克·皮蒂.旭日:日本海上航空兵的崛起,1909～1941 年. Annapolis, MD,2002,第五
章,进攻大陆:海军航空兵对中国作战,1937～1941。

　　③ 户部良一,第八章。

　　④ 举例参考:纽约时报.1938 年上半年的报道;参阅《纽约时报》驻中国记者哈雷特·艾班
(Hallet Abend)著.亚洲的混乱.纽约,1939。

　　⑤ 孙有利.中国军事抵抗和改变美国思维,1937～1938.转引自:约翰逊(Robert David
Johnson)编.文化领域(上).芝加哥,1994,P81～96。

化、对外国投资亦能提供良好稳定的政治环境。[①]

　　1938～1939 年保卫长江的会战就是在这个国际和战略环境下展开的。华中保卫战的会战结果让日本和外国专家们大吃一惊。我们基本可以认为武汉会战代表着中日战争的转折点。武汉会战和 1939 年接下去的南昌、长沙会战的结果就是中日双方陷入僵局和持久战。1940 年到来之际，中国人用高昂的代价实现了持久战（消耗战）的大战略。

　　武汉会战意义不仅在此，它似乎给 20 世纪后半叶的历史提供了精彩的范例。武汉会战预演了第二次世界大战后反对殖民统治、寻求国家独立的道路。在 1938～1939 年的华中战场上，中国人几乎每场战役都失败了，但是他们却最终赢得了战争。因为随着战争的继续，中国的政治力量在不断增强。在战场上，中国人让日本付出了惨重的代价，中日之战不得不进入僵持和持久的战争状态，直到外界局势的变化最终终结了这种状况。[②]

会战前夜中国军队的位置、状况和布防

　　1937 年中日开战时，中国正规军人数估计在 170 万～220 万人。这些部队按照他们对蒋介石的政治忠诚程度分成六大类。第一类是蒋介石直接指挥的嫡系部队；第二类是过去对蒋效忠的但不受其直接指挥的部队；第三类是和平时期蒋介石能够掌控的省级地方部队；第四类是蒋介石无法控制的一系列省级地方部队；第五类是共产党的部队（在西北窑洞中的八路军和在武汉到南京之间长江中游山林地区的新四军。新四军于 1938～1939 年间组建）；最后一类是 1931 年在东北被日本人击败、打散了的部队。前两类共有 90 万人。他们准备精良、训练有素；省级地方部队大约不少于 100 万人。他们装备欠佳，但作战经验丰富，对自己的长官

185

----

　　① 麦金农和弗瑞森(Oris Friesen).中国报导：1930 和 1940 年代美国记者口述历史.伯克利，1987。
　　② 诚然武汉会战引出一个更大的问题：1938～1939 年长江中游的保卫战是不是后来历史上事件的先例。阿尔及利亚、越南、阿富汗、车臣、和世界其他地方持续长久的反抗殖民统治的斗争。殖民统治者在战场上是胜了，但是却陷入了越来越困难的政治泥潭！

特别忠诚;共产党和东北败兵加起来估计有 30 万人,双方各占一半。①

　　从地理位置上来看,效忠蒋介石的前两类部队大多部署在中部沿海地区。他们大多参与了淞沪和南京会战,损失较大。嫡系中央军最大的灾难是他们损失了百分之七十的年轻军官,这些都是蒋介石在 30 年代花大本钱培养的精英。② 嫡系部队由两个蒋介石亲信陈诚和胡宗南指挥。这些被打残了的嫡系此时只剩 40 万人,淞沪撤退时出现紊乱、很多部队常常群龙无首。部队于 1937～1938 年冬沿长江一路退到武汉。

　　北方独立的地方部队(如山东省韩复榘部)曾经受到重创,许多部队纷纷投降日军,然后参加伪军;有些成为土匪或组织游击队进行抵抗。这就意味着战争开始 6 个月后,完好无损的部队只剩下驻扎在西南和西北的相对独立、编制庞大的地方军阀部队,如李宗仁和白崇禧将军(广西)、龙云(云南)、杨森(四川)、张发奎和薛岳(广东)、阎锡山(山西～绥远地区)的部队。共产党此时拥兵十万,驻扎在西安之西、北地区。他们一直受到阎锡山的地方部队和胡宗南十几个师的嫡系部队的严密围堵。因此,尽管对共产党部队的学术关注度非常高,在 1938 年的长江中游的会战期间,共产党领导的八路军很少或者根本无法参加 1938 年长江中游的会战。③ 1938 年间中国 70 万防御部队的核心力量来自于广西、四川、广东或其他地方。这些部队从 1920 年后就是李宗仁、白崇禧、张发奎、薛岳的基本队伍。④

　　1938 年初,中国撤退的部队在武汉得到重组,同时新锐部队不断从广西和四川赶到。长江中游防御布阵和架构即以战区重新划分。长江以北地区(安徽、湖北、河南)按地理位置重新划归第五战区,李宗仁为指挥官。李的部队包括了自己桂系白崇禧的队伍和蒋介石的嫡系部队。嫡系部队指挥官是初出茅庐的汤恩伯和前不久羞辱败北的张自忠。张原本是冯玉祥人马,李宗仁没有追究 1937 年张丢失北京的丑事,现在给了张第

---

　　① 刘峰焊.武汉会战研究.转引自:抗战建国时研讨会论文集.台北,1985,第一卷,P99～154。

　　② 张瑞德.抗战时期的国军人事.台北,1993。

　　③ 莱曼·斯莱克(Lyman Van Slyke).百团大战:中日战争中协调和控制问题.转引自:现代亚洲研究 30.第三期(1996),P979～1005。

　　④ 刘峰焊,上引书。

二次委任,希望他戴罪立功。第五战区中国军队参战部队多达 45 万,50 个师(每个师 9 000 人)。^① 最初,战区司令部放在江苏省徐州市。这里是铁路东西(陇海线)、南北(津浦线)的交汇处,战略位置重要。^②

长江以南地区划为第九战区,直接由陈诚将军指挥。该战区涵盖湖南、江西、湖北,以武汉三镇为指挥中心。第九战区陈诚指挥着更加庞大的军队:702 000 人、78 个师。嫡系部队大多由黄埔系毕业生指挥(1920年代蒋介石为黄埔军校校长)。其余部队鱼龙混杂,如粤系将军张发奎等地方军阀,他们必须同蒋介石的嫡系配合作战。部队中还掺杂着一些忠诚度不高的、且群龙无首的地方部队,如冯玉祥和张学良的旧部。此外,第九战区值得一提的是 1938 年新组建的原本是游击队伍的新四军,指挥官为叶挺将军。^③

第五和第九战区的部队在一月份开始重新集结。中国军事领导组织和布阵作战的新方式已经显露。在陆军组织编制方面,中国军队按照德军模式重新编组。大的集团军编组成集团军群(也就是第五、九战区)。与此同时,沿着战略交通线布阵也明显越来越有俄国影子。俄国的影响呈现在作战部队组建上,比如使用"方面军"、"路"军、和后勤保障部队等。但是在大敌当前的时候,如此改变编制显得缺乏连贯性。随着中国军队制定了一些非常理性但又大胆的作战计划,以上的编组后续执行上基本无法落实。此外,对日军事情报工作很差。日军俘虏往往就地枪决,很少进行审讯。因此,在有限侦查情报的情况下,谣言代替了情报,其结果有时是灾难性的(比如 1938 年 11 月毫无必要的火烧长沙)。^④

187

总之,除了撤退,中国军队在战略布阵时过于强调阵地战、固定死守阵地。刚才提到的大集团、多层次的部队钉在主要的交通要道沿线(比如平汉、陇海铁路线)。这样的布署理由也许正确,因为沿铁路线可以得到较好的交通和补给。但是真实的效果是大部队受到很大牵制、日军可以

---

① 刘峰焊.武汉会战研究.
② 徐州历来是战略要地,通往长江中游门户,参考戴安娜・莱瑞.保卫中国:徐州会战.引自:方德万.中国战争史.波士顿,2000,P398~427。
③ 参阅:刘峰焊.武汉会战研究.参考:FF.刘(音译)经典著作.现代中国军事史.普林斯顿大学出版社,1956,第十三和第十七章。
④ 方德万.战争和中国的民族主义.关于缺乏好的情报来源,参考:多恩.中日战争史.

轻易包抄和迂回。由于没有广泛采用游击战术,亦缺乏相应投入,中国军队的机动性大打折扣。最后,还有些中国指挥官打着"持久战"的旗号,往往故意避免同日军决战,哪怕在他们取得战术优势的时候。他们的后怕就是怕被反击打垮。这种担心我们可以理解,在淞沪和南京会战中的惨重损失是灾难性的。许多将领都有地方军阀背景,他们熟知政治、军事生存之道。本次会战关键时刻,某些师长们出现畏缩不前,往往让陈诚、李宗仁、白崇禧、蒋介石大发雷霆。

　　1938 年 3 月前,本次长江中游会战开始之际,中国军队享有 6∶1 的人数优势。中国军队投入 110 万人(120 个师)抗击日军 20 万人(20 个师团)。人数的优势在日军强大的装备、机动、火力优势面前尽已丧失。按照一位美国军事观察家的计算,一个中国师的战斗力(以人数乘以火力为定义)相当于日军一个相对单位的三分之一到十二分之一不等。① 中国军队不但武器拙劣,战场人员、装备补充也非常困难。大多数情况下根本没有补充。我们暂且不论士兵勇气和战斗意志,以上劣势意味着在战场上 100 个中国师往往不及日军 12 个师团的战斗力。

　　中国士兵大多使用轻型武器,用机枪和手榴弹作战。很少能够有效地使用炮兵。中国拥有空军,但是它是个防御性的建制、无法在战术上发挥作用。中国军队擅长夜战和徒手肉搏,集群式反冲击可以彰显人数的优势。②

188　　　蒋介石从 30 年代建立的指挥框架结构十分复杂、政治色彩浓厚。蒋介石的一道作战命令需要通过六层指挥逐渐传达,才能得以落实。再者,淞沪和南京会战失败后,蒋介石更加喜欢直接干预战场指挥,他避开传统通讯管道直接指令战场指挥官。有时他的命令同几天前的自相矛盾。③在武器分配上,蒋介石自然优先黄埔系的嫡系部队,如汤恩伯、胡宗南部,这点也不足为奇。不言而喻,蒋介石的偏心在中国军队指挥各阶层内种

---

　　① 多恩著.中日战争史.P6~10。这个论点无人争辩,连方德万也没有反对过。
　　② 西方军事观察家们,不论是来自欧洲、美洲、德国还是俄国都同意这个观点。论点讨论请参考:戴安娜·莱瑞.保卫中国.在不同指挥下的中国军队在 1950~1952 年(原文如此)的韩战中采用的是相同的战略。整个引述请参考上页注②。
　　③ 张瑞德.蒋介石个人指挥协调.转引自:麦金农、莱瑞、傅高义编辑.战争中的中国:中国不同区域,1937~1945.斯坦福大学,2007,P65~90。

下了不和与反抗的苦果。[①]

面对指挥混乱、缺乏强大火力、过分强调阵地战、淞沪和南京会战的惨痛失败等等这些严酷现实，我们又如何解释 1938 年中国能够成功组织持久的、斗志昂扬的防御会战呢？为什么防御会战能够在长江中游拖住日本帝国陆军达 10 个月之久呢？或者换一句话来问：为什么在 1938 年春天中国军队能够在徐州拖住日军（包括台儿庄大捷）而紧接着打一场气势磅礴的武汉保卫战、并能够让战事拖到十月下旬呢？

让我们在中国指挥方式和个人性格中找些原因吧。尽管蒋介石多次在会战中插手干预，战场总指挥陈诚却能够在长江中游保卫战中灵活却又严密地掌控战局。他克服了部队内部的敌对情绪、缓解了各地方派系间的矛盾，和各路将领们能够在 1938 年形成一个统一的集体。这是个令人吃惊成绩。我个人认为，其中一个原因是他们这一代人有着共同的人生经历：这些将军们享有相同的教育和作战经历，他们一同经历过 1920 年代的血雨腥风。他们中大多数人，包括陈诚本人，都是保定军校毕业生。

保定军校因素

保定军校（保定军官学校）建校于 1912 年，在 20 世纪 20 年代被视为中国的西点军校或者桑德赫斯特军校。在黄埔中央军事学校 1924 年成立前，保定军校为中国新的职业军官团受训的第一选择。保定强调的是纪律、德国和日本的技术专业、学员中的军官团精神。相对于政治思想灌输，保定更加重视军事专业培训。[②] 武汉会战中展现的保定精神的代表是蒋百里，他是民国时期最著名的兵学巨匠、也是保定的第一任校长。1938 年，蒋百里复出担任刚刚搬迁到武汉地区的陆军大学代理校长，病逝后追授为陆军上将。多年来保定系对母校和老校长忠贞不渝（从

---

① 参见：刘. 现代中国军事史. 第十七章；黄仁宇（Ray Huang）. 作为历史资料的蒋介石和他的日记. 转引自：中国历史研究 29. 第一，1996。

② 保定陆军军官学校. 石家庄，1987；林德政. 保定军官学校之研究. 研究生论文，现代历史学院，台北，1980。

1929～1931 年蒋百里被蒋介石囚禁）。无可置疑的是，这项新任命和升迁主要是保定系的努力（他们此时都是将军了）。[1]

从今天的角度来看，武汉会战主要策划者都是保定系军官，比如陈诚、白崇禧、罗卓英、唐生智、叶挺、薛岳等。第五战区的司令长官李宗仁是云南陆军讲武堂（以保定军校为模式）毕业生，但其经历同保定系相当类似（张发奎也是这样，他是武昌第二陆军预科学校毕业的）。与新生代军官不同（如汤恩伯、孙立人），老的这批人中很少有留洋的。而且其中大多数人从 1920 年代来就一直反抗蒋介石，因为蒋介石一直在分化和拆散他们的部队。但是在 1938 年的中国，韩复榘被枪决（他不是保定军校人）之时，所有的人都已经认识到真正的威胁来自日本，形势刻不容缓，大家必须团结在蒋介石的领导之下。

换而言之，保卫武汉的将军们都是保定军校的那一代人。他们是1920～30 年代血雨腥风、两败俱伤的内战中的幸存者，他们是一批作战经验丰富的指挥官。决定枪决韩复榘时，大家仿佛顿悟。他们作出了选择，统一了思想，抱成了一团，战场顿时气象一新。此时此刻，保定系的将军们表现出了军官团的团体精神、互信互重的职业修养。各路人马能够在战场上同心协力，就是违抗蒋介石的干预也能做到彬彬有礼。这一切都让外国观察家们大跌眼镜。

另外一个相关因素就是保定系的部队和他们的特点。这些部队混杂了义务兵和雇佣兵。有些老兵已经在他们长官的队伍里混了十几年了。如同传教士们和职业雇佣兵在国外作战那样（因为长江中游对广西、广州、四川和山东的部队来讲感觉就像在国外作战），士兵们对他们的长官异常忠诚。同时，部队中普遍存有对日本侵略的仇恨。士兵们明白日本对自己家乡的危害。这意味着部队开小差的人很少、内部纪律也比较严格。相比蒋介石直接指挥的嫡系和黄埔系部队，后者强征兵丁、开小差率较高。中国军队中李宗仁、白崇禧的桂系部队战斗力最为突出。1938 年年底前外国观察家们一致认为桂系部队在中国军队中战斗力最强。[2]

---

① 关于蒋百里、蒋复璁和薛光前，参考：蒋百里先生全集. 台北，1971；陶玉金. 蒋百里. 北京，1985. 参考：刘仕平. 蒋百里军事思想研究. 北京，2005。

② 史沫特莱（Agnes Smedley）. 中国战斗号角. 纽约，1943。

因此我个人认为,此时中国将领们内部交流氛围改善,作战指挥能力 190
提高,中国军队的表现出现变化。这种变化就能够解释为什么中国军队
能够抵抗日军达 10 个月之久、为什么能够造成日军不能承受的伤亡代
价。是那种抵抗日军的坚强意志把第五、第九战区的各师师长们团结在
一起,而非对蒋介石的个人忠诚。两个战区的部队装备和作战经验参差
不齐,武器和训练不佳,但是这些部队对其上级极其忠诚,对命令能够坚
决执行。

在长江中游会战中,中国军队的特点就是高伤亡率、低开小差率。此
外因为嫡系部队和最好的中央军军官在战争初期损失殆尽,总指挥蒋介
石干预战事细节的能力(如同他在淞沪会战中那样)受到限制。当然,不
能否定许多指挥官们之间相对政治独立性也约束了他们在作战中的协调
能力。战斗变化瞬间缺乏友邻的互相援助。因此,最终在日军无情的轰
炸、机动和火力打击下,徐州陷落。1938 年底,武汉沦陷。

有时候,历史学家会把徐州会战和武汉会战分开。对中日作战双方
的指挥官来讲,徐州会战和武汉会战是相互连接的。原因就是:日军希
望汇集华北、华中部队于徐州以南,采用钳形攻势于开春前一举攻占武
汉。为了阻止日军的企图,中国军队毅然决定在徐州地区摆开架势、准备
决战。[①]

战争头 6 个月,日本帝国陆军在华东沿海势如破竹。但是徐州会战、
武汉会战却打得缓慢而又惨痛。1938 年旷日持久的会战是为了争夺长
江中游地区。这场会战在战争军事历史上占有着中心地位,因为这是中
日战争的转折点。

徐州会战

争夺长江中游控制权的会战持续了 10 个月(1938 年 1 月~10 月)。
以地理位置和战斗序列来讲,战场主动权在日本人手里。日军有炮火、航
空兵和地面机动等优势。当初的外国观察家们和今天的历史学家都认为 191

① 参考:毛磊.武汉抗战史.观察中国观点,再看本书第八章日本观点。

中国人指挥存在着大的弊端,他们指责中国军队过于保守、注重防御、不愿意主动出击。特别是在日军过于突前或在溃退时,中国军队也不愿积极追击。① 但是先不忙于接受这种观点,我们还是考虑一下当时战场的情况,以及中国军队主动发起攻击时遇到的困难:中国军队的机动能力只限于强行军或铁路运输;中国军队火力薄弱,发起攻击前根本没有力量摧毁敌方阵地。中国军队只有极少数炮兵,大多情况下根本就没有炮火支援;更不用说空中打击能力了。

1938 年 1 月,日军计划让华北方面军(指挥官板垣征四郎、西尾寿造、矶谷廉介)和畑俊六指挥的驻扎在南京的华中派遣军(或第十一军)汇合。日本华北方面军从济南沿津浦线南下,而畑俊六的部队从南京沿津浦线北上。两路大军一旦在徐州汇合后即会从北、东两个方向展开钳形攻势,扑向长江中游峡谷要塞地段。先攻下九江再取武汉。3 月底时的形势对日军十分有利,日本人似乎确定已经打破以蒋介石为核心的联合抗日统一战线。②

在这个节骨眼上,蒋介石于 1 月底在武昌召开军事委员会会议,并作出重大决定:鉴于中日双方决策者都关注徐州这个陇海、津浦铁路交汇处重要的战略城市,③中国军队决定倾全力保卫徐州。以今天的角度来看,保卫徐州也许是中日战争中最重要的决定。中国军队在徐州地区拖住并击溃了日本军队,逼迫其从满洲(土肥原贤二将军的部队)和南京增兵支援。日军脸面失尽。这两次增兵严重迟缓了日军原本计划好了的战役:即(1) 由太原向西、北两个方向进攻;(2) 从南京沿长江推进。徐州会战还迫使日本重新考虑在华的兵力部署和人员调动。同时,东京总部必须

　　① 多恩. 中日战争历史,Carlson 和 Stilwell 论点研究在 P194 注解①中有详细引述;刘. 现代中国军事历史. 引述过法肯豪森将军(General Falkenhausen)的观点,P162～166;马丁和伯纳德编辑. 德国顾问在中国,1927～1938. Dusseldorf:Droste,1980;梁锡辉(音译 Liang His-Huey). 亚历山大·法肯豪森将军. 转引自:德国顾问. P176～186;亚历山大·卡娅静(Aleksandr ya Kalyagin)著,史蒂芬·莱文(Steven I Levine)译. 沿着陌生的道路. 纽约,1983;Mowrer. Mowrer 在中国. 纽约,1938;中国历史学家都同意这个观点,包括徐勇. 征服之梦,也包括刘. 现代中国军事历史. 特别是其第十七章。
　　② 参考本书第八章。
　　③ 相关文件参考:正面战场. 第一卷,P558～569(注解②中第一次提出);敖文蔚. 武汉抗战时期蒋介石的战略战术思想.

再次掌控中国战事进程。① 徐州会战耗时、血腥。日本此时不得不把注意力集中到华中地区。

中国军事指挥官们当然了解坚守徐州的战略重要性。防御准备从1月份就已经开始。李宗仁把司令部设在了徐州,手中基干部队有8万之众;他又从津浦、陇海铁路沿线收拢30多万分散布防的部队。李宗仁的作战计划是:日军将沿着铁路和公路从北、南、东3个方向扑来,等待时机围歼小股敌军。因为日军兵力相对有限,一旦被围或行动突出,日军将会被拖住在徐州东、北两个方向。徐州会战耗时5个月,双方都损失惨重,双方也各自认为获胜。

5月中旬,日军终于攻占徐州。日军入城时,徐州只有寥寥数千人防守。在此之前,日军一路损兵折将。3月底时日军在徐州东北20公里处的台儿庄陷于苦战。日军3个师团被击溃,不得不后撤。日军战死人数在1.5万～2万人(中国方面损失相同)。虽然日军最终还是占领了台儿庄,随之占领徐州,但是徐州会战浪费了日军宝贵的时间和精力,士气严重受挫。中国方面情况却截然不同。徐州会战虽然失败,但是它却极大地鼓舞了中国士气。李宗仁、白崇禧、张自忠、孙连仲、汤恩伯等将领成为了民族英雄。撤退下来的中国军队重拾信心,开始着手防务,保卫武汉。②

争夺徐州铁路枢纽的徐州会战耗时5个月之久。讲述会战过程和会战地理是非常复杂的。尤其是对于中方,其参战部队编制众多、部队师级指挥官像走马灯一样地更换,战局紊乱。日军从东、南、北3个方向向徐州扑来。双方作战态势犬牙交错;交火规模有大有小;一会儿进攻、一会儿撤退;会战方向先是在徐州北部地区、然后东移,接着又南移,战况忽前忽后。

2月上旬,日军的机械化装甲部队在强大的空军掩护下,对保卫津浦

_____

① 户部良一在第八章详细注明部队布置更改和人事变动。东京在这些变化后面的政治动机不是十分清楚。但是4月初就调换了陆军大臣,由淞沪会战老手板垣征四郎将军代替。

② 徐州和武汉会战最权威的叙述请参阅:毛磊.武汉抗战史.也可以参考:正面战场.P558～778,来看每个战役细节。省一级国民参政会编辑过有用的回忆录,包括《徐州会战》(北京,1985)和《武汉会战》(北京,1989)。国民党(台湾)档案资料注重蒋介石和国民党官方战后分析,这些是台湾国防部多卷《抗日战史》(台北,1962)中标准写法;《武汉会战》(第10卷分三个部分);《徐州会战》。近代比较出色讲述武汉会战的要数台湾资深军事历史学家刘峰焊.武汉保卫战研究.转引自:抗战建国时研讨会论文集.台北,1985。刘特别留意日军不断升高的伤亡和对毒气的使用。

192

线的中国军队发起攻击。日军的钳形攻势先在徐州东、南两侧 160 公里处同中国军队接上火。日军采用传统进攻模式:华北方面军由北向南向徐州压来;华中派遣军第十一军由南京沿铁路由南向北配合进攻。两支日军希望在徐州地区胜利会师,然后经过短暂的休息和重组,再沿陇海线向郑州方向挺进。日本人希望到达郑州后,沿平汉线(北平—汉口)南下包围武汉。但是,在 2 月底之前,一支 30 多万人的中国大军成功阻止了日军的前进。在淮河上游的蚌埠以南、滕县铁路沿线以北的广大地区,中日双方发生了激战。

滕县是位于徐州以北 120 公里处的一个火车站,发生在此的激战意义特别重大、战况残酷。中国参战的是从四川刚刚调来、装备较差的劳师。指挥官叫王铭章。王铭章熟悉战区长官李宗仁,两人关系甚好。川军作战英勇顽强,一直坚守到 3 月中,日军强大的炮火和不断增兵才得以将其击溃。王铭章将军在滕县保卫战中为国捐躯。[①] 与此同时(2 月中旬),日军从青岛增派大军向内陆挺进,他们沿着鲁西南广大乡村扑向徐州。在徐州东北 50 公里的临沂,日军遇到了严阵以待的大批中国军队。他们的指挥官是庞炳勋和张自忠将军。张自忠乃北方汉子、冯玉祥旧部。此时的蒋介石和中国舆论对在 1937 年 7 月张自忠一枪不放而丢弃北京一直耿耿于怀。然而李宗仁却决定给张自忠第二次机会,于 1938 年 1 月让张自忠在第五战区中带兵。临沂会战,张自忠不负众望、一战成名。

在整个 3 月和 4 月上旬,中国军队在徐州防御战中表现出色。徐州城外的东、北、南三个方向上都发生了激战。日军的进攻严重迟缓。当时在华的外国观察家们都吃惊地认为日军将受阻于徐州城下。[②] 在三个星期的激战中,庞炳勋和张自忠的部队损失惨重,但是日军坂垣征四郎的部队最终受阻于临沂城下、动弹不得。张自忠由此一夜之间成为民族英雄、国际知名人士。[③]

---

① 参阅:抗日战争阵亡将领录.北京:解放军出版社,1987,P99~103。
② 孙有利.中国军事抵抗和改变美国观念.P81~96。
③ 两年以后张自忠在宜昌保卫战中阵亡,成为战争中中方最著名的阵亡英雄。关于他的文章非常之多。总结性参考:亚瑟·沃尔德伦(Arthur Waldron).中国对第二次世界大战新记忆:张自忠案例.载于现代亚洲研究 30.第四部,1996 年 10 月,P945~978。

　　到了 3 月中旬,双方部队停止了作战、重新休整,积极备战规模更大的台儿庄会战。台儿庄位于徐州东北 20 公里的运河铁路支线上。孙连仲部(冯玉祥旧部)赶往台儿庄同张自忠部汇合。同时到达的还有一位年轻的将军汤恩伯。汤部带来了重炮部队。然而,汤恩伯实战经验缺乏,作战中又喜欢保存实力。汤恩伯毕业于日本陆军士官学校,是蒋介石参谋总长何应钦将军的心腹干将。汤恩伯和战区司令李宗仁关系并不十分融洽。台儿庄会战时,为了让汤恩伯的部队投入战斗并冒险使用其手中的炮兵,李宗仁常常用"军法从事"和"提脑袋来见"的死命令威逼汤部。

　　小小的台儿庄经过 1938 年 3 月 22 日至 4 月 7 日的激战已经变成一片废墟。日军矶谷廉介的部队此时已弹尽粮绝、被迫退出战斗。台儿庄会战大多是夜战和肉搏。在日军撤退之时双方各自损失 2 万。① 4 月中旬,战斗再次停息下来,战况进入僵持阶段。此时的张自忠和孙连仲的部队已被打残。但是在日军准备向北退入山东时,中国军队最初还试图从台儿庄的残垣断壁中对日军进行追击。

194

　　然而在 4 月底之前,会战的态势突然转向对日军有利,日军的增援部队和物资陆续到达。大批增援部队和物资从天津和南京源源不断地到达徐州附近,日军兵力此时已经高达 40 万之众。日军新任指挥官(其中包括臭名昭著的土肥原贤二)下令进行一系列反攻,再次企图从西南、东、北的三个方向进逼徐州。其目的是包围、围困、最终歼灭防御的中国军队。而在中国方面,其增援部队也陆续到达,徐州附近的部队已经汇集 60 万之众。4 月底之前,在徐州三个方向上战斗都异常激烈、双方损失惨重。渐渐地日军地面炮火和空中轰炸占据了优势。5 月 9 日,日军占领了位于淮河以北的蒙城。日军蒙城南翼兵分两路:一部向西、然后折向北方,以求切断陇海铁路、封堵徐州撤退路线;另一支日军从徐州外围沿铁路北

① 请特别注意户部良一第八章内的用词,即日本人没有在台儿庄被打败。台儿庄会战家喻户晓。在中国军队占据这个地区的时候,国外媒体去参观过。我的论点是建立在之前和以后的评述。参阅:戴安娜·莱瑞. 保卫中国. 载于中国战争史. P398~427;中方权威的讲述,请参考:台儿庄会战. 徐州会战. 此外非常有用的资料来自于伊文思·卡尔森(Evans Carlson)的军事武官亲眼目睹的详尽报告。还有史迪威将军(Joseph Stilwell)美国陆军部编. 美国军事情报回报:中国,1911~1941. Frederick,MD:美国大学出版社,1983,Reel 3 月 10、16 日和 4 月 6、22 日,(Carlson 4 月 3~10 日在前方访问),5 月 5、13、21 日和 6 月 25 日. 法国军事武官. 1938 年军事武官的报告. 1938,文件编号 7N3290,91(中国),Chateau Vincennes,Paris.

上进攻宿县。与此同时,日军华北部队在济宁集结、向南通过了滕县。在沿海地区,日军在连云港登陆、增兵由东向西进攻的部队。一片废墟的台儿庄于5月陷落,这对东京来说也只有象征意义了。

5月17日,日军对徐州的包围圈已经合拢,炮火已经打到城内目标。而接下去的是徐州会战中最为重要、也是最为精彩的中方行动:中国军队成功地实施了战略性向南撤退、向西越过津浦线。5月15日,李宗仁在同蒋介石商量之后决定把部队从徐州撤出,并制定了撤退路线。就在同一天,徐州城内的平民和军事人员的疏散已经开始。李宗仁命令部队退向城外的广大农村地区,然后利用夜幕向南、向西跨过津浦铁路。然后部队分成四路纵队、向西撤退。李宗仁计划把部队带到大别山区进行重组、然后投入武汉保卫战。中国军队坚守徐州许久,众将军都依依不舍。有传闻汤恩伯为此泪洒疆场。

中国军队40个师20多万人马,白天躲藏在麦田里,夜间行军。就这样,不到一个星期就悄悄地跳出了日本军队的包围圈。5月18日是个关键的日子,撤退的中国军队越过津浦铁路。这天沙尘暴铺天盖地,掩护了中国军队的行踪。5月21日,李宗仁电告蒋介石,报告撤退已经顺利完毕。而在5月19日,也就是两天以前,日军畑俊六部进入空城徐州,只俘虏了3万中国士兵。

195　　　接下去发生了至今都争议不断的重大事件:日军华北方面军的部队沿陇海线向西挺进,并于6月6日占领开封。此时的日军已经做好横渡黄河的准备,郑州受到威胁。郑州是平汉线南北交汇的铁路枢纽。蒋介石于5月底飞抵郑州,下令魏汝霖将军在花园口炸开黄河大坝,让黄河改道向南流入安徽,汇入淮河然后流入东海。蒋介石的用意是通过炸坝放水阻止日军向西、南的推进。1938年6月5日和6月7日,黄河大坝两次被炸开。这对平民百姓的伤害和对地方的破坏是无可估量的。[①]

花园口决堤的确使得日军改变了武汉会战计划。日军华北方面军部队没能够赶到郑州。他们只能折回向南越过津浦铁路,在南京附近与日军

---

① 戴安娜·莱瑞. 被淹的土地:1938年黄河决堤的战略. 发表于:战争历史8.第二卷(2001),P191～207;毕春福. 抗战江河决口秘史. 台北,1995。

畑俊六部会合。对武汉的进攻也只得重新部署,但是并没有耽搁多久,在花园口决堤数个星期后,日军兵分两路从南京沿长江进逼武汉。①

　　花园口的决堤为持续了 5 个月之久的徐州会战画上了悲惨的句号。徐州会战对中国军队来说苦乐参半。在会战初期的临沂、台儿庄的胜利使得拥有大量难民的武汉三镇欢欣鼓舞。② 丢失徐州虽是一个挫折,但是李宗仁部成功防御并顺利撤退了。同时这也显示出日军在华中地区已经疲惫不堪,中方在未来武汉会战的胜算得以改观,武汉三镇也许能够持久拱卫。而此时的日军将领们却恼羞成怒,日军在 6 月间进行了重组并得到增援,他们决定在武汉一战而彻底结束"中国事变"。

　　徐州会战为何能够打得如此出色? 功劳应该归谁? 中方是谁在做关键决策? 历史学家们和当时的外国观察家对此长期争论不息。台湾1950 年代历史学家和最近大陆的学者认为功劳应该归于在武昌指导防御与战略决策的蒋介石。③ 此时坐镇武昌的蒋介石通过电话和电报同战场指挥官保持着紧密的联络。然而黛安娜·莱瑞则认为中国防御作战的成功主要是桂系将领李宗仁和白崇禧的作用,特别是李宗仁将军。④ 其他外国武官(如埃文斯·卡尔森)、战地记者伊斯雷尔·爱泼斯坦则认为要归功于中国中层指挥官如汤恩伯、张自忠、孙连仲,他们才是此次会战的真正英雄。他们始终保持自己的独立性,排除了蒋介石、李宗仁、白崇禧某些无能的干预。⑤

　　当然,也有对中国军队表现提出指责的人。他们的论点是中国指挥

　　①　细节请参阅本书户部良一的第八章。

　　②　就是因为这个原因,中国历史学家很多时候把徐州和武汉会战分开对待——一个胜仗同一个败仗分开。但是由我们前面所说,对军事历史而言、对作战双方指挥官而言,徐州和武汉会战是紧密联系在一起的。

　　③　吴相湘. 中国使用的总战略. 发表于: 中日战争中的国民党中国. 苏伦山(音译 Hsu Lung-Hsuan),张民凯(音译 Chang Ming-kai). 中日战争史,1937～1945. 台北,1971;敖文蔚. 武汉抗战时期蒋介石的战略战术思想. 。这个观点还可参阅方德万教授. 战争和中国民族主义.

　　④　戴安娜·莱瑞. 保卫中国.

　　⑤　参考卡尔森军事武官的报告和本书 P227 注解①中提到 Stilwell 的引述。参阅卡尔森《中国军队》(1939),《中国双星》(纽约,1940);多恩《中日战争历史》;以色列·伊浦斯坦(Israel Esptein)《人民战争》(伦敦,1939);和其他。特别注意史迪威(Stilwell)5 月 13～14 日报告台儿庄。报告中特别提到第 31 师师长池峰城,勇敢机智。池峰城年龄 34 岁,北方人,冯玉祥地方部队一路晋升(1933 年南京参谋学院毕业)。多恩《中日战争史》也提到,152～158 页。请注意方德万在本书第九章中的评论。

196　官在战略攻防中不够大胆。德国军事顾问冯·法肯豪森、俄国顾问嘉梁
钦、美国军事武官埃文斯·卡尔森、约瑟夫·史迪威、弗兰克·多恩都认
为日军受阻于临沂和台儿庄后,中国军队没有能够有效地组织追击,使得
日军得以喘息、卷土重来。但是从今天来看,这种指责是不切实际的。中
国军队装备不全、没有空中力量、部队已经疲惫不堪。日军进攻的确被顶
住了,但是日军并没有溃败。中国军队此时的高昂士气是不足以把日军
赶入大海的。①

　　历史学家和外国观察家们都忽略掉的恰恰是中国 20 万～30 万大军
成功的撤退。日军畑俊六部在 1938 年 5 月下旬以为已经在徐州包围了
中国军队。李宗仁和第五战区的部队尽管损失严重,但是一半的部队完
好无损,他们幸存于徐州会战并在大别山区得到必要的休整。李宗仁 5
月回到武汉,受到英雄般的欢迎。然而徐州会战死伤惨烈,烈士的幽灵袭
扰着李宗仁。奇异的病情实乃精神疾病加上身体疾病(对外官方解释是
李宗仁旧的枪伤复发),使他病倒住院了。白崇禧接管第五战区,并统帅
大别山区 40 万大军。他们严阵以待从东面来袭的日本军队。②

武汉保卫战

　　1938 年 6 月,日军集结大军 40 万进攻武汉,在畑俊六指挥下沿着长
江南北两岸以钳形攻势向武汉推进。一路由日军华北方面军组成,从合
肥沿津浦铁路线向西南方向推进;另一路大军由十一军和海军组成,从南
京沿长江南岸一线由东向西逐次推进。③

　　为了保卫武汉和长江中游地区,中国军队集齐了 80 万人马。蒋介石
连同战区指挥官陈诚以及各大将领对战役战略决策和部署进行了细致的

---

　　① 参阅:方德万.战争和中国民族主义.
　　② 李宗仁此时行踪一直是个谜。他的统帅和对战争的参与不再重现。武汉失陷前他回到
在大别山的部队,以后就一直呆在那里直到战争结束。1939 年后他只参与过平汉线以西抗击日
军突袭的小战役。我有幸同戴安娜·莱瑞谈及李宗仁的病。参阅李宗仁回忆录;参阅麦金农和
莱瑞《中国在战争中》莱瑞的章节。
　　③ 细节参考本书第八章。徐州会战及成功撤退意义重大。日军进攻武汉被迫延后。畑俊
六不得不南下绕道,再沿长江逐次攻取沿途城镇及要塞。从而成功地拉长了战线和时间。

斟酌。他们的主要方式是：在日军前进路线的沿途重地或可防御地段部署中国军队。白崇禧将军的第五战区负责防卫长江以北地区；第九战区负责防卫长江南岸地区。长江北岸地区部队的任务是利用大别山南北的崇山峻岭拖住日军，力求武汉北面的平汉线不被切断；长江南岸第九战区则加紧构筑沿江工事，以求在九江以南阻止日军，并逼迫其转向南线的鄱阳湖地区。[①]

中国部队来自四面八方，当地地形和百姓支持对自己的部队十分有利。他们有足够的时间大兴土木、构筑防御工事。1938 年夏天异常炎热、疾病流行。双方作战士兵倍受痢疾和疟疾之苦。日军除了在火力、地面机动以及空中的优势之外，还享受一个天然的好处，那就是长江 1938 年夏天的高水位。这使得在会战的整个过程中，日军的炮艇能够随意对中国军队的防御阵地进行炮击。同时水面舰只又能给前进的部队提供物资补给帮助。

日军初战告捷。长江沿江第一道堡垒防线、位于南京以西超过 160 公里之外的安庆只经过一天的战斗便于 6 月 15 日宣告失守。日军绕过杨森川军的两个师，从其背后登陆（杨森是成都 1920 年代军阀）。杨森的部队即刻被击垮。杨森本人仓皇逃跑，从此销声匿迹。[②] 安庆本身拥有机场，失陷后，日军能够协调陆、海军对九江的进攻。九江是安庆沿江向西 160 公里处的一个重要的港口和铁路运输中心（此处乃通往杭州、南昌、广州铁路线最北端的枢纽中心）。为了保卫九江，中国工兵和民工从 5 月开始日以继夜构筑一条非常坚固的防线。其中包括马当炮台。马当位于去九江半路上，两岸山峰险要，是长江上一夫当关、万夫莫开的天然要塞。[③]

可悲的是马当要塞随后沦陷，此乃中国军队的一个重大挫败。日军于 6 月 24 日突然在马当上游登陆，切断了驻扎在彭泽的中国防御部队的

---

① 　相关文件参考：武汉会战. P6～29 页；正面战场. 第一卷。
② 　最为流行的武汉会战史诗是方知今的《江汉哀歌》(北京，1995)，把战场指挥官的个性特征讲述得淋漓尽致。而最权威的著作是毛磊的《武汉抗战史》。
③ 　5 月间，马当要塞的防御已经热火朝天。国外军事观察家和记者应邀参观防御工事，江上的电缆线和沉船防堵。参阅：武汉会战. P30～43。

退路。而此时负责彭泽防御的地方指挥官正在他处培训,彭泽迅速失陷,几乎没有经过战斗。瞬时间,马当要塞被围。日军使用毒气,守军顿时惊慌失措。精心构筑的马当要塞防御工事本以为可以抵挡日军正面的进攻,此刻却瞬间被攻破。6月29日,日军的炮舰冲过江中的栅栏,马当要塞战役结束。马当要塞的失陷,是中国军队的一大耻辱。九江已无险可守。蒋介石即刻对负责马当要塞防御各作战不力军官施行军纪制裁。黄埔毕业生薛蔚英将军(也是彭泽防区师长指挥官)被枪决。因为薛蔚英在日军突袭时没有按照电令(白崇禧和其他将军给他的)增援马当。①

　　粤系将领张发奎和薛岳统兵20万,负责防守九江—瑞昌地区。他们的任务就是在此迎敌,力争把日军向南赶入鄱阳湖地区。张发奎和薛岳都是久经沙场的军事将领,也是1920年代军阀混战时的老手。1926年—1927年的北伐期间,张、薛两人曾经效力蒋介石。薛岳为保定军校毕业生。对比蒋介石来说,他同陈诚关系更加密切。而张发奎(受训于武昌第二陆军预科学校)却一直以广州为基地,独来独往、割据一方。防守九江的薛岳部8万人。最初,中国军队在鄱阳湖北面的湖口坚守。经过5天的激烈战斗,湖口失陷。江西重镇九江会战终于在7月23日打响,7月28日结束。虽然证据不足,但是日军在此次会战中极有可能使用了毒气弹。九江的防御中,薛岳的部队组织不良、防御乏力。最后,撤退的命令下达过早,撤退过于匆忙。城内的大批百姓落于日寇手中。日军残酷对待滞留的百姓和军事人员,在九江又重演了小规模的"南京大屠杀"。②

　　如果说日军屠城九江是为了恫吓百姓、逼迫上游守军投降,那他们是大错特错了。中国守军下一道主防线是位于九江以西18公里左右的商业中心瑞昌。瑞昌是粤汉线旁西向武汉的重要城镇。瑞昌会战历时一个多月,中国军队作战十分出色。日军被迫卷入一场激烈的绞杀战。张发奎将军的部队使日军每前进一公里都付出极大的代价。而与此同时,另

---

① 日军使用化学武器一说大有争议。2002年座谈会上日本学者提出质疑。户部良一在第八章中也没有谈到这个问题。中国学界(大陆和台湾)对此议题议论非常,大多是采用中国人的资料来源。比如,毕春富武汉会战论文.侵华日军武汉会战期间化学战事实概况.载于民国档案,1991,第四册,P134～138,引述了中国和日本的资料。参阅:刘峰焊.武汉保卫战研究。

② 参阅:麦金农,莱瑞.中国在战争中.比特・莫克(Peter Merker)的文章。

一支日军向南进逼南昌，但也很快受阻于庐山地区。此路日军进攻过于靠前、远离补给线。最终他们不得不原路折回，转入瑞昌的战斗。[①]

　　位于长江北岸的第五战区，中国军队的阻击战组织得非常严密、作战效果非常奏效。日军在战役一开始就被堵住。本次会战指挥官都是些徐州会战耳熟能详的战将：孙连仲、张自忠、汤恩伯等。在大别山南麓的太湖（马当要塞北面），他们成功地滞留日军达 3 个星期之久。日军直到 7 月 25 日才夺取这一片阵地，随后又花费了 8 月份整整 1 个月向西推进到广济。在广济又遇到了中国军队的新的激烈抵抗。直到 9 月 9 日广济才被攻陷。

　　位于长江北岸的广济会战是后来规模更大的码头镇会战前奏曲。在码头镇决战中，薛岳和其粤系部队一战成名。在来回厮杀的关键时刻，薛岳曾经亲临沙河主阵地。有一次发现战场险情，薛岳将军厉声喝阻一位年轻的师长（黄浦军校毕业生俞济时）丢弃部队、擅自撤退。[②]

　　9 月间，日军沿长江每前进 16 公里需要 3 个星期的时间。期间重要原因是中国军队于 8 月底发起的反击十分奏效，中国军队反攻出发地是位于长江以北 16 公里处的黄梅。日军指挥官今村胜次（译者：步兵第六师团第十一旅团少将指挥官）不得不从其他地区紧急增调援兵。

　　长江边上最后的一次大会战发生在田家镇要塞。田家镇可谓固若金汤，它是由中国工兵、俄国顾问团和成千上万的民工构筑而成。接踵而来的厮杀是本次会战中最为惨烈的战斗之一。双方的拼杀一直持续到 9 月 29 日。日军（在使用毒气之后）终于攻陷已无人防守的一片废墟。攻陷田家镇为日军最终使用陆海联合力量进攻武昌打开了通道。[③]

　　与此同时（同年 8～9 月间），大别山区北麓日本华北方面军部队由合肥出发向西发动进攻，以求控制平汉线上重镇信阳。李宗仁此时已经恢复担任第五战区指挥官一职，正在着手防御北方来犯的日军。起初，日军试图在六安强渡淠河，但受阻数周。只是一旦日军渡河成功，中国军队即刻溃散，日军迅速进取商城。潢川会战，日军再次遭遇到强劲抵抗。台儿

———————
　　①　武汉会战. P94～114；本书第八章谈到日军进攻庐山。
　　②　方. 江汉哀歌；武汉会战. P183～184。
　　③　武汉会战. P167～183。

199

庄英雄张自忠将军在此成功地阻敌一个多星期之久。①

　　9月30日,日军终于近抵平汉线重镇信阳。原来期望胡宗南将军各师坚守信阳,希望他们掩护被打残了的李宗仁桂系部队向西边山区撤离。然而胡宗南部却向北跑得无影无踪,日军不放一枪一弹便占领信阳。战区长官李宗仁愤怒至极,但是胡宗南为蒋介石黄埔嫡系,李宗仁只得作罢。②

200　　丢失平汉线的控制,武汉三镇(汉口/汉阳/武昌)的命运已定。日军在汉口北面迅速调集部队和装备,同时畑俊六在武昌南郊发动两栖登陆。日军勒紧绞绳,武汉即将被包围。

　　中国人于9月下旬～10月初开始有次序地疏散部队和器械,其中包括蒋介石在汉口军事大本营(蒋介石在武昌的行营也在轰炸中被毁)。蒋介石和陈诚决心不再重蹈淞沪和南京会战的错误覆辙,也避免李宗仁在徐州撤退时的冒险行动。众所周知,中国人8月初就已经开始进行武汉工业设施大搬迁的巨大工程,特别是军工企业。10月底成千上万吨的设备在宜昌码头集结准备运往长江上游重庆,以备长期抗战。③

　　10月25日,日军从北、东、南三个方向进攻,武汉沦陷。由于张发奎和薛岳粤系部队此时正在武汉,其后方空虚,广州于四天前沦陷。

　　最后,蒋介石认为武汉的沦陷使得长沙无险可守。在一念之差间,长沙这座位于武汉以南160公里的湖南省会被点上一把火。1938年11月12日,按照蒋介石焦土政策,由于情报失误(误判东面日军的进攻),长沙被烧成灰烬。尽管陈诚极力反对,蒋介石依然在恐慌中下令烧城。后来才知道酿成大错、百姓涂炭(其实日军一年后才进攻长沙),蒋介石只得召集军事法庭,裁决三名纵火警察头目。张治中时为战区长官、湖南省主席,只因其为黄埔嫡系、蒋介石亲信,最终得以逃脱罪名。④

　　从纯粹的军事角度来看,这是个波澜壮阔的10个月。1938年开年时候,南京和济南丢失,中国军方一片恐慌。10个月后,气氛大为改观。

　　①　武汉会战.P246～263;毛磊.武汉抗战史。
　　②　武汉会战.P1～5(引自:李宗仁回忆录,突袭胡宗南部),231～245;方.江汉哀歌。
　　③　毛磊.武汉抗战史。
　　④　张治中一生都在长沙大火的阴影中。他一直是蒋介石的亲信,1940年代是国共谈判主要角色。参考:余湛邦.张治中:张治中机要秘书的回忆.长春,1992年,P43—64;张治中.张治中回忆录,北京,1985。

诚然,中国人的牺牲和国土浩劫是空前的,但是从武汉的撤退还是进行得井井有条。日军很明显受到重创,已成强弩之末。他们希望将来能够继续向西追击中国人,只是此时日军已经心有余而力不足了。中国人以战略撤退"拖长"这场消耗战,其新战略已经取得了效果。

中国人于 11 月在长沙以南的衡山召开南岳军事会议。也许蒋介石还在为长沙之火而愧疚,他允许对中日战争开战以来的错误做适当的自我批评,并号召加强敌后游击战争。会议最后,蒋介石下令对南岳地区做战略防御。命令对征兵、布防、训练制定详细计划。整个南岳地区规划庞大而细致。① 衡山会议中蒋介石没有触及的问题反而成了日后的关键。对日作战,蒋介石、陈诚、白崇禧都认识到从现在开始要主动反击。他们已经看清哪些是得力干将。黄埔系将领的表现总的来看不尽人意(蒋介石嫡系、日本留学的汤恩伯是个例外)。1939 年下一步的主要作战是保卫南岳地区,而年长一辈的"保定系"将领们再次挑此重担。他们是陈诚、薛岳、罗卓英。

南昌和长沙会战

4 个月休战之后,为争夺长江流域以南和南昌、长沙等地,中日双方军队于 1939 年春、秋再次发生激战。② 此时的中国军队不再单纯防御作战。双方军队都积极进攻,会战场面已和徐州、武汉大不相同。作战态势犬牙交错,双方反复厮杀、伤亡惨重。

中国方面负责南昌会战的指挥官是保定系、粤军将领薛岳。战场指挥为罗卓英将军。罗也是保定系将领、陈诚的亲信。中国军队辖 23 万之众(包括游击队),沿南昌以北的修水布防。会战于 1939 年 3 月 20 日开始,日军冈村宁次部出动重炮并施放毒气。日军四个航空飞行大队③参战,其空中打击火力威力巨大。陆军随即跟上、强渡修水。然中国军队抵抗异常坚决,逐街逐户拼杀,南昌城市几乎全毁。3 月 27 日江西首府南

---

① 敖文蔚.武汉抗战时期蒋介石的战略战术思想.方德万.战争和中国的民族主义.
② 两次会战的主要电报文献参考:正面战场文献,P781～823;P1027～1080。
③ 海军第二联合航空队和陆军航空第三兵团。菅原道大中将统帅。

201

昌陷落。混乱中,几十万难民逃向南方。

　　此次会战虽然受挫,中国将领并不认输。四月初他们就开始准备反攻,从西南方向攻击收复南昌。实际掌控的是罗卓英而非薛岳。4 月 26 日,中国军队攻占南昌机场(战略要地)。日军措手不及,赶紧增派援军,同时加强空军支援并再次实施毒气战。中国军队继续采用人海战术、伤亡惨重,实力渐渐不支。5 月 1 日蒋介石下令“攻占南昌! 如果任务不能完成,旅长以上军官一律军法从事”。中国军队的反击得以继续,巷战战况空前激烈。就在中国军队眼看就要取胜的一瞬间,悲剧发生了:5 月 8 日,两位师长倒下:陈安宝将军牺牲、刘雨卿将军身负重伤。中国军队的进攻顿时受挫、意志崩溃,部队开始撤退。第二天,也就是 5 月 9 日,灰头土脸的蒋介石下令已经稳操胜券的中国军队撤出战斗。[①] 5 月 8～9 日之间究竟发生什么、胜利在望的中国军队为何撤出战斗? 这至今是个谜。南昌以后一直在日本人控制之下,直到战争结束。南昌的丢失使得江西一分为二。但是,中国军队的此次反击让日军大为震惊,日军亦损失严重。直到 1944 年发动“一号作战”,日军再也没有胆敢向南推进一步。

　　日军于 1939 年 8 月上旬进攻长沙(注:应为 9 月中旬)。长沙是湖南省省会、南岳门户,市民 50 万。陈诚第九战区 365 000 人马对阵冈村宁次 12 万大军。长沙会战一开始就比南昌会战规模要大。9 月中至 10 月中旬是战役高潮期,日军最终被迫退回其在北方和东部的出发地。陈诚将军采用精心安排的人海战术和高超的运动战术成功击退日军。会战在三个方向同时展开:长沙以东 160 公里处的赣北修水上游地带;险峻的湖南东北部无人区;长沙以北、长沙—武汉铁路线长沙—宜州段(原文如此。当为长沙—岳阳段)。最后这个方向上中国军队的获胜最为令人满意。陈诚成功地诱敌向南到达长沙外围,然后用大部队从四面八方突然攻击日军。日军尽管逃脱合围,但是人员、装备损失严重。[②]

---

　　① 正面战争.第二卷,P781～823;闽浙赣抗战.北京,1995。多恩(Dorn).中日战争史,第十章对 1939 年南昌和长沙会战有详尽描述。

　　② 全国政协《湖南四大会战》编辑委员会.正面战场.第 2 卷,P1027～1080;湖南四大会战.北京,1995,P43～113;高军.血在烧:中日长沙四次会战.长沙,1993;多恩(Dorn).中日战争史.参见本书第十二章。

宜昌会战

　　乘长沙会战的有利形势,中国召开第二次南岳军事会议,着手部署 1940 年夏季攻势。中国计划动用第五、第九战区联合作战在武汉地区进行反击。日军驻南京的华中派遣军(第十一军)已经觉察到了中国人的动向。东京同意 1940 年 5 月进行先发制人的进攻并答应增派部队。此次作战的目的是夺取重镇宜昌,借以切断四川和战时首都重庆的交通、为轰炸提供前进机场、分割第五和第九战区。户部良一在本书第 8 章中已经详细阐述了本次会战的细节和会战的两个阶段,我们在此不再重复。宜昌会战中,日军第十一军在新任司令园部和一郎的指挥下迎战第五战区李宗仁部 50 万大军。对中国人来说,最为惨烈的激战发生在 5 月 1 日～5 月 21 日。台儿庄会战的英雄张自忠将军死不退却,5 月 16 日张亲率两团兵力于大洪山山脚陷入重围。激战八小时后,张自忠死于机枪扫射中。张自忠成为抗战历史上唯一战死疆场的中国高级指挥官。(原文如此。实际上,抗战中战死疆场的中国高级指挥官有很多。)①

　　5 月 31 日,日军进行会战第二阶段作战,他们突袭汉江、快速向西扑向宜昌。6 月 6 日荆门失陷。尽管陈诚和蒋介石极力号召战至一兵一卒,可宜昌丢失已成定局。6 月 12 日,日军攻进宜昌,占领后的日军对去留的命令发生混乱。6 月 16 日折回再次攻取宜昌,这座战略要地在战争以后的日子里基本是在日军控制之下。

　　蒋介石和他的指挥官们认为宜昌的丢失对重庆是个沉重打击。宜昌会战人员兵器损失巨大,第五战区受到严重削弱,第五、九战区被隔开(第九战区一直在长沙地区休整、重建,1939 年至 1941 年间再未参战)。但是日本军队此时也是精疲力竭。日军在蒙古境内的诺门坎战役失利和西欧战事的迅速发展(巴黎 6 月 12 日陷落)迫使日本东京减缓在中国的攻势。日本人对同蒋介石的秘密谈判抱有谨慎的乐观(攻占宜昌也是以战逼谈给蒋介石施压)。会战直接受益者看来是活跃在长江中游内陆地带

203

---

① 　武汉会战.P319～449;关于张自忠,见本书 P226 注解③。

的共产党部队。占领武汉和宜昌孤立了重庆，但是日军已是强弩之末
（1940 年后期日军驻华部队也有削减）。从上海到宜昌的广大山区，游击
区和抵抗运动迅速自由蔓延。日本人和蒋介石都十分担心（第 12 章中会
提到 1941 年新四军的皖南事变）。有一点很清楚：宜昌的丢失预示着中
国的抗战已经进入一个崭新的时期。①

结 论

　　1938 年 10 个月的会战和 1939 年南昌、长沙会战，中国军队的表现
可圈可点。外国军事观察家和日军对这个老对手皆感叹其出色表现，敬
重之意慢慢油然而生。此前中国统帅部的抗战决心还是左右摇摆，但也
足以遏阻日军一年前势如破竹的侵略势头。特别亮点是 1938 年 4 月的
徐州会战和八九月间的武汉会战。外国观察家和军事顾问不断指出现代
战争的先决条件是个严谨、单一的指挥架构。中国军队恰恰缺乏这个。
中国军队指挥架构十分松散，这同它的政治和近代历史有关。好在中国
军人此时已经具有足够的统一认识，能够达到相互妥协、配合调动作战部
队。蒋介石备战计划往往经过精心策划，他几乎天天训令前线的作战指
挥官们。然而蒋对时局的掌控往往时好时坏。蒋介石的干预和指令被服
从时，结果往往酿成灾难。典型的例子就是 1938 年 11 月底那场不幸的
长沙大火。坚决执行者为湖南省主席、黄埔嫡系张治中。另外一个例子
就是 1938 年 6 月黄河花园口炸坝放水事件。

　　武汉会战后中日双方休整四个多月。1939 年春、秋季间，南昌、长沙
会战爆发，战局不分胜负。宜昌会战结果令中国人失望，防御战人员、机
械损失严重。1938 年 11 月南岳军事会议重新制定反攻计划。日军占领
宜昌便切断了由东向西增援重庆物资的道路、第九和第五战区被分割。
长江河谷中段和西段会战规模降低，零星战斗一直持续到战争结束。重
大战事是 1944 年日本发动的"一号作战"战役。从整个中日战争历史来

---

　　① 对重庆来说，武昌失守之沉重与最后关头挽救时局，请参阅：方德万. 战争和中国的民
族主义。

看,在武汉会战之后,抗战已经进入到了新的"消耗战"阶段。

这就回到了我们开始提出的那个问题:为什么武汉和长沙会战能够持续这么久?一个常被人忽略的原因是战场上那些中国将领们,他们能够不断激励将士并最大限度地协调各方防御作战。令人敬佩的是,这种协调是在各师师长间成功进行的,不要忘记,他们之间互不相识,或者是1920年代军阀混战时代的作战对手。他们中间派系林立:黄埔系、粤系、川系、桂系、冯玉祥部等等。个人恩怨不断,比如陈诚和何应钦、李宗仁和胡宗南。尽管如此,枪决韩复榘震慑了各个派系,从此团结合作成为主流。各派系将领认识到日本这个公敌和严峻的现实,这使得大家抛弃前嫌、精诚爱国。大家如同1925年—1927年北伐作战那样,再次团结在蒋介石身边。

1938年对蒋介石的效忠同1926年—1927年北伐略有不同。徐州和武汉会战期间的蒋介石只是一位象征性的领袖,并非真正的战场指挥。各派系将领走到一起并不是因为出于对蒋介石的效忠,对许多人来说,更重要的是"保定系"情结,因为大家有着共同的经历和同志般的友情。也是这种情结叶挺才能够被接纳指挥共产党新四军。新四军成立于1937年底1938年初,1940年时已扩大到三万条枪。黄埔和保定系存在着代沟和专业性区别。其不同之处显而易见:黄埔毕业生强调政治教育和列宁式的党组织纪律;而保定军校讲究的是职业性教育(德国和日本军事模式),它强调的是非政治和孔夫子式的个人忠诚理念。会战中黄埔和保定系的冲突时有发生,有时保定系指挥官如李宗仁、薛岳以枪毙恐吓年轻黄埔系军官如汤恩伯和俞济时,喝止他们轻易放弃阵地,威逼其奋力拼杀。中国地方部队对其长官的个人忠诚度非常之高,尤其是在台儿庄和临沂胜利会战中表现得格外突出,1939年长沙大捷更是如此。尽管中国军队在战争中伤亡巨大,1938年~1939年间中国普通士兵逃亡率却惊人地低。

最后一点要谈的是武汉和长江中游会战失利后,中国出现了政治大动摇:1938年出现政治人物投降日本,他们是汪精卫、周佛海、陶希圣、陈公博等;内地受到轰炸;武汉、广州、宜昌失守;加上严重的战争破坏和民众生灵涂炭助长了政治人物希望同日本议和的倾向。与此相反的是中国

206 的军队将领们,他们在战场上正在建立抵御日军的能力,并自信能够在消耗战中最终取得胜利。非常重要的一点是,不论日本人如何劝降(拉拢有留学日本背景的将领如汤恩伯、张自忠、蒋百里、何应钦等),很少有著名的军事将领参加汪精卫政府。

1938 年至 1940 年长江中游保卫战实际掌控于蒋介石手下的两大派系:一组为保定军校系的年长指挥官们,如张发奎、薛岳、白崇禧、李宗仁、陈诚和叶挺等,在武汉和后来的重庆的大街小巷中,他们是民族英雄。另外一组是经验欠缺但对蒋介石绝对忠诚的黄埔系将领,他们是胡宗南、何应钦、俞济时、张治中等。作为战场指挥官,他们的表现和能力不尽人意。然而这种多派系汇集蒋介石身边的现象至少持续到了 1940 年。

至于蒋介石本人,他作为战场指挥官的能力值得商榷。但他还是在徐州、武汉、南昌、长沙各大会战中证明他的价值。他时常直接干预会战的每个关节点,也能在战前冒险飞往徐州、郑州、马当、信阳、长沙等战场要地,以示统帅之英勇气概。10 月 24 日的武汉,直到最后,日军到达前蒋才坐飞机离开。蒋很清楚,他的身先士卒有着重要的象征意义,那些部下能够深刻体会。至于蒋的战术指令大多前后矛盾,将领们则是选择服从。从战略来讲,蒋介石能够穿梭于各派系高级将领之间、任命战场各师师长、调动他们不同的部队,其中有理有节,这些都有军事和政治上的作用。总之,长江中游的保卫战使得蒋介石成为了一个意志坚强、英明果决的领导人。1938 年底,汪精卫的倒戈更加强化了蒋介石的统治地位。1938 年~1940 年间蒋介石的有效领导功能归功于他本人能够巧妙地运用元首这个象征性职能,他有效地团结了各个派系的高级将领,让他们团结统一在他的周围。

第八章
华中日军第十一军(1938 年～1941 年)

作者:户部良一

前 言

日本帝国陆军第十一军组建于 1938 年 7 月。当时这支部队驻扎在华中地区,1938 年夏秋之际作为主力参加了武汉会战。随后,第十一军作为主力"作战部队"担任"寻机攻击众多敌军以挫败其抵抗日本之野心"任务。[①] 本篇将以第十一军为中心,分析日军在华中的作战特征。

第十一军可以作为一个典范,用以研究日本帝国陆军作战及其行为:

第一,从军事战略上看,武汉会战是日中战争的关键转折点。[②] 第十一军为武汉会战而建立,并参与了整个会战。攻击武汉意图明确之后,日军第二军也参加了武汉会战(日称"武汉作战"),但它的作用只是助攻。会战结束后被合并到第十一军。

第二,武汉会战后,成集团军建制规模、能够击败国民党军队抵抗的驻华部队只有第十一军了。其拥兵至少 7 个师团、20 余万人马,是唯一

---

①　日军中国派遣军同中国军队作战战役上多数占有上风。有时战斗过程惨烈、有时战况危险,但是第十一军基本都会完胜。中方不论是正规军还是游击队都作战顽强。他们撤退不是怯战,而是知道日军先进后撤的惯例。但是中国军队也无法击败中国派遣军。1939 年冬季战役是其唯一大规模反击战。此时的日军已经无法展开大规模攻势战役了,中国军队同样也没有能力大规模反击、把日军赶出中国。战争只有进入僵持。太平洋战争爆发后,中国战场已经不是主要战场。而此时中日双方都不想改变这个僵局。参见:陆军作战指导要纲(1938 年 11 月).载于:防卫厅防卫研修所战史室编.战史丛书——中国事变陆军作战(2).朝云新闻社,1976,P295～296。

②　秦郁彦.日中战争的军事进程(1937～1941 年).转引自:日本国际政治学会太平洋战争原因研究部编.通往太平洋战争的道路.第四卷,朝日新闻社,1963,P54。

有能力纵深突入中国军队防区的战略集团。

第三,第十一军是联接东京的大战略与在华实际战场军事战略的纽带。1938 年秋后的日本注重采取政治和外交手段来结束战争。第十一军的作战任务也就是为这些手段服务的。1940 年夏初的宜昌会战是个很好的例子,请容我后面细说。

以下重点表述日中战争中第十一军所参加的关键战役:武汉会战、1939 年日本帝国陆军的三次战役、1939 年中国军队冬季反击战、宜昌会战,最终我们会谈到太平洋战争前夜第十一军的作战行动。[①] 我研究的结论是:东京从来没给第十一军足够的兵力,作战规模也受到很大的限制,第十一军根本没有能力达到让中国屈服的最终目的。

武汉会战

1937 年 12 月,日军攻陷南京。但是首都的沦陷并没有导致中国的崩溃。日军只得继续征战,希望战争能够早日结束。糟糕的是,日军兵力日趋捉襟见肘,军事物资匮乏,根本无法补给现有的师团和那些赶赴中国战场的新建师团。面对这些困难,1938 年 2 月大本营制订了不再继续扩大战争的方针。这就是说 1938 年夏季前停止一切攻势,等待新建师团到达。日军新的重点也是加强控制占领区并扶植在华新的中央政府。1938 年 3 月至 1939 年 9 月中,桥本群少将出任参谋本部作战课课长,他认为 1938 年日军必须集中精力休整,1939 年前不宜发动重大战役。[②]

然而这个不继续扩大战争的方针很快被放弃了。因为华北方面军希望在华中继续追击中国军队,并执意要求扩大作战范围。此外,1938 年 3 月就任参谋本部作战课长的稻田正纯大佐公开挑战他的顶头上司并支持扩大战争。稻田大佐蓄意跳过桥本群和大本营、鼓励华北方面军"见机行事"。[③]

---

① 作战的经过参阅:战史丛书—中国事变陆军作战(2). 战史丛书—中国事变陆军作战(3). 朝云新闻社,1975;法兰克·多恩(Frank Dorn). 中日战争 1937~1941:卢沟桥到珍珠港. 纽约:Macmillan,1974。

② 桥本群中将回忆答问录. 载于:臼井胜美,稻叶正夫编. 现代史资料(9):日中战争(2). 美笃书房,1964,P342~343。

③ 稻田正纯. 战略层面所见之支那事变的战争指导. 转引自:国际政治. 1961 年 3 月,P158。

台儿庄会战和中国自称的胜利

华北方面军的第二军沿津浦线南下追击中国军队,到达第五战区作战区域。第十师团濑谷支队于3月下旬进逼徐州东北方的台儿庄。[1] 在得到第二十集团军增援后,守卫台儿庄的中国第二集团军即刻投入反攻。濑谷支队陷入苦战。第五师团随即派出坂本支队前去解围。激战中,两支日军部队联系中断。濑谷支队误以为友军的行动是撤退,于是下令撤出战斗。坂本支队也就开始撤退。

这次撤退是因为联络中断所致,而非敌军的压力。但是这的确是本次战争中日军第一次撤退。虽然参加这次战斗的日军并没有挫败感。[2]但是本次作战的确伤亡很大,确确实实是个败仗。中国方面将这次日军退却宣传为大捷、日军被全歼。中国夸大了日军损失。但不可否认,这个"胜利"大大提升了中国人的士气。[3]

徐州会战和黄河大坝

台儿庄会战之后,日军认识到徐州周边聚集着大量中国军队。这里是津浦线和陇海路交汇的战略枢纽。大本营4月初命令华北方面军和华中派遣军"击溃徐州附近的敌人"。5月19日,日军攻克徐州,但是并没有实现"击溃徐州附近的敌人"的作战目标。聚集在徐州附近的中国军队拥有50个师,约40万的兵力。日军调动华北方面军第二军(4个师团)和第一军(1个师团)及华中派遣军(3个师团),欲从南、北两个方向包围并打垮聚集在徐州附近的中国军队。但是,日军兵力薄弱,中国军队轻松地便突破了日军松散的包围网。华北方面军违背大本营年初所定方针,沿着平汉线直逼郑州。在这关键时刻,蒋介石决开黄河堤口,阻止了日军的前进。

---

[1] 日军支队一般采用其指挥官的名字。支队的兵力一般相当于一个旅团。
[2] 森松俊夫.日军台儿庄大败的真相.载于历史和人物.1978年8月号,P181。
[3] 郭沫若.抗日战争回忆录.中央公论新社,2001,P70。

徐州会战对战争终结没有起到任何作用。与其说是"大战徐州",还
不如说是日军对郑州进逼、向南威胁武汉的作战行动。逼迫蒋介石孤注
一掷、掘开黄河。蒋介石声称在徐州集中兵力是希望把日军引诱至此,为
保卫汉口赢得时间。[①] 然而徐州防线一触即溃,日军快速逼近郑州。蒋
介石只得掘堤放水、延迟了日军对武汉的推进速度。中国广大民众痛苦
不堪。

武汉成为下一个目标

汉口是中国军队控制的华中长江沿岸最后一个主要城市,是汉江和
长江之武汉三镇中最大的都市。其他两镇是蒋介石总指挥部所在的武昌
和工业重镇汉阳。汉口乃政治、经济、军事中心,亦是重要铁路和水路交
通枢纽。日本大本营从攻陷南京后就开始研究汉口和广东进攻策略。根
据参谋本部的情报判断,只要占据武汉和南方城市广州就可以实质性地
控制中国的心脏地区,战争胜利结束也就指日可待。

武汉会战的中心要点是占领战略要冲,其次才是消灭中国军队。按
照日军计划,武汉作战需要等到九月初才能开始,届时政治和军事的双重
压力将迫使中国屈服、结束战争。此外,长江是关键航运通道,夏季和早
秋的汛期水位较高,有利于日本海军的行动,所以开战日期不容耽搁。

第十一军的重组

为了进行武汉会战,第二军从华北方面军并入华中派遣军。第十一
军得以组建,辖属于华中派遣军。第十一军司令官由被称为"中国通"的
冈村宁次中将担任,编制下辖第六、九、二十七、一〇一、一〇六师团,和波
田支队(台湾混成旅一部)。其中只有第六、九师团是战前常备部队,这类
"四单位制"师团拥有四个步兵联队,大约 2.5 万人的兵力。第一〇一、第
一〇六师团为战时预备师团,现役军人只有联队长、大队长,其余官兵都

---

① 产经新闻社. 蒋介石秘录. 第 12 卷,产经出版社,1976 年,P136。

是预备役人员。虽然在单位数目上与战前常备师团同等,但战斗力较弱。　211
第二十七师团实属"三单位制师团",只有三个步兵联队。这是 1936 年陆
军扩军备战时的产物。"三单位制"师团兵力人员少,但是炮兵较强、后勤
采用汽车运送,所以机动性较好。第二十七师团同 1939 年以后编成的新
设"三单位制"师团有所不同。后者实际上是警备师团(驻军或治安部
队),其兵力在 1.4 万人左右,机动力薄弱。

在炮火方面来比较,一个中国师相比日军一个警备师团、预备役师团
及日军一个常备师团,其炮兵力量分别只有后者的 62%、44% 和 16% 不
等。[①] 有人统计,日军一个联队可以对抗蒋介石嫡系部队一个师(一般嫡
系师的编制师 1.2 万人,但是事实上往往根本不能满员,有时连半数都不
能保证);而日军一个大队可以对抗地方军阀部队一个师。[②] 泽田茂中将
曾经估算一个日军中队同中国军队一个师遭遇可以主动发起进攻,而一
个大队在防御时可以抵挡一个中国师的攻击。[③] 也有老兵认为两个步兵
大队(每个大队 700～800 人)可以对付一个中国师。也有一个大队单挑
中国一个师的战例,但是要进攻并消灭一个中国师一般需要三个大队(相
当于一个团或联队)。[④]

第十一、第二军受命进攻武汉。作为主力,第十一军沿长江两岸进
攻:第六师团沿长江北岸湖汊纵横的沼泽地进军;波田支队、第一○六、
一○一师团沿南岸丘陵地带进军;第十一军的任务是在长江以北第五战
区和江南第九战区防区内接敌。第二军起初计划作为主力逆淮河而上,
但黄河决口使此计划不能实施。部队只得越过大别山向南绕道而行。

第十一军对武汉最初的攻击

6 月上旬,第六师团在庐州附近集结之后开始西进。长时间的下雨
使道路极为泥泞。6 月 17 日,第六师团占领潜山。部队此时遭受高温、

① 秦郁彦. 日本陆海军综合事典. 东京大学出版社,1991,P705。
② 稻叶正夫编. 冈村宁次大将资料—战场回忆篇,原书房,1970,P308。
③ 森松俊夫编. 泽田茂. 参谋次长泽田茂回忆录. 芙蓉书房,1982,P111。
④ 佐佐木春隆. 长沙作战. 图书出版社,1982,P86。

蚊子、苍蝇滋扰,疟疾蔓延,2 000 名士兵住院。波田支队在海军的协助下逆长江而上,于 6 月 12 日占领安徽省安庆(安庆位于武汉长江下游 290 公里处)。海军航空队以此为前进作战基地。之后,波田支队经过速决的苦战,于 6 月 26 日攻占要塞马当镇。此处为安庆上游近 50 公里,中国军队原来以为在此可以坚持很久。

双方相持一个多月后,受疟疾困扰的第六师团终于再次行动,却在太湖县西边(去潜山西南 30 公里)遭到了中国军队顽强的抵抗。黄梅于 8 月 2 日被日军攻占。黄梅的过早沦陷使中方感到震惊,中国军队于是在广济集结兵力,同时破坏长江左岸堤口。与此同时,波田支队向西推进。烈日当空,日军于 26 日占领了九江。九江位于武汉和南京中间一个重要港口。入城后,因当地发生了霍乱,波田支队立刻丧失了行动能力。

紧跟着波田支队的第一〇六师团突入九江西南方向的庐山地区。他们原本打算沿南浔线(南昌—九江)进攻南昌,但是遭遇到中国军队超出想象的顽强抵抗,伤亡惨重。该师团从日本调来,没有训练时间。庐山层峦叠嶂,几乎无路可行。第一〇六师团不得不放弃车辆改用马匹运输补给。士兵不得不拆卸重装备、人抬肩扛。后勤保障、医疗护理严重缺乏。8 月 9 日前,一名联队长、三名大队长战死;一名联队长和两名大队长负伤。中队和小队半数以上指挥官伤亡。甚至有一个中队所有军官全部战死,队伍由一个下士指挥。当现役指挥官全部阵亡,该部队战斗力就已经减半。部分中队伤亡超过三分之二,只有采用毒气("特殊烟幕弹",即毒气弹)才免被全歼。第一〇一师团也被投入到庐山地区,其情况也是如此。

两个师团正在苦战中,大本营于 8 月 22 日指令华中派遣军攻占武汉。此时北方与苏联在张鼓峰冲突告一段落(1938 年 7 月爆发冲突),大本营可以放心不用担忧苏联的介入了。

从霍乱中正在恢复的波田支队勉强再次西进,24 日攻陷要冲瑞昌。第九、二十七师团也加入到沿着长江南岸西进的行列。但是瑞昌西边是中国军队的主阵地,其抵抗异常顽强。攻击这一地区的波田支队由于弹药、炮弹不足而遭受巨大伤亡。波田支队南翼的第九师团也陷入了苦战。中国军队熟悉地形,部队布阵也十分巧妙,他们可以从各个方向攻击日军。

另外,第六师团占领黄梅 1 个月后开始向广济发动进攻。在黄梅和广济之间,大别山距离长江最近,中国军队在那里构筑了80公里的纵深阵地。经过数日激战,9月6日广济陷落。第六师团接下去的任务是田家镇。田家镇与马当镇一样,是长江的咽喉要塞。不占领田家镇,日军就很难沿长江实施武汉攻势,因为长江运输大动脉对日军的后勤补给至关重要。越过无路可寻的山峦向田家镇进攻的第六师团今村支队,经过连续激战,弹药不足,只能依靠手榴弹和白刃战。9月29日,日军终于攻陷田家镇。今村支队(旅团)的主力、步兵第13联队伤亡达1000人以上,损失了1/3士兵、4/5的小队长、2/3的中队长。[1] 同时,第六师团在广济的大部队也受到中国军队的强烈反击。

日军的协同作战挫伤了中国军队的士气

第十一军在华中地区艰难西进之时,南方的第二十一军于10月12日成功登陆广州附近的大亚湾,武汉和广州战事同时展开。10月21日广州早于汉口攻取。日军成功登陆大亚湾,使蒋介石大为震惊。[2] 同一天,武汉北翼160公里处的平汉线要冲信阳被日本第二军占领,负责防守信阳的第五战区中国军队突然撤退。大亚湾登陆和信阳陷落似乎转变了武汉会战的局势,中国军队的战斗意志似乎出现衰退,部队开始准备撤退。码头镇的投降及其后田家镇的丢失挫伤了中国军队的士气。[3] 广州早就知道不保,那是预料之中的事。中国军队主动放弃武汉是正确的。中国军队由此避免了灾难、保存了实力。

第六师团在10月25日傍晚进入武汉。波田支队于26日到达武昌,27日占领汉阳。11月3日为明治节,日军在汉口举行胜利入城仪式。为了防止类似南京"枉法行径"事情的发生,华中派遣军对日军士兵实施严格管理,禁止触犯汉口的中国居民和外国侨民。长沙以北140公里的洞庭湖北部出口处的岳阳沦陷。11月间,粤汉线被切断。武汉会战宣告结束。

第十一军取得了一场重大的胜利。但是,逼迫中国投降这一战略目

214

---

① 熊本兵团战史编委会编.熊本兵团战史:支那事变编.熊本日日新闻社,1965,P234。
② 蒋介石秘录.第12卷,P152。
③ 儿岛襄.日中战争.第3卷,文艺春秋,1984,P395~399。

的没有达到。军事历史学家小岛登这么评论道：如果第十一军把重点放在歼灭敌军有生力量而非追逐攻占武汉，战略上的效果可能要好得多。他的意思是第十一军主力应该从武汉追击向长沙撤退的中国军队。[1] 但是这样的假设结果就是第十一军无法利用长江作为其重要的补给线。[2] 当初大本营制定的会战目的就是攻占武汉。这个目的已经实现。

第十一军司令官冈村宁次战后这样回忆道：武汉会战日本军队面临三个强大的敌人：中国军队、地形和炎热的气候。[3] 中国军队无论是在整个会战期间还是在每个作战阶段都占有数量上的优势。中国第五战区和第九战区总兵力达 120 个师，人数在 50 万到 100 万之间。在很多战役中，中国军队都是日军人数的 10 倍以上。

此外，地形也不适合日军作战。中国军队破坏公路、淹没大片良田限制了日军的机动作战。中国军队逼迫日军在没有道路的山区作战，日军不得不临时调整应对，有时只能用骡马代替现代化的运输工具，甚至只有依赖人力保障补给。而且长江流域炎热的夏季，气温高达 40 多度。烈日当空、湿度极高。士兵疲劳不堪、疟疾和霍乱迅速蔓延。

武汉会战日军损伤也极为严重。以第九师团为例，1 102 人战死（其中军官 48 人），2 895 人受伤（其中军官 145 人）。该师团记录中国军队丢弃了 36 895 具尸体，1 487 人被俘。[4] 较少苦战的第九师团亦损失不轻。波田支队伤亡是 733 人战死、2 322 人受伤，折兵三分之一。第十一军总体上 4 567 人战死（包括 172 军官）、17 380 人受伤（包括军官 526 人）。中国军队 143 493 人阵亡，9 581 人被俘。[5]

第十一军为何伤亡如此之重？除了冈村宁次所述理由之外，一个重要原因是中国军队高昂的士气。他们作战意志是日军所料不及的。然而，他们最后决定撤退，没有死守武汉。

---

① 儿岛襄. 日中战争. 第 3 卷, P338。

② 谷虎雄. 武汉攻略战和广东攻略战. 转引自：近代日本战争史. 第四编, 同台经济恳话会, 1995, P389。

③ 冈村宁次大将资料. P308。

④ 陆上自卫队第十师团司令部编. 第九师团战史. 1966, P190。

⑤ 这些第十一军的伤亡数字和战果出于他们战况报告. 本文后面的数字也是如此. 但是, 作战中不可能清点敌方遗弃的尸体, 所以就把击毙日本人数加上数倍作为中国军队弃尸数目. 我们应该认为这些数字是夸张的. 参见佐佐木春隆. 长沙作战. P153。

治安优先政策

武汉会战之后,日本改变了以往以军事手段为主的对华政策,致力于以政治手段来结束战争。大本营判断发动新的攻势或占领更多战略要点都无法使中国屈服。如此继续尽管会给中国造成重大损伤,但日本也必须付出大量资源,这样做不值得。于是乎大本营认为往后的最佳方案是扶植新的中央政府,从而在政治上孤立蒋介石政权。[①] 大本营的一份文件是这么说的:

随着汉口、广东战役的结束,一个战争阶段随之落幕,我们应该优先考虑恢复占领区的治安;要继续摧毁残存的抗日力量,要多多采用政治的手段。除非安全隐患出现问题,陆军必须防止继续扩大占领区域。被占领地区将划分为"治安区"和"作战地域"。前者是维持治安,后者以求摧毁敌军力量。"作战地域"将限于武汉和广东一带。一旦中国军队集结兵力或准备进攻,我们将利用这些区域的基地摧毁抗日力量。但是,我们必须避免无谓的战场扩大。战地用兵亦应该限制在最小限度。[②]

基于这一方针,大本营试图以"持久围堵"来逼迫中国就范。华中派遣军的"作战区域"限于长江以北安庆—信阳一线;长江以南岳阳—南昌一线以内。同时,大本营取消第二军的编制,把第三、十三、十六师团编入到司令部位于武汉的第十一军。1939 年 1 月,第十一军的兵力为 7 个师团和 1 个独立混成旅。

南昌会战

重组后的第十一军的首要任务是进行小范围的攻势作战,防止在武汉会战中受到重创的中国军队重新恢复战力。第十一军认为发动南昌会

216

---

① 松本圭介.中国派遣军的作战和大东亚战争的开战.防卫厅防卫研究所战史部・研究资料 98RO - 13H,1998,P13。

② 昭和十三年秋后对华处理方针.转引自:防卫厅防卫研究所.战史丛书—中国事变陆军作战(2).P289。

战能够达到这个目的。鄱阳湖口的江西省会南昌是中方的反攻据点,也是中国空军基地。国外援助物资首先通过海路运抵华南沿岸,然后通过干线集中在南昌,继而输送给重庆国民党政府。

切断通往宜昌的浙赣线是这次作战的目的。日军在武汉会战时早就决定攻入宜昌,无奈庐山方面的第一〇六、一〇一师团陷入苦战而未能实施。现在重新计划实施南昌会战,冈村宁次将这两个师团作为主力,给他们一个挽回名誉、恢复士气的机会。

1939 年 3 月 20 日黄昏,第一〇六、一〇一师团渡过修水(由西向东流入鄱阳湖)。会战正式打响,日军炮火准备乃中日战争开战以来最大规模。修水对岸中国军队阵地一片火海。第一〇六师团突破中国军队的坚固防御阵地后,急速前进,横渡赣江,于 27 日下午在南昌南面切断了浙赣线。直接进攻南昌的第一〇一师团于同日傍晚占领南昌。为了牵制中国军队,第六师团负责进攻南昌西北 110 公里处的武宁,由于作战地为山岳地带,该师团陷入苦战,但最终还是于 3 月 29 日晨占领武宁。

南昌会战中中国军队投入的是第一、十九、十三、三十二集团军,17万人马。日军阵亡 500 人,1 700 人受伤;中国军队据报战死 24 000 人、8 600 人被俘。会战战术目的基本实现,第一〇一、一〇六师团也以快速进攻挽回了名誉。但其战略性意义不大。中国军队不但没有被打垮,同年 4 月下旬到 5 月上旬,中国军队第三十二、十九集团军发动了春季攻势,攻击南昌的日军。但是进攻被击退。

南昌会战后,第十一军试图展开襄东会战。当时,华中派遣军得到情报,中国第五战区在前线西北方向上集中大约 30 个师的强大兵力企图反击。第十一军遂决定先发制人。

5 月 1 日,第三师团在信阳附近展开佯攻。4 天后作为主力的第十六、十三师团从武汉西部 96 公里处的安陆附近北进,然后往右,企图围歼被驱赶到枣阳东北地区(安陆西北 65 公里处)的中国第八十四、十三集团军。5 月 10 日 2 个师团压缩包围圈。到了月末,几乎所有中国军队都被赶出汉水以东地区。日军没有进行追击,因为中国军队已经退出大本营所规定的作战区域。第十一军阵亡 650 人、1 800 受伤;日军清点中国军队阵亡 15 000 人、1 600 人被俘。这次会战,第十一军给予中国军队很大的打击。① 但是最终彻底击败中国谈何容易，中国军队很快便收复了丢失的区域。

大战略重点的改变

在这个关键时刻，由于受到国际战略形势的影响，中日战争发生了重大变化。首先，襄东战役开始之后爆发了"诺门坎事件"。事实上这个边境冲突已经发展成为局部的日苏战争。日本的政、军高层的注意力已经从中国战场转向诺门坎。9月份，日军蒙羞停战。此时的欧洲爆发了第二次世界大战。为了在快速变化的世界形势中保持主动，日本大本营感到必须尽早结束中日战争。

结束中日战争措施之一就是培植中国新的中央政权。华中派遣军编制被解散，在南京重新成立中国派遣军，其目的是支持汪精卫新的政权并统筹在华作战行动。华中第十三军在上海组建，负责南京—上海地区的治安；第三十三、三十四师团编入第十一军，而老牌第九、十六师团则调出第十一军。

日军调整后第一次行动是大本营所称的湘赣会战（海军方面称之为湘江会战，而中方则称之为第一次长沙会战）。这次战役的目的是削弱江南中国第九战区的战力，给蒋介石政府施加军事、政治压力，挫败重庆继续抗战的意志。第十一军计划尽可能地在短时间内结束战役，回到原来出发地域。这次战役主要在赣江和湘江之间的丘陵地带展开，这里已经跳出大本营划分的作战区域。战场地势多山，日军只得用马匹、大车作为交通运输工具。

第一〇六师团于9月15日集合在南昌以西90公里处的奉新附近，进逼高安，合围中国军队。该师团一部进攻武宁，进而向三都进攻。主力部队则进入九岭山脉。中国军队于此利用山地顽强抵抗。该师团于10月9日退回出发地。

218

---

① 河野收.自给体制下的陆军诸战役.载于：河野收编.近代日本战争史.第四卷.（译者按：原著有误，应为第三卷），P449。

在西部,主力部队第六、三十三师团和第十三师团一部于 9 月 23 日开始进攻。集合在岳阳南方的第六师团横渡新墙河(长沙以北 120 公里处),在突破对岸的中国军队阵地后,沿粤汉线南下,横渡汨罗江(长沙以北 70 公里处)。第三十三师团亦向南攻击,一部向三都东进与第一〇六师团汇合。10 月初所有部队开始撤退。日军主力原本可以占领长沙,但是第十一军必须遵照大本营作战限制。[①]

湘赣会战,第十一军对阵 30 个中国师。日军 850 人战死、2 700 人受伤。日本清点中国军队战死高达 44 000 人、4 000 人被俘。会战达到了预期目的,但没有任何战略价值。中方宣传他们击退了日本军队。对于日军是否有意愿长期滞留新占领区域,中国宣传机构根本不感兴趣。

第十一军评估报告

第十一军关于 3 次会战的报告认为中国军队的战斗力明显下降。在地势平坦的战场上,如果日军急速袭击或追击,中国军队经常会"四下溃散"。这与中国指挥官无能、士兵素质低下及兵器弹药的不足有关系。但是中国军队的抗战意志却依然高涨,蒋介石嫡系部队能够利用有利地形坚守防御,其战斗力依然极其强大。[②]

当时任第十一军参谋的宫崎周一大佐战后对这一时期的战役进行了如下描述:"南昌、襄东、湘赣三次会战不是偶然发起的。武汉会战后,中国军队得以恢复元气。第十一军担心如果不采取先发制人作战,将来可能会难以对付。部队如果不战而待在原地、备受蚊虫袭扰,士气便会低落。作战和训练异常辛苦,部队也需要休整。但是休整后必须再次求战。武汉会战后我们必须保持这个不间断的循环"。第十一军上下都明白作战结束后必须撤回原驻地。如此一来,放弃了经过努力和牺牲攻占的地域会造成中方击退日军的宣传,但是如果不撤回到原驻地,兵力不足的问

----

① 冈村宁次大将资料。P345。
② 关于武汉攻略战后吕集团面对的敌军一般的情势(1939 年 12 月 10 日,吕集团参谋部).原载于:现代史资料(9):日中战争(2).P420～430。"吕集团"是第十一军的代号。

题就会浮现出来。[1] 宫崎周一这些评论值得赞同,但是一系列的进攻和胜利并不能带来战争的终结。要结束战争只有一条路,即跳出大本营规范的地区歼灭中国军队。冈村宁次则认为"不论对现行的'治安优先'政策如何理解,我们必须动用整个中国派遣军的兵力进行武汉会战规模的进攻战役,以求给中国正规军沉重打击,特别是那些蒋介石的嫡系部队。要彻底摧毁中国人的抗战意志"。[2] 根据这一指导思想,第十一军开始酝酿攻占长沙和衡阳、夺取宜昌,或占领整个平汉铁路沿线的计划。[3] 但是,冈村宁次意见最终没有被采纳。相反,中国军队率先采取行动,于1939 年发起冬季攻势。

宜昌会战

1939 年 12 月中旬,中国军队在华北、华中、华南开始了全线反攻。在华南,日军刚刚占领的南宁受到中国军队的攻击。日军勉强守住了南宁,但是付出很大的牺牲。在华中,中国军队面对的主要是第十一军。中国以第三、五、九战区共计 71 个师,相当于中国军队总兵力的 80% 的兵力,对第十一军展开攻击。而此时的第十一军只有 7 个师团和 2 个混合旅。其中第三十九、四十师团刚刚于 10 月中旬调入,第一〇一、一〇六师团已经调回日本。

第十一军此前掌握了中国军队准备反攻的消息,但是由于前一年的春季攻势规模有限,因此对这次反攻规模的估计也比较乐观。冈村宁次本人也是这么认为。[4] 但是事实上,中国军队此次冬季攻势规模庞大、作战持续 40 多天。

当时第十一军占据的地区区域广阔、部队分散、防御缺乏纵深。[5] 第十一军各师团没有预备兵力,防御阵地也不甚坚固。况且各师团原本都

220

———————

　①　冈村宁次大将资料.P334~335。

　②　防卫厅防卫研究所图书馆藏:冈村宁次中将.关于迅速解决日中事迹的作战方面的意见·吕集团诸计划、协定,以及意见和印刷品。

　③　战史丛书—大本营陆军部(1).朝云新闻社,1967,P626。

　④　冈村宁次大将资料.P350~351。

　⑤　井本熊男.支那事变作战日志.芙蓉书房,1978 年,P343。

是以进攻为主,没有防御的准备。

1939 年 12 月末至 1940 年 1 月初,参谋次长泽田茂中将视察华中、华南战线。根据他的观察,因为中国军队的全线反击,日军不能像以往那样将兵力从没有战事的地段调至受攻击的地区。中国军队在整个冬季攻势中牢牢掌握着战场主动权。日军只得寻机反击,但效果不大。① 一些军事专家认为,当时蒋介石为了攻击南宁,从湖南方面抽出了大批兵力南下,如果把这些兵力集中使用在对第十一军的攻击上,那么第十一军的防御可能崩溃。②

冬季攻势从 12 月 12 日前后开始,一直持续到次年 1 月 20 日。在对冬季攻势的反击中,中国军队战死 51 000 人、987 人被俘;第十一军战死 2 141 人(包括 109 名军官)、6 126 人负伤(包括 225 名军官)。这是开战以来日军损伤最为惨重之一,只略逊于武汉会战。所获俘虏相对较少说明中国军队一直控制着战场主动,而且其士气非常高昂。冈村宁次异常吃惊:“我们根本没有料到中国军队会发动如此大规模进攻,而且进攻作战异常坚决。”最大的震撼是,中国军队可以同时展开大规模攻势,并能持续很长时间。根据第十一军的观察,这证明蒋介石的威信和领导已达到中国军队的最基层。日军总部不得不承认“敌军依然强大”。③ 中国军队恢复效能速度之快超出想象。泽田茂参谋次长惊奇地发现中国军队居然采用了一些新式武器。④ 冬季作战证明“治安优先”政策终告失败。日军日感兵力不足,冈村宁次的建议也无法实施。

陆军重新考虑进攻作战

221　　　1936 年陆军的军备扩充与现代化计划是以苏联为假想敌的。1938 年秋,一个新的计划开始浮现:即中日战争继续进行的同时,日军还必须

---

① 参谋次长泽田茂回忆录. P159、157。
② 河野收. 自给体制下的陆军诸战役. P452。
③ 吕集团参谋部. 昭和十四年冬季战役作战经过概要. 载于:现代史资料(9);日中战争(2). P436～451。
④ 参谋次长泽田茂回忆录. P159。

备战苏联。由于中日战争的大量消耗,日军只有降低在华作战规模,才能够腾出足够力量实现新的计划。陆军省军务局考虑削减在华兵力。当时派遣到中国的兵力约85万人,他们打算在1939年末将兵力减至70万人,1940年末再减至50万人。

削减在华兵力目的有二:中日开战后,陆军由于迫切需要兵源,征兵素质降低。1938年8月驻华士兵90%是大本营的预备役兵员。所以降低驻军数量意在提高官兵的素质。部分参谋本部的军官主张在中国部分撤军,巩固华北的防务,借此结束战争。如此亦可腾出许多部队。

诺门坎战事失利后,大本营迫切感到需要实施军队扩充和装备现代化。欧洲大战的爆发更加加强了这个信念。虽然东京大本营在在华兵力消减这个议题上达成了共识,中国派遣军总部却极力反对。他们主张继续增加兵力、以摧毁中国抗战力量。在视察途中遭遇中国发动冬季攻势的泽田茂参谋次长似乎也赞同中国派遣军总部的要求。[1]

1940年5月3日大本营就此问题达成妥协:向中国暂时增派2个师团,条件是年底前从中国撤出10万兵力。5月底,大本营幕僚们访问了南京的中国派遣军总司令部,要求他们同意这个方案。双方在6月6日达成一致意见。这时宜昌会战已进入关键时刻。请允许我在此先描述占领宜昌前的各个战役,再探讨东京与中国驻军军事高层意见不合这一现象。宜昌会战期间日军发生过互相矛盾的作战指令。

向宜昌进发

汉口长江上游180公里处的宜昌是个重要的战略要点。长江从四川东部三峡流出后汇入平原地区,大型船舶可以沿着长江运行到宜昌,再从这里换乘小型船把物资运到重庆。所以只要控制这个要冲就能完全切断重庆在长江的补给线。但问题是日军攻占宜昌之后是否应该长期占领这座城市。虽然冈村宁次坚持战略要地一旦攻取就不能放弃,但是中国派遣军兵力不足,长期占领宜昌与大本营"削减在华兵力"的方针相抵触。值得注意

222

----

[1] 参谋次长泽田茂回忆录. P160。

的是,海军则希望长期占领宜昌。因为海军希望利用宜昌基地轰炸重庆。

3月上旬,园部和一郎中将取代冈村宁次中将出任第十一军司令官。4月上旬,新的作战计划制定完毕。按计划,日军首先消灭在襄阳以东、汉水以东随县的中国第五战区的主力,然后对汉水右岸(西部)的中国军队予以围歼。计划中的战役已超出了大本营所指示的区域范围,所以大本营向第十一军发出新的命令,指示其可以"暂时越线",暗示可以攻占宜昌,但不能长期占领。

据说当时天皇表示"对宜昌尽可能不予攻击"。[1] 天皇的表态于4月下旬传达到中国派遣军。如果真有其事,天皇的真正意图和对中国派遣军作战的影响,我们不得而知。而且,还有一则回忆与此恰恰相反。按照泽田茂参谋次长回忆:天皇屡次建议夺取宜昌,但是泽田茂回答说占领宜昌可能会给陆军增添负担。泽田茂猜测,可能是希望占领宜昌的海军对天皇的想法产生了影响。[2]

宜昌会战(枣宜战役)于5月1日打响。第三师团从信阳北部西进,第十三师团从安陆北上,而第三十九师团从中间的随县北进。他们的目标是在白河河畔包围由汤恩伯将军率领的第三十一集团军。日军3个师团于5月10日到达白河河畔。但是中国军却已跳出包围圈。中国军队从以往的经验中认识到,日本军在达到进攻目的后就会撤回原驻地,因此他们采取了撤退战术。此时由张自忠将军率领的第三十三集团军正从西至东横渡汉水,第十三、三十九师团开始南下追击张自忠部队。汤恩伯误以为日军这个动作为撤退,于是对第三师团后卫展开攻击。第三师团余部被大军包围,很快弹尽粮绝。第十一军命令3个师团在枣阳附近集合,将中国军队引诱至此,并于5月19日同时展开攻击。中国军队迅速溃败。考虑到后方补给不足,日军于5月21日停止追击。

宜昌战役的第一阶段作战至此结束。第十一军的对手共投入47个师。中方遗尸22 000,被俘约1 000人。但日军损失亦不少。战死约850人,战伤约3 000人。张自忠将军(日本的陆军士官学校毕业、多次会战中的英

①　大陆命令第426号(1940年4月10日).参见:井本.中国事变作战日志.P428。
②　参谋次长泽田茂回忆录.P56、177。

雄)在与第三十九师团的战斗中牺牲,日军士兵敬重地将其埋葬。[1]

在这个节骨眼上,第十一军司令部围绕着下一步作战产生了争论。一部分人主张休战。他们认为击败中国军队战果非凡,而酷暑中连续作战会拖垮部队;另一部分人则认为如果中途停止作战就可能失去大本营、中国派遣军总部的信赖,第二阶段会战、占领宜昌必须马上进行。后者意见最终占了上风。[2]

第二阶段作战于5月31日夜展开。第三、三十九师团再次横渡汉水。第三师团北上攻占襄阳之后南下,第三十九师团直接挥师南下。6月4日夜,在位于汉口160公里处的沙洋镇附近,第十三师团突然横渡汉水,快速西进,直逼宜昌。中国军队被击溃。6月12日攻克宜昌。五天后第十一军强迫命令第十三师团开始撤离宜昌。但是这个命令第二天又改变了。

如上所述,日军各级指挥意见分歧、命令相互矛盾。原因之一便是5月10日德军开始了在欧洲西部战线的攻击,泽田茂参谋次长等人认为如今是猛击国民党军队、打破战争僵局的好机会。[3] 蒋介石和日本秘密会谈也是原因之一,日本人相信在德国横扫西欧之际,给蒋介石重重一击可以迫使他认清抵抗是没有希望的。然而此刻的第十一军内部则担心如此长期消耗作战,实感自身兵力不足。大本营至6月16日才下令占领宜昌。此时,第十三师团已经离开,只得令其掉头杀回。

宜昌会战第十一军伤亡包括阵亡1403人(军官106人)、负伤4639人(军官203人)。中国军队阵亡63127人、4797人被俘。尽管第五战区受到削弱,但日军作战效果同1939年前三大会战大同小异。这不是冈村宁次原来提倡的作战计划,对削弱中国抗战意志也就毫无效果。

有个说法是宜昌的丢失给重庆造成了极大压力。也有评论认为,占领宜昌以及强化对重庆的轰炸给中国的抗日战争增加了更多困难。[4] 但是,占领宜昌所希望达成的政治目的却没有实现。收到占领宜昌的命令时,第十一军作了如下判断:"根据急剧变化的国际形势以及中国形势,长

---

[1]　对于张将军的战死,请参阅:森金千秋.华中第一线.丛文社,1977,P58～71。

[2]　井本.中国事变作战日志.P431～432。

[3]　参谋次长泽田茂回忆录.P46。

[4]　刘大年、白介夫编.中国抗日战争史.樱井书店,2002,P220。

期占领汉水以西地区具有重要意义,对巩固汪精卫政权的政治战略提供
了坚强的支撑。"①在第十一军看来,占领宜昌主要是出于政治目的。但其
希望借助欧洲形势,以占领宜昌逼迫中国就范,这个观念实在过于乐观。

"短促性的"作战

宜昌会战看来只是对华政策的短暂改变。会战之后,大本营又恢复
了其"治安优先"政策。在欧洲,荷兰和法国向德国投降,英国的命运危在
旦夕。这些国家在东南亚的殖民地出现真空,日本随即就把注意力转移
到了那里。1940 年 9 月下旬,日军进驻北部法属印度支那地区。根据 10
月从中国派遣军调回参谋本部作战课的井本熊男所说,在参谋本部作战
室里贴着的几乎全是东南亚的地图,而中国的地图只有一张。②向东南
亚扩张,日军势必需要限制在华作战行动。1941 年 1 月,日军在华的中
心任务是对占领区保持维持治安,放弃一切大规模进攻行动。按具体情
况,日军可以进行"短促"性的作战。③ 封锁、巩固,空袭和削弱敌人成为
日军新的指导方针。④

第十一军在宜昌会战后的第一个行动是汉水作战。蒋介石命令新四
军移驻华北,汤恩伯集团便受命北上对其施压。第十一军误以为中国军队
北上是反攻的预兆,于是决定先发制人。这时第四师团(警备师团)已从满
洲调至第十一军,同时到达的还有第十三军暂调的第十七师团(预备师团)。

11 月 24 日,汉水战役开始。汉水左岸的第三、第四师团,右岸的第
十七、第三十九师团试图追歼中国军队,但中国军队采用了退避的方式。
因此各师团在取得作战目标后开始返回到原驻地。战役 12 月 2 日结束。
第十一军仅只同第五战区部分部队交火。中国军队阵亡 6 349 人、474 人
被俘;日军阵亡 132 人、445 人负伤。整个作战只持续了一个星期。日本

225

---

① 吕集团司令部. 关于确保局势的意见.(译者按:原著英语翻译有误)载于:冈村宁次·
吕集团诸计划、协定及意见、印刷品《第 11 军计划协定及意见》。
② 井本. 中国事变作战日志. P482。
③ 中国事变陆军作战(3). P328~329。
④ 中国事变陆军作战(3). P333。

士兵很乐意看到部队重新出征,因为宜昌会战后,部队补给贫乏、游击队骚扰频繁。[①] 有些人认为让部队出战对提升士气有利。

之后,第十一军实施了豫南战役。这次战役的目标是要击破位于信阳北部豫南平原的汤恩伯第三十一集团军。1941年1月24日夜,第三、十七、四十师团从左、中、右分三路沿平汉线向北推进。这次会战正值严冬。中国军队还是采用了撤退战术。第二集团军为了救援汤恩伯第三十一集团军从襄阳出发,但被第三、十七师团击退。2月初,各师团认为已达到作战目的后便再次撤回。2月12日,战役结束。按当时日军统计,中国军队损失16 000人。而日军的损失很小。[②]

在战争这个阶段,即使是作为机动主力的第十一军,也不得不分散部队于各处,警备广大区域。因此,即使在实施战役时,正常调遣一个师团或一个联队也很困难。例如在一次行动中,作战部队第四十师团下辖的四个大队,是从第十三、三十九师团各抽出的一个大队、第三十四师团抽出的两个大队拼凑而成的。[③]

同年3月,第十一军在江南地区进行了锦江战役(上高会战)。这时第三十三师团即将调至华北方面军,因此第十一军打算在第三十三师团调离之前给以中国军队(第九战区的第十九集团军)一个重大打击。攻击于3月15日晨开始。第三十三师团从南昌西北40公里的安义向西南方进发,自称达成作战目的,于两周后开始撤回。第三十四师团从第三十三师团的南部向西进攻,占领高安后,开始向第十九集团军司令部所在地上高进发。这次行动已经不是"短促"作战,而是日军此时常用的战术,以进攻来遮掩其调防部队的目的。在第三十四师团即将到达上高时,遭到了中国军队的反击,部队陷入绝境。第三十三师团被派往救援,帮助其撤退。但两师团在撤退时遭遇了另一支中国军队的攻击,陷入包围。经过苦战,两师团突破敌人包围,于4月2日回到原驻地。很自然,国民党大肆宣传他们大捷。日军损失几乎高达15 000人。[④]

①　森金千秋. 华中第一线. P153。
②　刘大年、白介夫编. 中国抗日战争史. P320。
③　河野. 自给体制下的陆军诸战役. P457~458。
④　刘大年、白介夫编. 中国抗日战争史. P321。

5 月,第十一军开始江北作战。它的目的是与华北方面军配合(此刻正在进行"中原战役")①,歼灭中国第二十二集团军。此战役估计需要一周至十天时间。

5 月 6 日,第三师团从信阳以南 48 公里的应山向西北进发,遇到后退至枣阳附近的中国军队。日军猛烈攻击,然后脱离战场于 22 日回到原驻地。第四、三十九师团于 5 月 8 日开始,各自攻击安陆、荆门北部(宜昌东北 80 公里处),但于 15 日撤回原驻地。一旦日军撤离,中国军队即刻收复原来失地,因此整个态势与作战前没有任何变化。② 第十一军阵亡115 人、伤 375 人。

长沙会战

此时的第十一军下辖 7 个师团、3 个独立混成旅团,总兵力约 23 万。其中军官现役人员比例为 36%,兵士 49%。③ 1941 年 4 月,前陆军次官阿南惟几中将取代园部中将,就任第十一军司令官。阿南中将坚信只有通过毁灭性打击才能逼迫蒋介石投降。为此,他把毁灭性打击的目标定在了第五战区司令部所在地长沙。随着德国入侵苏联,日本大本营不得不在满洲集中兵力,准备配合德军对苏开战。大本营反对南下战略,但是日本内阁还是决定进攻东南亚,并积极准备 7 月入侵法属印度支那。这样,日军的兵力日益紧张。参谋本部有些人呼吁放弃长沙会战,认为应该为与美国、英国、荷兰的战争做准备。大本营最终还是允许实施长沙会战,但条件是战役必须尽早结束。所以,长沙会战根本不能实施"毁灭性打击",相反它只是个"短促"性的作战行动。

227　　长沙会战(第二次长沙会战)于 9 月 18 日开始。第三、四、六、四十师团一起沿岳阳南部的新墙河快速南下。日本军击溃了中国第九战区精锐第七十四军,于 28 日攻占长沙,其中一部一度进入南部的株洲。10 月 1日,会战刚刚开始两个星期,日军便开始撤回原驻地。

① 中方称晋南战役或中条山会战。——译者。
② 熊本兵团战史:中国事变. P337。
③ 战史丛书:香港、长沙作战. 朝云新闻社,1971,P352。

与此同时,中国第六战区的 15 个师计划重新夺取宜昌。此时宜昌日军防御非常薄弱,很多兵力调至长沙会战。负责守卫宜昌地区的第十三师团留守部队被 20～30 倍于他们兵力的中国军队所包围。10 月 10 日,中国军队发动全面攻城,情况危急万分。师团部已经准备焚烧各联队的军旗以及机要文件,人员准备玉碎。第三十九师团也受到了中国军队的强力攻击,但它还是派出援兵解救了第十三师团。两支队伍会合后才勉强守住宜昌。10 月 26 日,日军清除了宜昌区域内的中国军队。长沙方面,日军撤退之后,中国军返回,战场恢复战前态势。

在这次战役中,第十一军与约 50 万兵力的中国军队交手。中方阵亡54 000 人、4 300 人被俘。日军战死 1 670(包括军官 122 人)、5 184 人受伤(包括军官 272 人)。第九战区主力被歼,日军攻占长沙,但是日本高层不允许在此久留。对中国来说他们又宣称长沙大捷、日军亦几乎被赶出宜昌。

从此之后,即将来临的太平洋战争占据了全部日本高层的精力。如泽田茂曾说,大本营认为在华战争已经无法通过军事手段解决,关键是需要看与美英西方国家交战结果。1941 年 9 月中国派遣军总参谋长后宫淳中将从南京返回东京,他争辩说打败蒋介石政权要比击败美英容易得多,与其进军东南亚还不如考虑攻取重庆。但是参谋本部对于他的论点置若罔闻。

结　语

1940 年 2 月,蒋介石在柳州军事会议上对日军进行了剖析。他认为日军的长处是能够偷袭对手防守薄弱地带、一旦占领阵地后便坚决扼守,他们进攻时极其凶悍、战术运动伪装性强;它的短处是投入兵力不足、作战持久性不够。日军所有攻势都暴露出一个致命弱点,那就是没有足够的后备兵力。[①]

蒋介石的分析中指出日军的短处都与日本兵力布置受限制有关。历史学界常常认为日军受限于他们占领的地区,他们"只能控制点与线"。兵

228

---

① 蒋介石秘录.第 13 卷,产经新闻社,1977,P47～48。

力匮乏约束了日军的作战行动,第十一军的编制规模就是一个很好的例子。

第十一军参与的所有会战都没有能够配合达到摧毁中国抗战意志这一中心任务。武汉会战成了最后一次大规模作战。冈村宁次所提出的大规模进攻没能兑现。宜昌会战的作战意图前后矛盾。必须承认第十一军所有的作战都受到兵力匮乏所限制,根本无法达到战略目的,这些作战无非是在中国军队备战反攻时,日军先发制人的行为而已。即使夺取战略要地日军也只得马上放弃、退回原地。第十一军无论在兵力还是在物资上都明显不足。这个缺陷是华中日军作战的主要特征。

另外一个缺陷便是对战略目标缺乏慎重思考。如上所述,第十一军无法达到摧毁中国抗战意志这一作战目标,兵力匮乏不是唯一的原因。日本必须认识到军事手段无法结束战争,第十一军的作战和政治策略没能达到统一协调。宜昌战役开始时,日本已经认识到此时的战略环境已经因欧洲战局和日蒋密谈所改变。但是发动宜昌会战没能考虑这个大局。第十一军在作战过程中的确有相关考虑,但是顾及以上因素也只不过停留在是否长期占领宜昌这个议题上。

作为日军唯一的"机动兵团",第十一军对更广阔层面的战略考量缺乏认知。大部分作战行动是为了先发制人或提高士气而实施的。日军一而再再而三地重复着一个规律,即夺取有限进攻目标后马上撤退。这种形式无论在军事上还是心理上都是无效的。颇具讽刺意味的是,每当作战开始有战略考虑时,目标却都是中国以外地区:即苏联或东南亚。

最后一点要说明的是,日本帝国陆军是按照中国战场条件设计的。日军作战区域原本是满洲和西伯利亚,而华中地区的气候和地理条件却与以上地区大相径庭。武汉会战中,日军困扰于华中的酷暑,疟疾和霍乱,造成严重损失。据冈村宁次估计,参与武汉会战 40 万日军兵力中,疟疾患者便有 15 万之多。[①] 大多数作战地区的道路残缺破旧,连绵大雨使得道路更加泥泞不堪。中国军队为了阻碍日军的进攻,不断破坏道路。日军只得用骡马替换现代化交通工具。山炮要比野战炮更加有效。

---

① 第十一军司令官.军情报告.原载于:现代史资料(9):日中战争(12).P411。

第四部分

战争中期与寻求军事解决方式

1938年末,中日两国军队,诚如两名精疲力竭的摔跤选手,互相纠缠在一起无法动弹,双方都在寻求其他出路摆脱对手、防止濒临绝地。10月份武汉失陷后,对中国国民党来说就必须避免正面再战日军,因为推进的日军占有装备上的强大优势。中国军队不得不放弃华中的长江流域,撤入四川的崇山峻岭,退守重庆。国民党政府慌乱地挤在大批难民中涌入拥挤不堪的重庆,这里被定为新陪都。重庆地理遥远,繁华怎能同沿海工商业发达的通商口岸相比?后者曾经是国民党起家和聚集力量的地方。在重庆,国民党政权只得重整旗鼓、抗战到底。

中国百姓的大逃亡给日军造成了一个新的战略困局。国民党政府被驱离出广大地区,但并没有被彻底击败。到了重庆,日军就鞭长莫及了。日本既不能逼迫政治解决战争,也无法取得战争的全胜。中国中央政府和军队的继续存在就意味着国民党仍然是抗战中心力量,其事业仍然获得民心支持,外国军事经济援助依然源源不断。诚如艾德娜·陶女士撰写的章节中所表明的,新的形势从根本上改变了中国战场传统地面战争形式,战争正在向新手段、新环境转变。第四部分的章节都在围绕这一转变进行论述。

萩原充先生的第九章主要讲述了日本延伸战略轰炸,对中国内陆城市中的平民进行恐怖性轰炸(特别是对重庆的轰炸),以求向国民党政府施压从而逼迫其进行谈判来结束战争。空袭大多由日本海军陆基轰炸机部队来实施。轰炸造成了各大城市的大规模损毁及大量人员伤亡,但却没有达到策划者原本设想要达到的政治目的。这是最早的战略轰炸失败的例子。第二次世界大战期间西欧战场上英美战略轰炸失败的情况也屡见不鲜。

艾德娜·陶女士描述了中国如何应付日本空袭,特别是重庆的防御情况。她是第一位用英语严肃解剖分析这场空战的学者。她的研究提出,中国主要采取了两种方式:对日军飞机的防空主要表现为中国空军积极式空中巡逻、移动式防空炮火;其次,采用被动式"人防"措施来保护平民,如:建造防空洞、制订一系列规章制度和程序使公众能够应对迫在眉睫的空袭,培训民防知识并对以上措施做不断的改进。这一切尽管无法防止重庆等地重大人员、物产损失,但这毕竟成功地保护了处于战乱中的首都居民,也有效支持了政府的抗战。

对于一个国家来说,面对优势的敌人、困于与其生死搏斗时,外部援助常常是生存的关键。在章百家先生的叙述中,他考查了向中国提供军事援助的三个阶段:德国在 1930 年代中期起至 30 年代末提供的非官方商业援助、1939~1942 年期间苏联提供的援助,以及美国从 1942 年起开始提供的援助直至战争结束。

当然,援助国提供对华军事援助总是会含有现实战略利益的诉求,毕竟这不是出于高尚的民族认同或人道主义动机。不过,章百家先生却认为,德国持续向中国提供援助,这点不仅对战前重建国民党军队非常重要,而且相比后来的美国和苏联,德国的诉求最低。然而,最终德国战略利益有了改变,因为德国认为日本是更有价值的同盟国,因此,德国迫于日本的要求,于 1939 年停止对中国援助。

德国人离开了中国,苏联人就进来了。这是 1927 年中苏中断关系后,重新建立起来的联系。俄罗斯的动机非常明显:提高中国抵抗能力,牵制住日军,防止日军向苏联远东地区集结。但是章百家先生还是对苏联援助大加赞赏。苏联援助的重要性、规模、质量、合理的条件对抗战中的中国来讲难能可贵。值得注意的是,章百家先生告诉我们,这些援助几乎没有一样提供给过共产党。但是,在 1942 年,由于苏联困于与德国之间的生死战争,苏联最终改变了其战略利益,来自苏联的重要援助也在那一年终止了。

一些来自美国的军事援助早就进入中国,甚至在太平洋战争爆发前就已是这样,但是 1942 年后,罗斯福政府大大提高了这一援助。章百家先生认为这一行为主要是想让中国有能力同日本对抗,从而耗尽日本的军事力量。对于美援这个议题,美国学者对章百家先生的论点还是比较熟悉的,但是对其某些论点他们却无法理解。章先生批评史迪威将军在华使命充斥着"误解、准备不足、杂乱的目标和优先次序"。战后几十年里,西方学者也这么认为。章百家先生认为"美国向中国提供的援助非常之少",这点杯水车薪的援助简直"就像有人在计算中国"。大多数美国人对此感到惊讶。尽管如此,对于战时美国在中国所起作用历来被脸谱化、非常夸张地描述,章百家先生那极具争议的看法却是一剂有效的良药。

235

　　杨奎松先生的第十二章分析了一个被蹂躏的国家应对军事强敌所采取的另外一个办法:非正规战,或者说游击战。在战争初期,国共双方都采用了这种战术。杨奎松先生关注的焦点在于:至少在华北地区,共产党的游击战获得了经典的成功,可为什么国民党政府就不能呢? 他是这样解释的:结果的差异取决于武装后的民兵与当地百姓之间关系。他指出,由于华北主要是农村地区,要想取得成功,武装抵抗就须以农民为基础。对他们来说,共产党民兵组织主要是由居住在当地的村民组成,那里也是共产党军队的活动区域。在这种程度上,农村几乎提供了无穷无尽的新兵来源。

　　相反,国民党游击队往往鱼龙混杂。他们中的许多军官以前都是正规军出身,他们同当地应该受到保护的广大民众没有任何瓜葛。由于没有当地民众友好密切的支持,在面对火力优势的日军,或者在消耗战中受到损失时,他们就无法获得补充,部队也无法保持作战力。杨奎松先生同时还指出,国民党游击队干部的思维模式往往受到他们之前在正规军中的培训和经历的影响。共产党游击队会根据地面的客观状况改变战术和技巧;而由国民党政府支持的游击队,则会偏离他们自身的"游击队战士"角色,往往倾向于进行大规模行动、正面进攻或固定阵地战。可是面对火力强大、组织严密、训练有素的日军时,这些战术通常是致命的。

　　杨奎松先生是位思考缜密的历史学家,对共产党游击战的形成演变有深入研究,对挫折也会提出批评。他描述了 1940 年共产党发动的"百团大战"及日军的有效反制;他还谈到了 1941 年的皖南事变,就是共产党新四军栽在国民党手里。这些是痛苦的挫折,但是发人深省的教训使得共产党的游击战从挫折中成长,从胜利走向胜利。

第十三章是这部分的最后一个章节,在领略了传统的地面战争后,我们讨论了空袭和游击战这样的新型作战样式,现在我们又回到了普通士兵那满是砂砾、腥风血雨的地面战现实中了。第二次世界大战期间,日军的自杀式"玉碎突击"、战争暴行、神风特攻队的自杀式战术直到今天还给人们留下了强烈印象。河野仁先生对中国前线日本士兵的战斗动机进行了考查,结果日本退伍老兵所说的同大众的印象大相径庭。基于对一小部分第三十七师团老兵的抽样考查(第三十七师团作战地点遍布中国各地),至少在中国战场上,河野仁先生据此得出了截然不同的初步结论。

同任何其他士兵一样,日本士兵不是为了神圣的天皇或为了神话般的武士道理想去进行奋战、面对死亡的。他们在所属部队及分支部队之间有着密切的私人关系。这种纽带让他们在作战中保持战力。每个士兵面对可能的死亡有不同的方式。那就是:无奈、听天由命、漠视、拒绝。但是河野先生也注意到日军信条:战死总好过于耻辱地投降,这一条令深深地植根在了士兵们的心里。

河野仁先生讲述到士兵个人的军队生活和战斗勤务,以及他们选择当兵的各类缘由。日俄战争期间(1904~1905),有的仅仅是被征召入伍,而有的则是秉承家族传统去服兵役。压力不仅来自于部队中的同辈士兵,也来自于被征兵的家庭、邻居以及地方当局。这些人以正式、非正式的带有宗教色彩的集会等方式去鼓动,进而最终迫使别人服兵役。为将来征召新兵,社会上的各类运动在孩子年纪很小的时候就开始了,官方也在教育体系中反复进行强调。

河野仁先生还告诉我们,在这些老兵的回忆录中,他们强调了这几方面的重要性:扎实训练、良好的武器以及富有能力、同情心、具领导力的基层军官,这些对于提振士兵们的士气非常重要。而河野仁引证的许多记述资料都表明,要建立起士兵的士气,基础在于家庭观念或村庄荣誉。同时,河野仁还清楚地说明日本新兵训练热衷随意性的残暴科目,具体包括他们对中国战俘进行活人刺杀操练。

从某个角度来看,老兵们在战斗中面对危险时的各种应对,被普遍看作是日本版的史蒂芬·安布罗斯所著的《兄弟连》。但是在河野仁所述的其他方面，如同辈压力、虐待战俘、为圣战献身而死而无憾等，这些都是日军的特点。不管怎样，我们能够重新审视这些士兵，视角带有新意。其实对日本兵长期以来的描述过于教条，似乎他们是一群毫无思想的昆虫或机器人。

第九章
日军在中国发动的空战(1937 年～1945 年)

作者:荻原充

1937 年～1945 年的中日战争,是人类历史上第一次从战争一开始就发挥空中打击这一关键力量的战争;也是第一次,作战一方采取跨海远程方式对敌方主要城市中心进行战略轰炸。

虽然这是传统空战基础上的重大突破,但在日本,很少有人研究战争期间日本对中国实行的空中战役。在西方对这方面的关注度就更少[1]。其原因如下:首先,那时由于日本没有独立的空军,对华空战往往由日本陆军和海军各自编制中的航空兵实行。其次,由于日本海军承担了绝大部分的对华空袭,而日本陆军对此所做的贡献则一直被忽视。最后,当时在东亚上空的空战似乎与欧洲的战略形势并不相关,战后半个多世纪很少有西方国家将日本对华空战经历进行过翻译。

日军组织结构和作战条令

第一次世界大战使日本有机会发展自己的军事航空工业。1914 年日本围攻青岛时,日本陆军就部署了一支新组建的空军部队。而日本海军"若宫"号

---

[1] 在日本的文献中,关于 1937 年至 1945 年之间在中国发生的空战有系统性的讨论,以下的作品特别值得注意:防卫厅研修所战史室(以下简称 BBS)编辑的相关卷册,《战史丛书》(以下简称 SS)(朝云新闻社);日本海军航空史编辑委员会主编的《日本海军航空史》,第四卷(时事通讯社,1969 年);日本航空协会编辑的《日本航空史》(时事通讯社,1975 年)。除了关于这个问题的流行作品外,还有以前参加过战争的空军士兵的回忆录和回忆。还有一些非日本人的外国人写的关于在中国上空的空战,这类作品中的代表作是马克·皮蒂的研究作品《旭日:日本海军航空力量的崛起,1909～1941》(海军学会出版社,2001 年),该作品中有一个章节涉及了中国的空战。

航空母舰也派出了一批水上飞机。次年,日本陆军组建了一支永久性的航空兵中队。进而于 1916 年,日本海军在横须贺市建立了首个陆基航空兵机群。

日本陆军和海军同时还组建了行政官僚机构来监督自身军种的发展。1919 年,日本陆军建立了一支特种航空兵部门,负责航空兵条令及航空培训。1925 年,该部门组建了第一支飞行中队团,从此陆军航空兵成为了一支独立兵种。1936 年,陆军航空部成为了陆军省中一个机构,负责起草、建议军事航空理论。直到 1936 年,各飞行中队归建到就近的地面陆军师团,但是也在那一年,他们受新成立的航空本部直接管辖。1927 年,日本海军创建了自己的航空本部,归到海军省下面,负责航空采购及培训。

由于空军在陆军及海军中具有一定程度的自主权,陆军很不乐意目睹一个空军部的建立,这个空军部能够控制这支独立空军。虽然海军中也存在一定程度的类似要求,但海军最高指挥部却阻止了航空兵独立部门,因为他们担心这支独立空军会受到陆军控制。因此,陆军和海军都发展了各自的航空兵,但相互之间无丝毫的协调与合作。

最初,日本陆军和海军主要将航空兵用于执行侦察任务,但不久便开始设想进一步发挥其空中打击力量。1920 年代末,陆军航空兵便开始支持陆军地面作战。1931 年"满洲事变"后,日本陆军对战斗机条例做了修改和扩展,作战不单单是空战,还包括使用战斗机和轰炸机摧毁敌方的空军基地及空军部队。

日本海军航空兵的主要任务就是负责支援海军水面主力战舰。到了1930 年代,日本已经感到总有一天会在太平洋中西部与美国海军作战舰队进行决战,日本海军为此配套的航空兵作战条令已初步成形。其中部分原则是:在大舰队海上对决之前,先通过消耗战来削弱美国海军规模。为此,日本海军航空兵就必须预谋对美国舰队采取先发制人的空袭。日本航空母舰开始减少舰载防空战斗机,同时增加更多进攻型飞机,如俯冲轰炸机和鱼雷轰炸机,以求加强先发制人的攻击效果。由于此类作战需要长途奔袭,日本海军还开发了双引擎陆基轰炸机和远程飞艇[①]。由于

---

① 简井充.支那事变爆发时的陆海军航空兵力.引自:军事史学.第 42 期,1975 年 9 月,P27.

海军热衷于攻击性空中打击力量,海军内部甚至于出现了这么一个新的看法:废除战列舰和空中战斗机。

对日本陆军而言,中国被视为具有重要战略意义的战场,特别是关系到日本对抗苏联所做的长期准备。"满洲事变"后,日本关东军加强了其自身的航空兵,锁定了一旦开战位于华北的攻击目标。为分裂华北、使内蒙古脱离中国控制,作为日军计划的一部分,日本关东军在整个华北地区大量部署了作战飞机。

虽然日本海军继续把美国海军作为其主要假想敌,并将太平洋中西部视作主要战场,但它也重视在东亚的海上霸权,包括中国的海域。在这个层面上,中国国民党空军对于日本海军在中国海岸和水系巡逻构成了威胁,特别是在长江流域。作为对策,日本海军决定下调其海上舰船巡逻行动,针对中国境内各地目标加强其空中打击力量。[①]

战争前夕的日军飞机和人员

1937 年,日本陆军航空兵共有 1 000 多架飞机,这些飞机分属于 16 个空中联队(其中 6 个联队归属于关东军。这里的空中联队数量,均由新的资料确定。——译者),由每中队 10 架飞机组成的 52 个航空兵中队构成,共有 520 架作战飞机。[②] 日本海军航空兵由 13 个陆基航空兵机群和 32 个(航空母舰)舰载航空兵机群组成,共有 600 架飞机。加上备用飞机,在中日战争前夕,日本海军约有 800 架飞机。日本海军的远洋飞行平台包括航空母舰"凤翔"号、"赤城"号(战争初期正在翻新)、"加贺"号和"龙骧"号,以及水上飞机母舰"登吕"号和"神威"号。

虽然日本的近 2 000 架军用飞机使中国所能投入的 300 架飞机相形见绌,但是日本所拥有的飞机数量却远远低于美国和苏联,据说美、苏拥

---

①　相泽淳. 海军的选择:通向珍珠港之路再考. 中央公论社出版,2002 年,P96。

②　编者注:关于军用飞机的状态,术语"可作战"在日语中具有两种含义,第一种含义是指任何非战斗机的飞机(日语中成为"实践机"),第二种含义是可操作的,(即,没有损坏,没有发动机故障,等等,日语中称为"机动飞机")。作者使用"实践机"这一词清楚的表明他使用的是"可作战"一词的第一个含义。

有 4 000 至 5 000 架飞机;而且也远远低于法国和德国拥有的数量,法、德的数量大致维持在 2 000 至 3 000 架。①

　　直到 1920 年代,日本的军用飞机设计能力有限,依赖于进口设计,生产制造受到设计进口许可协议限制。然而,到了 1930 年代,日本提高了技术能力,并且于 1937 年,在与中国开战前夕,已能独立地实现飞机的设计与制造。在政府的"按原型设计体系"下,飞机制造公司进行配对,以争夺各种飞机的订单,根据日本陆军或海军的规格来设计和制造。赢得竞标的公司会被授予政府合同,而竞标失败的公司则预计会成为第二来源供应商,②在许可证下生产竞争对手的设计。

　　在这种安排下,日本的军事部门,特别是日本海军制造了一些当时最精良的军用飞机。其中有海军的三菱 96 式 A5M4 舰载战斗机,最高时速为每小时 450 公里、飞行高度达 3 000 米;双引擎的三菱 96 式 G3M2 陆基中型攻击机,航程 3 700 公里。1935 年,日本陆军部署了 95 式川崎Ki‑10 战斗机,最高时速为每小时 400 公里(飞行高度 3 000 米),实用升限可达逾 9 750 米,是当时最精良的双翼飞机之一。但在中日战争爆发时,只有少数高性能飞机投入战备;日本陆军的轰炸机部队仍有一半由陈旧的 93 式攻击轰炸机构成。日本海军的飞机均优于陆军的那些飞机,但是日本海军的大部分舰载战斗机仍是过时的中岛 90 式 A2N1 或 95 式A4N1 双翼飞机,而舰载攻击机则是陈旧的三菱 89 式 B2M1、横须贺 92式 B3Y1 和爱知 96 式 D1A2 的双翼飞机。

　　此时的中国空军完全依赖与外国的合资制造军用飞机,一年也只生产几十架。主要依赖装配进口型号,其中许多型号由美国或意大利设计。这些进口飞机中最好的一款是著名的柯蒂斯霍克Ⅲ型战斗机,它优于较老的日本同类机。

　　日本陆军在陆军飞行学校和作战部门训练其航空兵飞行员。大多数陆军飞行学校为实战级和未经任命的士官提供专业培训,但在所泽市的飞行学校则提供基本的飞行训练。日本海军航空兵在其航空兵作战部队

――――――――――

　　①　关于中国空军力量的数据是摘自空军司令部.对日军的空中战斗.1950 年,第 1 卷,表格 15。其他的估算数值源于海军有终会编.海军要览.1937。
　　②　马克·皮蒂.旭日:日本海军航空力量的崛起,1909～1941.P27～28。

240

进行飞行训练。海军开设的基本飞行训练班招收具有小学水平或四年制初中教育水平的志愿兵。还有针对民航飞行员以及大学和技术高中毕业生的储备体系。总之,这些培训项目增加了日本航空兵飞行员数量,从1930年代初期的5 000名上升到了中日战争前夕的10 000名。这个数字仍远远落后于美国和主要欧洲国家的飞行员培训数目,但却远远领先于中国。1937年中国只有700名空军飞行员。

　　一言以蔽之,日本的航空兵实力在1930年代迅速上升。战争爆发时,日本陆军和海军都在实施大规模的扩军计划,但在战争前夕,仍然不足以应付全面战争的挑战。日本陆军和海军于1937年开始实施扩军计划。日本陆军已实施长期战略,至1942年,部署了35个航空兵联队和142个航空兵大队;海军也已开始计划性扩张,至1940年,将其航空兵数量扩张到了由2 000架飞机组成的53个陆基航空队。

战争开始时的空军动员和作战计划

　　1937年7月,中日全面战争在华北爆发,日本军方立即征调作战部队。考虑到战斗会很快扩张到华中和华南,日本陆、海两军达成了协议:华北为陆军的作战战场,而海军则负责华中和华南。随后,日本陆军迅速将位于满洲南部的18个航空兵中队重组成一支临时航空兵旅团(AIR BRIGADE)*,然后重新部署到华北。日本关东军的航空兵中队被派遣到了天津。当时动员起来的200架飞机占陆军可以投入战斗飞机的一半数量。

　　就此而言,日本海军已(于1936年11月)为备战而组织了由两个或两个以上海军航空队(Air Group)组成的特种联合航空队,以便在单一指挥下增强空中力量。最早出现的就是第一特种联合航空队(由木更津、鹿屋航空队构成,于1937年7月11日组成)以及第二特种联合航空队(由第十二和第十三航空队构成)。另外,日本海军临时组织了两组水上侦察

241

　　*　译者:关东军第二飞行集团(F.C.),组建归中国驻屯军的"临时航空(兵)团"。其实只是一个航空团(F.B.)和四个独立飞行中队。(兵)团长德川好敏中将,航空团团长仪峨彻二少将。

机航空队,由第二十一和第二十二航空队构成,与海军的其中三艘航空母舰一起被送往中国北部海岸线进行巡逻。总之,这些航空兵联队由 11 单位、共 128 架飞机组成,于 9 月上升到了 14 个单位。[1] 值得注意的是,日本海军动员了其大部分的战斗机、俯冲轰炸机和中型陆基轰炸机。如此规模的调动清楚地表明,从中日战争一开始,日本陆、海两军就一直准备对中国实施大规模空中作战。

给日本中国驻屯军下的命令非常清楚:日本陆军航空兵在中国的任务就是打击中国的军事基地、削弱其抵抗、为陆军的地面作战提供支持。[2] 对陆军航空团的指令限制其打击目标必须是在日本陆军作战范围之内,而不是对中国国民党空军实行远程先发制人的打击。[3] 日本海军下达的指令则要激进得多:一旦战事蔓延到华中,必须消除中国空军作战能力。7 月下旬,日本第三舰队的作战计划指出,在全面战争的第一天,日本海军将投入所有可用作战部队来攻击敌人的空军基地,以摧毁中国空军。

日本陆、海两军在中日开战时执行的任务不同,其中有许多原因:首先,位于华北的中国第二十九军所掌控的空军战斗力太弱,且远离华中的主要空军基地,日本陆军认为没有必要对其采取军事行动。此外,华北军事目标不多,战略意义不大。其实,除了在山西省太原周围的零星空战外,华北中国空军几乎没有抵抗。到 1938 年 1 月,日本占领了从察哈尔省北部延伸到山东省的广大地区。

然而,中国国民党空军在华中的基地主要位于或靠近大城市,如杭州、南京、句容和广德。所有这些都处在整个以上海为中心的打击范围之内。通过这些空军基地,中国空军会威胁到位于华中海岸沿线或位于长江下游的日本海军舰队。因此,一旦战争爆发,日本海军即将对这里的中国空军实施先发制人的攻击。

---

[1] 这些数据源自于:简井充. 支那事变爆发时的陆海军航空兵力。

[2] 防卫厅研究所. 战史丛书. 第七十四册,中国战线的陆军航空作战. 朝云新闻社,1974,P25。

[3] 日本航空协会编. 日本航空. P159。

空战初期（1937 年夏）

1937 年 8 月 13 日淞沪会战爆发，日本海军策划于次日实施一场突然空袭，但由于天气恶劣，这次攻击被迫取消。日本海军在等待天气变好的同时，中国飞机轰炸了位于上海的日本海军陆战司令部，同时受到攻击的还有老式装甲巡洋舰"出云"号（停泊在日本驻上海总领事馆附近）。"出云"号是日本位于华中的舰队旗舰。中国空军这次袭击后日本马上实行报复，上海上空即刻空战不断。

在会战的头几天，日本海军航空兵从位于台北和日本大村基地以及从航母"加贺"号上起飞的飞机，轰炸了中国位于杭州、广安、南京及南昌的空军基地。这种远程越洋轰炸任务，实属战争首创，全世界为之震惊。轰炸目标上空顿时发生大规模的空中格斗。但是 9 月上旬，日本占领上海郊外机场，中国轰炸机的威胁消除。然后，日军利用机场对南京进行狂轰滥炸，目的是打破中国军民的士气。

日军的攻势迫使中国空军从上海地区撤退到武汉内陆地区。因此，中国空军行动受限，只能在日方前沿阵地发动零星夜间突袭。到 1937 年 9 月，日本海军航空兵夺取了南京上空制空权。在日军包围南京的作战中，日本海军航空兵得以大胆支援地面进攻了。

以上这些成功在很大程度上表明，到 1937 年初秋，日本空中力量已经完成了他们的战术任务。但是，只要中国能够将空军部队撤回到内陆的新基地，日军就无法实现摧毁中国空军这个既定目标。此外，对南京的狂轰滥炸并没有打破中国军民的士气，反而引起了国际舆论对日本的强烈谴责。

243

* * * * * * * * *

在战争的最初一个月内，空战暴露出了日军航空兵的某些弱点。其中最重要的是空战中日机的损失或损坏。截至 1937 年 8 月下旬，日军已损失了 32 架飞机（20 架在战斗中损失，12 架在行动中损失）。[①] 从 9 月中

---

① 防卫厅研究所.战史丛书.第九十五册.日本海军航空概史.朝云新闻社,1976 年.P115。

旬至南京沦陷的这 3 个月,日本海军飞机损失的数量攀升到了 117 架(51架舰载战斗机、27 架俯冲轰炸机、21 架航母攻击轰炸机和 18 架陆基中型轰炸机)。①

关于中日战争初期日方这些损失的原因(特别是由海军所造成的损失),我们可以从几方面找到答案:第一个问题是日本飞机表现平庸,因为在战争一开始时大部分部署的飞机已接近淘汰,而新式飞机还没有到达前线。在那些早期的空中格斗中,日本飞行员经常处于技术劣势。柯蒂斯霍克Ⅲ型是中国最主要的拦截战斗机,其功率、巡航速度(借由收放式起落架进行辅助)和俯冲速度方面都超过了日本同类战斗机。此外,Ⅲ型配备的 12.7 毫米的机枪大大优于其对手的 7.7 毫米机枪。② 部署在"加贺"号上的中岛 90 式 A2N1 舰载战斗机在各方面也都劣于柯蒂斯霍克Ⅲ型。9 月 21 日在对杭州实施激烈空袭时,许多日本三菱 89 式 B2M1舰载攻击轰炸机被击落,这是因为速度太慢,导致无法与中国的柯蒂斯霍克匹敌。即使是出色的日本 96 式舰载战斗机,其油箱也都非常脆弱。③

鹿屋、木更津陆基航空队拥有海军轰炸机的最新型号,即:陆基三菱96 式 G3M 中型轰炸机。不过在早期的一系列空战中,日军损失了一半的作战飞机。日本轰炸机最初没有战斗机护航,很容易受到中国拦截机的攻击。这是由于日本海军过度依赖 96 式轰炸机,且相当一部分海军飞行员认为在执行轰炸行动时不需要战斗机护航。这种错误的观点将被迅速推翻,但在日军能够在上海地区建立一个战斗机基地前,只有少量的战斗机可以用于护航。即使战斗机数量增加,由于大部分是舰载战斗机,航程较短,也无法全程保护轰炸机执行任务。

最后一个问题是战术方面的。在开战初期的日子里,主要的轰炸编队是由六架飞机组成的。编队到达目标上空通常会分成两队,在完成轰炸后再次汇合。中国军队很快学会了在日军飞机重新汇合那一瞬间发起攻击,从而能够把他们一架接一架地击落。④

① 中国事变航空作战诸统计.文件存于防卫厅防卫研究所,战史室地图资料室。

② 中山雅洋.中国的天空:沉默的空战史.产经出版社,1981 年,P207～221。

③ 日本海军航空史编辑委员会.日本海军航空史.第四卷,P280～281。

④ 同上,P271～272。

当然,中国空军也没有摆脱自身的缺陷。一个主要问题是战术能力,尤其是轰炸精度。中国飞机,特别是柯蒂斯A12"百舌鸟"攻击机,试图集中火力攻击日本军舰和运输船只,防止日军登陆上岸。但这些攻击行动作用不大,很大程度上是因为他们前面的机枪是固定的,口径也小。

此外,中国的轰炸战术大体上是水平轰炸,以渐进倾斜的方式下降,而不是以大角度俯冲的方式来实施。因此,他们很少命中敌人的船只,相反,在水平飞行中很容易受到舰载防空火力的打击。[1] 后来在战争中,中国改用柯蒂斯霍克作为轰炸机,但由于使用老式战法,导致这些飞机损失严重。

因此,虽然中国空军在战争初期与日军对决中互有胜负,但由于错误的战术、作战损失以及后勤缺乏,很快就失去了优势。相反,尽管日军自身存在一些问题,却很快就获得了战场上的制空权。中国空军在失去其大部分战前飞机后,他们有幸得到了来自苏联的飞机和飞行员的援助。随着装备撤到武汉,中国空军很快恢复了其作战能力。

武汉上空的空战(1938年夏)

南京沦陷后,在华日本陆军航空部队开始协助徐州周围的地面作战。而日本海军航空部队负责多次轰炸中国位于南京、芜湖、南昌和武汉的空军基地。1938年8月后,在针对武汉实行的攻击中,日军使用了刚被占领的位于安庆和九江的空军基地。日本陆、海两军的空中力量为地面作战提供支持。在华南,为了封锁中国交通和供应线路,日本海军航空兵轰炸了公路、桥梁及铁路,特别是在广州。在随后的武汉空战中,中国投入约500架苏制飞机,由约150名苏联志愿飞行员驾驶。1938年6月,日军地面部队一占领安庆,从靠近武汉的各个机场起飞的日本飞行员就获得了武汉地区的制空权。同年8月,中国空军撤离武汉,撤退到衡阳和梁山(译者:重庆梁山机场)。到了10月,中国空军停止一切进攻作战,抓紧

245

---

[1]　中山雅洋.中国的天空:沉默的空战史。

时间恢复军力。

　　至 1938 年 10 月,日本赢得了对中国中部和南部的空中战役。日本胜利的原因显而易见。首先,改组后的海军航空兵部队在实战中已经应用,实现了大编制的指挥控制权利,提高了作战效能。每个航空队的规模从 12 架增加到 18 架飞机。其次,战斗机开始为执行重大战略性轰炸的轰炸机提供护航。在作战中,航母攻击轰炸机被用作诱饵飞机,以吸引敌人的战斗机远离中型轰炸机;或者航母攻击轰炸机发动针对选定的敌人目标实施先发制人的打击,然后再让陆基的中型轰炸机落实自己的轰炸任务。① 第三,由于更多的最新型号的出现,如海军的三菱 96 式 A5M 舰载战斗机被分配到海军的前线航空队,日本终于能够获得对中国的决定性优势。

　　很明显,中国空军也有使之自身变弱的问题。首先是中国装备的问题。至 1938 年,中国的主要战斗机是苏联制造的波利卡波夫 I - 15 型。I - 15 型在加速度方面超过日本 96 式,但急速转弯性能较弱。因此,在空中混战中,与柯蒂斯霍克Ⅲ型比起来,不太具有灵活性。此外,新飞机和随之而来装备上的变化要求对相当多的中国空军进行再培训。其次,苏联志愿飞行员加入到中国空军不是没有困难。虽然苏联飞行员参战机会很多,但是每三个月就被替换一次。所以他们无法利用实战经验创造更大的战果。此外,苏联飞行员的麻烦不少,特别是同中国指挥链上的关系紧张。②

　　最后,中国的空中进攻战术有缺陷。飞行员持续集中轰炸日本军舰和运输,并不切实际地试图证明在制空权上的暂时优势。③ 后者的范例是 1938 年 2 月对台湾的突然袭击、同年 5 月飞越日本九州。两次行动没有任何军事价值,但是对中国的抗战事业有很大的象征性的宣传价值。的确,有时通过集结大量飞机,中国就能够战胜日本。举例 1938 年 4 月

---

　　① 日本航空协会.日本海军航空史.第四卷,P429 页。
　　② 王正华.抗战前期的苏联空军志愿队.转引自:国史馆编著.中华民国史专题论文集.1993 年,第 2 卷,P684~685。
　　③ 卓文义.抗战初期武汉制空保卫战之研究.P462。

29 日在武汉的大空战吧，[1]这些进攻战术却很快削弱了中国防空。[2] 考虑到至 1939 年时中国空军只拥有不到 100 架飞机，我们可以认为，前一年从苏联获得的大部分飞机已被击落。[3]

1938 年夏，武汉空战的结果标志着日本对中国实现绝对制空权。但不管是这些空战的结果还是日本占领武汉本身，都没有终止中日战争。国民党政府此时撤退到更远的中国内陆，并继续领导着全国的抗战。

地面会战陷入僵持之后的空战(1938 年～1941 年)

随着武汉和广东的沦陷，战争陷入僵局。新的陪都重庆位于四川省内陆崇山峻岭深处。由于地理遥远、地势崎岖，日军很难到达该地区。因此，日军暂时放弃了所有主要的进攻作战，其主要地面部队都是在其占领区内进行治安扫荡。

随着地面战争陷入僵局，东京最高指挥部将空中力量视为打击国民党政权、逼迫其重新谈判的最实用的手段。在这种情况下，日本空军加紧对中国内陆的目标实施轰炸，打击包括机场在内的中国军事基地。在华中，日本海军航空兵多次轰炸中国位于四川省的空军基地。这些中国城市上空发生了激烈空战。

日军陆海航空兵还试图切断中国与外界的联络和运输补给线。在华北，日军集中轰炸兰州。兰州是主要的供应基地，也是处理从苏联进

---

① 根据卓文义的《抗战初期武汉制空保卫战之研究》一书中第 450 页的数据，日军损失 21 架飞机，而中国则损失 12 架飞机。而在另一方面，一个主要的日本数据来源，日本航空协会，《日本海军航空兵史》，第四卷，第 388 页中声称，日军只损失 2 架飞机。在四月份武汉战争中，双方各自宣称的死亡人数差异巨大。但是，如果我们使用"承认的损失公式"(马克·皮蒂，《旭日：日本海军航空力量的崛起，1909～1941》：第 115 页)，很明显，中国失去的飞机比日军失去的多，日军在战役之后控制着武汉的制空权。因此，这是日军的胜利，虽然没有日本海军那么夸大其词。

② 卓文义在《抗战初期武汉制空保卫战之研究》的第 462 页中提到：在 1939 年的防御期间，日军损失了 56 架飞机，而中国损失了共 40 架飞机。但是根据防卫厅研修所《战史丛书》的《海军航空概史》第 117 页，在 1939 年 4 月和 10 月下旬之间，与日本损失 61 架飞机相比，中国军队损失了 660 架，其中 379 架在空中被击落，281 架在地面上被摧毁。

③ 董栋，江羽翔.抗战时期中国空中战场述评.转引自：民国档案 3,1993 年,P91.

入中国的武器和供应品的转运点。广东沦陷后,除了从西北部过来的苏联补给线,绝大部分的对华援助是沿印度支那、缅甸和华南海岸的路线进入中国的。为了封锁这些沿海补给路线,日本占领了南宁、汕头和海南岛,并沿着滇缅公路轰炸中国的各个桥梁。

然而,这些空袭未能达到东京大本营所希望的效果。对中国内陆的多次轰炸袭击也未能完全摧毁中国空军。轰炸进入中国的补给线并没有完全切断中国与外界的联系。多山的地形和恶劣的天气使日军航空兵难以定位缅甸公路上的各大桥梁,更不用说去炸毁它们。即使公路和铁路被炸毁、沿海城市被占领,补给仍沿着替代路线进入中国。阻断所有补给进入中国需要日本超越中国边界扩大战争,封锁所有入境口岸,比如仰光、海防、香港。日本一旦越界作战,第二次世界大战海上的全面战争将在 1941 年 12 月前提前在亚洲爆发。

更麻烦的是,所有这些作战增加了日本航空兵部队的装备和人员损耗,尤其是海军方面的消耗。中国地面防空能力的增强加重了日本战略轰炸的难度(有关中国防空的详细讨论,请见张瑞德先生第三章内容)。例如,接近战争末期,中国在重庆周围的防空火力可达 7000 米高空,参与重庆轰炸的大批日本飞机战损严重。[①] 中国还针对日本空袭建立了一个有效的预警系统,在日本战机离开其前进基地的那一刻起,中国就可以追踪日本飞机了。在中国的日本空军基地偶尔也会受到攻击。因为日本陆、海两军都没有为基地采取充分防御措施。中国空军对日本海军在武汉的主要航空兵基地造成重大破坏就是一个很好的实例。

1939 年,日本陆、海两军再次在没有战斗机护航的情况下轰炸中国城市,因为中国内陆的城市目标远远超出了日本战斗机的作战范围,如重庆、成都。从武汉的日军航空基地至重庆有 800 公里、至成都 960 公里。然而,主要护航机,即日本海军的 96 式航母战斗机,只有 600 公里的作战半径。而且,用于远程任务的日本中型轰炸机自身防卫装备不足。三菱 96 式 G3M 中型轰炸机只配备了三挺机枪,一挺置于机身

---

① 日本航空协会. 日本海军航空史. 第四卷,P637。(按:原著如此。应为《日本航空史》)

顶部的机背炮塔,另外两挺各置于飞机两侧炮塔,没有装备保护机尾、机头和飞机底部。[①] 装甲防护严重不足,特别是飞机油箱,这是所有日本飞机上的一个严重的缺陷,尤其是 G3M 轰炸机。日本轰炸机在其油箱被击中时,就会空中爆炸起火。由于战斗机和轰炸机的这些技术缺陷,日本陆、海两军的轰炸机损失再次开始攀升,仅在 1939 年就达到了 26 架。其中陆军航空兵的损失发生在兰州上空,而海军的飞机损失主要是在重庆上空。

　　然而,到了 1940 年 8 月,在与中国的空战中,日本投入了三菱"零式" A6M 舰载战斗机,空战态势发生了对日本有利的根本性变化。"零式"具有良好的可操作性和灵活性,最高时速超过每小时 530 公里,高度可达 4 600 米,作战半径为 3 200 公里(是 96 式舰载战斗机的三倍),强大的武器包括两挺 7.7 毫米机枪和两门 20 毫米机关炮。"零式"舰载战斗机在当时是世界上顶级战斗机之一。

　　在与中国的空战中,"零式"舰载战斗机很快成了多用途战机,同时负责击落中国拦截机和对地面目标进行扫射任务。随着"零式"舰载战斗机的引入,在中国进行的空战以及在中国一些城市(包括重庆)上空格斗中,日本获得了绝对优势。

　　反之,中国空军装备逐渐濒临淘汰。在无力再战的情况下,国民党空军面临一个痛苦的选择:战只能断送自己的空中力量;除非战况对己十分有利,应该尽可能避战,以保持剩余力量。国民党空军选择了避战,将其整体空中战略改为长期消耗战。日本轰炸编队一旦接近,中国拦截机通常就会撤退。即使中国战斗机投入战斗,他们通常只使用拖延战术对抗日本轰炸编队。这种方式实际上把中国的天空拱手让给了日本人,但是结果却是日本永远无法彻底摧毁中国的空军力量。在这种情况下,日军只得延续地面消耗战。

──────────

　　① 前田哲男.战略轰炸的思想.朝日新闻社,1988 年,P192。编者:萩原教授没有注意到所有日本飞机最严重的缺陷,在九六式陆上攻击机中有特别严重的缺陷——极度缺少装甲保护,特别是对于飞机油箱的装甲保护。这一缺陷屡次导致日本轰炸机在油箱被击中后着火爆炸。参见:马克·皮蒂.旭日:日本海军航空力量的崛起,1909～1941.P86～87,106～107。

对中国城市的战略轰炸(1939～1941 年)

　　在地面战争僵局出现后的三年内,日军对中国城市进行多次狂轰滥炸,试图恐吓中国的城市人民,从而摧毁中国百姓的抗日意志。可以说,第一次以中国首都为目标是 1937 年秋对南京的轰炸。然而,大规模、不间断打击中国人士气的是始于 1938 年 2 月对重庆的第一次轰炸。重庆轰炸是一系列不同阶段的空袭战役,轰炸一直持续到 1941 年。1939 年 5 月,日本海军航空兵对重庆轰炸时使用了燃烧弹,造成大量人员伤亡。1940 年春,日军展开的"101 号作战"计划,是当时为止最大的空中攻势;1941 年春夏期间,日军又展开了"102 号作战"计划。日军动用了海军新产三菱 1 式 G4M 中型轰炸机以及日本陆军的同类轰炸机三菱 97 式 Ki - 21。从 1939 年至 1941 年这三年间,日军动用共逾 6 000 架次飞机轰炸了重庆达 141 次,在平均海拔 5 000 米高空对该市共投下 15 000 枚炸弹。[①]轰炸对市政建筑物和军事设施造成重大损坏,平民生命和财产遭到大规模毁灭。约 10 000 栋房屋被毁、近 10 000 名平民被炸死。很快,重庆地面一派废墟。[②]

　　尽管轰炸对城市造成了可怕的伤害,轰炸却没有达到任何目标。从严格的物质意义上来说,具有战略价值的东西几乎没有被摧毁。在很大程度上,这是因为重庆作为一个首都,现代化大都市所应具备的基础设施却极少。1938 年前,重庆还一直是一个农村城市,没有工业中心,市政职能和各大机关分散于城市各个角落、没有任何特定次序安排。因此,不论日本海军航空兵的空中照相、情报分析做得再好,也无法判断出关键轰炸目标。此外,重庆的岩石土层有利于建设地下深层避难所,政府机关可以办公、平民可以避难。最后,天气经常限制日军的轰炸行动,特别是在冬季时,城市往往笼罩在一层薄雾之中。只有 5 月至 10 月这 5 个月时间段日军才能对城市进行有效的轰炸作战。

---

　　① 唐守荣编著. 抗战时期重庆的防空. 重庆出版社,1995 年,P31～32,50,59。
　　② 同上,31～32,50,59。这一数据不包括在 1941 年 6 月的重庆大隧道惨案中约 10 000 名遇难者,这是日军空袭重庆导致的间接结果。

最关键的是,轰炸战略并没有使中国屈服。轰炸重庆的失败仅仅是个先例。在二战中,空中轰炸无法摧毁一个国家的人民的士气、也无法逼迫一个国家投降。[①] 国民党专制政权的特点就是民间情绪在政府决策过程中影响不大。轰炸,这类外部军事压力很难逼迫政府改变既往政策。事实证明后来柏林和东京大轰炸对平民士气打击非常有限。即使是民主社会的伦敦,长期的空中轰炸也无法降伏城市民众。相反,这样的轰炸只会激起平民对空中侵略者的愤怒,加倍支持他们的政府。因此,日军不断地对中国各大城市实施轰炸也只能延长中日战争。

美国加入中国空战(1942~1943年)

随着日本与英美盟军之间的战争爆发、日本在1941年末入侵东南亚,中国成为在亚洲和太平洋各大战场之一。新的战略形势大大加强了中国的后盾、极大地提升了中国的战争胜算。1941年6月德国入侵苏联后,苏联停止了向中国提供援助。1942年春,日本攻克了东南亚的大部分地区,从南方进入中国的主要通道——滇缅公路被切断。

250

美国开始提供大批军事物资来华,弥补了中国的外援损失。首先到达的是一批美国战斗机飞行志愿兵,他们是被誉为"飞虎队"的美国志愿队伍。他们于1941年夏抵达缅甸,开始训练。1942年的冬春之际,"飞虎队"在中国西南部对抗日本航空兵的战斗中发挥了勇敢、积极的作用。此外,美国开始训练中国空军人员。更为重要的是,新的装备开始运抵中国,其中包括给国民党空军的战争物资。大量物资由美国航空运输机队越过喜马拉雅山运抵中国,这是一条在美国空军中众所周知的"驼峰"航线。在1942年和1943年间,美国空军使用中国劳工在云南建造了重型轰炸机的空军基地。新到达的第十四航空队可以为中国军队提供空中支援。从该基地起飞的轰炸机亦可远程打击日本本土。

在1942年至1944年间,侵华日本陆军航空兵对美军采取了多项反制措施,首先是一系列针对在华美国空军基地的空袭。早在1942年4

---

① 柳泽润.重庆轰炸,1938~1941.载于:鹏友(《Hoyu》).2002年12月第4期,P56。

月，在对东京实施"杜利特袭击"后，日军攻入浙江省，因为他们误以为袭击日本的飞机是从该处起飞的。随后美军在云南部署能够飞抵日本的 B - 24 轰炸机，日本陆军航空部队特别关注他们所处的基地。当美军把机场前移到桂林和湖南衡阳时，日本陆军轰炸机袭击了他们。因为，这些机场距离日本陆军地面部队已经很近了，但从 1943 年起，驻华日本陆军航空兵逐渐处于守势，日本战机损失迅速攀升。渐渐地，在华日军基地和位于长江的日本船只受到中国和美国空军不断的攻击。

中国战场空中力量平衡的变化

　　到了 1943 年，中国空军装备了美国制造的飞机，相比苏联的较老飞机要优异得多。尽管美国的柯蒂斯 P - 40 战斗机在转向半径方面不如日本陆军的中岛 97 式 Ki - 27 战斗机，但火力和高空速度方面优于日本战机。只要美国战斗机飞行员坚持打了就跑的战术，避免空中格斗，那么他们能够应对任何日本投入的战机。相反，日本飞机设计上的严重缺陷在这些空战中变得尤为明显。日本陆军的中型轰炸机，同日本海军的那些同类机一样，在受到对方战斗机攻击时，显得非常脆弱而且容易着火。日本陆军新引进的中岛 I 式 Ki - 43 战斗机速度不够，无法保护轰炸机群。[1]

　　此后，至 1943 年，双方空军实力得到了逆转。早在太平洋战争前，日本海军就从中国撤出了大部分部队，只有少数机队留守。日军在华航空兵实力下降到了约 300 架作战飞机，主要是日本陆军航空兵的飞机。到了 1944 年初，该数字下降到了 100 架。相反，随着美国制造的飞机飞越驼峰，盟军飞机的数量上升到了 400 架（其中 300 架可以随时作战），其中 170 架属于国民党空军，另外 230 架属于美国第十四航空队。战争打到这个份上，中国空军的飞机数量比较日军是 3∶1。[2]

　　鉴于这种从根本上发生的变化，现在轮到日本陆军力图保护在华空中力量了。为了降低风险成本，日本陆军基本上放弃了白天的进攻行动。

───────────────

① 　防卫厅防卫研修所.战史丛书.第七十四册,中国战线的陆军航空作战.P302,378,382。
② 　同上,394。

日军只得单独派遣战斗机进行低风险的突袭,或者在夜间或恶劣天气中实行轰炸任务。显然,中国空战中的优势已显著的偏向盟军方面。

* * * * * * * *

1944年2月,日军发动了著名的"一号作战",此次对中国西南部的进攻战持续了将近一年。日军作战目的是从东南亚连接中国占领区,打通陆上补给交通线。会战包括占领平汉线、粤汉线、湘桂线,并扫荡以上铁路线以东的美国空军基地,以防美国轰炸机利用基地攻击日本本土(关于"一号作战"的更多详细讨论,请参见原刚先生的第十六章内容)。为配合地面进攻,日本陆军暂时增加了在中国的航空兵实力,作战飞机数量几乎翻了一倍。

在某种程度上,"一号作战"似乎达到预期效果。至少日军从中国东南部赶走了美国空军。到1944年底,日军极大地扩大了对铁路沿线地域的控制并占领了位于长沙、衡阳、桂林和柳州的空军基地。但这种日本军力在中国的暂时迸发,虽声势浩大,却已经无法逆转战争劣势。相反,当1944年渐近尾声,中美军队已经准备好了积极反攻,日军已是强弩之末。中国国民党空军加强了其位于湖南芷江的基地,同时美国B-29远程重型轰炸机从四川成都附近的广汉、邛崃、新津和屏山空军基地起飞,对日本九州实施了轰炸。当"一号作战"于1945年2月结束时,日军的主要作战目标显然没有达到,日军无法阻止美军对日本本土的战略轰炸。

此外,在1944年期间,中国空军实力迅速增强。合计美军在内,作战飞机的数量从1944年初的300架增加到了那年年底的700至800架。对日本来说,情况则完全相反,在同一年,日本的作战飞机从230架下降到了150架。双方原来3∶1的数量对比恶化到了5∶1。[①]

而且,日本空军的劣势不仅仅是数量上的,也是质量上的。四年前,具领先优势的日本海军飞机,如"零式"战斗机和"内尔"轰炸机,在中国的领空无敌手。如今,驻华日军所倚赖的前线飞机质量却被对方大大超过。I型战斗机和双引擎的川崎99式Ki-48中型轰炸机已经无法与美国制

252

---

① 防卫厅防卫研修所.战史丛书.第七十四册,中国战线的陆军航空作战.P545.

造的同类机匹敌；美国的 P - 51 野马战斗机，是世界上最精良的飞机之一，最高时速超过每小时 650 公里。而波音 B - 29 超级"空中堡垒"重型轰炸机，航程 6 000 公里、有效荷载为 9 吨。更为严重的是日本飞行员素质的退化，日军早已在多年拉锯战中耗尽了经验丰富的飞行员，代替他们的是那些更为年轻、没有经验、训练严重不足的飞行人员。飞行和战斗技能的下滑只能加大驻华陆军航空队的空中损失。

在这些条件下，中国在 1944 年逐渐取得了华南、华中的制空权。然而，与此同时，美国经过深思熟虑，决定改变战略重点。美国对日本攻击的远程轰炸机基地最终选择在西太平洋刚刚攻陷的日本岛屿，而非中国基地。美国空军开始缩减其在中国的进驻规模。尽管如此，余下在中国的第十四航空队继续轰炸驻长江的日本航运并多次轰炸台湾。日本陆军被迫攻击位于中国的美国空军基地，但这样的行动只能进一步削弱日本自身的实力。

253　　1945 年，随着美国空军在西太平洋不断逼近日本，侵华日军航空兵实力被再次减少到约一百架作战飞机。而日本陆、海两军将其大批装备用于冲绳保卫战，利用"一号作战"期间被占领的敌方机场发起攻击的一切计划都被终止了。留在中国的日本航空兵的新任务是防止美国在广东或上海地区的登陆，日本人认为这里可能会成为入侵日本本土的基地。当然，美国最终搁置了利用中国作为进攻日本出发地的计划，取而代之的是碾平琉球群岛。因此，曾经傲慢一时的日本航空兵被残留在中国机场上，再也没有对战争作出任何贡献。

结束语

中日战争最后 6 个月前，日军还一直能够深入中国腹地，航空兵也能保持局部制空权。然而，日军从来没有能够完全消灭中国空军。日本航空兵未能取得在中国的根本性战略胜利，其原因值得讨论，以此来作为本文的结束语。

首先，日本备战中国在动员能力上存在着基本问题。特别值得指出的是，战争爆发之际，日本正在着手进行一项重大的航空兵扩张计划。实际上,扩军的过程使得在华发动大规模空战困难重重。战前日本陆军备战的对手是苏联,而海军的重点是美国,两军都无法把全部力量投入到中国战场。在这些优先重点的背景下,日本不得不以满洲和太平洋为未来的潜在战场。这样的安排限制了投入中国主要战场的装备力量,这也是日本在华空战规模往往不大的另一个原因。太平洋战争爆发后,大部分日本航空兵把装备投入到了东南亚和太平洋地区战场,因此,驻华日本航空兵数量很快就被其对手超过。

日本空中力量未能给中国致命打击的进一步原因是:无论日本陆军还是海军,都无法断绝中国与外界的交通和补给线路。确实,到 1942 年初,日本已经封锁了大部分中国沿海和内陆的交通运输线。但是,跨越喜马拉雅山的航空补给路线仍然畅通,1942 至 1945 年间,约有 65 万吨盟军物资经由驼峰航线运抵中国。其中的许多物资支撑了中美空军的空中作战。[①]

最后,日军在中国的轰炸行动消耗了大量物资,这些物资原本可以在其他更重要的战场上发挥作用。不难发现,在战争爆发后不久,日本海军依赖先发制人的空袭打击国民党空军,并立即锁定了中国空军基地。然而日本错误地过分使用了陆基双引擎中型轰炸机,特别信赖三菱 G3M 和 G4M 轰炸机的卓越性能,从而导致了这些飞机的大量损失。确实,三菱"零式"A6M 的介入减少了这些损失,但"零式"作为护航战机只有一年时间(1940 年至 1941 年夏季之间),随后,"零式"和海军其他机种纷纷撤出了中国战场。那些取代 G3M 和 G4M 轰炸机的陆军轰炸机由于性能不佳,损失更大。事实上,日本承受了如此重大损失,其战略轰炸的影响却微乎其微——中国空军没有被消灭、国民政府和人民也没有被征服。

当然,在判断驻华日军航空兵的表现时,我们不能忽视中国本身的特殊情况。不可否认的是,在战争的大部分时间里,日本陆、海两军空中力量明显优于国民党空军。虽然日本陆、海两军缺乏统一指挥,但中国在军事上却非常脆弱,后勤效能方面落后于日本。中国及其空军能够生存下来是因为外国军事援助的大量注入,特别是在美国参战之后。即使国民

---

① 谢本书,温贤美.抗战时期的西南大后方.北京出版社,1997 年,P247。

党军队在 1944 年面对日本"一号作战"攻势而被迫撤退时,其空军还依然能够继续战斗。此外,由于蒋介石对空军十分重视,优先加强中国空军,国民党空军最终在统一指挥下发展成为一支现代化的战斗部队。[①] 尽管作战方面的问题持续出现,但中国却力求在装备和飞行员技能上面不逊色于日本。在美国的援助下,这个目标得以实现。

日本参与中国空战对日军航空兵的表现至关重要,尤其在太平洋战争期间,对海军尤为重要。太平洋战争的第一年间,日军的技战术得益于在中国的日本海军陆基航空队所获得的空战经验。"零式"战斗机投入中国战场时,它是世界上最好的舰载战斗机。日本装备和飞行员在中国战争期间得到磨炼。当然中国空战经验不一定能够在太平洋战争中转化成效益。日本海军航空兵为日本陆军地面作战提供支援、轰炸军事基地、封锁陆路与补给路线等等。但是这些在华作战经验在太平洋战争中毫无用处。唯一有用的是空中格斗经验,因为太平洋战争是一场海军舰队的战争,尤其是航母对决。此外,中日战争暴露出日本惊人的缺陷,即陆、海两军缺乏合作,他们互不分享装备、条令或培训,所以,即使两军一起作战,进行有效的联合行动几乎不可能。

最后,考虑到中国空战所包含的意义,我想说明日本在华战争中耗尽了空中力量,这些装备和人员本可以投入太平洋战争以对抗美军。但即使我们把两个战场连起来考虑,不论东南亚或太平洋战场的战事如何吃紧,日本必须在中国战场保留一定程度的空中力量。就凭这个因素,中国空战,无论其结果如何,都是盟军战胜日本的一个组成部分。

[①] 金光耀. 试论陈纳德的空中战略. 载于:近代史研究. 1988 年第五期,P206。

第十章
重庆大轰炸和 1937 年～1945 年的抗日战争

作者：埃德娜·陶

中日战争(1937 年～1945 年)是一个具有全球性意义的战争,也是日 军在亚洲对平民和公共设施第一次使用工业化的战争工具。日军轰炸针对的目标是中国主要城市中心、制造业产地和居民区。此时的地面作战已经陷入僵持阶段,中国政府迁入内地四川,抵抗运动正在多条战线上同时展开。航空兵的战略使用标志着战争已经转入关键阶段。战争已经从传统作战模式转变成了持久战,双方必须重新评估战略重点并采取措施巩固现有战线,因为战场态势已经发生了根本变化。正是在此背景下,日军高层转向了使用恐怖性轰炸手段,试图削弱中国军队的抵抗能力和军队士气。经过精心计算,日军决心对重庆进行最强度的疯狂轰炸。重庆是中国战时陪都,也是以蒋介石为首的国民党政府的大本营。[①]

目标重庆

第二次世界大战期间,许多欧洲和日本的城市都经历了不同程度的轰炸。对那个时期的经历也有着详细记载,大家也并不陌生。[②] 但是在中国被称为"重庆大轰炸"的这一历史事实,西方学者并没有过多的关注或仔细的观察。这是非常重大的历史事件。重庆经受了日军轰炸机长达四

---

① 随着国民党首府南京受到日军威胁,蒋介石和国民政府于 1937 年 11 月 20 日正式宣布将重庆定为国家的陪都。所有的政府部门和机关人员受命立即转移到重庆。
② 伦敦、德累斯顿、汉堡、东京的大轰炸耳熟能详,但是第二次世界大战中遭受过空中轰炸的城市不仅于此。

257　年多的集中性攻击,次数多达 200 多次。[①] 从 1938 年 2 月至 1943 年 8
月,日军共出动了超过 9 500 架次飞机,向重庆投下了约 21 600 枚炸弹。
根据战后中国政府编制的内部报告来看,有超过 15 000 人在空袭中丧
生,超过 20 000 人受伤。[②] 除了这些死伤人数外,日军对重庆的轰炸造成
了巨大的物资短缺,社会秩序受到毁坏,人民财产蒙受巨大损失,这些数
字可能永远不会完全知晓。

　　虽然重庆大轰炸这种方式不是战争中的首例,但是,相比以往战争,重
庆所经历的轰炸确是战争史上一个本质性的突破。[③] 一方面,日军的空袭
相比以往的空战范围更广、时间更久,这便形成了一种不受时间和区域限制
的会战模式;另一方面,空袭将先进武器对准了非军事人员和基础设施,中
国平民骤然成为前线的战斗人员。这种大规模的无差别轰炸彻底抹除了作
战和平民之间的界线。现代的全面战争使得平民无法得到任何安全保障。
不论是轰炸规模和影响,还是轰炸持续的时间,重庆大轰炸都是史无前例的。

　　中日双方都对 1937 年 7 月后的一系列战事发展感到意外。双方都
无法预判冲突将会如何升级。因此,不论是日本的空袭行动还是中国防
空措施都是为了应对不断变化的政治和军事局势。在这个大背景下,蒋
介石采取了第一步措施,即对国民党的战略政策做出重大调整:他决定将
所有的政府部门和人员转移到内地。这一决定瞬间影响了整个战局。在
1937 年 10 月召开的国防最高会议的讲话中[④],蒋介石阐述了他的理由:

----

　　① 作为比较,德国空军对英国的空袭持续了大约 8 个月,空袭扩展到英国的许多城市,但
是伦敦是空袭首当其冲的目标。

　　② 这些数字是基于对军方当局于 1946 年 5 月提交给行政院的战争损失调查委员会的估算
数字。引自:迟景德编著. 中国对日抗战损失调查史述. 台北:国史馆,1987 年,P238~239 页。其
他的数据来源与此数据稍有出入。例如,抗战时期的重庆丛书编委会编著的《抗战时期重庆的防
空》(重庆:重庆出版社,1995 年),在第 192 页中引用的数据是 11 889 人死亡,14 100 人受伤。根据
《重庆防空志》(重庆:西南师范大学出版社,1994 年)第 2 页中提到的数据,9 166 架次的日军轰炸
机在重庆投下了 17 812 枚炸弹,导致伤亡总数合计 24 004 人。西南师范大学历史系和重庆市档案
馆的唐守荣编著的《重庆大轰炸》(重庆出版社,1992 年)第 26 页中提供了以下数据:日军出动 5 940
架次飞机,投下了 15 677 枚炸弹,超过 9 900 人遇难,并有大约 10 200 人受伤。

　　③ 日本第一次展现其空军实力是在 1931 年至 1932 年间的上海战事期间,当时日本海军
航空队轰炸了闸北区和吴淞区。轰炸只持续了几周,但是仍然造成严重的破坏:有数以千计的
市民伤亡,主要的工业设施、铁路、以及出版社被夷为平地。

　　④ 译者:1937 年 10 月 27 日,在国防最高会议上,蒋介石做了题为《国府迁渝与抗战前途》的
讲话。

军事上最重要之点,不但胜利要有预定计划。即挫败亦要有预见的打算。不但胜利要立于主动地位,就是退却也要有主动地位。然后一时的挫折,不致有全盘溃退之虑,而可以把握最后胜利。今天我们主动而退,将来可以主动而进。总而言之,无需担忧。[①]

蒋介石认识到,光靠国民党军队是不能阻止日军进入华北和中国沿海地区的,首都南京也有被占领的危险。他认为撤退至内陆是一个务实之举。只有如此,国民党军队才能有机会重组并准备重新反攻。为了达到这个目的,蒋介石必须选择一个有坚固防御工事的基地,以利持久的对日作战。

重庆作为一个新的作战基地,有其不可否认的战略优势。重庆位于嘉陵江和长江交汇形成的狭窄的半岛上,江水由此通过的河道向东流向大海。重庆两侧是岩石峭壁,整个城市建筑在一个岩石结构之上,四周群山峻岭。战略防御的地形优势非常明显。这里是抵御日军入侵的天然屏障。这些独特的地质特征,结合城市处于主要交通干线上的优势地位,都是蒋介石在 1937 年 11 月发布官方搬迁令时所考虑到的。

这座山城在随后的抗日战争中发挥了至关重要的作用。它是全国团结抗日的集结中心,是国民党领导下的新意识形态和政治统一阵线的主轴。重庆很快呈现在全国的聚光灯下,政府的决策和战略方针的讨论都产生于此。这座陪都的崛起吸引了大量来自长江下游和其他战区逃离战火的民众。但是,临时陪都重庆便成为日军的轰炸首选目标,这是严峻的战争现实。事实证明,重庆的安全只是相对的,因为轰炸使内陆同沦陷区一样,变得民不聊生。

日军对战时首都的恐怖轰炸

从战争一开始,日本海军航空兵就投入了支援陆军地面作战的任务。首先是在上海和南京,之后他们参与了对华中和华南各大城市的攻击。在

---

① 1937 年 10 月 29 日,蒋介石说"将国家政府机关转移到重庆,并为抗日战争做长期准备。"引自:张国镛. 浅论国民党政府择迁重庆的三个问题. 载于:档案史料与研究. 1996 年第一期,P66。张国镛的文章概述了导致迁都的决策过程,见 P63～67。

战争初期,重庆是日军少数几个实行轰炸的中国城市之一。1938 年 2 月 18 日,日军小试牛刀,9 架飞机沿着长江航线飞行,在重庆郊区的一个军事机场附近倾倒了所携带的 14 枚炸弹。该机场位于重庆市区的北面。袭击造成的伤亡和损失极少,只有 3 人受伤,3 间房屋被毁。[①] 首次的小规模空袭似乎表明,截至 1938 年初,日本海军航空部队还没有计划对重庆进行全面的空袭,但是在随后的的日子里,日军对重庆进行了至少 6 次空中侦查和 2 次轰炸任务。这表明海军航空部队正在考虑对重庆全面空袭的计划。

　　此时的蒋介石政府抗战立场坚决、抵抗能力顽强。因为初期的作战没能使得中国屈服,日军高层被迫开始考虑新的战争计划。到了 1938 年末,中日战争陷入僵局,日军已经无法迅速解决中国战事。这样,日本陆军省和参谋本部不得不着手长期作战准备。关于这一战略的重新定位的证据是来自于 12 月 2 日帝国大本营的第二四一号命令(第二四一号大陆令),该命令是经裕仁天皇同意后由高层指挥部发布的。这一命令承认了局势的变化,除了其他事项外,它要求对中国中部进行战略性轰炸。伴随着第二四一号大陆令的是,同一天收到的由帝国大本营颁布的第三四五号令(大陆令)。该命令授予战略轰炸最高优先地位,鼓励打击中国战略和行政目标。其中一条命令日本海军、陆军配合作战,详细规定了双方作战区域和涉及到的相关部队。在此之前,虽然平民和基础设施常常会遭受空袭,日军并非蓄意攻击非军事人员或设施。然而该命令中的大规模轰炸,无疑是将普通市民和商业区列入了轰炸范围。[②] 在这些命令发布后,帝国大本营的陆军省于 12 月 6 日发布了新的战争方针,它将限制陆地进攻、强化已占领区。为了实现军事目标,日军将重点空袭中国重要基地并封锁出海口。[③]

---

　　① 重庆防空总司令部调查 2 月 18 日敌机袭渝情况及伤亡损害报告表. 转引自:重庆大轰炸. 重庆市北碚区:西南师范大学出版社,2002 年,P26～27。

　　② 大陆命令第 241 号. 1938 年 12 月 2 日,引自:防卫厅防卫研修所编. 战史丛书. 第八十九卷. 中国事变陆军作战. 第二部分, 到 1939 年 9 月的行动. 朝云新闻社,1976 年,P296～297;大陆命令第 345 号(1938 年 12 月 2 日);以及,关于在中国全境实施航空作战的陆海军中央协定(1938 年 12 月),均转引自:臼井胜美、稻叶正夫编著. 现代史资料. 第 9 卷. 中日战争. 第二部分. 美篶书房,1964 年,P402～404。

　　③ 防卫厅防卫研修所. 战史丛书. 第八卷. 大本营陆军省. 第一辑. 朝云新闻社,1976 年,P571～574。

为了迫使中国政府回到谈判桌上，日本采取了一连串攻势，空袭是其中一个组成部分。军事上的行为紧跟着日本的外交攻势。1938 年 12 月末，日本首相近卫文麿公布了一系列在东亚建立新秩序的指导原则。大约在一周以后的 12 月 29 日，前不久与蒋介石在关于战争问题上闹翻脸的汪精卫声称为了和平，站了出来支持近卫文麿的声明。汪精卫公开同蒋介石唱反调，表明更愿意同日本妥协，这是日本人所乐见的，因为他将成为一个替代蒋介石的角色，使得日本政府能够削弱民众对国民党政权的支持，加剧中国内部的分裂。恐怖轰炸被视为这些政治攻势的一个重要补充部分，意在破坏蒋介石政府的稳定，加剧民间恐慌和害怕，逼迫中国求和投降。空袭就是军事和政治联合攻势的一部分，日本人希望通过恐吓和消耗来拖垮中国的抗日力量。

260

日本的陆军和海军航空部队在 1939 年 1 月协调发动了一场针对重庆的轰炸行动，这是这一新的战略方向的预演。[①] 日本飞机于本月 3 次在白天进入重庆周围空域，轰炸了重庆不同区域及其郊县。前两次的大雾妨碍了日军轰炸机对重庆市区更大规模的精确攻击。在其第三次空袭中，重庆就没有那么幸运了。日军轰炸机在 1 月 15 日中午袭击了重庆中部和北岸的多个地区。被轰炸的地点都是建筑密集区，没有显著的军事意义。超过 100 位平民死于轰炸，这是重庆迄今为止受到的最严重的空袭，也是日军轰炸机第一次对主要居民点的轰炸。在本次空袭时，双方空军第一次进行了空中格斗，参加战斗的有 12 架中国截击机与日军的 36 架轰炸机。[②]

在日军首波攻击之后不久，重庆雾季开始，轰炸只得间歇了数个月。此时厚重的云层覆盖住了整个重庆，日军无法定位轰炸目标。然而，轰炸任务暴露了远程轰炸内陆的实际困难。其中最值得注意的是，空袭经常不准确，很少击中预定目标；不熟悉地形和恶劣的天气气候也是主要因素。但是日本高层认为，轰炸效果不佳的原因出于轰炸编队和技术部署

①　臼井胜美. 日中战争. 中公新书，2000 年，P130。
②　抗战时期重庆的防空. P105～106。

的问题,而这些问题从战争一开始就困扰着日军。[①] 因此,从2月至4月期间,日军全身心专注人员培训、飞机升级,并将空军集中到重庆下游大约1400公里的武汉,将其改建成轰炸机基地。日本人忙得不亦乐乎,重庆居民发现他们暂时不受空袭的困扰了。

1939年5月3日至4日,日军恢复了对重庆的轰炸,力度明显加大。在接连两天的轰炸中,部署在武汉的日军航空兵突然出击,突破了中国的空中防御,在重庆市区扔下了重磅炸弹和燃烧弹,给城市造成重大破坏。这些炸弹大部分落在了重庆老城区的商业区和住宅区。据官方统计,此次轰炸造成平民丧生3700人,受伤2650人,将近4900幢建筑物被摧毁。[②] 英国和德国的领事馆遭到严重的损坏,朝天门市场区和国泰电影院化为废墟。日军在对重庆的轰炸中第一次使用了燃烧弹,酿成重庆各地大规模的火灾,因为重庆所有的岩石建筑物中都大量使用了木头和竹子。

轰炸行动从夏天一直持续到秋天:在5月至11月之间,日军飞机通常会在几天之内往返至少20次,恐吓民众并毁坏大片城市建筑。民事和军事目标之间没有明显的区别,两者都无法躲避劫难。日军飞机还常常改变进入市区的飞行路径,以逃避中国截击机的攻击。在此期间,日军磨合了许多针对重庆的技战术,其中包括了夜间轰炸和广泛使用燃烧弹。

1940年日军发动"101号作战"行动,轰炸规模大大提高。从1940年5月开始,海军和陆军的航空队联合突袭了省会成都和重庆。在以后的110天内,重庆遭到空袭超过50多次。在6月份,空袭达到了高峰。重庆已经很难找到完好的区域,学校、居民住宅区、工厂、机场设施,无一幸免。重庆的两岸江北区和南岸区,以及临近郊县都遭到严重破坏。据日方统计,日军在这一阶段的空袭中,一次空袭的投弹量大约在50~100吨

261

---

① 马克·皮蒂.旭日:日本海军航空力量的崛起,1909~1941年.马里兰州安纳波利斯:海军学会出版社,2002年,P109。

② 参阅:重庆防空总司令部调查5月3日敌机袭渝情况及伤亡损害报告表.重庆防空总司令部调查5月4日敌机袭渝情况及伤亡损害报告表.转载于:重庆大轰炸1938~1943.P65~66,68~69。

不等。① 当"101 号作战"行动在 9 月 4 日结束时,据中国的报告估计,日军飞机出动超过 2 600 架次,投下了将近一万吨炸弹,导致了大约 4 100 人丧生,5 400 人受伤。② 就飞机架次、投弹量、攻击持续时间,以及受影响的总范围而言,1940 年是日军对重庆发动空袭的最高峰。

至此,我们可以就日军轰炸的时间、规模、模式做点一般性的观察。日军在白天和晚上都会展开空袭,我们甚至可以将它们细分为清晨、中午、深夜的空袭。这意味着重庆不知道什么时候或者间隔多久会发生一场空袭。轰炸机编队的规模也会根据目标而有所不同:在"101 号作战"初期,一次集中轰炸出动的飞机数量在 10—40 架之间。日军在作战后期对这个做法进行了修改,因为日本航空兵正在尝试不同类型的飞机编队,其中包括派遣少量飞机连续性攻击,以求骚扰民众、扰乱城市生活。这种不间断的出动使得重庆一直处于高度紧张状态,居民几乎没有喘息的机会,迫使政府当局保持全天候的高度戒备。1940 年至 1941 年期间,空袭基本就是这种模式。重庆居民长期遭到这种持续轰炸的困扰。轰炸最大规模会出动多达 200 架的轰炸编队,而且时间往往持续数个小时。

日军再次证明了他们办事严谨、杀伤力强。经过几天的连续骚扰,日军开始在武汉修理飞机,重庆市民得到了短暂的休息。然而,一旦飞机维修完毕,新的一轮轰炸又即刻开始。在"101 号作战"的后期,日本海军航空部队调整了战术,有时候使用小轰炸机编队,这便于在短时间内发动更多轮次的袭击,使重庆一直处于被攻击状态。特别值得注意的是,日军的空袭行动是伴随着季节性规律的:当地的气候条件使重庆从秋天到早春都处于浓雾的笼罩之中。在进行大规模的突袭行动之前,日本陆军航空队一种标准的做法就是预先侦查气候状况。侦查巡逻机将观察大雾和云层厚度,以便确定是否会妨碍识别地面目标。因此,空袭最频繁的月份是夏季,此时覆盖半岛的大雾已经散去,城市在空中清晰可见。

自 1941 年开始,日本在新年献词中公开重申了战略轰炸政策,并恢复了往年的轰炸规模。从 1 月到 9 月,重庆遭到了将近 40 次空袭,其中

----

① 马克·皮蒂.旭日:日本海军航空力量的崛起,1909～1941.马里兰州安纳波利斯:海军学会出版社,2002 年.P118。

② 重庆大轰炸.P15。

最严重的袭击发生在夏季。不可否认,据重庆市警事局编制的 6 月到 8 月的不完整统计数字表明,日本对重庆的空袭正在逐步升级。(见表 10.1)

表 10.1　日军对重庆的空袭(1941 年 6 月至 8 月)

	空袭数	日军出动飞机架次	投弹量(枚)	死亡人数	受伤人数
6 月	9	353	1 385	1 249[a]	1 299
7 月	10	555	1 417	154	366
8 月	11	1 190	2 794	560	818

[a] 这一数值可能包含了 6 月 5 日隧道大惨案的死亡人数,大惨案死亡人数大约占了该数值的 80% 左右。

数据来源:重庆市统计局汇编《1941 年 6 月至 8 月敌军空袭造成重庆市的损失数据》。

空袭行动沿袭了前几年中无差别对待居民区和军事区的模式,这使重庆的许多地区陷入火海之中,造成了重大的城市破坏、财产损失,人口流离失所。就 8 月的空袭而言,其轰炸强度丝毫没有减弱。期间日军采用了一些新的战术:进攻时投入多组航空编队,每个编队使用小规模的机群,保持紧密的队形。这些战术能够使日军保持对重庆持续轰炸。在 8 月 8 日到 8 月 14 日这 7 天的时间内,日军每隔 6 小时就派出一连串的轰炸机袭击重庆,而重庆的空袭警报系统平均每天有 10 个小时处于高度警戒的状态。有一次,警报连续拉响达 96 个小时。为了将杀伤力最大化,日军在 8 月最后两个礼拜中,同时投入陆、海军航空兵联合作战。

1941 年中期,日军的战略优先(尤其是海军的战略优先)开始转向太平洋,准备与美国一战。9 月之际,日本的航空队开始调离中国战场,重庆也注意到了这一新的迹象:当月对重庆的轰炸只有两次,与夏季相比数量大幅度减少。到了 10 月中旬,日本陆军航空队部署在中国的只有 70 架作战飞机,在伪满洲国有 360 架,而在东南亚方向却已投入了 670 架。[①] 随着可用作战飞机数量越来越少,对战时陪都的轰炸频率也相应减少。日军在 12 月 7 日(西方时间)对珍珠港发动突袭后,对重庆的空袭几乎完全停止:1942 年一整年没有对重庆进行直接的空袭,在 1943 年一

① 防卫厅防卫研修所.战史丛书.大本营陆军省.朝云新闻社,1975 年,第二卷:P419。

年中也只有 1 次。这些最后的空袭再也没有达到过 1939 年至 1941 年这三年空袭的强度和范围。

重庆的防空系统

就日军轰炸的强度和持续时间等特性而言,许多当时的观察家都感叹重庆是当年"受轰炸最厉害的城市"。的确,这种描述很贴切当时重庆的生活:在不间断的警戒状态之下,蒋介石政府不遗余力地做好重大防空准备,防止民众恐慌。在军事委员会的指导之下[①],重庆市政府建立了一整套规范条例和应对措施,以保护城市和居民。这其中包括了建造防空洞和空袭预警系统,组织撤离和难民安置等等。这些措施是为了让日军空袭造成的伤亡和财产损失最小化,其成功实施依赖于动员广大的民众。虽然中国政府在直接应对危机时采取了众多措施,20 世纪 30 年代初期以来的防空问题,一直是中国军方所担心的隐患。[②]

粗略地来说,防空指的是社会机构、基础设施部门、相关人员都必负责担当与空袭有关的所有的民事和军事防御事务。在这个框架内,防空任务一般可以归纳为"积极防空"或"消极防空"两种。顾名思义,前者指的是采取措施主动摧毁敌军的飞机,其关键部分包括中国空军进行例行空中巡逻和先发制人展开攻击;地面的部分包括配备移动式高射炮部队,在目标区域周围布置高炮部队和防空火力以形成防御网。相反,"消极防空"指的是提高平民防空意识的行动和方案。由于"积极防空"当时只能勉强保护人员的安全,因此政府制定了一套补充条例、程序和指令,旨在教育民众、普及空袭安全知识,介绍在紧急情况下如何正确应对。其他的任务还包括了组织疏散、救灾以及难民援助。

264

---

① 译者:"国民政府军事委员会"为抗战最高统帅部。

② 1931 年开始实施了具体防空措施。那一年,南京政府颁布了《南京防空计划草案》,该草案详细说明了为保护首都免受空袭所需的各种准备工作。草案处理实际事件内容包括:敌方飞机的潜在起飞地点;在周边地区部署侦察机、高射炮和瞭望塔;建立由无线电、电缆、以及铁路组成的综合通信网络;建设防御工事;最后,是警察和民防军的任务和责任。参见:南京市地方志编纂委员会. 南京人民防空志. 深圳:海天出版社,1994 年 P49～50。

　　日军的海军航空队曾经在轰炸机技术和战略部署方面取得了重大进展，①与日本相比，中国的空军还十分脆弱。在向国民党第五届全体会议提交的军事报告中，何应钦上将提到截止到 1936 年 6 月为止，中国空军有大约 600 架各种型号的飞机。而事实飞机数量只占一半，其中包括许多教练机，根本不是作战飞机。② 空军中的飞机大多来自国外，其中美国提供了大约 60％。③ 在战争初期战斗中，中国空军损失严重，以蒋介石夫人为首的中国航空委员会着手整合现有的飞机，并向海外寻求帮助。1938 年到 1940 年期间，美国对中国实行部分武器禁运，然苏联却为国民党空军提供了大量飞行员和战斗机，中国空军得以壮大，同日军差距缩小。结果，在 1940 年底，中国空军能够出动 160 架战机保卫重庆及其周边地区。④ 总共大约有 2 000 名苏联飞行员来华服役，⑤苏联顾问还帮助建立飞行学校。苏联人员、设备、技术援助大量输入，极大地帮助了中国空军在战争初期抵抗日军、夺取制空权的作战能力。

　　尽管美国政府的禁运限制了军火和军备通过正规途径进入中国，但

　　① 参见：马克·皮蒂.旭日：日本海军航空力量的崛起，1909～1941 年·腾飞：日本海军飞机和日本航空工业，1937～1941 年.P77～101.许光秋.战争之翼：美国与中国军事航空的发展，1929～1949.康涅狄格州，韦斯特波特：格林伍德出版社，2001 年，P116.该页图表估算了部署在中国战区的日军飞机数量和型号——大约有 450 架，数据是基于：远东美国陆军和美国第八集团军司令部编撰.中国战区空中战役，1937 年～1945 年，日军专题报告第七十六号.P17。

　　② 何应钦.何应钦上将抗战期间军事报告（上册）.台北：文星书店，1963 年，第 1 卷，P38。日军在对中国空军的估算中给出了一个较为保守的数字：170 架战斗机，148 架侦察机，79 架轻型轰炸机，以及 668 名飞行员。这些数据引自：抗战时期重庆的防空.P104.数据基于日本防卫厅防卫研修所的专题文集翻译文本：中国战区的日本海军作战.许光秋指出，飞机的估计数量在 300 架到 700 架之间，不过他在战争开始时对于中国空军的论述中使用了较大的数字。参见：许光秋.战争之翼：美国与中国军事航空的发展，1929—1949.

　　③ 许光秋.战争之翼：美国与中国军事航空的发展，1929～1949.P116.许光秋的专著中包括了一张分解军用飞机数量及来源的图表。在 1931 年之前，中国的军事航空产业几乎是零，但是在战争进行的前几年里，由于国民党政府建立了飞机制造工厂、飞行训练学校、以及机场，军事航空部门得到了飞速的发展。国民党当局还增强从过去地方军队中拼凑起来的国家空军。中国在这些领域的进步在很大程度上依赖美国的支撑和技术援助。关于这些发展的论述，见许光秋.战争之翼：美国与中国军事航空的发展，1929～1949.P57～114。

　　④ 抗战时期重庆的防空.P104～105。

　　⑤ 许光秋.战争之翼：美国与中国军事航空的发展，1929～1949.P125.到了 1940 年中期，被派往中国的苏联空军飞行员越来越少，直到 1941 年春季末停止，因为苏联必须抽掉空军重新部署到苏德战场一线。

是这并没有阻止美国个人或民间企业来华帮助中国提高其防空能力。[①]
在战争爆发后不久,蒋夫人作为中国航空委员会秘书长,得到了美国退役
空军少将克莱尔·陈纳德的鼎力相助。陈纳德肩负起了重组中国空军的
重任。他全面改革了飞行员培训计划,更新空军战术,协调空军战略。在
他的监督下,各类飞行学校得以重组并制定了多项空战技能的详细指导
方针,其中包括空中追击、轰炸、侦查的技战术。学员们通过参加模拟战
斗演习和战术演练,获得了宝贵的飞行时间和经验。在 1937 年 7 月至
1940 年 12 月期间,大约有 900 名学生参与了这些课程的培训。[②]

　　蒋介石还支持陈纳德招募一批美国飞行员的计划,这些飞行员能直
接参与同日军的作战。[③] 最初,这支被称为美国志愿航空队("飞虎队")
的空军是计划用来保卫重庆的。[④] 然而,由于战略的重新评估,美国志愿
航空队没有参加重庆保卫战。在 1941 年末,日军偷袭了珍珠港后,这支
航空队被派往了缅甸战区。在美国志愿航空队解散之后,航空队的部分
飞行员合并到了美国第十航空队下辖的中国空中特遣队,陈纳德继续与
中国航空委员会紧密合作,帮助中国空军现代化,并在蒋介石政府和罗斯
福政府发生争议时起到了积极的联络作用。由于他的高层运作,中国抗
战事业一直处于国际媒体的聚光灯下。在 1941 年美国重新开始对华援
助之前,陈纳德一直致力于宣传中国抗战和中国空战的重要性。在像陈
纳德这批关键的美国友人的促进下,美国很快恢复了其在对华军事和
技术援助中的主要地位。他们的努力难能可贵,因为日军高强度的空
袭行动已经严重耗尽了中国空军力量。到了 1941 年底,从苏联、美国

---

　　① 虽然有禁令,但是美军飞机的销售以及其他形式的技术和财政支援仍然继续着。此外,
尽管罗斯福政府有其正式立场,但他仍然同情中国,默许、鼓励这种援助。许光秋在《战争之翼:
美国与中国军事航空的发展,1929～1949 年》一书中的第四章到第六章对于美国公司向中国提
供飞机的这一工作做了一个良好的总结。关于包括陈纳德在内的美国军官在中国战区中对扩
大美国空军的利益起到的作用的叙述,参考:米歇尔·沙勒.中国战区的美国空军战略,1939～
1941 年:秘密空战的起源.载于:美国季刊.1976 年春,第 1 期(第 28 卷).P3～19。

　　② 许光秋.战争之翼:美国与中国军事航空的发展,1929～1949.P137～138。

　　③ 1940 年夏季的特别具有破坏性的空袭行动之后,在秋天,蒋介石指示陈纳德赴美吸纳
美国飞行员和飞机,以对抗日军的空袭轰炸。克莱尔·陈纳德.一个战士的道路:美国陆军退役
少将,克莱尔·李·陈纳德的回忆录.纽约:普特南森出版公司,1949 年,P90～91。

　　④ 陈纳德于 1941 年夏季回到中国,整个秋天都在训练飞虎队,此时日军这一年的轰炸行
动已经结束。克莱尔·陈纳德.一个战士的道路.P105～106。

和其他国家采购的战机使中国空军的作战飞机数量提高到了 364 架。①

重庆的防空也得益于空军军力的加强。随着飞机和飞行员得到了补充,驻扎在广阳坝和白市驿等附近机场的中国空军部队拦截并击落了大批敌军飞机。重庆防空司令部还沿武汉到重庆的航线架设了通讯网络和监视哨,监视日军机场和飞行活动。除了跟踪日军飞机起飞后的进展(报告日军数量、编制,预计到达时间),这个网络还进行情报收集,向上汇报日军部队的部署。正如克莱尔·陈纳德所描述的那样,这套系统并不精美但是很实用,像"一个由监听人员、无线电、电话、电报线路组成的庞大蜘蛛网,覆盖了整个自由中国,监视着敌人的飞机。除了监控敌机作战之外,该网络还用于定位和引导友军飞机、直接援助坠机或跳伞的飞行员、帮助引导我们的技术情报专家前去寻找敌机坠毁的残骸"。②

除了空军外,重庆的"积极"防空手段是高射炮部队,他们被部署在各个战略要地、重庆的周边地区和长江下游的关键地点,高射炮阵地形成一个地面防御火力网。这些高炮阵地配备了大口径和小口径的防空武器:1939 年,防卫重庆的是 17 门 75 毫米口径的高射炮,8 门 37 毫米口径的速射炮,和 8 门 20 至 25 毫米口径的高炮。③ 该年下半年的 8 月,蒋介石下令投入移动式高射炮,使得日军猝不及防。④ 为了协助夜间瞄准和把握信号,重庆防空司令部使用了从国外进口的一系列探照灯和声波测距设备,以帮助在夜间定位日军飞机。总计有 20 个探照灯站分布在重庆周围地区、市内、南岸和江北区、以及广阳坝和白市驿的机场。⑤

这些防空手段,对防御火力的对空打击、驱赶日军轰炸机至关重要。为了提高效率,重庆防空司令部下令提升训练标准,加强高炮和探照灯部队。作战部队将接受一年的相关培训。训练分为夏季和冬季。命令还扩大了教学课程,并规定新兵必须完成高射炮及其使用方面的

---

① 抗战时期重庆的防空. P105。
② 克莱尔·陈纳德. 一个战士的道路. P82。
③ "重庆防空司令部高射炮部队 1939 年作战平均弹药消耗数量表". 图表摘自于: 抗战时期重庆的防空. P118. 原载于: 防空总司令部档案. 第四十七卷. 重庆市档案馆。
④ 抗战时期重庆的防空. P99～100。
⑤ 重庆大轰炸. P375。

所有课程。这些课程包括掌握诸如"防空武器及射击原则"和"重炮部队日常任务"之类的原理。信号人员也得学习其类似的课程，同时他们还得学习声距测量和照明等基础原理，熟悉探照灯技术和信号通讯系统。[1] 课程涵盖了观察技术和其他地面防空手段；主要课本由国外军事教材中文翻译而来，其间附带许多中国相关部门编制的训练手册和技术规格书籍。新兵都必须参加联合训练演习，除了课堂教授以外，还必须进行户外体能训练。

重庆的防空战取得的效果参差不齐。中日双方为了各自的利益，都倾向于夸大战果、虚报损失。当然，被击落的日机残骸往往要数天后才被发现。[2] 根据中国军队公布的击落数字和损耗率来看，重庆的中国空军对日本轰炸机威胁很大。他们主要是干扰日军轰炸机的队形，阻止日军飞机低空飞行。通常，这种干扰会导致日军轰炸机提前投弹，使其错过预定目标。但是，在重庆的实战中，中国军队的防空能力十分有限。拦截机只是偶尔能有效地抵挡或击落日军轰炸机。同样，高射炮也只有零星的战果：根据重庆防空司令部编制的内部报告，在 1938 年到 1941 年期间，中国防空部队击落日军轰炸机 15 架，击伤 85 架。[3] 也就是说，中国军事防空作战只能给日军制造麻烦，却无法阻止日军飞机对于整个城市的轰炸。

随着日军扩大轰炸战役的规模，中国"积极"防空的效果也随之减弱。原因之一是日军航空兵在执行轰炸任务时部署了战斗机护航。护航编队纠缠住中国拦截机，阻止其骚扰或击落轰炸机编队。此外，日本海军航空队为编队机种进行升级。新的机种速度更快、飞行更高，而且它们有能力极速降低高度逃避中国战机和防空火力。最后，日军采取的每隔一定时间段即派遣多组飞机的战法，使得中国空军疲于奔命，无法阻挡持续几个

---

[1]　抗战时期重庆的防空. P100。

[2]　例如，在 1939 年 5 月 13 日，中国报纸《重庆各报联合版》发表了一篇关于前一天的轰炸空袭的报道，指出有 3 架日军飞机被中国防空火炮击落。但是，同一天的东京日报上没有提到日军方面遭受到的这一损失。关于报纸的摘录，参考：重庆大轰炸. P40～42。关于中国遭受到的损失，这些信息是军方当局密切关注的，军方当局不去披露这些细节，担心这可能会进一步加剧日本空军的袭击。

[3]　1938～1941 年重庆防空司令部高射炮部队战果统计. 转引自：重庆人民防空办公室编纂. 重庆防空志. P137。这些数据是基于重庆市档案馆，《防空总司令部档案》，第四十七卷中的数据。

小时的集中空袭。[①] 中国空军常常只得退出战斗,避免无谓损失。1940
年至 1941 年的夏季月份是日军轰炸重庆的高峰时期,日军就是采用了这
种进攻模式。尽管当时驻扎在重庆的中国空军在日军空袭时顽强抵抗,
但对城市的保护非常有限。

幸运的是,重庆的空中和地面防空并不是其赖以保护市民安全的
268 唯一手段。除了"积极"防空措施之外,国民党政府还组织人力和资源
建立广泛的民防系统。这是中央政府、区域和地方各级机构的共同努
力。由于中日双方在陪都上空的激烈空战,市民的生活不论在地面或
地下也必须做出重大的调整。

防空洞和城市中的日常生活

所谓"消极防空"在重庆得到了高度的优先落实。防空部门在 1937
年末制定了重庆的危机管理计划。首先开始的便是大规模建造防空洞。
作为民防工程的一个重要组成部分,大规模的开凿修筑工程在战争年代
散布在城市各个角落,空袭中它们为民众提供了最直接的保护。1936 年
的警察局人口普查记录在重庆市界内人口有 339 200 人,74 400 家庭,[②]
由此引发了对地下工程的初步讨论。数据说明人口在增长,生活空间正
在缩小。之后政府公布的数据证实了这一趋势,每年居民人口数量在稳
步增长。(见表 10.2)

表 10.2　1937 年到 1944 年重庆市的人口

年　　份	房　屋　数	总人口数量[a]
1937	107 682	475 968
1938	114 116	488 662
1939[b]	99 203	415 208

---

① 马克・皮蒂在《旭日:日本海军航空力量的崛起,1909~1941 年》讨论了日本空军在当
时面临的挑战,由于中国拦截机飞行员的顽强抵抗,导致了日本空军的伤亡率提升。参见其第 4
章和第 5 章,对于日本在战争期间加强和升级海军航空兵器所做出的努力的概述。

② 数据引自:抗战时期重庆的防空. P87。

续　表

年　份	房 屋 数	总人口数量[a]
1940[b]	89 300	394 092
1941[c]	134 183	702 387
1942	165 293	830 918
1943	158 231	923 403
1944	185 505	1 037 630

[a]实际总数可能更多,因为该数据并没有计入移民数量或是难民。
[b] 1939 年和 1940 年的人口总数呈现减少,是由于市民逃到了城市郊区。
[c] 当年市政区域扩张,导致了人口数量的增长。
数据来源:重庆市政府.重庆要览.重庆,1945 年。

1936 年,军事委员会重庆行营主任顾祝同,召开了讨论建设地下隧道、解决过度拥挤问题的会议。工程顾问左应时、重庆市长李宏锟、重庆市秘书长赵子英等人提出了建议,决定开凿两条隧道。一条在上半城渝中区临江门和夫子池附近;另一条则在渝中区大梁子东西主干道的地下。[①] 一个在民防部队监管下的灾难管理特别工作小组负责该项目的修建工作。经政府部门批准和选址后,项目开始施工。

1937 年 9 月,重庆防空司令部成立,由军事委员会直接监管,负责协调重庆的防空工作。此外,蒋介石也亲自干预防空工作。在发给军事委员会的一份指示中,他手令所有的下属部门、工程单位、工作组都必须为百姓简易防空洞建造提供指导和帮助。[②] 蒋列出了一套相关准则,规范一块称为中央公园地区的防空洞建造。蒋的指示说明防空不仅仅是个军事任务,而且是政府和市民携手努力争取胜利的事业。

在蒋介石发出指示后的 3 个月内,重庆建造了 50 个能容纳 7 000 人的避难所设备,包括在中央公园的实验性避难壕。[③] 截至 1937 年底,重庆市内和周边郊区人口膨胀到 500 000 人,防空部门意识到他们必须根据实际情况对蒋介石的规范要求重新做出调整。规模较大的防空洞才能

---

① 数据引自:抗战时期重庆的防空.P87.译者:今渝中区新华路。统称防空洞,即防空洞、沟、壕、室。包括大型工程如大避难壕或大隧道。
② 程雨晨.蒋介石与重庆的防空洞.转引自:档案史料与研究.1993 年第四卷:P92。
③ 抗战时期重庆的防空.P88。

跟上人口增长的步伐。此外,将人力和资源集中于建造几个规模较大的防空洞,相比分散建造小规模的防空洞要划算得多。经过多次论证,新起草的方案是建造一个巨大的隧道,它总长四公里,城市的不同地区都有入口处。市政官员认为,这个布局可容纳最多数量居民,一旦某个入口受堵,应急措施还有多处出口可供出入防空洞使用。

由于旧城区缺乏民防设施,因此计划中的大隧道建造自然就选在了这。1937 年 12 月中旬,重庆防空司令部、市政府及成渝铁路局,对施工地点进行了勘查。为了配合开工仪式,市政府在来年 8 月设立了项目工项处。整个项目预算投资为 468 000 元,6 个月内完工。[1] 然而,旧城下的坚固砂岩使得挖掘十分困难。而且建设过程一直受到资金短缺的困扰。1938 年 2 月该防空工程拿到 200 000 元拨款,但是新的资金还需要得到中央政府的批准。[2] 由于通货膨胀和建筑材料上涨,总预算修订为 710 000 元。中央额外的资金迟迟不能到位,当地政府别无选择,只能缩小原来的计划,建造一系列较小规模的防空洞穴和隧道系统。

同时,在城市其他地区的防空洞建设还在如期继续着。在 1938 年,共建造防空洞 166 个,数量是前一年的 3 倍。1939 年 5 月 3 日至 4 日重庆遭遇灾难性的大轰炸[3],政府只得加倍努力,到 1939 年底,建造了防空洞 800 多个,容量增加了 7 倍。[4] 这一趋势一直持续了几年:1941 年已建 1 400 个防空洞,能容纳 370 000 人;1942 年开凿了 1 600 多个防空洞,总容量为 428 000 人;到了 1944 年,防空洞已经数以千计,估计可容纳 450 000 人。[5]

防空洞也花样繁多。除了常规的挖个堑壕或开凿岩洞外,防空洞的结构也范围很大。有些是沟槽上覆盖一块薄薄的木板以做遮掩,有些则是私家拥有的高级防空洞,后者收取入场费并提供桌椅、电灯、冰箱、浴室,以及阅读材料为那些有支付能力的人消遣时间。事实上,私人防空洞

---

[1] 抗战时期重庆的防空. P88~89。
[2] 重庆人民防空办公室. 重庆防空志. P13。
[3] 译者:"五三""五四"大轰炸是日机史无前例的大规模屠杀。
[4] 在 1938 年,防空洞总数量是 166 个,能容纳 33 300 人。在 1939 年,防空洞总数达到 951 个,能容纳 256 000 人。数据源于《抗战时期重庆的防空. P88~89。
[5] 同上,P94~95。

在战争一开始就有了,许多私人防空洞只是提供给政府和军队里的高官、出版公司、大型工厂以及富裕阶层。① 1941 年中期,粗略统计一下,重庆防空洞约有 1400 多个,其中 470 个为公众防空洞,930 个是私人经营防空洞。②

除了建设防空洞等避难设备之外,另一个政府年度重大举措就是疏散人口。在 1939 年"五三""五四"灾难性空袭之后,重庆防空司令部在接下来的几个月中准备一场大规模撤离,他们计划从市区撤走 250 000 人。事实上,疏散工作早在当年 2 月就已展开,当月成立的重庆紧急疏散委员会执行了大规模撤离的正式措施:他们划出了疏散通道,起草了撤离时间表。自愿疏散持续到 3 月 10 日。此后,地方当局为了建立防火隔离带,不得不进行强制疏散。1939 年后,这样的疏散变成了一年一度的政策,政府花费大量精力,将约 300 000 人疏散到郊区或周边县市的临时住处。

通常在当年 2 月下旬发布疏散公告,并公开招募志愿者。实际的撤离行动是在 3 月和 4 月期间。军队向被核准的撤离人员发放登记卡,他们需要向哨兵出示登记卡才能得以重新入城。③ 作为一个额外的奖励,政府许诺土地和房产的优惠条件,鼓励撤离民众在郊县开店经商。至于郊区的当地居民,如果他们能够给撤离人员提供房屋,他们可以收到地方当局高达 70% 的补偿。④ 轰炸袭击使得无数人一贫如洗而且无家可归,他们同其他难民一样,也是被疏散人群中的一部分。根据政府的法令法规,难民的身份将获得一定的福利,包括用于食物和安置补助金,到安置区的差旅费,以及四个月的津贴。⑤

---

① 私人防空洞有别于收费的防空洞,收费的防空洞对任何想要进入的人收费,而那些私人防空洞是属于政府和军事组织、公司、以及工作单位的,这些防空洞不收费,但是只供其职员使用,如果他们的家人在附近,也能使用。这两种防空洞与公共防空洞不同,公共防空洞供普通人民使用,至少在一开始,没有歧视以及对可以入内的人数有限制。但是在 1941 年 6 月 5 日的大隧道惨案发生后,实施了较为严格的管制。

② 在 1942 年,私人防空洞的数量升至 1 330 个。参见:抗战时期重庆的防空. P94～95。

③ 重庆紧急时期居留证,出入证发给办法.引自:抗战时期重庆的防空. P79。

④ 抗战时期重庆的防空 P80。

⑤ 重庆市难民调查登记及安置办法. 再版于:抗战时期重庆的防空. P81～82. 译者:参见国民政府《告重庆市民书》及相继颁布的《疏散渝市人口办法》《疏散任务安置办法》《疏散区建筑房屋奖助贷款办法》等法令法规。

防空基础建设包括重庆的警报系统的建立。如前所述,这一系统依赖于由瞭望塔、情报前哨站、地面和无线电通讯组成的通讯网络。在接到日军从武汉起飞的通知后,重庆的民防部队将在城市制高点升起一盏红灯笼(警报灯笼),重庆的各个位置都能看到这个红灯笼,它是告知市民有空袭的信号。湖北省的宜昌在重庆下游 640 公里,如果观察哨在宜昌看到轰炸机,那么重庆当局将提高城市的警戒状态,升起第二盏警报灯笼,并拉响警报。警报声是一个二十秒的长鸣声和两个短鸣声组成,重复六次。① 在这个时候,飞机在抵达重庆之前还有一个小时,市民必须遵守防空程序前往指定的防空洞。一旦日军轰炸机达到重庆郊区涪陵时,就拉响紧急警报,紧急警报由三分钟断断续续刺耳的鸣声组成。之后灯笼将被拆下,人们只能静静等待,等着炸弹从天而降。空袭结束后,一声警笛穿透天空,一盏绿色灯笼重新出现,城市居民这时才能安全地返回家中或工作场所。

早在 1938 年,市政府就颁布了一系列预防空袭的应急条例,其中包括强制性的全市空袭演习,让市民应对意外情况做好准备。随着日军轰炸行动的升级,这些应急条例和其他程序通过各种渠道也得到广泛宣传:公共告示、报纸以及信息小册子,传播关于防空洞的法规,进出防空洞的程序,街道宵禁,防毒气保护和强制熄灯等等事项。各级志愿者组织还教导民众如何整顿行李、在日机轰炸期间如何安排日程活动。邻里协会和工作单位召开会议讨论安全措施,而消防队、警察局以及民防部门动员大家训练和演习。学校也有如何准备应急事宜的相关指导,校方还组织一支青年队伍协助防空任务。商务印书馆和政府附属机构出版了一系列的教育手册,指导市民在空袭前、空袭中和空袭后如何准确行动。在所有情况下,居民们都要遵守空袭条例,而这些程序也逐渐成为大多数人所遵行的日常事务。

日军使用燃烧弹给陪都造成了最大限度上的破坏:哪怕轰炸没能立即摧毁一片区域,那么随后的火灾也能毫不留情地把它吞没。重庆市政府不得不修改了城市建筑规范和施工准则作为回应,以尽量减少火灾的

---

① 重庆防空总司令部.警察防空须知.1938 年 1 月,P15。

可能性。例如在 1939 年至 1940 年的夏季空袭中,火灾吞没了整个城市。重庆市政工务局在 1940 年 10 月公布紧急公告,规定所有新的建筑物必须使用防火材料:木材、竹子等易燃材料一律不许使用,只能使用砖块和石头。[①] 第二年,市政工务局增补的新规定,编制了新的标准,以取代现有的临时规章制度。一切为了防空、防火和救援工作。这些新标准于 1941 年生效,其中包括扩大疏散区;拓宽主要干道以增强防火隔离;规定建筑物之间的间距,并对城市建筑的规模、高度以及空间加以规定限制。此外,规定大容量的建筑物需要加建防空洞,以供建筑物内的人使用。[②] 更新重庆的监管框架,增强城市应急响应服务,这些都是人防必不可少的环节,人防工作在其各个方面都得到改进和升级。

273

　　中央和地方政府都十分关注城市中普通百姓的思想情绪,特别是当日军轰炸行动持续不断、有增无减的情况下。事实上,国民党政府从战争一开始,最关心的问题就是战争疲劳。他们意识到空袭对民众士气有潜在的灾难性影响。蒋介石在 1939 年 5 月 16 日发表了名为《告各省政府与全国同胞书》[③],怒斥"五三""五四"大轰炸的野蛮行径,谴责日军对中国城市的"无情和肆意的轰炸",并指出这种袭击的目的是"在我们人民心中植入恐慌,迫使我们屈服和投降"。[④] 这是蒋介石第一次公开评论。蒋介石宣称重庆人民和政府官员的行动是抗日精神的典范:

　　　　日寇近日凶残轰炸,然我同胞亦照常生活,表现出镇定和勇气。如此优秀品德和精神挫败了敌人险恶目的。本政府亦日以继夜,采取措施保障市民免受空袭之威胁。我们的工作将一天比一天好。未来空袭,故军必将付出沉重代价,而我们的人民不会被吓到,敌人的这一主要目标终将无法达到。[⑤]

　　显然,轰炸的阴影给蒋介石触动很大,他需要向重庆人民喊话,更需

---

　　① 重庆公共工程局.重庆市建筑规则:附非常时期重庆市建筑补充规则.1941 年 5 月,P27。

　　② 重庆公共工程局.重庆市建筑规则.P160~162。

　　③ 除了用中文广播和转录以外,蒋介石的讲话还被译成英语,译文版的讲话通过中央宣传部和新闻部传播。这是在抗日战争时期蒋介石所有讲话传播的通用方式。

　　④ 蒋介石著,毕范宇译.中国在战斗:蒋介石的战争讲话,第一卷,1938 年 10 月~1940 年 1 月.重庆和香港:中国出版公司,P157,158。

　　⑤ 同上,P158~159。

要向全国人民喊话。他指出中国要生存下去，人民的意志就必须坚定不移，我们要挫败敌军利用恐怖、诱降的阴谋。同时蒋介石努力消除人们的恐惧，防止出现群众性恐慌，他一再重申政府将确保其生命安全。轰炸对手无寸铁的民众造成了心理和精神上的巨大伤害，蒋是心知肚明的。战时社会资助和志愿者项目也得到了相应落实。

为了抗压和鼓励民族团结，政府采用的一个重要对应方法，就是展开社会公共活动，比如体育比赛、衣服募捐、音乐表演等等，一切都是为了提高重庆的集体精神，也为了减轻日常的压力和痛苦。全市的庆祝活动也能够培育同甘共苦的集体认同感。比如说，1940 年，为了纪念中日三年前的第一场空战，政府决定 8 月 14 日为空军节。① 不久之后，又定了 11 月 21 日为第二个纪念日——防空日。这是纪念 1934 年南京的第一次防空大演习。在这些纪念日，蒋介石夫妇携大批国民党高官出席重庆的公众集会，目的是提醒市民，对日军空袭要保持警惕，并发扬不屈不挠的精神。航空委员会提前几天为这些节日准备大量纪念册，许多军人、社会知名人士应邀撰写关于防空的文章。这不仅体现了纪念日的官方色彩，更是重点突出了军民共同抵抗恐怖轰炸的努力。② 事实上，在整个战争期间，政府发起的群众运动和大规模集会在战时重庆是一种常见景象，令外国友人对中国民众抗日决心深感钦佩。

从中央政府的角度来看，这些集会活动收益是多方面的。特别是政府对民众的积极鼓励和再三保证，使大家感到政府正在采取一切措施应对轰炸危机，保护人民生命财产。蒋介石夫妇常常在国外政要陪同下，向市民展示中国仍然致力于与西方盟国站在一条战线上抵抗日军的侵略。同样，集会也让百姓和各个团体公开表达团结一致的途径，比如各个协会、团体、部门和报社经常组织人们参与游行和集会，其实际意义也在于提醒人们，防空是政府官员和市民的共同责任。一切都是配合政府在战争期间疏导和激励民众士气。

然而不论国民党政府如何重视空袭的危害性，或向民众做大量宣传，

---

① 中华民国宣传部. 中国经历七年的抗战·日益壮大的空军. 纽约：Alliance-Pacific Press, Inc, 1942 年 P74。
② 航空委员会监察部编纂. 第一届防空节纪念特刊. 1940 年 11 月 15 日。

日军空袭本身无时不在,而防御其不规则性的突袭却也确实困难重重。民防系统的效率高低取决于人的判断和具体的执行。随着战争的继续,重庆民防总体防空效率还是在逐年提高。不幸的是,陪都重庆在这个过程中付出了巨大的代价。比如,1941 年 6 月 5 日发生在较场口防空洞事件。那天晚上,大量的人群挤进繁忙市中心的这座防空洞口。当天的连续轰炸超过了三个小时,拥挤的环境和通风不足最终引起了大规模恐慌。在随后的逃出隧道的混乱中,无数居民因窒息、推挤或踩踏而死。①

275

　　这次事件被称为"六五隧道大惨案",这次事件和随后的公众愤怒显示人防工程作业牵涉千家万户,已经刻不容缓。官方数字为 992 人遇难,151 人因伤势严重而住院,但是有目击者称死亡人数高达 10 000 人。实际的伤亡人数我们可能永远不知道,但这个悲剧暴露了政府防空举措中一些实际问题,即:尽管自从 1939 年中旬以来政府已经采取了严密的防犯措施和防空条令,但总有百密一疏的地方。大批人群在惊恐之中拥入防空洞躲藏,时间一长,很容易出现问题。"六五"悲剧再次证明,尽管政府尽心尽力,人们的平时生活和习惯并不总能顺利照搬制定的防空条例。

评估日军在华的轰炸所产生的影响

　　日军的恐怖轰炸对重庆及其居民产生了重要的影响。在 1939 年到 1941 年的轰炸高峰时期,日军航空兵进行的系统性、持续性的轰炸将重庆的大部分地方夷为平地,关键的市政服务和运作中断,大批人口流离失所。空袭还造成了大量的人员伤亡和物质损失,并造成了一大堆民生和公共卫生问题。② 轰炸也影响到了各行各业中的个人和团体——不论你是官方还是个人、国外还是当地机构、城市还是农村,大家无人幸免。区别是大和小的问题、直接和间接的问题。在执行轰炸任务时,日军采取残暴的无差别轰炸形式,他们希望用恐怖来威逼中国人民投降,而重庆则首

---

　　① "隧道大惨案"的细节及其后果有几个来源:谢藻生.重庆大轰炸.重庆大隧道窒息惨案亲历.P179～182;郭伟波.重庆抗战纪实.重庆大隧道窒息惨案亲历记.转引自:重庆文史资料.1985 年,P183～190。
　　② 战争孤儿和传染病的防控是两个公众关注的更为明显的问题。

当其冲。但是日本人首创的战略轰炸没有达到其主要目的。中国没有投降,蒋介石政府没有对日本做出任何让步。这是为什么呢?我们需要对其中一些具有决定性的因素做简要的回顾,以求对空战及其对中日战争的意义做最后的评估。

从一开始,中国政府就对日本的入侵行为采取了坚定不移、绝不妥协的立场,这是陪都重庆抵抗精神的基石。早在 1936 年,蒋介石就指令四川省、市各机关着手商讨和制定将重庆列入备战状态的计划,防空被定为战略优先事项之一。中日战争爆发后,地方政府便加快建立防御网络和辅助工程,以保护城市和居民。比如,市政府早就设计了一套简单但实效的空袭预警系统,大规模防空体系、躲避空袭的防空洞也在加紧建设当中。隧道和防空掩体数以百计,宣传和教育工作大量普及,提高了公众的防空意识。此外,重庆组织系统性疏散和重新安置,旨在使人口处于可控状态。遇到轰炸时,既能减小伤亡,又能缓解城防压力。

同时,政府也积极展开军事措施。中国空军和高射炮部队部署在重庆四周,提供了另一道防御火网。中国的拦截机能够经常阻止和骚扰日军轰炸机群。虽然这些空中的战斗并没能阻止日军轰炸机投下炸弹,但是在战役初期还是打乱了日军的轰炸行动。后来,随着日军改变战略,派遣战斗机护航集群轰炸机行动,国民党空军最终在数量和技术装备上处于劣势。由于缺乏训练有素的飞行员,以及飞机老旧这两个因素,国民党空军已经无法与日军更新后机动敏捷的飞机匹敌。虽然中国无法确保重庆上空的制空权,然而,蒋夫人及其他政府部门还是极力寻求海外援助,他们希望在要害作战部门尽快实现装备现代化。

中央政府直接参与城市的防空基础设施的建造。在许多情况下,蒋介石亲自干预催促工程进度,中央和地方政府积极备战重庆。军事委员会协助蒋介石和有关部门协商确定战略优先事项,并制定指导方针。一个庞大的防空行政体系应运而生,许多政府部门的高官在防空系统各部门当差。为了协调和监督城市的防空,军事委员会成立了重庆防空司令部。防空司令部首要任务就是制定发布防空作战紧急条例,其次还与相关机构、下属部门以及市政机构紧密合作,确保地方上监督该条例的执行情况。通过这种方式,防空既作为一道军事命令,又成为了一系列具体措施,被纳入了日常城市管理的运作之中。到了 1939 年底,民防体系的重要组成部分基本就绪,政府抵御日军的政策最终得以落实。

鉴于对防空工作的广泛关注,政府也投入了大量人力物力,这些措施是否有效可行呢? 档案文件能使我们了解重庆防空的日日夜夜,但是我们在这里也只能做一般性的评价。内部文献显示,防空系统经历了不断的改进,防空工作长期以来一直受到各种各样的困难和阻碍。最初,许多问题源自民众对政府的警告熟视无睹,地方工作者在执行任务时也缺乏组织和经验。然而,随着政策和方案变得更加明确,这类问题减少了,取而代之的是资金不足、缺少行政监管、计划落实的不平均等问题。因为预算不足,众多重要项目受到影响和压缩,维护困难,人员招聘缺乏。而以上各类因素又互相交错影响。在某些情况下,这些问题与国民党的官僚机构本身有关,有些部门拖拖拉拉,推迟和阻碍了项目的进展。

一个特别薄弱的环节就是防空洞的管理。政府规定所有的防空洞在对公众开放前必须取得验证。随着防空洞建造和数量的增加,定期维护必不可少,以确保达到政府规定的公共卫生和使用标准。然而,由于管理当局缺乏有资格的监管和处理此类事务的工作人员,检查常常会疏漏,就是修理也要花费几周甚至几个月才能完成。民众常常抱怨防空洞内部积污水、照明不足、通风机常常不工作等问题。此外,防空体系中不同部门之间的通讯往来中显示大家对资源有限而担忧。行政部门定期要求提供补充预算拨款用于资助建造项目、日常维护、工程改善等辅助工作。

然而,尽管困难重重,档案的数据还是显示出这些防空措施的效力。具体而言,虽然日军的轰炸行动变得更加激烈,城市的人口数量也不断增加,但是在三年的轰炸高峰时期,总的死伤人数似乎没有相应的增加。这一结果表明,防空准备和应对措施被证明是相当有效的,实现了其主要的目标,即保护生命和控制灾难。当然,重庆防空司令部还是遭到了不少批评,特别当 1941 年 6 月 5 日发生的突发惨案的时候。但是人们还是能够感受得到防空系统的作用,它是一个重要的安全防护网,减少了空袭带来的痛苦。陪都没有被绝望和痛苦所笼罩,防空工作功不可没。

人们可能会问,重庆遭受到了什么样的空袭? 空袭下的生活究竟是什么样的? 每个人经历会因为各种因素而不同,因为每个人地位、居住地

278

区和职业性质都会不同。但是大多数人对空袭都有一个共同的认识：就是它的可怕让人刻骨铭心。幸存者林如斯回忆道：嗡嗡声第一时间预示着轰炸机正在迫近，人们对那远处传来的声音总是既好奇又不安。许多中国人对其他城市遭到轰炸早有耳闻，但是谁也没有亲眼目睹过那个场景，更不用说亲身经历了。他们对即将发生的事情毫无准备。日军飞机出现在视野里可能会让人好奇不已，但是，一旦飞机震耳欲聋的引擎轰鸣声划破头顶，连续不断的爆炸恰似山崩地裂，原来的好奇心连同魂魄顿时烟消云散。剧烈的爆炸声响能让人心肺撕裂，人的感知会阻断、精神会崩溃，"一时无法恢复理智"。[①] 初次经历后再次遭受空袭，人们依然惊恐万分。不论事前做如何准备，惊恐的心态就是担心下一波的空袭。它会何时发生？从哪里来？重庆人很快就明白了，炸弹是不长眼睛的，就连劫后余生逃难到重庆的人们也依然无法逃避轰炸的劫难。

　　1939 年 5 月 3 日至 4 日的空袭是个转折点，重庆人的好梦被摧毁了，战争终究没能让他们幸免。虽然政府早已做好准备，人们也知道大规模轰炸的那一天总会来临。但是，如此大规模空袭轰炸还是让人们无法接受这个残酷的现实：城市主要区域大火熊熊，大批建筑物瞬间灰飞烟灭，无数的居民家园被毁，人们流离失所，大地哀鸿遍野。如前所述，这个场景促使城市防空部门加快措施，保护首都免受进一步损毁。重庆人民改变了日常生活习惯，以免被那突然降临的灾难搞得猝不及防。部分民众附和政府要求疏散到郊区，以防不测。除非要务缠身，人们都会减少外出。对于工作和有家事要办的人们，政府提请留意就近防空掩体，以备空袭警报突然拉响。

　　由于政府要求市民在拉响防空警报期间不准在街上闲逛，人们必须寻找最近的防空洞躲藏，有时一呆就是很久。防空洞就成了市民生活的一部分。如果工厂和工作场所没有防空洞设施，那里的工人通常被安排到附近的防空洞中。久而久之，有些出版社、生产工厂、政府机关把整个

279

---

　　① 林如斯（Ader Lin）当时 17 岁，是林语堂的大女儿，林语堂是一位知名的中国知识分子，于 1939 年举家迁往重庆郊区北碚。林如斯和他的两个妹妹一起写了她们在当地的三个月的生活以及经历的无数次的空袭。林如斯，林太乙，林相如. 重庆的黎明. 纽约：庄台公司，1941 年，P41。

业务部门转入地下,以保持一切正常运转。至于基层百姓,他们则可以躲到城市各处的公共防空洞里。当然,这些公共防空洞的条件并不理想,许多隧道在渝市岩石中挖掘,容易积水,地下空气循环不良;相比私人防空洞,这里设施简陋、座椅稀少,水桶替代了厕所。韩素音到重庆时第一天就在一个公共防空洞里待了六个小时,她总结为:"潮湿、昏暗、令人窒息。"①事实上,由于改进的速度较慢,有些人宁愿留在自己的家中,而不愿在公共防空洞中备受煎熬。

　　尽管面临这样和那样的困难,政府和人民在空袭不断的情况下,仍然保持日常生活运转,维持一定的正常状态。这种正常状态有部分原因可能是因为日军轰炸主要发生在晚春到初秋这段时间内,这就为重庆市政当局提供了宝贵的时间和喘息的机会,人们可以在当年余下的时间内弥补创伤、恢复生产。人们那根绷紧的弦终于可以暂时放松。不论轰炸结果多么凄惨,每次重庆人民总能够沉着应对,这点令人敬佩。一位驻在重庆的西方记者伊斯雷尔·爱泼斯坦观察到,虽然日军轰炸机给重庆人民带来了严重的灾难,但是他们总能迅速恢复过来:

　　"(1941 年)5 月 3 日的空袭后,整个城市创痍满目,满街都是破碎的电线杆、缠绕的电线,空气中弥漫着燃烧弹那有害的硫磺粉尘,地上到处是大块的砂浆和石块;衣橱已不复存在,但衣柜中破碎的衣服散落一地;无名氏的书桌抽屉丢弃一旁,空中飘散着白白的纸张和私人信件。然而,凌乱只是暂时的,清扫人员不停地忙碌着。电线重新拾起,当晚电路便重新疏通。工人们清扫碎片,店主们在各自店门前把人行道清理干净。家园毁于轰炸的人们则收集能够找到的属于他们的物品,搭建临时简易棚户,篝火沏茶,谈论着敌人是否会像往年一样继续轰炸。"②

　　这种场景并不罕见,日军的恐吓策略并没有改变重庆人民的生活。这种看似平凡的景象显示了公众对于被轰炸的态度和反应,人们坦然以对、意志坚定。最残酷的现实已不陌生,人们要活下去,准备把经历告诉后人。由于适应当前的环境,尽可能地过好自己的日常生活,人们的淡定

280

---

　　①　韩素音. 目的地:重庆. 悉尼:霍尔斯特德出版社,1942 年,P251。
　　②　伊斯雷尔·艾泼斯坦. 联合救援系列(United Relief Series). 第一卷,重庆:中国出版公司,1941 年,4。

也就不足为奇了。

最后,除了重庆的防空外,还有客观(同防空息息相关)的大环境,它也阻碍了日军达到其军事目的。诚然,日军空袭破坏甚广,但是轰炸既没有能切断战时陪都与外部世界的联系,也没能达到封锁中国补给线和交通线的目的。在整个战争期间,蒋介石本人、国民党各级要员、私人和外国访客都能够轻松出入重庆。在 1941 年之前,从重庆可以直飞香港和仰光,从那里人们可以安全飞往美国。当这些城市被日军占领之后,昆明和兰州成了飞机航线的中转站。相应的,对重庆的轰炸只是破坏了基本商品的供应链,但是重庆物品和食物供应链从来没有崩溃。其原因是中国政府对战时短缺物资进行了管理,并采取非常措施来解决棘手问题,其中包括建立配给制度和禁止发战争财。①

在政治战线上,日军试图在中国内部制造分裂,但也未取得效果。尽管日本在 1938 年 12 月成功拉拢国民党要员汪精卫,并于两年后让他领导新建伪南京政权,但是日本的高层限制汪精卫的活动空间,使其难以发挥作用来挑战重庆政府。汪精卫伪政府从来没有完全摆脱傀儡政府或是汉奸的污名,他的"和平倡议"在中国百姓心中也缺乏吸引力。汪精卫自己也没能活到战争结束。② 除了他的叛逃这件事之外,汪精卫在国民党中对蒋介石的领导无法构成严重的威胁。其实,蒋介石是容不下反对意见的,谁要是做了就会被降职。甚至蒋会派遣秘密警察恐吓或铲除持不同意见者。蒋对于反对者采取的是零容忍,很少有人敢对战争政策提出异议,更不用说动摇其政权根基了。

日军高层曾经预计,集中空中轰炸将破坏中国政权的稳定,挫败中国抗日决心,破坏国民党政府采取的防空努力。但是,通过轰炸迫使中国求和的期望很快落空了。双方都投入了大量的人力和资源以求达成各自的战争目标,双方都明白空战胜利的重要性。对于中国来说,防空需要协调不同部门、官员、民众;国外援助和技术支持是关键:一开始是苏联,后来是来自美国的支援。这些援助提高了蒋介石政府应对日军威胁的能

281

---

① 在整个战争年代,通货膨胀对国民党当局构成了严重的挑战。蒋介石在许多场合表达了他对于食品价格飞涨以及人民中产生的焦虑的关注。

② 由于健康原因,汪精卫旅居日本寻求医学治疗,他于 1944 年死于日本。

力,同时又使其得以保存自身有限的实力。至于日军方面,海军航空兵部队前进基地是武汉和宜昌,轰炸任务采用部队轮番上阵的方法,在中国战区保持有限军事资源的持续投入。

"重庆大轰炸"发生在中日战争的关键时刻,其作战范围之广、时间之久、破坏力之大,在当时是空前的。对于许多人而言,轰炸是一种崭新的、陌生的战争经历,使得每个个人和战争现实直接碰撞。在这一方面,重庆市民就像前线的士兵一样,他们亲临火线、积极参与。但是,日军的轰炸非但没能击垮人民的意志,相反,战时的国家和社会能够同甘共苦、携手抗敌。中国政府当然也看到这一点,他们运用高昂的民意,化作抗日之决心,切实采取新型城防战略,以维系在被围困状态下稳定的政治和社会秩序。从广义上来分析,重庆的经历表明,哪怕在最佳战况下,空战总有一个内在的逻辑:它是个不断演变的作战形式,既受到国内外形势的影响,也受到内部和外部因素的约束。由于这个演变过程,空战是没有胜负结局的。双方采取的对策只能对战争后期的空战产生重大影响。换句话说,如果要探究经验教训的话,那就是:单靠空军的战略投入是不足以达到预期军事目的的。我们不得不考虑许多其他的变数,比如政治、社会、心理、科技等各个因素,只有这样才能理解为何重庆轰炸乃至中日战争会是这么个演变过程。重庆大轰炸给我们提供了一个非常有价值的案例,让我们看清了全面战争所面对的挑战、危机和困境。这也让我们认清了要取得全面胜利,大规模空中轰炸作战的实际作用是非常有限的。

282

第十一章
中国为抗日寻求外国军事援助与合作的经历

作者：章百家

前　言

中国为抵御日本侵略进行备战可以追溯到 20 世纪 30 年代初期，从那时起至 1945 年第二次世界大战结束，德国、苏联和美国先后是向中国提供军事援助并进行合作的主要国家。本文主要从中国的角度来考察这段历史，并着重探讨两方面问题：第一，中国与上述三国进行合作的背景及国民政府在寻求外国援助时主要的军事、外交和内政考虑；第二，这三个国家向中国提供军事援助的过程、规模及其在中国抗战中的作用。在本文的结论部分将对中德、中苏、中美三种不同合作模式进行比较。

德国顾问与德国军火输华

1937 年夏季抗日战争爆发时，南京国民政府指挥的中央军是由德国军事顾问训练的，其中最精锐的"示范军"装备的是清一色的德式武器，中国主要的兵工企业依靠德国设备进行生产，甚至连中国的防御计划也是由德国军事顾问制订的。开战后的第一场重大战役"8·13 淞沪抗战"有大约 70 名德国军事顾问参与指挥，以致一些西方人和日本人将这一仗直呼为"德国战争"（The German War）。[1] 考虑到纳粹德国与日本的关系，

---

[1]　傅宝真. 在华德国军事顾问史传. 载：（台）传记文学. 第二十三卷，第三期，P9。

这一幕似乎是奇特的；然而，这奇特的一幕自有其历史的缘由。

中德之间的交往始于清王朝末年。那时，德国是侵略中国的西方列强之一，中德关系的基础是不平等条约体系。在中德关系的早期发展中，德国便是向中国输出兵工技术、制造设备、舰船和军火的主要国家。德国占据着中国军火市场一半以上的份额。第一次世界大战使中德关系发生了重大变化。一战之后，德国丧失了在中国的一切特权，但历史却为战败者提供了另一种机会。1920 年代中期，中德关系不仅得到恢复，而且暴露出诱人的前景。在一些中国人眼中，德国是唯一的一个可以在平等基础上与之交往的先进工业国；而在一些德国人眼中，中国恰好是重振德国经济所需要的一个可以进行互利贸易的伙伴。一时间，无论是中国北方的北洋政府，还是南方的革命政府，以及一些地方实力派军阀，都迫切地希望同德国开展经济军事合作。只是由于中国政局过于混乱，德国魏玛政府迟迟不知究竟把赌注压在哪一方才好。值得注意的是，虽然这一时期中德关系尚缺乏巩固的基础，德国军备的发展也受到《凡尔赛和约》的约束，但两国间传统的军火贸易已迅速恢复起来，德国重新占据了军火输华排行榜的首位。[①]（英文版删去了本节）

1927 年 4 月，蒋介石在南京建立了国民政府。这为中德之间开展军事和经济合作提供了新的机会。早在一年以前，当蒋密谋反苏反共政策时，他就委托广州中山大学教授、曾留学德国的朱家骅物色适当的德国人选，以便日后与苏联决裂之时让德国人取代苏联军事顾问。[②] 蒋之所以青睐于德国人，直接原因是他认为德国军队训练有素、武器精良，可作为改造中国军队的借鉴；更深层的原因是他对德国人的好感与钦佩。青年时代，蒋即认为中国应向德国学习，主张把俾斯麦的"铁血政策"作为指导中国实现统一的原则；[③]德国会支持其反共、帮助建立一个中央集权统

<hr>

①　据台湾学者陈存恭统计，1911～1913 年 3 年合计，来自德国军火占中国输入军火总值的 60.8%。第一次世界大战期间中德军火贸易中断，战后又逐步恢复。1924～1928 年 5 年合计，德国重新居于首位，占中国输入军火总值的 41.87%。参见：陈存恭. 民初陆军军火之输入. 载于：(台)中央研究院近代史研究所集刊.第六期，1977 年 6 月，表 14.

②　威廉·科比(Walliam Kirby).德国和中华民国.美国斯坦福大学出版社，1984 年，P.41，转引自：马振犊、戚高如. 友乎? 敌乎? ——德国与中国抗战. 广西师范大学出版社，1997，P100。

③　〔美〕柯伟林.蒋介石政府与纳粹德国.(中译本)，中国青年出版社，1994，P58。

治;同其他列强不同,德国不会干预中国内政问题。后来,他甚至提出了一个口号:"德国民族的伟大精神乃是我们未来的榜样。"①现实的需要加之由来已久的精神崇拜,使蒋介石坚定了联德的决心。1927 年底,蒋在上海与朱家骅推荐的德军退役上校鲍尔(Max Bauer)会面。两人进行了为时一周的长谈。鲍尔就中国的军队建设和经济复兴提出不少建议,得到了蒋的赏识。②

　　1928 年,组织德国顾问团的计划付之实行。3 月,南京政府派出以陈仪为首的代表团由鲍尔陪同赴德考察。代表团有两项任务,一是吸引德国大企业和财团加入中国的复兴工作,二是聘请德国顾问,尤其是军事顾问来华服务。这个代表团在德国进行了广泛的活动,并同克虏伯、西门子等大公司签订了包括军火在内的价值 100 万马克的意向性合作及贸易合同,这是南京政府第一次从德国订购大批军火。③ 当年 11 月,一个德国顾问团终于组成并启程赴华。值得注意的是,来华服务的德国人均以私人身份直接受聘于蒋介石,顾问团并没有得到德国政府和军方的承认。按照《凡尔赛和约》有关规定,任何德国公民即使以私人身份充当别国军事顾问都是非法的,因此德国政府在这个问题上异常小心谨慎。但不管怎么说,南京政府与德国方面的军事经济合作由此开始。(英文版删去了本节)

　　1928 年～1938 年期间,中日关系日趋紧张。德国顾问团在重建中国军队和国防工程上功不可没。鲍尔理所当然地成为在华德国顾问团的第一任团长(任期为 1928 年 11 月～1929 年 5 月),但其任职仅半年时间。在军事方面,他除提交了一些建议、初步组建起一支"教导队"外,主要任务是协助蒋介石打内战。1929 年 5 月,鲍尔因在内战前线染上天花去世。④

　　从 1930 年 5 月至 1934 年 5 月,佛采尔将军(Georg Wetzell)受聘任

① 马振犊、戚高如. 友乎? 敌乎? ——德国与中国抗战. P18。
② 吴景平. 从胶澳被占到科尔访华——中德关系 1861～1992. 福建人民出版社,1993,P130。
③ 〔美〕柯伟林. 蒋介石政府与纳粹德国. (中译本),P65。
④ 历任德国军事顾问在华工作的情况可参见:马振犊、戚高如. 友乎? 敌乎? ——德国与中国抗战. 第三章。

德顾问团团长。在华 4 年期间,佛采尔除协助蒋介石进行内战和围剿红军之外,也参与了中国军队两次对日作战的军事部署与指挥工作,一次是 1932 年初上海的"一·二八淞沪抗战",另一次是 1933 年初热河的"长城抗战"。在中日关系日趋紧张的情况下,佛采尔采取了不少措施来提高中国军队的战斗力。他有计划地将鲍尔创建的"教导队"逐步扩充为 3 个"示范师",并组建了 10 个炮兵营,使蒋统帅的中央军有了一支德式训练和装备的精锐部队。他亲自兼任中央军校总教官,改进了中国军事教育体制,提高了教学和训练水平。他还提出了一套改革中国军事体系的方案,促使国民政府组建工兵、汽车、高射炮、海岸要塞、电信、炮兵航空观测机队等专业化部队。[①] 佛采尔任内,在华德国顾问团的活动开始得到官方的重视和支持。

继佛采尔之后来华出任总顾问的是汉斯·冯·塞克特(Hans von Seeckt)将军(任期为 1934 年 5 月~1935 年 3 月)。他是德国国防军元老,享有"国防军之父"的美誉。蒋介石对塞克特倍加推崇和信赖,认为在中国"主持建军"所需要的正是"这样一个胜任的人"。[②] 1934 年 5 月塞克特来华任职时,蒋给了他一个十分特殊的头衔——"委员长委托人、总顾问",并委以极大的权力,甚至规定当他本人不在时塞克特具有代表他发布命令的全权。[③] 在短暂的 10 个月的任期内,塞克特集中精力于加强中国的国防能力。他为中方制订了详细的后勤供应表和一个发展军火工业的计划,将中国国防现代化与德国在远东的经济利益紧密联系在一起。在德国顾问及德国企业的帮助下,中国陆续在太原、济南、昆明、重庆、南宁及广东等地建立了新的兵工厂,并对汉阳、巩县等旧兵工厂进行了改造。应蒋介石的要求,塞克特还设计了从上海到南京间的江南国防工事,这条被称为"东方的兴登堡防线"是中国抗日国防的一项重要工程。

---

① 第二历史档案馆编. 中德外交密档 1927~1947. 广西师范大学出版社,1994,P136~151。

② 周亚卫. 蒋介石对德国顾问的幻想. 转引自:文史资料选辑. 第 19 辑,中华书局,1961,P191。

③ 马振犊、戚如高. 友乎? 敌乎? ——德国与中国抗战. P153。

1935 年 3 月,塞克特因健康原因离华。他的助手法肯豪森(Alexander von Falkenhausen)将军接替他的职务,成为最后一任驻华军事顾问团团长(任期为 1935 年 3 月～1938 年 5 月。法肯豪森的背景有两点特殊之处:一是他曾于 1912 年出任德国驻日本武官,对日本的军队及军事战略作过深入研究;二是他在政治上具有反纳粹倾向。这个背景使他很容易得到中方的信任,事实上他也一直采取积极支持中国抗战的态度。上任不久,法肯豪森就向蒋介石提交了一份《关于应付时局对策之建议》。[①] 在这份建议中,他坦诚日本是对中国最严重、最直接的威胁,中国的应对方针及准备宜立足于日方军人得势。在分析了日军的进攻方向和战略部署之后,他指出,在目前的国际形势下,列强没有联合或单独干涉的可能,中国必须倾全力自卫)(括号内的文字,英文版删去了)。他主张,当中国军事力量尚不足以进行现代化战争时,可考虑"用持久战抗敌",同时应将四川省作为抗日的"最后防地"。在整军备战方面,法肯豪森继续其前任确定的三项主要工作:训练一支精锐的机动部队、加强长江一线的布防和加快中国国防工业建设。

中国一共吸纳了 132 位德国军人来华服务,1933 年人数高达 79 人,为历史最高。以后德国顾问人员逐年减少。1937 年中日战争正式爆发之际,在华顾问只有 39 人。除了军事顾问外,大批德国工程技术人员也在中国服务。(英文版删去了本节)

在德国军事顾问的领导和帮助下,国民党政府中央军在日中开战前,已从一个只能勉强内战的队伍发展成为一个具有国防能力的真正军队。随着德国顾问在华工作的展开,南京国民政府从德国购买军火物资、引进军工设备的规模也不断扩大。这个过程以 1934 年为界,大致分为两个阶段。前一阶段,双方的交易基本采取"一手交钱,一手交货"的方式。南京政府购买的军火以枪械等轻武器和弹药为主,多用于内战,只是为装备德式"示范军"订购了少量重型武器。由于中方外汇储备有限,军火贸易的规模受到相当限制。后一阶段,双方改为实行易货贸易,这使中国得以向德国订购大批军火,以弥补国内兵工生产的严重不足。

---

① 中国第二历史档案馆编.中德外交密档 1927～1947.P171～179。

1934 年 5 月,蒋介石秘密向德方表示,中国今后只购买德国军火,并委托刚来华任总顾问的塞克特会同军政部兵工署署长俞大维研究采购军火事宜。[①] 当年 8 月,国民政府财政部部长孔祥熙与塞克特的好友、德国商人汉斯·克兰(Hans Klein)秘密签订《中国农矿原料与德国工业品互换实施合同》(简称《中德易货合同》)。[②] 根据该合同条款,中国可先行向德国订购军火物资及军工设备,然后再以农矿产品偿还。这种易货贸易的互利性质十分明显。当中国需要借助德国加强国防的时候,德国也迫切需要中国出产的各类战略原料,其中最重要、最有吸引力的是钨和锑,尤其是钨。由于有了这个合同,中方采购额迅速扩大。至 1935 年底,南京政府在德国订购的军火物资总价值已超过一亿马克。[③] 从订货的种类来看,防空炮、野战炮、坦克车等数量明显增加,这些武器显然为对日作战所需。同时,为启动塞克特提出的发展中国国防工业的计划和满足对德出口矿产品的需要,中国也增加了工业设备的进口。

1936 年 4 月,中德两国政府签订了《中德信用借款合同》。这个合同实际是将先前南京政府与克兰签订的合同升级为两国政府间的合同,同时由德国政府向中国南京政府提供一亿马克的货物信用借款。[④] 对国民政府来说,政府间的新合同无疑比同私人签订的老合同更有利,特别是从加强国防的角度来看;但对德政府来说,这只是一笔生意而不牵涉政治立场。当时,纳粹德国正在加速重整军备,其陆军需要在中国检验其新式武器,国防经济部门需要获取并贮藏中国的战略矿产原料,工业巨头及军火商人需要向中国推销其产品并扩大销售,这几方面形成了推进对华贸易的主要力量,并促使纳粹政府从后台走到前台。

1937 年 6 月,国民政府派遣行政院副院长孔祥熙及海军部长陈绍宽赴德洽商军火货物交换及聘用德国军事技术人员等事项,德国政府再次肯定了易货贸易的原则,并表示愿调遣军事和技术人员来华服务。[⑤] 这

---

① 马振犊,戚高如.友乎? 敌乎? ——德国与中国抗战.P184。
② 中国第二历史档案馆编.中德外交密档 1927～1947.P324～326。
③ 中国第二历史档案馆编.中德外交密档 1927～1947.P234。
④ 中国第二历史档案馆编.中德外交密档 1927～1947.P329～330。
⑤ 秦孝仪主编.中华民国重要史料初编——对日抗战时期,第三编,战时外交.(以下简称:战时外交.)(二),台北,中国国民党中央委员会党史委员会编印,1981,P669。

次访问的结果表明,在中日战争爆发前夕,中德之间仍保持着友好关系。

　　1936 年和 1937 年是中方购买德国军火的高潮。中国从德国订购的海陆空军装备及军火物资种类繁多,大到飞机潜艇,小到手枪子弹,几乎无所不包。要弄清这一时期中德军火交易的细目和确切数额十分困难。一方面,由于战争的需要,中方的订单不断变更,例如潜艇订货最后就全部取消;另一方面,由于后来两国关系的变化,德方也没有完全履行合同。不过,现存档案还是披露了一些基本情况。1938 年 8 月,中德双方对负责两国易货贸易的"合步楼"公司(该公司德文名称为 Haudelsgesellschaft fur Jndustrielle produkte,简称 HAPRO)的账目进行清理,有关报告说明:自 1934 年 8 月中德易货合同实施后,中方对德订货(包括军火和军工设备)总值为 3.89 亿马克,已实施的长期订单为 1.4 亿马克,由德国运抵中国的军火截至 1937 年 10 月止为 5 000 万马克。[①] 在随后的 11 月,应中方紧急订货,德方又从其国防军装备中抽调了 5 300 万马克军火启运来华。12 月,德方又启运了两批包括十几架俯冲轰炸机共值 4 400 万马克的军火来华。[②] 如此看来,在中国抗日战争的最初阶段,至少有 1.44 亿马克(按当时汇率约合 5 816 万美元)的德国军火物资运抵中国,这对加强中国军队的作战能力无疑起到很大作用。

　　中日战争爆发后,德国军事顾问们是忠于职守的,但德国顾问团经十年努力取得的成果其大部分却在几个月之内就丧失了。1937 年 7 月 5日,即卢沟桥事件发生前两天,法肯豪森似乎已预感到战争即将来临。他以总顾问的名义向中方发出一份建议,要求立即将整训完毕的国防军开赴华北各国防战略要地,以备不时之需。[③] 卢沟桥事件发生后,法肯豪森先是受蒋介石委派赴华北前线同中方指挥官会商抗日作战方案,随后又不顾德国政府禁令赶赴上海参与指挥围歼当地日本驻军的战役。8 月 13日,国民政府在上海发起一场"先发制人"的打击,担任主攻任务的第八十七、八十八师正是德国顾问一手调教的精锐部队。在法肯豪森看来,这正

　　① 中德双方清理易货贸易总账合步楼公司报告. 1938 年 8 月,中国第二历史档案馆馆藏档案,二八(2)2101. 转引自:马振犊、戚高如. 友乎? 敌乎? ——德国与中国抗战. P316～317。
　　② 马振犊、戚高如. 友乎? 敌乎? ——德国与中国抗战. P317,312。
　　③ 中国第二历史档案馆编. 中德外交密档 1927～1947. P187～192。

是检验德国顾问整军成果的难得机会。淞沪抗战持续了3个月之久,经德式训练的中国军队在日军攻击下显示了较强的战斗力。但是,11月初,当日军增援部队在杭州湾登陆之后战局急转直下,上海防御战遭到惨败。在中国军队溃退的过程中,耗资100余万元修建的"东方兴登堡防线"未发挥任何抵抗作用就被抛弃了。12月13日,日军占领了中国的首都南京。据估计,从淞沪抗战至南京失守,30万中央军大约损失了10万～18万人。精锐的新编师蒙受的损失最大,失去了一万名低级军官,从此基本丧失了独立作战的能力。[①] 南京失守后,德国顾问团大多数成员随国民政府迁至武汉,此后他们实际上已没有多少工作可做。

中日战争迅速升级并趋于旷日持久意味着德国顾问团在华使命的终结。虽然在战争初起时德国宣布中立,并向中方表示德日《反共产国际协定》同中日冲突没有任何关系;但随着战争的扩大德国的中立实际已难以维持,中德之间的矛盾日益显露。例如,德国对中苏关系的改善深感不安,并公开向中方表示不满;在中德贸易中,德方转而要求中方以外汇现款支付欠缺数额,甚至以停止向中国提供军事物资施压。只是由于中德双方有关人士的努力,两国关系才没有立即出现大的倒退,对华军火供应又持续了一段时间。1937年10月下旬至1938年1月中旬,德国政府通过驻华大使陶德曼(Oskar Trautmann)调停中日冲突。这次调停失败后,德国政府接连采取了一系列迎合日本的措施,中德关系急转直下。1938年2月,希特勒宣布德国将正式承认"满洲国"。3月,德国单方面决定中止已实施多年的中国军事学员赴德训练的合作项目。4月,戈林下令禁止对华输出军火,德国外交部向中方交涉召回全部在华军事顾问。6月下旬,为迫使顾问们尽快离华,德方发出极其严厉的训令,凡不遵从者"即认为公然叛国,国内当即予以取消国籍及没收财产处分"。[②] 随后,德方以中国未能如期允准全体德国顾问离华先行召回驻华大使陶德曼,此后再未派出驻华大使。7月5日,以法肯豪森为首的德国军事顾问团离华返德。

---

① 〔美〕柯伟林.蒋介石政府与纳粹德国.(中译本),P265.
② 秦孝仪主编.战时外交.(二),P687.

自 1938 年起,国民政府为挽回中德关系所作的外交努力几乎无一奏效,但军火输华的渠道一时还没有完全关闭。当年 7 月,经过中方有关人员和德国厂商的多次游说,德国政府最后默许将禁运前中方订购而应于 7 月交货的军火转交芬兰公司启运。[①] 此后,仍有少量德国军火辗转运往中国。在维持了几年冷淡的关系之后,1941 年 7 月 1 日,德国正式承认南京汪精卫政权,重庆国民政府终于宣布与之断交。

苏联对中国的军事援助

1938 年 6 月,在德国军事顾问即将从中国撤出的时候,27 名苏联军事顾问和专家抵达中国。苏联顾问在 1927 年遭到蒋介石的驱逐,11 年之后,他们重返故地,不过他们的使命已不再是支持中国革命,而是帮助中国抵御日本的侵略和扩张。苏联军事顾问第一次来华服务是在中国大革命时期。(那时,苏联同中国的关系是相当奇特的。1923 年~1924 年期间,苏联在援助孙中山领导的南方革命政权的同时,又与北京政府建立了外交关系。1927 年,苏联对华关系遭到双重挫折。4 月,蒋介石在北伐中途公开实行反苏反共政策,致使苏联与即将取得全国政权的国民党之间的关系破裂了。几乎与此同时,奉系军阀张作霖在北京强行搜查苏联驻华大使馆,引起苏联政府的严重抗议并撤回了驻华代表。不过,苏联当时并未宣布与中国断交。直至 1929 年 7 月,中苏两国因中东铁路发生冲突,双方关系才完全断绝。)(括号内文字,英文版删去了。)1931 年"9·18事变"之后,日本占领中国东北,同时也威胁到苏联远东地区的安全。共同的敌人促使中苏两国重新接近,1932 年 12 月 12 日,两国恢复了中断几年的外交关系。(但是,双方的矛盾和互不信任依然存在,这就使得中苏关系的调整举步维艰。一个关键性的问题是两国是否需要签订一个互不侵犯条约。事实上,在同苏联秘密商谈复交问题时,南京政府出于内政方面的考虑,特别是"剿共"的需要,就提出要首先签订一个互不侵犯条约,然后再复交。这一违反常理的要求遭到苏联断然拒绝。此后,南京政

---

① 秦孝仪主编. 战时外交.(二),P709、710。

府才被迫同意无条件复交。)(括号内文字,英文版删去了。)1933 年 5 月,
中苏两国开始就签订互不侵犯条约问题进行磋商,但不久便因苏联向日
本出售中东铁路等问题而搁置,南京政府认为在这种情况下签订互不侵
犯条约并没有意义。1935 年后,面对日本向华北的不断扩张,南京政府
不得不再次调整对苏政策,实行"联苏御日"的方针。为此,蒋介石陆续派
人向苏方试探,希望两国越过互不侵犯条约,直接签订互助条约。但是,
苏联政府坚持签订互不侵犯条约,并表示愿意在签订这一条约之后向中
国提供军事援助。(斯大林担心,签订互助条约很可能把苏联拖入对日战
争,而南京政府正想将抗日重担转嫁到苏联身上。[1])(括号内文字,英文
版删去了。)

　　抗日战争全面爆发之后,国民政府别无选择,中苏两国终于在 1937
年 8 月 21 日签署了《中苏互不侵犯条约》。尽管蒋介石一再表示,他反对
将中苏互不侵犯条约与苏联军事援助挂钩,但事实上,正是这个条约奠定
了苏联援华抗日的政治基础。《中苏互不侵犯条约》签订后,苏联立即采
取积极行动援助中国。斯大林的战略目标十分明确,即通过中国的有效
抵抗来拖住日本,使其无力侵犯苏联远东地区。

　　在《中苏互不侵犯条约》签订前夕,国民政府就向苏联发出了援助请
求。8 月 14 日,即在上海的战斗打响的第二天,国民党中央执行委员张
冲以蒋介石的名义向苏联驻华全权代表鲍格莫洛夫(D. B. Bogomolov)
提交了一份军火供应合同草案,国民政府要求苏联提供 350 架飞机,200
辆坦克与 236 门大炮,并要求苏联向中国派遣飞行员、航空技师、炮手与
坦克手以训练中国人。[2]《中苏互不侵犯条约》签订后,国民政府立即派
出以军事委员会参谋次长杨杰率领的中国军事代表团(对外称"考察苏联
实业团")赴苏寻求援助。代表团出发前夕,蒋介石亲自召见谈话,给他布
置的任务是:促进苏联参战,也即是促成中苏互助协定,最低希望为"俾

289

---

　　① 参见:李嘉谷.九一八事变后中苏关系的调整.载于:抗日战争研究.杂志,1992 年第二
期;田保国.民国时期中苏关系.第三章"中苏复交和谈判",济南出版社,1999。
　　② 苏联对外政策文件集.第二十卷,P743 注 167.转引自:李嘉谷.合作与冲突,1931～
1945 年的中苏关系.桂林,广西师范大学出版社,1996,P82。

苏方源源接济我军用品"。①

对于中方援助军火的要求,苏联迅速作出了反应。中国代表团于 9 月 8 日抵达莫斯科,受到苏方十分隆重的接待。据杨杰日记所载:苏方"对于所需各物,尽量一次给与,且开价极低,一切愿望中国胜利之热诚处处表现"。苏联向中国提供的第一批飞机和军火物资在 1937 年 10 月至 1938 年 2 月之间陆续运到中国。主要有军用飞机 297 架、各式火炮 290 门、坦克 82 辆、汽车 400 辆及各类零配件和大量枪支弹药,总值为 48 557 436 美元。② 仅此第一批,苏联提供的飞机、火炮、坦克等重型武器就超过了德国,其中一些是苏联所能提供的最好装备。

中国抗战期间,苏联援华军火的绝大部分是利用苏联对华信用借款支付的。苏联对华信用借款共有三笔。第一笔对华信用借款为 5 000 万美元,于 1938 年 3 月 1 日在莫斯科商定。有关条约规定,信用借款用于向苏联购买军工业产品与工业设备,实际是购买中国在战争中急需的飞机、大炮等军用物资。由于在此之前,苏联已向中国提供了金额大体相当的一大批军火,所以条约规定借款自 1937 年 10 月 31 日算起,利息为年利 3%,自 1938 年 10 月 31 日起,分 5 年偿还,每年偿还 1 000 万美金。条约还规定,信用借款与利息,中国以苏联所需之物品与原料偿还,主要是茶叶、桐油、药材、皮革、羊毛、丝、棉花、锑、锡、锌、镍、钨、紫铜等。苏联第二笔对华信用借款仍为 5 000 万美元,于同年 7 月 1 日在莫斯科商定,条约规定中方从 1940 年 7 月 1 日起 5 年内偿还。③ 苏联最后一笔对华信用借款为 1.5 亿美元,是 1939 年 6 月 13 日在莫斯科签订的,条约规定中方自 1942 年 7 月 1 日起 10 年内偿还。后两次信用借款的使用、利息和偿付办法与第一次基本相同。

以上三笔苏联对华信用借款总计为 2.5 亿美元,中方前后共分 9 次动用。其中,第一、二笔借款总计 1 亿美元,分 5 批动用,至 1939 年 9 月 1 日全部用完。第三笔信用借款,自 1939 年 9 月 1 日至 1942 年间,动用 4

---

① 杨杰日记. 转引自: 李嘉谷. 合作与冲突, 1931~1945 年的中苏关系. P82。
② 秦孝仪主编. 战时外交(二), P486~491。
③ 前两次信用借款商定时都未签字,原因是中方代表杨杰迟迟没有收到签约的全权证书。直到 1938 年 8 月 11 日,这两笔信用借款才正式签订。

批,总计略超过一半。苏德战争爆发后不久,苏联对华第三笔信用借款的使用便告停止。这样,中国实际使用的苏联信用借款约为 1. 73 亿美元。①

苏联不仅向中国提供了优惠的信用借款,还以大大低于当时国际市场的价格向中国提供武器军火。据顾维钧回忆录记载,立法院院长孙科1939 年第二次访问苏联归来后说,他从莫斯科得到了一笔新的 1.6 亿卢布的贷款,按国际价格,这相当于 4 亿卢布,因为苏联给中国订货所定的价格特别便宜。例如,每架飞机的价格折算成美金仅 3 万元,装备每一个中国师的费用仅合中国货币 150 万元。这些条件都是由斯大林元帅和蒋介石委员长互通电报商妥的。② 据统计,截至 1941 年 6 月苏德战争爆发时止,中国利用苏联信用借款所购买的飞机及主要军火物资为:各类飞机 904 架,其中轻重轰炸机 318 架,坦克 82 辆,汽车 1 526 辆,牵引车 24辆,各类大炮 1 190 门,轻重机关枪 9 720 挺,步枪 5 万支,步枪子弹16 700 多万发,机枪子弹 1 700 多万发,炸弹 31 100 颗,炮弹 187 万多发,以及飞机发动机及全套备用零件,汽油等军火物资。③

向中国派遣空军志愿人员是苏联援华抗日的一个重要行动。1937年抗日战争爆发时,中国空军约有作战飞机 300 架。当年 8 月中旬"淞沪抗战"开始后,明显处于劣势的中国空军进行了殊死战斗,至 11 月底中国空军仅存作战飞机 30 架左右,完全丧失了作战能力。在国民政府发出紧急求援后,苏联政府迅速从苏联空军中调拨出飞机交中国使用。第一批飞机于 10 月 22 日飞抵中国,随同来华的苏联空军志愿队是一个歼击机大队和一个轰炸机大队,共计 254 人。④ 苏联空军志愿人员来华后立即

　　① 李嘉谷.合作与冲突,1931～1945 年的中苏关系.P78～81。过去中国和苏联史学界关于抗日战争时期苏联对华信用借款的实际数额有多种说法,中国学者李嘉谷利用中国第二历史档案馆藏国民政府行政院档案进行研究,基本澄清了这一问题。

　　② 顾维钧回忆录.第三分卷,中华书局,1985,P136。

　　③ 李嘉谷.合作与冲突,1931～1945 年的中苏关系.P85～99 页。关于苏联援华军火武器数量,中国和俄国学者利用各自掌握的史料进行统计,得出的结果不尽相同。本文所使用的李嘉谷的统计,主要依据 1941 年 3 月 4 日"国民政府行政院对外易货委员会关于动用苏联贷款向苏购买军火武器的账略",个别缺失部分利用俄文资料补足。

　　④ 在中国土地上:苏联志愿兵的回忆 1925～1945.莫斯科科学出版社,1974 年,P194～195。转引自:李嘉谷.合作与冲突,1931～1945 年的中苏关系.P141～142。

担负起两项任务：一是直接参加对日空战和轰炸，二是培训中国飞行员和航空技师，重建中国空军。12月初，在南京保卫战关键时刻，苏联空军志愿队投入战斗。在最初几天的战斗里，苏联空军志愿队就击落日军10余架轰炸机，并在上海港击沉了日军一艘巡洋舰及2艘运输船，首战告捷。此后，苏联空军志愿队在上海、南京、武汉、兰州、西安、重庆、成都等地多次执行空中作战任务并奇袭台北，给日本空军、海军及地面部队以重大打击。从1937年秋季至1939年夏季，先后来华的苏联空军志愿人员（包括航空技师）有700多人，他们当中有200多人为中国人民的自由独立献出了生命。与此同时，苏联教官还为中国培训了1 000多名飞行员和8 000多名航空技术人员。[①] 据国民政府当时的统计，从1937年8月至1941年，苏联空军志愿队与中国空军共击落击毁日机1 049架。[②] 另据台湾学者统计，苏联空军志愿队共参加过25次战役，击落日机100余架，炸沉日军舰船70余艘。[③] 1939年夏季，欧洲形势日趋紧张，苏联空军志愿人员分批回国。此后，只留下少数苏联空军顾问和教官在兰州、伊宁等地继续从事对中国空军人员的培训工作。

随着苏联援华规模的不断扩大，1938年6月，应国民政府的请求，苏联又向中国派遣了高级别的军事顾问。这一请求是蒋介石经驻苏大使杨杰直接向斯大林提出的。[④] 苏联方面很快作出反应，当月即派遣27名顾问来华。抗战期间，苏联派往中国的军事总顾问前后共四任，最初由1937年11月来华的苏联使馆武官德拉特文（M. H. Dkatwin）兼任，此后担任这一职务的是切列潘诺夫（A. H. Cherepanov）（1938年8月至1939年8月）、卡恰诺夫（K. M. Kachanov）（1939年9月至1941年2月）、崔可夫（B. H. Chyikov）（1941年2月至1942年2月）。苏联军事总顾问隶属于最高统帅部，在总顾问之下建立了覆盖国民政府军队各战

① 李嘉谷. 合作与冲突，1931～1945年的中苏关系. P149～150。

② 苏联空军志愿队与中国空军击落击毁敌机总计一览表（1937.8～1941）. 中国第二历史档案馆藏国民政府军事机关档案. 转引自：王真. 动荡中的同盟——抗战时期的中苏关系. 广西师范大学出版社，1993，P124。

③ 抗战胜利四十周年论文集（上）. 台北：黎明文化事业公司，1986，P289。

④ 秦孝仪主编. 战时外交.（二），P341。

区,各兵种的顾问机构。[①] 派遣来华的军事顾问都是苏军中比较优秀的军官,具有较高的军事理论素养和较丰富的作战经验。

苏联军事顾问的工作主要是两大项,训练国民政府军队和参与重大战役作战计划的制订和实施。由于战争初期中国军队损失惨重,训练、补充低级军官和各兵种技术骨干就成为当务之急。苏联顾问根据实战需要,采取分层次、分兵种的训练方法,力争在短期内提高中国军队的素质。在空军、炮兵与坦克兵等技术兵种中,苏联顾问和教育的作用更是不可替代的。根据苏方史料,至 1939 年 10 月在华军事顾问已达 80 人,至 1941年初更增加到 140 人。1937~1942 年间,先后来华工作的苏联军事顾问有 300 多人,而苏联军事顾问、专家、技术人员加上志愿飞行员等,总数大约有 5 000 人。经由苏联顾问和教官培训的中国军校学员大约有 9万人。[②]

1938~1941 年间,苏联军事顾问参与了中国正面战场几次重大战役作战方案的制订,但苏联顾问的建议很少被国民政府军事当局完全接受。在 1938 年夏秋举行的武汉战役中,刚刚来华的总顾问切列潘诺夫发现中国军队采用的是落后的被动防御,于是向蒋介石提出了一个积极的防御计划。可惜这个计划只是在消极防御失利后才被部分采纳,未能起到多少作用。[③] 1941 年夏秋,中国军队发动了反攻宜昌的作战。在发动反击之前,苏联总顾问崔可夫用了三个星期时间深入前线作实地考察,最后与第六战区司令长官陈诚商定了作战计划并报蒋介石批准。然而,在战役进行的关键时刻,蒋介石却下令停止进攻,结果前功尽弃,宜昌得而复失。[④] 唯一的例外是紧接反攻宜昌展开的第二次长沙会战。这一次中国军事当局完全接受了苏联顾问制订的作战方案,使日军遭到重创,被迫北撤,暂时放弃了南进的企图。

292

---

①　王真. 动荡中的同盟——抗战时期的中苏关系. P109。

②　参见:李嘉谷. 合作与冲突,1931~1945 年的中苏关系. P131~132;王真. 动荡中的同盟——抗战时期的中苏关系. P112~113。

③　参见:王真. 动荡中的同盟——抗战时期的中苏关系. P114~115;李嘉谷. 合作与冲突,1931~1945 年的中苏关系. P133~134。

④　【苏】瓦·伊·崔可夫. 在华使命,一个军事顾问的笔记.(中译本),新华出版社,1980,P126~132,136~138。

　　总的来看,苏联军事顾问同国民政府军事当局之间保持着比较良好的关系,尽管蒋介石从未像信任德国人那样信任苏联人。由于有比较丰富的在华工作经验,苏联顾问十分注意工作方法,一个十分典型的例子是第二次长沙会战。在制订作战计划时,苏联顾问深知蒋介石和他的将领缺乏进攻勇气,但并不当面指责,而是耐心说服,争取他们的支持,长沙会战告捷后,苏联顾问立即退到幕后,"仿佛不存在一样",当蒋介石兴致勃勃地邀请所有在华军事使团团长同他一起乘专机飞往长沙视察战场时,崔可夫以身体不适为由谢绝了蒋的邀请,并命令所有的苏联顾问不得参加这次"检阅",为的是让蒋介石及其将领独享全部胜利的荣誉。[①] 正如一位在华苏联顾问所说:"经验表明,顾问在某种程度上应是外交家。"[②]

　　苏联在援华过程中谨慎地避免触及中国内政中的敏感问题,最重要的一点是坚持将全部援助都给以蒋介石为首的国民政府。据说,援华初期,苏联曾考虑赠予中共领导的八路军一些武器。无论有无此事,蒋介石对此极其敏感。他曾几次致电在莫斯科的杨杰和孙科,要求他们对任何"以俄货直接由俄接济共党之说",必须"严词拒绝,切勿赞同"。[③] 对这个问题,斯大林的态度也十分现实。在崔可夫来华前夕,斯大林曾直截了当地对他说:照理,中国共产党要比蒋介石对我们来说更亲近些,主要援助应该给予他们。但是,这种援助看起来是向一个与我们保持外交关系的国家输出革命。中国共产党在国内的地位还不巩固。蒋介石则有美国和英国的援助。毛泽东是永远得不到这些大国的支持的。由于有苏联的援助加上英美盟国的援助,蒋介石即使不能打退日本的侵略,也能长期拖住它。[④]

　　斯大林的战略是让中国拖住日本以避免日苏战争,而蒋介石对苏政策的最高目标是苏联参战。为此,国民政府做出了持续不断的努力。蒋介石本人也曾两次急迫地请求苏联出兵。第一次是在 1937 年 10 月至 11

---

① 【苏】瓦·伊·崔可夫. 在华使命,一个军事顾问的笔记. (中译本),P129～132,139～146。

② 王真. 动荡中的同盟——抗战时期的中苏关系. P111。

③ 秦孝仪主编. 战时外交. (二),P505～506,P427～428。

④ 【苏】瓦·伊·崔可夫. 在华使命,一个军事顾问的笔记. (中译本),P35。

月间。当时,上海的战事正处在僵持之中,而九国公约组织即将在布鲁塞尔召开会议讨论中日冲突。10 月 22 日,蒋介石致电驻苏大使蒋廷黻询问苏联的参会方针,他十分关心的问题是"如会议失败,我国用军事抵抗到底,苏俄是否有参战之决心,与其时间"。① 11 月 11 日,斯大林接见杨杰、张冲,就中方请求苏联参战问题作出郑重答复:"苏联希望日本削弱,但目前苏联尚未到与日开战时机。"② 两周以后,蒋介石又亲自致电斯大林,呼吁苏联"在当前关键时刻"出兵,"给中国以生存的帮助","挽救东亚危局"。③ 自然,这一呼吁毫无作用。第二次是在 1938 年夏秋之交。当年 7 月,苏日军队在中苏边境张鼓峰一带发生冲突。8 月,中日军队在武汉地区展开了一场大会战。此时,蒋介石再次向苏联提出缔结互助条约的问题,希望促使苏联尽快出兵。9 月中旬,苏联外交人民委员会答复说,只有出现以下三种情况苏联才能参加对日作战:① 如果日本进攻苏联;② 如果英国或美国参战反对日本;③ 如果国际联盟责成太平洋地区各国参战反对日本。④ 这实际是明确拒绝了蒋的要求。很难说蒋介石究竟对苏联出兵抱着多大期望,但在困境之中他肯定对此难以割舍,哪怕只有一丝可能,此后,1939 年 5～9 月间,苏、日军队在满蒙边境诺门坎发生了大规模冲突。蒋介石再次燃起了苏联参战的希望。但是,这次更大规模的冲突最终也和平解决了。

　　1941 年,多方原因促使中苏关系迅速趋于冷淡。1 月,发生了国民党军队围歼中共新四军的"皖南事变",这使得苏联不得不出面干预,并以停止援助来向蒋介石施压。4 月 13 日,在看清日本已无意北进之后,苏联与日本签订了《中立条约》。6 月 22 日,苏德战争爆发。此后,苏联已无暇东顾。1942 年 2 月,苏联军事总顾问崔可夫奉召回国,这可以看作是苏联援华抗日政策告一段落的标志。此时,中美已经结盟,蒋介石也不再

293

---

① 秦孝仪主编.战时外交.(二),P333。
② 秦孝仪主编.战时外交.(二),P335。
③ 1937 年 11 月 26 日蒋介石给斯大林的电报,参见:1937～1939 年蒋介石同斯大林、伏罗希洛夫的通信.(译自俄罗斯《近现代史》1995 年第四期),载于:民国档案.1996 年第三期,P60。
④ 苏联副外交人民委员致驻华全权代表电.1938 年 9 月 18 日,载于:历史档案.1995 年第四期,P74。

打算继续邀请苏联顾问来华。①　事实上,仍有一些苏联顾问和专家留在中国,直至 1944 年 5 月由于新疆问题引起中苏关系恶化,苏联政府才将他们全部召回。②　苏德战争结束后,苏联按照雅尔塔协定于 1945 年 8 月出兵中国东北地区,加速了第二次世界大战的结束。

中美结盟与美国租借物资援华

1941 年 12 月 8 日(美国时间 12 月 7 日),日军袭击珍珠港,太平洋战争爆发。12 月 9 日,中华民国政府正式对日宣战,并宣布与德、意处于战争地位。1942 年 1 月 1 日、2 日,美、英、苏、中等 26 国共同签署了联合国家宣言,中国被列为世界"四强之一",并与美国正式结为同盟。中美结盟似乎再次印证了长久以来的一种说法,即中美之间存在着一种"特殊关系"。但事实上,中国和美国原本是两个相当疏远的国家,长期以来它们各自处于对方对外关系的边缘。如果不是日本疯狂地扩张和侵略的推动,它们在相互接近的道路上很可能还有很长一段路要走。

19 世纪末至 20 世纪初,美国提出了著名的门户开放政策,这常常被看作是中美"特殊关系"的开端。其实,这个政策只是美国对列强的外交,提出的是列强在中国的竞争规则,其目的是为美国未来在中国的商业扩张保留机会。它印证的是中美关系的疏远而不是密切。就本质而言,当时的中美关系同中国与其他列强的关系并没有什么不同。1931 年日本侵占中国东北的"9·18 事变",从某种意义上说是日本对门户开放政策的公然挑战,但美国只做出软弱的回应。国务卿史汀生(Henry Stimson)提出"不承认主义",但并不打算采取实际行动。罗斯福(Franklin Roosevelt)政府执政后,面对国内严重的经济危机和孤立主义情绪,对中日争端推行的基本是一种任随事态发展的不介入、不干预政策,甚至还想

---

①　崔可夫离华后,苏方未派遣新的总顾问接替,只委任了一个代理总顾问。其原因在于 1942 年 6 月。蒋介石提了:"凡未经中国政府邀请者,不能由苏俄擅自选员接换,以后中国如城要顾问时,必由中国自动要求,如未有要求,则不能派员接替也。以后顾问新旧交换或辞去,必须由本委员长亲自批准方得作数。"见秦孝仪主编. 战时外交.(二),P396～397。
②　参见:李嘉谷. 合作与冲突:1931～1945 年的中苏关系. P130～131。

在某种程度上改善美日关系,以避免冲突。美国袖手旁观的态度并不奇怪,因为它在中国并没有什么需要保护的特殊利益。

1930 年代上半期,出于经济上的考虑,中美之间的距离被拉近了一点。1933 年 5 月,中美之间签订了一笔价值 5 000 万美元的棉麦借款协定。1935 年 5 月,中美两国财政部又以备忘录和换文形式达成了一项白银协定。① 美国还参与了中国航空业的起步,这是与中国国防建设有关的唯一方面。1932 年美国空军上校裴约特(John H. Jouett)率领顾问团来华,协助中国建立了中央航空学校。1933 年~1937 年,美国一直是中国最主要的飞机供应者。在抗战爆发后的头半年里,仍有 279 架美制飞机运抵中国,此后才急剧减少。② 尽管美国在帮助中国发展航空业时谨慎而低调,但它毕竟在中国空军的萌芽阶段扮演了一个重要角色。

"七七事变"之后,国民政府最初并没有向美国伸出求援之手。蒋介石的设想是通过短期因果报应的抵抗引起英、美、法等西方国家出面干涉,尽快结束中日冲突,当时,中国外交工作的重点在英国而不在美国。九国公约会议和陶德曼调停相继失败之后,国民政府才认真考虑制订战时外交政策的问题。③ 1938 年上半年,国民政府内部讨论的中心议题是,战争期间中国到底能从哪里获得最大支持,是从英、美、法三国,还是从德、意两国,或是从苏联。官员们分成三派,各执一词,争论不休。④ 直到1938 年中,国际形势渐趋明朗,讨论才告结束。蒋介石得出的结论是:"英国老谋深算,说之匪易,俄国亦自有国策,求援无效。惟美国为民主舆论之国,较易引起侠义之感,且罗斯福总统确有解决远东整个问题之怀抱。如舆论所向,国会赞同,则罗斯福总统必能有所作为。"⑤

经过这一番讨论,国民政府最终确定了以争取美国为中心的战时外交方针。(6 月 9 日,蒋介石把中国战时外交方针总括为以下几点:① 对英美应有积极信赖的方案提出,应运用英美之力,以解决中日问题;② 对

295

---

① 本段的这一部分,英文原著缺文。
② 王正华.抗战时期外国对华军事援助.台北:环球书局,1987,P187,204。
③ 参见:章百家.抗日战争前期国民政府对美政初探.原载于:中美关系史丛书编委会、复旦大学历史系.中美关系史论文集.第二辑,重庆出版社,1988,P295~303。
④ 顾维钧.顾维钧回忆录.第三分册,商务印书馆,1985,P36。
⑤ 张其昀.党史概要.第三册,台北:中华文物供应社,1979,P973。

苏俄应与之联络；③ 对德应不即不离。① 为尽快加强对美外交工作，1938年 9 月，国民政府派遣胡适出任驻美大使。10 月 1 日，外交部致电胡适，列举对美方针，计有四项内容：① 促成美国修正中立法；② 尽快争取美国财政援华；③ 促请美国对日实行"隔离"政策，限制美日贸易；④ 期待中美英三国在亚洲合作，并以美国牵制英国，防止欧洲战争爆发后英日妥协。②（括号内为英文删去的文字。）这份电报表明国民政府已形成明确的对美政策，美英之间已争取美国为主。此后，这四个方面就成为中国对美外交的主要任务，中美接近的过程由此启动。

　　谋求美国的财政支持和贷款是国民政府争取美援的重点。"七七事变"的第二天，国民政府行政院副院长兼财政部长孔祥熙与美国财政部长摩根索（Henry Jr. Morgenthau）签署《白银黄金互换协定》。按照这个协定，在抗战开始后的第一年里，中国共向美国出售价值达 1.38 亿美元的白银。次年春季，美国允许中国将与此有关的部分贷款用于稳定通货的目的，这就形成了事实上的购货贷款。利用这笔贷款，中国购买了价值4 800 万美元的战争物资。③ 1938 年底至 1939 年初，中国与美国达成了战争期间的第一笔贷款协议，即桐油借款。按照这一协议，美国进出口银行将向中方公司贷款 2 500 万美元，年息 4.5 厘，期限 5 年，中方公司在此期限内向美方公司出售 22 万吨桐油。这笔贷款的主要作用是购买汽车及改善滇缅路的运输。一般认为，这笔贷款是美国援华和战时中美合作的开端。1940 年 3 月和 9 月，中美之间又以类似办法达成了两项贷款协议，价值 2 000 万美元的华锡供款和价值 2 500 万美元的钨砂借款。这两项贷款年息减为 4 厘，其他条件也较桐油贷款优惠。虽然按照合同条款中方仍不能购买《中立法》所禁运的军火，但事实上中国政府利用这两笔贷款不仅购买汽车、兵工机械、航空汽油等器材，后来，太平洋战争爆发，中美双方又对钨砂贷款合同作了修订，中方得到更大的优惠。④ 中国也

　　① 张其昀. 党史概要. 第三大册，P974。
　　② 中国社会科学院近代史研究中华民国史组编. 中华民国史资料丛稿，专题资料选辑. 第三辑，胡适任驻美大使期间往来电稿. 中华书局，1978，P1。
　　③ 吴相湘. 第二次中日战争史. 上册，台北：综合月刊社，1973，709。
　　④ 参见：陶文钊. 中美关系史(1911～1950). 重庆出版社，1993，P204～213。

最终得到 45 000 支枪支和其他价值 2 684 700 美元的军事装备。由于美国的行为,英国从 1938～1939 年初向中国提供两次贷款,总计 550 万英镑。

从 1939 年起,国民政府开始把争取同英、法、美等国开展军事合作的问题提上日程。这一年初春,日军占领中国的海南岛及南沙群岛,南下意图明显。三四月间,国民政府拟就一份中英法合作方案并送交英、法、美、苏四国政府。① 这个方案的主要内容是:中、英、法三国首先在远东开展军事、经济合作,在适当时机邀请苏联参与,并请美国作平行行动,各国对日采取一致步骤,共同维持在远东的利益,对日作战各国不得单独与敌停战或议和。② 对于中国的这项提案,英、法、美互相推诿,谁都不肯明确表态。此后,国民政府还多次向美、英等国提出过类似的建议,可是直至太平洋战争爆发这些努力毫无结果。

自确立了以美国为中心的战时外交政策之后,国民政府为争取美援绞尽脑汁,但所获甚微。1939 年欧洲战争爆发时,蒋介石曾预料中国所处的国际环境有可能好转,但此后一年形势反而日趋险恶。1940 年夏秋之际,法国在本土抵抗崩溃,只好听任日军进占印度支那。英国在希特勒跨海作战的叫嚣下惶惶不可终日;当日本以宣战要挟时,它只好关闭了中国仅存的对外通道滇缅路。美国虽然宣布实行对日禁运,但它向中国提供的援助仍极为有限。中国争取美国援助之所以十分艰难,一方面在于美国国内中立法的掣肘,另一方面则在于罗斯福政府一直谨慎地在对华政策和对日政策之间寻求平衡,其援华的最低目标是维持中国抗战不致崩溃,最高限度是不致引起日本对美国采取报复行动。国民政府的官员们的感触是:美国的援助不到重庆政权"最吃紧之危机,或暴敌最横行之时"决不出手,尽管这几笔钱对美国不过是如摩根索所说的"不比一艘战列舰的价值大的钱",但对重庆却每每起到"强心针之效能"。③ 求援的艰辛经历使蒋介石百感交集地说:"对敌国易,对友邦难,受人接济,被人轻侮。

① 顾维钧.顾维钧回忆录.第三分卷,商务印书馆,1985,P423.
② 胡适任驻美大使期间往来电稿.P15.
③ 章百家.抗日战争前期国民政府对美政策初探.参见:中美关系史论文集.第二辑,P305～306.

此种苦痛不能大忍,则决不能当此重任。"①(以上两节,英文版未收。)

　　中美接近的过程在 1940 年秋季德意日三国签订同盟条约之后便陡然加速了。一方面,国际形势的演变使得罗斯福政府意识到必须加强中国的力量以牵制日本;另一方面,蒋介石也利用这一机会向美国施加了压力。蒋的成功之处不仅在于他很快从美国得到了一笔巨额援助,更重要的是他极大地影响了此后中美关系发展的方向。

　　德意日三国同盟条约签订之后,驻美大使胡适曾致电中央,建议趁"世界大势已极分明"之时召回驻德、意大使,以表明中国的气节和立场。但蒋介石决定"对德、意暂取静观",同时散布对日和谈的消息,以给外界造成中国去向未定的印象。② 随后,他分别约请英、美大使长谈。10 月14、16 两日,在与英国大使谈话时,蒋强调了三点:第一,"英、美素以殖民地视中国,看不起中国之力量。倘不先放弃此项成见界限,不必讨论合作办法。"第二,"英美专恃海空军以谋远东,对日胜利,实感不足,必须有大量陆军之协助,始克有济。"第三,"倘使中国停止抗战,日本是否减少其一最大威胁之国,而竭其人力物力自由实行南进政策。""中国抗战已逾三年,业已到决定自己地位之阶段。将于两个月内决定适应此新局面之未来政策,断不能长此放任不决。"③18 日,蒋又接见美国大使,也强调了三点:第一,国民政府"所患者,为中国猖厥","我人至今已不患日寇敌军之侵略,而患国内经济与社会现状之崩溃",如能得到美国的援助,"则中共自无所施其技矣。"第二,要使国民政府继续抗战,"非有美国在事实上之继续援助不可""惟美之空军与经济之援助,乃足以固我动摇之经济与民心"。蒋要求美国每年向他提供 500～1 000 架飞机,并派遣美国空军志愿飞行人员来华,"此实美国惟一替代对日作战之良策也";同时"深盼今后对我贷款化零为整,一交贷我以巨款"。最后,蒋再次提出中、美、英三国合作的问题,他希望先建立一个有实无名的同盟,并表示无论国际形势如何发展,"我国当随美国之领导自无待言"。④

————————

①　张其昀. 党史概要. 第三册,台北,中华文物供应社,1979,P974。
②　章百家. 抗日战争前期国民政府对美政策初探. 参见: 中美关系史论文集. 第二辑,P312。
③　胡适任驻美大使期间往来电稿. P76～78。
④　胡适任驻美大使期间往来电稿. P79～80。

　　蒋介石的计谋果然得逞。11月下旬,罗斯福出于担心"蒋汪之间正在进行一些活动",要求财长摩根索迅速供给中国一笔巨款。[①] 当月 30日,在日本正式承认南京汪精卫伪政权的当天,罗斯福发表声明,宣布对华贷款 1亿美元。这笔巨额贷款中一半是财政部的平准基金贷款,另一半是稍后才谈妥的进出口银行的金属借款。[②] 随后,罗斯福要求国务院、财政部及陆军、海军各部门寻求可行途径向中国提供军事援助。在围剿中共新四军的事件发生后,美国的援助一度有所停顿,但当日苏可能签订中立条约的消息传出后,美国再次加快援华步伐。

　　从 1941 年起,美国对中国的援助逐步纳入了租借法案援助计划之内。2月,罗斯福派其行政助理居里(Lauchlin Currie)使华,考察中国政治经济状况,他的主要任务之一是研究战时中国需要,为即将实施的租借法案做准备。在同居里会谈时,蒋介石就美国援助问题着重提出四点要求:一是希望美国派遣政治顾问来华,以加强两国领导人之间的沟通;二是由美国顾问协助管理滇缅公路,并由美国投资修建滇缅铁路;三是要求美国尽快提供中国所需的飞机及各种武器;四是请美国协助中国稳定经济,包括法币、物价和外汇。[③] 鉴于日苏中立条约的签订对中国士气影响甚大,4 月 17 日,美国政府决定立即向中国提供 4 599 万美元的军用物资,这是租借法案军事援华的开始。[④] 5 月 6 日,罗斯福正式发表军火租借法案适用于中国的声明,同时宣称:"保卫中国即是保卫美国的关键。"[⑤]国民政府随即任命宋子文为代表,负责申请并接收租借法案下给予中国的美援物资事宜。按照蒋介石的指示,宋子文与美方交涉军事援华重点为三项:第一,由美国提供训练与技术援助,帮助中国建立现代化空军;第二,训练并装备中国陆军 30 个师;第三,帮助中国建设滇涎铁路和公路,并提供运输车辆等。[⑥] 7 月,罗斯福派拉铁摩尔(Owen Lattimore)

① Henry Morgenthau, Morgenthau Diary (China), New You, 1974, P243。
② 陶文钊. 中美关系史(1911~1950). P218~219。
③ 战时外交. (一)P591~595。
④ 秦孝仪编纂. 总统蒋公大事长编初稿. 卷四,下册,1978,P672~673. 转引自:王正华. 抗战时期外国对华军事援助. P230。
⑤ 中美关系史资料汇编》第一辑,世界知识出版社,1957 年,P99。(即:美中关系白皮书. 中译本,United States Relations with China, Washington, 1949)。
⑥ 王正华. 抗战时期外国对华军事援助. P231。

来华,出任中国政府政治顾问。8月,美国宣布以马格鲁德(John Magruder)
为驻华武官兼美国驻华军事代表团团长(the American Military Mission to
China,缩写 AMMISCA),其主要任务是负责租借物资援华。

　　太平洋战争爆发之后,中美立即结为同盟。这不仅在两国激起了过
多的幻想,也掩盖了中国抗战以及中美之间存在的种种问题。与美国结
盟是重庆政府梦寐以求的目标,当这一目标突然实现之后,蒋介石已无心
全力抗战。他认为,英、美、荷在太平洋上早已商定共同作战计划,而始终
不通知中国,是"视中国无足轻重,徒利用我以消耗日本之实力"。同时,
他又感到,由于美日战争的爆发,"我国抗战……危险已过大半,往日美国
限制日本,不许其南进北进,独不反对其西进。而今则日本全力侵华之危
机不复存在了。"①蒋的这种心态加上他越来越把中共视为更危险、更主
要的敌人,这就使得中美战时合作十分艰难。

　　由于缺乏相互了解和准备不足,中美双方在合作之初未能建立起一
297　个协调高效的联合指挥机构,后来的发展表明这是一个严重的失误。为
加强中美战时合作,罗斯福请蒋介石担任盟军中国战区司令,并应蒋的要
求,派遣有15年在华经历的史迪威(Joseph W. Stilwell)中将来华,出任美国
政府驻华军事代表兼战区参谋长和中印缅战区美司令。然而,这个战区形
同虚设,更糟糕的是对史迪威的任命有违蒋的原意。蒋需要的是一个并不
了解中国情况,但能听命于自己并能为自己向美国索取援助的参谋长;但美
国派来的却是一位"中国通",而且具有双重职责——作为驻华军事代表,
史迪威必须接受美国政府指示并负责监督和控制有关美国军事援华事务;
而作为联合参谋长,他又应当服从蒋介石的领导。由于中美双方对史迪威
职权的界定未能取得一致,这后来就成为引起美蒋战时摩擦的导火索。②

　　美国突然卷入战争打乱了刚刚展开的援华计划。美国"先欧后亚"的
战略和中国处于美国所有供应线中最细长的一条末端,决定了美国没有
能力向中国提供大量的现代化军事装备,中国战场注定只能依靠极其微

---

　　①　张其昀.党史概要.第三册,台北:中华文物供应社,1979,P1193、1194。
　　②　参见:梁敬錞.史迪威事件.商务印书馆,1973,P21、24~27;查尔斯·罗曼诺思(Charles
Romanus),莱利·苏德兰(Riley Sunderland)著.史迪威的中国使命.(Washingon,GPO,1953
年,P73~74。

薄的资源去对抗大量的敌人。但是,蒋介石并不打算根据实际情况自力更生地进行战争,对重庆政府来说,战时中美合作的一项主要工作就是不断向美国开列索要物资和贷款的清单。

租借物资援华从一开始就受到交通问题的困扰。1941 年,根据第一次对华租借拨款的数额,美国拟向中国输送 4 500 万美元的物资,其中 1 500 万美元的物资用于滇缅铁路的建设。但是,由于找不到足够的船只,实际只有 2 600 万美元的物资从美启运;这些物资输送到中转港口仰光后,又因中国唯一的对外通道滇缅路拥挤不堪而大多滞留在那里;由于管理混乱,从缅甸运出的物资途中又遭受很大损失,到达重庆时几乎只剩下三分之一。① 1942 年 4 月,由史迪威指挥中国军队进行的"南缅保卫战"失败,滇缅路也被切断了。此后,为维持中国抗战,美国开辟了从印度阿萨姆飞越喜马拉雅山脉到中国昆明的空中运输线,史称"驼峰"空运。这是一条极其危险的航线。1942 年全年,经这条线空运至中国的援华物资仅为 1 571 短吨(约合 1403 吨)。尽管数量极少,但它作为盟国坚持援华的象征却有着巨大的心理作用。1943～1944 年,美国空运指挥部(ATC)和中国航空公司(CNAC)做出最大努力并付出惨重的人员牺牲,运往中国的物资总计达到 194 072 短吨(约合 173 306 吨)。② 1944 年 5 月,史迪威率领的中国驻印军收复了缅甸北部。此后,由于航线大大缩短,空运物资的数量出现明显增长。1945 年初,史迪威公路通车,运输状况进一步好转。

从 1941 年中至 1944 年中,物资匮乏和由此引起的分配问题使得中美合作关系相当紧张。几乎从一开始,美国陆军和财政部就要求对援华租借物资有严格的控制和监督。这不仅是为了减少损失,提高援助效果,还因为负责租借援华事务的马格鲁德报告说,中国要求更多的现代装备,不是出于对日作战的需要,而是要使中央政府在其他国家用外交压力把日本逐出中国之后变得更加安全。③ 但是,在蒋介石看来,造成援华不力

298

---

① 任东来.评美国对华军事"租借"援助.参见:中美关系史论文集.第二辑;P329。

② 阿瑟・杨(Arthur Young).中国与援助,1937～1945.哈佛大学出版社,1965 年,P339,每短吨约为 0.893 吨。

③ 查尔斯・罗曼诺思(Charles Romanus),莱利・苏德兰(Riley Sunderland)著.史迪威的中国使命.Washingon,GPO,1953,P43～44.

的关键原因是租借物资的分配权由英美参谋长联席会方式(Combined Chiefs of Staff,简称 C. C. S)军火分配委员会(Munitions Assignments Board)掌握,中国均不得派代表参加,得不到平等待遇。"在这场战争游戏中只是一个被利用的棋子"。[①] 同时,更使蒋感到不满的是,1942 年 5 月以后军火分配委员会确定由史迪威负责接收租借援华物资的办法。因此此前美国援华物资装船离美后其所有权即属中国,而此后只要史迪威尚未把物资交付中国,其所有权仍属美国。[②] 美国提供的援华物资太少,而且经常不能兑现已经许下的承诺,这引起了蒋介石日益增长的不满。与此同时,蒋介石消极抗战的做法也引起了以史迪威为代表的美国军方日益增长的不满。他们要求罗斯福对蒋实行"交换"和"压力"政策,以援助作为迫使蒋抗日和改组中国军队的条件和砝码。中美战时合作中的一场危机由此而发。1944 年 10 月,蒋介石终于在罗斯福派来的特使赫尔利(Patrick Hurley)的帮助下赶走了史迪威。[③]

事实上,因租借物资分配引起的矛盾不仅存在于中方与美方之间,也存在于以史迪威为代表的在华美国陆军和以陈纳德为代表的在华美国空军部队之间。在这场内部斗争中,由于罗斯福无法对中国进行有效的援助,只好采纳陈纳德提出并得到蒋介石支援的空军优先战略。[④] 陈纳德的航空队因此一度拥有了对"驼峰"物资的优先权,在最困难的时候获得了有限的援华物资中的 70%。与此同时,中国军队每月所得到的"租借"配额只在 500 吨上下,到 1944 年 5 月累计所得的武器装备不过万余吨,还主要用于补充驻扎在滇西由美军训练的中国远征军。[⑤]

战争期间,中国对飞机的需求最为迫切,美国对中国的军事援助也首先集中于空军。1940 年春,日本空军对重庆及四川各空军基地轰炸使中国空军再次陷入困境。在租借法案实行前,中方已向美方提出在 1941 年

① 梁敬錞. 史迪威事件. P65。

② 梁敬錞. 史迪威事件. P68～70。

③ 关于"史迪威事件",具有广泛影响的两部著作是:台湾学者梁敬錞. 史迪威事件. 和美国学塔奇曼. 史迪威与美国在华经验. (Barbara Tuchman, Stilwell and the American Experience in China, 1911～1945, The Tuchman Company, 1978)。

④ 梁敬錞. 史迪威事件. P118;迈克尔·塞勒(Michael Schaller). 美国在华远征,1938～1945. (The, U. S. Crusade in China,1938～1945),纽约哥伦比亚大学出版社,109、115。

⑤ 任东来. 评美国对华军事"租借"援助. 参见:中美关系史论文集. 第二辑,P333。

3月前补充新式飞机500架,并由陈纳德在美招募志愿飞行员来华。在租借法案实行后,中国发展空军的计划是达到1 000架作战飞机,第一步是组织驱逐机350架,轰炸机150架,并根据损失按月补充逐步增加。①但事实上,在太平洋战争爆发前,中国仅得到100架P-40式战斗机。太平洋战争爆发后,中方不停地向美方交涉飞机问题,美国允诺的数量极少,而且答应援华的飞机也往往不能落实或中途转飞其他战区,落实的也由于输送路线过长,转运途中损失严重,而不能如数交付。例如,1942年,由美国运至印度的一批援华飞机为263架,最后飞抵中国境内时仅剩136架,约为半数。②

太平洋战争爆发后,在中国上空作战的"飞虎队"谱写了中美战时合作中最富传奇色彩的一幕。这支部队的正式名称是美国志愿航空队(American Volunteer Group,简称AVG),它于1941年春经罗斯福批准开始筹建,8月1日奉蒋委员长命令正式成立,其主要任务是协助中国空军掩护滇缅公路运输及保卫云南领空,由美籍顾问陈纳德为指挥官兼大队长,下辖三个驱逐中队,共125架飞机,主要是中国所得到的那100架P-40式战斗机。志愿大队于当年12月20日投入对日作战,先后在昆明、仰光、桂林等地击落日机299架。1942年7月4日,志愿大队撤销,并入美国陆军第十航空队第二十三战斗大队,称为驻华航空特遣队。特遣队在华中、华南先后击落日机149架,投弹214吨。1943年3月该队扩编为美军第十四航空队,继续在华作战。当年10月,陈纳德又推动中国空军现代化计划的实施,在十四航空队下筹组了一支中美空军混合部队,以赴美接受训练的中国飞行员与美国在华航空部队联合作战。③

虽然战争期间美国提供的飞机数量与中国的需要之间一直存在着很大的缺口,但到战争结束时美国提供的飞机总数已稳居第一位。据台湾方面统计,抗战期间中国从外国获得的飞机总共为2 351架。其中,向美国购买与租赁的合计为1 394架,包括驱逐机1 038架、轰炸机244架、侦

301

①　王正华.抗战时期外国对华军事援助.P251。
②　同上,P262。
③　石源华主编.中华民国外交史辞典.上海古籍出版社,1996,P484、488;王正华.抗战时期外国对华军事援助.P254、269、276。

察机 15 架、运输机 97 架,占总数的 59%。来自苏联的为 885 架,包括驱逐机 563 架、轰炸机 322 架,占总数的 37.6%。其余为来自英国 36 架、法国 24 架、德国 12 架,这三国仅占 3%。值得注意的是,在美国提供的飞机中,有 552 架,即将近 40%,是 1944 年下半年以后才运抵中国的,其中大部分拨归美国第十四航空队使用。直到战争结束后的 1946 年,美国提供的飞机数量才大致符合了国民政府的要求。①

装备及训练陆军 30 个师是租借法案援华之初所定的三项重点之一。在太平洋战争爆发之前,中美双方曾讨论过向中国陆军提供装备的问题,但并未确定。此后,双方拟议装备中国军队的数量时有增减。开罗会议期间,史迪威曾为中国拟定了一个装备 90 个师的计划草案,此为拟议中的最高数额。② 至战争结束前后,实际落实的计划是装备国民政府所辖中国军队 39 个师。

1942 年秋至 1944 年初,接受美国训练并由租借物资装备的中国军队主要有两支。缅甸战役失败后,中国远征军部分残余部队撤退入印,余部退入了云南,计划在 1942 年年中进行反攻。史迪威为实现反攻,向中国最高军事当局提出在印度训练中国军队方案。主要内容是:精选中国士兵 10 万,分批赴印由美国军官加以训练,并拨用中国所得租借物资装备,组建成 2 个军,每军下辖 3 个师,并配备若干炮兵及坦克部队,外加 1 个师及 6 个伞兵营为后备力量,再以此为核心扩建中国新军 30 个师。这支部队以印度东北部比哈尔省(Bihar)的蓝姆伽(Ramgarh)为训练基地,史迪威任教练营长官,罗卓英为副。进入印度的中国远征军由此改称驻印军,称为 X 部队(X-Ray Force,简称 X-Force)。训练工作自 1942 年 9 月开始,至 1944 年 1 月完成,受训结业的中国军官兵 32 293 人,编为三个师。后来,这三个师又扩编为新一军及新六军,为日后收复北缅的主力军。③ 蓝姆伽训练开始不久,史迪威又提出训练第二批中国军队 30 个师

302

---

① 王正华. 抗战时期外国对华军事援助. P278、282。该书使用了台湾"国防部"史政编译局档案,较详尽地列举了国民政府历次要求的援华飞机数量、美国允诺调拨的数量和实际调拨的数量。

② 梁敬錞. 史迪威事件. P169、170。

③ 梁敬錞. 史迪威事件. P91~92;王正华. 抗战时期外国对华军事援助. P285~287;吴相湘. 第二次中日战争史. 下册,台北,综合月刊社,1973 年,P867、869、872。

的计划,以此作为打通滇缅路,实行总反攻的主力军,获中、美最高军事当局同意。1943 年 2 月 1 日,陈诚奉命担任中国远征军司令长官。4 月 1 日,在昆明和桂林同时成立步兵训练中心。第二批的训练与驻印军的训练有所不同,受训练官兵系自前方抽调,分批进行 6 周集训,美方只提供教官,所使用的武器大部分由中国自己提供。1943 年 8 月魁北克会议(Quebec Conference)后,反攻缅甸的战略计划有所变化,由收复全缅改为仅收复北缅,因此训练第二批 30 个师的计划大部未能实行。云南所编练之新军被视为第一批 30 个师的一部分,获准装备美式武器的部队仅 3 个师。为原案的 1/10,被称为 Z 部队(Z-Force)。[①] 1944 年 4 月,为迫使蒋介石出动 Z 部队参加收复北缅的战斗,美国甚至以停止拨发援华物资相要挟,这使蒋忍无可忍,此役结束后不久,史迪威事件就爆发了。

史迪威离华后,其继任者魏德迈(Albert Wedemeyer)确定按照装备中国军队 39 个师的方案办理:即远征军 30 个师,驻印军 5 个师,第二批原计划 30 个师中的 3 个师,外加学生军 1 个师。据台湾学者统计,先后接受美式装备与训练的中国部队为:新一军、新六军、第五军、第二军、第八军、第十三军、第五十四军、第五十三军、第七十三军、第七十四军、第七十一军、第九十四军、第十八军,每军下辖 3 个师,共计 39 个师。[②] 虽然训练和装备的计划是在战争末期制订的,但这一工作的完成却是在战争结束之后。另据大陆学者统计,由美国租借物资装备的国民党军队至少应有 44 个师。在这些部队中,除新一、新六两个军和中国远征军(二、六、八、五十三、五十四和七十一军)的 16 个师参加过缅北战役之外,其余部队装备好之后几乎未与日本交火,就投入了内战,并且主要投入到东北战场。[③] 国共双方对那一地区的争夺是引发全面内战的导火索。

除了向中国空军和陆军提供援助之外,美国还帮助国民政府重建海军。1944 年 1 月,国民政府向美提出租借舰艇 8 艘的计划。美方原则同意租 4 艘驱逐舰和 4 艘扫雷舰,并确定了战后勿须交还。1945 年 2 月,国

303

---

①　梁敬錞. 史迪威事件. P92、118～110、214;王正华. 抗日战争时期外国对华军事援助. P289。

②　王正华. 抗日战争时期外国对华军事援助. P299～300。

③　任东来. 评美国对华军事"租借"援助. 参见:中美关系史论文集. P2,343～344。

民政府派出官兵 1 060 人赴美培训。1946 年中,完成训练的官兵将 8 艘舰艇驶回中国。[①]

1945 年 8 月 15 日,日本宣布投降,第二次世界大战结束。21 日,杜鲁门正式宣布停止执行"租借法",但对华租借却一直延续到 1947 年才告结束。整个第二次世界大战期间,美国依据租借法案向 38 个反法西斯同盟国提供了 500 亿美元以上的实物和劳务援助,中国作为主要盟国之一仅得到了其中 16.02 亿美元(包括战后),占美国全部对外租借援助的3.2%。[②] 虽然从排名看中国位于英、苏、法三国之后占第四位,但所得援助实在难与三国,特别是英、苏两国相比。[③]

关于中国战时所获得的租借物资,美、中两国的统计有较大差距。据《美中关系白皮书》统计,从 1941 年 5 月至战争结束,美国援华的租借物资及劳务总计约为 8.46 亿美元,其中枪炮弹药、飞机、坦克、车辆、船舰及各种军用装备价值为 5.17 亿美元。其余基本为工农业商品和各类劳务开支。[④] 国民政府驻美物资供应委员会根据美方"起运付款之物资通知书"所统计的援华数额约为 6.85 亿美元。国民政府财政部根据该会提供的"租借"物资船运综合账得出的约为 5.98 亿美元。[⑤] 造成美中双方统计差距的原因可能是,部分物资经美军直接拨交中方,未经中方供应委员会;此外,中方的统计似乎也未包括劳务费用在内。

从军事租借物资援华的过程来看,从 1941 年中至 1943 年底,在中国抗战最困难、最需要外援的时期,中国所得的援助甚少,根据美方统计仅为 2.01 亿美元,其中还包括 2 540 万美元的运输费用。[⑥] 从 1944 年初至1945 年抗战结束,中国获得租借物资约为 6.45 亿美元。其中,大部分物

---

① 王正华. 抗日战争时期外国对华军事援助. P304。
② 阿瑟·杨(Arthur Young). 中国与援助,1937~1945. 哈佛大学出版社,1965 年,P350~351。
③ 英、苏、法、中四国所得占美国租借总额的 94.45%;其中,英国占 64.65%,苏联占23.20%,法国占 6.6%。参见:任东来. 评美国对华军事"租借"援助. 转引自:中美关系史论文集. 第二辑,P328。
④ United states Retations with China, Washington, 1949, P1048(即中译本:美中关系资料汇编. 第一辑,P1069。
⑤ 孟默闻编. 美蒋勾结史料. 北京,新潮出版社,1951,P346、352。
⑥ 美中关系资料汇编. 第一辑,P100。

资是在 1945 年初史迪威公路通车之后才运往中国的，而这时美国援助的目的和作用都开始发生转变。这一年年初，赫尔利对蒋介石说："等到战争结束时，你那些装备精良的师团就可以轻而易举地战胜共军了。"①从抗战结束至 1947 年底，国民政府继续从租借法案下获得 6.947 亿美元的军事援助，加上美国以其他各种方式提供的军事援助，国民政府在战后所获得的军援事实上已超过战争期间所获得的军援。②

结论

　　中国国民政府争取德国、苏联和美国的援助并与这三国进行军事合作，是在中国抗日战争的不同阶段相继展开的。作为三个案例，它们各有不同的双边关系背景，面对特定的不同环境，也各有不同的合作形式，结果也不一样。这里仅想通过简单的比较概括它们各自的特点。

　　从双边关系的背景来看，中德两国是在比较平等的基础上开展合作的，尽管军事是双方合作的主要领域，但这一合作最初并不针对特定的第三方。中德合作的形式十分简单，蒋介石以私人名义雇用德国人，德国顾问只对蒋个人负责。这种合作方式绕开了国家间的合作可能遇到的种种难题。尽管两国有着不同的历史和文化传统，但合作者近似的意识形态和价值取向却基本填补了这个差异。总的来看，蒋介石对德国顾问是高度信任的，德国顾问团在中国的工作也推动了中德关系的改善和发展。

　　从军事上说，德国军事顾问的作用在于向国民政府的军队初步灌输了现代军事观念。帮助建立了一支比较现代化的陆军示范部队，改进了中国的兵工后勤系统，使从一支只能打内战的军队开始朝着国防军的方向转变。大批德制武器和军工设备的输入提高了中国军队的战斗力，也为德国带来了巨大的商业利益。

　　一个有趣而奇特的现象是合作双方并没有共同的战略目标，合作只是为了各取所需。然而，正是这一点最终使得双方的合作难以为继。日

---

①　【美】迈克尔·沙勒. 美国十字军在中国. (中译本)，商务印书馆，1982，P208。
②　美中关系资料汇编. 第一辑，P1067。

本对中国的侵略和德日之间日趋紧密的战略关系注定中德两国要分道扬镳。中德之间的军事合作在历史上并没有留下多少印迹,这不仅是由于德国顾问历经 10 年训练的中国精锐部队在抗战的头半年里就消耗殆尽,更重要的是由于第二次世界大战本身所具有的反法西斯性质使这段历史不愿被人提起。

中苏之间的合作是以抵御日本侵略扩张的共同战略利益为基础的,但合作对双方来说都是权宜之计。鉴于以往第一次合作的教训,新的合作有明确的限度,双方都谨慎地提防对方损害自己的根本利益,蒋介石担心苏联会借机干预中国内政,而斯大林则担心中国会把苏联拖入对日战争。因此,中苏合作的形式也比较简单,基本限于苏联向中国提供军事援助,而尽可能不涉及其他领域的问题。

就苏联当时的国力而言,斯大林相当慷慨,他给予中国的军事援助是及时的、大量的。苏联向中国提供了大批飞机,帮助中国重建空军,还派出几百名空军志愿人员来华参战。苏联向中国陆军提供了包括坦克、火炮等重武器在内的大批军火,苏联军事顾问还参与了几次重大战役的策划和指挥。综合考虑各种因素,可以认为,苏联在 1938～1940 年间向中国提供的军事援助与美国在 1942～1944 年间向中国提供的援助大致相当,如果不是更多的话;而且国民政府得到这些援助也未像后来获取美国援助那样颇费周折。

斯大林的睿智体现在他对援华目标的把握上,他的目标明确而有限,就是让中国有能力拖住日本。当苏联免除了日本进攻的顾虑之后,双方的合作实际上也就结束了。在苏联援华的这几年里,中苏关系有了明显的改善,两国之间的合作总的来说也比较顺利。这次合作,对苏联来说,完全达到了预期的目的;对中国来说,毕竟是在抗战最孤立、最危险的阶段得到了宝贵而巨大的外来援助。

中美结盟的经历说明了两个互不了解、实力悬殊、体制难以衔接而又彼此期望过高的伙伴进行合作时的困境。中美之间的合作从形式上说是全面的,但双方真正展开抗日合作的领域其实却十分有限。不过,无论如何,中美国两国是为彻底击败日本而结盟的,在这个意义上,这个同盟对双方来说还是成功的。

在军事方面,尽管美国提供的援助是有限的,但它毕竟为中国保持了一支空中力量,几乎整个抗战时期,中国的空中力量都是靠外国的援助来支撑的。在地面战争中,美国人的作为有限,史迪威率领的中国军队主要是为打通中国的对外交通线而战,这场迟到的胜利对中国抗战全局的影响有限。

整个抗日战争期间,美国向中国提供的援助最为全面、规模最大;然而,却没有什么人给予美国援助和战时中美合作以较高的评价,而批评意见比比皆是。从援助的效果来看,援助方和受援方都有理由表示自己的不满。从美国的角度来看,很难认为对中国的援助是有效果的,它起到的作用仅仅是"维持中国继续抗战"(Keep China in the War),而未能促使中国给日本以有力打击。从国民政府的角度来看,美国的援助多属"口惠而实不至",因为尽管这个政府得到了美国的全部援助,但其所得不仅远远少于其所要求的,而且也少于美国所允诺的。从中国共产党的角度来看,美国的援助埋下了日后国民党发动反共内战的祸根。出于抗日需要,美国军方和史迪威曾有过用"租借"物资装备中共抗日部队的想法,但仅限于口头和纸上,并无任何实际行动,而且这种意图在很大程度上也是为了向蒋介石施压。尽管中共为争取美国援助付出过努力,而且同美军展开了情报方面的合作,但最终也未获得租借物资的一枪一弹。

问题的症结在于,中美战时合作虽以军事为主,但它很快就与复杂的政治问题纠缠在一起。蒋介石从一开始就希望凭借美国的支持制服中共,而战争后期美国政府则希望通过支持蒋介石来防范苏联的崛起。正是在击败日本这一目标之外的各种考虑,使得战时的结盟只是暂时拉近了中美之间的距离,却最终酿成了两国长久的对立。

总起来看,抗日战争期间中国从外国获得的援助相当有限,全部算起来也只有 11 亿美元左右。以极为有限的装备和物资对抗大量的敌人,这是第二次世界大战期间任何战区所没有的情况。同时,作为一个不统一的弱国,中国很难找到一个稳定的同盟国,而其他国家也很难把中国视为一个可靠的伙伴。这使中国寻求外国援助和合作的经历充满艰辛。

第十二章
抗战期间国共两党的敌后游击战

作者：杨奎松

　　在中国抗日战争期间,国共两党都曾在对日作战当中采取过游击战的战法。但是,最终的结果却是大相径庭。战争开始后国民党地方武装不少都深陷敌后,1938 年底武汉失守后,蒋介石也开始着力强调并安排部署敌后游击战。(从 1939 年开始,派往敌后的正规军就达到二三十万人,其在敌后作战的总兵力最多时曾超过 100 万人,并先后在太行山、中条山、吕梁山、五台山、恒山、鲁东南、日照山、大别山、浙西、皖东、皖北、鄂东和海南等地,建立了根据地。)不过,仅仅两三年之后,这些根据地和敌后武装就相继失败,部分投降了日军,部分被中共军队所消灭,部分因难以坚持被迫退出。(到抗战结束的 1945 年,除豫皖鄂、浙西和海南游击区仍在坚持外,国民党在敌后几乎没有留下任何真正有实力的武装。)与此相反,中共的军队自抗战全面开始的 1937 年起就将主力开往敌后,一直坚持到抗战结束。从最初的两三万人,经过不足八年时间,就发展到近百万之众,所占地区亦从最初的陕北一隅之地,扩展到山西、察哈尔、河北、山东、安徽、江苏、河南、湖南、广东等近十个省份。正是由于中共在敌后游击战中取得了骄人的发展,战前被迫放弃自己的政治主张和政治旗号,屈从于国民党一党政府之下的中共,几年后即一跃而成为敢于公开挑战国民党的重要军事政治力量。到战争结束之际,更是形成与国民党分庭抗礼之势。此后不出三年,即一举用武力推翻了国民党的统治。两相对照,抗战期间中共游击战之成功,国民党游击战之失败,显而易见。

　　1937 年卢沟桥事变爆发时,中国还是一个典型的农业国家,人口的绝大多数都在农村。以一个典型的农业国来抗击工业化程度已经相当高的日本的军事占领，农民的作用自然十分重要。一方面，中国军队的士兵基本上来自农村，农民对战争配合和参预的程度直接影响到中国军队的作战能力；另一方面，任何在敌后开展游击战的企图，都必须要有农民的支持才是真正可能的。

　　为什么同样在敌后进行游击战争，国民党会弄到如此落魄的地步，而中共却能取得如此骄人的成绩？本章将予以分析。在此我们必须否定中国共产党坚持抗战、国民党坚持不抗战这一论点。这显然不是一个简单的作战积极与否的问题。① 除了中共战略战术运用得成功之外，中共在敌后能够与农民打成一片，取得其拥护和支持，至为关键。国民党的失败主要原因是其军事组织不是按照游击战所建立的。他们注重大兵团作战和防御阵地战。滞留后方的游击部队必须依赖大量的当地资源，从而无法得到民众的支持。在无法抵御日军和共产党部队的压力的情况下，大多数国民党部队最终成了伪军。

初始阶段

　　(中国最早的抗日游击作战，开始于东北地区。自日本发动"九一八"事变"，迅速占领东北三省之后，国共两党以及原东北地方势力，乃至于青年党等，均一度发起组织过敌后游击战。从 1932 年初开始，中共满洲省委就全力推动各级党员组织抗日游击队。最初在各地组织队伍的大都是充满抗日热情的青年学生，如辽宁磐石中学的学生党员孟杰民等，事变后从北京清华大学和毓文学院赶回的学生党员张甲洲和曹国安等。在他们拉起队伍之后，省委再选派军委领导人杨靖宇、赵尚志前去在军事上加以指导。而另外一些部队则完全是由省委直接派人去发动组织的，如三江省汤原县的武装就是满洲省委派商船学院教授、全满反日总会党团书记冯仲云等人组织起来的；吉林延吉地区的武装就是留日学生、中共东满特委书记童长荣等亲自组织起来的。包括其他受中共领导和影响的武装，

---

　　① 　无论战争期间，还是战争结束许多年之后，国民党人始终习惯于把中共在抗战期间的壮大，归结为一种阴谋，断言中共在敌后所以能够壮大，纯因"游而不击"所致。但十分明显的是，国民党在敌后的游击队许多即使游而不击也不能生存下来，更谈不上发展了。

满洲省委也是通过大量派遣学生干部前去起作用的。如对绿林出身的王德林的救国军,就是由中共绥宁县委派李延禄去争取过来,并派中共党员孟泾清(哈尔滨工业大学的学生)、金大伦(北京大学的学生)、贺剑平等在其中建立秘密党支部加以控制的。1933 年,这些武装由小到大,已分别发展为东北人民革命军、抗日同盟军和反日联合军等。1936 年 2 月 20日,各部队宣告统一建制,组成了东北抗日联军。至 1937 年"七七事变"爆发前,东北抗日联军已编成 10 个军。第一军下辖 3 个师,2 个教导团,约 3 000 余人。第二军下辖 3 个师,1 个教导团,约 2 000 余人。第三军下辖 10 个师,约 6 000 人。第四军下辖 3 个师,约 2 000 余人。第五军下辖2 个师,约 700 余人。第六军下辖 4 个师,约 1 500 人。第七军下辖 3 个师,约 700 余人。第八军下辖 6 个师,共约 1 000 人。第九军下辖 3 个师,约 800 余人。第十军,下辖 10 个团,700 余人。"七七事变"后,东北抗日联军进一步改编为 3 路军。第一路军约 6 000 人,第二路军约 1 000 人,第三路军约 500 人。

在 1932 年开始陆续组织起来的,还有东北义勇军,其最初之声势远大过中共领导的游击队,当年夏天曾达到 30 万人之众。但是,与主要由知识分子、青年学生和农民群众组织起来的中共游击队不同的是,它多半是由前东北军的正规军队和警察大队,以及收编来的胡匪、农民秘密会社等几个部分组成的。黑龙江省主席马占山率领的部队,主要就是由黑龙江省防军的步兵第三旅等部,再加上一些胡匪组成的。丁超、李杜的部队,则是驻吉林步兵第二十八旅、二十四、二十六、二十二旅和山林警备队等部队组成的。苏炳文的部队,则是黑龙江省防军步兵第一旅和步兵第二旅一部组成的。另外比较有名的还有冯占海部、唐聚五部等,也都是旧军队所组成。而像宫长海、姚秉乾、李忠义、张希武、马鸣春、刘万奎、项青山、张海天、小白龙等人则多数是积年惯匪,他们也拉起队伍,参加了抗日。而原在关内豫东、鲁西、冀南一带的大刀会、红枪会等秘密会社,日本占领东北前即转入东北,这时也有相当部分组织队伍加入了各部的义勇军。邢占清、孙秀岩两部义勇军中,就以这一部分人数为最多。当然,东北各地以及北平各大专学校也有不少青年学生,特别是东北籍的学生出关投军。关内的抗日组织救国会及抗日民众救援会这时也曾派出工作人员前往东北各地组织游击队。但是，抗日义勇军在东北的游击战只进行了一年左右时间就再难坚持下去了。马占山部很快就全军溃败，被迫与苏炳文部会合，退入苏联。其残部则退入热河，被国民政府北平军分会收编。冯占海部先后在榆树、拉林等地作战后，与丁超、李杜所部会合后，参加哈尔滨的保卫战。哈尔滨失陷后，屡遭敌人围攻，被迫撤至热河，被国民政府北平军分会收编为第六十三军。丁超、李杜部从哈尔滨撤退后，丁超变节投敌，余部在李杜率领下，几经作战大部分被消灭，也被迫退入苏境。其余各部义勇军情况也大体相似。

1933 年以前，由于对东北的武装抵抗不甚重视，日军最初所派兵力有限。当时在东北各战场活动的日军只有多门第二师团、坂本第六师团、西义一第八师团、广濑第十师团、松木第十四师团以及铁道守备队等，经常参加作战的兵力不过三万人，日军所利用的伪军也不足三万人。且除了使用武力之外，日军也没有施行那些以后用来对付中共领导的东北抗日联军的保甲连坐、经济封锁、"三光"政策等残酷手段。这是义勇军开始时蜂拥而起的一个重要背景。但随着日军开始逐渐加强在东北的兵力，其战术、火力及兵员素质又强过义勇军，情况就开始发生迅速逆转。很明显，中共武装同样也要面对着相同的情况，这表明，义勇军的迅速失败更主要的还是因为其自身的一些原因。

首先，义勇军大都是以旧军队为基础组成的，担任指挥的旧式军官对于通过在敌后坚持作战这种方式素来抵触，原本就没有中共游击队指挥官那样一种热情和决心。他们虽然一度也坚持抗战，内心里还是指望中央政府能够迅速解决问题，至少也盼望着国联能够出面制裁日本，帮助恢复东北的地位。由于政府和国联迟迟不能解决问题，他们一遇挫折自然就容易动摇和退缩，甚至于逃跑或投降了。其次，由于没有持久作战的思想准备，因而这些军官也就不像中共游击队指挥官那样对以游击战与日军长期周旋有足够的思想准备，他们在军事指挥上往往墨守成规，袭用正规军的阵地战战法。一经敌军迂回抄袭，很容易手足无措。再加上收编的胡匪等乌合之众一遇危机即不听调遣，义勇军的战力之低亦可想象。更为引人注目的，还是这些部队与民众，特别是与农民的关系。因为各地行政系统被日军完全摧毁，故以正统自居的将领们往往滥发委任状，致使一些人借机搜刮人民,大发国难财。东北军原本纪律就差,再加上收编大量胡匪,许多义勇军更是纪律荡然。如李海青部进入大赉县城时,不仅将商店抢光,而且到老百姓家翻箱倒柜,把农民的马匹全部牵走,拿不走的东西丢弃满街,甚至强拉青年妇女成婚。结果,东北许多地方的群众,往往一听到义勇军要来,便坚壁清野,逃避一空。义勇军的迅速失败几乎不可避免。

那么,中共在东北敌后又是如何保持与民众的关系并取得农民的支持的呢?

1937年在上海出版的一个小册子记述了一位目击者看到的东北农民起来造日本人反的情形。他写道:"辽宁磐石县二区吉昌子一带的老百姓,因为受不了亡国奴的气,都要团结起来打日本鬼子。1932年就先后爆发了3次大的抗日斗争。第一次是吉昌子北郭家店3月7日反日群众大会,到会千余人,当日群众包围当地警察署,要求他们出来抗日,走狗王署长不但不应允群众要求,反而向磐石街调兵来弹压,群众坚持甚久始散。第二次是4月初旬。日本走狗曾逮捕东北岔反日群众数名,并想继续向吉昌子捕人。吉昌子北部一带的群众得到了消息,就立即动员了600多人,准备了辣椒面子、剪子等,等走狗们带同被捕人到吉昌子北二三里地方,群众就开始行动,把辣椒面子扬到走狗眼睛上,用剪子把被捕人的绑绳剪断,走狗一看事情不好,就穿上兔子鞋,撒腿拚命跑了。群众立刻追上去,一直追了40多里,走狗好容易跑到三道岗,遇到一个大院套烧锅(白酒制造厂),就像老鼠一般钻进院藏起来。群众进不去就把烧锅包围起来,烧锅附近的老百姓都援助追赶走狗的群众,给群众杀猪吃。双方对峙到夜里,走狗由磐石街调来骑兵才退回来。第三次群众斗争是5月间,在磐石北二区蛤蚂河子(吉海路沿线)地方开农民群众抗日大会,到会500多人,当时将日本走狗高家大院粮食等都给没收,群众每人分得高粱3升。当天群众将吉海路拆毁。"①而当地民众的这种抗日行动,就是中共磐石中心县委、满洲省委巡视员杨林直接指导磐石地区中共党员孟

---

　　① 东北抗日游击实录.上海:1937年11月版,转引自:全勇.东北抗联征战实录.第一章,血铸中华网,http://gd.cnread.net/cnread1/jsxs/q/quanyong/dbkl/002.htm。

杰民、李红光等人发动组织起来的。在磐石地区农民发动抗日暴动的基础上，中共满洲省委特地派来省军委代理书记杨靖宇前来帮助当地党员组织起了一支游击队。这样的游击队自然与当地农民的关系相当密切。

有了农民的支持，中共游击队也就有了生存的条件，包括取得所需要的武器和弹药。张甲洲部队的武器，最初就是取自农民手中，以后多半是从当地反正的保安队和收编的胡匪手中得到的。冯仲云部队的武器，最初则是号召汤原全县党团员和反日同盟会会员捐款捐物捐出来的。也正因为如此，这些中共游击队的武器最初可谓五花八门，从各种土造的或老式的武器，到各种外国造的现代化的枪支，应有尽有。但相对而言，对于中共游击队在民众中树立威望来说最为有利的，还是他们对日作战的坚决和纪律的严明。磐石的游击队很快发展成独立师，其中杨靖宇领导下的游击行动的成功和中共武装区别于其他各式武装的严明纪律，都给人以耳目一新的感觉。中共磐石县委在1933年11月24日《南满磐石关于日满匪围攻东边道情形致省委报告》中就介绍了部队受到农民欢迎的情况，称："我军所到之处，到处得到广大群众的拥护和爱戴，各地群众自动杀猪置酒送给队伍，请求我们到当地去活动。"伪满军政部的一份《满洲共匪研究》的材料也直截了当地承认："人民革命军均纪律整严，似无抽鸦片、海洛英、赌博等恶习"，且"对于民众，注意很深，严戒着士兵胡做非为。……人民革命军这种军规肃然的民众态度，有益于民众感情的融恰亲和，加强二者的结合。"伪通化省警务厅的文件也写道："红军的活动状态，与土匪完全不同，行军中到民家吃饭的时候，一定开付饭钱，拿去的东西也一定给钱，如果当时没有带钱，日后一定送到。"伪军管区的文件上也这样说："（人民革命军）收揽一般农民的方法：对于贫农极其恳切叮咛，宿营之际，使老幼睡在炕上，自己却睡在地上，使役农民的时候给相当的酬金。"正因为如此，当1934年2月21日独立师召集南满带17支反日武装首领会商成立抗日联合军总指挥部时，亲临会场的中共满洲省委巡视员小孟亲眼见到："选举总指挥部的人员的时候，尤为郑重，皆用投票法。当时室内则鸦雀无声，选总指挥的17张票，16张写着杨司令。"①

---

① 同上引注，http://gd.cnread.net/cnread1/jsxs/q/quanyong/dbkl/002.htm。

由于得到农民群众的同情、支持和掩护,中共东北抗日游击队虽然兵力有限,武器装备极差,却能够在敌后十分恶劣的条件下坚持与日伪军长期周旋和作战。也正因为注意到对付中共的游击队必须要切断其与农民群众之间的这种联系,使之无法得到民众支持和掩护,日军自 30 年代中期以后,陆续开始大搞无人区的政策。即用武力强迫农民群众集中到四周挖有深沟或筑有高墙,设有炮台,布满铁丝网的"集团部落"村里面去,再推行严格的保甲制度,一家通"共",数家连坐,进而对有游击队出没的山区或密林进行严密的经济封锁,发现游击队的营地,便调集重兵围剿。如此厉行多年,抗日联军虽于 1940 年以后开始得到苏方的援助,仍因与民众隔绝,以及苏方要顾及变动了的苏日关系,而未能坚持下来。1941年以后,抗联被迫逐渐脱离本土,撤入了苏联境内。①)

"七七事变"之后,日本开始大规模侵入中国华北、华中地区,在敌后开展游击战争的问题也现实地摆到了国共两党的面前。同东北沦陷的情况极为不同的是,1932 年以后一度留在东北敌后坚持作战的大批东北军和地方警察部队,严格说来均非自愿,而是因为日本对东北三省的占领是先南后北,使之根本无处可退。在关内,日军的进攻是正面展开的,因此无论国民党中央军还是地方军队,在抵抗失利后多半都采取了向内地后撤的做法。因此,关内的敌后游击战争,无论对国民党还是对共产党,基本上都是一种主动的措施。

战争开始时,中共编成的正规武装实仅 2～3 万人,而国民党的正规军则有 170 万之多。两党历经 10 年内战,此时中共虽迫于形势被迫承认国民党的正统地位,但两党相互防范甚深,互不信任。从这种现实的状况,特别是从两党力量对比的角度出发,中共方面自然希望能够利用在敌后作战这样一种方式,取得独立自主和避免与国民党摩擦冲突这样一种便利。从这样一种心理出发,毛泽东等很早就开始强调:"红军特长在运

---

①　从时任东北抗日联军第五军军长和第二路军总指挥周保中的日记中可以清楚地看出,由于日军开始实施了这一严密封锁的策略,游击队自 1936 年开始即已陷于不得不为给养而战的艰苦境地。至 1939 年时已"广大群众被日隔离,一切时事变化消息几乎完全阻绝。而抗日联军现存各部联系亦相继隔断"的程度。参见周保中.东北抗日游击日记.北京:人民出版社,1991年,P388。

动战,防守非其所长",主张在战争爆发后应开展游击战,如"以一部深入敌后,打其后"。①

"七七事变"后,这样的可能性迅速出现了。国民党几个师的守军不数天即丢掉平津(请参考杨天石的第五章),中共中央随即开始要求自己的谈判代表向国民政府方面争取:中共武装"(甲)在整个战略方针下,执行独立自主的分散作战的游击战争,而不是阵地战,也不是集中作战,因此不能在战役战术上受束缚"。② 8 月 20 日,国民政府大本营颁布的有关第一战区作战指导计划训令,即部分接受了中共的要求,为八路军明确规定了敌后游击战的作战任务。指示称:八路军应"以阳原、蔚县、涞源为活动根据地,以策应下花园、宣化、万全方面之作战,截击敌人之侧背,并须以便衣队深入冀东、热河地区,施行游击战,袭击敌军后方为主要任务。"③

不过,按照国民政府的规定,八路军只有选派部分武装以便衣队形式深入敌后进行游击作战的需要,而毛泽东却相信八路军全部任务都应用于分散的游击作战。由于日本这时占领区尚小,再加上国内舆论强烈要求中共加入正面防御作战,毛泽东的这一提议不可避免地会受到广泛的质疑。这种情况只是随着日军迅速向内地推进,才逐渐发生了改变。④ 由于日军对大片地区的占领只能采取点线控制的办法,不仅山地,就是平原地区远离城市间交通线的农村,都无法实施其统治,因而部队深入敌后开展游击战争有着相当的回旋余地和生存空间。人们对将中共武装全部投入游击战的怀疑因此渐渐消失,已经改编为国民革命军第八路军的中共正规部队陆续深入敌后,致力于游击战争。

八路军最早也是最成功的一次游击战战例,是平型关战斗。1937 年

310

---

　　① 毛(泽东)、朱(德)关于红军编制及准备问题致彭(德怀)、任(弼时)并告叶(剑英)、刘(伯承)、张(浩)电.1937 年 7 月 16 日,转引自:毛泽东军事文集.第二卷,军事科学出版社,1993 年版,P5。

　　② 洛(甫)、毛(泽东)关于红军作战的原则致周(恩来)、博(古)、林(伯渠)电.1937 年 8 月 1 日,转引自:毛泽东军事文集.第二卷,P20。

　　③ 大本营颁第一战区作战指导计划训令.1937 年 8 月 20 日.转引自:中华民国史档案资料汇编.第五辑,第二编,军事(一),南京,江苏古籍出版社,1998 年,P616。

　　④ 有关战争初期中共中央内部围绕着部队作战形式和任务的争论情况,可参见:杨奎松.抗战初期中共中央对日军事战略方针的演变.参见:近代史研究.1988 年,第一期。

9月，八路军一一五师受命侧击正在进攻平型关的日军。师长林彪率两个团参加了战斗，但实际上这次作战只是一次伏击战。一一五师成功地伏击了从两个方向对开至平型关前山沟里的日军汽车队和辎重队，基本上歼灭这两支非战斗部队，缴获并焚毁了大量军用物资。一一五师六八五团是当天伏击战中唯一与增援而来的日军战斗部队进行了数小时激战的部队，也因此死伤了200多名指战员。这次伏击战能大获成功，也在于林彪指挥灵活，并未按计划从沟里向日军进攻平型关正面部队的背后展开攻击。他在阻击日军正面进攻部队的救援行动告一段落后，即连夜指挥部队撤离了战场。考察在整个抗战期间，中共正规军对日军的攻势作战，基本上都是这样一种战法。其突出表现为如下三个特点：（一）埋伏袭击，出其不意；（二）以多击寡，以强击弱；（三）灵活机动，打了就走。

当然，和东北地区将部队隐藏于深山和密林中的游击战模式不同，由于关内地域辽阔，日军兵力极其有限，几乎无法实施集团部落式的隔离行动。而中共又从以往国共内战时的经验出发，特别注重根据地的创立。它从战争开始即分派出大批部队，化整为零地分散到农村去，利用远离中心城市和交通要道的山地和平原边远地区的农村，在那里建立政权，组织生产，武装民众，以为生存之所。进而以此为根据地，将周边与日军实际控制区连接的地区变为游击区，形成一种进可攻、退可守的相当机动的态势。由于战争初期，日军将主要兵力用于正面进攻，再加上八路军或新四军致力于创立距交通要道和大中城市较远的农村山地根据地，（对日军后方心脏地区的威胁并不是很大，因此，在日军着重固守中心城市和交通要道的情况下，八路军通过各种小规模的战斗消灭和驱逐了大批进至敌后农村的日伪军，因而其势力也逐渐向华北部分敌后平原地区在发展。

就兵力的扩张来说，自1937年8月下旬八路军陆续出动前往华北敌后战场开始，除了在最初两个月里因作战较多，又尚未建立起巩固的根据地，部队数量上时有减员外，以后将近一年时间都是处于惊人的发展当中。至1938年春，八路军一个旅的人数已经相当于国民党军一个师，平均达到万人左右。）到这一年年底，整个八路军的总兵力已经由最初出动时的4万人，一举发展到将近22万人之多。

就根据地的创建而言，1938年2～3月，八路军挫败日军对临汾、长治及晋西各渡口的侵犯之后,已稳稳地确立了晋察冀、晋东南、晋西北和晋西四大战略基地。除了山地根据地外,按照毛泽东关于"应即在河北、山东平原划分若干游击军区,并在各区成立游击司令部,有计划地系统地去普遍发展游击战争"的指示,[①]八路军总部也越来越多地要求部队深入到敌后平原地区去发展。也就是说,八路军从此开始脱离国民政府为其规定的第二战区的作战范围,开始跳出山西绥远地区的限制,向河北和山东去发展。如一二九师及一一五师三四四旅之一部,由太行山区向冀南、豫北平原和铁路沿线展开,开辟了冀南、豫北和冀鲁边根据地;一二〇师一部向河北及平绥路北敌后发展,建立了察南根据地;一部与晋察冀军区汇合,挺进冀东,创建了平西冀东根据地;一部随后还进入了大青山,建立了大青山根据地。到1938年秋天为止,八路军在整个华北地区已经建立起大片的敌后根据地。在北线,沿管涔山、五台、恒山、军都山,直至冀东雾灵山,建立起一线山区根据地;在南线,由吕梁山、太岳山、太行山,直至冀中、冀南平原、山东广大地区,建立起了与平原相结合的根据地,包括晋西北和大青山、北岳、冀中、平西和冀东、晋西、太岳、太行和冀南、冀鲁边、鲁西北和湖西等大大小小十几块根据地。

　　以根据地为依托向外渗透和扩张,这是中共在关内长期坚持抗日游击战争的重要特点之一。这些根据地既无深沟高垒,甚至也没有明确的边界划分,其军事上的稳固性严格说来也不高。通常情况下根据地能够保持一定时期的稳固,除个别山地,如太行、太岳这样一些中心根据地,因为有天然的屏障使日军难以展开大规模的进剿之外,大都不是在军事上防御的成功,而是因为与日军占领区保持着一定的距离所造成的。由于根据地内的八路军对根据地以外日军防守的地区不构成直接的或太严重的威胁,日军因兵力不足,只好听之任之。当然,八路军及其根据地的迅速扩张,不可避免地要步步逼近日军占领区,不仅对日军的交通线和各种重要据点形成威胁,而且还会与日军形成对各种战争资源,特别是粮食的争夺。随着1938年10月武汉陷落,日军大规模的正面进攻行动暂时告

311

----

　　① 毛(泽东)、洛(甫)、胡(服)关于在河北东平原地区大量发展游击战争致朱(德)、彭(德怀)等电.1938年4月21日,参见:毛泽东军事文集.第二卷,P217。

一段落,大批日军回师华北,为巩固占领区,实现"以战养战"、"以华制华"的目的,日军曾实行了以打击八路军为主的所谓"肃正作战"。但日军的这一攻势显然没有能够取得实际的效果。此后八路军的扩大仍旧相当迅速,到 1940 年,八路军和新四军的总兵力已经达到将近 50 万人了。毛泽东因此甚至雄心勃勃地提出,应争取在最短时间内将部队的总兵力再扩大 30 万人,即当年要达到 80 万人,而且"今后应有更进的开展,而其中心点是 200 万军队"。[①] 八路军能够成功挫败日军的进攻和"扫荡",很大程度上靠的是民众的配合与支持和机动灵活的战略战术。民众的配合与支持,在军事上最典型地表现为全民皆兵和人民战争的思想的贯彻。

中共的游击战主要是由正规军来进行的,这些正规军,如得到国民政府正式番号的一一五、一二○和一二九师,通常都是由在中共中央军委领导下的八路军总部直接指挥的。但是,还在战争的最初阶段,为适应建立根据地的需要,这些正规军中就已经分出部分部队组建了地方武装。根据地的政权通常都是由这些部队派生出来的,因而根据地实际上实行的是一种军政合一的战时体制。其固有政府的设置,亦有军区的设置,军区的最高权力机关在很多情况下实际上是与政府的权力机关相重合的。而军区的设置,又有大军区与小军区之分,大军区之下,通常又设有小军区和军区直属部队,再往下还设有军分区。军分区则指挥着各自的支队或团营等地方武装单位。而这些支队或团营建制的武装,并没有固定的编制,不过视其发展的情况而定其兵力的多少。

地方武装的建立和发展,是以根据地民兵组织为基础的。18 岁以下的少年儿童被组织成儿童团,帮助村子站岗放哨,检查过路行人,以防奸细打探情报。18 岁到 55 岁的男人(各地关于年龄的规定各不相同),则组织成民兵,如抗日自卫队或人民自卫队等。每县都设有武装科以领导这支力量,县以下则由同级政府直接领导。区以下则每区设有大队部,内有大队长、政治指导员及军政干事各一人;中心村则设中队部,村设分队部,均配备有分队长及政治指导员。[②] 一面进行军事训练,组织游击小

　　① 毛泽东致彭德怀电. 1940 年 4 月 11 日。
　　② 程子华. 冀中平原上的民兵斗争. 1942 年 11 月。参见:中共河北省委党史研究室等编. 冀中抗日政权工作七项五年总结(1937～1942). 北京:中共党史出版社,1994 年,P304。

组,打击汉奸,一面担负上级派给的破路和为八路军运送弹药、粮食和伤员等项任务。当时游击队的组织在相当地区还是采取自愿参加与群众选举相结合的办法。即首先通过政治动员,说明组织和加入游击队的必要性与意义,争取农民自愿报名,与此同时由政府和军区派出工作团召集村一级负责人开会,具体确定可以参加游击队的人员名单,由工作团一个一个地登门做说服工作。[①]

由于这时多数农村里的民众几乎都被组织到各种救亡会、救国会或动员会中去了,根据地的口号又是"有人出人,有钱出钱,有枪出枪","武装起来,保家卫乡",故老百姓多数情况下深受抗日救亡、保家卫国的政治氛围的熏染和影响,再加上不少地方政权对优待抗日军人家属的工作做得较为到位,动员成年男子参加游击队并不很困难。[②]当战事需要时,个别政治动员工作出色的县乡,甚至还会出现成班成队的民兵自愿参军,进而编入到地方部队里面去,形成极具地方特色的团和营的情况。如在晋察冀军区,就出现过以县名命名的平山团、灵寿营等。

地方武装,特别是民兵和自卫队的作用对日军实现其占领计划,妨害最为明显。据冀中根据地报告,最初日军来到村子时,自卫队无应付能力,只有同民众一跑了之。后来渐渐开始敢于远距离开枪,甚至做简单的抵抗,使少量的日伪军不敢贸然进村,从而鼓舞了村民的勇气,更多的人出钱买枪并组织起游击小组来了。游击小组在农民救国会,即党支部的领导下,从打汉奸开始,发展到拿土枪土炮运用麻雀战术[③]对兵力较小的日伪军及其据点,进行分散的袭扰或抵抗,威慑日伪不敢轻易出来。当日军利用扩建的公路网和碉堡来对付时,游击小组除了用神经战,如通过打枪甚至放鞭炮来袭扰日伪军外,更常常发动民众参加破路。常常是日军白天抓人修路,晚上就被破坏掉,以至形成日军修路平沟而游击队破路挖沟的拉锯战。而当遇到较大股的日伪军出动但有隙可乘时,游击队也会及时通知当地武装部队,甚至是八路军,利用有利地形对敌进行打击。纵使附近没有正规部队,游击小组或民兵也会利用地雷等爆炸物和采取麻

312

---

①　王恩茂日记—抗日战争(上).北京:中央文献出版社,1995年,P222。

②　程子华.前引文,同前注,P300。

③　即以零散的单兵四散骚扰,打一枪换一个地方。

雀战来袭扰敌人,掩护民众及时撤退躲避。①

　　由于有民众的支持,即使有日军大部队出来扫荡,部队通常也很难受到损失。这是因为,远在数里以外放哨的儿童或民兵会用各种方式提前报信,包括使用"节节哨",一个连接一个地用放倒树木、点燃烽火,或鸣枪一响等办法,通知靠近敌占区的邻近村庄和部队做好准备。部队迅速转移,民众也很快将粮食和其他重要物资隐蔽起来。等日军大部队赶到时,村里早已不见了八路军的影子。即使有时个别部队转移不及,也往往能够在民众的掩护下化整为零地藏到农民的家里。日军不止一次地将全村人集合起来,逼迫小孩子去认领自家的人,企图用这种办法辨别出谁不是村里的人,结果在许多情况下小孩子们都叔叔、舅舅、表哥、大伯地把藏在村里的八路军一个个地认走了。② 由此不难看出八路军及其地方武装和农民之间的关系如何。

　　当然,对于日军以摧毁根据地为目的的大规模的扫荡行动,仅仅靠民众掩护是不够的。条件许可时,八路军即用反扫荡的战争来对付日军的扫荡。如从 1939 年 5 月到 1940 年 4 月一年左右的时间里,八路军在华北就曾进行过几个团联合行动的运动战方式的反"扫荡"作战。其中,晋察冀边区 1939 年冬季的反"扫荡",连续使用五六个团协同作战,使日军付出很大代价,其旅团长阿部规秀中将即在此次作战中被击毙。

　　在另外一些情况下,八路军则会采取更加灵活机动的战法。即通过坚壁清野和战略转移的办法,躲过日军的进攻锋芒。在这种情况下,除非力量许可,部队通常对根据地都不实行固守,而是以保存实力为原则,坚决实行十年内战时红军对付国民党进攻的"十六字"方针,即"敌进我退,我驻我扰,敌疲我打,敌退我追"。特别是那些与敌占区犬牙交错的根据地,要想固守自己的根据地,几乎是不可能的。③ 在这种情况下,预计到根据地难以保持,八路军必定会将部队转移或隐蔽起来,等到敌军撤走后,再

---

① 程子华. 前引文,同前引注,P305～309。
② 李公朴. 华北敌后一晋察冀. 北京:三联书店,1979 年,P27,31。
③ 如冀中根据地,本身即"处在敌寇四面包围中,它在津浦、平汉、北宁三条铁路与沧石公路之间",日军占领的"城与城之间"少的只有不足十公里,远的也不过 30 来公里。"敌我相互包围,布成围棋式的,犬牙交错的局势"。参见:关向应. 论坚持冀中平原游击战争. 1939 年,转引自晋察冀抗日根据地史料选编.(上),石家庄:河北人民出版社,1983 年,P110。

回到原地重建一切。即使不能及时转移,也必定采取隐蔽的办法,化整为零地躲避起来,让敌人摸不着头脑。这一策略显然让日军吃尽了苦头。因日军深知自己的攻势只能是暂时的和阶段性的,部队无法长期驻守到边远的农村中来。而每每日军一撤,八路军就卷土重来,很快又开始活跃起来。故其在找不到中共军队决战的情况下,当时唯一能够采取的手段也只能是彻底摧毁中共军队所赖以存在的物质基础。部分日军发明"杀光"、"烧光"、"抢光"的"三光"政策的做法,即是恼羞成怒的一着。

游击区的快速扩展和其结果

由于战争爆发后国民党把全部注意力几乎都放在了正面防御上,蒋介石和国民党最初对游击战显然不够重视。在开始为各战区制定的作战计划中,除了特别提到八路军应派便衣队前往敌占区去袭击敌后方以外,很少在总体战略上考虑在敌后开展游击战争的问题。但是,由于日军的推进过于迅速,也还是有一些打国民党旗号的武装留在了敌后。如河北省保安队即留在了冀南,前东北军万福麟部和察北保安司令孙殿英所部则留在了太行山南部地区,河北民军司令张荫梧也率部留在了在冀南晋西的交界处。山西太原失守后,国民党将近 30 个师实际上都转入到山区活动,从行政角度,山西省主席阎锡山还专门划出了七个游击区。山东则有以孙桐萱为司令的第三军团留在鲁西南,有庞炳勋的第四十军留在鲁南,有山东第六区的行政督察专员范筑先和第三区的行政督察专员张里元等组织的抗日武装留在了鲁西北,有国民党山东省党部委员秦启荣组织的游击队留在了山东与河北的交界地区,有青岛市市长沈鸿烈率海军陆战队和地方武装留在了鲁中地区。另外,在江苏,省主席韩德勤率领的第八十九军、陈泰运率领的税警团,以及李明扬、李长江分别为正副指挥的苏皖游击队等,也都留在了江苏敌后。到 1938 年底,国民党留置敌后的兵力总共约有六七十万人,远远超过了中共这时在敌后的武装数量。[①]

---

① 莫岳云、郭铁伦.试论国共两党敌后抗日游击战争的关系.参阅:抗日战争研究.1997 年第一期,P173～174。

314　1937 年底,国民政府军事委员会副总参谋长白崇禧提出应"采取游击战争与正规战配合,加强敌后游击战"的建议,蒋介石随即通令各战区加强游击战。如军委会次年 1 月 11 日即指示第一战区:"以军队联合组织训练之民众,施行游击,破坏敌之后方。"①随后,第五十三军奉命向陵川、林县一带游击,骑兵第四师奉命与河北民军司令张荫梧等各部游击队前往太行山东南要地实施游击。第二十四集团军奉命以淮阳为根据地,向津浦路南段游击;第四十八军奉命以沭阳为根据地,向陇海路东段及津浦路中段游击;第六十九军和第五十七军亦奉命向津浦路南段游击。第五战区更奉命以 8 个师以上的兵力在大别山分区设立游击根据地,向安庆、舒、桐、六合及豫东皖北方面游击。苏北兵团则奉命向淮南游击,破坏交通。在 1938 年武汉会战前后,第三战区也曾奉命指挥第十集团军、第十一集团军和第二十二集团军分别在沪杭、京杭和江南铁路沿线进行游击,并被要求组织沿江游击炮队及布雷队,妨害日军后方之安全与长江航运;第九战区也奉命以 4 个师以上的兵力在九宫山建立游击根据地,向敌后游击,以策应武汉方面。②

为加强对敌后党军政的控制,国民政府不仅先后委任沈鸿烈、鹿钟麟、廖磊、韩德勤等为已经陷落的河北、山东、安徽和江苏各省的主席,而且还在敌后各战区成立了"战地党政委员会",统一协调和指挥敌后的党政系统。随着武汉广州相继沦陷,蒋介石更进一步提出"游击战重于正规战,变敌后为其前方,用三分之一力量于敌后方"③的策略,为此并特地增设了冀察和苏鲁两个敌后游击战区,先后调第五十一军、六十九军、新八军和第九十九军等挺进山东与河北,以加强游击力量。为适应这种情况,国民政府军委会还专门举办了游击干部训练班,聘请了众多中共军事将领为教官,并编写了《游击战纲要》,分发各战区、各军事学校,作为研讨游

---

① 参阅:蒋纬国.抗日战争指导:蒋委员长领导抗日艰卓绝的十四年.香港远流出版公司,1989 年,P311。

② 转引自:唐利国.关于国民党抗日游击战的几个问题.原载于:抗日战争研究 1997 年第一期,P194～195。

③ 秦孝仪主编.中华民国重要史料初编.第二编(三),台北:中国国民党中央委员会党史委员会,1986 年,P149。

击战之教材与实施游击战的依据。[1]

　　由于国民党对游击战争给予了相当的重视，派遣了大批部队深入敌后来开展游击战，这就自然而然地造成了一批重要的游击区和根据地。如豫东游击区、山西游击区、浙西游击区、鲁中游击区、海南游击区等，并建立了太行山东南部根据地、中条山根据地、吕梁山根据地、五台山根据地、大别山根据地、浙西根据地以及皖东、皖北和鄂东根据地等。国民政府军委会从一开始就把敌后游击部队纳入到正规部队的指挥系统之下，坚持敌后游击战要服从于正面战场的作战。从 1938 年底到 1941 年底，正面战场上几乎每一次重要战役，军委会都直接指令敌后游击部队配合正面战场的作战。如 1939 年 3 月的南昌战役打响前，蒋介石就明令九战区代司令长官薛岳部署游击队在敌后破坏交通，袭敌辎重，遮断阳新、通山、崇阳公路，"阻敌增援"。[2] 战役开始后，军委会更有命令给在敌后的第二战区，要求其立即发起攻势以为策应。1939 年末发动冬季攻势时，国民党方面投入了第二、三、五、九等 4 个战区的主力部队，同时组织第一、四、八战区和鲁苏、冀察游击战区的兵力佯攻配合。1940 年春开始发动枣宜战役时，第五战区亦明令各游击部队参加作战，在具体作战部署上将各游击部队与正面作战的部队一并调遣指挥。到 1941 年 9 月第二次长沙战役发动时，军委会也是明令第五战区"向长江沿岸、平汉铁路、襄花、京钟、汉宜公路及荆宜当面敌人，发动全面游击"；并颁布鲁苏豫皖游击计划，要求淮南、淮北游击部队"向淮南、津浦、陇海铁路发动广大游击战破坏遮断敌人交通，策应长江方面作战"。[3]

　　在敌后游击战的过程中，山东第六区专员范筑先、第三军军长唐淮源、第九十八军军长武士敏、第二十四师师长寸性奇、沂水游击司令刘震东、东北游击司令唐聚五、皖北游击副司令雷忠等，都先后战死。可见其多数在敌后对日作战亦相当坚决。

　　但是，国民党的敌后游击战多半却未能坚持下来。至 1943 年以后，

　　①　莫岳云等. 前引文，P175。
　　②　彭明主编. 中国现代史资料选辑. 第五册(下)，北京：中国人民大学出版社，1989 年，P10。
　　③　参见：蒋纬国编. 国民革命战史(三)—抗日御侮. 第七册，台北：黎明文化事业有限公司，1978 年，P156。

河北、山东、察哈尔等敌后各省,几乎已没有国民党主力部队了。这里面一个重要原因是因为他们始终相信游击战是正规战之一种,很少真正了解游击战的特殊性质和战法。① 因此,众多敌后的国民党军名义上执行的是游击战的任务,实际上依旧是在用正规战的战法。进攻时强调与正面战场的配合,侧重于大兵团作战,防守时寸土必争,节节抗击,结果是打不赢,走不掉,一旦被日军抓住,便会遭受重大损失。

316　　　　以中条山根据地为例,国民党军从开始就大力建造防御工事,企图凭借天险力保不失。1941 年 5 月,日军调集六个师、两个混成旅和一个骑兵旅,从三面围攻中条山。为守住中条山,军委会参谋总长何应钦将主力 7 个军配置在横广 170 公里,纵深 50 公里范围内,依靠天险和工事死守硬战,最后仍被日军攻破。庞炳勋在太行山、于学忠②在山东的失败,原因也在于此。故日本方面在比较了中共的游击战之后,曾对国民党军队的游击战有过明白的批评,说:"国民党系统的军队的政治工作和游击战,与中共方面相比较,则相形见绌,不够熟练和妥善。"③也正是由于国民党军队在敌后的作战方式不适合于敌后作战的客观情势,引起了日军的高度重视和反击,导致所受压力巨大,一些部队被迫退出敌后战场,少数部队投靠了八路军,另外则有相当多的将领选择了投降的出路。如第三十九军军长兼鲁西行政署主任孙良诚、新编第四师师长吴化文、新编第一师师长于怀安、第一一二师第三三四旅旅长兼鲁南游击指挥部总司令荣子恒、鲁苏战区挺进第二纵队司令厉文礼、第二十四集团军总司令兼太行山游击总令庞炳勋、新编第五军军长孙殿英等,均纷纷率部向日军投降。

国民党敌后游击战难于坚持的另一个重要原因,是其军队在农民中间通常不受欢迎,甚至与农民关系紧张。国民党的军队是由中央和地方、新派与旧派等多方面势力集合起来的一支军队,其士兵的来源五花八门,有拉夫拉来的,有雇佣雇来的。军官们通过虚报士兵人数吃空饷以自肥

---

① 蒋介石即明确认为:"所谓游击战,实在是正规战之一种,一定要正式的部队才能够担任。"参见:张其昀编.蒋总统集.台北:1993 年,P996 页。
② 时任苏鲁战区司令。
③ 日本防卫厅战史室编,天津市政协编译组译.华北治安战.(上),天津:天津人民出版社,1982 年,P201。

的,更是司空见惯。这支军队中许多部队因自身纪律松弛、风气败坏,导致与农民关系不好,已成锢疾。再加上回到敌后来的不少将领,因为要取得各种资源以维持部队的生存,或者依靠地方上的乡绅地主压榨农民,或者用野蛮的办法去向富裕农户榨取,结果更是不免搞坏了与地方民众的关系。对此,国民党当权者实际上也相当清楚,军政部颁发的《游击战纲要》对"爱护民众"问题就曾专文强调,但它显然并未能对部队起到警示和约束的效果。这种情况是导致敌后国共两党摩擦冲突之际,农民大多倾向中共的重要关键。对此,当年一位农民的下述说法颇能说明问题。这位山西的老乡是这样说的:

我们村里的老百姓都爱八路军,村长也爱八路军,小孩子们看到八路来了,抢得去遛马。今天老百姓看到军队来了,问"什么军队?""八路军"。大家都抢着去听差。八路军吃喝都给钱,不打骂百姓,打日本鬼子比晋军强,比骑一军强。从陕西过来的八路军没有一个当汉奸,当汉奸的都是晋军里面的人。这里有很多人都当八路军了,村子里的人都说:"迟早要当兵,早一点当八路军,免得给晋军拉去当兵"。①

国民党敌后游击战难于坚持的一个不容忽视的原因,还在于国共两党对控制敌后非敌占区的激烈争夺。国民政府执意恢复沦陷区的军政系统,一个很重要的目的,就是想要藉此实现军令和政令的统一,限制中共的自由发展。故无论鹿钟麟还是沈鸿烈,都曾极力想要实现这一目的。只经过了不到一年时间,原本还能够和平相处的国共双方就再也无法相互容忍了。1939年,河北的八路军首先采取了大规模的军事行动,先是消灭了张荫梧的河北民军数千人,然后接连消灭和打垮了其他打着国民党旗号的游击武装,包括乔明礼②、金宪章③、薛文教④、石友三⑤、朱怀冰⑥、孙良诚等人所率领的部队。几乎与此同时,邻近山东和山西两省的国共两党军事力量,也开始发生了激烈的冲突。八路军在山东重创了齐

---

① 王恩茂日记—抗日战争(上).P463~464。
② 时任河北民军副总指挥兼第二军军长。
③ 时任新编第二师师长。
④ 时任山西八分区专员公署督察专员。
⑤ 时任冀察战区副总司令兼第六十九军军长。
⑥ 时任豫北自卫军总司令兼第九十七军军长。

子修①、秦启荣②和沈鸿烈的部队;在山西为争夺山西新军的控制权与晋军大打出手,挫败了阎锡山试图掌握新军的计划。所有这些发生在华北敌后的战斗,双方兵力动辄都在两三千以上,规模较大时一方的兵力就会达到十几、二十个团之多。由于华北的国民党敌后武装多半为旧有的地方势力,而这些以地主豪强为骨干的力量,与农民的关系通常比较紧张。再加上部队的军纪远不如八路军,因此,八路军仅凭借自己在当地民众的良好印象,就在这一系列的争夺战中占尽了上风。

中共在争夺华北敌后控制权的冲突中取得了巨大的成功,导致其对进一步发展华中敌后根据地开始抱以强烈的愿望。华中敌后,包括从武汉到长江下游及淮河流域周边的几个较为富庶的省份。日军这时占领着这一地区的中心城市和交通要道,国民党桂系军队占据着大别山、淮南地区,以顾祝同为司令长官的第三战区的两个集团军部署在皖赣边和皖南、苏南地区,江苏中部和北部则是国民党地方势力鲁苏战区副总司令韩德勤及李明扬和"忠义救国军"的地盘。由红军南方游击队改编而成的新四军,最初兵力不过 1 万人左右,只占据着苏南、皖南和皖中的几小块地区。到 1939 年 4 月,成立不过半年多时间的新四军游击支队 3 个连 300 余人,就已经发展到 12 个团约 1 万人;李先念、陈少敏部也只用了几个月时间,就从最初的几百人一下子发展到了几千人。注意到新四军的迅速扩展,为发展华中敌后根据地,中共中央派周恩来于 1939 年 2 月 23 日到新四军军部,确定了"向南巩固、向东作战、向北发展"的战略任务。随后,新四军第一支队二团从苏南开赴江北,开辟了扬中、大桥、泰州地区;六团东进,开辟了苏州、太仓、无锡、江阴地区;第二支队四团则由太湖一带越过长江,开辟了仪征、六合、天长地区。进而又派出第四、五两支队开赴津浦路西、路东,分别开辟了以定远东南藕塘为中心和以安东北半塔集为中心的津浦路西根据地。

同时,在中共中央的指挥下,山东的八路军——五师还派出了苏鲁豫支队南下灵璧一带,一部进入皖东北,主力西移津浦路西。彭雪枫部亦在

---

① 时任山东保安第五师师长。
② 时任别动总队第五游击纵队司令。

津浦路西、淮河以北的淮上地区开展活动。山东陇海南进支队也奉命进入邳县、睢宁、铜山地区,建立了皖东北根据地。正是在这样一种情况下,中共中央和中央军委于 1940 年 2 月 10 日发出了争取当年再发展 30 万正规军和 300 万自卫军的指示,要求八路军、新四军在"坚持游击战争的总的任务下,扫除一切投降派顽固派的进攻,将整个华北直至皖南江南打成一片,化为民主的抗日根据地,置于共产党进步极〔势〕力管理之下"。①

中共敌后武装的迅速发展,特别是在华北敌后取得的优势地位,和渐向华中敌后推进的态势,极大地刺激了蒋介石和国民党军事领导人。出于对异己势力的恐惧,蒋介石国民党对中共和地方势力藉抗战之机扩大武装高度警觉。还在 1939 年 5 月,军委会就颁布了《游击队调整办法》,以后又陆续制订了补给、训练、奖励、纪律等多项命令和办法,力图通过统一名称编制、确定指挥系统与军费等办法,将敌后游击队的管理切实纳入其军令政令之下。到 1940 年 7 月间,国民党五届七中全会上,何应钦更明确强调禁止各部队擅自扩充和任何收缴落伍官兵和地方团队的枪支。1941 年,军委会以提高敌后游击效能的名义下令整理各战区内的游击部队,明令裁减四分之一,裁掉了 14 万人。两年后,再裁掉了 16 万人。1944 年,还裁掉了 8 万人。②

对中共武装,国民党方面则采取核定编制和划定作战区域的办法,强行限制中共在敌后扩军占地。这一年的 7 月 16 日,国民党方面不顾中共方面的反对,明令颁布《中央提示案》,规定第十八集团军(即八路军)只能编为 3 军 6 师(两旅四团制)另加 5 个补充团,不准另有支队;新四军只能编为两师(同前)。其他所有纵队支队及其一切游击队须一律限其收束,编军之后不得再委以任何名义或自由成立部队。其活动地区,只限于陕甘宁边区 18 个县和冀察两省及鲁北和晋北一部地区。随后,何应钦、白崇禧以参谋总长和副总长的名义于 10 月 19 日公开发出通电,限令第十

319

　　① 中央、军委关于目前形势和任务的指示.1940 年 2 月 10 日,原载于:中共中央文件选集.第十二卷,P184～187。

　　② 唐利国,前引文。

八集团军和新四军于一个月内须全部调赴冀察两省及鲁北晋北地区。①

　　一方面,国民党坚持限制中共发展,并限令八路军、新四军于一月内全部离开华中地区;一方面,中共坚持独立自主,不受限制,只同意将处于皖南国民党区域内的新四军军部北移过江,双方为此唇枪舌剑,各不相让,终于导致发生了震惊中外的"皖南事变"。新四军及军部总共 9 000余人,在转移过程中受到奉命围赶新四军北上的第三战区国民党军的围攻,除 1 000 余人逃出外,包括军长叶挺在内,全部战死或被俘。国共之间携手合作抗日的局面,自此告一段落。

压力下的共产党

　　中共虽然拒不接受国民党的限制,但其扩军在 1940 年以后实际上进展也并不顺利。1940 年 8 月 16 日,中共中央政治局就讨论过扩军的现实可能性问题。他们发现,至少有两个困难在现有条件下几乎难以克服。其一,枪支弹药严重匮乏,尽管年初的指示要求"任何军队至少须有五成枪",实际上许多新扩编的部队都到不了五成枪,子弹更是无以为继。如此则部队的人数虽增加了很多,战斗力却无法保证。其二,地方民众负担太重。以华北几个根据地为例,晋察冀边区脱产的党政军民学各种人员已占到当地人口比例的 2.8%,冀中区已达到 2.9%,平西区和陕甘宁边区更达到 6% 以上。根据实际经验,脱产人员比例决不能超过人口总数的 3%,否则财政上根本无法维持。这也就是说,在现有的基础上,多数根据地继续扩军几乎是不可能的了。这种情况促使中共中央迅速改变了原来的宏大设想,要求各地在扩军时必须考虑到上述困难,并采取适当的解决办法,并明确指示:"为了长期坚持斗争,必须与敌人争地盘,各部队必须向外推进,争取新区域,发展游击区,缩小敌占区,必须与敌人缩小我

320

　　① 秦孝仪主编. 中华民国史重要史料初编. 第五编(四),台北:中国国民党中央委员会党史委员会,1985 年,P227~230;并见:何应钦、白崇禧致朱彭总副司令、叶挺军长电. 1940 年 10月 19 日. 转引自:中央档案馆编. 皖南事变(资料选辑). 北京,中共中央党校出版社,1982 年,P87~88。

区域企图作坚持的斗争,切忌把部队集中在中心区域,坐吃山空。"①

实际上,正规部队的过快扩充早就开始遇到兵源方面的问题。早在1938年秋冬,八路军一二〇师三五九旅的扩军就出现过完不成计划和达不到质量要求的情况。"如有六十八岁的老头子,五十几、四十几的不少,同时大刀会②的人也吸收进来了,流氓地痞也有个把子";"扩兵的新战士有大批开小差的,如新城、雄县扩大的一连人一百七十八个,后来开小差只剩到七十来个"。③ 对此,八路军虽然很快就对扩军过程中的问题进行了检讨和改正,新兵开小差的问题也迅速纠正了④,但仅限于在根据地内进行征兵明显地存在着坐吃山空的情形。

要求部队向外推进,争取新区域,缩小敌占区,与敌人争地盘,这个方针直接导致了1940年"百团大战"的发生。还在这一年的春天,日军华北方面军就已经注意到"华北将成为中共天下"的现实危险性,因而决定将"讨伐"的重点开始指向八路军。⑤ 华北方面军所属14个师团中约10个师团很快展开了针对华北敌后的八路军和各个抗日根据地的所谓"肃正作战"行动。到1940年6月底,中共华北抗日根据地相当部分实际上已经变成了游击区。一方面根据地不断地受到日军的进攻而缩小,一方面部队的规模却还在不断地扩大,八路军总部显然希望通过向外推进来改变这一困境。它在7月间就提出了在敌要害地区组织大规模破袭战,迫敌退守的战役设想。在中共中央的与敌人争地盘的方针推动下,这一设想很快就发展成"百团大战"的作战行动。

"百团大战"作战规模之大,动员兵力之多,作战时间之长,在八路军战史上空前绝后。其作战形式也表现得多种多样。除破袭战⑥具有典型

---

①　中央关于各抗日根据地内省人力物力坚持长期抗战的指示.1940年8月20日,转引自:中共中央文件选集.第十二卷,P469～470。

②　被中共认为是带有封建迷信色彩的农民武装。

③　王恩茂日记—抗日战争(上).P290～291。

④　据王恩茂日记所记,其所在三五九旅随后几个月逃兵现象基本上得到了遏止。同上引注,P354～355。

⑤　华北治安战.(上),天津人民出版社,1982年版,P235～245。

⑥　"破袭战",指以破坏交通、通讯、厂矿、码头等设施与袭击日伪零散据点为目的作战行动。

的"扑一下就跑"的游击战特点外,在这次战役行动中,较大规模的运动战①、攻坚战②、阵地战③也相当普遍。这一战役无疑是对这一时期敌后八路军与华北日军总体军事对抗能力的一次实际的检验。检验的结果表明,这时的八路军尽管能够对日军造成巨大的军事威胁,但其军事实力此时还不能对占领军造成实质性的伤害。彭德怀事后在总结双方军事对抗能力的巨大差距时举过这样一个例子。他当时亲自率领七倍于敌的兵力将一部日军围在一个村子里,整整打了一天,付出了相当的伤亡,竟无法拿下这一部日军。原因之一,就是双方的火力完全不可同日而语。因此,"百团大战"在接连打了两个月,伤亡了两万人之后,还是无法实现原来的战役设想,不得不及时收兵。不仅如此,这场大规模的破袭战,对华北日军反倒形成了强烈的刺激,使其更加清楚地感受到来自八路军的巨大威胁,因此转而调集了更多的兵力,对能占领的区域全部占领之,对不能占领的地区则反复"蚕食",或用所谓"三光"(烧光、杀光、抢光)政策彻底摧毁之。结果,"百团大战"的结果,八路军控制的地区不仅没有扩大,反而进一步缩小了。几乎所有平原地区的根据地都成了游击区,八路军在敌后的活动变得更加困难了。

就在"百团大战"开始受到日军报复的几乎同时,国共关系也因为"皖南事变"的发生而骤然紧张起来。据此,毛泽东重新估计了战争形势,明确开始提出了"与日寇熬时间的长期斗争的方针"。他指出,之所以必须要实行这样一种方针,就是因为"敌我军事技术装备悬殊太远,我人力、物力、地区、弹药日益困难",如果我不顾一切牺牲来作战,结果只能是孤注一掷并被敌人打垮。中共中央和中央军委受到"百团大战"结果的影响,更加重视游击战的战法,因为他们注意到:"抗日战争与过去国内战争不同,没有集中最大力量对敌进行消灭战的可能。"在现阶段中,"我之方针应当是熬时间的长期斗争,分散的游击战争,采取一切斗争方式(从最激烈的武装斗争方式到最和平的革命两面派的方式)与敌人周旋,节省与保

①　"运动战",指通过部队灵活运动的方式调动敌军以利歼敌的作战方式。
②　"攻坚战",指攻取有坚固堡垒、鹿寨或城墙等防御工事的目的物作战。
③　"阵地战",指以阵地为依托的防御作战。

存自己的实力(武装实力与民众实力),以待有利的时机。"①

在这种情况下,扩军计划自然被放弃了。中央军委明确指示说:

"军队在抗战期间原则上不再补兵(情况特殊者例外),作战损失后两团并为一团,两营并为一营,两连并为一连,旅的架子也可取消一些,全军准备明年至后年缩小一半(全军五十七万准备缩至二十余万)"。"无论将来有无大的变动,在山地根据地内主力军与地方军(人民武装不在内)数量上的比较,一般应以二与一之比为原则,在平原根据地内则以一比一之比为原则。在某些最困难的区域(如冀东、大青山、苏南),应当打消主力军与地方军的区别,全部武装地方化……而每个根据地脱离生产者全部数目(包括党、政、军、民、学),仍只能占我统治区全人口百分之三左右。""军队(包括游击队)与党政民工作人员的比例,为四分之三与四分之一的比例。"②

以最靠近华北中心城市和交通要道,日军围攻最为频繁的冀中根据地为例,到 1942 年止,日军共计建筑据点和碉堡达 1 753 个,平均每 4 个半村庄或是 1.4 平方公里就有一个据点或碉堡,并将各据点和碉堡间妨害展望与射击的树木、房屋和丘陵一律削平,且修筑了铁路和公路 835 公里,平均每 6.5 公里就有一公里铁路或公路;挖了 4 186 公里的封锁沟,即平均每 14 平方公里就挖有 1 公里的封锁沟,不仅各县之间,就连区、村间也大部分挖了深达数米的深沟,试图以此来阻止中共武装的自由行动。与此同时,日军还采取了残酷的报复手段,发现哪个村庄藏有中共武装或干部,即对该村实行烧抢杀的"三光"政策,或逼迫群众赔款,以此威胁农民不敢容留或接近中共武装。在这种情况下,日军频频发动大规模的军事扫荡和清剿作战。打得最为惨烈的就是冀中"五一"大扫荡。日军从 1942 年 5 月 1 日开始,从滹沱河以北向南压迫,之后又从石德铁路向北压迫,企图将冀中我军及其所属第六、七、八等分区的指挥机关和部队,全

---

① 中央革命军事委员会关于抗日根据地军事建设的指示.1941 年 11 月 7 日,载于:中共中央文件选集.第十三卷,P124~125,212~213;参见:刘少奇选集.(上),人民出版社,1981 年版,P253~257。

② 同上引注,P213~214;关于华中精兵简政问题的指示.1942 年 8 月 4 日;中央关于加强统一领导与精兵简政工作的指示.1942 年 12 月 1 日,载于:中共中央文件选集.第十三卷,P424,466。

部压迫到滹沱河与滏阳河合流的三角地带以内,彻底围歼。冀中中共武装和民众在此役中遭受重大损失,仅六分区一个区的武装就从原来的4 500人骤减为2 000余人,全军区部队伤亡减员近万人,民众被杀害和抓走的更高达数万人之多。①

但是,日军的有限兵力依旧不可能彻底捣毁中共的根据地和游击队。当大规模的扫荡和清剿告一段落之后,其仍旧必须要采取点线固守的办法来维持其对沦陷区的统治。而其采取的通过筑碉构堡和挖沟开路的办法来扩展控制范围的策略,反而使自己的力量变得更加分散了。1942年夏天之后,日伪军每个据点或碉堡平均不到30人,大据点也不过几百人,小碉堡仅十余人,且多为伪军,日军只占四分之一。如此其战斗力和火力都大大降低了。

中共武装因此也采取了相应的对策:八路军拨出三分之一至二分之一分散到各县及敌之侧后进行游击活动,而地方武装也缩小到以连为最大单位,且通常会以排、班来执行独立的战斗任务。对日伪小股部队,冀中的中共游击武装采取的办法,或是利用民房隐蔽接近,然后突然冲出,以白刃战解决战斗;或是顶风而上,驱逐敌人回碉堡据点;或是沿日伪兵力薄弱的点线靠近据点,压制敌人,使其不敢轻易出来。对较大股的日伪部队,则通常采取村落连环防御的战术,对敌进行反合击,即一部被围,固守待援,周围村落部队自动增援,向敌反包围。1943年3月,中共冀中部队的三个班分驻文安大铺附近的三个村子,被敌200余人包围,三个班配合夹击日伪,战斗一日,安全转移。6月初,冀中一连兵力在深县南寺庄对来袭之敌进行反合击,缴获机枪一挺,步枪31支,部队安全转移。而对敌强大兵力的扫荡清剿,则采取化整为零,逐次分散的战术,三三两两,或钻地洞隐蔽,或预先跳出包围圈。②

在不同的地区,部队的战法也不尽相同。比如在冀东根据地,游击主力兵团因有山地为依托,因此继续保持着相对的集中。他们的战法是:

---

① 李秉新主编. 血色冀中. 石家庄,河北人民出版社,2002年,P13,236～241。
② 吕正操. 在敌寇反复清剿下的冀中平原游击战争. 1943年7月. 转引自: 河北省社会科学院历史研究所等编. 晋察冀抗日根据地史料选编. (下),石家庄: 河北人民出版社,1983年,P377～380。

声东击西,忽南忽北,避强击弱,即打即离。其作战多表现为埋伏的歼灭战,主要利用群众、青纱帐和夜色的掩护,对小股行进中的日伪军,先以短促的机步枪火力与手榴弹施以猛烈袭击,然后蜂拥而上,短兵相接进行白刃战,迅速解决战斗。[①]

对于日军残酷报复民众的做法,中共的基本对策是把武装与民众更密切地结合起来,形成统一的自卫队,即从优秀分子组成的游击小组,到一般 18～24 岁男子组成的青年抗日先锋队,到 25～35 岁男子组成的模范队,再到 35～55 岁男子组成的混合自卫队,再到分为青年、壮年和老年等队的妇女自卫队,以及少年先锋队等,把农村中绝大多数农民都组织起来,统一在由武装科扩展而成的武装委员会的领导之下。由大区至分区至县至区至村均设有委员会,内设作战部、训练部、勤务部、爆炸部和秘书处,统一领导大区抗先队、分区抗先队、县抗先队、区抗先队和村抗先队。[②] 同时再由正规武装组成以班为单位的武装工作队,深入到各中心村帮助群众开展武装斗争,且用“单打一”的政策,专门打击表现最坏的汉奸分子,杀一儆百;必要时出动主力部队对特别活跃的日伪军实施突袭,或包围据点,堵门伏击,出来就打;或乘其空虚,摸进碉堡,捣毁其据点,使之不敢轻易离开碉堡。这样一来,凡有民众的地方,就有抗日的武装,日伪出来就会挨打,挨了打还不知道是谁打的;找民众报复,挨打更惨。据冀中的经验,凡是游击战争发展得最普遍,日伪吃亏最多的地方,也是对民众报复最少的地方。总之,他们的经验是:“越敢打仗,打仗越多,真是打得敌人懵头转向,敌人就越老实而不敢出来,因此也就保护了群众,坚持了游击战争。若是有人以为游击战争可以‘游而不击’的坚持下去,如果不是存心说风凉话,那就是门外汉在那里说梦话。”[③]

由于中共中央采取了上述新的方针,再加上太平洋战争的迅速爆发,华北日军的兵力配备和注意重心逐渐地有所转移,留置后方的日军素质和战斗力严重下降,两年多之后,中共在敌后的游击战争度过了最艰苦的

①　李运昌、李中权、曾克林. 冀东的抗日游击战争. 转引自: 冀热辽人民抗日斗争. 第二辑, 天津人民出版社,1987 年,P122～123。

②　程子华. 前引文,同前引注,P318。

③　吕正操. 前引文,同前引注,P380～381。

一段时期,坚持了下来。其军队总人数上实际上只缩小了 10 万人左右,远比预期的要少得多。毛泽东在 1944 年年底总结说:我们在 1940 年光是大的根据地就有 20 个,总人口约 1 亿,军队达到 57 万,"百团大战"后"我们的力量减少了,损失很大",但由于我们的方针政策对头,大的根据地只损失了几个,人口只减少了不足一半,军队只减少了 10 万人。到 1943 年下半年以后,我们的力量就开始呈上升趋势了。

共产党的迅速恢复

1943 年下半年,整个战争形势开始发生了有利于中共华北敌后游击战争的重要变化。由于美国开始大力援助国民政府抗战,日本本土开始受到能够直接从中国陆地上起飞的美机的严重威胁。而美日之间在海上的大规模作战,也使日本方面对海上交通线有所顾忌,试图打通中国大陆南北交通线以便利日方物资的运输。在这种情况下,日本大本营不得不采取拆东墙补西墙的办法,在已经抽调了大批华北占领军主力前往太平洋战场的同时,还不得不抽调兵力进行旨在打通大陆交通线和清除中美在东南沿海的空军基地行动的所谓"一号作战"。这种情况自然极大地减轻了日军对中共敌后根据地的围攻与压迫,使八路军和新四军重新获得了行动的便利。八路军和新四军敌后游击战的军事方针,自然也开始相应地有所变化。

从 1944 年初开始,晋察冀军区首先开始发出"集中适当主力,配合各种方法,广泛攻袭伪点,迫其撤退,并求得消灭其一部"的指示。但是,由于几年来部队已化整为零,相当分散,重新集中起来问题颇多,无论指挥权问题,还是部队训练问题,都需要相当时间去解决。再加上各个根据地面临的形势不十分相同,还在持续进行的延安整风运动尖锐批评了自 1937 年战争开始至 1940 年"百团大战"这一段时间里党内出现的强调集中作战的倾向,指责发动"百团大战"忽视了战争的长期性和残酷性,因此,各部队军事方针的转换不能不经历了一个颇为复杂的过程。甚至直到 1944 年 4 月中旬,即日军"一号作战"已经大规模开始之际,毛泽东仍旧认为:"我党力量还不够强大,党内还不够统一,还不够巩固,因此还不能担负比较目前更为巨大的责任。"①

1944 年夏季中国政治军事形势的发展更加迅速。一方面是国民党军队在日军的进攻下节节失利,在国内外引起强烈震动,一方面是八路军在敌后的地位逐渐引起美国方面的重视,开始向延安派驻军事观察组,并一再许诺要向敌后的中共武装提供军事援助。在这种情况下,中共中央显然对显示自己的军事力量开始表现出相当的热情。中央军委明确开始提出"大举攻袭敌伪"的要求,主张离大城市较近的武装力量应努力把游击战争发展到城市周围去,不仅威胁日军,而且要"准备夺取这些大城市"。而为了准备战后可能到来的国共冲突,同时也为了能够在华南建立起战略根据地,中共中央军委还专门组织八路军紧随日军之后南下黄河以南,在河南西部开辟新的根据地,并先后组织了上万人的南下支队争取与广东的东江纵队汇合一起,在华南等地开创新的局面,与华北、华中的敌后根据地形成犄角之势。

与此同时,在中共中央的督促下,八路军开始重新集结主力,陆续展开了一些攻势作战,其作战形式明显地再度发生了一些改变。但是,要使自己担负起更大的责任,实现从游击队和游击军向正规军的彻底转变,甚至是实现从游击战到运动战,从分散指挥到集中指挥,使部队重新成为一支能够大规模歼灭敌人的军事力量,仍旧不是一件容易的事情。多年敌后分散游击的经历,使得众多在敌后的部队已经失去了集中起来进行大规模作战的能力。苏军 1945 年 8 月出兵时一支苏蒙联军部队由外蒙直下察哈尔时,曾经遇到一支全部农民打扮,衣衫褴褛,枪支长短不齐的武装。虽然对方热情相迎,反复说明自己是晋察冀军区所属某军分区的八路军,还是让军容整齐、全部机械化的苏蒙联军无法相信,以致将对方视为土匪而强行缴械。

事实上,这个时候的八路军的装备仍旧相当落后,不仅枪械制式五花八门,而且徒手仍占相当数量,大多数敌后的作战部队更没有重武器,使用的弹药则都是用土制黑色火药填充的,杀伤力十分有限。以这样的装

325

---

① 参见:朱德选集.北京:人民出版社,1983 年,第 133 页;彭德怀军事文选.北京:中央文献出版社,1988 年,P188;山东军区关于敌人收缩兵力和我军斗争方针给各军区的指示.毛泽东军事文集.第二卷,P711,715。

备来同优势的日军进行大规模的正规战,不要说在长期缺乏正规战训练的情况下,就是在部队完成相当时期集中和训练之后,也很难取得军事上的胜利。因此,虽然整个世界反法西斯战场的形势十分乐观,华北敌后战场的力量对比也明显改善,中共中央已经明确提出仿照欧洲希腊和南斯拉夫共产党的榜样准备组成"解放军",毛泽东也还是相当谨慎地提出了"挤"字方针。他主张:目前"对敌斗争的办法,主要还是挤",即在巩固自己的前提下,多打些小胜仗,把敌人一步步的挤出去。而"挤的本身,就是准备反攻"。具体到挤的方法,就是"在可能条件下,应乘虚尽量消减伸入到根据地内之伪军、顽军及敌军小据点,扩大根据地,但一般的暂时不打交通要道及较大城市。"①

　　1940 年以后分散兵力和寓兵于民的方针,这个时候开始发挥了效用。随着战争明显地走向最后胜利,中共迅速开始把各根据地里的大批民兵队伍升格为地方武装,进而把相当一部分地方武装改编成正规军。到时 1944 年底 1945 年初,中共的正规军已经达到 90 万之众,地方武装则约有二三百万之多。

　　随着部队集中的速度逐渐加快,一部分地区的八路军和新四军开始加强了攻势作战,力争"把一切守备薄弱、在我现存条件下能够攻克的沦陷区,全部化为解放区"。注意到整个形势的进展,1944 年底,中共中央最终正式肯定了从防御转向进攻,从游击战转入正规战的必要性。部队大规模集中化和正规化的任务重新提了出来。随之,对正规战(包括运动战、攻坚战)的应用和训练的问题自然而然地开始提上了议事日程。

　　但是,就整个战略的转变而言,所有这些设想始终都还只是停留在纸面上,毛泽东在《论持久战》中所提出的战略反攻阶段没有能够实现。直到 1945 年春天,中共中央对日本战败时间的估计还较为保守。甚至到日本投降前夕,即 8 月初,毛泽东还相信敌后现在还未脱离相持阶段,估计与日本的最后决战还要有一年多的时间,因而仍旧强调"我军战略方针是在日寇占领区域实行分散的游击战争,建立与扩大解放区,缩小沦陷区,

326

---

　　① 毛泽东关于多打胜仗巩固自己挤小敌人的指示. 1944 年 9 月 30 日;毛泽东选集.(合订本),北京:人民出版社,1964 年,P455,458;中共中央文件选集. 第十四卷,P377~378;张平化. 对敌斗争与练兵运动. 1944 年 12 月 17 日。

建立与扩大军队、游击队与民兵，削弱敌军、伪军与联敌攻我之顽军"。①因此，在整个战略部署上，中共中央在临近日本投降之际，仍在做决战和反攻的准备，强调大规模反攻的时候"尚未到来，尚须稍有所待"。② 在这种情况下，中共从游击战向正规战的战略方针的改变速度自然明显地落后于形势了。当 1945 年 8 月 9 日苏军大举出兵和随后日本宣告投降时，中共绝大多数军队显然还处在游击战的状态中，没有能够发展到开始集中作战举行反击的程度。

总结

在整个抗日战争时期，国共两党在敌后游击战问题上都进行过尝试和努力。相比较而言，国民党的敌后游击战主要带有配合正面战场作战的性质，是一种正规战的辅助战法。中共的游击战则具有独立自主的战略意义和价值，其部队的战术思想和战法都与国民党军有所不同。而双方敌后作战的最大区别，一是在战法上，二是在兵民关系上。正是由于战法太过僵化，再加上缺少民众的支持和配合，国民党在敌后的游击队不仅难于与日军长期周旋，而且无力与中共的敌后武装争夺控制权。中共武装得益于日军以主力对付正面战场，靠良好的兵民关系稳据敌后广大农村，国民党武装在与日本占领军和共产党军队的较量中，或退出，或降日，或合流于中共武装，势在必然。

中共游击战也是按照实际作战经验和形势变化总结经验而来。游击战的发展有三个阶段：第一阶段为战争开始到"百团大战"。毛泽东定下分散抗敌的游击战方针后，八路军就没有进行过大兵团作战。第二阶段是 1941 年初到 1943 年底。这也是游击区的最为困难时期。中共杜绝集中兵力会战，而是以整化零，创造了中共经典战法。第三阶段为 1944 年初到 1945 年 8 月日本投降。中共抓住时机、进行把游击战转为传统作战

---

　　① 　1945 年 8 月 4 日毛泽东在中共中央电报上加写的内容。
　　② 　1945 年 8 月 4 日，毛泽东在给豫鄂根据地领导人的电报中即估计："日寇明冬可能失败，还有一年时间供你们作准备工作。"参见：中共中央文件选集.第十五卷，P200。

战略转换，为战略反攻做准备。由于对日军投降之快估计不足，中共领导层决定显得犹豫，部队收拢集中受到耽搁。他们展开了部分分散反攻作战，慢慢把部队集中以备日本投降后应付来自国民党的压力。

327

中共在抗日战争中的战略方针是因其脆弱的军事和政治地位决定的。他们只能依靠自己的力量。为了胜利，所有的战略、战术的考量都取决于这个基本现实。正是这个战略方针才使得中共在八年抗战中生存下来、不断壮大。

（本文括号中的内容均为英文版删去了。）

第十三章
日军作战士气（第三十七师团案例）

作者：河野仁

"他们看上去更像是在为谁而战，而不是在和谁作战。"

——罗伊·格林科、约翰·斯皮格尔[1]

"能让一个步兵拿着武器继续向前的动力，是因为他附近存在着或假定存在着他的战友，这是我认为在战争中最简单的真理之一。"

——S·L·A·马歇尔[2]

"对作战行为的最佳预测是个人已经被制度化了：你是个士兵，不再是平民了。"

——塞缪尔·A·斯托福[3]

引言

在关于日本士兵的刻板写照中，人们都着重于一些意识形态方面的因素，如："为天皇而战"、"为了国家的利益"、"武士精神（武士道）"或者"日本

---

① 罗伊·格林科（Roy Grinker）、约翰·斯皮格尔（John Spiegel）两人都是美国当代作家和心理医生，他们合作著书《压力下的战士》（Men Under Stress）。——译者。

② S. L. A. Marshall 是陆军准将 SLA 马歇尔，外号"Slam"，（不要同乔治·马歇尔混淆），其经典著作《武装部队的军官》（The Armed Forces Officer），为世界大战后奉命评估战士的表现，为军队长官提供一本以历史为基础的指导书而著的。——译者。

③ 斯托福（1900～1960，Stouffer，Samuel Andrew），美国社会学家。第二次世界大战期间在美国陆军部指导社会研究工作。——译者。

精神(大和魂)"。蒋介石认为日军得益于军民的忠君爱国思想,或者说一致的大和魂理念。他认为日本士兵能够死不投降是因为严厉的军队纪律和对命令的绝对服从。① 日本士兵被认为训练有素、纪律严明,但是他们同时也被认为是野蛮的、残忍的冷血杀手,就像是"化身博士"的人格(译者:心理学名称"双重性格")。日本士兵这一奇怪的形象主导了西方社会对于日本军队的看法。② 玉碎思想以及不顾一切近乎疯狂的"猪突攻击"(日本人称之为"万岁冲锋")和"神风特攻队"战术,使得日本士兵在太平洋战场上的行为凸显得特别不可思议、难以理解。然而这种特有现象在中国战场上却少有出现。③

　　一个比较折中的看法是,日本士兵并非上述理想中的疯狂形象,激励他们战斗的元素还是自我保护、战友友情、同辈压力,以及家庭的荣誉。这些被视为激励他们战斗的同等重要因素。④ 在本章节中,我将探讨日军士兵平时的作战士气问题。⑤ 我研究的对象是大日本帝国陆军第三十七师团的士兵,案例来源于我对该师超过 40 名退伍军人的口头访谈记录。⑥

　　本章探讨日本士兵个人的战斗经历以及从他们的视角来观察他们的

---

　　① 菊池一隆.日本反战士兵与日中战争.御茶水书房,2003 年,P17～18。日军士兵不合理且不可理解的行为之形象充斥于彼得·斯赫雷弗斯的作品美军对日战争(纽约:纽约大学出版社,2002 年),和埃里克·贝格鲁德的《触火:南太平洋的陆地战争》(纽约:维京出版社,1996年)之中。

　　② 彼得·斯赫雷弗斯.美军对日战争.P175。

　　③ 关于日军士兵的更进一步的典型形象,参见:罗伯特·埃杰顿.太阳升起之地的勇士.纽约:诺顿出版社,1997 年;以及:阿利森·吉尔摩.用刺刀不能与坦克作战.林肯:内布拉斯加大学出版社,1998 年。

　　④ 杰里米·布莱克编.自 1815 年以来现代世界的战争.转引自:爱德华.J·德瑞.日本帝国陆军,1868～1945.伦敦:劳特利奇出版社,2003 年 P75～115。

　　⑤ 作者使用"战斗动机"这一词来描述驱动、激励士兵去战斗,同时使用"士气"这一词来指士兵在战斗时集体层面上的心理准备。关于战斗士气和动机问题的典型作品,包括:约翰·多拉德.战斗中的恐惧.华盛顿特区:步兵杂志出版,1944 年;罗伊-格林科和约翰-斯皮格尔.压力下的人.纽约:麦格劳-希尔教育出版集团,1945 年;塞缪尔 A.斯托弗编著.美国士兵.新泽西州:普林斯顿大学出版社,1949 年;S.L.A 马绍尔.对抗战火的人.纽约:莫罗出版社,1947 年;爱德华·希尔斯,莫利斯·詹诺维茨.第二次世界大战中德意志国防军的凝聚与解体.转引自:公共舆论季刊.1948 年第 12 期,P280～315。

　　⑥ 关于更多方法论的细节,参见:河野仁著.日中战争中的战斗的历史社会学考察:第三十七师团案例中所见的战斗士气问题.军事史学会编,由《军事史学》社发行,第 130～131 号,第三十三卷的第 2～3 号,P197～216。

战斗动机。我侧重于所谓的体群纽带，①或者说是同甘共苦的经历，这是促进部队凝聚力、提升领导力作用的重要因素。② 换言之，对战斗行为的描述和对战斗动机的分析是建立在社会学和社会心理学的理论框架上的。

第三十七师团的军史概述

第三十七师团是在 1939 年 2 月 7 日组建的"治安师团"。该师团由平田健吉中将指挥，其历史可以追溯到总部设在九州北部的第十二师团。第三十七师团的征兵区域包括了九州北部和冲绳的工业区和煤矿区。该师团的特性源自于其作战经历以及征兵区的地区特点。

由于中国战局从"速战速决"转变成"长期持久"作战，第三十七师团为占领区的治安和警备目的而组建。1939 年 5 月，该师团接替了第一军战斗序列中的第二十师团。③ 第二十师团是一个甲种"4 联队单位"野战师团，由 2 个旅团以及 1 个炮兵联队组成，每个旅团由 2 个步兵联队组成，满员人数 28 959 人（详见爱德华·德利亚的第四章）。④ 相比之下，第三十七师团是丙种"3 联队单位"师团，有 3 个步兵联队和 3 个炮兵大队，定编人数 14 404 人，其火力大约是野战师团的 44%。⑤ 丙种师团缺少后

---

① 社会学中对于基础组群这一术语的定义，是指一个具有如家庭或同龄群体这样面对面亲密关系的小团体。根据希尔斯和贾诺威茨所述，对西方二战期间普通德国士兵的分析，从中论证：只要德国军队组成单位的基础组群结构持续下去，那么盟军试图通过调用次级政治符号而引起的不满（例如，关于国家社会主义制度的伦理不当行为）基本是失败的。参见：希尔斯，贾诺威茨著. 第二次世界大战中德意志国防军的凝聚与解体. P281。

② 为了达到最佳战斗表现，一个士兵必须最大化其激励因素，同时，最大限度地减少干扰因素，如：有效应对恐惧、保存体力及保持武器可用。参见：安东尼·凯利特著. 战斗动机：战斗中的士兵行为. 波士顿：克吕韦尔-尼伊霍夫出版公司，1982；史达修·吕巴克. 军事心理手册. 纽约：约翰威立国际出版公司，1991，P471~489；河野仁. 战斗组织的比较研究：二战期间的日本与美国. 美国西北大学，1996，以及所著. 玉碎的军队、生还的军队. 讲谈社，2001。

③ 第二十师团于 1940 年一月回到了日本。参见：防卫厅防卫研修所. 战史丛书：华北治安战. 朝云新闻社，1968，第一卷，P141。

④ 第二十师团是九个甲种师团之一，于 1937 年进行战争动员。该师团在被分到第一军之前，受关东军指挥。

⑤ 秦郁彦编. 日本陆海军综合事典. 东京大学出版社，1991，P705。

勤保障以及机动性,[①]也是1939年之后驻扎在中国的典型师团。第三十七师团是1939年2月到6月间动员的10个师团之一。这10个师团大多部署在中国战场,接替像第二十师团那样疲惫不堪的甲种师团。由于预见到将在苏联—"满洲国"边境上同苏联发生的战争,日本必须对这些被接替下来的野战师团进行补充和重建。[②]

　　第一军的任务是守卫山西南部,归属于总部驻扎在南京的新建中国派遣军。第一军由第三十六、第三十七、第四十一师团以及第三、第四、第九独立混合旅团组成。1939年9月,总兵力接近133 000人,占日本华北方面军总人数的三分之一。[③] 第三十七师团被部署在200多个阵地上,兵力极其分散。对阵敌军有国民党第一军、第二军、第十战区、八路军以及地方民兵。[④] 根据1939年6月的数据,中国中央军有九个师共56 000人,西北军有五个师、两个旅共31 800人,晋军有3个旅共6 000人,地方民兵约有3 300人。第37师团面对着将近10万的敌人。[⑤] 然而,根据一份1940年7月的日军治安形势报告,日军的作战行动已经使敌军的人数降至6万人左右。如此惨重的损失已使敌军失去进攻性、战斗力大大降低。[⑥]

军事作战

　　1939年至1944年间,第三十七师团在华北地区参与了无数作战行

---

　　①　分配给第三十七师团的2 640匹马(其中2 040匹可用)及89辆卡车,都不到分配给第二十师团的7 800匹马及300辆卡车的三分之一。

　　②　藤田丰编.春天来到了大黄河.第三十七师团战记出版会,1977,P44。

　　③　日本的华北方面军共有354 160人,包括可直接指挥的145 669名人员、第十二军的48 380人,以及驻蒙古的警备军27 294人。引自:防卫厅防卫研修所.战史丛书:华北治安战.第一卷,P234。

　　④　截至1939年五月,第三十七师团的14 343支部队分散在105个营地和129个前哨站,占地7 000平方英里、人口709 000。总体而言,这意味着每平方英里上只有2名日本士兵,要面对13.9名中国士兵、101名当地居民,加上已经渗透到该地区的共产党游击队。藤田丰编.春天来到了大黄河.P144。

　　⑤　华北方面军总参谋部将中国军队的战备状态评估为三类:甲类(高:积极参与战斗)、乙类(中)以及丙类(低:相当消极,受攻击时撤退)。所有军队中,只有中央军的其中一个师被认为是甲类师,而陕西军队被评为乙类和丙类,其余军队都被评为丙类。藤田丰.春天来到了大黄河.P71。

　　⑥　防卫厅防卫研修所.战史丛书:华北治安战.第一卷,P302。

动。第一次发生在 1939 年 12 月,该师团从山西境内夏县东部向中条山
的"东进"扫荡作战。他们的对手是中央军及晋军第三军(译者:唐淮源
部)共 13 000 人。第三十七师团派出约 12 000 名士兵,最终阵亡 163 人,
受伤 529 人。尽管此战役造成中国军队 2 745 人阵亡、约 5 000 人受伤,
但由于该师团撤退到原出发地,所以第一次军事行动并没有起到决定性
的作用,也不是一个美好的回忆。①

　　在一份于 1940 年提交给帝国大本营的报告中,平田中将总结了在山
西为期 15 个月的作战经历:"自从我们被派驻到该区域,本师团几乎每天
都在战斗。大大小小的作战行动总计大约 2 300 次,这意味着本师团平
均一天要作战 6.5 次。本师团共击毙敌军 2 000 人,俘获敌军 2 000 人,
同时本师团在作战中阵亡 776 人,死于疾病 126 人,因伤病原因调遣回国
827 人。"②1940 年至 1943 年间,第三十七师团参与了几次大型战役。③
1941 年 5 月至 6 月在晋南发生中条山会战,以中国军队阵亡 42 000 人、
被俘 35 000 人、日军阵亡 673 人、受伤 2 292 人的结果告终。④ 蒋介石对
此次战役的评价是"抗日战争史上最耻辱的一战"。⑤

　　之后第三十七师团从华北被调离至第十二军,参加"一号作战"(详见
由原刚先生的第十六章及由王奇生先生的第十七章内容)。"一号作战"
是由 50 万日军士兵参与的大型战役。⑥ 第三十七师团的 12 943 名士兵
于 1944 年 4 月中旬通过铁路运输到达千里之外的开封,在中牟县正面强
渡黄河时发挥了关键作用。中牟县暂由第一战区新编第二十七师的 3 000
名中国守军驻守。在 1944 年 4—6 月间的平汉线作战中,第三十七师团参

331

————————

　　① 藤田丰编.春天来到了大黄河.P55。
　　② 同上,P319。
　　③ 该失败显示:第三十七师团加入"一号作战"前,于 1939 年在行动中阵亡 451 人、1940
年阵亡 712 人、1941 年阵亡 653 人、1942 年阵亡 291 人、1943 年阵亡 472 人,及于 1944 年阵亡
86 人。在华北战区共阵亡了 2 665 人,同时,在华中、华南战区还阵亡了 2 929 名人,在法属印度
支那战场阵亡 1 744 人。藤田丰编.黄尘赤尘.第三十七师团战记出版委员会,1986,P426。
　　④ 防卫厅防卫研修所.战史丛书.华北治安战.1968 年,第一卷,P472。
　　⑤ 曾田三郎等译.中国抗日战争史.樱井书店,2002.P323。
　　⑥ 除了第三十七师团、第六十二师团、第一百师团及第三坦克师团,还有三个旅团被动员
参与"一号作战"。参见防卫厅防卫研修所.战史丛书."一号作战".第二部分,湖南战役,朝云新
闻社,1967 年,P27~28。参见本书第十六章。

与了包括许昌和卢氏县在内的河南省多个地方作战。① 其中一个联队在20天内作战、行军482公里,平均每天24公里。② 1944年6月至1945年1月,第三十七师团参加了由第十一军指挥的"湘桂战役"。(译者:即豫湘桂战役第二阶段(Shōkei Sakusen)。第三十七师团在这6个月中参与了包括湘西之战和桂林战役在内的一系列激烈战斗,阵亡士兵超过2 700名,另外还有400人在以前的长衡会战中阵亡。③

1945年1月25日,第三十七师团进入法属印度支那,参与到以新组建的第三十八军为主力的"明号作战"中(1945年3—5月)。第三十八军前身是印度支那派遣军。④ 第三十七师团的作战区域在北越,法军在那里建造了多个要塞。以越南的谅山要塞⑤为例,要塞配备了80门加农炮,超过300挺轻重机枪,10辆坦克,以及包括300名法军士兵在内的共计7 000名训练有素的士兵。⑥ 第三十七师团以阵亡991名士兵的代价攻克这些法军要塞。⑦ 第三十七师团在战争最后16个月的作战行动中阵亡4 673人,是过去五年驻守山西"治安作战"时阵亡人数的三倍之多。⑧ 至此,第三十七师团的总阵亡人数达到7 338人。

---

① 平汉路作战在中国被称为豫中会战。到第十二军最终占领洛阳时,该会战持续了两个月,从1944年4月18日至6月12日。第三十七师团留下了约2 500名新兵在山西接受进一步训练。藤田丰. 湄南河上夕阳红. 第三十七师团战记出版会,1980年。

② 防卫厅防卫研修所. 战史丛书:"一号作战". 第一阶段,河南战役,P600。

③ 根据藤田丰的估计,湘桂作战第一阶段(1944年6月14日至11月7日)中阵亡1 776人,第二阶段阵亡了992人。藤田丰. 湄南河上夕阳红. P601。

④ 第三十八军于1944年12月20日正式创建,总部设在西贡,从前印度支那远征军升级而来的。三个师团被分配到北部地区。第三十七师团代替第二十一师团,负责获得红河东畔的法属印度支那北部(东京),同时,第二十一师团被分配到红河西畔。第二十二师团则监视中国和法属印度支那的边境。第三十四混成旅团负责中部地区,而第七十混成旅团与第二师则负责南部地区。第二二七联队第一大队隶属于西贡附近的第七十混合旅团。藤田丰. 湄南河上夕阳红. P476~481。

⑤ 日军估计法军总兵力约为90 000名士兵,而实际则约为50 000名。约有一半的兵力应会被部署在北部地区。参见:同上,P537。

⑥ 至于第三十七师团的兵力,1945年3月9日达到了10 400名人员。参见:同上,P483~485。

⑦ 对现代化工事发起进攻变得更为艰难的原因很明显是缺乏弹药和后勤支援。第三十八军在明号作战期间限制弹药供应如下:每炮70发炮弹、每挺机枪1 000发子弹,以及每支步枪50发子弹。似乎对一个士兵来说,这就好像是用刺刀和手榴弹作战。参见:同上,P486。

⑧ 该战役战败详情如下:1944年4月~6月,在洛阳附近的战役中(平汉进攻)阵亡389人;1944年6月至11月及1944年11月至1945年1月,在桂林地区的战役中分别阵亡1 722人和637人;1945年1月至5月,在法属印度支那阵亡1 079人;以及在泰国和马来半岛阵亡了677人。参见:藤田丰. 春天来到了大黄河上. P534。

当二战结束时,第三十七师团正驻防泰国,其先遣分队则远在新加坡。该师团在 495 天内通过铁路、水路、陆地行军横跨 9 700 多公里从华北到达泰国。[①] 经历了数百次小规模战斗及数十次大规模作战。第三十七师团的士兵们认为"日本输掉了战争,但是我们从没有输过一场战斗"。这支作战经验丰富的师团被称为"冬兵团"。[②] 他们蓝色三角形的徽章和团队精神象征着"冬兵团"的声誉,这似乎提振了士气。[③] 一名军曹曾自豪地说:"中国士兵看到我们的蓝色三角形徽章就逃跑了"。从这个角度看,相比于那些大批经历过惨败和几乎被全歼的师团,第三十七师团对战争有不同的看法。

332

好比美国陆军认为由南方士兵组成的军队战斗力是最强的一样,来自日本九州的第三十七师团士兵非常擅长进攻,[④]来自日本东北方的部队擅长防御,大阪的兵源大多擅长区域治安。[⑤] 这里有一个关于这支战斗经验丰富的师团的小插曲。当第三十七师团的官兵们进入法属印度支那时,当地居民以及驻扎在当地的日军惊讶地看着这支像是打了败仗的部队。饱经战火的师团官兵们看起来脏兮兮的,军装都破损了,有些士兵的军衔章也没有,很多士兵穿着民用鞋而不是军靴。有些士兵有军帽,有些则没有,许多士兵留着长发和胡子。甚至于在来自日本东北的第二十一师团的士兵眼中,这些皮肤晒得黝黑、留着胡子的脸看上去就像一群外星人。然而,一旦进入战斗,这些衣衫褴褛的士兵战斗力却胜过了来自北

[①] 从运城到曼谷有 10 000 公里。他们步行了约有 4 600 公里、乘火车及船只前行了约有 5 800 公里。藤田丰. 湄南河上夕阳红. P591.

[②] 在 1944 年四月划归到第十二军后,第三十七师团的通称号改为了"光"。

[③] 曼宁认为,道德具有凝聚力和团队精神的作用。他进一步阐述了团队精神:"通过建立对作战行为相对苛刻的期望并将士兵自尊与作战单位声誉相结合,那么二级小组就能为其组员热情参与到战斗中提供额外的动力。"参见:弗雷德里克·曼宁. 士气、凝聚力和团队精神. 转引自:军事心理学手册. 纽约:约翰威立国际出版公司,1991 年,P458.

[④] 他们认为冲绳士兵与九州士兵的形象略有不同。虽然一些冲绳士兵表现出非凡的勇气,但他们的固定形象却是天真而和平主义。

[⑤] A. Miller 和 W. Murray 编. 作战效率(Colombus:Mershon Center,俄亥俄州立大学,1988 年)中收录有伊恩·尼斯(I an Nish)著. 日本:1914～1918. P246.尼斯认为大阪新兵相比农村来的士兵身体素质要差、士兵素养不佳。这是他们生活在城市的原因。1944 年桂林战役后,一名被俘中国军官告诉第五十八师团、第九十四独立步兵大队审讯官说,同一般日军作战需要五倍的优势,但是对付九州士兵的日军,中国军队需要十倍的优势兵力。参见:川崎春彦. 中日战争:一个士兵的经历. 光人社,2001 年,P137。

方的军队,因此很快挣得了他们能征善战的好名声。[①]

日本征兵动员的社会程序与一个日本士兵的社会结构

　　奈杰尔·鲍尔钦认为"士气的许多方面都是和国家特点和生活方式有关",因此"充分了解战斗士气需要了解认识民族心理"。[②] 我在分析战斗动机时的做法是侧重于人际间的相互作用,淡化日本文化在意识形态方面的影响。社会影响展示了一个日本士兵在一个特定的社会文化环境中是如何成长的。因此,我会介绍日本征兵动员中的社会程序,他们在每个阶段如何动员,在战斗动机上如何相互影响。当然,一个人参军的动机与在前线作战的动机是有很大的区别的。

　　据斯坦尼斯拉夫·安德烈斯基(Stanislav Andreski,波兰裔英国社会学家——译者)所说,日本在首相东条英机(1941~1944)的治理下就是一个"彻彻底底的军国主义国家"。[③] 英美和平时期军队建制小、征兵是志愿制的。同这些国家相比,日本则是"动员制的社会"。[④] 动员制的社会保持一个全国普及征兵制度并建有非常活跃的军民兼容军事性组织,包括公立学校教育、青年军事训练、全国性的退伍军人协会和妇女协会在内。莫里斯·詹诺维茨(Morris Janowitz,美国社会学家——译者)强调日本军队的效率背后,关键是其强制性的"全民社会系统"。[⑤]

　　战前的日本,人们从童年起就开始了征兵的社会化进程。受访者根本健司(除非特别说明,所有受访者一律都使用化名)[⑥]于 1918 年在熊本出生,他的家庭在当地开了一家公共汽车公司。1905 年,日俄战争期间,

333

　　① 藤田丰. 湄南河上夕阳红. P472~476。
　　② 鲍尔钦(N. Balchin). 心理战的某些方面. 伦敦:英国战争办公室,1945 年. 转引自:吕巴克. 军事心理学手册. P472。
　　③ 斯坦尼斯拉夫·安德烈斯基. 军事组织与社会. 伯克利:加州大学出版社,1971 年,P186。
　　④ 河野仁. 对战斗组织的比较研究. P51~63。
　　⑤ 莫利斯·詹诺维茨. 职业军人:刻画社会与政治的肖像. 增订版,纽约:自由出版社,1971 年,P17。
　　⑥ 一个虚构的名字。除非标注是真实的,其他所有名字也是虚构的。

其叔辈在亚瑟港（旅顺港）的海军作战中阵亡，并被追授金鵄勋章。[1] 根本健司小时候几乎每天和同伴玩战争游戏，认为自己是个"军国主义少年"。他最喜欢的课外活动是练习剑道和柔道。[2] 他于1941年应征入伍，成为一名优秀的战士，并晋升为工兵士官。然而并不是每个日本男孩都想成为士兵，但是二战前日本的军国主义社会文化影响着每个儿童的选择，社会价值观施展着无形的压力。男儿当兵要好好干，要有荣誉感。以根本健司为例，他承认最主要的战斗动机之一是为了"不要辱没了我的家族荣誉"。[3]

还有一些则是退伍军人对于家族所带来的影响。有一个案例，一位叔叔劝阻想要逃避兵役的侄子，并把他在日俄战争中的幸运符"千人针"送给侄子，以鼓励他去参军。[4] 有时候，一个兵役体检为甲等但是却没有被征召的父亲，会鼓励他的儿子努力成为一名军官。[5] 如罗伊·格林科和约翰·斯皮格尔所说，家中有退伍军人是一个很强烈的激励因素。[6] 尽管如此，并不是所有的父亲都热衷于让他们的儿子去参军。当然，有些表示无所谓，还有些没有去特别鼓励他们的儿子从军。我采访过的大多数日本退伍军人没有特别提到他们的家庭对他们入伍的影响。

即使没有家族影响，社会压力也会很大的。邻居、老师、同伴和身边的榜样都是强有力的征兵代言人。每个年级小学生的日语语文教科书开头语都是"前进！前进！士兵前进！"[7]各类师范学校被认为是准军事学校，作为师范学校的毕业生，公立学校的教师也在传达着军国主义的思想。自19世纪70年代起，征兵机构已经嵌入了公共教育系统，并

334

---

① 大日本帝国陆军第三十七师团老兵，作者于1992年7月30日采访的第二十五人。

② 根本是剑道方面的三级专家，也是自称在柔道方面的"一级专家"。他在剑道方面的技巧之后在新几内亚岛挽救了自己的生命。大日本帝国陆军第三十七师团老兵，作者于1992年7月30日采访的第二十五人。

③ 河野仁. 玉碎的军队、生还的军队. P137。

④ 河野仁. 对战斗组织的比较研究. P85。虽然叔叔告诉新兵不要退出军队，但他后来却向部队领导要求退伍，不过这个要求被拒绝了。

⑤ 同上，P84。

⑥ 格林克、施皮格尔. 压力之下的男人。

⑦ 一级日语教科书于1933～1940年被使用。战争故事被列入日语和伦理教科书。载于：中内敏夫编写. 军国主义美谈和教科书. 岩波新书，1988年。

且在 1938 年的"国家总动员法"中得到进一步强化,在理论上为总体战建立了一个高度结构化的教育和社会制度,成了一个理想化的"武装国家"。①

六年小学毕业或者是在随后两年中学毕业以后,日本男孩会参加一个青年学校,青年学校是一个为在职青年开设的兼职教育和军事训练的机构。退役军官或是前陆军军官让这些青年熟悉基本的军事纪律以及做一些基础的军事训练。青年学校制度制定于 1935 年,目的在于为青年工人提供更多的职业培训和军事训练,并于 1939 年成为强制性的《青年学校令》。通常青年学校会在每周中的三到四个下午开展几个小时的军事训练,由退伍军人指导。② 在农村,当地小学放学后,这样的训练在学校内进行,在城市中则会有一些工厂为青年学校提供设施场地。

第三十七师团退伍老兵的个人回忆

受访者高弘治 1922 年出生于日本九州的大分县,在柏原青年学校注册登记。由于大多数的训练是业余的,所以他平时在家里的农场中帮忙干活。他申请过初级飞行员培训,但是因为色盲被拒绝了。十六岁时,他在福冈的小仓兵工厂工作。1942 年,他通过入伍前的体检,体检结果为甲等,并应征入伍。在该地区 40 名应征者中,只有七八个人能被评为甲等。高弘治于 1943 年 1 月 10 日在熊本市加入第六工兵联队的补充兵员部。

高弘治一知道他将被征召后,就开始背诵《军人敕谕》。因为新兵在基础军事训练时会被要求背诵这篇冗长复杂的训令。他的叔叔和一个表哥以及其他的老兵(其中包括他的工厂同事中一名参与过诺门坎战役的老兵)都告诉他在入伍之后才开始学习这些训令就太迟了。退伍军人在

---

① 关于发展的历史进程,参见:西奥多·库克. 士兵与国家、军人与社会:日本加入西方世界. 载于:坂野润志主编. 日本近现代史. 第二卷. 资本主义与"自由主义". 岩波书店,1993 年 P257~298。

② 日向正人,生于 1922 年,毕业于宫崎市一所小学的高级课程,之后每周去青年学校上三到四天课,同时和家人一起进行农耕,直至于 1943 年一月应征入伍。作者于 1992 年 7 月 15 日采访的第二人。

他应征入伍的过程中起着非常大的影响力。[①]

高弘治的童年也充满了军国主义文化色彩。日俄战争期间,被称为"军神"的广濑武夫少佐*就是出生于高弘治的家乡,因此他成了那个地区儿童的榜样。战争电影在他的小学定期播放。高弘治回忆道:"自我童年开始,我便认为保护家族荣誉、不辱没家族,为国效力而血洒疆场。我们就是这么长大的,很自然。"[②]亲戚朋友们之间的相互影响使他自然而然地成为一个战士。因此,他为国效力的动机是由社会构成的。[③]

入伍之后,他的想法就出现了改变。1943 年 1 月,二等兵高弘治在中国运城加入第三十七师团后的两个星期内,艰苦的训练使他开始考虑逃跑。然后他想到了他的家人,作为六个兄弟姐妹中的大哥,如果他逃走了会对他的两个弟弟以及其他家庭成员和亲戚产生恶劣的影响。为了维护家族名誉,他绝不可以逃走,因此,为国效力就变成了为家族效力的延伸品。尽管二战前的日本社会认为为国效力的延伸自然就是效忠天皇,但高弘治不这么想。作战中,他从没有想过为天皇去送死。

高弘治的例子是入伍服役动机的典型范例。战斗打响后,天皇甚至是家人也很快就从他的脑海中消失了,但是家庭纽带仍然在他的脑海深处或者说是潜意识内存在着。战斗结束之后,家人和亲人会很快地重新浮现在脑海中。综上所述,"对家族的爱和集体荣誉"才是这些退伍日军最常提到的战斗动力。

除了社会化进程外,各种涉及军队的社会仪式在动员士兵上战场时起到了重要的作用。自 1873 年日本开始实行征兵制度起,随着 1937 年中日战争的爆发,以及 1941 年偷袭珍珠港,日军规模在不断扩大。社会中的兵役制度化,入伍仪式和派驻海外士兵的送别仪式发展到了一个空前的规模(但是,出于保密原因,在太平洋战争期间避免举行大规模的送

---

① 大日本帝国陆军第三十七师团老兵,作者于 1992 年 8 月 10 日采访的第三十七人。

* 译者:广濑武夫曾任驻俄武官。1904 年参加日俄战争,3 月 27 日,在旅顺港闭塞作战中战死。字牟 36 岁,追升中佐,被神格化为"军神"。

② 大日本帝国陆军第三十七师团老兵,作者于 1992 年 8 月 10 日采访的第三十七人。

③ 根据吉尔摩关于日本士兵士气的文献综述,有这样三个因素:(1)帝国机构的核心作用,(2)日本军队的威望和力量,(3)公民的义务性质——被认为是最重要的。参见:吉尔摩. 你不能用刺刀跟坦克战斗. P40。

别仪式)。

　　二战前,每个二十岁的日本男性公民都需要参加应征入伍体检,这对于一个日本青年来说是人生阶段最重要的事件。许多人的体检因被评定为甲类而感到光荣,符合当兵条件了。但在和平时期,这并不意味着会被征召。[①] 1937 年也是战前最后一个和平的年份,大约有 23% 的 20 岁青年被征召入伍。随着战争规模的扩大,体检甲类的青年一定参军。

　　入伍仪式包括一个正式的送别庆祝聚会。被征兵的家庭会邀请亲戚、邻居、朋友、当地的青年和妇女协会的成员、好友、老师、村长,或是地方政客、僧人以及道士参加聚会。[②] 宾客们会带一些小礼物给入伍者,比如钱币、护身符、附有五分和十分硬币的千人针,[③]带有签名的日本国旗(也被称为万岁旗)。这些小礼物象征着他们希望他在战争中交好运,诸如“第二二七步兵联队的田中一郎先生,恭喜你入伍!!”之类的幡旗会放在前院或者是家门入口。送别聚会的花费可能与婚礼相当,这对于一个男人来说是一生中的大事。[④] 然而,由于物资和粮食的匮乏和配给原因,那些在 1941 年偷袭珍珠港之后入伍者的告别聚会规模就小了很多。

　　除了入伍和动员仪式外,阵亡士兵的葬礼也对战斗士气产生重要影响。举行军队葬礼是一个重要的社会活动。以第三十七师团的工兵士官野村靖为例,他在 1937 年到 1938 年间参加过几次军队葬礼。通常,葬礼在一个搭建于小学操场上的纪念台上举行,到访的贵客中可能有军方代表、镇长以及一些镇上比较重要的人物。他在鹿儿岛的一个小镇上见到的最大、最庄严的葬礼给他留下了深刻的印象。

　　入伍的社会过程构成了战斗动机的潜意识基础,也可以被称为“潜在

---

　　① 根据吉田的说法,在考试前参拜当地的神社是一种常见的做法,以祈求没有电话通知。有些人甚至试图通过使用各种战术来伤残自己,以逃避兵役,或使检查员相信他们也不适合现役。参见:吉田裕. 日本的军队. 岩波新书,2002 年。

　　② 有时,宴会可以接待不同的客人,持续两到三个晚上。

　　③ 这些硬币的象征意义是“超越死亡线”(5 分硬币)和“克服一场硬仗”(10 分硬币)。

　　④ 入伍典礼于 1916 年在茨城县水户召开,根据父亲的日志,之后有 150 多人被征召入伍,送去军营,耗资 150 日元。同时给他外甥女开了个新娘派对,耗资 170 日元。自他外甥女的母亲——即他的姐姐,过世之后,就一直是他照顾他外甥女,而他的姐姐在日俄战争中失去了她的丈夫。引自:大江志乃夫. 征兵制. 岩波书店,1981 年,P117。

的意识形态",即一个士兵对家庭、对社会,以及延伸到对国家的爱。① 在入伍当天,镇上的居民会给新兵们送行,一路陪伴着他从家到当地火车站。新兵们会在车站站台上列队,新兵代表会做一个简短的发言。1942年2月,山田武志就曾在发言时大声地说道"我们将为国捐躯。"他认为这是当时最该说的话,因为这也是大家最想听到的。② 他的这一行为是社会造就的,代表着那些服役为国效力的新兵。即使这些士兵的家庭暗自希望他们的儿子们能够在战争中活下来,社会压力也不允许他在公众场合下说他要活着回来。③

作战组织和士兵在集体中的角色

　　刚入伍的新兵在军队这个集体中有了一个新的角色,一个普通的二等兵。由来自第十二师团和第六师团的逾 600 名军官和 1 500 名士官组成了第 37 师团的骨干。从九州北部征召的 12 191 名士兵组成了 8 000人的现役部队和 4 000 人的预备役部队。④ 这样的组合并不常见,因为到1938 年 8 月,在中国战场上的 65 万名现役士兵中,只有 11% 是现役部队,其余的都是再召的预备役部队。随着大量现役士兵的注入,第三十七师团被认为是士气高涨的"崭新"师团。⑤ 表 13.1 列出了第三十七师团以及第二二五步兵联队的组织结构表。从表上可以看到,一个步兵联队

337

---

　　① 根据潜在意识形态方面的术语,莫斯科斯指的是对社会制度价值的普遍认同,士兵们为此而战斗,虽然不一定是强烈的爱国主义,或者日本所谓的帝国主义。查尔斯・莫斯科斯.美国士兵.纽约:拉塞尔・塞奇基金会,1970 年。

　　② 河野仁.对战斗组织的比较研究.P104.岛田敏夫的情况是个例外。1942 年 2 月 20日,当他在当地社区中心举行的入伍典礼上向聚集的人们发表告别演说时,他说道:"我会尽我所能,做一个足够好的士兵,这样你们就不会为我感到羞耻",他最关心的还是不能玷污家族荣誉。不过,他明确表示,他不喜欢军国主义的想法,不想提及他为国家而死。作者于 1992 年 8月 5 日采访的第三十三人。

　　③ 许多当地的神社祈祷士兵们不要在行动中被杀。母亲们每天都为缺席的儿子留着饭,这意味着他们想让他们的儿子活着回来。将儿子的一双木屐朝内排放,这也意味着他以后会回家。考虑到军国主义思想的社会压力,这些父母设法通过这种象征性的行动向他们的儿子发出强烈的信号。

　　④ 藤田丰.春天来到了大黄河.P50。

　　⑤ 截至 1938 年 8 月 1 日,在中国战区,45.2% 的士兵是第二预备役部队,年龄在 29~38 之间,22.6% 的士兵为第一预备役部队,年龄在 24~28 之间,以及 20.9% 的士兵为补充人员,年龄在21~44 之间。确切而言,21 至 23 岁年龄层的现役军人构成了 11.3% 的兵力。参见:同上,P43。

有三个大队,一个大队有四个中队。一个中队有三个小队,一个小队由四个 13 人的分队组成。但是在战场上,人数是会发生变化的。以第二二六联队的第七中队为例,1941 年 4 月 13 日名单上有军官和士兵有 118 人。16 天后,报告的兵力为 109 人。分配到该中队的约 77 人留在了军事基地或者其他别的地方了。①

表 13.1　第三十七师团的组织结构

单位/子单位	官方人数	实际人数	官方军官人数	官方士兵人数
第三十七师团	14 404	14 347	610	13 794
第三十七师团指挥部	163	160	38	125
第三十七师团步兵旅团	9 329	9 323	338	8 991
第三十七师团旅团指挥部	14	14	5	9
第二二五步兵联队	3 105	3 103	111	2 994
第二二六步兵联队	3 105	3 103	111	2 994
第二二七步兵联队	3 105	3 103	111	2 994
第三十七骑兵联队	393	384	23	370
第三十七炮兵联队	2 067	2 037	101	1 956
第三十七工兵联队	592	588	21	571
第三十七师团通讯部队	201	201	7	194
第三十七师团辎重队	657	652	32	625
第三十七师团兵器队	121	121	2	119
第三十七师团医疗队	356	356	16	340
第三十七师团第一野战医院	238	238	14	224
第三十七师团第二野战医院	238	238	14	224
第三十七师团兽医院	49	49	4	45

资料来源:《春天来到了大黄河》(第三十七师团战记出版委员会,1977),藤田丰著

今田真治是一个于 1939 年 1 月入伍的新兵。② 基础训练持续了 4 个

---

① 第二二六步兵联队第七中队.青春的回忆.1988 年,P188~193。有趣的是,参与 4 月 13 日战役的作战单位没有二等兵,而参与 4 月 29 日战役的作战单位却有 14 名二等兵。

② 第三十七工兵联队,包括二等兵今田在内有 83 个新兵,于 1939 年 5 月 5 日离开福冈博多,并于同年 5 月 22 日抵达运城。每支中队被分别指派给不同的联队。汤浅照夫编.工兵第三十七联队小史.工兵第三十七联队战友会,1988 年,P30。

月。但是在战时,基础训练被缩减到 3 个月甚至更短。基础训练以"第一阶段考核"收场。这头 3 个月的军营生活对今田来说就是每天挨打的噩梦。[①] 教官在训练中折磨新兵是很常见的,在日常生活中则由非正式群体占据主导地位。一位美国军事组织观察者说:"虽然从理论上来说,日常生活的方方面面是由一个官方机构来管理,但实际上,许多军队行为是由非正式社会群体控制和执行的。"[②]虽然看上去有些疯狂,但这似乎适用于日军。在大多数情况下,军官和士官都不会插手军营中的细节,所以即使有军队条例规定不能虐待新兵,暴力文化还是在军营中盛行。[③]

虽然暴力吓唬到了不少新兵,但是有些人认为这种暴力是为了让新兵们在心理上为未来战场上的暴力和残酷做好准备。严厉的惩罚也加强了这些被施暴新兵之间的团结,他们分享了情感上紧张而又团结的经历。[④] 军营生活中传统的非官方规则,结合正规的军事组织以及现代军事教条,在小规模作战单位的士兵之间成功地形成紧密的基群纽带。

在第一阶段的基础训练结束后,新兵们会开始高级的专业训练。[⑤] 国民教育程度造成了初步的差异,因为接受过中等教育或以上的人有资格参加军官候选人的考试(详见爱德华·德利亚的第四章内容)。那些通过了初始考核但是没有通过第二阶段考核的人有资格成为士官。这两个阶段考核都通过的人被称为 A(A - OC)类军官候选人,而那些只通过了

---

① "当我加入联队时,让我印象最深刻的是我几乎每晚都挨打。我想知道为什么他们这么打我。星期天应该是假日,但我在一些星期天被打了。因此,我几乎每天都挨打。"大日本帝国陆军第三十七师团老兵,作者于 1992 年 7 月 20 日采访的第十人。

② 军队中的非正式社会组织. 载于:美国社会学杂志. 第五十一期,第五册,1946 年,P365～370。

③ 关于 20 世纪 30 年代对军营生活更为详细的描述,参见:爱德华·J·德利亚. 在最艰苦的学校受训. 载于:为天皇效忠. 林肯:内布拉斯加大学出版社,1998 年,P75～90。

④ 爱德华·J·德利亚引用了日军军医确认的三个标准,这些是基于对第二十三师团的观察,第二十三师团在诺门坎战役中对抗苏联军队时取得成功:师团的士兵们在此一役中打得非常好,那是因为(1) 他们的指挥官在场,(2) 尽管暂时孤立无援,但人们还是相信其他作战单位继续支持他们,(3) 小部队士兵之间存在紧密的情感联系。爱德华·J·德利亚. 为天皇效忠. P89～90。

⑤ 那些步兵的专业,包括无线电/电话/代码操作员、铁匠、现场观察员、卡车司机、号手、裁缝师、厨师、机械师、木工、鞋匠等等。

第一阶段考核的人被称为 B 类军官候选人（B - OC）[①]，受过小学教育的士兵有资格参加士官考核，但是不能参加军官考核（OC）。这种基于教育的选拔会是一个令人沮丧的系统，特别是对于有技术但是学业不高的士兵。

另一个在第三十七师团中对新兵不利的因素是九州的士兵歧视来自冲绳的士兵。冲绳是唯一一个没有地方联队征兵区的县，所以来自冲绳的兵源被分配到几个九州的联队。常常会由于截然不同的方言而造成误解，这阻碍了团队凝聚力。歧视导致了冲绳人被疏远，他们完全不觉得自己是联队的一员。[②]

第三十七师团缺少足够的交通运输工具。师团有约 2 600 匹战马，数量是常备师团的三分之一。车辆也处于短缺状态，在核准的 300 辆中只有 89 辆可供使用。受限于运输，第三十七师团的重型武器以及补给是士兵自己背的，或者尽可能地使用中国搬运工和较小的中国马匹。在战场上，这种依赖体力的长途行军以及缺少新鲜食物和干净的水源都是挫败士气的因素。饮用不干净的水造成腹泻、痢疾，并于 1938 年造成至少一次霍乱大爆发。这些在中国战场的地方性疾病以及不良的卫生纪律肯定影响到了部队的士气。

武器使用效率也是士兵关心的一个主要问题。士兵们知道，在 1922年引进的气动式大正十一式 6.5 毫米口径的轻型机枪容易因注油不足导致积碳而造成卡壳。尽管大正十一式轻型机枪的精确度高，日军机枪手还是偏爱中国军队使用的捷克式轻型机枪，因为捷克式轻型机枪在战场上的操作效率更高。在中日战争早期，日本的手榴弹也是一个问题。在实战中，7.5 秒的引爆时间太长了。[③] 1939 年 5 月，士兵今田真治在山西参与了手榴弹投掷的战斗。他提议使用类似于中国军队用的 4 秒引爆的

---

　　① 1942 年 2 月，山田武被征召入位于熊本市的第六工兵团。同年 3 月，他加入了第三十七工兵联队。他于 6 月通过了考试，成为一名军官候选人，并于 1942 年 8 月 30 日成为了一等兵。同年 10 月，他被晋升为优等兵，但由于健康问题，成为了一名 B 类军官候选人。作者于1992 年 7 月 17 日采访的第七人。
　　② 吉田裕. 日本的军队. 岩波书店，2002 年，P31～32。
　　③ 井本熊男. 支那事变作战日志. 芙蓉书房，1998 年，P177。

手榴弹。日军很快做出了改变。[①] 日军在重型武器、火炮、坦克和装甲车上的绝对优势总能提高士兵们的士气。[②]（表 13.2 总结了第三十七师团的武器和装备）

表 13.2　第三十七师团的武器和装备

项　　目	官 方 数 量	描　　　述
马匹	2 640 匹（实际 2 040 匹）	592 匹马需要从中国当地征集
手榴弹	36 000 枚	
运输马车	137 辆	
步枪	9 062 条	
轻机枪	230 挺	194 挺大正 11 式，36 挺 96 式
重机枪	76 挺	
重型迫击炮	226 门	
火炮	76 门	24 门 75 毫米口径野炮，12 门 100 毫米口径榴弹炮，9 门 75 毫米口径火炮（RiA），18 门 M92 型 70 毫米口径榴弹炮，13 门 37 毫米口径速射炮
装甲车	5 辆	装有两挺机枪的 1934 式小型坦克
卡车	89 辆	40 辆丰田(1941)，49 辆 6 轮卡车(1934 年)

资料来源：《春天来到了大黄河》，第三十七师团历史出版委员会，1977，藤田丰著。

至于后勤方面，各作战单位只得自己解决食物和水的短缺问题。（日称）"现地调达"是应急供应的一个主要方法。第三十七师团在驻守山西的时候勉强有足够补给，但是作战行动迅速消耗补给品。1945 年当师团进入法属印度支那时，口粮被削减了三分之一。[③] 在战斗时，除了食物被削减外，睡眠时间被削减是另一个问题。然而，对于战斗士气来说更重要的是"相对减少"，即对食物和其他补给数量的感知差异。只要士兵们认

---

① "引爆时间太长了，因此，当我们把手榴弹扔向敌人，他们会扔回给我们、然后爆炸。敌军使用四秒引爆的手榴弹，但是我们试图把它们捡起来再扔回给敌军。"第三十七师团老兵，作者于 1992 年 7 月 20 日采访的第十人。

② 石岛纪之. 中国抗日战争史. 青木书店，1984 年，P55。

③ 第三十七师团第二二六联队炮兵大队. 硝烟. 非公开发行，1984 年，P237。

为补给分配是公平的,食物的短缺不会对战斗士气造成不利的影响。

战斗中的日本士兵

如何让一个新兵变成一个有战斗技巧的老兵? 如何让一个新兵一夜间成为一个冷酷的杀戮机器? 通常,像分队或小队这种小单位内的行为方式决定了士兵们的战场行为。

日本老兵们说:"一个士兵在战场上能做的不会多于他在训练中能做的。"二战时的日军强调进攻型作战,特别是强调了步兵的角色和白刃战,这些是进攻型作战中的决定性因素。[①] 以白刃战为终点的步兵夜袭成为了日军进攻理论的主要范例。其基本假设是:在现代战争中,士气比科技装备更重要。[②] 因此,刺刀训练是日军步兵在战斗准备中必不可少的一部分。

341　　第三十七师团的士兵(特别是那些在 1940 年之后加入的士兵)必须通过训练最后阶段的一种不人道的刺杀练习。这种被称为"血之洗礼"的刺杀训练,就是用刺刀刺向无助的、活着的中国战俘。岛田俊雄是一个于1942 年 2 月加入第二二六步兵联队的二等兵,他回忆他在中国的刺刀训练经历:

他的手脚被绑在身旁的两根杆子上。

我的情绪一定是麻痹了。我对他没有产生怜悯。他最终开始向我们叫到:"来吧! 快一点!"我们刺不到要害,所以他说道:"快点!"这意味着他想快点死。要刺到这里(指心脏)非常难。但是因为他没有穿衣服,所以刺上去像是刺进豆腐一样。如果他穿着冬衣的话,刺进去会变得困难。他一定是被抓来用于新兵刺刀训练的中国战俘。我是这么猜的……我想大概有 47 或 48 个新兵,我们每个人都刺了他一到两次。[③]

---

① 桑田悦. 攻防的论理. 原书房,1991 年,P222。
② 迈克尔·霍华德. 对抗战火的人们:1914 年进攻说. 收录于:彼特·帕雷特主编. 近代战略制定者. 新泽西州,普林斯顿:普林斯顿大学出版社,1986 年,P510～526。
③ 大日本帝国陆军第三十七师团老兵,作者于 1992 年 8 月 5 日采访的第三十三人。那天晚上他们杀了中国战俘,新兵们被问到他们是否愿意把这个战俘的脑袋割下来,来看看谁有勇气这么做。列兵岛田主动请缨,虽然没有人真的必须这样做。

　　有人不想杀死无辜的战俘。岛田俊雄记得有一个新兵同伴因为是佛教徒而拒绝这样做。士官狠狠地打了他一顿。在军队中还有一个例子，兽医日田宫崎接到命令去杀掉一个中国战俘，他拒绝这样做。日田宫崎告诉他的五六人小组，他要放走这个中国战俘："我们不会用刺刀作战。如果我们不得不用刺刀的话，那将是战争结束的时候。杀一个中国战俘对于我们执行任务不会有帮助，我们也不会从中得益，我们假装杀了他，放他走。所以，你们管好自己的嘴，如果被问到他，就说他已经被杀了。"①

　　显然，没有官方数据说明有多少中国战俘以这样的方式被日军处决了。在第三十七师团，用这样的练习来洗礼新兵似乎是很常见的，以便让新兵在心理上为杀戮做准备。②　在中国的日军中，"血之洗礼"可能是一种普遍做法。③

作战战术

　　日军青睐夜袭。④　要取得夜袭的成功，指挥官需要让他的士兵清楚　　342
了解作战目标。指挥官会选择狂热的军官和善战守纪的老兵来带头冲锋。他们往往事先准备充分，对敌军的位置和地形特征了如指掌。包抄敌军、从后方的突然袭击是快速制胜的关键。⑤

　　根本健司于1941年入伍，在1941年5月的中条山战役期间参加了他的第一场战斗。他是第37工兵联队的一个一等兵，但是几天前他通过了军官候选人的考核。根本健司所在的小队隶属于第二二六步兵联队的

---

　　①　大日本帝国陆军第三十七师团老兵，作者于1992年7月16日采访的第五人。

　　②　据第三十七师团史料记载，1941年5月的中原会战，仅在第二战区就俘虏了南路军的35 000名中国战俘。藤田丰. 春天来到了大黄河. P390.

　　③　例如，类似情况有发生在第三十九师团下的一个中队长身上（富永正三），他命令他的士兵用刺刀刺向中国战俘，以此作为"对士兵们训练及对军官们勇气考验的收尾"。晴子·库克、西奥多·库克编. 战争中的日本：口述历史. 纽约：新出版社，1992年，P42. 第二十师团以及第五师团的第四十一联队的士兵也参与过类似行为。

　　④　据第37师团对发生于1944年4月6日至6月13日期间的京汉作战的自我分析资料，当攻击敌人有顽强抵抗意志的阵地时，应在天刚蒙蒙亮的时候开始进攻，并在破晓时摧毁敌人所在位置。另一方面，当敌人撤退时，应在白天做好攻击准备，在日落时开始进攻，并在黑暗中寻找敌人或在黑暗中隐藏在敌人背后、在清晨攻击他们。参见：防卫研究所的文件. 第三十七师团作战教训. P501.

　　⑤　防卫研究所的文件，由中岛少将于1942年7月编写. 关于夜袭的思考。

第二大队,负责左翼的进攻。①

　　当他们于 5 月 7 日离开兵营的时候,小队长问他的士兵是否为战斗做好了准备,根本健司如期回答道:他准备好在战斗中牺牲了。根本健司敬佩他所在的工兵小队的小队长,他是毕业于军事学校的尉官。工兵小队参与了这次袭击。工兵们负责为进攻部队清障。尽管光线黑暗,根本健司还是能看到敌人,能听到子弹到处嗖嗖作响,他看到了一个向敌军位置移动的步兵。然后,飞来的子弹打在小队长的身后。根本健司确信子弹是从背后打过来的,便叫到"敌人从我们的后面开火了"。那些经验丰富的老兵叫到:"谁说子弹从我们背后打过来的?""我们后面是自己人!""谁说的? 那个愚蠢的候选军官么?"。实际上,中国军队已经渗透到日军前卫的后面,从他们后方开火,并击中了一个士兵。这一小插曲改变了老兵们对于军官候选人根本健司的看法,他们之前认为他在战场是个废物。

　　当我问根本健司他是否害怕时,他说:"我那时并不怕。但是当我们在沉默中行军,不知道敌人在何时用何方式向我们射击时,我觉得是最害怕的。当子弹从我头上飞过时,我急忙低下头。但是一旦我们开始交火,我们就专注于还击,我把害怕丢到了一边。"根本健司所在的小队只带了 5 天的口粮,但是他们在战场上却呆了 40 天,只能就地取材。他的身体状况在这段时间内严重恶化,他甚至幻想过把手暴露在中国军队的火力下,受一个不致命的伤,让他得以被抬出战场。他后来因肺炎撤离战场,在医院里住了 6 个月。他因伤缺战也使他付出了失去军官候选培训的机会。②

　　在我采访过的老兵中,没有把敌视中国士兵作为战斗动机的。只有那些战友被中国士兵杀了的人才会对中国士兵有敌意。冷血杀害战俘和当地居民可能是种族偏见在作怪。在实际战斗中,对中国士兵的种族偏见和个人仇恨似乎并没有在战斗动机中起到重要作用。换句话说,在作战中,冷酷的职业素养和平时的训练占据上风。但是一旦交战结束,偏见

343

---

　　① 汤浅照夫. 工兵第三十七联队小史. P83～93。
　　② 汤浅照夫. 工兵第三十七联队小史。

迅速重现,使士兵能更轻易地杀害手无寸铁的中国人。

从对根本健司的案例中可以得出以下几点战斗动机:第一,根本健司信任、尊重他的小队长,他的小队长在之后的战争中受伤了;第二,他在战斗开始前是害怕的,但是一旦战斗打响,他开始专注作战,置害怕于一边;第三,在根本健司证明了他在实战中的能力后,战前自以为是的老兵观念得以转变;第四,即使他是小队中看似最坚强的、最有动力的一个士兵,他还是会试图制造一个非致命伤得以逃离战场。因为他有过这样的想法,所以许多士兵一定也有过类似的自残想法。有些士兵可能也这么做了。这表明日本士兵不是那种盲目的为天皇而死的机器人。

帝国主义与家庭和集体荣誉

"天皇陛下万岁?没有白痴会这么说!"当香山诚二被问到是否听到过有士兵说这些话时,他这样回答。当他被问及是否为天皇而战时,他说:"哦,不,天皇嘛?我一点都不在乎他。"[①]香山诚二可能是一个极端的例子,但是第三十七师团绝大多数老兵都没有明确说过他们是为天皇而战的。虽然有时师团军史是说士兵阵亡前最后高呼"天皇万岁",但是几乎没有人亲眼看到过有人在临死时呼唤着天皇的名字。1942 年 2月,当香山诚二被征召进第二二六步兵联队时,他只想早点回家,并认为在战争期间做一个一等兵就可以了。同伴的头部被射中,临终前咕哝着"妈妈,妈妈……"对于香山诚二而言,他打仗是因为他的母亲,"我母亲一直在等我,我不能死。"在他入伍的时候,他母亲告诉他,在他不在的时候她每天会给他准备一顿饭。这表明了她希望她的儿子最后能活着回来。

香山诚二出生于大分市一个农民家庭中,是家中 8 个孩子中的第三个儿子。香山诚二被一个在大阪开饭店的叔叔收养,入伍前他在餐厅里当厨师。他体质较差,被归入到了一项特殊的训练计划中。该计划是针对身体条件不良的士兵而专门设立的。然而作为联队新兵,他也被迫用

①　大日本帝国陆军第 37 师团老兵,作者于 1992 年 8 月 6 日采访的第三十四人。

刺刀刺向中国战俘。他对此感到遗憾,但他还是照做了。[①]

香山诚二当过大队、联队和师团的厨师,也做过第三十七师团长的私人厨师,他在军队中是个特例。1944 年 4 月,当第二二六步兵联队被调去参加"一号作战"时,香山诚二由于健康不良要被留在原地。他坚称如果不能同联队一起走,他就自杀,这样他才同其他人一起被调走。[②] 这一插曲说明他们队伍中士兵之间的团结比个人安全更为重要。

另一种作战动机产生于家庭和集体荣誉。这些人往往受到过那些地方社区协会的热烈欢送。士兵的动机是对社会的忠诚,而不是对天皇。1937 年 1 月,当长野真一在福冈加入第二二四步兵联队时,有超过一百位热心的村民给他送行。"我不能辜负他们的希望……因为他们为我们举行了一个那么热烈的送行仪式。"这个炮兵准尉说道。[③] 他的战斗动机是由社会构成的。

小林三郎是第二二六步兵联队的一个伍长,他于 1939 年志愿参军。作为一个贫穷卡车司机的第三个儿子,他于小学毕业后在一个小杂货店打工。他参军不是因为爱国主义或帝国主义,而是因为经济原因。但他承认他没有质疑过当时盛行的帝国主义思想的合法性。由于小杂货店的生意每况愈下,他认为在 20 世纪 30 年代末期这段经济困难时期,从军是他唯一的选择了。"你知道,这是我的工作,"小林三郎说道。他渴望成为一名士官,即职业军人。1941 年 12 月他晋升为伍,一年后晋升为军曹。相比于那些义务兵,志愿兵在日本军队中很少见,有时还被称为傻瓜,因为普通公民不太愿意参军。

小林三郎第一次参加的战斗是发生在 1944 年 4 月至 6 月间的平汉线战役。[④] 在进攻之前,他的脑海中"没有害怕","几乎一片空白",想到

① 他没能成功地完成这项工作,所以他被命令再试几次。1944 年末,由于疾病,他被开除出了第三十七师团,他亲眼目睹了中国战俘在另一个作战单位被斩首的画面。第三十七师团老兵,作者于 1992 年 8 月 6 日采访的第三十四人。

② 大日本帝国陆军第三十七师团老兵,作者于 1992 年 8 月 6 日采访的第三十四人。

③ 大日本帝国陆军第三十七师团老兵,作者于 1992 年 8 月 19 日采访的第三十九人。

④ 在京汉作战期间,第三十七师团损失了 862 名士兵,其中包括阵亡 242 人。同时俘房了 3 350 名战俘,造成敌军阵亡共计 9 473 人。第三十七师团在 60 天的战斗中共计行军 630 英里,平均每天行军 11 英里,并同 5 个师级作战单位、21 个团级作战单位战斗。藤田丰. 湄南河上夕阳红. P278 页。

的都是关于死亡的东西。每个人都沉默着。他从没有想过天皇或者家人之类的大问题。作为伍长,他专注的是即将到来的战斗,担心在战斗中如何指挥他的士兵。[1] 伍长的角色强迫他把精力放在迫在眉睫、实际的战斗中去。换句话说,作为战斗指挥者的责任感让他全神贯注,激励着他进行高效的战斗和指挥。

战斗中的领导角色

和平时期的军队正式编组在战时发生变化。有些人认为军队编组在战时"缩小了",意思是说严格的军纪散漫了,军队的官僚结构让位给处于危险中的士兵群体组成的灵活组织。当实用主义成为常态时,在前线简单地炫耀职位已经毫无意义了。日军士兵的共识是"在战斗中参军久的人说了算"或者是"在军中吃过饭的次数比军衔重要"。一个战斗经验丰富的下士总结道:"即使你是一个军官,你的士兵在前线也没有必要服从你的命令。"在日军中,领导力在战斗中是非常重要的,因为这构成了垂直的基群纽带。相较于美军水平式的模式,日军作战单位的团队凝聚力的特点就是这种垂直式的基群纽带。[2] 战斗的领导者,即伍长、小队长、中队长,他们是团队凝聚力的核心。

小川哲夫是第三十七工兵联队的一名毕业于军事学院的小队长。他在 5 月 11 日的中条山战役中右手受伤,在运城军医院住了 11 天。他在中国战场上呆了一年,后来去了伞兵部队,指挥了 1942 年在苏门答腊岛巴邻旁的著名空降作战,这使他一战成名。[3]

小川哲夫表示他战斗不是"为了天皇"或者爱国主义,而是"为了我的家乡"和"为了我家族的荣誉"。他批评美国和欧洲的扩张主义,但他也反对天皇做出的关于太平洋战争的决定,并认为裕仁为战争的结果负

---

[1] 后来在作战过程中,他的耳朵被炮弹炸伤了、住院治疗。大日本帝国陆军第三十七师团老兵,作者于 1992 年 7 月 18 日采访的第八人。
[2] 河野仁. 对战斗组织的比较研究. P351.
[3] 大日本帝国陆军第三十七师团老兵,作者于 1992 年 8 月 9 日采访的第三十六人。

责。① 在战争后期的菲律宾战场上，他发现自己的热情和士气渐退。虽然在那些资深士官的眼中，他这个军事学院的毕业生的成就已经超过预期了，但他还是在战斗中全神贯注于如何做好一个高效的指挥官。② 一般来说，军队中认为军事学院的毕业生很勇敢，但有时因过于好胜导致跟随他的人会很危险。

　　今川是第二二六步兵联队的一个中队长，1940 年入伍，是一名 A 类中尉候选人，激励他战斗的因素是"作为一个指挥官的责任和骄傲"。③ 担任小队长时，他成功地取得了小队中士兵的信任。尽管他军纪严明，但是他把小队照顾得非常好。他不允许自己在战斗中表现出一丝害怕，因为这可能使他的小队对他失去信心。当今川试图通过独自一人攻入敌军阵地来证明自己时，一位资深士官训斥了他这种暴露在敌军火力下的鲁莽行为。今川回忆道："一般来说会有三个军事学院的毕业生分配到我们联队。我发现一个奇怪的现象，他们其中一个会在战斗中阵亡。我认为这是因为他们冲进了敌军的火力中了，在训练中他们使用的是空包弹。但是实弹可不是那样，他们不知道实际战斗中是什么样的。一旦他们经历过了实战，他们就会变成优秀的指挥官。我们知道实战是什么样的，因为我们自从入伍后经历过很多场战役，我们知道飞过来的子弹是否很高或者很近，那么我们知道出去是否有危险。"④作为一个指挥官，他总是试图以身作则。否则他认为士兵是不会跟随他的。"以身作则"或是"跟着我"的指挥似乎是所有军队中永恒普遍的原则。⑤

　　除了"以身作则"外，"保护好你的士兵"也是日军指挥官们经常提到的领导原则。另一位 A 类军官候选人米田真吾，他当过第二二六步兵联队的小队长和中队长，他总结了他的领导哲学："一个中队长必须冲在你

346

---

　　①　战后，他也加入了自卫队。这表明他的士气：不是基于帝国主义的意识形态，而是仅仅基于民族主义。大日本帝国陆军第三十七师团老兵，作者于 1992 年 8 月 9 日采访的第三十六人。

　　②　当他还是名分配到第三十七师团的新中尉时，一名中士告诉他不要在战斗中做太多的事情，并在抽烟的时候要求他在头三个月中观察他们是如何战斗的。

　　③　大日本帝国陆军第三十七师团老兵，作者于 1992 年 8 月 2 日采访的第二十八人。

　　④　同上。

　　⑤　在经验丰富的以色列军队中，战斗时也强调了这一原则的至关重要性。安东尼·凯利特. 战斗动机：战斗中的士兵行为. P359。

的士兵前,否则士兵们不会跟随。要提升士气,你所需做的就是站在队伍前面。我在战斗中想的最多的是如何使我的士兵不受伤不阵亡。这些想法在战斗中从没有离开过我的脑海。"[1]不浪费士兵生命的领导原则似乎与"指挥官不介意牺牲下属"或者"日军总能接受高伤亡率,使敌军认为他们不在乎生命"这些传统对日军指挥官的观念相矛盾。[2]

藤田寺尾聪是九州帝国大学的毕业生,第二二六步兵联队的 A 类中尉候选人,自 1941 年 2 月派驻第一中队担任小队长以来一直在中国战场。他说道:"你不能让你的士兵在行动中受伤或阵亡,如果你指挥的很糟糕,你很快就会失去士兵的信任。指挥官要达到作战目的,但是你不能强迫你的士兵做不必要的牺牲。事实是如果一个 12 或 13 人的分队中有一个阵亡或受伤,需要 2—3 个人去照顾他,这样的话我们的战斗力就减半了。"[3]

藤田寺尾聪回忆他在 1941 年 3 月 10 日第一次作为一个新的小队长参加战斗,当时对阵的敌军是中国第十五军。他的小队有 3 个分队共计30 人,当敌军的轮廓在月光下出现并向他开火时,他的小队正在山区地带移动。他感到左手被击中,但是他仍然快速地用手枪反击。他朝后看了看,发现没有人跟上。他等了几分钟,直到他们赶上来,然后拿起手榴弹继续战斗,并迫使敌军逃跑。[4] 第一次经验使藤田寺尾聪在之后的战斗中更加谨慎,所以他不会让他的士兵用生命做不必要的冒险。同时,虽然在行动中受了伤,他的指挥让士兵们有了信心。

有时,一名战斗指挥官必须在士兵面前显得不害怕阵亡。[5] 一旦指挥官被认为是个懦夫,他会使大家失去信心,不能够有效的指挥他们。小

---

① 大日本帝国陆军第三十七师团老兵,作者于 1992 年 7 月 25 日采访的第十九人。
② 阿尔文·库克斯.诺门坎战役.加利福尼亚州,斯坦福:斯坦福大学出版社,1988,第一卷,P36～38。
③ 大日本帝国陆军第三十七师团老兵,作者于 1992 年 8 月 7 日采访的第三十八人。在军事科学中,战斗力相当于战斗人员人数的平方。
④ 同上。
⑤ 今田信治清楚地记得联队长在战斗中的表现:"是的,上田联队长。那就是他。我们过去常和他一起担任警戒。在战场上,子弹到处飞,他用双筒望远镜站起来观测。他在监视敌人的阵地。他对我们说,'不要伸出你的头,因为没有人代替你',而另一个联队长会在战斗中需要三或四个头盔。"作者于 1992 年 7 月 20 日采访的第十人。

林爱吉是第二二六步兵联队的一个伍长,他说道:"一旦你的士兵认为你
看上去是个懦夫,你就不能再打仗了。一旦他们认为他们的伍长在战斗
中做得不好,他们便不会再听从他的命令了。"小林爱吉一直通过在战斗
中冲在前面的方式来展示他良好的战斗作风,以此得到他的部队对他的
充分信任,在他的带领下作战有了充足的信心。他认为,如果他的部队对
他有信心,那么他们就不介意在他的指挥下牺牲。① 因为士兵在所有行
动中没有大局观,他们在很大程度上依靠直接上级的指挥和决定。这种
对战斗指挥官的个人信任是他们战斗动机和团队凝聚力不可或缺的
因素。

基群纽带和连队凝聚力

"好好照看你的士兵"是前日军指挥官经常提及的另一个领导原则。
一位士官军衔的初级军官在他的下属疲惫时会承担起值夜的责任,那些
会帮下属剪头发或者刮胡子的上级是很受下属欢迎的。木原义男是第三
十七工兵联队的一个小队长,他发现和下属在月光下喝酒也能提升士
气。② 正如弗雷德里克·曼宁(Frederick Manning,社会学家。——译
者)所指出的,诸如忍受漫漫长夜的行军、艰苦的训练、抑或是在月光下一
起饮酒,这些"分享的经历"不仅在战斗生活中,而且在非战斗生活中,都
有助于队员之间的团结和提高团队效率。③ 不同于欧洲军队,日军不禁
止军官与士兵之间的社交。军官们和他们士兵间的非正式社交活动增进
了垂直式的基群关系,加强了团队纽带。

大山太郎是炮兵科的一名军曹。他的战斗动机是"同事间的相互鼓
励"。作为一个伍长,他经常鼓励他的士兵在战斗中相互帮助。相互支持
和相互鼓励,以及作为伍长的责任构成了他主要的战斗动机。④ 尽管大

① 大日本帝国陆军第三十七师团老兵,作者于 1992 年 7 月 18 日采访的第八人。
② 大日本帝国陆军第三十七师团老兵,作者于 1992 年 8 月 23 日采访的第四十二人。
③ 作战单位成员的大量饮酒甚至非法使用毒品会有助于他们之间的联系。曼宁·士气、
凝聚力和团队精神. P463。
④ 大日本帝国陆军第三十七师团老兵,作者于 1992 年 7 月 20 日采访的第十二人。

山太郎是这么说的,但矛盾的是,大多数日本士兵并没有提及战友友谊是一个主要的战斗动机。这是否意味着水平式的基群纽带不存在吗?日本战前的社会文化背景认为相互帮助和团队凝聚是理所应当的。所以这一特点被带到战斗中来没有什么奇怪的,因为他们在日常生活中就是这么做的。换句话说,相互鼓励早已根深蒂固,无需特别提及。另一个没有被有意提到的基群纽带涉及士兵之间的友情。士兵们经常说,他们之间是"胜过兄弟或家庭"或是"超出血缘的亲兄弟"。[①] 岛田俊雄说道:"这已经胜过家庭了,我们之间比父母或儿子还要亲,没有什么可以影响我们的关系,我们之间没有什么要隐瞒的。"[②] 没有什么语言可以用来更准确地描述基群纽带了。

应对恐惧

目前关于战场压力的文献强调的是"人际互助",即大家应对战斗中的诸如恐惧、焦虑和筋疲力尽等压力时相互支持,共同面对。[③] 特别要说的是,正确应对恐惧直接关系到士兵和作战单位的战斗力。然而,在应对战场压力和恐惧的时候,每个人将付出昂贵的情绪和心理扭曲的代价,致使出现战场心理创伤伤亡。[④]

据美国陆军的统计,在 1942 到 1945 年间的海外战场上,每千人内有大约 100 名精神伤亡人员,其中约 3 人患有精神病。[⑤] 相应的日军官方精神伤亡的数据暂无。但是从海外战场上撤回日本的精神性伤员的数据却显示,在 1937 年到 1941 年间的中日战争中,在小仓、广岛和大阪的日军

① 乔治·夏普著. 超越血缘的兄弟们. 德克萨斯州,奥斯丁:钻石丛书出版社,1989 年。
② 大日本帝国陆军第三十七师团老兵,作者于 1992 年 8 月 5 日采访的第三十三人。
③ 沙卜泰·诺伊. 战斗应激反应. 收录于:军事心理学手册. P507～530;埃里卡·沙堪斯基等编. 应对海湾战争的战斗压力:斡旋与缓和效应. 收录于:变态心理学杂志. 第一〇九期第二号,2000,P188～197;理查德·拉尔. 慢性的战斗反应. 收录于:关于应激反应的百科全书. 圣地亚哥:学术出版社,2000,第一卷,P491～494。
④ 约翰·多拉德. 战争的恐惧. 康涅狄格州,纽海文:耶鲁大学人类关系研究所,1943 年,P12～13。
⑤ 阿尔伯特·格拉斯. 汲取教训·关于二战时的神经精神医学. 华盛顿特区:美国陆军总军医办公室,1973 年,第二卷,P1015～1023。

医院中的精神性伤员人数在 1％到 5％之间。太平洋战争爆发后,1942
年这一比例上升到 10％左右,到 1944 年进一步攀升到了 23％。

　　在 1938 年到 1940 年间,从中国战场上撤回的精神性伤亡人员超过
了 5 000 人。1940 年在中国战场上,军队的人数大约是 720 800 人。[①] 那
一年,从中国战场撤回了 1 287 名精神性伤员(占总撤回人数 44 393 人的
2.9％),在中国战场上每千人中约有 1.8 名患有精神性伤亡。他们有严
重的精神障碍,即精神病,这一水平与美国陆军没有太大的不同。[②] 就第
三十七师团而言,从 1939 年 5 月到 1940 年 7 月,共撤回日本 827 名伤
员。[③] 在同时期的 17 000 多人的伤员中,399 人是精神性伤员。[④] 这意味
着第三十七师团每千人中有 23.5 人患有精神性创伤。相较而言,美军于
1942 年到 1945 年在二战的欧洲战场上,每年平均的精神性伤亡患者数
量为每千人中约 33.4 人。[⑤]

　　今田真二回忆到:一名步兵中队长在 1939 年 5 月底的一次激烈夜
战中精神崩溃。[⑥] 另一个第二二六步兵联队第七中队的士兵透露一名在
1944 年被召回战场的少尉由于精神问题开枪自杀。[⑦] 这些是没能克服恐
惧或战场压力的极端例子。

　　对于那些未经战火洗礼的士兵来说,第一次战斗通常是一个可怕的
经历,很多人发现很难有效地在战斗中应对恐惧。志村康夫的第一次战
斗是在 1941 年 5 月 7 日的中条山战役中对阵中国中央军第七师第二十
步兵团。他回忆道:"射过来的子弹听起来和想象中的不同。当我问一个
老兵离中国军队还有多远时,他告诉我'不到一百码'。说实话,我非常害

---

　　① 　防卫厅防卫研修所.战史丛书:华北治安战.P452。
　　② 　1939 年,一份对精神病患者的分析显示:住在国府台陆军医院的 970 名患者中,42.9％
的人患有精神分裂症,14.1％的人患癔症,另外,由于头部损伤,11.4％的人患癫痫,还有 9.0％
的人患神经衰弱。浅井利勇编.被埋没的大战牺牲者.非公开出版,1993 年,P34。
　　③ 　藤田丰编.春天来到了大黄河.533,表 1。
　　④ 　同上,P533 页,表 3。
　　⑤ 　1942～1945 年,美国陆军在欧洲战场:如果该比率包括"神经系统疾病",那么在每
1 000 人中就上升到了 38.3 个,在每 1 000 人中还包括 2.0 个"精神病"患者。格拉斯.汲取教训.
P1015。
　　⑥ 　中队长留在第二二五联队的第一大队总部,这是今田在五天后所见证到的。大日本帝
国陆军第三十七师团老兵,作者于 1992 年 7 月 20 日采访的第十人。
　　⑦ 　滨田敏治.残酷的战场.收录于:第二二六步兵联队第七中队.青春的回忆.P27。

怕以至都移不动步。小队长问我为什么不动，可我就是动不了。当他用指挥刀打我的时候，我才爬起来了。然后我从恐惧中知道了什么是'失去了大腿'。"[1]他绝不是唯一一个"失去了大腿"的人。一个总是欺负新兵的年长士兵也会在激烈的战斗中被恐惧吓倒。那个吓瘫了的士兵要志村康夫带他去小队长那里。见了小队长叫了他的名字，他才能站起来。对士兵们来说，一个常见的现象是：当战斗变得困难时，士兵们会向他们的指挥官靠拢。志村康夫说道，"当你害怕的时候，你需要寻求别人的帮助。"这一片段说明了领导在作战动机中的重要性，以及战争中人际互助在应对恐惧时的重要性。

"失去了大腿"是日本士兵在战斗中描述恐惧的一种常见表述。其他委婉的说法包括"颤抖"（"武士颤抖"）、"出冷汗"以及"头皮的刺痛感"。对太平洋战场上一支美军师的调查报告表明，有84％的士兵经历过"心脏猛烈的跳动"，其他还有"胃部有下沉感"（69％）、"浑身颤抖"（61％）、"出冷汗"（56％）、"胃部不适"（55％）、"晕和虚弱"（49％）、"感觉僵硬"（45％）、"呕吐"（27％）、"大便失禁"（2.1％），以及"尿裤子"（10％）。[2] 因此，在日美两军中，与恐惧相关的身体症状是相似的。1941年5月11日，当超过一百名敌军冲向小川中尉时，在射击前他经历了"武士的颤抖"。一旦进入到作战状态，他发现他的这个症状消失了，他专注于用他的指挥刀战斗。专注于工作也是一种应对恐惧的手段。

一般来说士兵用两种模式来应对恐惧：积极的和消极的模式。积极的模式包括注意力集中于战斗技巧、利用获取到的敌军情报使自己处于有利地位，和从他人那边得到情感或实际的支持。比如，区分射过来的子弹声音有助于士兵应对恐惧。子弹在头上嗖嗖飞过没有生命危险，但是一颗发出尖锐声音的子弹是经过精确瞄准的，是危险的。在敌军火力下快速移动需要技巧。士兵通过自己的作战经验，结合观察经验丰富的老兵如何移动，来学习这个瞬间时机的选择。他必须快速冲出沟壕或隐蔽处，因为敌人会在他们看见领头的冲出者后快速调整开火位置。后面跑

· 350

---

[1]　大日本帝国陆军第三十七师团老兵，作者于1992年8月1日采访的第二十六人。

[2]　斯托弗编.美国士兵.P201.具有较低频率的类似症状体现在参与西班牙内战的美国志愿兵身上。参见：多拉德.战争的恐惧.P19。

出来的人更会被击中。在攻击中不停地改变方向或者移动射击位置能避免吸引敌军的火力。

　　一种日军士兵常用的应对恐惧的方式是"屏蔽"。这是一种防御性机制,通过选择性忘记周围的压力环境,避免过度焦虑并减轻战场压力。这包括自己刻意的重新定义战场形势,使之看上去没有那么的危险和可怕。① 创造一个无敌的英雄神话和听天由命也是日军士兵常用的一种"屏蔽"模式。无敌是假设"子弹打不到我",而听天由命是放弃任何在战斗中生还的希望。宿命论是另一种听天由命的模式。②

　　因为在战斗中阵亡被视为一种荣誉,所以从逻辑上来说没有人有理由害怕阵亡。但是这个"逻辑"与人类自我保护的天性背道而驰。然而,那种从官方条令中定义的慷慨赴死概念使听天由命或是宿命论在日军士兵心中占据了主导地位。制造大日本帝国陆军无敌的神话也有助于士兵构造一个无敌的神话,但是随着太平洋战争日军接连战败,这一"屏蔽"模式的作用也越来越小。

　　日军的战场条例中禁止士兵被俘。鼓励士兵战斗到死的教义可能帮助日本士兵应对恐惧。但是,驻中国的日本士兵也有被俘的。大约有 7 000 名被俘日军士兵曾在第三十七师团服役。该师团也有逃兵,通常被列为在作战中失踪。③ 虽然不知道确切的人数,但是其中有 100 多人被认为加入了八路军,总计逃兵大约是 750 名。④

领导失败和权威冲突

　　良好的指挥能支撑起高昂的斗志和连队凝聚力,差的指挥会使士气

---

　　① 雷蒙德·柯尔西尼.防御机制.参见:心理学百科全书.纽约:约翰威立国际出版公司,1994 年,P390。

　　② "我相信,大部分士兵都已变成宿命论者。我们终有一天会死去。我们不能做任何事情。这是当时的主流趋势"。作战于 1992 年 7 月 17 日采访的第 7 人。

　　③ 藤田丰.春天来到了大黄河.P534,n.2。

　　④ 根据八路军的统计,从 1937 年 9 月至 1944 年 5 月,共有 2 407 名日本战俘被俘,其中 115 人自愿向中国军队投降。秦郁彦估计,自 1937 年 9 月至 1945 年 10 月间,被八路军和新四军俘虏的日军战俘总数达 6 959 名,其中包括 747 名自愿投降的人。秦郁彦.日本战俘.原书房,1998 年,1：117。

沮丧。虽然第三十七师团在日军中是比较成功的师团之一,但随着战争的持续,它也显示出了折损的迹象。一个小队长在战斗中以自己缺乏足够经验为由将指挥权交给一个伍长。① 另一个小队长在战斗中消失了。"没有人知道他的下落。"野村浩二说道,他是该小队的一个伍长。② 有一个案例,战士们敬佩某个大队长的战斗能力,但是质疑他作为领导的人品和诚信。米田真吾是第二二六步兵联队的一个中队长,他说道:"他(大队长)会带两三个中国女战俘到大队指挥部。这些女孩子被剃光头,看上去像男人。我因此对他充满敌意。用战俘来满足他的性欲不是他的下属希望看见的。有一个中队长同事甚至问我是否愿意帮忙杀了这个大队长。我告诉他不要这么做,因为我们会因此被军事法庭判为谋杀的。"③ 在二战结束后这个大队长被中国当局以战犯处死。

当一个指挥官的战斗能力受到质疑时,会出现一种被称为"权威冲突"的情况。塞缪尔·亨廷顿将此称为服从军令和专业能力间的"作战矛盾"。这种矛盾体现为"下属只得执行一项命令,但他明明知道这项命令会带来灾难性的后果。"④权威冲突被定义为官方权威机构与非官方组织间内部共同看法冲突。例如,当没有作战经验的小队长命令一个战斗经验丰富的伍长去做不切实际的事情时,就会发生权威冲突的情况。理论上日军中总是要求绝对服从,不服从命令造成的破坏超出了个人主动获得的任何好处。然而在实际中,当士兵的生命受到威胁时,不经思考的服从不一定就是最好的解决方法。那么,日军士兵是如何处理这种权威冲突的情况呢?

日军很少有公然违抗命令,但是士兵有很多种违抗命令的托辞。直接对抗包括"反对""建议"和"拖延",间接对抗包括"观望"或"视而不见"。虽然直接反抗命令是不可能的,但是士兵们会建议指挥官做出变化。有时候当指挥官要冲出战壕进攻时,他们会拉住他的腿来表示不服从命令。

---

① 当杉野林太郎是班长时,他的小队长是一名48岁的后备陆军中尉,告诉他,"班长,请接管小队。我现在不插手。"小队长在战斗中保持沉默。大日本帝国陆军第三十七师团老兵,作者于1992年8月19日采访的第四十人。

② 大日本帝国陆军第三十七师团老兵,作者于1992年7月29日采访的第二十二人。

③ 大日本帝国陆军第三十七师团老兵,作者于1992年7月25日采访的第十九人。

④ 塞缪尔·亨廷顿. 军人与国家. 马萨诸塞州,剑桥:哈佛大学出版社,1957年:P74~75。

352　一个更为常见的策略是"观望"：被下令进攻的士兵原地不动,只是看着指挥官的表现。一个第二二六步兵联队的伍长在中条山战役中建议攻击敌军阵地,但是小队长不同意。虽然如此,小队长还是选了 5 个士兵并亲自带领他们进攻。当他深入敌军阵地时才发现没有一个士兵跟着他。他喊叫他的士兵冲上来掩护他,但后来才知道他们在没有命令的情况下撤了回去,搬走了一个在攻击中阵亡的士兵尸体。[①] 据一等兵山田洋一所说,"好的中队长在开战前不会送士兵去死。不管一个中队长多么勇敢,如果他让自己士兵送死,他也就那么回事了。没有人会敬佩他,不管他多么有能力。"[②]

　　还有一位过于轻率的中队长在战斗中让自己的队伍失去了战斗力。1944 年 5 月 20 日在郑州西郊对阵中国第一一〇师期间,在第二二七步兵联队的第一大队成功占领郑州后,炮兵中队配合该步兵联队进行了一次扫荡任务。在不知道敌军准确数量的情况下,第二二七联队的联队长下令步兵联队及炮兵中队向西进攻敌军,事后该联队长承认他总是低估了中国军队的战斗力。炮兵中队有三个小队,每个小队有一门 37 毫米口径的速射炮。当天下午,中队长发现前方 600 码处有 400 名敌军,他下令突然袭击。第三小队的 35 人试图摧毁敌军,但是由于没能妥当架炮,他们的火力没有起到应有的作用。其结果,第三小队被动挨打,最终损失了这门火炮,小队长和 12 名士兵阵亡,15 名幸存士兵退出战斗。中国军队同时发起反击,并击溃了第一小队,俘获第二门火炮。与此同时,第二小队撤退到更好的防御阵地,直到机枪中队支援他们。他们重新集结,打退了中国军队,最终夺回了第一小队的火炮。日军阵亡 18 人、受伤 15 人,而中国军队阵亡 405 人、40 人被俘。[③] 但是沉重损失使得此中队数周内失去战斗力,这场战斗被认为是第三十七师团有史以来在中国战场上最失败的行动之一。

---

① 松茂富雄. 军队的足迹. 转引自：第 226 步兵联队第七中队. 青春的回忆. P48～52。
② 大日本帝国陆军第三十七师团老兵,作者于 1992 年 7 月 21 日采访的第十四人。
③ 藤田丰. 湄南河上夕阳红. P83～102。后来,在 1944 年 5 月 24 日,在面对撤退的中国第一一〇师的战役中,损失的火炮虽然不再能用来作战了,但却由第二二五联队夺回。

结束语

　　日军士兵的战斗动机是复杂、多维度的、由社会构成的。与日军士兵为天皇而战的刻板形象相反,第三十七师团的大多数士兵是为他们的家庭和自己家乡而战。国家和天皇只是次要的抽象、象征性概念,仅仅构成了他们战斗动机的背景。诸如热爱自己的家乡和周围的人,或是"潜意识"之类的纯粹民族主义形式比皇家思想更能激励士兵去战斗。这种激励不是来自社会意识形态的灌输,而是来自于给应征青年提供的正式或非正式社会互动。鉴于战前和战时的日本军国主义社会文化背景,应征者只是努力满足公众的期望。其实他们很多时候只是在观众面前扮演一个好兵的角色。

　　一旦进入军队后,这些应征者们面临一个残酷的现实。欺凌和虐待充斥着军营生活。军队中的非权威力量在新兵生活中施展其强烈的影响。看似不合理的命令和过分严厉的惩罚教会新兵们如何去应对压力和暴力所带来的恐惧,使他们对作战做好心理准备。遭受严格的纪律和持久的身心困难也有助于发展同伴间的团结。此外,军事社会化进程迫使人们接受入伍士兵非正式集体行为,而这些行为有时会与正式组织的行为和价值观相矛盾。尽管如此,军事社会化进程在军事组织的基群纽带中起到了重要的作用。

　　在战斗中,基群纽带,特别是指挥员和下属间的垂直连接的基群纽带在激励日军士兵战斗中起到了重要作用。像以身作则和照顾好下属这样的好的领导能提高士气。不好的领导有时会导致负面效果的权威冲突。即使像第三十七师团如此之好的师团也不能幸免于某些挫败士气的事件,这表明在中国战场上的其他师团可能会遇到更大的士气问题。尽管如此,艰苦的训练、基层军官和士官指挥能力、战友友情、忍受艰难困苦,以及使自己心理上脱离环境(不论是作战还是刺杀战俘),上述元素的组合保证了日军在中国持久战中的战斗力。

　　基于对几十名老兵的访谈,得出的结论只是尝试性的。但是第三十七师团的经历可能代表了在华日军的基本面貌。第三十七师团有高昂的

353

士气也许是因为其屡战屡胜的经历,与在亚洲和太平洋战场上吃败仗的其他师团相比,它可能有点例外。但是,即使是常胜的第三十七师团也免不了士气挫败的因素和麻烦。对中国战场上影响日军士兵士气因素,我做了初步分析。本章希望呈现出一个特殊视角,通过这一视角观察在这一时期日本军队的人际动态。①

---

① 所实施的暴行(强奸和杀戮)越多,士兵间的联结就越坚固。然而,当这种联结非常强大时,对部队的摧毁会导致大规模自杀,例如:猪突式冲锋与神风攻击。我们也不能低估合法权威的强大指令。即使是普通公民,在看似合法的权威人物的要求下,也会对完全陌生的人处以极刑。斯坦利·米尔格拉姆. 服从行为研究. 变态和社会心理学杂志,第六十七期(1963 年),P371~378。即使命令看似是非法的,但要在日军中拒绝上级的命令也是极为困难的。

第五部分

中日战争后期的日军攻势：
缅甸战役和"一号作战"

1944 年发生在缅甸北部和中国云南省西部的会战在西方军事文献中很少受到关注。其中原因很多,他们认为这是亚洲人的战争,与西方无关。况且战役过程过于复杂,而中美最高层的矛盾冲突淡化了会战本身。多数西方历史学家所关注的无非是温盖特准将指挥的"钦迪队"(Wingate's Chindits)和梅里尔准将的"梅里尔突击队"(Merrill's Marauders)在密支那的秋天里的大胆行动,要不就是蒋介石与史迪威之间的恩恩怨怨,极少有人在缅北地区的中日交战上花费时间。浅野丰美在第十四章中详细阐述了在缅北前线日军的战略变化。日军第十五军在印度边界作战失利后,原来以配合英帕尔战役的进攻性战略,此时已经变成了全面性防御战略。英帕尔战役耗尽了日军仅有的资源,他们从缅甸北线抽调部队,导致剩余的北线守军在兵力上过于虚弱。此时的中国军队是刚刚组建、美式装备的 Y 部队。

被迫转入防御的日军凭借其两年占领期间修筑的大量工事和对当地地形的熟悉,在交战初期灵活机动,击退了从云南渡过怒江进入缅北的中国军队。日军第三十三军于 1944 年展开"断"号作战计划,这是一系列的有限反击,目的在于切断"利多公路"、牵制当地中国军队以配合内陆"一号作战"。到 1944 年 9 月"断"号作战结束时,日本已将缅北战事置于次要地位,他们留下第三十三军尽可能地切断"利多公路"。就这样,直到日本投降时,第三十三军仍然固守在这片崇山峻岭之中。

在第十五章中,臧运祜详细地描述了 Y 部队在云南的训练情况。他指出蒋介石之所以支持 Y 部队的组建,其实是其对美军物资和装备的渴望。中国高层对缅北作战的筹划是同 Y 部队息息相关的,臧运祜谈及了

Y 部队作战的军事和政治意义。1944 年 4 月,中国军队初战既败,大批
高级指挥官被更换,然此时的中国已经决意将日军赶出缅甸北部。在接
下来的几个月里,不论"一号作战"如何告急,物资和人员依然源源不断地
投入到 Y 部队。1945 年 1 月,中国的决心终于换来胜利的果实。Y 部队
将日军第三十三军困在了荒山野岭之中,实际上就是使其失去实际作用。
此外,更重要的是"利多公路"得以重新启用。

　　日军"一号作战"是个规模巨大的战役,其规模远大于 1944 年 6 月的
诺曼底登陆作战,也相当于 1941 年 6 月纳粹入侵苏联的"巴巴罗萨计
划"。(原文如此。实际上,"一号作战"远小于诺曼底登陆战役和巴巴罗
萨计划。)原刚在第十六章、王奇生在第十七章中都探讨了这场庞大的军
事行动。该战役开始于 1944 年 4 月,结束于 1945 年 2 月。战火席卷了
从中国黄河到法属印度支那边界的广阔土地。原刚在文章中论述了"一
号作战"的起初战略构思和筹划,日军内部各大利益集团和皇室如何最终
统一步调展开会战的。文章认为日本的战略目标始终没有达到统一。日
军在太平洋战场和缅甸前线受到盟军挤压,战局迫使其转入战略防御。
"一号作战"给日本提供了重新夺回战略主动的机会。日本陆军蠢蠢欲
动,强烈推荐向南发起重大军事行动。"一号作战"的结果看似成功,但是
战争打到这个份上,日军既无制空权、也没有阻止盟军对本土的空袭,就
是防守刚刚打通的大陆通道也倍感吃力。总之,日本陆军会战的新胜利
并没有给日本带来任何收益。相反,原刚认为"一号作战"使蒋介石在美
国面前颜面丢尽,而日军抽调华北驻军使得北方出现了军事真空地带,这
正好留给了眼明手快的中国共产党。这点值得好好考虑,因为这涉及到
斯蒂芬·麦金农对于中国战场性质的观点。

　　王奇生的文章强调了之前提到的国民党军队的缺陷,比如指挥控制
问题、缺少训练有素的参谋,以及参战部队素质参差不齐。蒋介石和军事
委员会在应对日军进攻的策略上产生了分歧。会战开始时,他们低估了
日军的作战野心,接着就开始争论是否撤退还是冒险拼死一搏。不过,与
传统观念不同的是,王奇生认为蒋介石没有避战保存实力。相反,蒋投入
了大量的兵力抵抗日军的攻势,其中包括那些战略预备用于应对中国共
产党的军队。此外,蒋介石必须在战场上拿出短期的胜利,以求对付国际

舆论,特别是来自美国的压力。形势召唤着不同的战略战术,蒋介石也尽可能协调战区级别的会战,比如对衡阳各路的反击作战。但是,他的努力往往收获甚微。国民党军队的确投入了战斗。可惜他们部队因训练不足、地方腐败、装备落后,军官素质低下等原因,在同气势汹汹的敌军拼杀时,战果不佳。

359

中日双方军队经历了相同的痛楚:指挥控制的困难、后勤保障不足、巨大的国际压力。可是他们无意中却给中国共产党留下大半个中国,因为蒋介石为应对日军威胁调走了原本牵制中国共产党的部队,而日军也抽调了华北驻军参加南下的这场大战役。

第十四章
日军在滇西缅北的军事行动

作者：浅野丰美

背景介绍：中日战争中的滇西缅北战场

　　本文主要目的是描述中日战争背景下在滇西缅北的日军作战经历，并分析日军在这些战役中的军事战略和战术。虽然现有的文献大多集中于英帕尔战役，①但本文将重点讨论盟军重新打通从印度到重庆的补给线的整个过程。在此期间，日军与英、美、中三国军队同时作战，这条补给线是维持蒋介石政府对日抗战的生命线。

　　会战包括了两个不同的阶段：（1）1944 年 3 月到 1944 年 7 月 2 日的英帕尔战役，（2）第一阶段结束以后直到 1945 年 1 月下旬，"利多公路"重新贯通的这段时间。这两个阶段反映了缅北军事行动性质的巨大变化，这个战略转变是我在本章节中将要探讨的。

　　在中日战争的战略背景下，缅甸战场上形成了多个国家势力的交汇。具体来说，滇缅战场是三个新老世界强国碰撞的舞台：（1）日本，及其大东亚共荣圈；（2）自 19 世纪以来就已是现代化的全球帝国，大英帝国；（3）中华民国，一个新兴但是分裂的国家，它正在自身多元的历史中挣扎着。在滇缅战场上的军事行动不仅是中日战争的延伸，还是这三个国家试图在二战背景下维持或建立自己霸权的具体表现。

---

　　① 日军高层有部分人认为入侵印度是一项重大的政治攻势的一部分。然而，海军则期望入侵澳大利亚，希望这一行动能拿下未来美国反攻日本本土的中转基地。事实上，由于日军时刻面临美军在中国东南沿海地区登陆，"一号作战"效果收益有限，同时，日军向中国西部发动军事行动亦无可能。

362　　　从地理上来说,滇西缅北地区是夹在云南高黎贡山和从喜马拉雅山脉分支出来并向南延伸的阿拉干山脉之间。沿着这些山脉流动的是大型河流,比如钦敦江、伊洛瓦底江和怒江。由于海拔高,这里冬天寒冷。雨季从5月持续到10月。与印度接壤的缅甸西北部是一个几乎不适宜居住的沼泽地区。而缅甸的东部地区,即滇西缅北地区,是一个盛产水稻的地区。中日双方都想控制这块后勤供应必不可少的沃土,作为周边作战行动中的补给基地。

虽然中日战争局限于中国大陆,但缅甸是被视为向中国运送军事物资补给和人员的通道。西方国家还通过广州和法属印度支那北部支援中国,来自苏联物质则是通过中国的新疆。日军试图用军事力量切断南部各条运输通道,以求在经济上扼杀中国、从而结束战争。在太平洋战争爆发后,日军高层计划进攻缅甸,希望把缅甸作为进攻印度(原英国的补给基地)和攻入中国腹地的中转基地。驻扎在缅甸的日本第十五军指挥官牟田口廉也中将(译者:1937年7月7日挑起"七七事变"的正是此人。当时他是中国驻屯军第一联队大佐联队长。)对入侵印度这个想法非常痴迷,而驻扎在云南、隶属于日本南方军(SAG)的第五十六师团的参谋人员则更推崇从缅北插入中国腹地的昆明和云南。① 无论哪种方案,缅甸西北部都将是一个重要的中转基地。

1944年的上半年,为配合英帕尔战役,日军对盟军的滇缅公路发起攻击,进攻的重点集中在缅甸西部的胡康地区。1944年的下半年,在英帕尔战役失败后,日军向云南方向东移。本章节将集中讨论"断"号作战计划(Dan Operation),②该计划从1944年7月下旬开始实施,目的是为了瓦解盟军在缅北重新打通从阿萨姆邦到中国补给线的作战企图。首先,请允许我简述一下胡康河谷战役和怒江会战。这些战役从1943年

---

① 截止1943年10月,起草了一个占领保山市的计划,该计划视为是大理战役的初步行动。参见:日本陆战史研究普及会编著.陆战史集16:云南正面的作战.原书房,1970年,P27。虽然南方军的参谋官们参与了大理战役的计划,但是在东京的帝国大本营并没有批准该计划。参见:复员局编.缅甸战役记录:北部战区第三十三军的作战行动.日本防卫厅战史室.P13。在1944年,第五十六师团的参谋野口省己私下起草了一个占领保山市的作战计划。野口省己.缅甸战役回忆录:第三十三军参谋痛恨的手记.光人社,1995年,P41~42。野口省己后来成为三十三军参谋。

② "断"号作战计划常常会被错指为是"达"号作战计划(Tachi Operation)。

10 月开始,目的是为进行英帕尔战役做配合。

从 1942 年占领缅甸后到英帕尔战役前的一系列战役

日军缅甸方面军(BAA)、第三十三军,以及第十八师团和第五十六师团的各级指挥人员参与了这一地区的各个作战计划。缅甸方面军的指挥官是河边正三大将,卢沟桥事变时他任中国驻屯军步兵旅团长。第十八师团现职指挥官是田中新一中将,1937 年 7 月卢沟桥事变时,他曾是陆军省军务局军事课长。英帕尔战役的主谋牟田口廉也在 1937 年卢沟桥事变中是一个驻扎在卢沟桥附近的联队长。日军占领缅甸后,以上这批军官的战略构思可以总结如下:

第十八师团和第五十六师团占领缅甸并实行防御战略

第十八师团和第五十六师团是第三十三军的主力师团,他们在缅甸采取的是以攻为守的战略战术。在调往缅甸之前,第十八师团在牟田口廉也的指挥下参与了马来战役,攻占新加坡。到了缅甸之后,第十八师团与第五十六师团展开了竞赛,争夺成为第一个达成既定目标的师团。[①] 两个师团都是在九州北部地区征兵,这进一步加剧了两个师团之间的竞争。

尽管盟军在缅甸的人数大于日军十倍之多,但是很快被这两个快速推进的师团所分割击破。盟军最终被迫退到印度。密支那是日军第五十六师团在缅甸军事行动中达到的最北端的城市。随后第十八师团接管了密支那,并在那里设立了指挥部。第十八师团还于此建造了供战斗机和侦察机使用的机场,从根本上切断了盟军不论是地面还是空中对中国的补给。第五十六师团则将指挥部设在龙陵,其编制直接听命于缅甸方面军(直到 1944 年 2 月之后归第十五军指挥),与怒江(缅甸称其为萨尔温江)对岸的中国军队隔岸对峙。

日军这两个师团都拥有很多来自九州煤矿区体格健壮的矿工,修筑防御工事更是驾轻就熟。两个师团的士兵都是战斗经验丰富的老兵,他们的训练和装备都是为了机动作战。日军在缅甸战场上展示了卓越的机

---

① 杉江勇. 福冈联队史. 秋田书店,1974 年。

动能力,他们能够充分利用现有的公路交通,包括那些英国殖民统治前期开发的道路。然而到了 1944 年后期,战局出现颠覆性变化,日军不得不和盟军在争夺重要运输路线的控制权上发生激烈战斗。

364　　在占领缅甸的两年期间,这两个师团很快适应了该地区的地理和气候环境。第五十六师团在云南东部的森林高原安营扎寨。士兵们开垦土地种植食物、建立自己的食品加工厂、建造适应当地的营房、开设销售日本生产的食品小卖部,他们还不忘安排妓院强拉慰安妇。他们的营房是典型的移民式村庄。除了坚固的防御工事之外,入侵云南的计划还取决于经济结构和自给自足的模式。第五十六师团傲慢地叫嚣云南将是他们的训练场。

英帕尔战役前维持缅甸的防御以及缅甸方面军的任务

从 1943 年 3 月 27 日起,三支日本军队——在缅甸南部的第二十八军、中部的第十五军、北部的第三十三军被编入缅甸方面军(BAA),隶属于日本南方军(SAG)。南方军作战区域覆盖了整个东南亚,其总部设在新加坡。[①] 缅甸方面军最初的任务是拱卫缅甸。入侵印度的计划是一个次要任务。缅甸方面军的这三个军,每个军下辖大约三个师团。这三个军的完整战斗序列和组织框架直到 1944 年 4 月才完成,那时英帕尔战役已经展开。

第五十四、五十五师团是调往缅甸的第一批援兵。两个师团都在日本组建,于 1943 年 5 月被归为缅甸方面军直接指挥。1944 年 1 月下旬抵达缅甸的还有第二师团。第二师团曾在 1942 年到 1943 年间的瓜达尔卡纳尔岛战役中遭受到巨大损失,不得不在缅甸重建。第五十四、五十五、二师团和在缅甸启动的第二十四旅团一起组成了第二十八军。

这些部署反映了日本准备入侵印度的企图。第十五军的人数为156 600 人,接近缅甸方面军全部人员 316 700 人的 50%。相比之下,第三十三军只有 52 000 人,部署在沿海地区的第二十八军(译者:第二十八军负责孟加拉湾沿岸防御。)只有 53 000 人。此外,部署在仰光及其周围地区的部队有 33 000 人,第五飞行师团有 15 500 人。[②] 由于大多数部队

---

① 防卫厅防卫研修所编.战史丛书:英帕尔作战. 朝云出版社,1968 年:P78。

② 同上,P280。

都集中在缅甸中部地区,缅甸北部和南部的部队人数只有缅甸方面军总人数的17%。因此,虽然日军明白打通通往中国的缅北补给线是盟军战略中的首要任务,但对日军来说,1944年初在缅甸中部发动的英帕尔战役更是重中之重。日军策划者认为占领英帕尔将有助于在缅北补给线的作战行动。①

365

1944年7月英帕尔战役结束前第三十三军的所有作战

第三十三军的建成:组建过程及其任务

1944年4月下旬,大约是英帕尔战役开始后的一个月,帝国大本营启动第三十三军,以拱卫缅甸北部。② 这支新组建的部队包含了第五十六师团、从第十五军调入的第十八师团、同年初部署在该地区的第五十三师团以及第四十九师团的一部分。③ 第三十三军需要在英帕尔战役中掩护第十五军的侧翼后方。4月30日,第三十三军将指挥部设在了眉苗。④第三十三军的指挥官是本多政材中将,他和松山佑三中将是陆军士官学校的同学,松山佑三中将此时担任第五十六师团师团长。⑤

第三十三军军部直接控制机动部队和情报部队。其机动部队包括8个机动中队300辆卡车,他们可以沿缅甸公路(特别是从腊戍到龙陵)机动,或结合铁路快速部署投送部队到达仰光、曼德勒和密支那。由于情报掌握准确,机动作战形式非常奏效,我在下面还会讨论。根据第三十三军参谋部的辻政信大佐所说,盟军的飞机在夜间很少活动,滇缅公路上满是从前线运回伤员的车辆,以及往前线运送补给品和援军的车流。第五十六师团在"断"号作战开始前,沿着这条公路将大量弹药从腊勐运送到了密支那。⑥

"断"号作战的目标是切断敌军的运输通道,使其丧失机动性。日军

---

① 防卫厅防卫研修所编.战史丛书:英帕尔作战.朝云出版社,1968年;P632。
② 关于成立第三十三军的问题,参见:日本陆战史研究普及会编著.陆战史集16:云南正面的作战.P29。
③ 同上,P381。
④ 复员局.缅甸战役记录:北部战区第三十三军的作战行动.P33。
⑤ 同上,P42。
⑥ 日本陆战史研究普及会编著.陆战史集16:云南正面的作战.P38。

最大的困难在于如何保护铁路和公路桥梁免受盟军的空中轰炸。日军在关键的铁路及桥梁沿线布置了高射炮阵地，并秘密储备了修复这些桥梁所需的三倍材料。此外，作为预防措施，日军还建造了浮桥，他们能在白天将浮桥隐藏起来。①

366   第三十三军军部设有专门破译中国军队密码的部门，密码破译小组大大支援了部队作战行动。该小组最初是南方军（SAG）特殊情报部队的一支分队。② ——在第三十三军建立之前，该小组被分配给缅甸方面军（BAA）的第五十六师团，被称为"芒市小组"。刚成立时小组有 19 人，能够破解三分之一被拦截的信息。1944 年 2 月是一个转折点，当时一架中国军用飞机误降腾冲，云南中国远征军的代码本和密码表无意中落入日军手中。第三十三军的情报部门此后的密码破译效率大大提高，该小组人数也随即增加到 50 人，配备了 5 台无线电信号接收器，拦截并破译昆明和重庆发出的电文。这些破译的电文使日军提前掌握到中国军队将在 1944 年 5 月强渡怒江的作战计划。1944 年 7 月下旬，帝国大本营正式通过"断"号作战后，破译工作取得了另一个重大突破。到同年 9 月，日军已经成功破译了几乎所有的中国军队的密码联络。该小组通常在截获中国军队密电后的两天内破译并译成日文，提供给作战指挥部。③ 所以日军尽管人数处于劣势，他们依然能够高效率地抵挡对手，这点日军情报小组功不可没。

1944 年 9 月下旬，第三十三军将情报小组迁移到军部。虽然这只是军级的情报部队，但是该部队在破译中国情报中所做的贡献能够同更高层的情报机关相媲美，比如帝国大本营的特殊情报部门、日本中国派遣军在广州和南京的特殊情报部门，以及南方军在西贡和新加坡的特殊情报部门。④ 鉴于其成就，第三十三军在 1945 年 1 月在转移指挥部到腊戌时，

---

①　日本陆战史研究普及会编著.陆战史集 16：云南正面的作战.P112；复员局.缅甸战役记录：北部战区第三十三军的作战行动.P67。

②　水元健治郎.我的缅甸战记.转引自：我们的遗嘱.生活规划中心，2001 年。

③　辻政信.15 对 1.关东社，1950 年；原书房，1979 年再版.P94。

④　1945 年 5 月上旬在中国的特殊旬报.（1945 年 5 月 11 日）日本国家档案馆 3A/14/25 - 1.该资料也可在亚洲历史资料中心中获取。根据这份资料的显示，南方军的特殊情报部门河内分支，汇编总结了日军对于破获中国军队密码的行动，中国军队根据组织级别和部队级别，比如集团军、部队、省政府、战区，以及军队高层指挥之间，采用不同的密码。他们给每个密钥设定了唯一的代码名称，并经常更换。日本情报部门在破解密码时也附上他们自己的代码。

向情报小组和各汽车中队发了一份表扬信,这是在日军中嘉奖一个非作战单位非常罕见的例子。

第三十三军与盟军的力量对比

日军第三十三军这些专业部队取得了相当大的成就,但是他们的对手是从东西双向扑过来的强大盟军:在盟军进攻之初,盟军和日军的数量比甚至达到了 15：1。在西部,盟军新组建了 X 部队(译者:中国军队)由(中国)第一军和第六军组成,每个军有三个师,数量是日军第十八师团的六倍。随着(英军)第六空降师以及"格拉哈特混队"(Galahad Force,译者:美军)的部署到位,这个比例上升到了 13：1。"格拉哈特混队"更为人熟知的名字是"梅里尔突击队"(Merrill's Marauders,译者:美军一支战区突击队,正式番号为 5307 临时特混支队),由美军的弗兰克·梅里尔准将率领。东部的状况也不容乐观,日军第五十六师团要面对由 14 个师组成的中国第十一集团军和第二十集团军,外加上位于昆明的第二百机械化师,人数比达到 15：1。

巨大的人数差异迫使日军指挥官越来越依赖于"进攻防御"的战法。日军在准备了强有力的防御工事的同时,比如在腊勐的"防御模范村",驻缅甸的日军意识到其人数劣势,仍旧坚持越过缅甸边界抢攻盟军据点。①

这种以攻为守的战法其实不利于日军整体的防御作战。比如,明明知道腊勐的防御重要性,守军的弹药储备依然不足。另外,由于第五十六师团一直将腊勐视为未来进攻保山和昆明的中转基地,师团长未能动员士兵和初级军官构筑充足的防御工事。

胡康河谷战役

盟军的首要任务是重新打通通向中国的供给线。1943 年 11 月,即"魁北克会议"和当年雨季结束后,X 部队开始向胡康地区开进。当时,日军正在忙于为英帕尔战役做准备,所以驻缅北的日军采取守势。大本营将第十八师团归于第十五军,让师团承担胡康河谷战役的任务。第五十

---

① 防卫厅防卫研修所编.战史丛书:英帕尔作战.P272～275。日军领导层认真考虑了在英帕尔战役后进一步向阿萨姆邦进军,占领孟加拉省,并征召当地的印度人组成由日方协助的印度国民军。

六师团不得不将攻占保山和昆明的作战行动限制在怒江地区。胡康河谷
战役有以下几个目标：切断中国与印度间的补给线、为英帕尔战役提供
侧翼保护、牵制一定数量的盟军主力。①

　　1944年初的胡康河谷战役中，第十八师团通过曼德勒和密支那间的
铁路，穿过胡康河谷，沿着一条狭窄的公路绕过一片沼泽地区，向利多方
向进军。第十八师团作战意图是阻止盟军在咖脉（kamaing）西部发起进
攻，并于此尽可能吸引更多的中国和美国军队。如有可能，该师团可按命
令继续西进。田中新一取代了牟田口廉也成为第十八师团的师团长。田
中新一将第一一四步兵联队留在密支那交由丸山房安少将指挥，自己带
领其余部队于1943年10月向咖脉以西运动。在1944年2月雨季结束
后，胡康河谷战役全面打响。

　　盟军打算在1944年2月前开辟一条通往中国的新补给线，力求完成
1943年9月在"魁北克会议"上定的目标。这条新的线路从利多一直通
到保山和昆明，在老滇缅公路的北侧。同时，盟军还计划改善已有的从密
支那经过腾冲到保山那条只能驴子通行的山间小道。

　　1944年2月，由美军顾问训练、美式武装的中国 X 部队进入胡康河
谷的咖脉地区。新一军和新六军以及美军"梅里尔突击队"在史迪威中将
的指挥下，逐渐将第十八师团击退。其中，有两个关键战斗加速了第十八
师团的撤退。第一，英国的奥德·温盖特准将的滑翔机空降部队于1944
年3月5日降落在日军前线背后，切断了通往密支那的铁路。第二，在5
月下旬，盟军占领了勐拱（莫冈）。勐拱是一个战略要地，是胡康河谷的谷
口。盟军开始从三个方向攻击咖脉。②

　　5月下旬，英帕尔战役处于僵持状态，第十八师团被围。7月2日，日
军突破盟军的包围圈，向东移动。日军指挥官原本希望利用胡康河谷狭
窄的地形来抵消日军在人数上的巨大劣势，占领战术先手。但是盟军不
仅在河谷中布满军队，而且还派小分队穿过崎岖的山地，威胁日军的后

---

　　①　防卫厅防卫研修所编.战史丛书：英帕尔作战.P115。日军领导层认真考虑了在英帕尔
战役后进一步向阿萨姆邦进军，占领孟加拉省，并征召当地的印度人组成由日方协助的印度国
民军。

　　②　当这些事件发生时，第十八师团正从第十五军调入到第三十三军，以支援英帕尔战役。

方。此外,盟军投入空降部队到日军阵地后方,形成包围圈,迫使日军别无选择只能撤退。日军身后崇山峻岭,易守难攻。

这场战役给随后在云南作战中的日军上了宝贵的一课。首先,他们学会了必须快速脱离战场,并拉开撤退距离,因为短距离的且战且退只会被有数量优势的敌军包围。其次,山谷不是一个在战术上能够战胜人数众多敌军的好地形,它很可能成为一个潜在的陷阱,敌军只要机动即可轻易包围甚至消灭日军。① 事实上,第十八师团勉勉强强得以从包围圈中逃脱,在这个过程中,他们不得不毁掉或抛弃包括野炮和山炮在内的所有装备,而且第五十三师团的掩护也是个关键。②

第十八师团的撤退拖累了密支那的防卫力量,密支那很快失守。最终,本来计划西调的(包括其指挥部在内)第十八师团,原本能够支援英帕尔战役作战,结果也因为已经人数不足的队伍再次被拆开分成两支,最终被逐一消灭。

1944 年初的滇西会战

在云南战线上,第五十六师团被派往东线(如同西线的第十八师团),受命支援英帕尔作战。在正式批准英帕尔战役前,第五十六师团制定了从缅甸入侵中国保山和昆明的计划,目的就是阻止盟军从这个地区进行反攻。然而,在英帕尔战役作战计划被定为主要的战略目标后,第五十六师团缩减了原定计划,并将作战区域限制在了怒江以西。③ 这是一个粮食盛产区,第五十六师团的任务是保护该区域的安全。该师团在密支那和保山之间的腾冲县、腊勐(松山。④ 滇缅公路附近的一个重镇),以及南部的平戛等关键城市派驻了守备部队。离滇缅公路更远的龙陵是这三个城市之间协调联络点。如果日军有必要超出这三个城市范围进行攻击行动的话,他们必须得到缅甸方面军(BAA)和第三十三军的批准。⑤ 在1944 年上半年,第五十六师团尽管行动受到限制但还是做了最大努力,

369

---

① 辻政信.15 对 1.P141。

② 张仁忠.在印缅前线.由林宏昭译成日语出版,时事通讯社,1946 年。

③ 防卫厅防卫研修所编.战史丛书:英帕尔作战.P108~209。

④ 译者:腊勐乃云南省龙陵县腊勐乡。当时"腊勐"称为"松山",是怒江以西的一个荒村。以后多用松山。五十六师团一一三联队称为"拉孟(腊勐)守备队"。

⑤ 日本陆战史研究普及会编著.陆战史集 16:云南正面的作战.P73。

以求摧毁该地区的盟军据点,防止他们实施反攻。

　　截至 1944 年 5 月 10 日,第五十六师团大约有 11 000 官兵,主力部队是 6 个半步兵大队和两个炮兵大队。第五十三师团抽调了一个步兵大队和五十三侦查联队支援了五十六师团,使得该师团人数增至 16 000 人。其对手中国军队人数要多得多,但是日军官兵并不担心,他们认为在云南的中国远征军一个师战斗力只相当于日军的一个大队。果然 1944 年上半年的怒江战役证明了日军这种自负,盟军随后的大规模攻势完全改观了中日双方的优劣关系。

　　1943 年 8 月,帝国大本营授权展开英帕尔战役行动,第五十六师团便于 1943 年 10 月中旬在怒江前线开始军事行动。师团的突击队清除了怒江日军防线前沿所有中国军队的前哨阵地。他们甚至渡过怒江,快速袭击对岸中国军队的据点。这种主动攻击对暂时提升士气十分有利,也符合师团最初制定的深入中国内陆的目标。日军暂时得手,更加助长了官兵们低估中国军队战斗力的趋势,这导致了该师团狂妄地坚持进攻,而忽视了加强守军的防御。[①]

　　日军在腊勐、腾冲、龙陵、平戛、芒市和滚弄的每处守军最初的弹药储备是 100 天的量。但随后这些弹药储备被运往在胡康作战的第十八师团,因为当时第十八师团的南部补给线被温盖特的空降部队切断。这次储备弹药的转移后来被证明是导致各路守军弹药短缺的主要原因。[②]

　　虽然日军在怒江战役中取得了部分胜利,但是在云南的中国远征军正在加紧准备反攻。期间发生了两个事件:第一件事是在 1944 年 4 月 14 日,美国和蒋介石政府的国军达成协议,美国方面接受了蒋介石提出的几乎所有要求。[③] 第二件事是日军在英帕尔战役中的进攻受阻了。随后,蒋介石批准了驻扎云南部队的计划,前线的中国军队开始猛烈反攻。

---

①　日本陆战史研究普及会编著.陆战史集 16:云南正面的作战.P73.
②　同上,P78.
③　美国方面接受的条件是美军部队(1)支援跨河行动,(2)为中国军队的地面战役提供空中掩护,(3)用一个美军炮兵营加强中国军队,(4)向中国军队提供后勤支援,(5)中国军官分享指挥权。参考文献同上,P79.

另一个新的变化发展是美国空军的再度出现，60 架战斗机和 40 架重型轰炸机从昆明和云南新建的机场出发，为中国军队在云南的地面行动提供空中支援。

到 4 月下旬，第五十六师团的情报部门获悉中国军队即将发起反击，并判断出其发起进攻的日期、主要目标，以及参战单位。根据情报，第五十六师团指挥部将各方守军指挥官全数召回到芒市，向他们简述如何应对中国军队即将发动的进攻：日军在怒江沿岸中国军队可能渡河的区域集结部队。然后在中国军队渡河时，或者刚刚渡过河之后那一瞬间，日军将发动冲击，因为此时是中国军队最脆弱的时候。此外，预先设定的防御要塞必须不惜一切代价坚决扼守。最后，第五十六师团要求保证腾冲和龙陵之间的道路畅通（其中一段已经铺成公路）、控制滇缅公路。

中国军队的先头部队在 5 月 11 日先后于腾冲的北面和腊勐的南面渡过怒江，试图从龙陵南北夹击之势包围第五十六师团，然后歼灭第五十六师团于腊勐地区。

371

虽然第十八师团在北线反击渡过怒江的中国军队的战斗中取得了一定程度的胜利，但是中国军队连续猛攻十天，日军沿江防线最终土崩瓦解。从 5 月 20 日开始，战线从怒江的河口向西推进到高黎贡山。中国第五十三军（由第三十六、一百一十六、一百九十八师，以及新三十九、新一百三十师组成）跨过高黎贡山。萩尾勇少佐的大队原本防守在密支那，此时得到藏重康美大佐率领的第一四八步兵联队（第五十六师团）的加强。在来自腊勐的第一一三步兵联队配合下，萩尾勇少佐的大队向中国军队发起攻击。6 月 6 日，这两支日军夹击了中国第五十三军，并将其击溃。中国军队被迫翻过高黎贡山向后溃退。此战北线主力只有的两个大队，第五十六师团拿出几乎所有老本进行反击，中国军队得以暂时被击败。

然而，在 6 月 10 日，中国第十一集团军利用日军北调、沿江防御削弱，一举渡过腊勐以南的怒江。这样一来，中国第十一集团军便突破了日军第五十六师团防御阵地中最弱的一点，给了龙陵日本守军严重一击。中国军队对龙陵的攻势不断加强，此时已经拿下了城外山地上所有日军外围阵地。他们甚至攻下部分城郊坚固要塞群，并于 6 月 15 日攻入市区。随着龙陵巷战的展开,日军第五十六师团在滇缅公路以东的芒市指挥部与龙陵的守军几乎失去了联络。

第五十六师团长松山佑三中将急忙向龙陵派出救援部队。这些援军原本就是由百人左右组成的小规模作战单位。此时他们只得撤离芒市南面的防御阵地。此外,松山佑三还命令腾冲北面的大多数守军放弃即有阵地,向龙陵—芒市地区扫荡前进。龙陵守军在来自南、北两个方向的救援部队共同配合下,6 月 17 日打破了对龙陵的包围。

日军第一四八联队的主力部队从腾冲驰援龙陵地区,这才保住了龙陵。但是,第一四八联队不得不放弃北面的大片区域。驻守腾冲城内只有联队剩余的一个大队,包括联队长在内。守军将零散部队布置到城外周边的山上,用以牵制敌军、拖长防御时间,以确保第五十六师团的主力部队在龙陵的有效作战。① 腾冲守军面对压倒性数量的敌军仍试图死守,原因有二:首先,他们不愿将腾冲周围的粮食盛产区拱手让给中国人;第二,日军担心腾冲的失守将使盟军得以恢复从利多途经密支那到中国的补给线。

大约在同一时间,中国第二十八师孤立了腊勐的日本守军。松山佑三最初打算加强驻军,而非驰援解围。但是,松井联队(由松井秀志少将指挥的第一一三步兵联队)辖以其他部队还是于 6 月 21 日驰援腊勐。中国新三十九师和新八十七师严阵以待,给日军迎头痛击,日军伤亡严重,不得不退回龙陵。第五十六师团在 7 月初至中旬与平夏的支队汇合,保证了龙陵与芒市间的道路畅通。同时腊勐以南的平夏守军连续抵抗中国军队的进攻。

在这些广阔地区的连续作战使第五十六师团的兵力减少了约 40%,约 2 000 名士兵阵亡,6 000 人受伤或因病住院。腊勐和腾冲被完全孤立,而平夏和龙陵也面临着再被包围。帝国大本营在 1944 年 7 月叫停英帕尔战役,滇西战局岌岌可危。

---

① 美国方面接受的条件是美军部队(1)支援跨河行动,(2)为中国军队的地面战役提供空中掩护,(3)用一个美军炮兵营加强中国军队,(4)向中国军队提供后勤支援,(5)中国军官分享指挥权。参考文献同上,P95。

密支那战役：缅甸战役的分水岭

5月17日，盟军用滑翔机攻击了密支那，战役规模顿时扩大。随后的战斗就像正在胡康和云南进行的战斗一样，都是围绕着补给线的争夺战。从战略上来说，密支那在缅甸战场上占有极其重要的位置。如果盟军拿下密支那，那么就能孤立在胡康和云南战线之间的日军。更有甚者，这可能是日军在缅甸防御的噩梦，因为密支那战役一旦失利，盟军即会威胁缅甸中部的曼德勒；控制密支那机场，美军补给机群就无需再沿着喜马拉雅山的驼峰航线飞行。新的航线位于驼峰航线以南，运输补给风险大大降低。

最初，密支那的日本守军只有300人，由丸山房安大佐指挥（下属十八师团）。5月17日，由中美联军空降兵袭击包围了这座城市。第十八师团指挥部在郊外布置了小部队，尽力协防密支那城内守军。作战正酣，第三十三军指挥官本多和第十八师团长田中新一在缅甸的咖脉镇紧急召开会议商讨战局，本多将密支那的守军直接划归自己指挥，以示不惜一切代价守住密支那的决心。日本缅甸方面军同意了这个决定，另外增派第五十三师团支援守军。该师团直属缅甸方面军调遣。

第三十三军对盟军新一轮进攻反应迅速（至少是在地图上），于5月18日派出第五十六师团的水上源藏少将指挥一支联队，企图消灭前几天在南坎着陆的温盖特指挥的钦迪队。[①]　水上源藏联队原来的任务是保卫滇缅公路，只有一个大队兵力。另外两个大队早已被调往他处。不久，第五十六师团未经第三十三军的许可，又调走了仅有的这个大队增援别处。这导致新到任守军指挥官水上源藏少将在进入密支那时只有一个步兵分队和一个炮兵中队。如此少量部队进入密支那，造成了水上源藏少将与第十八师团的丸山房安大佐间的指挥矛盾（丸山房安大佐负责密支那的防御多年）。

---

① 防卫厅防卫研修所编.战史丛书：伊洛瓦底会战——缅甸防卫的破绽.朝云出版社，1969年，P36。

第三十三军指挥部得知这次未授权的军队调动后，发现运送这个大队的卡车已经到达腾冲，更改命令已不可能，指挥部别无选择只能事后批准，也没有对第五十六师团采取纪律处罚。[①] 这次的宽大处理是因为第三十三军担心严厉的措施会使军部和第五十六师团原本就脆弱的关系变得更加紧张。这个指挥关系紧张的根本原因是专业上的嫉妒：本多政材和松山佑三是陆军士官学校的同班同学，但是本多政材指挥的是军，而松山佑三指挥的仅是隶属于本多政材的师团。

除了两个指挥官之间的个人关系外，日军也没有充分利用好获得的情报。情报破译小组早就提醒五十六师团，要其早做准备，中国军队第二十集团军将发起进攻。[②] 另一份类似的情报也显示中国军队即将在6月11日发动另一场进攻。然而该师团也没有利用该情报，客观现实是"反制措施"条件不存在。此外，一份显示盟军即将在怒江以北发动进攻的情报引起了第五十六师团的重视，尽管密支那更具有战略重要性，该师团还是调拨密支那守军增援在腾冲北部地区的防御部署。

尽管日军不断增援腾冲令人费解，但是密支那的守军还是留有足够弹药储备来满足守军的迫切需求，因为从腊勐调来了大量的弹药储备。然而这样的情形说明了日军在密支那的作战计划中表里不一；密支那的防御战是弹药有余、士兵不足。

"断"号作战：1944年7月至1945年1月

英帕尔战役的终结：战役意义和部队重新调防

日军第三十三军面临的局势非常复杂，起先他们必须面对三点同时作战和指挥人员的个人冲突，现在又出现了英帕尔战役叫停、缅甸战区高级指挥官的大调整。

7月2日，日本南方军（SAG）的命令重新定义了缅甸方面军（BAA）的主要任务：阻止盟军在缅甸北部沿着怒江西岸开通中国和印度之间

---

① 防卫厅防卫研修所编. 战史丛书：伊洛瓦底会战——缅甸防卫的破绽. 朝云出版社，1969年，P35。

② 同上。

的交通线路;钦敦江以西的部队必须坚守现有阵地。因此,在没有明确承认英帕尔战役失败的情况下,日本南方军将缅甸方面军的主战场又转移到了缅北地区。① 日军在缅甸战场的战略由此又恢复到原来的以防御为主的指导思想,即阻断盟军通往中国的补给线。前一段以攻为守的入侵印度计划被取代。"断"号作战就是这个战略改变的典型范例。缅甸方面军一直在滇西缅北作战,目的就是协助英帕尔战役,但是现在缅甸方面军的重心则是"断"号作战计划了。

从 7 月 2 日起,缅甸方面军的战略出现变化,但是第三十三军的战力并没有得到相应的加强。虽然其属下的第二师团被誉为是战斗力极强的师团,但是由于长期占领荷属东印度群岛之爪哇岛,享受着"悠闲军营生活"而被戏为发福了。此后,第二师团在瓜达尔卡纳尔岛战役中损失惨重,师团的士气再也没有恢复过来。② 此外,第二师团最初在缅甸南部沿海沼泽地区的战役中配备了山炮。然而现在用更重的野炮替代这种轻火炮是一个耗时的过程。相比之下,第五十六师团在其作战区域熟门熟路,而第二师团却初次驾到,对比令人惊讶。其次,对于缅北及云南的地形和气候的不熟悉也是个障碍,第二师团根据一些过时的地图匆匆投入战斗,而且后勤保障十分缺乏。第二师团的调动,我们似乎看到了大本营幕后的影子,因为缅甸方面军的指挥官河边正三中将决定将第二师团从缅甸南部的第二十八军调归缅北的第三十三军③,这是附和 6 月 15 日帝国大本营的一个参谋造访缅甸时给出的建议。

缅甸方面军没有期望第二师团能即刻发挥作用。尽管如此,第二师团还是被投入到八莫和南坎周围,因为他们预计 X 部队会在那里很快发动进攻。第二师团接到的命令是坚守阵地,直至第十八师团到来。幸亏此时的盟军自身也有指挥矛盾问题,他们的作战暂时停顿下来。如

————————

① 防卫厅防卫研修所编.战史丛书:伊洛瓦底会战——缅甸防卫的破绽.朝云出版社,1969 年,P116～117。

② 参见:复员局编著.缅甸战役记录:北部战区第三十三军的作战行动.日本防卫厅防卫研修所战史室。

③ 同上,P118～123。河边正三主动这样做因为南方方面军在太平洋战区,特别是在菲律宾的战役中,已经不堪重负了。这实际上使得缅甸方面军在缅甸能自主制定军事行动计划并执行。

果他们能够在占领密支那之后，即刻南进，那么第二师团的防线会被轻易突破。

"断"号作战计划的构想

第三十三军在缅北、云南的行动代号是"断"号作战。该计划与"一号作战"紧密相关，对缅甸的总体防务有相当大的影响。（"一号作战"是指日军在中国设计的从北向南横穿中国大陆的作战计划。）

"断"号作战计划的焦点是日军能否同时完成两个任务，即（1）重建在英帕尔战役中失利的队伍，用他们防守缅甸；（2）阻止盟军打开一条途经缅甸到中国的补给线。更确切的说，在缅甸的日军是否有足够的战斗力同时抵挡来自东部和西部的盟军进攻。对实现两个作战目标，许多人持怀疑态度。他们担心"断"号作战计划将危及整个缅甸的防御作战。在密支那失守之前军队上层就有人反对，在密支那失守后，他们的反对声音也就越来越大了。

比如，田中新一中将曾总结说，缅甸方面军把阻止盟军重新贯通中印补给线放在首要地位是"不明智的"。当"断"号作战计划执行之后，他意识到除了要防御盟军在缅甸南部可能的登陆外，还要针对盟军的补给路线发动一场战役。不过，他分析认为"重整第十五军的前线"应当是"战役计划中的重点"，因为盟军一旦占领了密支那，其空中运输能力将大大提高。[①] 帝国大本营（陆军）第二课的作战参谋濑岛龙三少佐是另一个持怀疑者。在9月初对缅甸进行视察之后，他向军部参谋长梅津美治郎大将汇报说道，"缅甸方面军不可能在阻断中印补给线的同时在缅甸南部完成防御任务"。他补充说"缅甸方面军必须搞清楚哪一个目标更为优先"。考虑到诸多因素，比如保证缅甸方面军的后方安全、在缅甸的战役与日本南方军整体战役计划的协调以及其他"政治影响"，濑岛龙三少佐认为缅甸南部的防御才是优先重点。[②] 当濑岛龙三少佐向帝国大本营进言时，"断"号作战计划的准备工作已经开始。在"断"号作战计划开始执行以及驻腊勐和腾冲的守军被歼灭之后，帝国大本营才最终采纳了他的

376

---

① 防卫厅防卫研修所编.战史丛书：英帕尔作战.P675。
② 日本陆战史研究普及会编著.陆战史集16：云南正面的作战.P103。

想法。

即使是以牺牲在缅甸的防御作为代价,帝国大本营也要执行"断"号作战计划,其原因可能与支援"一号作战"有关。1944 年 7 月,帝国大本营希望"断"号作战要"继续切断滇缅公路,至少维持到 9 月下旬,以协助'一号作战'的桂柳会战"。第三十三军参谋辻政信大佐觉得这没有问题:"我们很容易切断盟军补给线路到 9 月下旬,但是这就是我们的全部任务嘛?"他认为在缅甸的日军能做的比帝国大本营预期的要多。[①] 事实上,帝国大本营给第三十三军的任务并不困难,而第三十三军也希望多做点贡献。

7 月 12 日,即英帕尔战役结束后的第十天,缅甸方面军发布了"断"号作战命令;向西面进行防御,向东面进行进攻。该作战命令中有三个要素:

　　1. 缅甸方面军主攻方向是怒江西岸,保护腾冲及毗邻地区,切断盟军连接印度和中国的补给线。第二师团将调归第三十三军指挥,以帮助其完成此次任务。

　　2. 第五十三师团将从胡康前线撤退至因多附近,伊洛瓦底江在此有个急弯道,第五十三师团在江的西岸设防,归第十五军指挥。

　　3. 第十八师团立即前往云南地区。[②]

7 月 9 日,辻政信因为要与缅甸方面军的参谋协作,造访了缅甸方面军设在仰光的指挥部。实际上,辻政信在第三十三军指挥部内独断下达了作战计划,因为第三十三军的参谋长山本清卫少将自 8 月起已经调任后勤工作。临走前山本清卫草拟了一份详细的作战计划,并亲自提交给缅甸方面军,但是本多政材还是打发走了山本清卫。在本多政材眼中,辻政信是一个更有活力、富于独立思考的决策者,他能充分发挥自己的积极性。[③]

377

① 辻政信.15 对 1.P79。
② 日本陆战史研究普及会编著.陆战史集 16:云南正面的作战.P103~104;防卫厅防卫研修所编.战史丛书:伊洛瓦底会战——缅甸防卫的破绽.P122。
③ 防卫厅防卫研修所编.战史丛书:伊洛瓦底会战——缅甸防卫的破绽.P2~33。

　　基于山本清卫的草案,辻政信在 7 月 10 日完成了他自己的作战计划,并将其命名为"断"号作战计划。该计划要求第三十三军在芒市地区集中,以摧毁云南中国远征军;通过支援怒江沿线的作战来替腊勐和腾冲的驻军解围,从而阻止盟军重新打通中印补给线。[①] 战役的关键是能否守住密支那,直到在八莫、南坎和畹町的防御工事完成。日军随即展开迷惑盟军的行动,其目的就是要让盟军错误认为日军各个要塞都防备齐全,这样就为日军争取了额外的时间。此外,从南方分批调来的第二师团没有被部署在龙陵地区,而是连夜向东急进。作为拖延战术的一部分,第二师团袭击了在云南的中国远征军,掩护遭到重创的第十八师团从胡康山谷撤退。最后,南坎和八莫的防御交给了第十八师团的残部和装备不足的第二师团。第二师团不熟悉地形,只能就地占据位置欠佳的阵地。

　　后勤难题从一开始就困扰着"断"号作战。由于没有卡车运输,第十八师团精疲力竭的士兵只能徒步到达新的指定位置。在转移师团的重型装备途中,日军与盟军发生了一系列激烈战斗,交战地点在缅甸公路的多个地点和通往曼德勒的腊戌铁路线上。随着第三十三军的作战区域转到云南,战斗异常激烈,其原来活动区域是在所谓的密支那一线(沿着伊洛瓦底江西岸的铁路线)。第十八师团还不得不承担一项艰巨的后勤任务:通过腊戌铁路和缅甸公路撤离伤病员,运送弹药、燃料及其他物资。

　　"断"号作战取决于持续的后勤保障。日军高层希望守住密支那,因为这里是缅甸东西部战线的中转点。但是,就在"断"号作战正式开始后 10 天,密支那的防御在 7 月 31 日就崩溃了。第十八师团的丸山房安少将带领残部朝南向八莫逃跑了。水上源藏少将根据第三十三军的命令,留守密支那,准备战至最后一兵一卒。第三十三军的这道命令使得丸山房安以及 800 名守军跨过伊洛瓦底江向东逃脱。而水上源藏少将则忠职自杀。

　　密支那过早的失守震惊了第三十三军,并引发了对盟军下一步行动的激烈争论。一些第三十三军的参谋预测史迪威的 X 部队将会从密支那沿着铁路线或是伊洛瓦底江的东岸向南攻击八莫—南坎地区。他们建

---

① 　日本陆战史研究普及会编著.陆战史集 16:云南正面的作战. P109。

议加强密支那和曼德勒之间的防御，并极力主张重新考虑进攻云南的"断"号作战。这些参谋有理由认为，盟军占领了密支那后将沿铁路攻入缅甸中部，导致日军在缅甸整体防御的崩溃。如果事态如此发生，在英帕尔战役中遭到削弱的第十五军就会全军覆没。同时，盟军占领曼德勒和缅甸中部的其他关键位置将孤立在云南的日本军队。

但是辻政信持不同观点，他坚持认为盟军的主要目标仍是打通滇缅公路。[①] 基于他对中国军队的看法，他预料在印度新组建的中国 X 部队很可能向东进军与在云南的 Y 部队在滇缅公路处汇合。辻政信和第三十三军的参谋们决定沿密支那铁路集结日军进行防守。本多政材中将接受了辻政信的看法，他计划在云南储备弹药和其他物资（云南有大量的粮食储备）并收拢部队继续阻断滇缅公路。即使日军的后勤保障被切断，他们也能撤退到泰国继续战斗。

"断"号作战：第一阶段

就在日军内部争论之时，在龙陵、腊勐和腾冲的日本守军正在顽强抵御中国军队的不断进攻。8 月 23 日，龙陵的守军指挥官向第五十六师团部紧急发电，言其部队只能再坚守两天了。腊勐的守军也后勤告罄，防御圈不断缩小，前沿阵地一个接一个地被打掉。松山佑三感到守军坚持不到 9 月了，龙陵也有随时失守的危险。面对如此危机，松山佑三决定增援龙陵守军。[②]

第五十六师团的行动震惊了第三十三军指挥部。[③] 军部当初的设想是等 9 月初第十八师团到达后，随即在云南展开"断"号作战。到达后的第十八师团首先要巩固其在南坎和八莫的防御阵地，以防止盟军从西面进攻没有保护的日军侧后。第五十六师团意外的调动迫使第三十三军提前"断"号作战。8 月 26 日第二师团接到命令利用夜幕从南坎秘密移动至芒市，此时第十八师团主力还未到达。[④] 南坎和八莫也因此临时不设防，即使是在增援部队到达后，这两处的守军兵力也很薄弱。一位第三十三军的参谋回忆道：

379

---

① 防卫厅防卫研修所编.战史丛书：伊洛瓦底会战——缅甸防卫的破绽.P227。
② 同上，P235。
③ 日本陆战史研究普及会编著.陆战史集 16：云南正面的作战.P127。
④ 防卫厅防卫研修所编.战史丛书：伊洛瓦底会战——缅甸防卫的破绽.P246。

日军在八莫和南坎的防御真空了,因为本该驻守八莫的军队在 7月28日才到眉苗。第二师团和第十八师团主力部队的到达日期 则更晚……如果盟军利用在密支那的胜利,立即向八莫和南坎进军, 那么他们不仅能使"断号作战"中途夭折,还能威胁到第五十六师团 的后方……因此,沮丧、不安和痛苦的情绪弥漫在第三十三军的指挥 部达几周之久,直到8月17日日军再次牢牢掌控八莫,情况才得以 舒缓……幸运的是,他们的担心没有成真,因为盟军在密支那胜利后 没有进一步前进的迹象。[①]

8月30日,第三十三军下令开始执行"断"号作战。原计划是于9月 初开始,第五十六师团的自行调动得到了军部允许,攻击日期得以提前。 "断"号作战的第一阶段持续到了9月14日腾冲失守,腊勐亦在一周前丢 失。主要战斗是日军试图解围腊勐、腾冲及龙陵会战。龙陵会战是解救 腊勐、腾冲之围的前奏。[②]

作战期间第三十三军内部发生激烈争论和指挥混乱,特别在第二师 团的使用上。最初的计划是第五十六师团沿着滇缅公路向龙陵推进,但 是第三十三军对于该师团的安危不放心,命令第二师团与其平行推进。

在龙陵盆地南侧有7个山坡高地,它们是极好的炮兵观察阵地。日 军将其从一号标记到七号。中美联军在美国空军的支援下,与日军发生 了激烈的高地争夺战。第五十六师团到达龙陵后夺取了一些中国军队的 炮兵前哨,准备向南推进威胁中国军队的阵地。

第二师团从南面进攻,并夺取一号高地,但是没能拿下二号高地,因 为前线部队攻击搞错了目标。当辻政信大佐得知这个错误后,他亲自带 兵冲锋,并于9月9日傍晚占领二号高地。[③] 后续增援部队到达后,日军

---

① 野口省己.缅甸战役回忆录.P142。
② 同上,P163。
③ 同上,P164;防卫厅防卫研修所编.战史丛书:伊洛瓦底会战——缅甸防卫的破绽.第 257 页中写道:第二师团在 9 月 13 日占领了 2 号高地。其中没有提到辻政信的行动。而且,由 日本陆战史研究普及会编著,《陆战史集 16:云南正面的作战》中第 135 页也没有提到辻政信。 然而,毫无疑问的是,野口省己"亲眼看见在远处云龙山前线的指挥阵地上"辻政信"在玩命地 指挥"。

坚守到 9 月 14 日。

　　同时，日军的进攻也在盟军内部造成混乱。史迪威在 9 月 12 日的日记中记录道：(他)感受到中国东部和 Y 部队在怒江前线危机重重，(蒋介石)希望从 Y 部队中抽调人员和资源支援(中国国内)东线作战，(蒋)甚至希望立即停止在怒江战线的军事行动。[①] 当史迪威和蒋介石于 9 月 15 日在重庆会面时，蒋介石让史迪威大为不悦。蒋给了他两个选择：要么 Y 部队从龙陵撤退，要么 X 部队在一周内发起进攻。

　　本多政材当然并不知道盟军内部发生的矛盾，日军没能守住腊勐和腾冲让他感到震惊。腊勐被围三个月，守军的幸存者在 9 月 7 日向盟军前线发起了自杀性冲锋，全部阵亡。腾冲防御战斗从 6 月底就开始了。9 月 1 日，第一四八步兵联队的 2 000 名士兵在城内开始同中国军队进入逐屋逐户争夺。激烈的巷战至 9 月 8 日时，还剩余 300 日本守军。这些剩余的守军在 9 月 13 日全部在一次自杀性冲锋中阵亡。

　　两地挫败迫使本多政材于 9 月 14 日暂停了"断"号作战，原因如下：首先，他必须解救平夏的被围守军，否则他们将步腊勐和腾冲的后尘；第二，越来越多的迹象表明，龙陵的战斗陷入了僵局，日军拿下二号、三号高地后，第五十六、二师团无法再攻破中国军队严密的防御工事；第三，日军高层判断他们会被迫打一场消耗战，兵力将进一步被消耗。在短暂的"断"号作战期间，双方都遭受到了沉重的伤亡。从被破译的中国军队的电文中计算出，中国军队的阵亡、受伤和失踪的人数是 63 000 人。[②] 日军第三十三军的伤亡是 18 000 人(第五十六师团伤亡 9 000 人，第二师团伤亡 6 000 人，其他指挥部直属部队伤亡 3 000 人)，其中阵亡 7 300 人。由于中国军队的人数是日军的 15 倍，[③] 即使中国军队的伤亡是日军的 3.5 倍，日军也根本无法打赢这场消耗战。

　　第四，9 月 13 日的侦查证实，中国军队的援军正在开进龙陵地区。破译的中国军队电文中提到，中国第二百师的先锋部队即将渡过怒江到 381

---

　　① 约瑟大 W·史迪威著，石堂清伦译．史迪威日记．美篶书房出版社，1966 年，P290。约瑟夫 W·史迪威．史迪威日记．白修德编辑．纽约：W·斯隆协会，1948 年。
　　② 日本陆战史研究普及会编著．陆战史集 16：云南正面的作战．P193。
　　③ 让政信．15 对 1．P112。

达龙陵。第二百师是一支在印度训练并由精锐部队组成的机械化师。[1]
日军估计这支中国军队的战略预备队会被投入桂林参与"一号作战"。日
军的密码破译人员发现,在9月7日腊勐被占领后,该师已经迅速赶向龙
陵。第二天本多政材将各师团长们召到他的指挥所,下令放弃第三十三
军在龙陵的指挥部、第五十六师团向芒市撤退。只留下第二师团防御龙
陵和滇缅公路。

中国第二百师在云南的出现缓解了日军"一号作战"的压力,但也导
致了"断"号作战的破产。[2] 退至龙陵的第三十三军避开了同中国主力摊
牌。当然日军根本不知道盟军内部矛盾和指挥危机,因此也没有占到便
宜。由于"一号作战"期间,中国军队一路败北,史迪威亦想争夺盟军最高
指挥权力,史迪威和蒋介石之间的关系濒临彻底破裂。9月15日,就在
日军叫停"断"号作战的那天,蒋介石将史迪威召回到重庆,威胁要从龙陵
撤回中国的Y部队,除非X部队在一周内开始从西面发起进攻。两人之
间的矛盾一直持续到10月中旬,罗斯福将史迪威调离中国战场。中国战
区高层摩擦使得中国Y部队暂停了对龙陵的进攻,X部队从密支那向南
方推进也没有落实。

就在盟军停滞不前时,日军第三十三军将其重点从切断滇缅公路转
移到缅甸的防御上。第三十三军下令第五十六师团接防平夏。9月26
日后该师团在龙陵区域重新调整布署,而第二师团则撤回南坎防守。[3]
10月5日,第二师团划为缅甸方面军直接指挥,并于10月中旬调往缅甸
南部。之后南方军又下令该师团调往印度支那。[4] 南方军在缅甸敌众我
寡情况下再次抽调方面军的一支主力,表明日军不再打算阻止盟军重新
打通滇缅公路。

当"断"号作战的第一阶段结束时,帝国大本营正在修改整个缅甸作
战计划。9月19日,日军参谋总长梅津美治郎大将下令要南方军守住缅

---

① 日本陆战史研究普及会编著.陆战史集16:云南正面的作战.P117。
② 同上,P74～75。
③ 同上,P187。
④ 同上,P109～192。

甸南部,阻止盟军重新打通滇缅公路。其第一步就是截断滇缅公路。①
梅津美治郎的命令下达时正值在缅甸的日军指挥层的大规模改组,这条
命令反映了东京大本营决定重新调整缅甸战役的方向,这个新方向就是
在缅甸全面进入防守。

　　基于以上这些因素,辻政信建议第二师团调出缅甸方面军,以助其太
平洋战场整体策略。② 在第三十三军的参谋长及其下属批准了这一建议
后,第二师团除留下了一刘勇作大佐的部队负责防守八莫外,其余部队全
部离开了第三十三军。到了 10 月初,第五十六师团和几个小作战单位总
人数加起来不超过 20 000 人,这些是日军在缅甸北部仅有的兵力了。这
些部队勉强守住滇缅公路。③

　　第三十三军同意调走第二师团是希望中国第二百师调离国内战场使
得"一号作战"成功概率增大。在这点上,辻政信接受了腊勐和腾冲的丢
失这一事实,毕竟小代价能够换取"一号作战"成功的大目标。④

　　当时,帝国大本营的首要关注问题是如何协调三个同时进行的重大
战役——在中国战场上的"一号作战"、在滇西和缅北的"断"号作战、在菲
律宾的"捷一号作战"。⑤ "断"号作战被重新定义为辅助战役,配合即将
举行的缅南伊洛瓦底江防御作战。时任缅甸方面军参谋长的田中新一中
将要求"第三十三军尽早结束'断'号作战,完成从云南前线撤出的第二师
团和其他部队的重新部署。"⑥

　　"断"号作战:第二、三阶段

　　"断"号作战的第二、第三阶段主要意图是逐步撤退,以最小代价拖延
缅南防御作战。然而,在 10 月下旬,(中国)X 部队从西面向八莫发动进
攻,接着在 11 月 1 日中国军队从东部对龙陵发起了全面的进攻。重炮部
队对龙陵进行了密集火力攻击,顿时间山上硝烟弥漫,守备日军还以为他

　　① 防卫厅防卫研修所编.战史丛书:伊洛瓦底会战——缅甸防卫的破绽.P308。
　　② 辻政信.15 对 1.P112;野口省己.缅甸战役回忆录.P227。
　　③ 防卫厅防卫研修所编.战史丛书:伊洛瓦底会战——缅甸防卫的破绽.P394。
　　④ 辻政信.15 对 1.P95;同上,P96;日本陆战史研究普及会编著.陆战史集 16:云南正面的
作战.P136。
　　⑤ 防卫厅防卫研修所编.战史丛书:一号作战.朝云出版社,1968 年,第二部分,P552,P556。
　　⑥ 防卫厅防卫研修所编.战史丛书:伊洛瓦底会战——缅甸防卫的破绽.P341。

们遭到了毒气攻击。

在东西两个方向的同时压力下,日军第三十三军阵地开始失守。第五十六师团于 11 月 2 日放弃了龙陵,守军于 11 月 6 日夜里撤退到了芒市。从破译的中国电文知道盟军将在第二天对芒市发动全面进攻,日军于 11 月 18 日主动放弃芒市。

383　　　在放弃芒市之前,本多政材给蒋介石写了一封信。一名被俘中国中尉奉命转递蒋介石。信部分内容如下:

虽然日本和中国是邻国,理应成为朋友,但是不幸的命运将两个国家置于敌对状态。我担任缅甸指挥官已经 6 个月了,在此任期内与贵军精锐进行了战斗。作为亚洲人,我很高兴能亲眼见证你们官兵的勇敢,并向你表示衷心的祝贺。目前,因为战略的需要,我放弃了芒市。请允许我向贵军 70 000 名为贵国献身的士兵所体现的精神表示衷心的慰问。①

考虑到 X 部队将于 11 月初从密支那向南推进,第三十三军改变了计划,并命令将第十八师团从南坎防御工事中调走重新部署,留下一支不满员的联队防御南坎。第三十三军错误地解读了 X 部队的行动,认为 X 部队试图攻占整个缅甸,而不是仅仅打通滇缅公路。第三十三军的这种过度反应在相当程度上削弱了南坎和八莫防御力量。②

尽管第十八师团部署不当,但第三十三军的撤退还是井井有条,拖延盟军重新打通滇缅公路达两个月之久,而且损失不大。③ 12 月初,八莫守军被围,在中国 X 部队即将其全歼之际,日军展开了救援行动。日军的解围部队出现在包围圈的南边时造成盟军的混乱,八莫守军利用敌军的混乱于 12 月 15 日到 12 月 20 日间从包围圈中脱身。④ 不仅如此,第三十三军的机械运输部队成功地开进城中,并将那些为“断”号作战准备的弹药、燃料和其他物资全部运往后方。⑤

---

① 辻政信.15 对 1. P144。

② 同上,P135～139;防卫厅防卫研修所编.战史丛书:伊洛瓦底会战——缅甸防卫的破绽.P365～370。

③ 然而,讽刺的是,伊洛瓦底江沿岸的战斗以失败告终,使得第三十三军取消行动以保护日军的撤退线。参见:防卫厅防卫研修所编.战史丛书:伊洛瓦底会战——缅甸防卫的破绽.P545。

④ 同上,P386。此时第三十三军已经撤退到腊戍。

⑤ 同上,P395～396。

最终,第三十三军近 20 000 人于 1945 年 1 月 27 日从八莫、南坎和芒友撤出,而盟军得以最终重新打通滇缅公路。

结论:"断"号作战的失败及其对"一号作战"的影响

"一号作战"在"断"号作战暂停之后仍在中国内陆进行。东京大本营认清部队已经无法阻止滇缅公路的重新启动,只有加大力度利用华中派遣军"一号作战"向中国西南腹地最大限度推进。这样一来,日军华中派遣军就能集中力量,寻机攻击昆明和重庆。此外,日军还在考虑向西继续攻击,以确保刚被成功打通的大陆交通西侧的安全。采取这一系列攻击作战将击溃国民党重庆政府,那样,滇缅公路即使开通也将为时过晚。

1944 年 11 月,指挥中国派遣军的冈村宁次大将加快了作战准备的步伐。12 月 2 日,日军从"一号作战"所占领的地区出发向西,当日军占领贵州独山,史迪威的继任者——阿尔伯特·科蒂·魏德迈上将向蒋介石提议:即使牺牲重庆也要坚守护昆明,[1]对日军进展,魏德迈感到十分焦虑,他在给美国陆军参谋长马歇尔上将报告中说这两个城市即将沦陷。[2]

然而,在华日军却认为独山战役是个冒险,已经超出日军能力范围。东京大本营的最初行动是占领贵阳,然后向西推进、抢占国民党军队的补给基地和那里的据点,以此"加强四川和云南地区的战略地位"。然而后勤问题限制了日军行动的范围,日军只能短暂占领独山这个贵州门户。[3]

然而冈村宁次却一直催促东京大本营同意发动四川战役,拿下重庆。[4] 他估计 1945 年中,美军将在中国西南沿海登陆,必须抓紧时间消

384

---

①　1944 年 12 月 2 日,魏德曼给蒋介石的第二七二号备忘录。基思·艾勒. 魏德曼将军谈战争与和平. Wedemeyer on War and Peace. 加利福尼亚州:胡佛研究所出版社,斯坦福大学,1987 年:P92。

②　1944 年 12 月 10 日,魏德曼向马歇尔的报告,文献同上,P84。

③　防卫厅防卫研修所编. 战史丛书:大陆打通作战. 朝云出版社,1969 年,第三部分,P592~593。

④　冈村宁次. 冈村宁次大将资料:战场回忆编. 原书房,1970 年,P214。

灭民国政府。① 此外,他认为进攻四川还能支援缅甸的军事局势。因此,攻打重庆的战役概念是在盟军即将打通滇缅公路的前提下制定的。日本中国派遣军意图在美军登陆大陆前,摧毁在四川和昆明的美国空军基地。同时,冈村宁次还建议通过支持延安的共产党政权上台来破坏重庆政府的稳定。② 陆军总参谋部作战课于 1 月 16 日采纳了中国派遣军的提议,并将其纳入帝国大本营整体战略中。③

　　但是,由于帝国大本营中的"中层人员"的反对,这些提议没有得到实施。这些人认为:日本空中力量在菲律宾防御战中损耗过大,"西进"的芷江和昆明会战将得不到空军的支援。④ 另一理由来自日本的保守力量(特别是前首相近卫文麿的反对),他们认为帮助延安共产党将会增强其影响力。此外,被破译的中国无线电通讯表明蒋介石正在从云南撤回一些军队加强了四川的防御。⑤ 因此,日军更合理的军事选择是,防御美军在中国海岸登陆,而不是深入中国内地。考虑到这些因素,中国派遣军最终放弃了原定计划。⑥

　　1945 年 1 月后,第三十三军专注于缅甸南部的防卫。第十五军在英帕尔战役后只剩下原来 25％的兵力,在曼德勒地区又遭到英属印度军队的毁灭性打击。第三十三军在掸邦高原东至腊戍的防线挽救了第十五军免遭全歼,使其逃至掸邦的高地。第三十三军在仰光失守后还掩护了第二十八军免遭包围。第三十三军的部分部队守住锡唐河沿岸,使得第二十八军在突围后渡过因雨季而上涨的河流,逃至掸邦高原。在缅甸的日军避免了毁灭性的打击,并在掸邦地区苟活着见证了战争的结束,这归功于第三十三军从缅甸北部和云南的成功撤退。

　　至于盟军,由于战争在不久后就结束了,他们没能充分利用他们花了

　　① 军事史学会著. 大本营陆军部战争指导组机密战争日志. 金星社,1998 年,第二卷,P643～644。

　　② 同上。

　　③ 同上,P651。

　　④ 冈村宁次. 冈村宁次大将资料: 军事行动回忆录. P214。

　　⑤ 辻政信. 15 对 1. P141。

　　⑥ 巴巴拉·W·塔奇曼著,杉边利英译. 美国的中国政策的失败: 缅甸战线的史迪威将军. 朝日新闻社,1996 年,P16。

高昂代价打通的通往中国的内陆的补给路线"利多公路"。中国在缅甸—云南战场上取得的胜利实乃一场提高国民党威望的会战,但这不是一场对于盟军胜利有战略性贡献的战役。中国军队在缅甸战场上对日军的胜利成为国民党最有效的宣传工具,不仅是一支配备有先进武器、给世界留下深刻印象的中国新军的诞生,而且还证明了中国打败了日本。① 在日本,以赔本缅甸战役为代价的"一号作战"昙花一现,根本没有引起日本民众的注意。当时日本大片城市正遭受着美国空军的狂轰滥炸。同样,滇缅公路从腊勐途径芒市到腊戍的这段公路,在历史的记忆中记载着国民党在内战中被共产党打败后的逃跑路线。如今,这条从利多延伸到密支那,在南坎与滇缅公路相连的公路几乎早被遗弃了。留下的只是在厚厚的丛林植被下那看不见了的影子了。②

----

① 张仁忠的日文译本早在一九四六年就由日本的时事通讯社出版。在台湾,一个关于印缅战役的照片展览于 1948 年 1 月 1 日到 5 日在台北的一个叫中山堂的公共大会堂展出。参见台北《和平日报》1948 年 1 月 1 日。

② 我要感谢在写这篇文章时许多人向我以各种形式提供的协助。特别是玉川大学的等松春夫教授、东京外国语大学的根本敬教授,以及台北研究院楚雄元教授,他对于原始资料提出了一些建议,并提供了许多原始资料给我。我要特别感谢诸位。

第十五章
论滇西缅北会战中的中国远征军及其战术

作者：臧运祜

　　1944 年间至 1945 年初,中国远征军在云南省西部和缅甸北部,配合美、英盟军及中国驻印军发动缅甸战役,胜利进行了对日军的反攻作战。这就是中国抗日战争时期国民党正面战场历史上所称的"滇西缅北会战"。

　　关于这个重要战役的军事学术上的研究,开始于该战役结束之后不久;1949 年以后,包括台湾在内的中国学界,继续进行了一些研究。[①] 但仔细检视中国学界的这些有限的研究成果,笔者同样可以指出它们在军事学术上的缺陷:缺乏对于最为重要的战役战术以及部队的编制、装备、训练等方面的探讨。

　　本文将根据目前所见的主要档案文献和部分个人回忆资料,对于滇西缅北会战中的中国远征军及其战术,进行一些"军事史"的初步而粗浅的研究。

中国军事当局配合盟国,拟定远征军参加缅甸战役的计划

　　盟国反攻缅甸的战役计划,起自美国,并得到了中国军事当局的积极响应与配合。太平洋战争爆发后,中国战区根据与英国的协定,组建了

---

　　① 关于与该战役相关的军事学术研究状况,请参考下列论文:宋光淑、谢本书. 云南抗日战争史著述介绍. 抗日战争研究,1995 年第一期,P83~85;宋光淑. 滇西战役图书研究. 转引自:傅宗明、林超民主编. 滇缅抗战论文集. 昆明:云南大学出版社,1999 年,P409~418;曾景忠. 中国抗日战争正面战场研究述评. 抗日战争研究,1999 年第三期,P77~101;李松林. 台湾关于抗日战争史的研究. 转引自:郭德宏主编. 抗日战争史研究述评. 北京:中共党史出版社,1995 年,P441~467;刘凤翰. 抗战史研究与回顾. 台北:近代中国,第一〇八期,1995 年 8 月,P127~164。

"中国远征军第一路军"，于1942年2月初，自云南进入缅甸，协同盟军的对日作战。但此次作战，中国远征军遭到惨败，由入缅时的100 000人，剩40 000余人，分别退入印度东北部和云南西部。是为中国远征军的第一次缅甸战役。

1942年春，缅甸失陷后，世界反法西斯战争与中国抗日战争进入了最艰苦阶段。美国陆军部在这时制订了一项名为《使中国继续作战》的计划，实际上也意味着得收复缅甸。[①] 同时，史迪威将军（中国战区参谋长，中将）也建议进行反攻缅甸的战役，并要求中国再次予以配合。6月间，他在重庆多次会见蒋介石（中国战区总司令，上将），汇报了他的上述计划，得到了蒋的同意。[②] 7月18日，史迪威正式向蒋介石提出了《反攻缅甸计划》，要求中国方面以20个师，自滇西进攻缅北的腊戍（Lashio）。中国参谋本部对此进行了核议，23日，何应钦（参谋总长，上将）总长向蒋介石报告："反攻缅甸在政略及战略上均极为有利"，"反攻缅甸之建议出于史迪威，我国自应表示赞成。"[③] 8月1日，国民政府军事委员会办公厅函告史迪威，同意实施此项计划。

这期间，罗斯福总统的特使居里来到重庆。国民政府立法院长孙科提议：中国应向英、美要求向缅甸进攻，打通中印交通，并由军委会草拟具体方案，由总裁向居里提出。军令部奉命进行了研究后，9月30日拟订了方案，提出："反攻缅甸就政略与战略上言，于盟国均属有利"；中国军队"似仅能担任助攻，主力方面仍须动员美、英之陆海空军"；"中国陆军准备以十至十五个师，主力自滇西，一部由滇南攻击敌人"。[④]

史迪威的建议虽得到了中国的响应，但与英国方面的协商却遇到了挫折。他在10月间与韦维尔（英国驻印军司令，元帅）达成的协议，完全

① ［美］巴巴拉·塔奇曼著，陆增平译. 史迪威与美国在华经验(1911～1945). 北京：商务印书馆，1984年，P431。

② 王楚英. 中国远征军印缅抗战概述. 转引自：中国人民政治协商会议全国委员会文史资料研究委员会编. 远征印缅抗战——原国民党将领抗日战争亲历记. 北京：中国文史出版社，1990年，P109。

③ 何应钦致蒋介石签呈稿(7月23日). 转引自：中国第二历史档案馆编. 中华民国史档案资料汇编. 第五辑，第二编，军事(四). 南京：江苏古籍出版社，1998年，P374～377。

④ 徐永昌签呈稿(9月30日). 转引自：中华民国史档案资料汇编. 第五辑. 第二编. 军事(四). P377～379。

改变了中国军队的作战目标和进攻路线,使收复缅甸的目标变为只收复缅北。[①] 11 月 3 日,史迪威在重庆,向蒋介石汇报了在印度商谈的结果。蒋介石再次重申了英国参战的必要性,并以第一次缅甸战役失败的教训,指出:"惟此次不反攻则已,一旦反攻,非胜不可,绝不能再受第二次之挫折。"[②]根据蒋介石的指示,10 日,军令部与史迪威举行谈话,研究了缅甸战役的具体问题,双方关于战略问题大致达成一致。[③]

在与史迪威协商期间,军令部还拟订了《中、英、美联合反攻缅甸方案大纲》,提出的作战准备是:"中国陆军以 15—20 个精锐师准备,以主力由滇西、一部由滇南攻击敌人。"据此,军令部又于 11 月 28 日拟订了中国军队的《收复缅甸作战计划》,其方针是:"国军以联合英、美反攻缅甸、恢复中印交通之目的,应于英、美由印发动攻势同时,先行攻略腾冲、龙陵,整备态势,尔后向密支那、八莫、景东之线进击,保持主力于滇缅公路方面,与印度盟军协力歼灭缅北之敌,会师曼德勒",并要求在 1943 年 2 月以前完成作战准备。[④]

不久,英国又一次变卦。12 月 7 日,韦维尔通知史迪威"取消缅北作战"。蒋介石乃于 28 日电告罗斯福总统:由于英国违诺,反攻缅甸计划将无形取消。罗斯福于 1943 年 1 月 2 日回复蒋介石,请他在卡萨布兰卡会议之前,勿作最后决定。[⑤]

上述可见,在 1942 年下半年间,中国军事当局对于盟国的缅甸战役计划,尽管是有条件的赞成,但对于中国军队配合在滇西缅北的反攻作战,态度是积极的,准备也不遗余力。

1943 年 1 月 14~23 日,美英两国首脑及军事首脑在摩洛哥的卡萨布兰卡举行会议。会议将缅甸作战列为对日作战的主题之一,并达成了收复全缅的"安纳吉姆"(Anakim)计划,预定在 11 月 15 日左右发动反

① 远征印缅抗战. P111.
② 秦孝仪主编. 中华民国重要史料初编——对日抗战时期. 第二编. 作战经过(三). 台北:中国国民党中央委员会党史委员会、中央文物供应社,1981 年,P355.
③ 林蔚、刘斐签呈(11 月 12 日). 转引自:中华民国史档案资料汇编. 第五辑. 第二编. 军事(四). P379~384.
④ 中华民国史档案资料汇编. 第五辑. 第二编. 军事(四). P392~398.
⑤ 远征印缅抗战. P111.

攻。为了落实该计划,2 月 9 日,中、英、美三国的军事首领在印度的加尔各答举行会议,军政部长何应钦(上将)说明中国主力军队 10 个师,将由滇西向密支那(Mivkyina)、八莫(Bhamo)方面进击;同时中国驻印军则由户供谷地向密支那攻击;如若成功,华军将全部向曼德勒(Mandalay)前进。[①] 但不久由于英国的反对,"安纳吉姆"计划被搁置。

5 月,美、英首脑及军事将领在华盛顿举行代号为"三叉戟"的会议。中国在首次由外长宋子文代表参加的盟国会议上,坚决要求实施"安纳吉姆"计划。但由于英国的反对,该计划的作战目标和范围被缩小,称为"茶碟"计划,反攻缅甸的任务主要由中国军队承担,作战目标也主要在缅北地区。8 月,美英首脑又在加拿大的魁北克举行会议,讨论了缅甸战役计划,决定反攻日期为 1944 年 2 月,以夺取缅北为目标;并成立以蒙巴顿为统帅的东南亚战区。[②]

10 月 2 日,蒙巴顿元帅来到重庆,向蒋介石报告会议决议。19 日,蒋介石、何应钦等与蒙巴顿、史迪威等人在黄山开会,讨论反攻缅甸作战计划。在此次会议上,中美英三国对于反攻缅甸均持积极态度,有具体准备,且愿意密切合作。[③] 10 月间,国民政府军事委员会经与盟军联合参谋部协商,决定:先以中国驻印军主力,于 12 月中旬向缅北进攻。[④] 由于中国驻印军一部(孙立人师)已在此时展开了攻势,驻印军总指挥史迪威乃报告蒋介石,要求滇境的中国远征军尽快参战。[⑤]

在缅北战役已经打响的情况下,11 月 23～27 日,美、英、中三国首脑在开罗召开会议,议定了蒙巴顿提出的缅北作战计划。盟国关于反攻缅甸的计划,至此终于定夺下来。但不久,由于美、英首脑在德黑兰会议后又取消了开罗会议的有关决定和英军在南缅实施水陆反攻的保证,使得既定的盟军反攻缅甸作战的重担,基本上落在了中国军队的肩上。

---

① 何应钦呈蒋介石报告中英美会议纪录译文(1942 年 3 月 5 日)。转引自:中华民国重要史料初编——对日抗战时期.第二编.作战经过(三).P367～372。
② 远征印缅抗战.P113～114。
③ 会议记录译文.转引自:中华民国重要史料初编——对日抗战时期.第二编.作战经过(三).P384～394。
④ 国民革命战史.第三部.抗日御侮.第九卷.P166～168。
⑤ 郑洞国致蒋介石电(11 月 1 日)、史迪威呈蒋介石报告(11 月 6 日)。转引自:中华民国史档案资料汇编.第五辑.第二编.军事(四).P384～394。

　　中国军事当局在 1942 年下半年及 1943 年间对于盟军缅甸战役计划的积极配合,为中国远征军准备即将开始的反攻作战,在战略上奠定了重要的基础。[①]

中国远征军的编制、装备与训练

　　(一)中国远征军的编制

　　1. 远征军第二次编成

387　　　　1943 年初的卡萨布兰卡会议、加尔各答会议之后,2 月,蒋介石任命陈诚(第六战区司令长官,上将)为中国远征军司令长官,负责整训部队、筹划反攻。陈诚一再推辞后,乃于 3 月 12 日自重庆赴昆明。他在出发远征时,拟订了"不耻过、不敷衍、不贪小便宜"的三不主义。[②] 4 月,陈诚在云南楚雄设立了"司令长官部"。10 月,因陈诚患病,由卫立煌(原第一战区司令长官,上将)接任司令长官。

　　中国军事当局一年之后重新在云南成立远征军,并开始向滇西集中部队。按照史迪威此前提出且经蒋介石同意的在云南训练中国军队 30个师的计划,3 月 23 日蒋介石核定了军政部提出的云南练兵计划,命令各有关部队向云南集中。当时计划调集 11 个军 31 个师,每个师 10 300人,总兵力 412 600 人。但后来陆续调至云南的部队为 12 个军,计为第二军、第五军、第六军、第八军、第十三军、第十八军、第五十三军、第五十四军、第七十一军、第七十三军、第七十四军、第九十四军。[③]

　　中国当局在抗战最困难的时刻,将如此多的军队调往云南,乃是为了以美国的军援装备之。按照史迪威以前提出的"中国军队改造计划",他打算将中国的军队缩编为 100 余个师,除了被称为"X 部队"的在印度训练的 10 万人(后来改称"中国驻印军")之外,作为中国军队核心力量的第一批 30 个师,在滇西进行训练,称之为"Y 部队";他还准备在桂林训练第

---

　　① 本章以上文字,英文版只保留了重大线索的叙述。
　　② 中国第二历史档案馆. 陈诚私人回忆资料 1935～1944 年. (下),转引自: 民国档案.1987 年第二期,P32。
　　③ 远征印缅抗战. P56。

二批 30 个师,称为"Z 部队"。① 这个得到了美国同意、批准的计划,是与反攻缅甸分不开的,毋宁说,这就是中国军队参战的条件。而蒋介石之所以积极调集大军,看重的却是以美援装备他的军队。

这些集中于云南的、被美军称为"Y 部队"的十几个军 30 余师,正式被编入"中国远征军"序列的大致有 6 个军 17 个师。② 中国远征军约占当时在云南整训的中国军队(Y 部队)的一半。

2. 补充兵员

中国远征军编成后,其兵员数额,按照刘凤翰先生的严格统计,共计 189 000 人,其中西渡怒江参战的部队人数为 165 000 人。③ 但这只是个理论上的统计数字,实际上,远征军的兵员缺编仍然是一大问题。

史迪威认为:当时滇西 30 个师所在的 11 个军,即"Y 部队",都不满员,总共缺 185 000 人;而中国远征军投入战斗时,"其人员低于编制定额 115 000 人"。④ 这个数字,在卫立煌致蒋介石的一份电报中,得到了真实的反映。他说:"滇西反攻伊始,所属各师缺额约十万有奇。……现各序列部队共缺十二万余。"⑤

在史迪威的催促之下,中国军事当局努力为远征军补充兵员,但收效不大。1943 年,中国的新兵因死亡或开小差造成的减员达 40%;何应钦也预计有三分之一的补充兵员在路上死亡或逃跑。⑥ 为了补充兵员,中国当局在 1943～1944 年发起了动员知识青年从军的运动。在中国军队准备再次远征印缅的同时,1943 年 11 月开始,从四川发起、形成了声势浩大的大中学生从军运动。军政部于 12 月 19 日颁布了《学生志愿服役

---

① 史迪威与美国在华经验(1911～1945).P455、494;远征印缅抗战.P115～116。
② 按照军令部第一厅第二处调制的《陆军兵力统计表》:1944 年 4 月 1 日前,远征军为 2 个集团军、5 个军、14 个师;1945 年 1 月 1 日前,远征军为 2 个集团军、5 个军、13 个师。参阅:中华民国史档案资料汇编.第五辑.第二编.军事(一).P768、770。该统计显然没有将远征军的直辖部队(1 个军 3 个师、另 1 个师)计算在内。
③ 刘凤翰.国军入缅作战研析.转引自:1997 年 7 月北京"七七事变 60 周年国际学术讨论会"论文.P46～48。
④ 史迪威与美国在华经验(1911～1945).P520、654。
⑤ 蒋介石致军政部兵役部代电稿(1944 年 12 月 19 日).转引自:中华民国史档案资料汇编.第五辑.第二编.军事(四).P425。
⑥ 史迪威与美国在华经验(1911～1945).P520。

办法》，称"近来全国知识青年从军运动正风起云涌"，故拟定了该办法。①
国民政府兵役署还在适当地点成立了 7 个教导团、3 个教导营，对从军学生进行初步的军训；共计报名 51 042 人，入营 19 689 人，其中的部分人员拨给了驻印军和远征军。②

　　在此基础上，1944 年 11 月间，中国国民党及其三民主义青年团又组织发起了"十万知识青年从军运动"，并成立了以军令部次长罗卓英为首的编练总监部，将从军的知识青年编为 9 个师，称为"青年远征军"。他们有的在歌词中表示要"打通滇缅尽使命，……协同盟军歼倭寇，缅甸光复有光荣"。③ 知识青年报名应征者为 12 万人，实际入营者为 8.6 万人。④

　　动员包括大中学生在内的知识青年从军，有利于改善国民党军队的文化素质。而这对于缺少兵员的远征军（Y—部队）来说，又是十分需要的。

　　3. 整顿编制

388　　　中国远征军在改编的过程中，按照军事当局的编制计划进行。其间，史迪威曾经要求每个军编为两个师，陈诚坚持认为现行的"三三制"比较符合作战要求，但也折中吸取了美方的建议。1943 年 8 月 8 日，陈诚就统一远征军编制事，致电蒋介石、何应钦，关于各军、师的编制决定如下："1、各军三个师，一律按照卅二年远征军编制改编，限八月底以前改编完竣。二、各军按编制仅先补充装备两个师（即二军为九师、七十六师，六军为九十三师、预二师，八军为荣一师、一百零三师，五十三军为一百一十六师、一百三十师，七十一军为八十七师、八十八师及三十六师），其余一个师候令补充"。⑤

　　远征军的 1943 年编制，与 1942 年加强军的编制，有所不同。它在军内炮兵营与师内步兵团上，采用了美方的建议，即：军炮兵营为野山炮 12门；师步兵团辖步兵一、二、三营，高（平）射轻机枪两连，迫炮一连，驮马运输一连，通信、特务、防毒各一排，卫生队一队；每步兵营辖步兵三连，机枪

---

　　① 中华民国史档案资料汇编. 第五辑. 第二编. 军事（一）. P444～446。
　　② 抗战八年来兵役行政工作总报告. 兵役部役政月刊社，P40～41。转引自：戴孝庆、罗洪彰主编. 中国远征军入缅抗战纪实. P204。
　　③ 中央日报. 重庆：1944 年 12 月 25 日。
　　④ 包遵彭. 中国青年运动史. 时代出版社，1948 年，P132。
　　⑤ 中华民国重要史料初编——对日抗战时期. 第二编. 作战经过（三）. P381。

一连,战防枪、通信、补给各一班;每步兵连辖一、二、三排,指挥、迫炮各一班;每排辖三班,每班有掷弹筒一,手提枪一,轻机枪一,手枪一,步枪八。[1]

中国远征军拟制的编制整补办法,大致是:各军均以尽先充实其第一线之两师为主,各军、师直属部队均照三十一年加强编制,整编军属山炮营;第一线两师之各步兵团,亦按照新编制改编,其团内步兵火器,充实较多;军(师)战力、输力,亦均加强。[2]

4. 统一指挥权

中国远征军成立后,对于其内外指挥关系,进行了适当的统一。

1943 年 6 月 14 日,蒋介石发布训令,要求军事委员会各部会及所属机关派驻云南、桂林的机构,进行归并、统一,以利军令、政令通行;其中规定:上述各单位,凡在各集团军作战或防守地区内,"统由各总司令负责统一指挥,严行整饬,俾政令与事权皆归于统一"。[3]

为解决远征军长官部与昆明行营在部队指挥上的矛盾,1943 年 8 月 12 日,陈诚上报参谋本部、军令部,提出:为反攻指挥便利,希望滇西、滇南部队统一在一个战斗序列之下,要求指挥统一、步调齐一,并提出他可以归龙云指挥。蒋介石 14 日批示同意。[4] 8 月 16 日,蒋介石乃致电龙云(云南省政府主席),拟修改以前的作战计划,并颁发《昆明行营作战计划大纲》,要求行营以防守滇南、支援远征军作战为目的。[5] 10 月 19 日,蒋介石在与蒙巴顿、史迪威召开的黄山会议上,再次保证:作战开始之时,昆明行营统率的防守军队将归陈诚统一指挥。[6] 据此,中国军事当局初步解决了内部的作战统一指挥问题。

关于中国远征军与盟军的指挥统一问题,在远征军开始作战初期,蒋介石与蒙巴顿之间还产生过一场"转移指挥权"的交涉。

东南亚战区成立后,为加强与中国战区的联络,英国派遣魏亚特作为首相的私人代表并作为蒙巴顿、史迪威的幕僚驻在重庆。在 1943 年 10

---

①　陈诚私人回忆资料 1935～1944 年.(下)。转引自:民国档案. 1987 年第 2 期,P32。
②　王文宣.最近十年军务纪要 1933～1943.转引自:民国档案. 1989 年第 1 期,P65。
③　中华民国史档案资料汇编.第五辑.第二编.军事(一).P61。
④　中华民国重要史料初编——对日抗战时期.第二编.作战经过(三).P381～382。
⑤　中华民国史档案资料汇编.第五辑.第二编.军事(四).P403—404。
⑥　中华民国重要史料初编——对日抗战时期.第二编.作战经过(三).P388。

月 19 日的黄山会议上,蒋介石曾表示同意由蒙巴顿统率全部在缅作战之中国军队,史迪威副之。1944 年 5 月,远征军开始作战行动后,蒙巴顿乃派魏亚特转告中方:根据黄山会议的记录,他拟由史迪威对于在云南之部队实施直接指挥。蒋介石先请魏亚特向蒙巴顿转达"尚希谅察"之意,后在 11 日批示军令部:此次我军行动"并非实行黄山会议整个之计划,故现在华军(怒江西岸)无受蒙巴顿将军指挥之必要,如我军将来进入缅境,英美盟军各能实行其黄山议决案之任务时,中国自当履行决议,华军仍可受蒙巴顿之指挥也"。接到蒋介石的答复后,蒙巴顿又于 5 月 23 日请魏亚特转呈蒋介石,建议以 6 月 1 日为期限,"将云南部队的指挥权转移给他"。在显然没有得到中方的答复之后,6 月 10 日,蒙巴顿又请魏亚特转告蒋介石关于滇西华军入缅后的处置事项方案。[1]

作为中国战区统帅的蒋介石,显然保持了对于远征军在滇西缅北作战中的独立、统一的指挥权。

(二)中国远征军更换美式装备

中国当局在云南集中 30 余师的大军,除了准备反攻缅甸以外,还有以美械装备部队的目的。

当时到达云南的部队,除了严重缺编之外,武器装备也十分匮乏。在史迪威当时看来:这 30 个师只有一半拥有通常必备的武器,这些武器中有一半因缺少重要部件而无法使用。[2] 在这样的情况下,迅速补充武器准备尤为必要。

自 1943 年春季,中国当局就着力装备补充中国驻印军与中国远征军,"将美援军用物资全部倾注于该方面,而兵员之补充亦以该方面为第一优先,甚至忍耐其他各战区物资供应及兵员补充之不足。"[3]蒋介石也称:中国远征军成立以来,"装备补充不遗余力"。[4]

---

[1]　中华民国重要史料初编——对日抗战时期.第二编.作战经过(三).P390,478~480,488~489,493~495。

[2]　史迪威与美国在华经验(1911~1945).P520。

[3]　缅北及滇西之作战经过.转引自:国防部史政局抗战史料.中华民国重要史料初编——对日抗战时期.第二编.作战经过(三).P536。

[4]　蒋介石致卫立煌等电(1944 年 6 月 22 日)。转引自:中华民国史档案资料汇编.第五辑.第二编.军事(四).P419。

关于当时的美国装备,是指美军基于租借法案而向中国军队供应的武器。据一位中国学者研究:它们包括半自动枪 2 200 支,战车防御炮 576 门,六〇迫击炮 900 门,重机枪 558 挺,七五榴弹炮 40 门,火箭筒 430 支,各种弹药总计 6 900 吨。但这些装备大多供应了驻印军和美军第十四航空队,运到国内者不过一千余吨,其中的大部分补充了远征军。①

关于中国远征军各部队补充美国装备的具体情况,目前常为学者所引用的是第十一集团军总司令宋希濂(中将)的回忆资料,其记述如下:

每军成立一个榴弹炮营,每营配备 10.5 公分的榴弹炮 12 门;每师成立一个山炮营,每营配备 7.5 公分的山炮 12 门;每个步兵团成立一个战车防御炮连,配备战车防御炮 4 门;每个步兵营成立一个迫击炮排,配备八一迫击炮 2 门;每个步兵营成立一个火箭排,配备"伯楚克"式的火箭筒 2 具;每个步兵营的重机枪连,配备重机枪 6 挺;每个步兵连配有轻机枪 9 挺,"汤姆森"式手提机枪 18 支,六〇迫击炮 6 门(每排 2 门)及火焰放射器 1 个。每个军部和每个师部都配备设备完善的野战医院 1 所。自军、师至每个营、连,都配有完整的通讯设备,包括有线电话和无线电报话两用机等。其他还有工兵器材和运输工具等等。②

陈诚的回忆资料也指出:按照新编制,每步兵团之主要武器为掷弹筒 81 具,步枪 109 支,手提机枪 90 挺,轻机枪 81 挺,高(平)射轻机枪 9 挺,战防枪 9 支,重机枪 18 挺,六公分迫炮 27 门,八二破击炮 6 门。此项武器除原有者外,不足之数由美械补充。③

由远征军直辖的第八军,在 1944 年夏完成了美式武器装备,分别是:(1)装备军部一个榴炮营,配备 105 口径榴弹炮 12 门、汽车 80 部等。(2)装备荣誉第一师、一百零三师各一个山炮营,每营配备有 75 口径的山炮 12 门、汽车 10 余部、骡马 50 余匹(骡马全由印度空运到昆明)。(3)每个步兵团装备一个战车防御炮连,每连配备战车防御炮 4 门、战车防御枪两支、火箭筒 2 具。(4)每个步兵营装备一个迫击炮排,配备 81 口径迫击炮两门;装备一个重机枪连,配备重机枪 6 挺;装备三个步兵连,

---

① 参考:王正华著.抗战时期外国对华军事援助.台北:环球书局,1987 年,P290.
② 远征印缅抗战.P56.
③ 陈诚私人回忆资料.转引自:民国档案.1987 年第二期,P32.

配备轻机枪 27 挺、60 口径迫击炮 18 门、步枪 300 余支、汤姆森冲锋枪 60 余支。(5) 凡军、师、团、营各部,都配有完善的通讯器材,都设有军医院、卫生队及成套的医疗器械。同时每个步兵团的输送连、战车防御炮连、重机枪连都配备一定数量的骡马,军部配备两个汽车连,荣誉第一师、一百零三师、一百六十六师各配备一个汽车连,第八军各部队共拥有大小卡车、吉普车、通讯车、卫生车约 300 多部。[①]

中国远征军大致在 1943 年春,完成了装备美械部队。这些装备由美方直接送交各军师接收,然后由各军上报军政部备查。就其装备而言,虽然稍逊于当时的中国驻印军,但比较以前的装备和同时期的其他国军,则要完备得多,尤以火力方面更是大大加强了。[②]

(三)中国远征军的训练

在补充兵员、装备美械的同时,中国远征军还在美军的帮助下,进一步加强部队的训练,以实现人与武器的有机结合,最终提高战斗力。

陈诚受命组建远征军后,于 3 月中旬视察了滇西、滇南的第一线部队,"得知各部队均含有莫大之危机",遂制定了《远征军作战部队整备训练计划》,关于部队的训练,提出:"为增进远征军各级干部之知识能力,特设军委会驻滇干部训练团,内分步、炮、工、通信、军医、兽医九科,及将校班、防空班、后勤班、泰越缅语班、军需班各部门。"[③]

按照计划,1943 年 4 月,中国远征军长官部在楚雄成立的同时,中国当局即在昆明设立"军事委员会驻滇干部训练团",蒋介石兼任团长,由龙云代理之,陈诚兼任副团长。该团的训练对象为远征军各部队副团长以下的营、连、排级干部。先后举办过步兵训练班、炮兵训练班、工兵训练班、通讯训练班、战术训练班。还在大理举办过一个军医训练班。训练时间除炮兵外,一般均为 6 个星期。训练方法依各个兵种而定,占主要地位的是步兵训练班,第一、二周为兵器训练,第三、四周为射击训练,第五、六

---

① 孟祥氪.美式武器装备的国民党第八军.转引自:中国人民政治协商会议全国委员会文史资料委员会编.文史资料存稿选编.抗日战争(下).北京:中国文史出版社,2002 年,P521~522。

② 远征印缅抗战.P56~57。

③ 陈诚私人回忆资料.转引自:民国档案.1987 年第 2 期,P33。

周为战术训练。干部团的所有教官,几乎都是美国人,行政管理为中方。1943～1944 年两年间,先后训练了 10 000 余人。团长以上的军官,先到昆明该干部团报到,然后由美军飞机分批运送到印度的蓝伽训练营,接受那里的训练。[①] 远征军的训练,不同于驻印军的是,以训练干部为主,而且轻武器是中国造,美国人只担任教官。

在战术训练方面,干训团成立了作战人员训练班,又称参谋训练班。该班实际上是美国参谋学校(SGS)的中国分校,教育系统隶属于美军训练司令部。作战班是驻滇干训团的高级班,规定远征军美式装备各部队中校参谋及中校副团长以上、军长以下军官,全部分期调训。其训练的主要内容是美式参谋业务,训练的基本教材是美国参谋手册。按照人事、情报、作战、后勤四个内容进行参谋业务的教育;教育上贯穿了美军后勤第一的军事学说,在战术上注重攻击和追击,攻击战术上又特别重视攻坚战、森林战、河川战。[②]

截至 1943 年 8 月 5 日,驻滇干部训练团已结业人数为:步兵科 1 184 员,炮兵科 199 员,工兵科 195 员,通信科 76 员,电信科 149 员,军医科 242 员,兽医科 175 员,将校科 181 员,陆空 54 员,后勤 76 员;其他泰越缅语班 120 员,军需班 141 员,正在训练中。至于部队训练,则由本部巡回教育组担任,自 1943 年 9 月 1 日开始,至 1944 年 2 月,已陆续训练完毕。[③]

中国远征军的作战方针与南北(左右)两翼的协同战术

(一)远征军确定作战方针

第一次缅甸战役失败后,蒋介石在 1942 年 4 月 30 日评论道:"缅甸战事失败之主因,是在作战方针为人转移,不能自主……。"[④]因此,与组

389

---

① 远征印缅抗战. P57～58。

② 杨肇骧. 军委会驻滇干部训练团作战班. 转引自:文史资料存稿选编. 抗日战争(下). P526～528。译者:迤至上页的训练内容,英文版册去了。

③ 陈诚私人回忆资料. 转引自:民国档案. 1987 年第二期,P33。

④ 中华民国重要史料初编——对日抗战时期. 第二编. 作战经过(三). P336。

建一支中国军队相适应的是,中国远征军必须在不久的战役中,独立制订自己的作战计划,尤其是确定作战方针。

中国远征军成立之初,蒋介石就在 1943 年 4 月 5 日,要求军令部长徐永昌与陈诚,研拟反攻缅甸路线之具体计划,指出"以其正面甚难进攻,似宜由南、北二面研究,预定侧攻道路与方向"。①

蒋介石提出的两面展开、主攻与侧攻相结合的反攻缅甸的作战方针,远征军自成立后就与军令部进行了多次研拟。期间,蒋介石又对于反攻准备多有指示。1943 年 12 月,在开罗会议已经定夺缅甸战役计划、而中国驻印军已经展开缅北攻势之时,军令部拟订了远征军反攻缅甸的作战计划,其方针是:"国军以恢复中印交通之目的,以远征军一部,攻略滚弄敌桥头堡,并固守车、佛现阵地,掩护左侧。以主力强行渡过怒江,重点指向龙陵,攻略腾冲、龙陵一带敌阵地,进出曼允、畹町之线;整顿态势,再与驻印军会师八莫,攻略腊戍。"②这个方针,是以左侧部队为助攻,掩护右侧部队主攻滇西缅北。它可以说是中国军事当局按照蒋介石的指示,而确定下来的作战方针。

1944 年 1 月 7 日,日本大本营陆军部下达第一七七六号指示,令南方军司令官为防卫缅甸,在适当时机击溃敌军防御,占据英帕尔附近印度东北部地区。缅甸方面军司令官据此于 1 月下旬制定了"乌"号作战(英帕尔作战)的计划,交与第十五军司令官实施。③ 3 月 8 日,日军第十五军发动了"乌"号作战。为此,缅甸方面军于 4 月 29 日编组了第三十三军,本多政材(中将)为司令官,下辖第十八、第五十三、第五十六师团,其任务是:策应第十五军的英帕尔作战,占有缅北广大地区、确保云南地方的已占领地区,继续切断中印联络路线。④

盟军在遭受日军"乌"号作战的打击下,强烈要求中国远征军策应驻印军的缅北攻势,展开滇西反攻作战。中国当局最后决定配合驻印军,开

　　① 中华民国重要史料初编——对日抗战时期.第二编.作战经过(三).P373。
　　② 国民革命战史第三部.抗日御侮.第九卷,P170,251。
　　③ [日]服部卓四郎著.大东亚战争全史.东京:原书房,1970 年,P594。
　　④ [日]防卫厅防卫研修所战史室编.战史丛书:英帕尔作战——缅甸的防卫.东京:朝云新闻社,1968 年,P381～382。

始既定的滇西缅北战役。

4月13日,中国军事委员会决定先以远征军一部渡江进攻,相机占领腾冲,尔后逐步投入主力。据此,远征军拟订了渡河攻击计划,于17日被核定实施。该计划确定远征军的作战方针是:(1)以第二十集团军为攻击军,渡江攻击腾冲;该集团军以第一线兵团、第二线兵团,先后跟进攻击。(2)以第十一集团军为防守军,担负怒江左(东)岸的防守;另以该集团军派出4个加强团,渡江攻击,策应第二十集团军。① 远征军的这份计划,与军令部长徐永昌(上将)稍后拟订的《远征军策应驻印军作战指导方案》也基本吻合。② 这说明中国的作战方针是一致的。

在远征军准备攻击作战时,4月25日,蒋介石以4份"手令",分别致电司令长官卫立煌、第二十集团军总司令霍揆彰(中将)、副总司令方天(中将)、第十一集团军总司令宋希濂,一致强调此次渡江攻击的意义"不仅关乎我国军之荣辱,且为我国抗战全局成败之所系",要求其初战必胜;并对于远征军的主攻与助攻配合、主攻部队之战术、第十一集团军加强团的渡江任务等,分别有所指示。③

5月4日,卫立煌将远征军长官部前移至保山。5日,在保山召开第十一、第二十集团军总司令及各军长的作战会议,"一般情形,极为良好"。④

5月6日,担负"攻击军"的第二十集团军制定了作战计划,其方针为"于怒江左岸之栗柴坝、双虹桥间地区集结,主力保持在左,强渡怒江,攻击当面之敌,进出固东街、江苴街之线,攻击腾冲而占领之"。⑤

5月11日,第十一集团军4个加强团首先开始渡江,第二十集团军之第一线兵团(第五十四军)随后开始渡江作战。由于各部队"事前对于渡河作战准备周到",迅速完成任务。⑥

---

① 国民革命战史第三部·抗日御侮.第九卷,P171～176。
② 徐永昌呈何应钦转蒋介石稿(1944年4月20日)。转引自:中华民国史档案资料汇编.第五辑.第二编.军事(四).P411～413。
③ 中华民国重要史料初编——对日抗战时期.第二编.作战经过(三).P472～474。
④ 卫立煌致蒋介石电(5月4日、5日)。转引自:中华民国重要史料初编——对日抗战时期.第二编.作战经过(三).P477。
⑤ 国民革命战史第三部.抗日御侮.第九卷,P216。
⑥ 卫立煌致蒋介石电(5月11日)。转引自:中华民国重要史料初编——对日抗战时期.第二编.作战经过(三).P480～482。

中国当局最初并不是投入远征军主力,而是以其一部先行渡江作战,视情况再发展作战。待渡河攻击各部队奏效后,统帅部鉴于驻印军一部已开始攻击密支那,敌军于短期内难有大部队增援滇西,遂决定乘机扩大战果,以远征军主力渡河作战,进攻腾冲、龙陵、芒市之敌而占领之。5月21日,徐永昌的上述提议得到了蒋介石的同意。①

远征军于是变更部署:以第二十集团军为右集团,攻击腾冲;以第十一集团军(欠预备第二师)为左集团,攻击龙陵、芒市。并限第十一集团军各部于5月底以前完成攻击准备。5月22日,第十一集团军制定了渡江攻击计划,其作战方针是"集团军为攻略龙陵、芒市,决以主力由惠仁桥迄七道河间地区各渡口,渡过怒江,重点置于右翼,向龙陵、芒市包围攻击"。②

6月1日,第十一集团军发起攻击行动。中国远征军的反攻作战全面展开。

（二）远征军的两翼协同战术

中国远征军的反攻作战,共分为四期:第一期——强渡怒江、第二期——围攻据点、第三期——攻克腾龙、第四期——会师芒友。③ 其主要作战过程为第二、三、四期。

中国远征军的滇西反攻,原以配合中国驻印军的缅北反攻、打通中印公路为目的,因此其本身就形成了中国军队滇缅战役中的东、西两翼。但除了与驻印军的协同之外,中国远征军在整个反攻作战过程中,在战术上也始终注意保持自身的左(南)、右(北)两翼的协同。

中国远征军在上述第一期的渡江作战中,就是以第十一集团军的防守与第二十集团军的进攻,互相配合的;第十一集团军并抽调精兵,组织加强团(以师长或副师长代理团长),先行渡河发动助攻,以策应第二十集团军的攻击。这种进攻与防守、主攻与助攻的两面战术,达到了蒋介石

---

①　.徐永昌呈稿.(5月20日)。转引自:中华民国史档案资料汇编.第五辑.第二编.军事(四).P416～417。

②　国民革命战史第三部.抗日御侮.第九卷,P225。

③　远征军反攻缅北战斗经过.(1945年10月21日)。转引自:中华民国史档案资料汇编.第五辑.第二编.军事(四).P449～451。

"总使奇正虚实,分合进退,勿失机宜"的要求。①

中国远征军在渡江以后开始的全面反攻中,以右(北)集团的第二十集团军,与左(南)集团的第十一集团军,实施两翼协同作战。而右集团"主力保持在左"、左集团"重点置于右翼",并分别组织的左翼军、右翼军,又使得两翼的协同作战,进一步深入且易于实施。

6月10日,宋希濂亲率左集团之右翼军第七十一军及第二军主力,迅速攻克龙陵。但不久,由于腾冲方面的日军南下增援,致使龙陵城得而复失,功败垂成。宋希濂认为其部分原因是"二十集团军方面进展迟缓,未能同时进出腾冲附近,致腾敌抽出兵力二千余附大野山炮,用汽车输送南下增援",故要求第二十集团军主力应先行进出龙陵以北地区。22日,蒋介石急电卫立煌、宋希濂、霍揆彰,严厉指出:龙陵得而复失,"实有损国军荣誉";远征军应积极进攻,排除万难,"如有作战不力,着由卫长官依法严惩"。②

龙陵之战,使远征军初战失利。但该战斗也凸显了远征军两翼协同的重要性。22日,卫立煌调整作战部署,令第十一集团军集结主力,击溃当面敌之攻势;第二十集团军主力保持于左翼,迅速南下,攻击腾冲而占领之。③ 远征军继续以两翼保持攻势。

鉴于"乌"号作战的终归失败和中国军队的滇西反攻,缅甸方面军司令官于6月下旬决定在缅北方面改取守势,而将作战重点转向滇西地区,并以其第二师团及第四十九师团之一部,增援第三十三军。据此,第三十三军于7月中旬制定了以切断中印地面联络为企图的"断"号作战计划,其作战方针是"将主力集结于芒市周围,粉碎猬集在龙陵周围的敌远征军,向怒江一带前进,解开腊勐、腾越之围,救出两地守军,以完成切断中印公路任务";并预定于9月初发起"断"号作战。④

---

① 蒋介石致宋希濂电(4月25日)。转引自:中华民国重要史料初编——对日抗战时期.第二编.作战经过(三).P472。

② 宋希濂、卫立煌关于龙陵得而复失情形与蒋介石往来密电(1944年6月)。转引自:中华民国史档案资料汇编.第五辑.第二编.军事(四).P418~419。

③ 中华民国史档案资料汇编.第五辑.第二编.军事(四).P419。

④ [日]防卫厅防卫研修所战史室编.战史丛书:伊洛瓦底会战——缅甸防卫的破绽.东京:朝云新闻社,1969年,P221,227~229。

9月5日,日军开始作战。针对远征军的两翼进攻,也兵分两翼:左翼第一线兵团第五十六师团对滇缅公路以西,右翼第一线兵团第二师团对该公路以东,发起进攻。

9月7日,卫立煌密电蒋介石:根据当面敌情,判断龙、芒地区将有更大的作战日军的积极反攻;但我军经过4个月以来的攻坚作战,伤亡特大,各战斗力均已失去十分之七、八。① 不仅如此,远征军也遇到了来自地形、气候、补给等方面的严重困难。

在这种情况下,远征军继续保持进攻。第二十集团军、第十一集团军分别在左、右两翼,以龙陵、腾冲为目标,向日军展开了第三期攻势作战。

作为远征军总预备队的第8军,经过两个月的围攻,于9月7日攻克松山。第二十集团军于9月14日攻克腾冲。第十一集团军之第二军,在由昆明赶来的第二百师及由腾冲南下的第三十六师的配合下,也于9月23日收复平夏。至9月底,日军在滇西高黎贡山区的四大据点,仅剩龙陵一地。在此期间,始终与敌主力之第二师团对战的第十一集团军,各官兵抱定战至最后一人的决心,打破了日军对于龙陵地区的增援和攻势,使得友军对于松山、腾冲的围攻,得以顺利完成。②

9月27日,经卫立煌呈报、蒋介石批准,军令部决定授予指挥上述作战的远征军主官"青天白日勋章"。③ 与此同时,眼见日军守备队覆亡的第三十三集团军司令官本多政材,"活到现在也没有尝过如此悲痛的滋味",含泪决心停止其第一期"断"号作战。④

9月底,缅甸方面军根据南方军的最新命令,提出了以确保南缅为目的的作战指导纲要;10月底,方面军向各集团军发出了关于进行"伊洛瓦底会战"作战指导的秘密指示。为此,要求第三十三军在抽调出第二师团、归方面军直辖后,仍坚守缅北防线,继续进行"断"号作战。⑤ 第三十

① 中华民国史档案资料汇编.第五辑.第二编.军事(四).P421。

② 以上作战过程,详见:何绍周报告围攻松山作战经过密电(1944年9月10日);宋希濂报告所部作战经过密电(1944年9月25日);第二十集团军腾冲战役战斗经过概要(1944年9月).转引自:中华民国史档案资料汇编.第五辑.第二编.军事(四).P421~428。

③ 中华民国重要史料初编——对日抗战时期.第二编.作战经过(三).P508~509。

④ 战史丛书:伊洛瓦底会战——缅甸防卫的破绽.P261。

⑤ 战史丛书:伊洛瓦底会战——缅甸防卫的破绽.P327—333。

三军遂以第五十六、二师团交接,拟确保龙陵、芒市地区,钳制远征军主力,以利于本军对驻印军等的作战(第二期"断"号作战)。

　　远征军在经过短暂休整后,又迅速开始了反攻。10 月 13 日,蒋介石密电卫立煌:"希即就该战区现有兵力,迅速调整部署,积极发动攻势,以期一举克服龙、芒后,转取守势,确实掩护中印公路之修筑为要。"①

　　10 月 25 日,远征军以左集团之 71 军为主力,辅以第二百师、第八军荣誉第一师,以及右集团之第三十六师等部,统由第七十一军军长指挥,向龙陵发起攻击。11 月 3 日,攻克龙陵。然后,远征军以五十三军由右翼进行迂回行动,第七十一军配属荣誉第一师在左翼进行超越追击,第六军沿滇缅路正面追击,兵分三路,于 11 月 20 日,克复芒市,12 月 1 日占领遮放。

　　攻克龙、芒之后,卫立煌拟将远征军进行整训、补充,再作进攻。但11 月 27 日,蒋介石命令卫立煌:乘胜积极向畹町推进;12 月 12、21 日又令远征军限期攻占之。② 据此,远征军迅速发起了第四期作战。

　　第十一集团军于 12 月 25 日发布进攻畹町的第八十八号作战命令,决定于 12 月 27 日开始向畹町攻击,以主力保持在左翼。③ 远征军再次兵分三路,于 1945 年 1 月 20 日占领畹町,"所有国境内残敌扫数就歼"。④ 1月 27 日,远征军一部与驻印军在芒友会师。28 日,中、美高级将领在畹町举行了会师典礼。

　　至此,中国远征军胜利完成反攻任务。按照军事当局此前的指示,远征军第十一集团军迅速撤回国内,实施补训,掩护中印公路,第二十集团军之第五十三、五十四军调回;缅北继续作战的任务,交由索尔登将军(中将)指挥的中国驻印军担负。⑤

　　在上述第二、三、四期作战过程中,远征军主要以左、右两集团的协同

　　① 中华民国史档案资料汇编.第五辑.第二编.军事(四).P421。
　　② 中华民国史档案资料汇编.第五辑.第二编.军事(四).P430~432。
　　③ 中华民国史档案资料汇编.第五辑.第二编.军事(四).P440~442。
　　④ 卫立煌致钱大钧电(1945 年 1 月 20 日)。转引自:中华民国重要史料初编——对日抗战时期.第二编.作战经过(三).P512~513。
　　⑤ 何应钦致蒋介石密电(1944 年 12 月 25 日);徐永昌致蒋介石签呈(1944 年 12 月 31日);蒋介石致何应钦、卫立煌密电(1945 年 1 月 24 日)。转引自:中华民国史档案资料汇编.第五辑.第二编.军事(四).P442~445。

配合为主,后来又在此基础上发展到沿滇缅路的三路作战。这种利于集中国军兵力的战术,使得兵力处于明显劣势的日军,经常顾此失彼;其连续三期进行反击的"断"号作战计划也相应地不断陷于失败。

一点检讨

　　抗日战争开始以后,面对一支现代化的侵华日军,中国军队在不断的对抗和失败的过程中,在战争中学习战争,努力实现本身的现代化,但收效并不大。在人的方面,除了军官的素质以外,士兵的素质低下和兵员的补充不足,始终是一个巨大的难题;在武器装备方面,数量不足和质量低劣,又是一个关键的制约因素。对于中国军队的状况比较了解、且负有"帮助改进中国陆军的战斗效能"之使命的史迪威,在第一次缅甸战役失败不久,即于 1942 年 5 月 26 日准备了要向蒋介石提出的备忘录,在揭露中国军队现状的同时,拟具了他的改造计划。①

　　从"军史"的角度而言和两年后的实践来看,与驻印军一样,中国远征军确是一支被美国改造过的全新的国军:作为"Y 部队"的主体,中国远征军在装备、军事训练上完全出自美军,在编制上也部分采纳了美军的要求,随军的美国军事顾问,陈纳德的美国空军援助,等等,这是抗战时期任何一支中国部队都不可企及的。日军战史也认为:由于史迪威中将的努力,以往的中国军队得到了再训练和优良装备,其实力日趋提高。② 与中国远征军对峙的日军第三十三军司令官也承认:与我军相比,中国军在兵员充实和武器配备上优良;有优势的美军飞机配合地面战斗;拥有的美式山炮精度优良。③

　　正因为如此,中国军事当局在抗战最困难的时期,对于远征军的装备补充"不遗余力";在面临日军"一号作战"的困境中,毅然发起滇西缅北的

　　① 〔美〕约瑟夫·W·史迪威等著,瞿同祖编译. 史迪威资料. 转引自: 中华民国史资料丛稿. 译稿第二辑. 北京: 中华书局,P12、29~30。
　　② 〔日〕防卫厅防卫研修所战史室著. 战史丛书: 缅甸攻略作战. 东京: 朝云新闻社,1967年,P496。
　　③ 〔日〕本多政材. 大东亚战争·第三十三军战史. 1947 年 5 月,P21。转引自: 日本防卫研究所图书馆资料. 西南方向——缅甸. P493。

反攻。

应该说，盟军的缅甸战役，为中国军队加速实现现代化提供了契机；而作为中国最高统帅的蒋介石，也能够抓住第二次世界大战中的这个战略机遇，推进国军的现代化，从而重塑了属于他的嫡系部队的"王牌军"。由中国远征军等构成的这支特殊部队，战后也就成为国民党首先在东北与中共对决的先锋和主力。

抗战以来，中国军队始终处于应对日军进攻的防御作战，而且留下的基本上是战败的记录。滇西缅北战役，是中国军队对于日军最早开始的反攻作战，而且大获全胜。这不但与此前第一次缅甸战役的惨败、也与国军同时在豫湘桂战场的大溃败，形成了强烈而鲜明的对比。其中原因，在"战史"方面，应当归功于中国军队包括作战方针在内的战役战术之正确。

在作战指导方针上，远征军先以第二十集团军主攻腾冲以北，造成日军判断错误，认为目的在与驻印军会师，遂以主力支援腾北地区，从而吸引了敌军兵力。然后抓住敌军短期内难以增援的战机，以第十一集团军渡河攻击，扩张战果，并乘虚直捣龙陵。中国官兵克服困难、奋勇作战，使腾冲、龙陵相继克复，奠定了战役胜利的全局。

与以往中国军队的抗战一样，此次反攻作战，中国远征军仍然保持了兵力上对于日军的绝对优势地位。[①] 但与以往因消极防守战术而造成失败不同的是，中国远征军此次采取了积极进攻的战术：不断保持了猛烈反攻的态势，并大胆包围、迂回，使得自己在不利的作战环境（地形、气候、补给）中，始终主宰着战场，完全立于主动地位。同时，在对于优势兵力的运用上，始终采取了左（南）、右（北）两翼的协同战术：远征军优势兵力的集中，不但弥补了本身的劣势，也形成了对于劣势日军的钳型攻势，使其既疲于防守，又难以"断"号作战进行反攻。因此，中国军队能够以较小的伤亡代价，[②]而取得抗战以来少有的以优势兵力的进攻胜利，

---

　　① 中国远征军的参战部队为步兵 16 个师，日军作战兵力约 2 个师团、6 个联队。参阅：国民革命战史.第三部.抗日御侮.第九卷.P241～242。

　　② 中国远征军在滇西缅北会战期间，阵亡 31 433 人，负伤 35 948 人，合计 67 391 人，约占渡江参战部队（165 000 人）的 41%。参考：刘凤翰.国军入缅作战研析.P48。日军第三十三集团军在反击、邀击云南远征军及三期"断"作战期间的损失为：战死 8 390 人、战伤 4 810 人、战病约 5 000 人，合计 18 200 人。参阅：战史丛书：伊洛瓦底会战——缅甸防卫的破绽.P397。

尽管如此,我们应该指出的是:中国远征军滇西缅北战役的胜利,仍然带有其特殊意义与偶然性;它在中国抗日战争时期的战略上,并不具有普遍意义和必然性。

第十六章
日军"一号作战"[①]

作者：原刚

"一号作战"作战的概要

"一号作战"是日军历史上作战规模最大的一次军事行动,是日本中国派遣军于 1944 年 4 月中旬至 1945 年 2 月初,沿着平汉、粤汉,以及湘桂铁路进行的军事行动,正值日军在太平洋战场上的局势恶化之际。"一号作战"有两个战略目标:一个是摧毁在中国的美国空军基地,因为美军的空袭已经威胁到了日本本土;另一个是打通一条从华中到法属印度支那的陆上通道。

这是一场大规模战役,日军动用了大约 50 万人的军队(一共 20 个师团,占中国派遣军可用军队人数 62 万人的 80％)、10 万匹马匹、15 000 辆车辆以及 1 500 门火炮。战线从河南省的黄河穿过湖南,一直到达广东省和法属印度支那边界,绵延 1 450 公里。[②] 动员人数是日军史上最多的。相比较而言,日军在日俄战争中最大的一场战役奉天会战(1905 年 3 月)中动用了大约 25 万人。

"一号作战"分为两个阶段:第一阶段是京汉作战(日称为"扣"号作战),第二阶段是湘桂作战(日称为"投"号作战)。[③]

在 1944 年 4 月初到 5 月下旬进行的京汉作战初期,日本华北方面军派出第十二军(4 个步兵师团、1 个坦克师团、2 个旅团)以及第一军一部

---

① 译者:"一号作战"或"大陆打通作战",即中国所称之"豫湘桂会战"。
② 服部卓四郎. 大东亚战争史. 原书房,1965 年,P618。
③ 译者:日之"扣"号作战,又称为"京汉作战"或"河南会战"。中方称为"豫中会战"。

（辖一个师团和一个不满员的旅团），沿着平汉铁路向南在洛阳附近包围并摧毁中国军队，之后日军占领洛阳。同时，第十一军的一个旅团沿着平汉铁路向北进军，在确山完成南北夹击汇合，以此扫荡平汉铁路。

　　"一号作战"的第二阶段，或是被称为湘桂作战，发生在 1944 年 5 月下旬至 12 月下旬。第十一军（10 个师团）沿着湘江向南推进，先后占领长沙和衡阳，然后与第二十三军（两个师团又两个旅团）合力攻下桂林、柳州和南宁。随后，这路日军再同日军从印度支那往北攻击的第二十一军汇合，从而形成了一条贯通中国大陆通往印度支那的交通线路。之后，1945年 1 月至 2 月期间，第二十军（两个师团又一个旅团）和第二十三军（一个师团又一个旅团）沿着粤汉铁路南段，从南、北两个方向扫荡，破坏遂川和其他各地的美国空军基地。湘桂作战一般分为三个阶段，第一阶段的湘桂作战持续到占领衡阳（8 月初）为止；第二阶段的湘桂作战到占领桂林和柳州（12月下旬）为止，形成一条通往印度支那的陆上通道；第三阶段即粤汉铁路南段的扫荡行动，目的在于摧毁粤汉铁路南段沿线的美国空军基地。[①]

　　在"一号作战"中日军受到的损失见表 16.1。

表 16. 1　"一号作战"双方损失表

	战　死	负　伤	生　病	总　算
京汉作战（平汉线）				
日军	850	2 500	—	3 350
国军	37 500	15 000	—	52 500
湘桂作战第一阶段				
日军	3 860	8 327	7 099	19 286
国军	93 915	66 468	27 447	187 830

　　注解：第二阶段湘桂会战期间，日军大本营，陆军省估计国民党军队的损失数目（包括生病和被俘）超过 750 000 人。由于没有相关文件，所以具体数目不详。资料来源：防卫厅防卫研修所编著.战史丛书.第三部分，"广西战役"，P618；防卫厅防卫研修所编著.一号作战.第三部分，"广西战役"，P681；同上，P679；防卫厅防卫研修所编著.一号作战.第一部分，"河南会战"，P515；防卫厅防卫研修所编著.一号作战.第二部分，"湖南会战"，P341,418；防卫厅防卫研修所编著.一号作战."广西战役"，P685。

────────────

　　① 防卫厅防卫研修所编著.战史丛书：一号作战.第一部分"河南会战".朝云新闻社,1967年；防卫厅防卫研修所编著.战史丛书：一号作战.第二部分"湖南战役".朝云新闻社,1968 年；防卫厅防卫研修所编著.战史丛书：一号作战.第三部分"广西战役".朝云新闻社,1969 年；防卫厅防卫研修所编著.战史丛书：昭和二十年的中国派遣军.第一部分.朝云新闻社,1971 年。

后勤问题

就京汉作战而言,后勤支援不是一个主要的问题,因为作战发生在距离日军补给基地100公里内。湘桂作战情况却大不相同,向前线部队运输武器、弹药、食物时遇到了很大难题,因为他们已经距离后勤基地1 000公里。

日军利用长江作为运输的水道,将物资运送到汉口地区的后勤基地,在那里日军储备了必要的军需用品。战事延伸到湖南境内之前,日军每月向汉口输送四万吨军事物质。一旦战役开始后,美国空军的猛烈攻势使水路和铁路运输逐渐变得困难,每月运输数量下降到8 000吨。大型运输船只成为了空袭目标。长江上游各区段的运输变得十分困难。幸运的是,日军能够及时用小型船只和卡车继续运送急需的军需物资。即使是日军修复了被炸毁的铁路,铁路运输能力依然不足。美军的轰炸使得汉口南部的铁路修复工作进展缓慢。物资从汉口出发,首先通过往返于汉口和岳阳之间由蒸汽火车拉动的重型货物火车运输。而在株洲和衡阳之间,只有轻型轨道可以使用,牵引车只能拉动轻型货车。

表16.2显示了1944年11月日军的军需库存、运输方式和运输数量。表格清楚地表明离汉口的主要后勤基地越远的日军,获得的军需物资数量也就越少。

表 16.2 日军运送军事物资(1944 年 11 月)

地 点	距离(公里)	运 输 方 式	每月运输量(吨)
武汉	200	驳船/卡车	3 850
岳阳	200	驳船/卡车	3 850
株洲	200	卡车/轻型铁轨火车	3 850
衡阳	200	卡车/轻型铁轨火车	2 750
全县	130	卡车/轻型铁轨火车	1 325
桂林	137	卡车/轻型铁轨火车	——
柳州	137	卡车/轻型铁轨火车	330

395 　　陆军指挥部希望野战单位能从占领区当地收集到几乎所有的粮草，但是当地的资源是不足的。尽管日军的各个作战单位都尽了最大努力了，但是口粮仍旧短缺严重。这些后勤问题在整个"一号作战"过程中一直困扰着日军。

"一号作战"计划

全面启动

1942 年 12 月，太平洋战争的局势开始恶化，真田穰一郎大佐取代了服部卓四郎成为(参谋本部)作战课课长。他提议从瓜达尔卡纳尔岛撤退。这次撤退是战略上的一大转折。作为执行这项提议的组织者，真田穰一郎认为日本急需一个长远的战略计划。因此，在 1943 年 1 月，他着手与海军参谋本部、陆军省、陆大与海大一起，开始研究未来的战略规划。到 8 月，作战课制定了五年期的《今后应采取的战争指导大纲》。[1]

这些研究表明，战争已经无法取胜。如果太平洋战争的局势进一步恶化，日本与东南亚的海上通道将被切断，那么日本必须在中国大陆获得足够的立足点。日军的战略概念是只要与在东南亚的日军取得直接陆上联系，日本就能打一场漫长的持久战。为了达到这个目的，日军就必须打通并保卫一条贯穿中国南北的陆上通道。[2]

1943 年 10 月，太平洋战场局势进一步恶化，服部卓四郎被再次任命为作战课课长。11 月中旬，服部卓四郎视察了东南亚战场，他看后建议即刻采取打通中国大陆交通线的作战。一旦交通线路打通，不论太平洋战场战况如何演变，日军都有能力从中国大陆继续进行战争。[3]

服部卓四郎的想法是基于他个人的乐观评估。他认为日本将能够在太平洋战场上抵挡住敌人，而贯通中国陆地走廊就能确保与东南亚的陆上联系。服部卓四郎认为这将使日本能够于 1946 年间在太平洋战争上

---

① 真田穰一郎. 真田穰一郎少将的手记. 转引自：日本防卫厅档案(以下简称 JDA)。

② 防卫厅防卫研修所编著. 战史丛书：大本营陆军部. 朝云新闻社，1973 年，第七部分，P548。

③ 同上，P549。

发起大规模反攻。①

此外,随着日军在太平洋战场上的节节败退,在中国的美国空军对中国国民党军队的空中支援也逐渐增多。美军的飞机和潜艇经常在中国东海击沉日本运输船,威胁了日本与东南亚的海上通道。1943 年 11 月初,日军参谋总长杉山元大将对此非常担心。为了保护在中国东海的海上运输安全,他指示服部卓四郎考察攻击在中国东南部的美国空军基地的可能性。杉山元也指派中国派遣军作战参谋宫崎周一中佐同时完成同样的任务。当时宫崎周一恰巧也在东京做联络工作。②

11 月 25 日,正当服部卓四郎、真田穰一郎、杉山元都开始考虑发动一场大规模战役来清理一条贯穿中国的陆上走廊时,超过 20 架的美军战斗机和轰炸机从中国东南部的遂川起飞,攻击了台湾的新竹海军机场。这次袭击是对日本本土空袭的预演,帝国大本营命令中国派遣军加强空中反击作战。中国派遣军立刻动用了第十二航空师团,试图摧毁美军在遂川和其他地方的空军基地。但是这些攻击效果甚微。相反的是,美国加强了在华空军力量,全部掌控在中国东南部的制空权。他们频繁袭击中国东海上的日本船只,对日军设施造成无休止的打击。③

11 月底,新竹遭到空袭之后,真田穰一郎通知了中国派遣军第一作战课驻东京的高级参谋天野,帝国大本营打算在来年的 6 月初发动进攻。其作战有两大战略目标:一是通过打通湘桂铁路、粤汉铁路、平汉铁路来建立与东南亚的铁路连接;另一个是摧毁敌军在这些铁路沿线的空军基地,从而防止在中国的美国空军对于日本本土发动任何空袭。他责成天野对这项计划展开调研。④

从此开始了拟定一项以确保与东南亚的联系的大陆扫荡作战的具体计划,真田穰一郎自从担任作战课课长后就开始考虑这项作战计划了。这项计划主要的难题是陆军必须靠自己力量执行这项作战,因为海军可能拒绝参与这项作战行动。确实,当时日本中国方面舰队负责中国沿海

---

① 防卫厅防卫研修所编著.战史丛书:一号作战.第一部分"河南会战".P3～4。
② 同上,P2～3;防卫厅防卫研修所编著.战史丛书:大本营陆军部.第七部分.P549。
③ 防卫厅防卫研修所编著.战史丛书:本土防空作战.朝云新闻社,1973,P232～233。
④ 防卫厅防卫研修所编著.战史丛书:一号作战.第一部分"河南会战".P10。

作战行动,而联合舰队正忙于太平洋战事。联合舰队对于中国大陆上的攻势没有什么兴趣,更无意让其航空兵攻击中国东南部的美国空军基地。当时第二五四海军航空队是中国方面舰队的唯一航空兵作战单位,部署在海南岛的三亚基地。^①但是它的任务是负责保护海上交通安全和提供空中防御,因此没有多余力量参与"一号作战"。^②

中国派遣军和帝国大本营的研究方案

在接到真田穣一郎传达的帝国大本营的意图后,中国派遣军立即着手研究地面扫荡作战计划。尽管中国派遣军拥兵 60 万,但是自 1943 年初开始,它主要是在占领区负责治安任务,已经很久没有主动发起进攻战役了。因此,这项新的行动计划刺激了中国派遣军中参谋们的士气。但是日本最高统帅部和中国派遣军司令官畑俊六大将此时的态度还是比较谨慎的。^③

中国派遣军的作战课着手计划这项进攻,并于 12 月 7 日向帝国大本营提交了一份行动纲要草案。他们建议第一阶段首先展开湘桂作战,目的是于 1944 年 6 月初占领衡阳及其周边地区。紧接着的是 7 月初的京汉线作战,目的是占领平汉铁路南部沿线的战略要地。第二阶段的湘桂作战将于 9 月初进行,要求攻占战略要地桂林和柳州,接着在 12 月进行第三阶段的湘桂作战,占领粤汉铁路南部沿线的重要地区。^④

收到这份纲要草案后,服部卓四郎亲自与陆军和海军人员进行了沙盘推演,在未来整体战略的背景下检验"一号作战"。这些演习的一个目的是要让参与者明白,需要用一场重大战役来清理出一条贯穿中国大陆的陆地走廊,这一计划服部卓四郎和真田穣一郎已经考虑了很久了;其他就是检验该计划的可行性,然后他们会大力推荐实施这个作战计划。^⑤演习结束时,所有参与人一致认为"一号作战"是必要的,他们随即草拟了

---

① 译者:1943 年 10 月 1 日,日本海军在海南岛组建第二五四航空队,归海南警备司令长官指挥,担任华南方面的航空作战。

② 防卫厅防卫研修所编著.战史丛书:中国方面海军作战.朝云出版社,1975 年,第二部分,P394。

③ 防卫厅防卫研修所编著.战史丛书:一号作战.第一部分"河南会战".P12。

④ 同上,P13。

⑤ 防卫厅防卫研修所编著.战史丛书:大本营陆军部.第七部分,P545;井本熊男.大东亚战争作战日志.芙蓉书房,1979 年:P498~499。

一份战役计划的纲要。①

战后，一名前作战课成员井本熊男中佐回忆道：

这些演习的一个显著特点似乎是他们对战争局势持有非常乐观的态度，并给参与者以未来的希望。特别是该计划的最终目标是在 1946 年左右在澳大利亚北部或者菲律宾南部发动一场大攻势来结束战争。但是这些愿景没有一个是能够实现的，唯一的目标似乎就是保持对未来的希望。②

此外，井本熊男还写道"本人直感到'扣'号作战的沙盘演练实际上是为了推销陆地扫荡作战计划"。

在这样的情形下，中国派遣军于 1944 年 1 月 4 日制定了攻势的纲要草案，并提交给帝国大本营。该计划的既定目标是(1) 摧毁敌军的空军基地，阻止任何企图对于日本本土空袭的计划；(2) 沿着一条贯穿中国大陆的货运铁路清理出一条走廊，并保护与东南亚日军的陆地连接线；(3) 粉碎国民党政府继续抗战的计划。中国派遣军还提议将京汉线作战提前到 4 月末，在湘桂作战之前进行。③

基于这一纲要，参谋本部起草了一份作战计划，该计划之后被提交给陆相东条英机。东条英机注意到这几个所提目标后，只同意了摧毁敌军空军基地这一个目标。④

1 月 24 日，杉山元大将向天皇提交了修改后的"一号作战"计划，并得到了天皇的批准。同一天，总参谋长下令在中国执行"一号作战"。

这项作战命令表明帝国大本营试图通过占领湘桂铁路、粤汉铁路和平汉铁路南段等战略要地来摧毁在中国西南部的美国空军基地。⑤

"一号作战"的目标

虽然经天皇同意的"一号作战"计划被定为破坏敌军空军基地这唯一

---

① 服部卓四郎. 大东亚战争史. P524。
② 井本熊男. 大东亚战争作战日志. P498。
③ 防卫厅防卫研修所编著. 战史丛书：一号作战. 第一部分"河南会战". P24～25。
④ 同上，P28～29。
⑤ 森松俊夫编. 大本营陆军部发布的大陆命令、大陆指示总集成. Emutei 出版社，东京，1994 年，P34。

目标,但是在参谋本部的计划中,它保留了打通陆地走廊的目标。这可能是由于受到了真田穰一郎和服部卓四郎的强烈影响,他们对地面扫荡作战信心十足,中国派遣军对执行这项战役亦是决心坚强。

参谋本部的计划承认了摧毁美国空军基地的必要性,但还是有意将任务扩大到占领沿线铁路,并指示中国派遣军打通一条纵向贯穿中国的交通线路。因此,最初成形的该想法并没有改变。①

杉山元早些时候递交给天皇的报告强调了"一号作战"的主要目标是摧毁敌军的机场,确保日本大陆和东海的安全;次要目标是在海上通道被切断时打通一条陆地供给线。② 这意味着表面上目标只限于摧毁敌军空军基地,但实际上建立一条陆地走廊也成了行动的目标之一。

此外,中国派遣军根据天皇的指令范围给"一号作战"定了自己的解读:摧毁敌军的空军基地和粉碎国民党政府继续战斗的决心。它甚至还提到了开通一条通往谅山的铁路。③

当该计划于 3 月 20 日呈交给刚刚上任为总参谋长的东条英机时,他再次重申了他早些时候的要求。他命令将该作战的目标限制为摧毁美国空军基地,而不是做不必要的其他攻击。但是作战课认为,既然天皇的命令已经下达了,时间所剩不多。箭在弦上,不得不发。在之后的作战中会考虑到东条英机的想法。④ 就这样,计划没能按照东条英机的意思落实,作战也没有一个统一的目标。

5 月 27 日,中国派遣军发动了第一次湘桂作战。甚至在行动开始之后,东条英机仍旧对中国派遣军的计划表达了不满:"这个计划和我早前听到的一模一样,对摧毁中国西南部的敌军机场没有任何计划。"⑤

因此,东条英机派出参谋次长秦彦三郎中将前往中国派遣军,检阅其作战行动。秦彦三郎于 6 月初抵达中国,并将东条英机的看法传达给司

---

① 森松俊夫编.大本营陆军部发布的大陆命令、大陆指示总集成. MT 出版社,东京,1994 年,P341。

② 防卫厅防卫研修所编著.战史丛书:一号作战.第一部分"河南会战". P31。

③ 同上,P52。

④ 同上,P57~58。

⑤ 真田穰一郎.真田穰一郎少将的手记;防卫厅防卫研修所编著.战史丛书:一号作战.第二部分"湖南战役"。

令官烟俊六："当看到第十一军的作战计划时,似乎是强调了要消灭敌军力量,要知道国民党军队现在彻彻底底是一支英美式军队。我们行动的主要目标应该是摧毁敌军的机场,如果有必要,清理铁路线的目标也可以暂缓。我希望研究探讨摧毁在遂川和南阳的敌军机场的方法。"①

中国派遣军的回答是,因为国民党军队在京汉线作战中遭受到50%的伤亡,因此到年底之前难以恢复战斗力,这已确保湘桂作战的成功。尽管后勤问题未来还会出现,日军依然享有绝对优势。按照陆军的计划,一切进攻作战不变。②

陆地扫荡作战的完成

此后,第一次湘桂作战取得令人满意的进展,但是衡阳的国民党部队抵抗顽强。日军补给线也遭受到美国空军的袭击。经过一场苦战,日军于8月8日占领了衡阳。(关于中国军队在衡阳的抵抗,请参考王奇生著的第17章)

在这个时候,陆军省和参谋本部内部反对"一号作战"的声音越来越大,至少说是大家希望"一号作战"应该再推迟。主要的原因是菲律宾的"捷"号作战正在紧锣密鼓,英帕尔战役又刚刚失利。服部卓四郎争辩道,现在唯一的主动攻势只有湘桂作战了。在马里亚纳战役失利后,为了尽快决定"一号作战"是否继续,他于9月初连同几位参谋赶赴中国战场,匆忙视察了一番。③ 在同战地指挥官讨论之后,服部卓四郎向中国派遣军表达了他打算继续进行"一号作战"的意向:

现在太平洋战场和缅北战局十分不利。来自东西两面的压力威胁着日军与东南亚之间的联系。他明确表示大本营对"一号作战"抱有较高的期望。作战目标是阻止敌军空军基地靠近中国沿海,因为

① 陆军:烟俊六的日记.转引自:续·现代史资料.美篙书房,1983年,P473。
② 军事史学会编.大本营陆军部战争指导组机密战争日记.金星社,1998年,第二卷,P545~546;防卫厅防卫研修所编著.战史丛书:一号作战.第一部分"河南会战".P175。
③ 防卫厅防卫研修所编著.战史丛书:一号作战.第一部分"河南会战".P549。

这将扰乱海上交通、削弱日本本土的防御。在不知道参战部队不足的情况下,服部卓四郎要求中国派遣军全心全意地努力,使作战成功。[①]

服部卓四郎还要求迅速占领桂林和柳州机场。英帕尔战役的教训是仅仅包围敌军阵地是不够的,中国派遣军由北向南、协同第二十三军由南向北,同时占领桂林和柳州。[②]

回到日本后,服部卓四郎建议在中国战场上的行动应该按计划进行,因为与英帕尔战役相比,日军的空中力量是足够的。目前的进攻非常有成效,补给也充足,铁路状况良好。歼灭敌军空中力量有可能会成功。[③]

但是陆军参谋部战争指导班对于服部卓四郎的报告提出了一些反对意见:"很难将这些理由认定是客观观察的结果。实际情况更为严重。未来的战役时间段将同第一阶段的'捷'号作战冲突,后者将依赖我们集中现有的空中力量。因此,航空兵不可能投入中国战场,那里的作战应该暂停。鉴于上述考虑,如果中国攻势依然进行,那么将会重蹈英帕尔战役的覆辙。"[④]

这一意见得到了参谋本部的同意,但其作战课和陆军省不认同这种说法。[⑤]

为了反驳这些反对者,真田穰一郎和服部卓四郎编写了材料,以回答天皇可能提出的任何关于这次进攻的问题或异议。他们认为:首先,因为中国的战略地位由于衡阳会战的结果而完全崩溃,日军必须乘胜追击。此外,因为中国在桂林和柳州能够集结的师不超过 20 个,那么在第二十三军的帮助下,日军有可能在 12 月初占领这两个城市。其次,"一号作战"和第一阶段的"捷"号作战是紧密相连的。如果美国空军能在中国东

401

---

① 宫崎舜市中佐. 支耶派遣军的统帅. 转引自:日本防卫厅档案:防卫厅防卫研修所编著. 战史丛书:一号作战. 第二部分"湖南战役". P550。

② 同上。

③ 军事史学会著. 大本营陆军部战争指导组机密战争日记. 第二卷,P584;

④ 同上。

⑤ 陆军:畑俊六的日记. 转引自:续·现代史资料. 美篶书房,1983 年,P487。

南部自由使用空军基地,那么在菲律宾空中作战是不可能的。这两个作战行动是相互兼容的,因为第一阶段的"捷"号作战主要涉及航空兵,而"一号作战"主要涉及地面部队。①

　　为继续进行"一号作战",真田穰一郎和服部卓四郎激烈争辩,战役也得以继续进行了。随后的第二阶段的湘桂作战和粤汉铁路南段的扫荡行动比预期提早结束,美国空军基地也被占领,通往印度支那的陆地交通也被打通。因此"一号作战"的目标基本实现,至少在表面上是如此。

对"一号作战"的反思

　　1945 年 2 月初,"一号作战"结束,其作战目标表面上看似乎达成了。京汉和湘桂作战对中国军队造成了大约 750 000 人的伤亡。②

　　首先,在中国南部的美国空军基地遭到破坏,日军占领了衡阳、桂林、柳州、南宁、遂川和南阳的空军基地,从而阻止了美国第十四航空队使用这些机场。其次日军打通了一条通往印度支那的地面道路,它于 1944 年12 月完成。当时南进的第二十二师团和从北印度支那北上的第二十一师团实现了会师。这条地面通道是大本营作战课和中国派遣军梦寐以求的。

　　但是"一号作战"真的实现了其目标吗?

　　为了应对"一号作战",美军撤出了华东地区空军基地,向内陆转移。B-29 远程轰炸机取代了 B-25 中程轰炸机。1944 年 6 月 5 日,B-29远程轰炸机从成都起飞轰炸了九州北部的八幡制铁所。③ 8 月 20 日,B-29 轰炸机再次袭击了八幡制铁所,随后又四次袭击了在长崎县大村的海军航空仓库。④

　　此外,随着塞班岛的失守和英帕尔战役的失利,日军前景急剧恶化。　　402

　　① 参谋本部编. 昭和十九年与上奏相关的文书汇集. 第二卷. 转引自: 日本防卫厅档案: 防卫厅防卫研修所编著. 战史丛书: 一号作战. 第一部分"河南会战". P554~555。

　　② 防卫厅防卫研修所编著. 战史丛书: 一号作战. 第三部分"广西战役". P685。

　　③ 防卫厅防卫研修所编著. 战史丛书: 本土防空作战. P307。

　　④ 同上,P371~372。

一支驻守在塞班岛的 B-29 轰炸机中队开始执行对日本重要城市和工厂的全面空袭。因此,"一号作战"的首要目标——摧毁美国空军在中国南部基地并阻止其对日本本土的空袭——没有实现。

日军确实在 1944 年 12 月打通了一条通往南线的陆地道路,但是美国空军早已摧毁了各条铁路和公路,由于材料和设备的短缺,铁路和公路根本不能及时修复。此外,随着美国空军在中国取得制空权,军需补给不能通过公路或铁路运送了,这条地面走廊只能临时被用于地面部队的行军道路。尽管日军计划使用这条贯穿中国的通道将东南亚的补给运往日本,再将日本的战争物资运往东南亚,以备一场持久的战争。但是对日的空袭导致了日本的物资短缺,沿海日本商船遭到毁灭性打击,战略物资也不能从南洋运往日本。因此,日军浪费了巨大的人力和物力,结果是在通道一切就绪之时,其真正的战略意义早已荡然无存。① 可以说,"一号作战"是一个没有达到其真实目标的败笔。

然而"一号作战"对国民党军队造成了巨大的打击,以至于美国痛苦地认识到国民党军队的软弱,并对其作战能力失去了信心。②

此外,"一号作战"对国民党军队造成了大约 750 000 人的伤亡,因此致命地削弱了其在战后与共产党军队的作战实力。日军在"一号作战"中投入了大量的部队,抽调走了大批地方守军,从而削弱了对华北的控制。对于国民党军队来说,原本用于封锁共产党占领区的部队现在不得不被部署到贵阳周围,以应对日军的攻势。共产党军队利用由此产生的军事真空发起了反攻,逐步扩大了解放区并增强了他们的军事地位。③

总之,"一号作战"对于日军和国民党军队而言都是一场灾难,唯一的赢家是中国共产党人。

---

① 防卫厅防卫研修所编著. 战史丛书:一号作战. 第三部分"广西战役". P655。
② 芭芭拉 W·塔奇曼. 史迪威与美国在中国的经验,1911～1945. 纽约:麦克米兰出版公司,1971 年。
③ 石岛纪之. 中国抗日战争史. 青木书店,1984 年,P184;防卫厅防卫研修所编著. 战史丛书:一号作战. 第三部分"广西战役". P696。

第十七章
湖南会战和中国军队对日军"一号作战"的回应

作者：王奇生

1944 年 4 月,日军发起了一场纵贯中国南北,代号为"一号作战"的大规模战役。在这场战役中,日军总计动员兵力约 50 万,其参战兵力之多、作战地域之广,打破了日军侵华以来的空前纪录,据称在日本陆军作战史上亦是史无前例的(参阅原刚所著第十六章)。① 对中国军队而言,它也是 1938 年以来所遭遇到的规模和破坏力最大的一场战役。数十万士兵及无数的平民伤亡;国民政府的统治区域被日军的南北通道切成两半;在失去 1/4 工厂的同时,政府的财政收入来源亦随之锐减。此次军事败挫,暴露了国民政府军队(以下简称"国军")的诸多弊端。它与同时俱来的经济萧条和政治危机一起,使抗战胜利前夕的国民党政权遭到一场灾难性的打击。蒋介石慨叹"1944 年对中国来说是在长期战争中最坏的一年",自称"从事革命以来,从来没有受过现在这样的耻辱";"我今年五十八岁了,自省我平生所受的耻辱,以今年为最大"。②

日军"一号作战"攻势发起于 1944 年 4 月,至同年 12 月结束,前后持续约 8 个月,历经"中原会战"(或称"豫中会战")、"湖南会战"(亦称"长衡会战")、"桂柳会战"等战役,先后攻占河南、湖南、广西和广东的部分地

---

① 日本防卫厅防卫研究所战史室,天津市政协编译委员会译.一号作战之二:湖南战役.(下引简称《湖南战役》).北京:中华书局,1984,上册,P7。

② 蒋介石.对于整军各案之训示.(1944 年 7 月 28 日)。转引自:先总统蒋公思想言论总集.第二十卷,台北:1966,P455~471;徐永昌日记.(1944 年 7 月 27 日)。台北:中央研究院近代史研究所,第 7 册,P387;湖南战役.上册,P2。

区。其中湖南会战自 5 月底迄 9 月初,历经 3 个多月,是"一号作战"中会战时间最长、国军抵抗最为顽强的一次战役。本文拟以"湖南会战"为中心,具体分析国军是如何从战略、战术上应对日军的挑战的。兼及其战略决策机制、情报信息系统、官兵素质、后勤补给、兵役军纪以及民众动员等方面。不难看出,国民党顽强抵抗日军作战、防堵中共扩张。但是国军战力已经大大削弱,根本无法阻挡日军的进攻。

国军对日军战略意图的判断

日军发动"一号作战"的战略目的,一是要摧毁在中国大陆的美空军基地,以防止美空军袭击日本本土;二是要打通中国大陆交通线,铺设一条纵贯中国大陆南北,并连接东南亚的陆上交通动脉;三是要歼灭和击溃国民党军队,摧毁重庆国民政府的抗战力。由于日本当局主要担心设在广西桂林的美空军基地对其本土发动空袭,故将桂林作为此次作战的最重要目标,并由北而南打通平汉线、粤汉线及湘桂线的交通。[①]

对于日军的上述战略企图,国军方面也只是逐步认知的。军令部是重庆军事委员会下属的掌理国防和用兵事宜的重要部门。军令部内设三厅:第一厅掌理制定作战计划、监督指导作战之实施、考核战绩、军队整训调遣等业务;第二厅掌理军事情报搜集研究及谍报网业务;第三厅掌理陆海空军参谋人事业务。[②] 在日军发动"一号作战"期间,军令部长徐永昌在日记中逐日详细记载了敌我双方的战况动态情报,为研究这场战役提供了重要的第一手资料。以下主要依据徐永昌日记,分析国军最高指挥机构是如何判断和认知敌情的。

从徐永昌日记看,徐氏最早于 1944 年 2 月 25 日获悉日军增兵抢修平汉路黄河铁桥,有打通平汉线的企图,并悉日军由长江下游向武汉、鄂西等处调动。3 月 4 日,徐又获悉北平、上海各有敌机二批飞汉口。徐虽

[①] 湖南战役. 上册,P7,11。
[②] 军事委员会军令部组织法. 军事委员会军令部服务规程.(1942 年 3 月)。转引自: 中国第二历史档案馆编. 中华民国史档案资料汇编. 第五辑. 第二编. 军事(一). 江苏古籍出版社,1998,P95~96。

404

怀疑"敌或有企图",但基本认定是日军的一种眩惑伎俩,没有予以重视。

迄3月中旬,蒋介石判断,日军必拟打通平汉线,乃指示在河南布防的第一战区(司令长官蒋鼎文,副司令长官汤恩伯,后者操有实权)作好应战准备。军令部据此拟具作战指导方案下达给第一战区。3月21日,徐永昌根据敌军调动情况,提出要警惕日军出于防空或交通上的考虑,有打通粤汉线的企图,并认为占领衡阳对敌最为有利。3月下旬,军令部收到各方情报,日军从伪满及长江下游大量调集武汉,并由平汉路由北向南结集大量兵力于豫北,判断日军有大举进犯企图。[①]

据徐永昌日记,是时国军可部分截获和破译对方密电情报。国军在各地所布置的谍报网站是军令部的重要军事情报来源。此外,各战区军事长官亦时有敌情报告。但国军的军事情报效能远不如日军。军令部综合各方情报,对日军动态的判断大致不差。但不够灵敏,而且有时难免出现偏差。

4月6日,军令部收到来自上海的敌情报告,日军拟打通"大东亚铁路线"。[②]徐永昌判断,日军为准备将来从东南亚向中国大陆撤退,并扰害中国西南空军基地,有可能先打通粤汉线,但徐永昌推断日军兵力可能难以抽调,并认为日军打通平汉线的说法,可能是日军声北击南。[③]实际上,此时"一号作战"攻势即将发动,平汉路日军进犯河南在即。

徐永昌显然对日军的实力和野心做了过于保守的估计。他将注意力集中于日军对粤汉线的企图固然不错,但轻忽了日军首先打通平汉线的作战计划。作为军令部长,徐对敌情判断的偏差,必然影响国军在平汉线的备战部署。从中原会战前国军的作战准备来看,并未从其他战区调集优势兵力应战,显然对是次日军之强大攻势估计不足。

日军"一号作战"于4月17日在河南打响之后不久,军令部长徐永昌认为"最堪注意仍在中战场",断言日军对湖南"将扰犯无疑"。是时日军

----

　①　徐永昌日记. 第七册,P252、255、260、264～265。

　②　据日本防卫厅所编"一号作战"战史记载,日军参谋本部确曾拟有铺设纵贯大东亚铁路线的计划,该计划起自釜山,经奉天、北平、汉口、衡阳,进入湘桂铁路,复经桂林、柳州、谅山,从法属印度支那,抵达泰国曼谷,纵贯马来半岛,直至新加坡,全长近8 000公里。后这一计划在审核中被搁置。参见:湖南战役. 上册,P6。

　③　徐永昌日记. 第七册,P274。

确在加紧进行湘桂战役的作战部署。徐永昌对日军在中战场（湖南）的增调动态，观察比较敏锐。4 月 24 日，军令部仍判断日军在平汉线的攻势，是声北击南，其目标恐仍在粤汉线。^① 4 月 27 日，军令部得到来自越南方面的据称是极可靠的情报，日军的战略企图是要打通平汉与粤汉两铁路。但徐永昌认为日军打通平汉铁路"殊无理由"，日军在河南的军事行动，主要在打击第一战区的国军，亦可能掩护换防或抢收小麦。^② 是时日军在河南战场的攻势已近半月，而军令部长徐永昌对日军打通平汉路的战略意图仍然未能作出准确的判断。

　　5 月上旬，日军的战略企图日趋明朗。5 月 6 日，蒋介石致电驻守湖南的第九战区司令长官薛岳："由赣北直攻株州与衡阳之情报甚多，务希特别注意与积极构筑据点工事，限期完成，以防万一为要。"5 月 7 日，军令部和徐永昌获悉，此次日军南犯部队，前后共准备 10 个师团。这一情报显然是准确的。5 月 14 日，蒋介石再次致电第九战区司令长官薛岳，明确指示："敌军打通平汉线以后，必继续向粤汉路进攻，企图打通南北交通，以增强其战略上之优势，务希积极准备。"同日，蒋介石还致电驻守广东的第七战区司令长官余汉谋，指示敌人企图打通粤汉路，其发动之期将不在远，敌将在广州大举增援，务希积极准备。^③

　　5 月 15 日，军令部第一厅着手研究日军侵犯粤汉路及湘桂路的防范方案。5 月 28 日，蒋介石召集军事会报，研讨对湘鄂及全国军事计划，认为"敌寇在湘北与鄂西分别进犯，共集中 9 个师团以上兵力，其必欲打通粤汉路，乃为预料之事，盖以兵力而论，或可达其目的，但以地理与空军及运输而论，当不能如其预计之易，吾人亦惟有针对敌之缺陷，着手抵抗，以冀补我兵力之不足也。"^④国军最高当局已初步揣测了日军"一号作战"的战略意图。

　　进入 5 月以来，军令部收到各方有关日军向武汉和鄂南、湘北大量调

<hr>

①　徐永昌日记. P285、288。
②　同上，P293。
③　蒋委员长致第九战区司令长官薛岳指示敌情判断电. 等，转引自：秦孝仪主编. 中华民国重要史料初编——对日抗战时期. 第二编（二），台北，国民党中央党史会，1981，P643～644。
④　秦孝仪主编. 总统蒋公大事长编初稿. 卷 5（下），中国国民党中央委员会党史委员会台北 1978 年版，P526。

集兵力,即将进犯粤汉路的情报。军令部第二厅将各方情报整理分析后认为,自 3 月中旬至 5 月中旬,日军由长江下游上运的兵力约 12 万,由上游下运的兵力约五六万,两相加减,武汉方面日军增加兵力约六七万,计约 3 个师团。武汉方面日军集结已经超过 24 万人马。但徐永昌对日军的进攻能力仍估计不足。5 月 19 日,徐永昌在回答蒋介石"豫战之后敌人的动向如何"之咨询时,认为日军无持久进攻力,其部队亦多为杂凑,精锐师团已调往太平洋战场。[①]

　　实际情况是,日军自 3 月底 4 月初即已着手制订"一号作战"之湘桂战役的作战计划。日军大本营鉴于其在太平洋战场日趋不利的局面,企望通过在中国大陆的作战来鼓舞日本国民的士气。据称日军"大本营极端期待此次将成为今年最出色的作战"。为此,日军准备投入 150 个大队的兵力,比 1938 年进攻武汉时的 140 个大队的兵力更大。这些兵员中确有很多是只经过短期训练、缺乏实战经验的新编兵团,因过去熟悉对华作战的优秀兵团大部分已被抽调赴太平洋和东南亚战场。但日军用了近两个月的时间作了反复、周密的策划和充分的作战准备。作战方案不仅包括总体作战计划的拟订,而且具体到每一战斗的方案细则的制订,包括兵力配置,作战进度,后方兵站,警备以及气候与地理环境等,均作了周详的考虑和部署。[②]

　　相比之下,重庆方面虽知道日军在鄂南、湘北方面加紧调兵遣将,预料日军将要进犯粤汉路,但军令部对日军的攻势规模和作战部署没有进行充分的分析研究。蒋介石于 5 月中旬指示第九战区和第七战区司令长官积极准备对应措施,但只下达了一个模糊的、提示性的手令,并未从其他战区抽调兵力。蒋介石显然对日军即将发动的强大攻势估计不足。而负责制订作战计划的军令部亦未拟出详细应对作战方案。直至会战打响十余日之后,军令部才拟出一个作战防御指导大纲来。驻守湖南的第九战区司令长官薛岳以为日军在前三次长沙会战接连受挫以后,[③]一时不

①　徐永昌日记.第七册,P311~312。
②　湖南战役.上册,P10~33。
③　第一次长沙会战:1939 年 9~10 月;第二次长沙会战:1941 年 9~10 月;第三次长沙会战:1941 年 12 月~1942 年 1 月。

敢再问津长沙,再则他认为因抽调太平洋和东南亚战场,日军兵力进攻力量有限。加之时值雨季,气候和湖南的地形不利于日军机械化部队作战,故而疏于防范。[①]

5 月 26 日,亦即日军发动湖南会战的当天,日军参谋总长东条英机向天皇上奏作战情况说:"随着我军作战准备的进展,敌方估计我将在岳州(今岳阳)、常德、宜昌以及浙赣地区,也发动进攻,因而试图加强各个阵地,但其原有兵力分散各方,未能认真采取对策。对于我方的进攻,尚未看到敌人从其他方面集中兵力的情况。据观察,目前敌方虽担心我今后作战将发展成大规模的进攻,但对我方的作战设想尚未能做出准确判断"。[②] 重庆军事当局虽不像东条英机分析的那样没有觉察出日军的主攻方向,但低估了日军的作战能力和野心,因而未能采取积极的对策和进行充分的作战准备。

国军的战略部署

1944 年 5 月 26、27 日,日军第十一军各部队兵分三路向鄂南、湘北之国军发起攻势,揭开湖南会战之序幕(参阅本书户部良一第八章)。会战伊始,重庆军事委员会内部在战略指导方针上存有分歧,主要有两派主张:一派认为粤汉路势必失守,不如主动放弃,退守湘桂路,在湘桂边区或广西桂林与日军展开决战;另一派则主张在粤汉路沿线及两翼组织抵抗,以狙击日军的野心和消耗其有生力量。前者以副参谋总长白崇禧为代表;后者以军令部长徐永昌为代表。

28 日,重庆军事委员会举行最高幕僚会议,军令部长徐永昌在会上报告鄂南敌情,认为"此番最显著之迹象,敌军质的方面虽不见甚精良,而量则普遍俱有增加,中国战场(除滇西、滇南外)现约有敌军 34 个师团,为武汉会战以后之最高峰。而以此次北战场战役观之,我指挥与战斗能力均见减低,此层至堪忧虑。"蒋介石对徐永昌的分析表示认同。次日,军委

---

① 赵子立、王光伦. 长衡战役;向廷瑞、陈德邵. 茶陵、安仁战斗. 原载于:湖南四大会战:原国民党将领抗日战争亲历记. 北京:中国文史出版社,1995,P399～403、438。

② 湖南战役. 上册,P32～33。

会最高幕僚会议继续讨论湘鄂战局。据徐永昌日记,与会诸人"咸认粤汉线势且必失,多主张于湘桂线准备,并以北战场反攻为不可能,与其徒作牺牲,不若抽撤整理"。徐永昌独排众议,认为湘桂路地形易攻难守,应先于粤汉路部署抵抗和苦斗;北战场方面,仍须积极反攻,否则节节败退,抗战前途实堪忧虑。徐永昌日记载:"余气极发言,诸人皆无语。"①

军事委员会最高幕僚会议的与会人员包括参谋总长、副参谋总长、各部部长(军令部、军政部、军训部、政治部、后勤部等)、侍从室主任、海军总司令、航空委员会主任、军法执行总监、军事参议院院长等。② 他们大多主张放弃粤汉线的抵抗,显然已对粤汉线的仓促防守失去信心。退守湘桂路,可赢得一个多月的准备时间,在此期间从各方调集兵力,在桂林附近组织决战,或有制胜的希望;鄂北与广西桂林相距约七百公里,对攻者来说,如同橡皮带一样,拉得愈长,就愈薄弱,超过了极限,就可能绷折。退至广西境内与日军决战就有这样的优势。白崇禧力持这一主张。③

而徐永昌主张于粤汉路节节抵抗,一方面是激于义愤,同时也有他的战略考量。据6月3日徐永昌日记,军事委员会内部多数认为日军的战略意图是欲打通平汉、粤汉至湘桂线迄镇南关。而徐永昌对日军欲打通大陆交通线、摧毁西南空军基地的说法不以为然。他判断日军的企图是"欲打击我之野战军,杜我反攻或转用",认为日军的进退程度,全视国军的反击力度如何。如前所述,打击重庆国军与打通大陆交通线、摧毁西南空军基地,均是日军"一号作战"的战略意图。徐永昌之所以对日军打通大陆交通线的企图认识不清,乃因为他低估了日军的作战能力。他认为日军"欲攻犯两路或三路而确保之,恐彼亦不易抽出如此巨大兵力。"④

鉴于第一战区蒋鼎文和汤恩伯在北战场抵抗不力,迅速败退,已引起国内舆论的纷纷指责和国际舆论的讥评,徐永昌认为,若粤汉线也不战而退,"抗战前途尚堪问乎?"徐永昌的主张得到了蒋介石的认可。

---

① 徐永昌日记.第七册,P320～321。
② 国民政府军事委员会最高幕僚会议规则.(1939年2月),原载于:中华民国史档案资料汇编.第五辑第二编军事(一),P12～14。
③ 赵子立、王光伦.长衡战役.P339～403,438。
④ 徐永昌日记.第七册,P324。

409　　　　日军欲打通粤汉路和湘桂路,有三个要地必须攻克,即长沙、衡阳、桂林。按当时中国战区的划分,鄂南、湖南为第九战区,司令长官是薛岳;广西为第四战区,司令长官是张发奎;广东为第七战区,司令长官是余汉谋;鄂西为第六战区,司令长官是孙连仲。这四个战区中,第九和第四战区是此次湘桂战役的正面战场;第七及第六战区处于战场边缘。鉴于第一战区蒋鼎文和汤恩伯迅速败退,大批部队从粤汉线退便有引起全面大崩溃的危险。

日军预定的作战路线是穿过第九战区的西侧,然后冲向第四战区的中枢,以第九、第四战区国军为主敌。日军在制订作战计划时考虑到:"攻克长沙是这次作战的关键,自应全力以赴。但我方此次的兵力比前几次作战都大得多,长沙一举可破。因此,战局的关键乃在于衡阳长沙之间敌军进行侧攻时的决战,估计攻下长沙后不致立即出现侧攻,而在进攻衡阳时,当前重庆军将会全力展开。"日军预测,衡阳地区位于国军第九、第六、第四、第七4个战区之间,主要决战肯定将在其周围进行。①

日军从一开始就动用强大兵力,第一线部署5个师团并列于湘北、鄂南之华容、岳阳、崇阳一线,另以3个师团部署于第二线监利、蒲圻和崇阳一线,共约15万人。5月26、27日,日军兵分三路南攻:右翼渡洞庭湖趋沅江、益阳;左翼从通城分趋平江、渣津;中央沿粤汉路向汨罗江推进。日军号称在东西约120公里,纵深约50公里的地区展开规模宏大的野战。5月28日,重庆军委会电令第九战区(薛岳)准备在长沙、浏阳之间与敌决战。由于对日军的强大攻势估计不足,重庆当局开始除从第六战区抽调一个师增援外,没有从其他战区调集兵力。薛岳请求蒋介石从第三、六、四、七战区抽调兵力增援,而蒋介石要求第九战区以现有兵力应战。直至战役开始一段时间后,感到日军来势凶猛,才陆续从周边战区抽调兵力参战。②

第九战区司令长官薛岳部署的战区防卫战略是:在湘江东、西两岸,步步阻击,消耗敌军,而将主力部署于两翼,诱敌深入后,在长沙附近围歼

---

①　湖南战役.上册,P12~14。
②　湖南会战战斗要报.载于:中国第二历史档案馆编.抗日战争正面战场.(下),江苏古籍出版社,1987,P1256~1258。

日军。但薛岳的这一战略部署是沿袭第三次长沙会战的战法,日军早有防备。日军一反过去惯用的孤军深入的战法,以战斗力最强的骨干兵团部署于两翼,致使薛岳的外侧作战难以成功。另一方面,日军使用优势的第二线兵团保持纵深阵势,对战略要点实施重点突破。国军总体参战兵力虽超过日军,但在要点的防守攻略上,兵力反居劣势。①

薛岳的外侧作战既不利,沿湘江两岸南下的日军很快进逼长沙。日军以两个师团约 3 万余人围攻长沙,而薛岳仅以 1 个军(第四军,军长张德能)守备,战斗兵员不过 1 万余人,守备的兵力与阵地绝不相称。其次,日军进攻长沙的计划是:"为了攻取长沙,必须攻占其西方的岳麓山。为此,派遣有力兵团在湘江左岸进攻该山,与直接担任进攻长沙的兵团相互策应。"而薛岳在防守长沙的兵力布置上,令张德能以第四军的 2 个师守长沙城,以 1 个师守岳麓山。岳麓山位于湘江西侧,与长沙城隔江相对。在地理位置上,岳麓山居高临下,俯瞰长沙城,为长沙整个阵地之锁钥,欲守长沙必先守岳麓,岳麓一旦失守,长沙决守不住。守备岳麓山的第九师除缺员外,战斗兵不过 3 000 人,而防区竟达 50 里之广(岳麓山周围设防),实属防广兵单。迄岳麓形势危急,张德能临时转用兵力,从长沙城抽调兵力增援岳麓山,由于在战斗激烈之时仓促调动,渡江船只准备不足,反而自乱阵脚,动摇军心,导致长沙迅即失守。长沙决战计划落空。②

湖南会战自 1944 年 5 月 26 日开始,至 6 月 18 日长沙失守,第一阶段湘北的战役告一段落。再说重庆军令部直至 6 月 10 日,亦即长沙失守前一周,才拟出作战指导计划,并经蒋介石批准。在这个作战指导计划中,军令部拟定的作战方针是:以巩固重庆、昆明,确保抗战基地及国际交通为目的,进行战略持久战,控制有力兵团于六盘山、秦岭、巴山、鄂西、湘西、桂东、滇南各要隘,严防"敌奸"之侵入,见机再转攻势。③ 从这一作战方针看,军令部主要担心日军西进,威胁重庆陪都和西南国际交通。

410

6月4日王世杰日记称："一般推测,以为敌军企图攻占衡阳、桂林,俾免该地成为盟军空军根据地。"[1]可见当时社会舆论对日军的战略意图已有相当准确的推测。从徐永昌日记可知,军令部内对敌情的判断存有分歧。如军令部第一厅认为,中战场敌人将会师衡阳,并窥伺桂林。而军令部长徐永昌则持有不同看法。据他的推断,中战场敌人进至渌口(株州以南)或即停止,即使窜据衡阳,亦决不至西入桂林。"敌人完全无深入企图,不过一意打击吾人反攻力量",坚持认为日军没有打通粤汉、湘桂路的意图。[2]

6月18日,亦即长沙失守之当日,军事委员会举行最高幕僚会议,军令部副部长刘斐认为敌人必乘势进攻衡阳,并可能入桂林。徐永昌仍以为"敌兵力不足,尚不至企图入桂。"而军令部所属的"作战研究会"则得出结论曰:"此次湘北敌军蠢动,以目前情报判断,其企图似在打通粤汉交通,求击破我野战军,仍为守势作战,但根据前述倭既有从事决战准备之余裕时间及兵力,则仍有增加兵力来华之可能,敌能否进一步攻占西安、昆明及重庆等重要据点,企图乘机解决我国战场,实不能不深加警惕。"[3]可见军令部内对敌情的判断甚不统一。

据徐永昌称,蒋介石对他的敌情判断将信将疑,但对他所提努力打击日军的主张则表示同意。长沙失守后,白崇禧主张放弃在长沙、衡阳之间拼命抵抗,将防守衡阳的兵力调往桂林,着手桂林防卫战。徐永昌则主张,下一阶段仍要在长沙、衡阳正面作持久抵抗,两翼则相机与日军展开决战,以消耗日军,打击其侥幸心理。徐永昌的意见被蒋介石采纳。[4]

自6月下旬至9月初是湖南会战的第二阶段。日军总结第一阶段的战果称:"自开始作战以来,第十一军虽力图歼灭第九战区军的主力,但敌军大部回避与我决战,尤其是敌军退避到了东面山岳地带,如不将其歼灭,对第二期作战向桂林、柳州方面进攻,则很难保证不留有后患。"为此,

---

① 王世杰在此前后曾担任国民党中央宣传部长(1939.11~1942.12;1944.11~1945.8)。见:王世杰日记.第4册,P325,台北:中央研究院近代史研究所,1990。

② 徐永昌日记.第七册,P335。

③ 徐永昌日记.第七册,P339~341。

④ 徐永昌日记.第七册,P339、342。

日军的战略构想是：为了下一阶段攻取桂林、柳州，要在这一阶段的作战中尽量歼灭中国军队，为此，设法引诱中国军队采取攻势。

衡阳地处粤汉与湘桂铁路交会处，是进入桂、黔、川、滇四省的门户；湘江纵贯长沙与衡阳之间，是南北交通之要道。日军估计进攻衡阳时，中国军队将会全力展开攻击。为此，日军计划在攻取衡阳的同时，以主力搜索围歼对日军侧攻和前来增援的国军，重点击溃湘东山区的中国第九战区主力。①

国军在第二阶段的战略是：中间防堵，两翼夹击，置主力于湘江之东西两翼，实施正面阻止，侧背猛攻，战略上与前一阶段没有大异。在此期间，国军只以 1 个军用于衡阳防守，而东西两翼则先后投入了约 13 个军以上的兵力。②

6 月 20 日，蒋介石电令各兵团以阻敌深入、确保衡阳为目的，从东西两翼夹击日军。具体的战略部署是：中央以一部于渌口、衡山地区持久抵抗，东翼主力由醴陵、浏阳向西，西翼主力由宁乡、益阳向东，夹击深入之敌而歼灭之。③ 但日军迅速突破中国军队的阻击，6 月 23 日即兵临衡阳附近。日军在兵力布置上，以 2 个师团进攻衡阳，以 3 个师团进攻湘东地区，以 1 个师团进攻湘江以西。6 月 25 日，重庆军委会电令方先觉的第十军死守衡阳。6 月 26 日，第九战区拟具于衡阳与日军决战计划，并向衡阳周围调集兵力。同日，蒋介石指派副参谋总长白崇禧前往桂林，协调指挥衡阳一带战事。

7 月 1 日，蒋介石主持军事会报，获悉广东之敌已向清远与从化方向分路进犯。蒋认为日军"打通粤汉路之计，已不可遏阻矣！今日惟一要图，为如何能固守衡阳，增强湘桂路兵力，以确保桂林空军基地，如能粉碎其犯湘桂路之企图，则此次作战当不失为成功也"。④ 这个时期，蒋介石一再电令各兵团依照"正面阻止，侧背猛攻"的战略攻击进犯之日军。第

---

①　湖南战役.上册，P12～15、78。

②　柯育芳.论长衡会战第二阶段战役.原载于：抗日战争研究.1996 年第四期。

③　第九战区湖南会战作战指导方案.原载于：抗日战争正面战场.(下)，P1258。

④　秦孝仪主编.总统蒋公大事长编初稿.卷五(下)，P551，中国国民党中央委员会党史委员会，台北：1978 年版。

二阶段军委会下达的一系列指令均是按照这一战略执行,要求前方各军向当面之敌发起猛攻,或向敌人侧背发起猛攻,试图打消和狙击日军的战略企图。① 中原会战与长沙会战节节挫败以后,国内外舆论对中国军队群加指责。作为国军最高统帅,蒋介石对来自英美盟国的讥评尤其感受到莫大的压力。7 月中旬,美国总统罗斯福致电蒋介石,谓豫湘战事颇减低中国信誉,拟令史迪威直接指挥中国全部军队(包括中共军队)作战。蒋介石对此深感耻辱和刺激。② 7 月 21 日,蒋对出席整军会议的军委会各部会主官痛心疾首地说:"自从这次中原会战与长沙会战失败以来,我们国家的地位、军队的荣誉、尤其是我们一般高级军官的荣誉,可以说扫地以尽。外国人已经不把我们军队当作一个军队,不把我们军人当作一个军人! 这种精神上的耻辱,较之于日寇占我们的国土,以武力来打击我们,凌辱我们,还要难受!"③据徐永昌记述,蒋介石当时"声色俱厉,数数击案如山响",其心情之愤激可见。④

白崇禧身为军事委员会副参谋总长,在战略指导方针上始终持有不同看法。鉴于敌我力量悬殊,他不主张国军与日军在正面战场硬拼。他建议将国军兵力转向敌后开展游击,破坏其交通和后勤补给,袭扰和消耗日军。7 月 26 日,白崇禧从桂林致电蒋介石,呈述其战略主张:对敌战法应重加检讨,查岳阳至衡阳铁路约 342 公里,水路约 710 公里,公路约 720公里,敌军十万以上,补给不足,我于正面既不能击破敌人及阻止敌人,拟请改变战法,转向敌后袭击其辎重,破坏其交通,使敌饥疲无法持久。⑤

而军令部长徐永昌则认为,在目前国内外舆论交加贬议的情势下,国军唯有发愤拼命,打几个胜仗,才能提高地位,扭转国际观感。⑥ 徐永昌的意见大体上表达了蒋介石的心声。而白崇禧转向敌后开展游击的战略,可能对消耗敌人,与日军展开持久抗战切实有效,但难以在短期内起

---

① 第九战区湖南会战作战指导方案.原载于:抗日战争正面战场.(下),P1259～1261。
② 徐永昌日记.第七册,P374、379、383。
③ 蒋介石.知耻图强.(1944 年 7 月 21 日),转引自:先总统蒋公思想言论总集.第二十卷,演讲,P444～453。
④ 徐永昌日记.第七册,P380。
⑤ 军事委员会副参谋总长白崇禧呈战略管见电.转引自:中华民国重要史料初编——对日抗战时期.第二编(二),P649～650。
⑥ 徐永昌日记.第七册,P383。

到对外宣传的作用。蒋介石没有接纳他的建议。

第二阶段的基本战局是,以衡阳为中心,在湘江以东山区(湖南攸县、茶陵、醴陵、安仁、耒阳和江西萍乡、莲花)和湘江以西的丘陵地区(宁乡、湘乡、永丰),①双方展开了一场激烈的攻防战。在这一阶段的战斗中,第十军长达 47 天的衡阳守城战最为壮烈,堪称第二次世界大战最为激烈的攻防战之一,因而也最具影响。但衡阳守城战只是第二阶段战局的一部分。衡阳周围的增援和解围战,以及湘江东西两翼的攻防战,国军不仅投入了相当多的兵力,而且战斗亦十分激烈,牵制和消耗了日军的大部分兵力。8 月 8 日衡阳沦陷后,白崇禧从桂林急电蒋介石,建议速将衡阳周围的第四十六军、第六十二军调往桂林,并请将其他部队大部撤至祁阳、零陵至桂林一线防守。从日军的战略意图看,日军占领衡阳后,必将迅速西进,攻取其下一目标桂林。白崇禧的这一部署显然是正确的。蒋介石接电后,让军令部加以研讨。而军令部建议将主力部队仍留在衡阳周围继续攻敌,其理由是:一、前线撤兵,敌必跟踪深入;二、激战之后,部队急撤,有溃退之虑;三、撤兵影响人心与盟军观感;四、目前态势,地理比较有利,利用现形势打击敌人,较退保桂林有利。军令部还建议蒋介石将白崇禧调回重庆。② 蒋介石再次接受了军令部的建议而否决了白崇禧的主张。8 月 10 日,蒋介石电令各军反攻衡阳。12 日,蒋介石再次训令各军"以攻为守,并袭扰敌后方"。③

412

湖南会战的结束时间,历来以 8 月 8 日衡阳沦陷为标志。实际上,在衡阳失守以后的一段时间里,蒋介石仍命令国军继续在衡阳周边地区攻击敌人。直至 8 月下旬,蒋介石才放弃反攻衡阳的企图,调整部署,开始转向沿湘桂路两侧组织防御。8 月 24 日,蒋介石判断"敌主力向衡阳西郊集中,似有沿湘桂路西犯之企图";9 月 1 日,蒋介石确悉日军更有深入广西之企图,命令第九战区抽调主力准备参加湘桂沿线作战。④ 9 月 7

---

① 永丰,今湖南双峰。

② 徐永昌日记.第七册,P405。

③ 第九战区长衡阻击战战斗详报.载于:中华民国史档案资料汇编.第五辑,第二编,军事(四),江苏古籍出版社,1998,P209~210。

④ 第九战区长衡阻击战战斗详报.载于:中华民国史档案资料汇编.第五辑,第二编,军事(四),P212~214。

日,日军攻占零陵①,整个湖南会战基本结束。②

9月11日,军事委员会筹商湘桂线防御事宜,白崇禧再次力主撤全州兵力以增保桂林,其意以全州既难久守,不必徒作无谓牺牲,并请增兵桂林,担保桂林可守三四个月以上。徐永昌则以现时运至全州弹药,足供三个月之用,而且全州地形较衡阳为佳,尤利于守,似宜定一防守期限,纵即不能如期,亦可令其突围而出。③ 这一次,蒋介石总算接受了白崇禧的主张,但为时已晚。桂林很快亦沦入敌手。

事后分析,整个湖南会战期间,徐永昌主掌的军令部对敌情的判断及其战略部署明显存有缺陷。如前所述,日本担心设在广西桂林的美空军基地对其本土发动空袭,自始即将桂林作为此次作战的最重要目标。但徐永昌一直对日军的战略意图和主攻方向判断不明,且太注重盟军的观感,一意主张节节抵抗,步步阻击,处处设防。而蒋介石基本上接受了徐永昌的意见。结果是,国军防广兵单,顾此失彼,处处都不愿主动弃守,处处都未能集中优势兵力,对日军形成重点防守和重点出击。湖南会战初期,徐永昌和蒋介石对日军攻势和参战兵力估计不足,导致国军逐次使用不充分之兵力。无论长沙、衡阳,均无充足决战之兵,将应参与决战之有限兵力,分用于决战地后方第二线之防守,甚至因对日军主攻方向判断有误,将兵力分用于日军非攻击方面之防守。④ 与国军不同,日军常集中优势兵力,纵深部署,"亘全战役期间,敌之实力在全面计算虽劣于我军,但在重点方面,均居优势,且对长(沙)、浏(阳)、衡(阳)三要点之攻略,概以绝对优势之兵力,纵深部署,施行攻击。"⑤最终将国军逐一击破。

---

　　① 零陵,今湖南永州。
　　② 1944 年 10 月第九战区所撰《长衡阻击战战斗详报》,其起止时间自 5 月 25 日,迄 10 月 10 日。9 月初至 10 月初,浏阳、醴陵、攸县、茶陵、安仁、耒阳、常宁、邵阳等地国军仍与日军交战,10 月 3 日,邵阳沦陷。参见:中国现代政治史资料汇编.第三辑,第四十册,中国科学院历史研究所第三所南京史料整理处编印,1957 年,油印本。
　　③ 徐永昌日记.第七册,P430。
　　④ 第九战区长衡阻击战战斗详报.原载于:中华民国史档案资料汇编.第五辑,第二编,军事(四),P216～217。
　　⑤ 第九战区湖南会战作战检讨.转引自:抗日战争正面战场.(下),P1293。

国军的指挥与协调

战时国军指挥系统是,重庆军事委员会设统帅部,指挥各战区司令长官;军委会委员长为最高统帅,参谋总长、副参谋总长襄助委员长处理该会一切职务,下设军令、军政、军训、政治和后勤等部,分掌作战指导、兵员征募、军队训练、政治教育、后方勤务等职能。战区之下,其层级依次为集团军、军、师、团等。①

按照军事指挥系统,身为委员长的蒋介石只要将指令下达给战区司令长官即可,但蒋素有越级指挥的习惯。一些大的战役,蒋必亲自遥控指挥,通过电报、电话,频频传布命令到前方,不仅越级指挥集团军和军,甚至直接指令到团、营一级。1944 年 6 月 12 日军令部长徐永昌在日记中发牢骚说:"委员长每好亲拟电、亲笔信,或亲自电话,细碎指示,往往一团一营如何位置等,均为详及。各司令长官或部队长既不敢违背,亦乐于奉行,致责任有所诿谢,结果,所至战事愈不堪问矣。因委员长之要求,即本部指导者,实亦有过于干涉之嫌。"②

由于蒋介石事无巨细均要亲自过问,部队长官不敢自作主张,或为了卸责,遇事均请示执行,导致前方将领欠缺自主作战意识和机动应变能力。1944 年 5 月 6 日徐永昌日记载,当日军事委员会"会报不及两小时,蔚文(即侍从室主任林蔚)转达第一战区电话至四五次,闻有时一团之活动,战区亦请示委员长,此非丛脞而何!"③徐永昌身为军令部长,深感蒋介石"权责集于一身,余等欲少分其劳而不可得,以是往往于横的方面不能多所裨助,转觉国事有举轻若重之嫌,深用惶叹!"④

张治中 1939~1940 年间曾任侍从室主任。他对蒋介石的高度集权深有体会:"蒋对军队的统率,向来采集权于一身的办法,养成习惯已久,

①　抗战初期,曾于战区之下、集团军之上设兵团;集团军之下、军之上设军团;师之下、团之上设旅。但一年多后分别被减化。参见:刘凤翰.抗战前期国军之扩展与演变.原载于:中华民国建国八十年学术讨论集.第一册,台北:近代中国出版社,1992,P481~484。

②　徐永昌日记.第七册,P332。

③　徐永昌日记.第七册,P298。

④　徐永昌日记.第七册,P300。

所以部队将领就有一种反映：部队接到蒋委员长电报，先看电尾是那一
个机关主办的，如'中正手启'是要特别注意的，如是'中正侍参'（即侍从
室主办的）也还重视，但如是其他部门主办的电报，就要看情形来决定遵
行的程度了。所以军令部、军政部甚至后方勤务部，有时为求命令有效，
也要用'中正手启'名义发电。这种个人集权、机构无权的特殊现象，坏处
甚多，决难持久。……我认为这是以后军事失败种种原因之一。"①

　　蒋介石既集事权于一身，却又经常埋怨手下无人负责办事。军令部
副部长刘斐私下与徐永昌议论时，即认这种状况"实由委员长自己造成，
将领骄不受命，必委员长手令才有几分几的效率；派出人员必侍从参谋。
此全系不运用组织，自毁机构能力。"②

414　　中央军嫡系将领固然骄不受命，地方非嫡系部队长官或因待遇不平，
或出于保存实力的考虑，抗不遵命者常有之。长沙失陷后，蒋介石曾电令
薛岳将第九战区主力布守湘江以西，以拱卫西南大后方。薛岳拒不从命，
声称必须固守湘东南，不让日军打通粤汉路与通往香港之海道。而据徐
永昌等人揣测，"薛伯陵（即薛岳）不欲至铁道以西，其心叵测，盖一旦有
事，渠颇有划疆自保之意。"③

　　另据徐永昌日记，军政部长何应钦感慨部队整理之难，即如近在重庆
之九十七军军长指挥不动其师长，言下唏嘘不置。④

　　此次湖南会战，除第九战区外，还从第三、第六战区抽调兵力。由于
参战系统不一，容易出现多头指挥。除蒋介石越级指挥外，侍从室主任林
蔚也常以蒋的名义发号施令。薛岳作为第九战区司令长官在其防区内自
有调兵遣将之权。李玉堂等集团军主官也可名正言顺地指挥其下属。衡
阳会战期间，蒋介石指派军委会副总参谋长白崇禧前往桂林，协调指挥衡
阳一带战事。白崇禧在战略方针上本与军令部长徐永昌意见不一，薛岳
的作战意图亦与白崇禧不同。⑤ 在这种不统一、也不专一的多头指挥之

————————

　　① 张治中回忆录.北京：中国文史出版社,1985,P298～300。
　　② 徐永昌日记.第七册,P286。
　　③ 徐永昌日记.第七册,P416。
　　④ 徐永昌日记.第七册,P321。
　　⑤ 赵子立、王光伦.长衡战役。

下,难免前后矛盾,左右失调,令作战部队无所适从。以第六十二军为例,该军属余汉谋第七战区建制。长沙告急后,蒋介石电令余汉谋调第六十二军担任衡阳外围作战任务,归第二十七集团军副总司令李玉堂指挥。据该军军长黄涛晚年回忆,该军在衡阳参战期间,重庆军事委员会侍从室主任林蔚常以蒋介石的命令直接指挥;薛岳也以第九战区司令长官名义来指挥;李玉堂又以第二十七集团军副总司令名义来指挥。第六十二军处于多头指挥而又命令不一的情况下,只好以军事委员会蒋介石的命令为行动依据,直接与侍从室主任林蔚密切联系;有时故意藉蒋介石的命令去抵制第九战区司令长官薛岳的调遣,薛岳亦无可奈何。①

由于参战系统有别,多头指挥无所适从,部队长官骄不从命,地方部队保存实力等诸多因素,致使参加会战各部队之间步调不齐,协同作战能力差。战场指挥官缺乏自动与邻接部队联系策应的习惯。第十军苦守衡阳 40 余日,而前往解围的野战军如与城内守军适时配合,或可收内外夹击之效,无奈当内围突出时,外无援应;当外围进击时,内徒固守。另一方面,前往解围的各部队之间缺乏联络,步调不一。各军逐次前往解围,此去彼来,未能集中各军优势兵力与日军决战,结果坐失良机,陷于被日军各个击破的败局。②

国军官兵素质与战斗力

湖南会战历时三个多月,双方参战人数,国军先后投入 16 个军,40 多个师,约 35～38 万人;日军先后投入 10 个师团,约 25～28 万人。③ 双方伤亡人数,据日军方面的统计,国军死亡 66 468 人,被俘 27 447 人,伤病 132 485 人,合计 226 400 人;日军伤、亡 6 万多人。④ 而国民政府军令 415

① 黄涛等.第六十二军参加衡阳战役的经过.参见:湖南四大会战:原国民党将领抗日战争亲历记.北京:中国文史出版社,1995,P574～575。

② 第九战区湖南会战作战检讨.参见:抗日战争正面战场.(下),P1296～1297;黄涛等.第六十二军参加衡阳战役的经过。

③ 柯育芳.长衡会战日军参战兵力述考.原载于:抗日战争研究.1998 年,第 3 期。

④ 湖南战役.下册,P71;日本帝国主义侵华资料长编.(下),四川人民出版社,1987,P314。

部的统计,国军伤、亡90 557人(死49 370人),日军伤、亡66 809人。① 日
军伤、亡人数,双方公布的数字接近。而国军伤、亡人数则出入较大。日
军方面公布的数字,包括伤、病、俘、亡在内,国军损失过半。国军自己公
布的数字,不含病、俘,仅伤、亡两项,占国军参战人数的25%。导致国军
高伤亡率的因素固然复杂,但有两点值得注意:一是国军的作战意志,一
是国军的作战能力。

关于国军的对日作战意志,历来存有不同的看法。2001年南京大学
出版社出版、张宪文主编的《中国抗日战争史》,是近年来中国大陆出版的
有代表性的抗战史著作。该书对湖南会战失败原因的分析,主要归因于
蒋介石消极抗战,保存军事实力;认为蒋介石首先考虑的不是对日军的积
极出击,而是主要准备战后权威的确立,尽力对付中共和防范国民党内的
非嫡系,没有同日军在真正意义上展开决战。② 这一观点基本上沿袭了
过去数十年间中国大陆史学界的一贯看法。但从前文所述湖南会战前后
蒋介石对日军的战略决策和战略部署来看,谓国军无意与日军在真正意
义上展开决战,显然有悖事实。近40万国军兵力的投入,9万国军和6
万多日军的伤亡,亦足证国军对日军的积极出击。尤其是长达47日的衡
阳保卫战"是八年抗战中,保卫城市作战最长,伤亡官兵最多,敌我两方进
行最为惨烈的一场生死搏斗。"③其时,重庆20余万市民签名,向苦守衡
阳的第十军官兵致敬。日军亦承认"从未有若斯顽强之抵抗"。重庆《大
公报》社论将衡阳守军的死拼硬打誉之为"抗战精神"。④ 王世杰在日记
中称道衡阳守城战"断然为抗战以来之一伟绩。"⑤凡此均说明衡阳国军
抵抗之顽强英勇。论者又有谓衡阳的英勇抵抗,是非中央军将领薛岳指

① 湖南会战敌军伤亡判断表;湖南会战国军伤亡统计表.参见:国民政府军令部战史会档案,中国第二历史档案馆藏;张宪文主编.中国抗日战争史(1931~1945).南京大学出版社,2001,P1089。
② 张宪文主编.中国抗日战争史(1931~1945).南京大学出版社,2001,P1090~1091。
③ 葛先才.衡阳孤军抗战史实.原载于:中华杂志.第十七卷,第二一七期,台北:1981。
④ 感激衡阳守军;向方面长欢呼.参见:重庆《大公报》1944年8月4日、12月13日;另见:衡阳突围.P39~42,战时文化供应社印行,出版时地不详。
⑤ 王世杰日记.第四册,台北:中央研究院近代史研究所,1990,P365。

挥的,而重庆统帅部则从中阻挠。① 而本文第二部分的叙述,证明这一说法亦属不实。

另一方面,国军对中共的监视和防范,亦确然存在。据徐永昌日记,1944 年 6 月 8 日,日军正大举从湘北南犯之际,军事委员会在重庆开会讨论国军各战区作战计划,主要议题有二:一是预防日军北犯陕西潼关,南犯广东曲江;二是"预防共党窜扰后方问题"。② 6 月 10 日,军令部拟具《国军今后作战指导计划大纲》,其第一条即要求"第八战区以第一线兵团,依陕东、绥西既设阵地,拒止敌人,并监围奸伪。""如奸伪以抗战口号向西南窜犯时,应令其向渭河以北、三原以东截击敌人,我监围部队应由东向西逐次向长武、邠县、枸邑、正宁方面转移,绝对防止其向该线以西以南窜扰。"此处所称的"奸伪"显指中共军队。同日,蒋介石根据军令部所拟的这一方案,分别密电第八战区司令长官朱绍良和副司令长官胡宗南,针对如何防范中共,作了具体的军事部署。③ 可见即使在日军攻势最激烈之际,国军亦未敢懈怠对中共军事扩张的防范。

至于国军投入了多少兵力监视中共,据徐永昌 7 月 3 日日记:近来英美舆论指责国民党以数十万部队监视中共,以至影响对日作战。徐氏辩称:胡宗南防共军队不过数师,何至影响如此之大。④ 但同月下旬,蒋介石主持召开整军会议,要求将国军现有的 321 个步兵师减编为 240 个师。参谋总长何应钦奉命拟定减编方案,240 个师中,计划以 140 个师对付日军,20 个师监视中共,40 个师作预备队,其余 40 个师用于西北边防、缅甸及机场防守。⑤ 这虽然只是一个计划草案,但仍然可以依此推论,国军对付日军与监视中共的兵力之比,大致为 7：1。是时国军共分九个战区。这意味着国军至少以一个战区的兵力监视中共。

另一个值得考察的问题,是国军官兵的素质与作战能力。抗战初期,

416

① 费正清主编.剑桥中华民国史.中译本,第二部,上海人民出版社,1992,P636;张宪文主编.中国抗日战争史(1931～1945).P1090～1091。
② 徐永昌日记.第七册,P328。
③ 军令部.国军今后作战指导计划大纲;蒋介石.关于第八战区军事部署密电稿.均见于:中华民国史档案资料汇编.第五辑,第二编,军事(一),P714～718。
④ 徐永昌日记.第七册,P356。
⑤ 徐永昌日记.第七册,P397。

日军装备完整,训练精良,常常以1个大队(营)战国军1个师(3团)或1个旅(2团)。日军第一军在山西有过战国军30个军的记录。① 抗战后期,国军的战斗力更趋下降。据军令部1944年统计,第一战区敌我兵力之比是14∶100;第二战区是13∶100;第三战区是20∶100。平均起来,国军要六七个人才能抵抗一个敌人。② 徐永昌的估计也大致相似:国军共有320个师,在中国战场的日军约40个师,比例是8∶1。徐永昌认为,这样的敌我力量对比,在水田山地尚可应付几日,一到平地,便多不能支持。③ 何应钦在拟定国军减编方案时,其着眼点亦大致以国军1个师对日军1个联队的比例编制。不过考虑到抗战后期国军编制的缺额,国军与日军的战斗力未必有如此悬殊。战时国军1个师的编制约1万人,每个师的缺额少则二千名,多则三千名。④ 徐永昌亦认为战时国军各师的实际兵力平均要打七折。而日军师团分甲、乙、丙三种,人数为一万多人至二万余人不等。一个师团内辖三至四个联队。依此推之,1944年国军与在华日军兵力的实际比例约为3∶1。

具体到湖南会战,据徐永昌当时的估计,国军参战步兵约为日军之一倍半至二倍。日军炮兵约为国军的三倍,但因道路补给关系,始终未得充分使用。"战术上敌比我极为集中,战斗上我远逊敌。"⑤

就官兵素质言,国军更远不如日军。史迪威对国军各阶层有一概括性的观察:一般士兵温顺、有纪律、能吃苦耐劳、服从领导;低级军官对于命令,每能迅速执行;营、团长个别差异极大,不过也不乏优秀之士;至于师长和军长阶层,则是个大问题。⑥ 蒋介石亦有与此大致相似的看法。蒋曾多次公开指责国军将领的知识、能力和精神,与其职务级别的高低成反比。1944年8月18日,蒋在军委会召开的整军会议上援引苏俄顾问

---

① 参阅:刘凤翰.陆军与初期抗战.转引自:刘凤翰.抗日战史论集.台北:东大图书公司,1987,P252～257.
② 蒋介石.对黄山整军会议审查修正各案之训示.引自:中华民国史事纪要,中华民国三十三年七至九月份,P365.
③ 徐永昌日记.第七册,P388.
④ 张瑞德.抗战时期陆军的教育与训练.载于:中华民国建国八十年学术讨论集.第一册,台北:近代中国出版社,1992,P532。
⑤ 徐永昌日记.第七册,P400。
⑥ 引自:张瑞德.抗战时期的国军人事.台北:中央研究院近代史研究所,1993,P39。

的话说："中国军队现在营以下的动作,大体可以说是很注意了,但团以上到军师为止,各级司令部的业务极不健全。图上作业与沙盘教育可以说完全没有,指挥所与参谋业务的演习,更是完全忽略,所以中国军队一到作战就莫名其妙。既没有具体的作业计划,也没有完备的作战命令。……团以上司令部的人员,很多不是正式军官,而多是主官的私人。往往很重要的职务,交给一些落伍的军官或不习军事的文人来担任。参谋人员虽然有些是陆大毕业,但大多数都缺乏实际的经验,在部队里面也没有专门业务的训练,所以人事参谋不知怎样来管人事,补给参谋不知如何来办理补给。至于军需军械人员,更多滥竽充数,甚至于管理物品检查物品的常识都没有。"①蒋还声称："无论自我自他任何方面之观察,皆官不如兵。"②蒋也许有痛责高级将领反省以及有"恨铁不成钢"之意,但仍可从中看出国军军官素质之不佳。

徐永昌在日记中亦称："人人言,我国兵好官不好。"③可见"官不如兵"在当时几乎成为一种共识。因士兵多为农家子弟,具有朴实、勇敢、服从、坚毅以及吃苦耐劳等良好品性。战时来华的外国人士,亦多有类似的观察。如美军参谋总长马歇尔就曾说过,如果中国的士兵能被适当的领导、喂饱、训练、装备,他们的战斗力将和世界上其他任何国家的士兵一样。④

但不幸的是,战时国军士兵因营养不良,体格严重恶化。缺乏食品,而不是武器,是导致战时国军战斗力下降的首要原因。1944 年 10 月,魏德迈担任蒋介石的总参谋长后,发现士兵无力行军,不能有效作战,而其主要原因是他们处于半饥饿状态。⑤ 由于后勤、补给工作不良,后方军粮不能按期送达第一线,导致前线部队常常断粮。欠发、克扣士兵粮饷,更是国军部队的普遍现象。加上军粮、军盐掺杂掺假,士兵食不果腹。军服不能按季节发下,士兵夏季尚有穿冬季军服者。前方缺乏药品,伤兵不能

417

　　① 蒋介石.对于整军会议各案之指示.引自:中华民国史事纪要.中华民国三十三年七至九月份,P493。
　　② 徐永昌日记.第七册,P364。
　　③ 徐永昌日记.第七册,P432。
　　④ 引自:张瑞德.抗战时期的国军人事.台北:中央研究院近代史研究所,1993,P35～36。
　　⑤ 费正清主编.剑桥中华民国史.中译本,第二部,上海人民出版社,1992,P625。

得到及时救治,因伤不及救治而致死者占死亡率之大部。①

　　兵役不良,是导致国军士兵素质低劣的又一重要因素。抗战中期,蒋梦麟以中国红十字会会长的身份,对兵役状况作过一次实地考察,考察结果令他触目惊心。由于缺乏交通工具,被征召的新兵常常要步行数百里,才能到达指定的部队。新征壮丁因徒步远行、饥饿、疾病而死于路途者十之八九。从韶关解来 300 壮丁,至贵阳只剩 27 人;从江西解来 1 800 人,至贵阳只剩 150 余人;从龙潭解来 1 000 人,至贵阳仅余 100 余人。死亡壮丁与存活壮丁的比例高达 11∶1。② 蒋介石看了蒋梦麟的报告后,亦深感震惊,声称"觉得无面目作人,觉得对不起我们民众,"并承认"兵役办理的不良,实在是我们军队纪律败坏,作战力量衰退的最大的原因。"③

　　据一般的观察,战时国军士兵 90%以上是文盲,无科学常识者几占百分之百。④ 抗战中期,黄仁宇正在国军中任排长。据他的亲身体验,士兵"不仅体格羸弱,而且状似白痴,不堪教练。师部的办法,即是抽调各营连可堪训练的士兵,组织突击队,集中训练,其他的则归各部队看管,也谈不上训练,只希望来日作战时在山上表现人多。"⑤

　　国军各部队由于后勤、补给工作不良,遂增加士兵不少杂务。据估计,一般部队因领粮、领草、搬运、打柴、磨麦等,每星期竟难得三天的训练。一个连往往有二分之一或三分之一的人力,经常在打杂。新兵入伍后半年,还不知如何瞄准,如何使用表尺与目测距离。国军士兵的射击技能远不如日军。大多数士兵打仗时只是胡乱扳放。

　　国军士兵不但技能差,且不沉着,往往过早发射,甚至一发现敌人,即到处放枪,无异暴露自己的位置,给敌炮以良好的射击目标。投掷手榴弹,大多失之过早,常被敌人掷回。由于缺乏沉着应战的工夫,日军在攻

---

① 蒋介石. 对黄山整军会议审查修正各案之训示. 部队受军需军医与兵站部之苦痛实情. 军需不健全军队业务既不合法又不合理之实情. 均引自: 中华民国史事纪要. 中华民国三十三年七至九月份,P370～373。

② 蒋梦麟. 西潮·新潮. 长沙,岳麓书社,2000,P294～300。

③ 蒋介石. 知耻图强. 引自: 中华民国史事纪要. 中华民国三十三年七至九月份,P151～152。

④ 刘峙. 建军的基本条件. 转引自: 建军导报. 第一卷第二期,1944 年 8 月。

⑤ 黄仁宇. 地北天南叙古今. 台北: 时报文化出版社,1991,P141。

击国军高地时,常在远处大声呼叫,诱使国军过早投弹或射击,以消耗国军的弹药。

战斗情绪的热烈高涨,以及勇于牺牲,本为国军士兵最大的长处。冲锋和白刃战,也是国军制胜最有把握的方法。据称在抗战初期,日军最怕国军的白刃战。但到了抗战后期,国军士兵的劈刺技术比不上敌人,有时二三个士兵尚不能活捉一个日兵,其原因固然是由于国军士兵营养不良、体力太差,而劈刺技术训练不足,也是一个重要原因。冲锋与阵内战的战斗技能,平日未注意演习,每遇近距离与敌交锋,只知一味喊"冲"、喊"杀",如同儿戏。①

国军战斗力的薄弱,除装备不如日军,亦由于战斗技术教育不足,以致不能达成战略、战术的目标。长沙会战失败的原因之一,即是各级主官平时忙于应酬和经商,对部队训练敷衍塞责,部队教育无暇顾及,战斗动作生疏;忽略实弹射击演习,以致士兵射击技术普遍不精。②

徐永昌反省国军屡战屡败的原因时,在日记中写下了这样一段话:"关于战事,致胜条件太不够,固无法使之有利,但如超过限度之败,则又完全为官兵训练太差,风气太坏所致。"③"训练太差,风气太坏",确是国军弊端之要害。

蒋介石承认,中原会战时,"我们的军队沿途被民众包围袭击,而且缴械!这种情形,简直和帝俄时代的白俄军队一样,这样的军队当然只有失败!我们军队里面所有的车辆马匹,不载武器,不载弹药,而专载走私的货物。……部队里面军风纪的败坏,可以说到了极点!在撤退的时候,若干部队的官兵到处骚扰,甚至于奸淫掳掠,弄得民不聊生!"④长沙会战时,部队主官因营商应酬,脱离部队,官兵擅入民房,攫取财物。有的守备

---

①　陈诚. 政治部陈部长训词. (1939 年),军事委员会军训部编印,P23;顾祝同. 对作战人员研究班第五期训话. (1944 年),第三战区司令长官部编印,P10～11;张瑞德. 抗战时期陆军的教育与训练. 转引自:中华民国建国八十年学术讨论集. 第一册,P5547～548。

②　第四军长沙第四次会战作战经过谍报参谋报告书. 参见:抗日战争正面战场. (下),P1263～1264。

③　徐永昌日记. 第七册,P447。

④　蒋介石. 知耻图强. 引自:中华民国史事纪要. 中华民国三十三年七至九月份,台北:国史馆,1994,P148。

部队,当敌人攻击时,尚在掩护体中赌牌,以致失守。①

薛岳在检讨湖南会战时承认:"纪律废弛,战志不旺。整个战场,我军多为退却作战,军行所至,予取予求,民不堪扰,而部队之逃散,尤甚惊人。如九十九军以4团兵力,仅在湖滨行持久抵抗数日,转至宁乡以东,残余兵力不及一团,沿途散兵骚扰,迄今尤未解决。又若干部队,即奉攻击之命,对少数之敌,亦多长时对峙,虽由火力不足,终嫌攻击精神不旺。"②

军令部在检讨桂柳会战时也谈到:"政治不能适应军事要求,军队不能得民众协助。此次作战,各级政府多行迁移,一般民众率多避难,致军队运输方面发生诸多困难。""地方政府既行迁移,各部队副食补给发生问题,军队为作战及给养关系,往往涉及民众物资,致军民感情不大融洽,合作方面发生缺憾。"各地方团队虽间或协助国军作战,但往往有劫取国军枪枝情事。相反,日军却能利用中国民众运输粮弹,虽道路破坏,仍可继续攻势,锐意前进。③ 对此,蒋介石痛心疾首地说:"这一次中原会战和湖南会战,我军最大的耻辱,就是敌人利用便衣队到处扰乱,而我们在自己的国土之内作战,反而不能用这种战术打击敌人。据我所知道的,此次除王耀武所部使用便衣队发生相当效用以外,其他各战区各部队都没有切实组织和运用。可见我们平时对于发动民众、组织民众的工作,完全没有认真去作。"④

影响战争胜负的因素甚多。湖南会战虽只是八年抗战中的一个战役个案,却充分展露了国军在战略战术、官兵素质、教育训练、后勤补给、兵役军纪以及民众动员等方面的一些基本特征。

---

① 第四军长沙第四次会战作战经过谍报参谋报告书. 参见:抗日战争正面战场.(下),P1263～1264。

② 第九战区湖南会战作战检讨. 参见:抗日战争正面战场.(下),P1297。

③ 桂柳会战战斗要报. 国民政府军令部战史会档案,中国第二历史档案馆藏,卷号:25/4884。

④ 蒋介石. 对于整军会议各案之指示. 引自:中华民国史事纪要. 中华民国三十三年七至九月份,台北:国史馆,1994,P493～494。

图 6　卢沟桥俯瞰图。

图 7　日军第十一混成旅团的 89 式坦克群通过河北南口附近的村庄。(1937.8)

图 8　三菱 22 型 96 式中型轰炸机编队,木更津海军航空队轰炸重庆。(1941.8.5)

图 9　日军第一○八步兵联队雨中从广州郊外沙湾镇作战后返回驻地。(1938)

图 10　湖北襄东作战中日军步兵正在随县西部地区扫荡一个村庄。(1940.5.21)

图 11 日军第三十四联队第一大队士兵在华中平汉线上的作战。

第六部分

历史观点

在本书源起的那个学术论坛会上，对中国在第二次世界大战所做的贡献和扮演的角色，各方分歧严重。这种分歧是意料之中的，因为这里牵扯到许多重大议题，比如盟军战略与中国的适当地位、盟军援华物资数量和作用，这些互相影响的议题在战时的华盛顿、伦敦、重庆和新德里也同样引起过激烈的争论。

中国在盟军的战争计划中的角色和盟国对华援助，很大程度上受到了蒋介石和时任美国战时驻华首席代表约瑟夫·史迪威将军之间剑拔弩张的关系的影响。考虑到史迪威将军在美国的公众形象、他暴躁的脾气和他对国民政府的缺点及其作战行为的不满，这类对国民党和战时中国的偏见无疑使得美国史学界对国民党人和中国战场的作用产生了消极影响，这也不足为奇。尤其是芭芭拉·塔奇曼的《史迪威与美国在华经验》一书，按照她的逻辑和对蒋介石政权各种弊病的批评，后人很容易认为中国根本不配分享盟军在亚洲和太平洋战区的胜利果实。

就是这种偏见主导了西方史学界，他们认为现代化战争中西方享有高度的军事战争效率，而中国严重落后、无法相媲。方德万在第十九章极力批评了这种观点。方德万认为中国最大的战略挑战与其他工业发达的盟军不同，它必须"动员一个农业大国和一个高度工业化的发达国家进行战争"。中国通过非军事化元素、带有强烈中国特色的方式面对这个巨大挑战，这些方式包括保甲制度中表现的同心协力和集体责任感，中国人能够充分利用传统资源和地理优势。方德万认为，尽管历经多年的日军侵略和破坏，中国仍然能够保持国家和文化的完整，仅这一点西方就应该给予更高的评价。

　　在毛伊岛会议的议程中,另外一个极端的观点出现在中国战时作用议题的研讨当中。几位中国大陆代表做了长篇论述。这些观点认为:中国军队不仅在大陆决定性地战胜了日军,而且牵制住了大批日本陆军师团,阻止了他们调往其他战场。其中最关键的是阻止了日军往西穿过印度,与通过伊朗向东推进的希特勒军队汇合。他们的意思似乎是,这种假设一旦变成现实,盟军将会输掉这场战争。以这个观点,中国不仅仅是主要的战场,而且它是第二次世界大战中最关键的战场。在第十八章论述中国和太平洋战场相互关系一篇中,等松春夫不认同中国在 1945 年盟军胜利中的首要地位这一论点。等松春夫指出,无论战事进程好坏,盟军在其他战场的作战大大影响了日军在中国战区的作战能力,但反过来却很少是这样。比如,他提到日军师团在战争后期滞留在中国,那不是因为中国军队对其牵制,而是战争后期日本商船运输能力已经被摧毁,日本根本没办法把部队调往到太平洋中部和西南部那些战事吃紧的地区。更重要的是,等松春夫指出日本,包括驻华日军,不是被中国军队打败的,日本的投降是因为本土已经被盟军的战略轰炸、潜艇攻击和核子武器所彻底摧毁。

　　历史实际情况证明中国战场在整个第二次世界大战中只处于第三位重要地位。这个结论不带任何对华的冷漠或则其他的种族偏见,也不是因为当时美国的无力相助。这个结论是基于国家生存这个问题上。对美国和英国来说,纳粹德国是轴心国中最危险的敌人,因此需要最先打败它。因此盟国的重点是对德作战的各个战场,军事援助不得不按照以击败德国为中心而安排。此外,随着日本对西方战事展开,两个现象越来越清楚了:第一,对日作战主要是海洋作战;第二,随着远程轰炸技术的演变,盟军对日战略轰炸不再依赖中国的空军基地。

　　我们说明了以上事实并得出了结论,但是还有另外两点我们也绝对不容忽视:第一,1941 年前是中国在独立抵抗日本。这场全面抵抗战争已经持续了四年,中华大地血流成河,国家受到空前的浩劫。但是中国人民艰苦卓绝、英勇抵抗,这一切西方人的感受太少。正如罗纳德·斯佩克特在第 20 章中所讲述的,中国能够在战争中保持不败、坚持抵抗到底,这一点就足够证明中国对盟国战争的贡献了。

第二,中国方面声称中国战场对二战盟军的胜利是至关重要的,美方史学界要敏感对待这个论点。当时的中国可能对盟军在中途岛、阿莱曼、斯大林格勒、库尔斯克和菲律宾海等各大战役不甚了解。对中国政府和人民来说,抵抗日本侵略者就是第二次世界大战。所以,他们认为这是他们自己的胜利,这是可以理解的。西方战胜国各类高傲结论中理应包容中国人的这种观点。

第十八章
中日战争和太平洋战争的战略相关性

作者：等松春夫

中日战争和太平洋战争及其参战国的战略计划

1941 年 12 月 8 日太平洋战争爆发前，日本和中国这场还未正式
宣战的战争已经在中国大陆持续了大约 52 个月份了。12 月 9 日，位
于重庆的中华民国政府最终对日本宣战。根据国际法，中日冲突成
为正式的战争，并从一个东亚的局部冲突演变成了全球战争的一部
分。在这种情况下，日本、中国和美国都对中国战场设计了各自的战
略计划。

日本的战略计划

日本战略计划的制定是基于战胜英美势力的假设之上。在确保对美
英战争的胜利后，日本将切断他们对中国的援助，国民政府将被完全孤
立。而完成在东南亚作战任务的军队将会重新投入到中国战场，汇合日
本在中国的主力中国派遣军，展开对四川省的进攻（"五号作战"计划），用
军事行为最终消灭重庆政府。然而事与愿违，1942 年秋天对美国的作战
形势急转直下，"五号作战"计划被迫废弃。1943 年以后，日本必须面对
的问题是如何结束或者减少在中国战场的作战，以便把军队和物资调往
太平洋战场。

美国战略计划

对美国来说，中国战场抗日战争的主要意义是出于政治上而不是战
略上的考虑。换言之，中国人不是白种人，也不是基督教徒，把中国人拉
入盟军阵营就可以使得日本"亚洲是亚洲人的"的宣传变得苍白无力，从

而避免把这场战争变为一场种族冲突。[1] 为了贯彻美国东亚政策,美国
需要看到民主、亲美的中华民国赢得抗战胜利。出于这种考虑,美国对中
国战场的战略目标首先是牵制住大批日本陆军及其战争物资,其次是在
重庆政府控制的地区里建立空军基地,从而对日本本土和亚洲日占区实
施战略性轰炸。美国对第二个目标抱有很大期望,因为苏联不太可能在
沿海区域或者堪察加半岛提供空军基地。为了达成这两个战略性目标,
如何能够最好地支援中国成为美国非常重要的战略问题。

中国战略计划

对中国来说,日美战争的爆发整体上缓解了日本带来的军事压力。
这也让中国更有希望成为最终胜利的一方。中方最理想的局面是:中国
军队得到美援的加强,配合太平洋战场的美军协同作战。美国和中国期
望能够在中国大陆击败日本陆军,并以中国为基地从空中和地面上压制
住日本。这也是美国在太平洋战争初期所设想好的。

然而,中国在与日军持续超过 4 年的交战后变得精疲力竭。中国缺
乏能够打败日军的现代化军队,独立对抗日军能力也很有限。尽管中国
在政治上与美国、英国、苏联一样是四巨头之一,但是它过分依赖美国的
援助,中国在经济和军事上实力严重不足。

随着战争扩展到了缅甸,1942 年盟军在这个地区的失败意味着滇缅
公路的失守。它是中国抵抗日本的命脉。滇缅公路的失守也增加了日本
从缅北和滇西给中国带来的压力。中国面临两线作战,一面勉强维持华
东地区的各大战区,同时还得顾及滇缅地区。

总而言之,中国面临三大问题:(1)怎样充分利用来自美国的军事援
助;(2)为了能够提高在盟军中的地位,如何做出战略性选择;(3)如何在
日军的猛烈攻击下存活下来,并且寻机打败他们。

本章节将以日、美、中三个交战国的角度来概括 1941 年至 1945 年间
中日、美日战争在战略上是如何相连或者断开的。

---

[1] 亚瑟・扬(Arthur young).中国和援助之手.马萨诸塞州,剑桥市:哈佛大学出版社,
1963,P420。

战略后方：在华战争　1941～1943 年

太平洋战争爆发和中国战场

在太平洋战争开始之际,日本陆军(中国派遣军)拥有 22 个师团和20 个旅团,总共有 680 000 人,占日军总兵力的百分之三十二。日军此时总共有 51 个师团和 22 个旅团,210 万人。[①]

国民党政府有大约 300 个师、将近 300 万人对抗日本中国派遣军。然而,除了那些装备较好、纪律严明的中央嫡系部队以外,中国军队中还夹杂着各路军阀的部队,他们与民国政府的联盟比较松散,装备、训练和士气相对不足。虽然这些军队质量比不上日军,但他们使得国民政府占有绝对的数量优势,这不得不成为了日本中国派遣军长久的心头隐患。

从另一方面看,到 1941 年 12 月为止,被调往对抗英国、美国和荷兰的日军只有 10 个师团和 3 个旅团,共 150 000 人,只占日军总人数的百分之七。[②] 显而易见,大部分在西南太平洋和东南亚作战部队都是海军和航空兵,而不是陆军部队。作战形式主要是海战和岛屿攻防战。日本海军在这些战场上投入了接近百分之九十的战舰和战机。太平洋战争爆发之际,陆军 78 个飞行中队、超过 2 000 架战机投入了南洋作战。而只有13 个飞行中队,不到 400 架战机留在了中国战场。况且,陆军投入南洋作战的陆军部队受到过良好的训练、装备新颖,他们的战斗力不能仅仅用数据统计上的比例来衡量。[③] 话又说回来,当同英美开战之际,日本在中国大陆(包括伪满洲国)还是保留着三分之二的陆军部队。

至于战争开销,1941 年前,日本军队在和中国战场(包括伪满洲国)总共花费了 31.8 亿日元巨额(此外,59.2 亿日元用在了日本本土,4.7 亿日元用在了东南亚,尤其是在法属印度支那)。在 1942 年与英美战争全面爆发时,中国派遣军的开销被缩减到 24.4 亿日元,64.2 亿日元用在了

426

---

① 森本忠夫.魔性的历史:从宏观经营学看太平洋战争.东京:文艺春秋社,1911,P49。
② 关于日美战争爆发时日军部队的部署,参见:魔性的历史.P59～60。
③ 举个例子,在 1941 年,日军拥有的 3 个机械化师团(帝国近卫师团,第五和第四十八师团)和总共 60 架最新型的"奥斯卡"军用战斗机在南部投入作战。

日本本土,8.9 亿日元用在了东南亚和西南太平洋。[1] 之前已经提到过日本海军动用了大部分军力在太平洋与美国作战。尽管如此,相关数据表明,如果 1937 年至 1945 年间海军把在中国投入的花费用来制造战舰的话,他们本可以建成 100 艘云龙级中型航空母舰(每艘 17 000 吨重,能够搭载 65 架舰载战机)。[2] 从军队结构和军费开支的角度来看,在太平洋战争爆发后,中国战场(包括伪满洲国)成了日本的巨大负担。

第二次长沙会战

几乎在太平洋战争爆发的同时,中国派遣军第十一军展开 3 个师团和 1 个独立混成旅团,总共 60 000 人,发起了第二次长沙会战。[3] 为了抵挡日军攻势,国军第九战区派出了 22 个师,共 190 000 人。日军此次进攻实乃佯攻,目的是通过把中国军力向北吸引到长沙地区,远离华南,以此来协助日军第二十三军进攻香港。从 1941 年 12 月下旬到 1942 年 1 月上旬,中国和日本军队进行了数次激烈的遭遇战。日军第十一军短暂占领了长沙并压制了国军部队,随后撤离长沙,退回汉口。会战于 1942 年1 月 15 日结束。第十一军接近 1 600 人死亡,4 500 人受伤。中国第九战区有超过 26 000 人伤亡,大约 1 000 人被俘。1941 年至 1942 年冬季,由于盟军节节失利,国民党政府的长沙会战具有相当的宣传作用,因为中国在盟军中取得了唯一的"胜利"。[4] 然而就会战本身而言,它对香港会战和日美太平洋的战争毫无战略影响。

美国空军第一次对日本本土的空袭和浙赣战役

然而事实上,1942 年 4 月 18 日第一次对日本本土的空袭却对中国战场产生了直接的影响。这场空袭是在中校詹姆斯·杜立特的指挥下,由美国空军从驻扎在太平洋上的海军航空母舰起飞的 16 架 B-25 轰炸机执行的。空袭本身对日本没有造成什么损伤,大多数 B-25 轰炸机都在国民政府控制的区域里紧急降落的时候损坏了。但是,在日军一路上

427

---

① 参见:魔性的历史. P50~51。
② 同前,60 页。
③ 防卫厅防卫研修所战史室. 战史丛书:香港、长沙作战. 东京:朝云新闻社,1971,P535。
④ 黄仁宇著,北村稔等译. 蒋介石——从宏观历史的角度读蒋介石日记. 东京:东方书店,1997,P279。

势如破竹的情况下，本次空袭严重打击了日本军事机构和民众的信心。杜立特的空袭是美国空军对日军施加战略威胁的一次实际案例。B-17和B-24系列为四引擎轰炸机，相对两引擎的B-25系列具有更大的作战半径和更大的载弹量，一旦它们在中国大陆基地部署，日本本土就会轻易地暴露在美国空军的打击范围内。

为了防止美国空军从中国基地发起对本土的攻击，日本中国派遣军在1942年5月至8月进行了浙赣战役。这次战役目的在于摧毁国民党政府控制地区里的美国空军基地，这也是两年后"一号作战"的预演。日军动用了驻扎在武汉地区的第十一军的3个师团，总共约45 000人。同时出动的还有驻上海的第三十军的5个师团及3个旅团，计130 000人。日军的袭击彻底毁掉了一些美国空军基地及其附近的公路，捣毁了许多浙赣两省境内的军用设施，并且击溃了中国第三战区的34个师又3个旅260 000人的抵抗。然而，由于日军并不能守住这些地区，8月期间，所有日军又撤回到了进攻出发地。在这次战役中，中国损失了大约30 000人，日本有1 000人阵亡，10 000人左右受伤或生病。[①]

浙赣战役第一次显示了美军在太平洋战场的主动攻势直接影响了中国战场。但是中方没有估计到的是，美军杜立特日本本土空袭会逼迫日本迅速反应、在中国战场展开破坏性极大的地面攻势，造成国民党部队的惨败。这也说明了一个严酷的事实，即中国虽然为盟军四巨头之一，对太平洋战争的主要对手来讲，中国只是个次要的角色。

瓜达尔卡纳尔战役和取消入侵四川计划

在1942年春的东南亚取得完全胜利后，日本大本营以"重新调整军队部署"（"军容刷新"）的名义，撤回了一部分在东南亚和西南太平洋的日军，积极备战苏联并着手入侵四川。[②] 在4月初，大本营下令中国派遣军制定攻打四川计划。根据在1942年8月末制定命名的"五号作战计划"，作战行动将于1943年春天开始。投入兵力大约为16个师团，将近300 000人。这次会战将持续5个月，重庆和成都等重要战略中心将被占

428

---

① 防卫厅防卫研修所战史室. 1939 至 1943 年间的中国派遣军. 东京：朝云新闻社，1972，P97～298。（按：原著注释英文时间有误）

② 军容刷新计划. 参见：大本营陆军部. 第 4 册，P162～165。

领,重庆政府将被根除。日军还按计划进一步加强了中国派遣军进攻兵力,增兵来自日本本土、伪满洲国和东南亚,大约 80 000 人。在 1942 年 9 月上旬,大本营正式下令中国派遣军实施这次作战行动,并且分配部队进行物资储备和山地作战训练。[①]

但是,随着日军与美军在瓜达尔卡纳尔岛上的战斗升级,原先要用在"五号作战计划"的三个精锐师团,即当时驻扎在爪哇岛第二、驻缅甸的第三十三、驻香港的第三十八师团,与大量军备物资一起被调往东南亚和太平洋战场。[②] 因为缺少足够的兵力,日军在 1942 年 12 月被迫取消"五号作战计划"。如果瓜达尔卡纳尔战役没有转变成战况激烈的胶着战,"五号作战计划"就能如期展开,重庆政府也许在 1943 年末就垮台了。果真如此,太平洋战场美军作战也不一定会受到负面影响。但是总的来说,瓜达尔卡纳尔战役是个现成的例子:它证明了太平洋战场上的战事对中国战场产生了决定性的影响。

陆战还是空战? 美国战略计划中的中国战场

太平洋战争爆发前,美国曾经对中国军队的潜力抱有很大希望。中国的科技水平可能很低,但全国的人力资源非常充足。因此,美国认为只要提供足够的武器、设备、物资和做适当的训练,中国军队就能在短时间内达到日军作战水平。[③] 美国最高指挥部认为美军可以在中国沿海或台湾登陆,同焕然一新的中国军队汇合,在中国战场上联合对日军发动钳形攻势。[④]

1942 年初,盟军在缅甸惨败后,时任中缅印战区指挥官、蒋介石的参谋长约瑟夫·史迪威向重庆和华盛顿极力推荐中国军队现代化。[⑤] 史迪威提出把目前国军 300 多个师削减到 90 个。作为重新装备的第一步,他

---

① 参见:中国派遣军.P9～16;大本营陆军部.第 4 册,P255～253,558～573。
② 1942 年秋,第二和第三十八师团被派到瓜达尔卡纳尔岛,并且全军覆没。在 1944 年春,第三十三师团被派到缅甸前线,在英帕尔战役中遭受严重损失。
③ 埃文斯·福代斯·卡尔逊(Euans Fordyce Carlson).中国陆军:组织性和军事效率.纽约:太平洋国际学会,1940,P77～79。
④ 杨.中国和援助之手.P408。
⑤ 查尔斯·罗曼努斯(Charles Romans),莱利·桑德兰(Riley Sunderland).史迪威在中国的任务.华盛顿特区:军史处处长办公室,陆军部门,1953,第 8 和第 10 章;齐锡生.战争中的国民党中国:军事失败和政治崩溃.安阿伯:密歇根大学出版社,1982,P67～68,108～113。

建议把在缅甸战败的 30 个师残部撤回印度,在蓝姆迦地区重新组建。这些师将命名为"X 部队"。目标是把这支部队经过重新配备、武装和训练成精锐嫡系部队,作战能力能与美国轻型机械化师类同。再下一阶段在云南省西部集结,通过同样的方式整训另外 30 个师,统称"Y 部队"。剩余的 30 个师将作为治安部队,用于维持公共秩序。

　　为了完成中国军队的重新改造和部署,必须保证从印度到中国的一条运输各种物资的供给线路顺利通畅、不被干扰。1942 年缅甸战役失利,陆上补给线路"滇缅公路"被切断。为了重新开辟一条从印度到缅甸北部和云南省的路线,盟军成立了新的中缅印战区司令部(CBI)(滇缅公路中国和日本的攻防战在本书其他地方也有描述,它们是:臧运祜的第十五章和浅野丰美的第十四章)。

　　然而从 1942 年中旬到 1943 年初,美国忙着准备在西南太平洋的反攻和对英国与苏联的物资援助。此外,虽然英国要负责夺回缅甸,但它必须要优先考虑欧洲、中东和印度的防守。因此英国无法派遣原本就很有限的部队来收复失去的缅甸殖民地。由于这些原因,中缅印战区就成了盟军战略计划中最次要的后方地区。

　　由于滇缅公路被切断,美国开辟了从印度飞越喜马拉雅山脉的驼峰航线,连接了印度阿萨姆邦的空军基地和中国昆明、成都的空军基地。从 1942 年下半年开始,美军空军的空中运输队就开始执行这条航道上的任务。但由于喜马拉雅山脉的恶劣天气状况,这样的长途任务的负载量受到了限制,而且经常有飞机、飞行员和货物的损失。[①] 由于花费如此高昂成本运输物资装备,如何最有效地利用这些物资和装备武装国民党军队、如何以最佳方式轰炸大陆和日本本土的军事设施,这些议题在中美高层引起了矛盾和争议。

　　美国对中国战场的计划和对日本的战略性轰炸计划

　　从 1943 年开始,美国逐渐改变了计划。他们从全力武装国民党军队转移到了战略轰炸日本的这个战略目标上了。在这个转变的背后是划时

430

---

　　① 杨.中国和援助之手.P245~251;查尔斯·罗曼努斯,莱利·桑德兰.史迪威的指挥问题.华盛顿特区:军史处处长办公室,陆军部门,1956,P11,25,168。

代的科技创新：波音 B-29 轰炸机具备 6 600 公里的作战半径和超过 5
吨的负载重量。美国已经用像 B-17 和 B-24 那样的四引擎轰炸机对西
南太平洋诸岛的日军进行长途空中打击。1943 年中旬更强大的 B-29
轰炸机投入使用后，美国最高指挥部决定用 B-29 对日本本土的制造中
心进行有组织的空中轰炸，他们认为这是瘫痪日军抵抗的最有效的
方法。①

　　然而，从 1943 年到 1944 年上旬，美国政府和军方一直在争论对日本
的战略性轰炸的空军基地应该是放在中国大陆还是放在马里亚纳群
岛。② 如果能够在中国部署 B-29，日本本土的大部分地区马上就会暴露
在轰炸范围内。但是，新几内亚岛和所罗门群岛的作战异常艰苦，对马里
亚纳群岛的进攻和夺取不得不推迟。然而事实上，直到 1944 年 3 月 12
日，参谋长联席会议才决定使用马里亚纳群岛作为 B-29 对日本轰炸的
基地。即便如此，美国参谋长联席会议仍然考虑在中国大陆沿海和台湾
登陆，占据机场，加大力度空袭日本本土。

431　　　与此同时，克莱尔·李·陈纳德将军对战略轰炸计划提出了不同的
观点。③ 陈纳德从 1937 年就担任蒋介石的顾问，负责训练中国的空军。
他组织了著名的"飞虎队"，在中日战争中重创了日本空军。日美开战后
他被任命为美军第十四航空队司令，负责中国战场作战。陈纳德建议加
强在华美国空军，然后系统性地轰炸日军补给站、大桥、公路、铁路设施、
兵营和工厂，以达摧毁日军军力之目的。换言之，他提议 B-29 不应该仅
仅只用在空袭日本本土上，它也应该用在中国战场对日军军用设施的攻
击上。

　　蒋介石十分热衷于现代化武装自己的部队。然而，在罗斯福总统的
劝说下，他开始支持用中国作为对日本战略轰炸的基地。对蒋介石来说，
依靠美国空军的力量也是让自己的陆军损失变为最少的制胜方式。另

----

① 参见：卡尔·伯格(Carl Burger).B-29.(日文版)，益井康一.空中堡垒 B29.东京：每
日新闻社，1971。包括 B-29 战略轰炸的理论发展，参见：前田哲男.战略轰炸的思想：走向格尔
尼卡、重庆和广岛的道路.东京：朝日新闻社，1988。
② 关于对 B-29 空军基地设在马里亚纳群岛还是中国的争论，参见：伯格.B-29. P138～140。
③ 罗伯特·霍尔兹(Robert Holz)等.一个战士的道路：克莱尔·李·陈纳德的回忆录.纽
约：帕特南出版社，1949。

外,蒋与史迪威的关系开始恶化,因为史迪威为了推动现代化军队,不仅要求有对中国战场美军的指挥权,也要有对中国军队的指挥权。这也是蒋介石不愿意实行部队现代化的另一个原因。[①]

此外,除了个人关系的不和谐外,蒋介石政府内部的政治原因也让部队装备现代化变得困难重重。[②] 重庆政府里国民党和军阀派系林立,政治权力是根据各个派系的军事力量的大小所决定的。因此,大规模削减中国陆军计划受到各个军阀集团的坚决抵制。况且,经过美式训练新编部队会成为蒋介石的潜在对手。对于蒋和其幕僚们来说,新编部队一旦统归史迪威指挥,中国战场里的中国军队会成为美国的傀儡,而这种中国军队就会变得类似英属印度军队那样没有什么自主权了。[③]

困难和矛盾不断浮现,比如中国军队装备现代化的的必要物资捉襟见肘、重庆政府的内部矛盾和对部队现代化的阻碍、蒋介石与史迪威的冲突等等。但是最重要的还是 B－29 轰炸机的部署,它决定了在中国战场上对日战略的重心从对中国军队的装备现代化改为空中远程战略轰炸。鉴于一年前浙赣战役的经验,史迪威提醒到如果中国陆军不够强大,陆地空军基地就有被攻占的危险。但是他的警告被忽视了,理由是美国高层认为日本正在太平洋战场上陷于苦战,不可能在中国战场进行大规模进攻。[④] 然而一年后,史迪威的预言成真了。

432

根据 1943 年 5 月在华盛顿召开的美英联合参谋长委员会(三叉戟会议)的议题,在同年 11 月份的开罗会议上,美、英、中三国领导人决定了中国战场的对日作战战略,那就是把重心放在空中战略轰炸上。以中国为基地用 B－29 对日本本土进行空袭,这被称为"马特洪恩计划"(Operation Matterhorn)。因此,中国军队的装备现代化计划被降级了。

与此同时,中国战区的美国空军从 1943 年底开始逐渐得到增强。在 1944 年二三月间,分别有 357 和 657 架次运输机从印度往成都附近的基

---

①　芭芭拉·塔奇曼.顶风飞沙:史迪威与美国在中国的经验(1911—1945).纽约:麦克米伦出版社,1970;齐锡生.战争中的国民党.P107~108。

②　齐锡生.战争中的国民党.P81~131;吴天威.在抵抗战争时期政治力量的斗争.载于:熊、莱文.中国苦涩的胜利.P51~78。

③　黄仁宇.蒋介石——从宏观历史的角度读蒋介石日记.P283。

④　邹傥.美国在中国的失败.芝加哥:芝加哥大学出版社,1963,P82。

地运输了大量空战物资。中国动员了 330 000 劳工,在成都附近很快就建成了四个具备 1 500 米长跑道的空军基地。由美军新成立的第二十轰炸机航空队负责从中国的基地对日本进行战略空袭。[1]

第二十轰炸机航空队并不由史迪威、陈纳德指挥,而是直接听命于华盛顿的空军司令亨利·阿诺德。这个决定的原因是:战略空军是支非常重要的利剑,必须放在对于日本本土总体战略攻击这个制高点上来做协调、判断,不能只局限在中国战场这个区域性的框架里。尽管如此,在美国和中国之间和在中国战场的美军内部也引起了不少分歧。[2]

1944 年 4 月 24 日,从印度阿萨姆邦起飞的 B‐29 轰炸机开始抵达成都,到 5 月中旬为止,已经有 130 架 B‐29 部署在成都周围。同年 6 月15 日,75 架 B‐29 从成都基地起飞,对日本本土的北九州岛的八幡铁厂进行了空袭。尽管美国占据强大物质优势,维持 B‐29 轰炸作战任务也不是一件容易的事。因为这些轰炸任务消耗着大量的储备物资,而这些物资要从艰险的驼峰航道运输过来。[3]

中国战场与日本“绝对国防圈”的建立

433   正当中美讨论如何在中国战线对抗日本的时候,日本在东南太平洋的消耗战中损失巨大,它不得不调整战略、扭转劣势。1943 年 9 月下旬,大本营提出“绝对国防圈”概念,把战线收缩到缅甸、荷属东印度、西新几内亚、马里亚纳群岛、千岛群岛和伪满洲国一线。根据这个提议,中国(就日本而言,这里指除了伪满洲国的中国)被确定为次级战场,而在华驻军和物资将被调遣到太平洋战线上,加强“绝对国防圈”。[4]

1943 年上半年,在华日军总兵力为 24 个师团及 16 个混合旅团,共600 000 人。尽管人数比起 1941 年到 1942 年期间减少了一些,仍然还有超过百分之三十的日军滞留在中国战场。新的战略要求 5 个甲级师团准备从中国战场调往南洋,另外 5 个师团也接到调令准备行装。这些部队

---

① 伯格.B‐29,P83~89;益井康一.空中堡垒 B‐29.P138~140。
② 邹傥.美国在中国的失败.P83~84。
③ 杨.中国和援助之手.P301~303。
④ 防卫厅防卫研修所战史室.大本营陆军部,第七册,1943 年 12 月为止.东京:朝云新闻社,1973,P179~216。

撤离后的防区由 8 个新成立的独立步兵旅团来填补。这意味着日本中国派遣军一半以上的军力将被调走。如果这个计划一旦落实,中国派遣军就会被削减成一支只能负责安保的占领军部队。作为第一波调动,第三和第十三师团的先头部队将在本年度内被分别调往塞班岛和吕宋岛。①

因此,日军南线作战的军用开支几乎翻了一倍,在 1943 年达到了16.2 亿日元(与 1942 年的 8.92 亿元相比)。而与此同时,出乎意料的是,在伪满洲国和中国战场的开支也提高到了 27.2 亿日元(日本本土的同期开支是 54.6 亿日元)。② 由于接下来对大陆实施的主要进攻(最后变成"一号作战"),日军从中国战场撤离的计划被终止了。相反,从 1943 年底到 1944 年初,在华日军得到了来自伪满洲国和日本的增兵。由于这个原因,大多数调往太平洋与美国作战的是来自于伪满洲国关东军和日本本土最新征召的部队。此时伪满洲国留守着大量的日本兵力,而中国战场上虽然陷于僵局但作战还在继续着,因此从满洲而非内陆抽调兵力也合乎常理。③

美国彻底摧毁日本商船运输和日本大量船只损失

在这个时期,美国空军和潜艇攻击对日本海外贸易的摧毁已经成了日本"绝对国防圈"最大的威胁。日本海军的主导思想是大舰队间的主力决战,完全忽视了对空和反潜的作战准备,根本无法保护自身国家的商船,日本海军为此付出了血的代价。由于在雷达、声纳、变时信管和反潜炸弹方面技术薄弱,日本海军无法在海上进行有效护航运输任务,这也导致了日本商船一个接着一个地成为美国潜水艇和战机下的猎物。④

最终,日本在太平洋战争中损失了 2 259 艘超过 500 吨位的船只,总吨位达 814 万吨,占日美开战时和战争中建造吨位总和的 80%。⑤ 因此,

434

---

① 防卫厅防卫研修所战史室. 大本营陆军部,第七册,1943 年 12 月为止. 东京:朝云新闻社,1973,P315～317,324,545～548。

② 森本忠夫. 魔性的历史,P54。

③ 1944 年 1 月至 1945 年 3 月期间,满洲关东军外调部队数量如下:19 个步兵师团、2 个坦克师团,超过 700 架飞机。这个数目相当于关东军巅峰时期军力的百分之九十。参阅:伊藤正德. 帝国陆军的最后,第五卷:终末篇. 东京,角川书店,1973,P146～154。

④ 防卫厅防卫研修所战史室. 海上护卫战. 东京:朝云新闻社,1971,P289～296,408～416,549～560。森本忠夫. 魔性的历史。

⑤ 防卫厅防卫研修所战史室. 海上护卫战,P545;附录第 8 张图表。

平均只有 50％的部队和装备能够从日本本土和"满洲国"成功抵达太平洋战场。对那些勉强到达目的地的部队,在美国海军和空军的封锁下,也不可能得到持续的补给。之前提到过的,大多数调往"绝对国防圈"区域的部队都是来自于伪满洲国和日本本土。但是,我们假设这些部队和装备大部分能够按照原定计划成功运输到了太平洋战场,他们也都会消失在海上,或者被美国海军和空军封锁在孤岛上闲置着。日美战争的导向已经不再和中日战局结束与否相关。可以说从 1943 年末开始,日本在同时打两场独立的、互不相干的战争。

陆军和航空兵的对决：1944 年的日美战争和中国战场

一号作战

435　　1944 年是日美战争时局动荡的一年。日军发动了大规模的进攻战役("一号作战"),目标是贯穿中国南北大陆。从那以后,日、美、中对于中国战场的战略关系发生了翻天覆地的变化。

　　因为不能忍受太平洋战场恶化的战局,日本将"一号作战"的目标重心放在两点上：(1) 由于在日本本土附近的海上运输一直遭受袭击,中国南方日本占领区也出现了危机,"一号作战"计划要贯通日本本土、韩国、伪满洲国、中国和南洋占领区；(2) 摧毁重庆政府控制的空军基地,阻止美国空军从大陆起飞对日本本土进行空袭。然而,日本大本营无法确定两个目标中的哪一个应该更优先,本次"一号作战"是否值得。[①] 从 1943 年中旬开始,大本营就能准确地探察出 B - 29 轰炸机的部署和其轰炸日本的计划,他们十分担心这些中国基地很快会展开对日本的空袭行动。[②] 对 1942 年的杜利特轰炸,日本人还记忆犹新。最后,在日本内阁总理大臣(兼陆相)东条英机的直接命令下,"一号作战"的重心放在了第二个目标上：摧毁美军空军基地。[③]

---

① 齐锡生. 战争中的国民党,P69～74。
② 帝国大本营和中国派遣军在早先的阶段已经侦测到了 B - 29 轰炸机的部署情况。益井康一. 超级空中要塞 B - 29,P53～56,174～188。
③ 同上,P72。东条英机更关心破坏西安附近的美国空军基地。

这次进攻计划在 1944 年 1 月发起。除了已经在中国战场的军队,日军还从"满洲国"和本土调来了增援。1944 年春,日本中国派遣军的总兵力已经达到 25 个步兵师团、1 个坦克师团、11 个混合旅团和 1 个骑兵旅团,总共 620 000 人。中国派遣军的兵力达到了中日开战以来的巅峰。百分之八十二的中国派遣军兵力,大约 510 000 人参加了"一号作战"行动,动用了 100 000 匹马、1 550 门大炮、800 辆坦克和装甲车,还有 15 550 辆卡车。另外,新成立的第五飞行集团投入 240 架战机作为空中助攻。[①] 1944 年度中国战场的陆军开支达到了 53.3 亿日元,远远超过了在南方战线的 22.6 亿日元和在日本本土的 22.4 亿日元。[②]

　　1944 年 4 月至 1945 年 1 月进行的"一号作战"的目标看起来皆已达成(关于"一号作战"细节,可以参考本书原刚的第十六章)。虽然中国军队在 6 月到 8 月期间在衡阳等地英勇抵抗,但他们根本没有预测到日军的进攻规模和强度,在整个战场上节节败退。[③] 史迪威训练的中国陆军还是无法阻挡日军对空军基地的地面攻势。日军在这次进攻中摧毁了 8 个地区 13 个基地,造成中国人员损失超过 300 000 人。在 12 月,中国派遣军成功地与从法属印度支那向北方推进的南方军队会师。[④] 美军损失了大量途经驼峰航线困难重重运过来的战争物资,美国空军也被迫从昆明撤离。史迪威在 1943 年的预言成真了。

　　美国和中国关于如何使用空军的分歧

　　随着日本大规模的陆上进攻的展开,对于如何在中国战场上使用美军空军,中美之间发生了分歧。陈纳德的第十四航空队和中国空军派出了接近 500 架战斗机和轻型轰炸机全力攻击地面日军及其供给站、渡口和船只,同时掩护撤退中的中国陆军。美军对地攻击给日军造成了巨大损失,但还是无法阻止日军的前进。[⑤] 日本的地面部队白天休息、晚上行

---

　　① 关于为"一号作战"动员的部队数量和总体计划,参见防卫厅防卫研修所战史室.一号作战,第一册,河南会战.东京:朝云新闻社,1967,P1～57。

　　② 森本忠夫.魔性的历史,P55～56。

　　③ 齐锡生.军事层面 1942～1945.转引自:熊、莱文.中国苦涩的胜利.P163。

　　④ 关于中国在"一号作战"中的伤亡人数,参见齐.战争中的国民党.P80～81;齐锡生.军事层面 1942～1945.P165。

　　⑤ 关于日本因美国空中打击造成的伤亡人数,参见益井康一.空中堡垒 B-29.P117～118。日本损失的卡车和坦克达到了总共动员的百分之十五。

军,美军攻击受限。与此同时,尽管数量上占劣势,日本第五航空集团还是从空中支援了日本陆军。他们摸黑空袭美军基地,限制住了美国空军的行动(关于空战的细节,可以参考萩原充的第九章)。[①] 根据"一号作战"得出的战术结论是,在像中国大陆那样辽阔战场上,仅仅依靠空军是无法阻止强大陆军的地面攻势的。

当中国军队在日军的进攻下节节败退的时候,陈纳德的美国空军努力试图发动反击。在成都周围部署的第二十轰炸机群的 B-29 轰炸机持续攻击在中国战场以外的目标。在 5 月间,成都机场起飞的 B-29 轰炸机向曼谷开始了首次袭击。而之前提到过的,从成都开始的第一次对日空中轰炸是在 6 月 15 日,目标是北九州岛。

面对中国战场即将崩溃的危机,蒋介石、陈纳德、史迪威请求美国政府把第二十轰炸机航空联队 B-29 轰炸机所需要的物资转交给第十八航空联队,用于执行在中国战场的任务。他们还不断地提议用 B-29 轰炸机对日本在汉口、北京和上海设立的后方补给站进行战略轰炸。但这些请求都被罗斯福总统和阿诺德给拒绝了。[②] 美国政府和军事领导人已经得出结论:让日本屈服的更有效手段是对日本本土进行轰炸,而不是针对中国战场。

攻占马里亚纳群岛和中国战场重要性的减弱

"一号作战"开始的 2 个月后,美军于 6 月 18 日在塞班岛登陆。大约 1 个月后,天宁岛和关岛也被攻占,这就使得整个马里亚纳群岛都在美军的控制之下。美国第二十一轰炸机航空联队部署在马里亚纳群岛的 6 个机场上。1944 年 11 月,这里驻扎着 120 架 B-29。1945 年初数量增加到了 400 架。1944 年 11 月 24 日,从马里亚纳群岛对日本本土的空袭开始了。[③]

在中国战场上,因重庆政府一再请求,1944 年 12 月 18 日,第二十轰

437

---

① 关于"一号作战"中第五飞行集团的行动,参见防卫厅防卫研修所战史室.陆军航空兵的运用.东京:朝云新闻社,1974,P168～171;中国战场的空战.东京:朝云新闻社,1974,P406。

② 杨.中国和援助之手.P304 页;邹.美国在中国的失败.P83;罗曼努斯,桑德兰.史迪威的指挥问题.P325,366,368。

③ 关于美国在马里亚纳群岛的轰炸行动,参见:伯格.B-29.P138～159;前田哲男.战略性轰炸的思想.P469～471。

炸机航空联队和第十四航空队对汉口进行了一次迟到的联合战略轰炸。84 架 B‑29 和 70 架强击机对汉口进行了三小时的猛烈袭击。美军使用了常规炸弹和燃烧弹,城市 90％ 都被烧光,大批日军物资被毁。汉口从 1938 年来就是日军在华中的堡垒,日本中国派遣军对汉口所遭受的破坏非常震惊。① 如果这样烈度的空袭早点就对汉口、南京、北京和上海的军用设施实行打击,或则攻击"一号作战"聚集的日军(这个在现实上是可行的),也许日军的地面进攻会在开始时就遭到失败,至少攻势将无限期地延期。但这次对中国战场上的日军地面部队和设施的战略性轰炸来得太迟了。

尽管"一号作战"取得了象征性的胜利,其基本的战略目标并没有达到。日军没能阻止对日本本土的空袭,因为美国决定把战略轰炸日本的基地转移到马里亚纳群岛。从 1944 年 6 月到 1945 年 1 月间,有 3 058 架次 B‑29 从中国的基地(包括从印度经过中国的)起飞,对日本本土进行了 10 次空袭,扔下了 9 748 吨炸弹。而 1944 年 11 月到 1945 年 8 月间,从马里亚纳群岛出发的机群对日本空袭高达 128 次,一共 27 059 架次,投下了 155 253 吨炸弹。② 与从中国起飞的空袭相比,从马里亚纳群岛起飞的空袭在次数上约为 13 倍,战机数量为 9 倍,炸弹的数量为 15 倍。这些数据清楚地表明了,中国作为发起战略性轰炸基地的地位下降了。③

鉴于战时情况,在 1945 年 2 月下旬,驻扎成都的第二十轰炸机群也开始从中国转移到了马里亚纳群岛,加入第二十一轰炸机航空联队,联手对日本本土进行空袭。这点进一步反映了以上所说的状况。马里亚纳群岛空军基地的防卫和补给相对成都来讲都容易得多,依托驼峰艰难航线无法长期维系。④

438

---

① 霍尔兹.一个战士的道路.P328～329;伯格.B‑29.P121～124;益井康一.空中堡垒 B‑29.P227～230。

② 这些数字是基于美国战略轰炸的调查,参阅:对日战争中采取战略空中作战的最终报告(第二十航空联队).华盛顿特区:政府出版局,1946。转载于:在美国战略性轰炸调查.第九卷,纽约:加兰出版社,1976。

③ 前田哲男.战略轰炸的思想.P469。

④ 防卫厅防卫研修所战史室.1945 年中国派遣军,第二册,到休战为止.东京:朝云新闻社,1973。

进攻还是撤退：1945 年的中国战场

老河口和芷江

1944 年末,新上任的中国派遣军总司令官冈村宁次向大本营提议借"一号作战"余威,一鼓作气攻下重庆。但这个提议因为太平洋战场持续恶化的战况而被拒绝了。[①] 随之而来的是取而代之的老河口和芷江会战。

由于"一号作战"的缘故,驻华美国空军失去了许多空军基地,只得在老河口(汉口西北 300 公里处)和芷江(衡阳西 250 公里处)建造战斗机和中型轰炸机机场。日本中国派遣军计划捣毁这些机场。从 3 月初到 4 月初,日本第十二军出动三个师团和一个骑兵旅团,共 60 000 人成功摧毁了老河口基地。[②]

芷江会战,日军本来应该出动五个师团又四个旅团,但由于兵力不足,日本第二十军只能依靠仅仅两个师团和一个旅团。在 4 月 25 日,中国军队的 67 个师,共 600 000 人,加上 200 架美国空军,与正在从宝庆前往 320 公里处的芷江的第二十军共 50 000 人交火。中方参战是阿尔伯特·魏德迈(史迪威接任者)换装后的五个师。此外,中方还从缅甸、云南东调十五个半编练师,参与芷江保卫战。结果日军惨败。第二十军损失了超过 4 000 人,无法完成作战目标,勉强逃脱中国军队的追赶于 5 月下旬退回原住地。这是中日战争最后一个大型会战,以日军的失败而告终。[③]

芷江会战表明,如果中国军队有了足够的装备和合适的训练,就能够与经验丰富的日军进行有效的作战。而日本人也意识到,就算在中国战场,缺乏火力和制空权的部队也是注定要吃败仗的。

部队转运和战线紧缩

随着美军逐步逼近日本本土,日本中国派遣军只得抽调兵力派往冲

---

① 防卫厅防卫研修所战史室. 中国派遣军,第二册,到休战为止. 东京：朝云新闻社,1973;伊藤. 日本帝国陆军的覆灭第五辑. P32～34。

② 关于老河口战役,参见：防卫厅防卫研修所战史室. 中国派遣军第二册. P379～432。

③ 关于芷江战役,同上,P53～378。

绳和日本本土,关东军也进一步被削弱。从 1945 年 5 月至 6 月,有 4 个师团被重新编入关东军,第五航空团被编入驻韩日军。

第六十二师团是支著名的部队,他们 1944 年 8 月从中国战场被调往冲绳,归属第三十二军。第六十二师团本属于由 8 个独立的步兵大队组成的警备部队。虽然称不上一流的部队,但第六十二师团在"一号作战"初期的平汉铁路线突破作战中表现突出。1945 年 4 月 1 日冲绳战役开始后,作为首里(Shuri)的主要防御力量的第六十二师团坚守阵地整整一个月,给占有优势的美军造成重大伤亡。[①] 这个案例使人产生联想:如果日本能够按计划早点从中国战场抽兵与美军作战的话,结果会是怎样呢?当然,第六十二师团的战例也许是个例外,其防御战的成功主要依赖于强大的炮火支援和地表下面的防御工事,并不足以证明把部队从中国战场投送到太平洋战场会更加有效。

1945 年 5 月,正当第六十二师团在首里防线做困兽之斗时,大本营下令驻华中国派遣军开始向东撤退,放弃了一年前"一号作战"所占领的地区。日军准备应对美军在中国东海岸登陆。[②] 8 月 15 日战争结束之时,日本中国派遣军在北京、天津、上海、武汉和广东地区的兵力总数为 105 万人。这些部队由于美国对海岸线的封锁而与日本本土隔离。如果日本不在 8 月 15 日投降,或则美军在 11 月执行在日本本土的登陆行动的话,这支百万大军将成为一个庞大的闲置军队,就像十万日本留守腊包尔(Rabaul)的部队一样。中国派遣军将对在日本本土的决战毫无贡献。中国战场上中国派遣军虽然没有执行什么重大作战行动,他们在 1945 年的花费却高达 30.2 亿日元(南方战线花费为 3.9 亿日元,日本本土花费为 56.3 亿日元)。[③]

440

中国军队的反击计划

当日军在进攻和撤退之间摇摆不定的时候,中国军队从一年前的"一

---

　　①　关于第六十二师团在冲绳的表现,参见:防卫厅防卫研修所战史室.冲绳方面陆军作战.东京:朝云新闻社,1968,P314。

　　②　关于部队向东海岸的转移,参见:防卫厅防卫研修所战史室.中国派遣军,第二册,到休战为止.P461。

　　③　森本忠夫.魔性的历史.P58。

号作战"的创伤中渐渐恢复过来。5月德国投降,欧洲战场的盟军军队和物资能够转入中国,中国战场得以迅速重建。从1944年11月开始,时任驻华美军司令的魏德迈将军开始策划在中国的地面反攻。根据他提出的计划,中国军队会在1945年底在华南地区进行反攻,预计在1946年1月收复广东和香港。①

总结和分析

似乎自从1941年12月日美战争爆发后,中日战争就退居到了次要地位。中国没能在亚太战争的最终结果上作出重要贡献。必须承认,是美国海军彻底摧毁了日本的海运,是美国的空军从马里亚纳群岛上发起了对日本本土的战略轰炸,是美国在广岛和长崎扔下的原子弹,这一切压垮了日本的经济和继续战争的能力。而苏联的参战让日本政府和军界彻底放弃了通过谈判结束战争的幻想,决定宣布无条件投降。在日本战败后的短时间内,中国陷入了国民党和共产党的内战,没能参与盟军对日本的占领,而这点让其在太平洋战争中的地位显得更不起眼了。②

我第一个结论是,即使日本能够提早终结中日战争,考虑其损失的运输船队和海军在海上运送能力的不足,日本还是很难把留在中国的军队投送到对抗美军的作战地区。即使转运成功,考虑到当时的日军装备和训练系统,有些部队原本在温带地区(华中和华北)或者亚热带地区(华南)进攻作战,有些部队只有治安经验,如何把他们接替防御作战? 如何在热带丛林、孤岛或者珊瑚礁这种地形进行持久战呢? 换装和培训,又谈何容易? 历史上第一次世界大战期间的1918年俄国崩溃后,德军得以从俄国转运大批部队投入西线,盟军顿时面临重大危机;相反的例子是由于盟军诺曼底登陆成功后,德军被迫东西分兵、两线作战,第三帝国军力于1944~1945年溃败。日本不可能给美国造成类似的军事危机,鉴于前面列出的诸多困难,日本和美国对抗发生戏剧性的变局似乎是不可能的。

① 齐锡生. 军事层面. P165~166。
② 国民党中国军队最初被指派参与盟军对日本的占领,主要部署在四国岛。

从另外一方面来看,如果中日达成协议结束战争,投入中国战场的经费就可以投到对美作战上。日本可能改善一下对美的海军及其航空兵的实力。但鉴于日本当时的创新水平和工业制造能力,能否短时期增加海军战舰、船只和飞机恐怕也是个谜。[1]

从结果上来看,日本参与了两场几乎没有关联的战争——一个是中日在大陆的战争;另一个是日美的海战和两栖战争。但讽刺的是,日美战争却导致了中日战争无法解决。

因为害怕中国和日本单独媾和而退出战争,美国尽管在其他战场上承受物资紧张,仍然还是持续对中国提供军事和经济援助。在美国内部,有人认为应该提供足够的经济和军事援助来武装中国的陆军,并且以此击败日本军队。但其他人认为中国应该优先为美军空袭日本提供基地。由于日本占领了滇缅地区导致滇缅公路不通,唯一能够运输中国所需资源的路线就是从印度基地飞越喜马拉雅山脉到昆明和成都。美国资源再多,也很难同时满足武装中国陆军和维持在华空军基地的双重要求。

最终,主要是因为对中国军队能力的怀疑,美国才把中国抗日重心放在了提供对日战略轰炸的基地上。中国的任务就是提供土地和劳动力用来建造空军基地,并为这些基地提供地面部队,防御日军的进攻。中国军队的任务变成了保护美国的空军基地,而不是成为能够独立对日军发起进攻的实战部队。

在这种情况下,国民党除了自身缺乏资源外,内部派系的争斗、政府和军事机构的低效率,中国军队的现代化进程也十分缓慢。因此,中国到1945年初为止还没能培养出能够与日军一战的军事力量。屈指可数的现代化装备的师被用在了重新打通滇缅公路作战上,直到1945年春才调往华东前线。

由于受到1944年春天到冬天的"一号作战"的影响,重庆政府的军事根基面临崩塌。中美对日作战的意见冲突也达到了高潮。中方认为如果美军把投入到马里亚纳群岛和菲律宾的部队和装备,特别是空军,在

442

---

[1]　森本忠夫.魔性的历史。

1944 年上半年转投入中国战场的话,日军的攻势就能够被阻止。美方则认为,太平洋上的反击和 B-29 轰炸机从马里亚纳群岛发起的战略轰炸至关重要,这将根本切断日本和南亚资源地区的联络。美国对中国的要求嗤之以鼻。由于中国的一再请求,在 1944 年 12 月 18 日,美国空军才勉强对汉口发起了战略空袭,给日军各大后方基地造成了巨大破坏。然而这已经为时已晚,"一号作战"的大部分目标已经落入了日本人手里。

中国战场对美军登陆日本作战的重要性,这个议题直到日本战败为止都在美国和中国之间争论不休。[①] 对美国来讲,最终中国抗日战争的意义只是政治上的。中国的战略价值仅仅局限在建立对日本战略轰炸的基地上。而这个价值在美国用 B-29 轰炸机从马里亚纳群岛发起对日本的战略轰炸后,大幅度地降低了。1945 年后,美国内部讨论到中国时,再也不提对日作战任务,而是转到东亚战后的安排上了。

那么对中国来说,日美战争的意义是什么呢? 太平洋战争爆发之际,日军还在中国腹地稳定地前进,同一天蒋介石向日本宣战。他用"饮鸩止渴"这个成语来表示他对前途的乐观。他认为日军势头只是暂时的,而盟军的胜利是不可动摇的。[②] 他坚信美国强大的生产力和军事实力终将给盟军带来最后的胜利。

当然,重庆政府也认识到,除非中国军队在抗日战争中取得一定的胜利,战时和战后在盟军势力中的国家地位就不可能得到提升。换言之,重庆政府考虑的是它在抗日战争中作为盟军四巨头之一,在美国的领导下能做出什么样的战略性贡献。但重庆政府最先面对的问题就是政治上的,而不是战略上的:即在蒋介石和重庆政权内部增强国民党势力(政府不是各路军阀的组合么?)、积极准备战后同共产党的内战,1941 年初皖

443

---

① 马里亚纳群岛的攻陷导致中国战场的重要程度被减弱。在这种情况下,中国强调日本可能把帝国王室和政府迁移到亚洲大陆来继续抵抗,努力想以此试图让美国注重中国战场。比如,1945 年 4 月 11 日,中国在华盛顿的大使顾维钧,在与参谋长联席会议主席海军上将威廉·莱希的交谈中,提出警告说:日本军队在美国入侵日本本土的时候,有打算要把抵抗中心迁移到中国。参见:与海军上将莱希交谈的笔记. 1945 年 4 月 11 日星期三上午 12 点,白宫,77 号档案盒,2 号文件,顾维钧的文献,哥伦比亚大学,巴特勒图书馆。

② 臼井胜美. 新版:日中战争. 东京:中央公论新社,2000,P149。

南事变后国共合作就出现了裂痕。[1]

不可避免的是，国民党军队抗日的军事行动降成了次级目标，日本和中国的军队在1941年末到1944年春都陷入了僵局。而在这个期间，日军和美军在所罗门群岛、新几内亚岛和太平洋中部展开了激烈的战斗。当然，中国战场上大大小小的战役不断，中国和日本之间的跷跷板游戏式的博弈持续进行着，重庆政府借此强调了它正在对抗强大的日本陆军，表明中国为此做出了贡献，并在保卫中国中支撑着庞大的战争开销。日本的中国派遣军的确是没有抽调大量部队去与美军作战。然而，这与其说是重庆政府的战略功劳，不如说是日军的内部状况的原因。

总结来说，从1941年末到1945年夏天，中国战场对日美战争的发展没有显著影响。但反过来说，在浙赣会战、"五号作战"的取消和最重要的"一号作战"中，太平洋战场上日美的激战直接影响了中国战场。

在"一号作战"期间，日本陆军的猛烈进攻使得国民党军队受到重创，大部分在华美国基地遭到破坏，几个重要的关键战略要地被占领。考虑到1944年12月美国空军对汉口空袭，如果美国能够早点加强对中国的援助，很可能中国在1944年夏天到1945年夏天间的政治和战略地图会有很大改观。如果这样的话，在马里亚纳群岛和菲律宾的行动也不得不因此而推迟。

同样的，如果蒋介石没有被开罗会议上罗斯福的提议说服，如果不接受把重心放在战略轰炸上，如果蒋坚持致力于武装部队的现代化，他可能会避免遭受陆上的惨败。中国军队也许可以坚守住关键要地，空军基地可能东移，加强从中国向日本本土的空袭，并以此对日本中国派遣军发起大规模反击。一旦收复失地，重庆政府在海内外的声誉可能得以回升和提高。然而现实是中国军队在华东和华南被击溃，重庆政府的声望继续下降。[2] 从长远来看"一号作战"对日美战争的影响远远不如对二战后国民党和共产党的内战的影响大。

444

---

　　① 关于战时共产党的作战和国民党政府的回应，参见：吴天威. 中国共产主义运动. 转引自：熊、莱文. 中国苦涩的胜利. P79～106。

　　② 杨. 中国和援助之手. P421～426；齐. 战争中的国民党. P82。

　　话又说回来,1944 年下半年滇缅会战、1944 年夏天"一号作战"进程中的衡阳保卫战,以及芷江保卫战日军溃败,这一切可以看出一些中国部队战斗力快速提升,他们表现出高昂的士气。从 1945 年春天到夏天,如果中国派遣军无视大本营的反对,独断向重庆发起进攻,日军的供给线路或许会被美军空军截断,进攻部队可能被包围,美式装备的国军将击退日军,甚至在中国大陆上重蹈英帕尔战役的悲剧。

　　但是,1945 年 8 月 15 日,在中国大陆的世界大战最终结束了,留下了一堆很大的"如果"。

淞沪会战期间，一名中央军士兵（胸前携带两颗24型德军长柄手榴弹）和一个着装标准的男孩。看背后房屋可以判断，日军攻势还未波及这个街道阵地。拍摄日期不详。Popperfoto摄影档案。——译者版权。

武汉会战期间，日军空中侦查中国军队汉口外围防御阵地。拍摄时间：1938 年 7 月 1 日。Ullstein Bild 摄影档案。——译者版权。

头戴英式钢盔的桂系部队，上了刺刀的德式 97 毛瑟步枪。拍摄日期不详。Hulton-Deutsch 摄影档案。——译者版权。

日军无情的进逼，中国平民百姓逃难的人群。他们携带着全部家当跨过一座铁桥。14 年的抗战，中国人民所蒙受的苦难是无法用数字估算的。1938 年。Paul/Popper/Popperfoto 摄影档案。——译者版权。

晃动的摄影更能显示当时的紧张气氛。中国共产党八路军一正规军士兵紧握日式大正十一式轻机枪，做射击姿势。射击口是预设的。一位民兵手握汉阳88式步枪，正钻出地道口。拍摄时间不详。Sovfoto档案。——译者版权。

中国中央嫡系部队开往前线。士兵配备德制1924年式7.92毫米步枪、M35德式钢盔、皮质背包、军毯、雨布、两组三联装的皮质枪弹盒。中间那个士兵似乎拿的是美式汤姆逊冲锋枪M1（弹夹卸下）。拍摄时间：1942年3月26日。Mirrorpix摄影档案。——译者版权。

美国 C - 46 运输机飞越喜马拉雅山的驼峰航线，下降中国成都郊外空军基地。1943 年。William Vandivert 摄影档案。——译者版权。

中国远征军在缅甸八莫地区操作 M1918A1 型 155 毫米口径榴弹炮，轰击日方阵地。第二批远征军装备得到了美军援助，但是许多武器也是老旧的压舱货。1945 年 1 月。Mondadori Portfolio 摄影档案。——译者版权。

第十九章
历史上的中日战争

作者：汉斯·方德万

第二次世界大战的中国战火纷飞、生灵涂炭，抽象地想象这种场景是极其困难的。首先，我们面对的是战争何时爆发、何时结束的问题。在本书中，我们持有这样的观点：中日战争始于 1937 年 7 月 7 日的卢沟桥事变。有人会争论说，实际的全面战争起于 8 月 14 日（原文如此，实为 8 月 13 日）的"淞沪会战"，这一天才应该被当作战争的开始。如果我们接受当今中华人民共和国内的普遍观点，那么我们对于二战的理解就要进行重大修正了。这个普遍的观点就是所称的抗日战争在 1931 年日本占领满洲时就已经开始了。

如果我们接受了这个观点，那么中日冲突在所谓的"南京十年"（1927年～1937 年）中的地位就重要得多了，过去西方学术界一直认为，军阀混战、国共内战是这个时期的主题。总体上对于二战史料来说，东亚本应受到更为密切的关注。欧美史学界的重点大多是聚焦于美、英在欧洲战场和太平洋战场的作战。其实大家都明白，苏联在击败德国的战争中起了决定性作用，而这一点也才刚刚被西方接受。

日本在 1945 的崩溃是战争结束的一个显著标志。那么准确的日期到底是 1945 年 8 月 15 日，日本宣布接受盟国波茨坦公告无条件投降，还是 9 月 2 日，日本在驻泊东京湾的美国海军密苏里号战列舰上的正式投降？这只是个无关紧要的细节问题。但是我们必须看到中华人民共和国政府选择 9 月 3 日为抗日战争胜利纪念日。日本投降后，东亚、东南亚、南亚的和平并没有因此立刻实现。中国国民党和共产党开始了激烈的内战。不独是中国，在法属印度支那、英属马来亚、缅甸和荷属东印度群岛里，二战期间，大规模的民族主义运动培育了强大的武装力量。他们在

1945 年后还继续为各种目的而继续战斗。有的要求国家独立,有的对社
会、政治、文化提出激进变革。即使是欧洲,德国战败后也处在动荡之中;
东亚、东南亚和南亚一直风雨飘渺,直到越南战争后才结束;接下去才是
经济起飞,首先是台湾、香港、新加坡、韩国,然后是中华人民共和国和其
他的亚洲国家。① 台湾戒严令直到 1987 年才得以取消。

　　如果中日战争的起讫日期存有疑问,对战争的理解会变得更加困难。
战胜日本固然重要,但是战争中还有许许多多关键节点也不容半点闪失。
当时中国内部各大派系对中国命运前途持有很大的分歧。我已经提到过
共产党和国民党纷争。国民党自身也是由各种政治势力、家族联盟、区域
利益团体和军队集团组成的。诸如阎锡山、李宗仁这样的大军阀,对加入
蒋介石阵营一起抗日有着各自的理由。很多军事力量、少数民族、政治集
团、宗教势力都来自于中国的边境地区,包括西藏、新疆、满洲、台湾和蒙
古,他们对战争的结局有着各自的期望。所谓"中日战争"或"抗日战争"
这些名词无法准确和全面地阐述其各种问题的复杂性。

　　罗列这些问题对于广开路径去问诘已有的阐释是有益的。西方学术
界关于中日战争的描述实在不尽人意。他们的观点是中国战场对战争的
结果毫无作用、国民党既无能力也无意愿组织有效的抵抗反对日本的侵
略。这样的观点是很有问题的,因为它贬低中国在战争中的作用,不仅严
重忽略了那个时期中国所遭受的巨大灾难,而且还忽视了战争和破坏给
中国带来的深远影响。本章中我首先讨论这种主流的西方观点以及它形
成的政治背景。我还会概括一下中国进行战争的一些终南捷径,再描述
现代历史观念的变化是如何巩固和维持西方对国民党的评价的。

　　在本章的第二和第三部分,我讨论了中国国民党军队的动员和边境
区域的重要性。关注中国战前其他大量的备战工作,包括中国的国际战
略和内部思想总动员,才能彻底了解中国为什么最终成为第二次世界大
战的战胜国。我着重讨论总动员和边境区域问题,以证明国民党中国是
决心抗日的。在此,我必须说明,中国那时是一个贫穷、但正在走向近代

---

　　① 关于这点和对东南亚的意义,参见:克里斯托弗・贝利(Christopher Bayly),提姆・哈
珀(Tim Harper).被遗忘的战争:大英帝国的终结.伦敦:艾伦・莱恩出版社,2007。

官僚制度的农业大国,而它的对手是支高度工业化的现代军事力量。的确,国民党的部分军队拥有了先进的武器装备,但是绝大多数部队缺乏训练和后勤保障;作战理念也还停留在第一次世界大战的那一套。各个军和师之间缺乏协调配合,这点在"淞沪会战"中暴露无遗。再加上中国没有现代化的海军和强大的空军,这意味着国民党根本没有能力主动与日本作战。

尽管国力不济,中国依然能够深思熟虑,不甘俯首称臣。

国民党中国选择了防御战,以空间换时间、诱敌深入,以拉长战线和消耗的方式来防止日本人把战场上的成功转化为持久的胜利。国民党能够仰仗中国历史上军队动员方式和战争的成熟经验来进行抵抗,中央政府与当地政治势力和军事集团结成同盟,并且从中国的传统文化中提炼精神资源,以求抵抗到底。国民政府这些备战动员怎么能被简单地说成是落后和无能的表现呢? 我觉得他们的方式虽然不是灵丹妙药却是因势利导、实际有效的。1941 年前,国民党一定程度上成功地抵挡了日本的进攻,日本人始终无法逼迫中国人投降。但是在战争的最后几年,特别是1944 年的"一号作战"后,国民党战略的局限性就变得非常明显了。

失败的中国战场：解释西方历史观

20 世纪 70 年代前,对中日冲突看法在西方学术界有个一致的观点。那就是国民党组织了一个无能、腐败的军人政权,它没能有效地动员起中国社会抵抗日本侵略。国民党没有利用好美国的援助来重建自己的陆军去抗击日本,而只热衷于准备战后同共产党一决雌雄。这类观点在芭芭拉·塔奇曼于 1970 年写的《史迪威与美国在华经验》①一书中最为集中。书中的中国战场美军指挥官、蒋介石参谋长约瑟夫·史迪威将军被描述成了一个典型的美国英雄,他义无反顾、舍身为国、诚实摩登,而且睿智理性。相反,国民党却被说成是政治上软弱的"秕谷",辜负了美国在中国做出的"崇高努力"。②

449

---

①　芭芭拉·塔奇曼. 史迪威与美国在华经验. 纽约：班坦图书公司,1972。
②　塔奇曼. 史迪威. P678。

　　塔奇曼的观点是基于当时美国新闻记者们的普遍看法,比如亨利·卢斯的《时代杂志》主编西奥多·怀特、《纽约时报》的布鲁克斯·阿特金森。在抗日战争的最后几年,美国新闻记者对国民党进行了负面的报道,而对共产党则大肆赞扬。1946 年,西奥多·怀特和安娜里·雅各比的《中国的惊雷》成了最畅销的作品。[①] 它为美国国务卿迪恩·艾奇逊在1949 年发表《中国白皮书》铺平了道路。中国问题在上一年总统大选中被炒得沸沸扬扬,而《中国白皮书》给这场争论画上了句号。它认为:国民党是一个无能的军人政权,缺乏广大民众的支持。[②] 塔奇曼的著作影响深远:麦卡锡主义在美国政府内疯狂追捕共产党人所造成的创伤依然余痛未消,受害人至今还心有余悸。冷战爆发后,美国害怕共产主义运动笼罩全球,强力介入越南和其他地区事务,哪怕他们保护的是一批可恶的独裁者。塔奇曼关于美国在二战中干预中国事务的研究最终形成了一套现实的理论,即美国为何像上述那样全球干预? 美国其实还有其他的选择。那就是在民主体制下,采取另一种比较温和的外交政策。

　　此后,认为国民党腐败无能、共产党的胜利合情合理的观点变得牢不可破。弗兰克·多恩的《中日战争历史》、劳埃德·伊士曼、齐锡生、韦礼安和帕克斯·柯布尔的学术专著进一步发展了塔奇曼的理论。这些学者认为,在 1926 至 1928 年的北伐期间,国民党掌权以后,他们一心剿共,放弃了改革和革命。本质上,民国政府已经胎死腹中。中国历史发展中的国民党时期是绕了一段弯路,因为国民党拒绝沿着西方的自由开放的路径推动经济现代化和政治改革,他们无法从共产党威胁论的困扰中摆脱出来。

　　当然,美国政治上的权宜之计与以上概括的观点也大有关联。1944 年秋美国大选竞争激烈,罗斯福总统故意疏远蒋介石,也是因为以上原因。1944 年的夏天对盟国来说战况焦灼:德国的抵抗非常顽强;在缅甸,印军在英帕尔和科希马被围,而史迪威指挥的中国军队在密支那受阻;在太平洋战场上,日军猛烈抵抗美军的两栖登陆作战;在中国战场,日军"一号作战"突破了国民党的防线,美国政军领袖们十分担心中国可能会从战

450

<hr>

　　① 西奥多·怀特(Theodore White),安娜里·雅各比(Annalee Jacob).中国的惊雷.纽约:威廉姆·斯隆出版社,1946。
　　② 国务院.中国白皮书.加州,斯坦福:斯坦福大学出版社,1970。

场上出局。

1944 年的美国总统大选的一个重要焦点就是战争进程。罗斯福原本领先的民调出现下滑，亚洲战场的坏消息对其竞选连任极其不利。美国陆军参谋长乔治·马歇尔将军建议罗斯福逼迫蒋介石任命史迪威指挥所有中国军队，以此逆转战场劣势。蒋介石同意将指挥权交给一个美国军官，但不是史迪威。蒋同好多人一样与史迪威的私人关系恶劣，坚持调走史迪威。最终，罗斯福不仅同意召回史迪威，还决定不任命美国军官来指挥国民党部队。他写信给蒋介石说："将会全面、公开解释召回史迪威将军的原因。"①原本《纽约时报》布鲁克斯·阿特金森的文章受到查禁，现在罗斯福亲自同意发表。阿特金森把国民党描述成一个将要灭亡的反民主政权，美国最好离它远点。② 如果中国沦陷了，那是蒋介石自己咎由自取。

把国民党描述成腐败无能的军人统治与其说是政治上的权宜之计，不如说更有其深刻的根源。对非西方社会现代性属性和取得进步的路径，以及西方特别是美国在世界上所任角色的当代设定，都是有主导性影响的。在同美国记者如西奥多·怀特、使馆人员如约翰·谢伟思、约翰·佩顿·戴维斯的谈话中，史迪威自己一直阐述这些观点。在其私人信件中，更是滔滔不绝。

其中有一个设定就是进攻作战是现代的，而防守作战是落后的。珍珠港事件之前美国战争计划人员还是秉持一种谨慎的全球战略，但是马歇尔却在 20 世纪 30 年代的所谓"本宁革命"（以美国步兵军校的家乡佐治亚的本宁堡命名，马歇尔曾在那里担任副校长）期间，就在美国军中高调提倡进攻性战术。这些战术包括了集中所有可能集中的资源对单个战略要点进行一场专注的、且压倒性的攻击。马歇尔认为美国内战和第一次世界大战那样的消耗战费时费力，得不偿失，也得不到美国民众的支持。珍珠港事件后，马歇尔建议于 1943 年在欧洲投入 48 个师、即刻横渡英吉利海峡。他认为任何其他行动，包括丘吉尔的北非计划，都是隔靴搔

---

① 总统写给(蒋介石)大元帅的信件草稿.(1944 年 10 月)。转引自：乔治·C·马歇尔著，拉里·布兰德(Larry Bland)编.乔治·卡特利特·马歇尔的文件.巴尔的摩：约翰·霍普金斯大学出版社,1991,P627。

② 汉斯·方德万.中国的民族主义和战争,1925～1945.伦敦：劳特利奇出版社,2003,P19～63。

痒,没有战略效果。只有投入全部兵力进攻敌军中心地带才能解决问题。其实,1942 年,美国战争动员才刚刚起步,能够派往海外的部队屈指可数。他们根本不是受过良好训练的德国职业军队的对手。[①] 因此,丘吉尔拒绝了马歇尔的建议,认为美军只会死得血流成河。而曾经协助马歇尔在本宁堡重组美军的史迪威,常常诅咒国民党军队缺乏"进攻意志"。他没有把 1942 年缅甸的沦陷归结于日军居于压倒性的优势地位,尤其是日军空中和海上力量的强大优势;也没有归结为盟军的缺乏准备、协调和意志等方面原因。相反,他却责怪国民党的"愚蠢、畏惧和防守态度"。[②]

马歇尔本人对中国向日本发起大规模进攻的能力做了评估。得出的结论是:中国并没有这个能力。因此他尽可能截流美国的军援物资,除了维持东亚生存的必须品。[③] 马歇尔不希望美国陷入中国或其他亚洲大陆国家的长期地面作战,这里当然包括缅甸。日本的经验表明在亚洲大陆上进行地面战是十分困难的。在多恩(担任过史迪威的副官)、齐锡生、F·F·刘的著作中(劳埃德·伊士曼的作品中谈得少点),都一致解释了为什么国民党无法进行现代国家之间的那种攻势战役。

不崇尚武力的中国文化、长期的腐败和落后更使这些笔者对国民党嗤之以鼻。弗兰克·多恩提到了中国人"解决问题靠的是儒家思维方式",并写道中国人"思想封建"、生活在"格言名句的梦境中";中国人战时采用的是"预计自我溃败的纵深防御"策略。[④] 史迪威更是把中国的政治比作迂腐的"拜占庭",常常把"多疑、善妒的东方人思维"挂在嘴边。[⑤] 1942 年史迪威感叹道:"那些令人憎恶的民族(指中国人、俄国人、希腊人、菲律宾人)正在为文明尽心尽力。"[⑥]他深信"只有外部力量才能改变中国,要么被敌人摧毁,要么凝聚更生意识并立即采纳实施"。[⑦]

---

① 马克·斯托勒(Mark Stoler).盟友和对手:参谋长联席会议,大联盟,和美国在第二次世界大战中的战略.教堂山:北卡罗来纳大学出版社,2000,P74～76。

② 怀特.史迪威的文件,P77。

③ 方德万.战争和中国的民族主义.序和第一章。

④ 弗兰克·多恩(Frank Dorn).中日战争的历史:从卢沟桥到珍珠港.纽约:麦克米兰出版公司,1974,P65,120,128。

⑤ 怀特.史迪威的文件.P61,77,115～116,128,202～203,220～221,231,332～334。

⑥ 同上,P115～116。

⑦ 同上。

最后,20 世纪 50 年代及其后的学术文献中,现代化理论提供了评估国民党和中日战争意义的主导框架。该领域的学者大多认为,先是西欧各国,然后是美国社会迈上了现代化道路。这条道路的特征包括:创立权力能深入渗透到基层的中央集权制国家,构建完备的能够有效运作的官僚体制,汇聚忠心国事而又睿智自主的人才,培育核心家庭,推进城市化,并逐步消除特权社会网络。[①]

齐锡生、劳埃德·伊士曼、帕克斯·柯布尔和其他学者把中国的失败归结为国民党压制自由化和现代化的发展。根据伊士曼的观点,在蒋介石领导下的国民党很快就变成了建立在"旧式官僚体制和军队"基础上的"个人军事独裁"。[②] 在抗战期间,他们"不允许让民众在政治上发挥重大作用",而是用"武力或武力威胁"来"维持精英制度"。[③] 派系主义、腐败和极权主义阻碍了社会、军事、经济和政治改革。其结果就是国民党没能赢得军阀的忠诚,也没能有效地征税,更无法建立一支现代化的军队和公平合理的征兵制度,也就没有能力维系"有效的军事行动"。[④] 齐锡生认为国民党之所以无法进行进攻战是由于他们在当权后很快抛弃了孙逸仙的革命蓝图。[⑤] 这种对国民党和抗日战争的论点,与约瑟夫·利文森和约翰·费尔班克对中国的观点不谋而合。他们认为,中国社会被儒家传统、过去朝代的统治方式和地主豪强们所拖累。

以上对国民党和中日战争的认识根深蒂固,史学界很难提出不同观点。直到最近,情况才略有改观。研究的重心不再仅限于民国史,而是扩展到对中国共产主义和晚清的研究。从这个广度来看,二战并非那么重要,它对中国历史的影响有限;因此关于中日战争,很少有从军事角度的研究成果,也很少有从更广阔的历史角度分析其影响力的作品。

452

---

① 莱拉·法瓦兹(Leila Fawaz),克里斯托弗·贝利(Christopher Bayly).序.转引自:法瓦兹,贝利等编著.现代和文化:从地中海到印度洋.纽约:哥伦比亚大学出版社,2002,P3~4。

② 劳埃德·伊士曼(Lloyd Eastman).南京十年.转引自:丹尼斯·特威切特和约翰·费尔班克等编著.剑桥中国史.纽约:剑桥大学出版社,1987,第十四卷,P119,123。

③ 同上,第十四卷,P603。

④ 劳埃德·伊士曼.毁灭的种子:战争与革命中的国民党中国.加州,斯坦福:斯坦福大学出版社,1984,P156。

⑤ 齐锡生.战争中的国民党中国:军事失败和政治崩溃.安阿伯:密歇根大学出版社,1984,P236。

动员农业社会来对抗现代化的军队

　　日本军队远比中国军队强大得多。爱德华·德利亚在第四章里很明确地提到了在 1937 年中期,日本拥有着世界上最好的陆军,它的海军和航空兵也一样都是世界一流的。两栖作战是现代战争中最复杂的样式之一,需要海军、空军、陆军的紧密协调,日本在这方面也十分出色。如果没有两栖作战能力,日本就不可能迅速地在上海聚集大量部队并攻占它,后来也不可能入侵东南亚。

　　但日本也有它的弱点。日本工业基础有限、自然资源缺乏(比如石油)、后勤保障能力欠缺。淞沪会战期间,日军轻武器弹药和炮弹经常告罄,影响了日军作战行动。有一篇英国的军事报道写道,在 1937 年淞沪会战中,日军"作战部队往往被迫依靠饼干、咸牛肉和罐头果脯坚持度过几个星期",士兵"没有携带毯子"。[①] 打场全球战争需要的是盟友,但是日本此时在国际上一度孤立无助,加上部队物质缺乏却又崇尚进攻,这一切都使得日本无法速战速决[②]。战场上的绝对优势也不能转为持久的征服。

　　国民党之所以能够在日军的屠杀下生存,部分是因为非军事因素。很重要的一点是,中国在历史上多次遭受强大的外敌蹂躏,也经受过长期分裂和内部动荡,然而"中华"这个理念总能够重复出现。中国悠久的历史能够提供强大的精神资源,来激励人们抵抗日本。蒋介石自己曾多次提到历史上杰出的战略家和军事将领,比如孙子、戚继光、曾国藩。抗战期间,放映了关于传奇将军岳飞的电影。岳飞在南宋英勇抵抗北方的侵略者,人们用说书、戏曲方式传颂他的故事,宣传抵抗外敌入侵和崇高的爱国精神。洪长泰在其书中给我们展示了一批都市艺术家投身传统艺术和民间表演,在内地人民群众中宣传抗日救国。[③] 尽管国民党内部也有

----

　　① 由陆军少校 G·T·沃兹报告的一次对上海的访问. 1937 年 12 月 15 日,WO 106/5576,英国国家档案馆,伦敦。

　　② 爱德华·J·德利亚. 日本帝国陆军(1868～1945):起源,发展,遗产. 参见:杰里米·布莱克等编著. 1815 后现代世界的战争. 伦敦:劳特利奇出版社,2003,P79,84。

　　③ 洪长泰. 战争与大众文化:近代中国的抵抗,1937～1945. 伯克利:加州大学出版社,1979。

汪精卫之类主和派，但是蒋介石和其他众人都决心抵抗到底。汪精卫离开重庆时，他原以为会有许多国民党要人加入他的行列；但是真正跟随他的人却寥寥无几。

1937 年，国际舆论很快转为反对日本。当初 1931、1932 年攻占满洲和轰炸上海时，国际反对舆论还很微弱。然而 1937 年的世界变了，欧洲法西斯崛起、西班牙内战、欧洲殖民统治日益声名狼藉、国民党统治逐步稳固，同时，东亚和东南亚的欧洲殖民利益受到日本的威胁——一切都在改变人们的观念。日本的轰炸让人们担心它会大规模轰炸平民，如同德国在西班牙内战中轰炸城镇那样。巴勃罗·毕加索的《格尔尼卡》描述的就是这个场景。[1] 日军对中国平民和被俘士兵可怕的虐待，唤起了人们对第一次世界大战中德国在比利时的野蛮行径的记忆；日本人希望打一场现代化的荣耀战争炫耀给整个世界，[2] 但是他们在战场上的恶劣行径却让整个世界识之为敌。

地缘政治的发展已经转向对国民党有利的方向发展。日本一旦控制中国，对苏联、大不列颠帝国、美国、法国和荷兰等来说都是个威胁。国民党首先和苏联达成联盟，因为苏联与日本占领的满洲共有一条很长的边境线。正如章百家在第十一章中所说的，国民党获得了大量的苏联援助物质和空军志愿者的帮助。尽管日本和苏联于 1939 年在诺门坎进行了历时五个月的边界战争，他们还是在 1941 年达成了互不侵犯条约。从那以后，苏联开始从东方抽身，直到日本投降的前几天都没与其进行过战争。日本进攻南洋之后，国民政府正式成了盟国中的一员。即使中国在盟军战略中只是扮演了微不足道的配角，这种盟国关系还是非常关键的。就像英国与德国的战争一样，中国也不可能只靠自己打赢日本。国民党

454

① 作为日本空中轰炸对情绪上产生影响的例子，参见：哈雷特·阿本德（Harllett Abend）. 在华岁月. 伦敦：鲍利海出版公司，1944，P257～267；四个月的战争. 上海：华北先驱报，1938；乔利. 九江沦陷前后事件的秘密报告. 文件号 679(1)/31526，中国海关档案，中国第二历史档案馆；戈尔曼（W. J. Gorman. 消防队队长）. 给上海码头总署报告（1937 年 8 月 23 日）. 文件号 679(1)132230，中国海关档案，中国第二历史档案馆；H·D·希利亚德（H. D. Hillard）（中国海关委员，南京），弗雷德里克·梅兹（Frederick Maze. 检察长），12 月 3 日和 9 日，679/32187，中国海关档案，中国第二历史档案馆。

② 亨利·D·弗勒梅里. 第 11 号报告. 参见：格尔·泰特勒，库尔特·拉特克. 一位在中国的荷兰间谍：中日战争第一阶段的报告（1937～1939）. 莱顿：布里尔学术出版社，1999，P193，200。

战略的一个重要部分,是确保在战争结束时,自己是站在胜利者一方,这点他们做得十分成功。在凡尔赛和会上,德国在山东的权益曾经被交给日本,这对中国是个教训,即如果在战后的和平会议上没有话语权,后果将是很危险的。

　　尽管如此,国民党还是要靠自己动员整个社会。如果他们失败了,日本很可能像当年的蒙古和满族人那样,用强大军事力量将中国彻底摧毁。国民党采用了现代和传统混合的办法。他们当然想用现代化的方式进行作战,因为现代官僚制度能够更好地控制社会里的军事力量,这样做会更安全些。20 世纪 30 年代打击军阀,国民党理解作战之艰苦、用集权化的官僚制度控制统一的军队是很有优势的。国民党在思想上热衷于现代化,但是在实践中,还不得不把传统方式和当地的现实情况相结合。

　　1930 年代初,在日本占领满洲和进攻上海之后,民国政府就开始为与日本进行大规模战争做准备。① 当时国内的战事还未消停,包括武装剿共,与日本之间的关系也一直非常紧张,经常会发展成武力冲突。章百家提到国民党首先是招募德国军事顾问,根据德国军事模式重新整训军队,建立军事工业,在上海和北方交通要道周围构筑防线。国民党在建立集权化官僚制度上做出了很大努力,在他们能够有效控制的沿海和沿江省份都划分了明确的权力界限。在社会上,他们倡导了"新生活运动",这是借鉴欧洲,包括德国、英国和法国的社会动员模式。当然这里也蕴含着中国的道德哲学的文化遗产,将其塑造成带有中国特点的文化。他们采用了现代的财政和金融制度,包括统一的国家货币。在受到土匪和共产党影响的地区,他们重新启用"保甲制度"。这一个传统的制度,利用当地的联保连坐来警备保甲社区,以求控制民间武装、消灭匪患、收缴社会枪械、建立新的社会关系并控制当地士绅。重新启用保甲制度是为推行全国兵役制度和现代化的征兵体制打下基础。② 因此,在那样复杂的环境

455

---

　　① 关于"满洲国",参见杜赞奇. 主权与真实性:"满洲国"与东亚现代进程. 马里兰州,拉纳姆(Rana Mitter);罗曼和利特尔菲尔德出版公司,2003;拉纳·米特. 满洲神话:现代中国的民族主义,抵抗和合作. 伯克利;加州大学出版社,2000;关于上海,参见:唐纳德·A·乔丹. 中国的火之试炼:1932 年的上海战役. 安阿伯:密歇根大学出版社,2001。

　　② 这段和接下来的段落都基于方德万. 战争和中国的民族主义. P140～151。

下国民党在恢复、更新传统机制的同时,积极发挥现代国家的机能。目的就是希望能够打造一个崭新的、现代化的、属于中华民族的统一国家。

保甲制度实行中遇到了强烈的抵制。这种制度从来没有按照理想的那样实行过,而且国民党无疑也没有能力保证这种制度不被滥用。不管怎样,档案文献表明,1932 年后,保甲制度有助于匪患解决和逐步恢复社会秩序。它成为了全新的地方安全组织的基础,包括省县的"保卫团"。国民政府在 1933 年颁行了《中华民国兵役法》,1934 年制定《国军编遣计划》,1936 年施行《(师管区)征兵令》。国民党还通过保甲体制为新编师招募士兵。到抗日战争全面爆发时,已经编成了 30 个师。保甲制度的重新启用还具有象征性和规范性的意义。军政部长何应钦认为保甲制度是恢复中国军事力量的一种手段,而过去的历代王朝因为担心百姓武装起来,依赖的都是募兵制。

保甲制度在 1930 年代富含着新的意义和目的,这套机制意义非凡。罗宾·耶茨在有关中国军事法规的一篇论文里提到,在危机时期,比如战国时期、南北朝时期、宋朝、明朝以及在 19 世纪中叶的太平天国起义,中国都启用了保甲制度。[①] 这个制度将社会编织成细小的单元,其中的人员彼此熟悉、作战会相互支持。耶茨发现中国军队具有赏罚分明、轻视个人英雄主义和独创性、控制宗教活动和提倡诚实守信的重要特点。抗战期间,蒋介石在军事会议上曾多次强调这些。[②] 以此我们得出中国军事历史的传统特征,这对理解第二次世界大战国民党的作战行为有着很大的关系。这些特征与英国的做法大相径庭。他们在殖民地里召集尚武的民族或者部落,如锡克人和廓尔喀族人,并依赖他们冲锋陷阵。[③]

456

1937 年的作战,日军很快就把国民党赶出了那些现成的征兵地区。然而,当初的征兵机制不论从哪个角度来看,都无法弥补战场的损失,国

---

① 　罗宾·耶茨(Robin Yates).早期中华帝国的法律和军事.在中华帝国军事文化会议上发表的论文,克莱斯特彻奇,2003 年 1 月。

② 　蒋在抵抗战争时期的军事会议上的发言,可以参阅:秦孝仪等编著.中华民国重要史料初编——对日抗战时期,第 2 部分,作战经过,第一卷,P57～100(第一和第五战区),P126～179(南岳第一次会议),P189～196(南岳第二次会议),P205～251(柳州会议),P351～397(南岳第三次会议),P403～419(兴隆山),P419～477(西安),P479～469(恩施),P469～527(南岳第四次会议).台北:国民党中央执行委员会党史研究委员会,1981～88。

③ 　道格拉斯·皮尔斯(Douglas Peers).南亚.参见:布莱克.现代世界的战争.P50～51。

军无法补充兵源恢复战斗力、也无法防止大规模的逃兵现象。师、军级指挥官们都竭力想补充军力,也就各自采用非法招募方式。其结果就是严重的社会动荡、普遍逃避兵役的现象,中央控制的力度遭到削弱。那些师长、军长们权力膨胀、专横跋扈。国民党只得抛弃了普通兵役制和现代征兵制度,其中许多人早就牢骚满腹,因为那些机制不符合当地实际。于是乎,他们开始在传统募兵地区招兵,并与当地部队或军阀势力达成妥协。

1938 年 1 月,国民党认识到基于国民义务的全国兵役制度的征兵已不实际,于是颁行了新的规定。[①] 他们要求各部队上报中央军政部各自所需要的新兵数量。然后按征额配赋制度将名额分配给豫、皖、赣、湘、浙、陕、川各省。这些地区往往农获富庶,不像沿海省份(如江苏和广东)历来缺少粮食。征兵省份人口众多、生活相对贫困,服兵役对穷人是个好出路。兵役署人员要与省和县的官员合作,政府会进行财政拨款,鼓励当地招募动员,对参军家庭提供优惠政策。兵饷也有所增长,这让参军变得更有吸引力。从 1937 年到 1941 年,国军每年征召大约 200 万人,光靠抓壮丁是无法达到这个数字的。[②]

国民党依然维持着较大规模的现代部队,使其有能力远离驻地遂行作战。武汉沦陷后,这些驻地区域的地位像各战区一样变得越来越重要。此时的国民党面临着三个互相关联的问题。首先,招募的控制权很容易从中央流失,落在地方实力派手上。其次,部队有浓厚的乡土观念,一切都依赖当地,士兵不愿远离驻地作战。第三,农业经济还是要继续维持。对付第一个问题,国民党采取的方式是:在每个地区驻扎嫡系部队,他们吃用都由中央直接负责;晋升当地要人担任国民党高官;鼓励当地代表甚至其家庭成员赴中央任职;国民党情报单位部署在各地监视当地情况,以防当地横向勾结。一旦发现对中央政权有不轨行为时就采取极端手段进行干预,甚至包括暗杀。[③]

为了确保充足的物资供给,国民党实施了一个新的措施以求存储足够一年的粮食。其中三个月份的粮食留给前线,另外三个月份存放在各

---

① 方德万.战争和中国的民族主义.P256。
② 同上,P253～258。
③ 这段和接下来德段落都是取自方德万上引书,P253～287。

大战区内主要中心的粮仓内,剩余的六个月份存粮被分散存放在未被占领的国统区大城市内。为了平衡军需供给和部队数量,从 1938 后,大约三分之一的部队从前线撤回,名义上是整训部队,实际上是为了减轻供给压力。国民党粮食存储系统设计十分巧妙,即使部队本身无法远离驻地,他们也能保持一定机动性,绝不会固着某地不愿离开。

正如杨奎松在第十二章详细阐述的,共产党在创建根据地和从中扩充军队做得比较成功。他们也是采用了驻军就地生存的策略,同时保留部分机动部队"脱离生产",使其可以远途奔袭作战。共产党是个有严明纪律的政党,他们重视地方经济,避免大型作战,效果比较成功。而国民政府被混乱的官僚制度所牵制,失去了对起初庞大的游击部队的控制。这里不得不考虑一个因素:日军大多数军事行动都是针对国民党的。浅野丰美(第十四章)、原敬(第十六章)、臧运祜(第十五章)、王奇生(第十七章)的章节都提出了一个看法,即"一号作战"的结果可能是决定性的,因为日军把国民党军队从其最后一片资源丰富地区赶了出去,现在只剩下四川了。国民党士气受到重创。此时的共产党军队大批涌入了因为日军南下而留下来的大片真空地带。

抗日战争最初几年,国民党还能勉强维持农业生产。他们依靠的是银行贷款、滥发货币和税收"中央化"。同时他们还降低薪饷和压缩政府开支。这些举措比起农村的农民来,对城市和富人有着更多的影响。国民党提供肥料,推广新品种,在未开垦的土地上安置难民,疏浚灌溉渠网,保护交通网络和饲养耕畜(其中一部分还接种了疫苗)。尽管我们不应该夸张这些举措的作用,但是大部分市场网络还很完整,农业生产还可维持。直到 1941 年,农业产量还算充足,通货膨胀水平较低。人均摄入卡路里和战前的水平基本一致。

然而 1941 年后,情况就变得极为困难。中国失去了在缅甸的最后的国际大动脉。之前进口装备和弹药都是通过缅甸的铁路和河网运输到中国。缅甸还是民国石油进口和大米出口的重要管道。中国的海岸线被日军封锁后,内陆贸易网络也被切断。日军 1940 年占领了宜昌,切断了四川和东部各战区的联系。1941 年汪精卫政府成立后,日本在占领区取消了国民党的货币——法币。已经很紧张的国民党财政在贸易崩溃后更是一落千丈,税源丢失,税务局也撤到了后方。1941 年后,通货急剧膨胀,食物恐慌和实实在在的粮食短缺导致人们不断囤积食物。1944 年前,河南省多次遭受严重的饥荒。

国民党为了应对这个逐渐加剧的危机,重新开始了对土地征收实物税,从而将战争的经济负担转移到农村老百姓身上。争夺粮食收成的战斗在国民政府、军队、当地军阀和百姓之间展开了,甚至于日本人也加入进来。国民党希望把战争缓和下来,要求部队就地自给自足,只留下少部分嫡系部队进行实际作战。招募新兵的数量也减少了,部分是由于缺乏财政资源,部分是因为可以招募的人口资源已经枯竭了。四川已经被榨干:1941 年后,那里的招募数量增加了百分之五十。在"一号作战"后,日本占领了河南、湖南、湖北和广西,情况变得更糟糕。抗日战争最后阶段,国民党被迫从农村抓壮丁。常有照片上显示用绳子绑住的老老少少的男子被拖拽的画面,这表明了国民党已经处于绝望的境地。

我认为考量国民党的战争动员能够让我们看到中国备战日本的一个侧面。它不仅植根于中国历史,也兼顾了中国地理环境和经济因素。二战期间,中国没有统一的全国兵役制度来招募军队、没有必要的官僚体系、也没有任何后勤系统,更谈不上现代攻势作战所需的工业基础。国民党唯一能够做到的就是依赖中国传统征兵区域和粮食收成,连同与地方势力协调,来招募大量人员入伍。之前已经提到过的,在 1941 年后,特别是战争的最后一年,这个做法已经达到了极限。当时的情况是:国民党、共产党和日本人都要求部队在当地自给自足,为争夺本来就已经稀有的资源而你死我活,资源最终消耗殆尽。就像欧洲十七世纪的"三十年战争"一样,军队在被剥削一空的土地上不断征战,拼命掠夺当地资源,日渐绝望地来维持战争机器的运作。他们所到之处,散布的是饥馑、疾病、残忍、灾荒和死亡。

我相信战争动员也给我们提供了一面镜子,通过它来了解国民党是如何应对中日战争的,了解到他们所面对的巨大挑战,认知他们的战争组织和智慧,而且,不至于忽视他们的缺点和失败,也不至于总说是中国文化特点在作怪。我在本章第一部分质疑了西方对国民党战争贡献那种否定态度,但是我并没有给出相反的结论。我的观点是:既接受那些负面的批评,也必须拿中国作为特例来看待。显然,国民党的战争能力十分有限。但是参照了过去的经验,这绝不是个孤例。正如罗纳德·斯佩克特在第二十章提到的:国民党战争行为同工业化前的欧洲战争有很多共性。国民党已经认识到了现代官僚体制、政府系统、社会和军事结构的潜能,并且也正在努力构建它们。但在二战期间,国民党能够动员的只是一个庞大的农业社会。当他们在战争的第一年发现新建立的德械师无法抵抗日本人的时候,国民党转而采用了传统的战争动员措施。而这些措施能够让中国继续坚持抵抗,等待出现胜利的转机。

边境区域的利用

二战爆发之际,中国疆界的划分不是很明确。如同讨论战备动员一样,我把注意力放在了广袤边境地区里孕育的军事机会和挑战,这并不是说中国边疆情况独一无二,类似的例子也有存在:在现代民族国家兴起之前,边疆地区在欧洲的战争中也是举足轻重的。在拿破仑战争期间,威灵顿公爵的军队在伊比利亚半岛上与当地骁勇善战的游击队合作,把战线过长的拿破仑军队逼入困境,并因此阻止拿破仑加紧对英格兰的海上封锁,也阻碍了拿破仑巩固欧洲大陆上的帝国。这次合作为威灵顿争取到了时间和空间,为以后对决拿破仑起到了决定性的作用①。

日本和国民党双方都希望与边疆地区的军阀、政客和人民发展结盟关系。日本在满洲、蒙古、台湾和西藏的政策都是为了达到这个目的。而国民党也在做同样的事,比如他们为了得到蒙古的支持而祭奠成吉思汗,认定达赖喇嘛的身份来加强中国对西藏的影响。边疆区域对吸引支持者、驻屯多余的部队、给国内外敌人制造麻烦这些事上很有帮助。但是那里也充满了危险,因为武装某些力量很容易适得其反。

在中国历史上,边疆一直是军事热点,象征意义重大。马克·刘易斯在其书中说明:汉朝的军事和社会与历朝历代一样,都会受到边疆战事的影响。边疆战争需要一支专业的常备军队,以驱迫马上的游牧民族远

460

---

① 译者:指滑铁卢战役。

离汉帝国核心地区。①尼古拉·迪·科斯摩明确表示,北方的边境确定了中国和其他国家的边界。②在南北朝末期,拓跋魏乃边疆属国,久居塞外。但是他们建构了国家化的社会结构,使其历代君主得以成功积蓄物质、人口、政治资源,伺机窥视中原、统一天下。马克·埃利奥特指出满族人在17世纪也做了同样的事。③这种社会体系本质上是混杂着部落的习俗和中国历代的典章制度。对中原古都繁华的向往和相同的儒学理念使塞外帝王能同中原大地皇亲贵胄交往交融。

中日战争期间,边疆的重要性不仅仅在于军事上,也在于政治和文化上。日本"大亚细亚主义"的设想是建立未来的亚洲政治格局。这就需要拓展新疆域和扶植新的代理势力,以建"兴亚"共同体。为了完成这一目标,日本人可谓煞费苦心:(成立)"满洲国"、(日治)台湾、(挑衅)蒙古、(扶植)汪精卫政府以及大片沦陷区、(窥视)南亚和东南亚。日本人的霸道和日军的残忍让人深恶痛绝。然而亚洲普遍反抗白人殖民主义给日本的"亚洲人为亚洲人"的宣示提供了实实在在的机会。民族救亡运动的诉求扎根在亚洲传统思想和行为当中。这些日趋明显。日本1938年的政治策略就是拒绝承认国民党代表中国。

至于国民党,像民国的先驱者一样,他们宣布他们是大清在18世纪征服的所有领土的合法继承人。蒋介石在《中国之命运》一书里说道:"我们中华民族是多数宗族融合而成的。"④他坚持认为中国的疆土包括西藏、新疆、蒙古和满洲,并且申明这些地区对中国的国防至关重要。这些都是偏远疆域,当地居民具有强烈的个性文化特点。边疆政治势力总是试图寻求独立。靠近中国腹地的地区,比如华北(河北和山东)、西北(陕西和山西)和西南(广西和云南)位于边疆地区的内侧,这里文化比较趋

① 马克·刘易斯(Morrk Lewis).汉朝废除普遍兵役制.载于:方德万等编著.中国历史上的战争.莱顿:布里尔学术出版社,2000,P33～76。

② 尼古拉·迪科斯摩(Nicola Di Cosmo).古代中国和它的敌人.剑桥:剑桥大学出版社,2002,P294～312。

③ 马克·埃利奥特(Mark Elliot).满洲之路:八旗制度与清代的民族认同.加州,斯坦福:斯坦福大学出版社,2001,P39～132。

④ 林孝庭.对国民党中国边境事宜的重新审视:西藏的案例研究.博士论文,牛津大学,2003,P176～177。我很感激林博士能允许我引用他的作品。

同。失去家园的军阀部队被称为"客人"。有些地域便出现能力非凡和气质相当的强人，当地的部队会得以整合。与外围疆域地区的首领们相比，前者通常有野心问鼎中原。

由于地理、社会、文化、地缘政治、经济条件的差异，边疆地区情况也各不相同。彼得·普渡把中国边疆分为六处不同区域：上海到辽宁的北部沿海地区；东北三省的满洲；西北边境的蒙古和新疆；沿着喜马拉雅山脉的西藏；西南边境的云南和广西（这里与缅甸、泰国、老挝和越南接壤）；最后还有南海疆域。[①] 普渡认为这些描述也可以更加精确、或再细分。这些疆域在历史上不是一成不变的。在每次边疆冲突期间，各个地域所扮演的角色不尽相同，也不类似。对我们研究中日战争学者来讲，考虑边疆地区这一要素还是非常有用的。蒋介石在制定他的军事战略时，眼光就盯着边疆地区上了。

边疆区域有着许多军事功能。其中一个就是它能够拖住敌人、同时寻到强有力的盟友。国民党的策略便是利用苏联和日本共享的满洲边界线所产生的紧张局势。即使苏联拒绝在抗日第一阶段参与战争，国民党还是得到了相当数量的军事援助。而日本则因为畏惧苏联，总是急于在中国速战速决。另外，苏联认为只有国民党才有能力投入足够兵力牵制日本，故对国民政府大力支援，还对中国共产党施压，逼迫其加入抗日统一战线。[②] 在 1936 年 12 月的西安事变期间，蒋介石被前满洲军阀和共产党囚禁。[③] 如果没有莫斯科对共产党的施压释放蒋介石，很可能就不会有抗日统一战线了；如果是那样的话，国民党可能会希望尽量避免与日本开战。1939 年诺门坎战役苏军获胜，加上后来日苏签署互不侵犯条约，中国的战略价值顿时消失。此时的美国奉行孤立主义而欧洲正忙于战争，日本可以专心对付中国。日军陆上向南进攻中国腹地、海上进行禁运、空中进行大规模城市轰炸、政治上扶持汪精卫政权代替蒋介石，这一切都是希望消灭抗日抵抗力量，然后回头对付西方列强。他们计划 1941

462

　　① 彼得·普渡（Peter Perdue）. 两个中国边境的威压和商业. 军事文化和中华帝国的会议上发表的论文，克莱斯特彻奇，新西兰，2003 年 1 月 10～12 日。
　　② 杨奎松. 失去的机会：战时国共谈判实录. 桂林：广西师范大学出版社，1992，P4～59。
　　③ 蒋廷黻. 蒋廷黻回忆录. 长沙：岳麓书社，1923（按：原著如此，应为 2003），P199～216。

年末到 1942 年初先攻打东南亚，然后再把这些部队重新调回满洲来对付苏联。

日本的南进战略是从（1941 年）12 月 8 日偷袭珍珠港开始的。中国西南边疆重要性突显。国民党终于等到了转机，强大的盟友加入了对抗日本的队伍。这里的盟友指的是英国和美国。以前提到过的，国民党与英美结盟矛盾重重。英国希望利用中国的军队来保护自己的军队，并借其收复缅甸的殖民利益。而 1944 年正当日军大举杀入中国南方要地之际，美国却逼迫驻扎云南的中国军队进入缅甸。然而，对国民党来说，与英美的结盟、在缅甸并肩作战在政治、军事、宣传上来讲都是至关重要的。结盟使国民党政府成为盟军中的四巨头之一。

边疆区域是缓冲地带，具有纯军事作用。1937 年前的华北就是缓冲地带。在日军和中央军之间隔着阎锡山、冯玉祥、宋哲元、傅作义、共产党和张学良的奉天部队。1937 年间国民党没有能力说服这些军队挺身抗战，日本人也没有完全绥靖华北。在抗战期间，新疆、西藏、西南地区都在不同时期充当了缓冲地带。

边疆区域还能够闲置国民党无法维持的多余部队。当年著名的明史学家黄仁宇去云南的第十四师服役的时候，他注意到这支原来武装精良的部队被削减了一半。[①] 在经济部物资局局长何浩若的一份报告里，他提到云南的部队在耕种他们自己的农田，甚至还在自己的矿里挖煤。[②] 在 1942 年的西安王曲军事会议上，蒋介石催促战区指挥官[③]，让他们的部队自产粮草、经商买卖。他说中央不会给他们提供补给，而且本战区在短时间内不会发生大规模的作战。虽然蒋介石十分担心中央失去对驻印度蓝姆迦、在缅甸战斗部队的控制，这种担心不无道理，但这也是种让盟军负责粮饷、从他们那里得到现代化装备的途径啊。所以，边疆区域有助于战争的持续，分散日本人的注意力，能减轻中央战争负担。

随着战争局势的变化，边疆区域的重要性也会发生改变。1938 年国民党退守四川产生了深远的影响。他们首先要确保入川，为此将刘湘的

463

①　黄仁宇. 蒋介石和他的日记. 参见：中国史研究 29，第 1 期（1996）. P118～119。
②　何浩若. 日用必需品供应计划与物物交易. 1942 年 6 月，文件号 055/1267，国史馆。
③　译者：原文没有指明。但应是第一战区。

部队(刘湘原来是四川一霸,不久前才被提拔成四川的国民党首席代表)调到华北和淞沪战场。刘湘对国民党疑虑重重,他串通韩复榘谋划阻止中央军入川(山东军阀韩复榘允许日军通过他的山东防区,彻底打乱了国民党的华北防御)。他俩合谋把韩的部队撤回四川,阻止国民党入川。国民党将两人统统处决了。[①] 为了应对四川另外一个军阀刘文辉,国民党在 1934 年设立了西康省。这一举措既给了刘文辉在国民党内部很大的利益,却又让他远离四川的核心区域。同时,西康的建立缩小了西藏的版图。国民党在西康保留了班禅喇嘛和他的日常班底,目的是给刘文辉制造麻烦,同时又能在西藏的政治中保留自己权益。[②] 边疆区域的内政特别错综复杂、权力制衡犬牙交错。

边疆区域的战争需要与当地势力建立合作关系。中缅边境上有个所谓蛮弄佤邦(Manglun State),当地有一支草寇,首领叫罗征明(音译),为人霸道。在当地的国民党部队把罗征明的队伍收编后,他通过强征户税稳定了财政收入,税收可以用鸦片来支付。估计国民党在罗的鸦片垄断贸易中分得一羹。罗宣布缅甸政府已经把蛮弄佤邦交给了中国,而他是国民党委派的军队和行政领袖。国民党也是受益者。有了固定财政来源,罗的部队也不再滋事挑衅。只是忙于操练和行军罢了。[③]

边疆区域充满了机会,可以建立新盟友、困住敌人、驻屯部队、发展新的收入来源和为更中心的地区创造缓冲区等等。那里也是十分危险的地带。在边疆地区,潜在的敌人可以养精蓄锐:比如唐朝的安禄山,抗战时期的共产党。另外一个难题是:如何让边疆区域的部队挺身抗战,防止他们避战、保存实力。其实国民党 1937 年在华北拖住日军的策略就是个失败的例子,部分原因也就是韩复榘、宋哲元和阎锡山决定要保存自己的军队。

淞沪会战爆发后,共产党和桂系军阀决定参加抗战。双方都在华北部署了军队,帮助稳定了那里的战局。作为回报,他们得到了来自国民政

①　马振犊.惨胜:抗战正面战场大写意.桂林:广西师范大学,1993,P163～169。
②　林孝庭.对国民党中国边境事宜的重新审视,P64～68。
③　中国在缅甸景栋和蛮弄国的中国游击队行动的报告,1942～1945."中国将军;重庆将军;游击队",HS 1/180,国家档案馆,伦敦。

464　府宝贵的军品和财政援助,也分配到了新的征兵区域,建立了各自的政治中心。但是尽管参战,双方对出几分力还是有分寸的。当 1938 年 4 月的台儿庄战役大捷后,蒋介石推动反攻华北。当时战区司令官桂系李宗仁提醒蒋,这样的行为和他们之前的约定相违背。[①] 共产党在战争期间从未大部队集中作战。[②] 淞沪会战中,杭州湾的部队对在那里登陆的日军没有进行抵抗,结果日军包围了上海,上海的防御战宣告失败。1938 年夏天,国民党投入了大量精力来加强马当防线,它位于扬子江边上的九江,目的是防止日军海陆联合向武汉进攻。德国军事顾问认为这个防线能阻挡日军至少六个月的时间。然而对于协防马当要塞至关重要的那个师,在日军逼近时就放弃了阵地,指挥官随即被枪决。[③] 国民党有能力把抗日发展成为全民总体战,但是内部有些联盟的力量就是不愿意全身心地投入战争。

有一学派的想法认为,1912 年后,中国政府继承清朝政府所征服的领土是种负担。但是边疆区域对保卫中国起到太多有益的作用。中国有了更多的战略和战术选择。当然困难也不少。那些边界划分清晰的国家就没有这个优势。作为战备动员的一部分,对二战期间中国边境区域的研究能加深我们对中国抗日战争的理解。

重新评估国民党

在本章内,我尝试证明西方学术中的一个误区:国民党没有抗日意愿。今天中国大陆的历史学家们已经不这么认为了。本书的研究表明,国民党是下定决心抗日的。我前面已经解释过了,请不要漫画国民党是个军事独裁,似乎他们是一群落后、封建和无能的乌合之众。这种偏执的观念主要来源于西方人对战争的理解,他们衡量战争中国家好和坏的标准是看他们是否有能力发动高工业化程度下的现代进攻战。这种偏执也

---

① 方德万.战争和中国的民族主义.P224。
② 莱曼·范·斯莱克.百团大战:中日战争的协调和控制问题.载于:现代亚洲研究 30.第四册(1996),P979~1005。
③ C·H·B乔利.九江沦陷前后事件的秘密报告.1938,“保密局和督察总局与九江、南京、镇江、苏州、杭州和武汉的保密通信”,文件号 679(1)/31526,中国海关档案,中国第二历史档案馆,南京。

是基于西方人对亚洲社会(非西方)的理解。他们认为东方社会就是落后,因为他们一致延续传统的价值观、老一套统治方式,却幅员辽阔。

对中国来说,对日战争就是一切。要么坚持下去,要么亡国灭种。中国最终胜利了,部分是因为地缘政治发展所提供的机遇,也因为中国各方势力能够非常有效地动员整个社会、阻止日本获得持久的胜利。国民党拥有的是中国辉煌的历史、文化、政治、军事遗产。这场战争异常艰难:一直到战争结束前一刻,交战各方(包括日军),都使出浑身解数补给部队、随时应战;在极为艰难困苦的条件下,他们甚至采取极端方式也要把这场战争进行到底。忽略第二次世界大战中中国战场是不科学的,也是对这些历史事实视而不见。

我已经谈了许多:国民政府是如何与当地军阀的合作,如何利用历史上使用过的方法进行战争动员;如何合理地利用边疆区域,而不是视之为封建和落后的东西。我只是说明这套方法行之有效,因为这是一个没有工业、贫穷弱小的农业大国对付一个超级强国的战争。我的这番分析不是在提倡中国独特的战争方式,读者也千万不要以为我在盲目赞赏中国人的忍耐力和聪明智慧。因为中国人采取的方式效果并不是胜利的偏方,历史上的经验有其局限性,国民党人也不是盲目地相信传统。只要机会成熟,国民党也编练过现代化的部队,也引进过先进的武器装备。他们不断寻找着地缘政治格局所提供的机遇、努力加强国家实力、全身心地投入现代化建设。

这个探讨可以进一步展开。自从鸦片战争后,中国一直被描述成一个衰败的文明,或者是一个失败的国家。它没能推行现代化或唤起民族主义。中国需要的是一场彻底的革命来铲除阻碍其发展的政治体系和传统。我看这个观点有问题。这个观点似乎解释了传统和现代的关系,实乃都是事后诸葛亮,而且许多人对这段中国历史中的各个统治人物妄作评价。让我们用别的方式解读这段历史吧:太平天国运动之后,十九世纪中叶的清帝国和世界上许多国家一样都遭受过内部剧烈的内乱和动荡。但是它总能找到休养生息、恢复国体的方式。那些传统的政治结构和社会等级制度再次证明它们的生命力。但是变革和创新的压力与日俱增、能量已经得到释放。在中国,我们已经看到工业化的起步、现代化港

口的出现、大型铁路网络的铺设、国际贸易的快速扩张、新税收制度的启
用、现代报刊媒体的建立、新社会阶层的出现、知识分子创造力的萌发。

466　随后而来的是进一步的动荡,包括 1911 年的辛亥革命和让国民党掌权的
北伐。伴随着动荡的是社会结构变迁,人们的休闲活动、衣着打扮、产品
消费、交通和经济都在不断变化。

　　袁世凯政权、北洋军阀和国民党与其说压制了这样的发展,毋宁说他
们经常推波助澜。他们还在尝试巩固统一的官僚制度,将新的支持者拉
入他们的世界,创立新的关于中国的意识形态,从历史和现代中拓展对中
国形象的重新认识。在中国近代复兴之际,动荡、混乱、变革、适应和全球
化成为了重要的主题,而失败、腐败、落后、无能离中国渐渐远去。

　　经过残酷的内战并击败强大对手以后,国民党在 1927 时开始掌握政
权。他们首先着手落实反帝、民族主义、现代化的政治纲领。不幸的是,
1930 年代的国民党马上卷入了与军阀和共产党的内战当中。随着日本
侵占满洲,他们利用国家危亡重新建立了内部联盟、恢复官僚统治制度,
并通过党务、国家和社会组织吸纳新的支持者。同时国民党将财政、货
币、金融系统现代化,建立了新的交通线路。他们推动工业化、培养中国
的新形象。中国传统文化、道德、哲学得到了新的生命,吸取了新的营养,
更加西方化了。大都市中心应运而生,尤其是沿海地区和内河航运中心,
人口倍增,产生了多元化、生气勃勃的社会结构。"五四运动"那一代人迎
新但不除旧,他们代表着现代新型的中国。

　　从这个角度来看,中日战争还有更深远的意义:是的,这又是一场动
荡。城镇大批遭到毁坏、市场和信息瘫痪、国家结构被破坏(包括公共治
安)。中国在向内地撤退、往内部聚集。国民党抗日大小战役无数,他们
带领中国撑过了这场战争。战争结束时,中国核心地区的国民党早被赶
了出去,许多地方甚至憎恨国民党。这时的国民党虽然拥兵数百万,但它
却无力继续维持庞大的军队了,许多部队早已失去了战斗力。1945 年日
本战败后,国民党已经无法重新恢复他们的国家。反倒是中国共产党,在
战前他们被驱赶到荒无人烟的西北边缘地区,但是他们能够从农村根据
地积蓄力量,最终夺取政权。在中共的领导下,中国变得内向和封闭。但
是这只是暂时的。

第二十章
世界历史背景下的中日战争

作者：罗纳德·斯佩克特

一位德国外交官在南京大屠杀不久后写道，"我们在南京的德国人，包括拉贝先生（(Rabe)在大屠杀的时候生活在的南京的一位德裔平民），都认为在亚洲的战争完全同我们所熟悉的战争很不一样。我们好像又回到了'三十年战争'时期"。① 我们暂且不要评论这位纳粹仆人怎么谴责战争之残暴，本书的读者都会认同他的看法。中日战争规模之大、时间之久、破坏性之惨烈，实属独一无二。唯一能够相提并论的是二战东线的苏德战争。苏德战争数年的拼杀死伤人数更大，然相比空前灾难性的中日战争，时间毕竟要短得许多。② 鉴于对现代战争的理解，我们该如何在更大框架下想象和阐述这场冲突呢？

事后来看，我们很容易就会发现像"三十年战争"那样古老的战争并没有真正消失，即便是在欧洲也是一样。战争的开始和结束都是那么的匪夷所思，但战争景象却是哀鸿遍野。随后的启蒙时代、法国大革命、大工业时代使得陆军和海军的火力、武器精度和威力大大提高，过去的战争似乎已经不复存在。奇怪的是，我们这里必须提到伟大的瑞士军事家安托万·亨利·约米尼（Antoine-Henri Jomini），他是科学战争的鼻祖，也

---

① 约书亚·A·福格尔（Joshua A. Fogel）等. 南京大屠杀. 伯克利：加州大学出版社，2000年，P120。

② 格哈德·温伯格（Gerhard Weinberg）做出了估算，在二战中接近2 500万苏联人和超过400万德国人阵亡。大多数德国人和几乎所有的苏联人都在东部战线阵亡。中国方面，他估计有1 500万人阵亡。参见：格哈德·L·温伯格. 战争中的世界：第二次世界大战的世界历史. 剑桥：剑桥大学出版社，1994年，P894。除了这些，值得一提的是，日军在战争中死亡人数相对较少，只有270万人。其中战场战死比例无法确定。

是最早认识到"传统永存"的理论家。他的所见所闻让他非常失望。

约米尼曾在西班牙的拿破仑军队里服役。在当时,法国人强迫西班牙国王退位,并且控制了当地政府。然而法国人很快发现他们陷入了一场西班牙全国性的暴乱。西班牙军队开始反抗法军,他们常常能得到英国军队的帮助。英军是从海上登陆的,但是在西班牙广大的农村,千千万万的平民,包括妇女和儿童,拿起了武器对法军展开了无情的恐怖战和游击战。法军只得以牙还牙,但是这种报复行为更加激起了民众的反抗。不久,法军只有驻军的区域才能受到掌控。那场野蛮、残酷、没有结局的西班牙半岛战争给约米尼留下了深刻的印象。他写道:"很少能看到整个国家自发的反抗运动,其景象波澜壮阔;敌人的行为也许带有某些令人佩服的崇高理念,但其后果却是极其悲惨的。为了人类,我希望再也不要见到那些杀戮……作为一名士兵,我渴望看到那些骑士精神的对决。我厌恶那些有组织的暗杀。我不否认我渴望过去的时光……我厌恶看到整个西班牙那些牧师、妇女、儿童谋划暗杀我们散落的士兵。"①

下一个世纪的大部分时间内,欧洲成功地避免了约米尼所称的"民族战争"的残酷经历。但是拿破仑三世在普法战争战败后,法国民众却依然继续抵抗着。据说赫尔穆特・冯・莫尔特克将军(Helmut von Moltke)对时局感到十分惊讶,他担心地说:"那些临时组织的队伍、游兵散勇煽动大众的激情"简直是在把抵抗运动"倒退到了野蛮人的时代"。② 历史暂时没有再"倒退"。第一次世界大战双方伤亡是史无前例的,所幸伤亡主要是作战双方的士兵。但是随着一战后期轰炸机和潜艇的出现,未来的战争将很难区分士兵和百姓了。约米尼所说的"民族战争"连带 20 世纪新武器的诞生、科技的发展、总体战的运用,其效果是非常可怕的。这种新的战争在第二次世界大战中展现给了世人,而最先看到这个可怕展示的就是中国。

---

① 安托万・亨利・约米尼(Antoine-Henri Jomini).战争的艺术.旧金山:要塞出版社,1992 年,P26,31。

② 甘瑟・罗滕伯格(Gonther Rothenberg).莫尔特克,施里芬和战略环境的原则.载于:彼得・帕雷特(Peter Paret)等编著.现代战略的创造者.新泽西州,普林斯顿:普林斯顿大学出版社,1986,P305。

很难用现代化战争的普通理论来概括中日战争。这不单单因为这场战争似乎回到了克劳塞维茨式战争以前的那个"恐怖时代",这是一场传统元素和工业时代最具杀伤力的军事作战元素的混合展现。如果这个判断没错,简单地套用过去的模式和战争结构的做法是不足以审视发生在中国的这场战争的。要尝试理解中日战争的整个方面,让我们借用迈克尔·霍华德的理论吧(Sir Michael Howard,现代英国教授和军事思想家)。他认为战争可以通过四个"层面"来理解,它们分别是"作战"、"后勤"、"社会"和"技术"。诚然,战争的这四个层面是相互影响、互相作用的。而霍华德25年前提出的理论,当初主要是批评美国和北约对核战争和核威慑技术方面的过分迷恋。霍华德当初的论文并没有打算倡导一个正式的理论模式,[①]然而我认为霍华德的框架对讨论中日战争却尤其有用。原因是,要理解中日战争的多样性和胜负结果,单靠分析"作战"方面是明显不够的。这里的"作战"方面包括作战双方的军事战略、作战、技战术等。

在"作战"层面,本书读者们会吃惊地发现日本和中国决策者对他们要打的这场战争都判断有误。双方起初都没预料战争会发展成为持久的消耗战。爱德华·J·德利亚写得很清楚:日本期望的是"速战速决"。日本上层只能接受一场速胜的战争,因为他们的目光一直盯着苏联。事实上,日本军队里的一些人(比如石原莞尔)倾向于大规模扩张军队及其装备现代化,他认为必须避免与中国发生冲突。然而,即便是那些与蒋介石不惜一战的日本军人也没有把开战当作全面战争的开始。他们把开战只是看成清除后方隐患,以备迎战苏联。德利亚在第四章中指出,日本在华过去的经验使得他们误以为:"一旦开战,中国就会迅速崩溃。"

如果说日本完全误判了中国抗日的决心和能力,蒋介石也完全误判了西方列强的反应。他以为西方为了在华利益就会全力援助中国;尽管对苏联参战保持谨慎乐观,但是蒋还是坚持认为苏军对日军北线的威慑足以牵制日军的行动。杨天石在第五章中阐述了蒋介石的战略思路。蒋

---

① 迈克尔·霍华德(Michael Howard).被遗忘的战略层面.刊于:外交事务.1979 年夏季刊。

竟然会对 1937 年九国公约签字国的布鲁塞尔会议死死抱有希望。看来蒋介石真以为布鲁塞尔会议会采取严正方式阻止日本在华的侵略行为。殊不知这些可笑无能的各国代表们早被本国周围的法西斯国家骂得狗血喷头、自顾不暇。更严重的是,蒋介石死守南京的决策是期望苏联参战。至少部分原因是这个。这种期盼当然也不是空穴来风,布鲁塞尔会议上苏联代表的发言令人振奋。即使蒋介石本人后来得知苏联无意提供援助后,他依然说服战场上的指挥官们,让其相信国际援助马上就到。道格拉斯·麦克阿瑟将军不正是这样做的么? 他曾经对菲律宾巴丹半岛上被围的部队喊话:"美国援兵正在路上。"[①]

　　在中国战场,一支不惜代价、全力进攻的日军遭遇了一支死不退缩的中国军队。结果很像 1914 年欧洲西部战线,军队陷入了那种血腥的僵局。日军火力强大,包括舰载火力、制空权;海军和两栖作战部队的高度机动充分体现了日军快速机动的军事教条。中国辽阔的土地则提供了类似第一次世界大战中俄国东线战场的地理条件,它非常适合机动作战。大兵团能够采用钳形包围战,大片土地在进攻和反攻中反复易手。不论重武器还是轻武器,中国军队都处在极大的劣势。中国军队只得采用夜战、集团性反冲锋和近战格斗。这些战法在 12 年后的朝鲜战争中,中共军队在对联合国军作战时发挥得炉火纯青。

　　然而在 1937 和 1938 年的战斗中,双方的军队是不对称的。日本帝国陆军是在国家机器、中央统帅部掌控下组建的部队。他们训练有素、装备精良。而中国国民党的"陆军"是支变化无常的联合部队,其中包括蒋介石的嫡系、各路军阀、地方武装和共产党部队。部队训练、装备参差不齐,作战意志和互相配合也不稳定。汉斯·方德万在第十九章中指出,这是一场动员其所有力量的"前工业化"的农业社会同一支工业化的现代化军队进行的战争。我们需要在这个框架下看待中日战争。在这种不对称情况下,中国的战备动员只得按区域进行,依照当地情况因地制宜。欧洲、日本都是统一征兵、集中组织和统一管理,而这对中国来说是根本不

---

　　① 关于这则消息,参见: 罗纳德·斯佩克特(Ronald Spector). 老鹰对抗太阳: 美国与日本的作战. 纽约: 自由出版社,1984 年,第五章。

现实的。

方德万介绍了第二次世界大战期间中国国民党军事系统的原型。他认为这些原型不是中国独有的,因为工业化以前的国家政体大多采用这些方式。1937年～1945年间的中国军队特别像16世纪欧洲的军事体制和惯例。但是史蒂芬·麦金农在第七章中赞许道,华北会战、淞沪会战和南京会战之后,各路军阀捐弃前嫌,齐心协力配合蒋介石防守华中地区。这点让人联想起菲利普二世和苏莱曼一世时期发生地中海战争,当年的联盟变化也是走马灯似的。

1937年8月至11月的淞沪会战历时长久、战况惨烈。会战为把日军逐步拖入消耗战,给团结内部力量创造了必要的条件。早些时候的华北会战中,军阀的部队经常无视中央的命令,有意保存实力。但是在淞沪会战中,蒋介石动用了他训练有素、装备精良、纪律严明的嫡系精锐,给日军以重创。双方在消耗战中都付出了惨痛的代价,而这场没有结局的会战证明战事就地和解已经没有可能,下一步只有全面战争。中央嫡系部队受到重创,蒋介石只能依赖同各路军阀联盟和政治交易来维系会战。而此时的日本国内对巨大的伤亡数字也感到疑惑甚至愤怒,他们强烈要求采取更强硬的军事手段来碾压中国。军事解决事端已经失败,但是双方都是因为投入太多而欲罢不能。纯粹从军事上看,日本井井有条的后备役系统和动员制度让军队很快就得到了补充。而中国这两方面都很欠缺,蒋介石不得不另想办法来补充军队。

中国在徐州附近阻击战的短暂胜利,尤其是台儿庄大捷,又让我们回想起十六世纪奥地利的唐璜成功联合西班牙、教皇国和历史上的老对头(比如威尼斯、热那亚、萨伏依公国和那不勒斯的海军)在勒班陀打了场胜仗。像勒班陀战役一样,台儿庄没有什么决定性的军事意义,但这场胜利在政治上和心理上有着非常深远的影响。[①] 对日本至关紧要的是,中日战争变得无法收场,日军没有办法把各个战场上的胜利转化为战胜中国的成果。中国的国际地位大幅上升,尤其是在1938年夏天武汉保卫

471

---

① 关于勒班陀,参见:约翰·F·吉尔马丁(John Guilmartin).勒班陀战术解析:社会、经济和政治因素的影响.载于:克雷格·L·西蒙兹(Graigh. Symonds)等编著.海军历史的新方面.马里兰州,安纳波利斯:美国海军研究所出版社,1981年,P41～65。

战中。

本书各个章节中反复证明了以下一点。它不但重要而且是决定性的：从最高决策层面上看，中日双方的经济和社会能力都无法支撑一场旷日持久的消耗战。拿这道理说中国非常容易，因为中国是个组织散乱、非工业化的国家。但是日本何尝不是如此？日本在经济、工业和科技领域虽然大大领先中国，但是东京的野心过于膨胀、战略目标过多，其优势也就相对减弱。日本的野心包括：开发和保卫"满洲国"、备战苏联、还要准备同世界上最大的一支或者两支海军同时作战。

日本的经济在许多领域非常先进，在技术和工程方面同西方国家也不相上下。然而日本的产业极不均衡，第一架零式战斗机是用牛车拖运出厂的故事就很好地说明了这个问题。日本缺乏机动工程部队，设备和技术严重欠缺，阻碍了日军在中国快速建立前进机场。而缺乏机场也就限制了日军航空兵的作战效率，日军在第二次世界大战的西南太平洋战场也出现同样问题。① 日本军队拥有现代化的武器，但却缺少运输卡车。爱德华·J·德利亚在第四章如此写道：对于卡车问题，日本人一点办法也没有。日本整年的汽车业产量只能满足部队 4% 的摩托化需求。缺乏机动性意味着日本快速推进的步兵迟早会得不到后勤保障。如此情形要征服整个中国，谈何容易？相反，中国用空间换取时间的策略变得非常有效。对普通士兵而言，日本兵经常因为长期得不到供给而缺粮、缺水。正如河野仁在第十三章里说明的，因为缺少汽车和卡车，"士兵们只能用肩扛重型武器和补给物资"。户部良一在第八章对武汉会战和原刚在第十六章对"一号作战"的描述都记叙了日本捉襟见肘的后勤保障，这个短肋在时间和距离的压力下全面崩塌。

如果说日本遇到了极其困难的后勤问题，在 1938 至 1944 年期间，中国所面临的问题却一直非常险峻。期间中国发生了极其严重的内部经济问题，所有的港口一概丢失、主要的商业和工业中心陷落，中国还失去了上千万亩的耕地，这都是众所周知的。但是汉斯·方德万在第十九章所

---

① 关于这个方面的讨论，参见：马克·皮蒂. 旭日东升：日本空军力量的崛起，1909～1941年. 马里兰州，安纳波利斯：美国海军研究所出版社，2001 年，P127～128。

写的,中国居然能够克服困难继续招募军队、维持粮食生产和控制通货膨胀,其成就令人惊讶。直到 1942 年情况才有变化,此时的中国与其盟国最后的陆上交通联络——滇缅公路被切断。浅野丰美在第十四章提到了日军非常重视封锁滇缅公路这一战略行动,其目的在于阻止蒋介石通过陆路获得物资供应。臧运祜在第十五章中介绍了中国试图重新打通滇缅公路的努力。缅甸的野山丛林给训练有素、装备精良的国民党军队带来了极大的挑战。丛林密布的山区,大部队作战、后勤、指挥控制都极其分散,中国军队的数量优势和原来的军队编制队形在这里无法发挥作用。往往是作战勇敢、分散独立的单位才能起到关键作用。

中国获得国际援助更是千辛万苦。1930 年代后期,苏联是中国获得军事援助的主要来源。一辆卡车从苏维埃哈萨克斯坦运送物质到 2 900 公里外遥远的中国新疆省,需要花费 18 天的时间。斯大林对中国的军事援助是十分巨大的,但与 1920 年代和国民党早期的联盟所获得的收益相比,今天的援助只限于部分政治回报。

由于地理位置原因,美国和英国对中国援助的困难就更大了。这些困难和战时盟国之间和内部的政治策略问题互相纠缠在一起。因为中国的命运在十多年后对美国国内政治具有巨大的象征性和心理上的意义,美国人认为对中国的军事和经济援助本身的意义要远大于援助对战争的实际作用。

对华援助是否合理、效果会如何、美国援华的动机何在? 对于那些直接参与的美国人,他们的判断和动机又是什么? 这些问题带来了的巨大的分歧:有一批美国人老是强调美国援华是失败的,他们甚至认为美国背叛了中国;另外一批美国人却认为蒋介石政府腐败无能,美国对华援助浪费了大量生命和金钱来试图满足他的战争需求。方德万提到,代表后者观点的是芭芭拉·塔奇曼的《史迪威与美国在华经验》,以及其他一些名气有限的学术著作。

尽管美国根据"租借法"向中国提供了军事援助,这些物资每年只占所有美国租借给其他同盟国物质的 2%(1945 年不算)。还有许多援助,美国虽然答应了,却从来没有到达中国。美国对华的政策至今争论不休,其中更多是人物个性的冲突,特别是史迪威将军和蒋介石之间的矛盾。

他们冲突的焦点就是如何分配美援物资与采取何种策略打败日本。

华盛顿没能委派圣·弗朗西斯(St. Francis)或者罗伯特·E·李(Robert E. Lee)到重庆。即便如此,1942 年中国面临的后勤灾难也不可能有根本性改观。除非重新收复缅甸,或者在中国海岸占领一个港口,否则援华问题无法得到根本改善。但是这两个方法直到 1944 年才变得有可行性。而在当时,美国运来的物质必须经过 20 000 公里的海路运抵印度,再通过铁路穿过印度,然后由美国运输机从阿萨姆邦原始的机场飞过喜马拉雅山脉(驼峰航线)到达中国。在开罗会议上,蒋介石宣称,即使压缩其他战场的物质数量,他也有权力要求从驼峰航线运过来更多的物质。而乔治·马歇尔愤怒地回答道:"在这个议题上你说这是你的'权力'? 请不要搞错这是美国的飞机、美国的飞行员、美国的物资。我不理解你对我们要做的事指手画脚是什么意思。"①

许多在重庆的和一些在华盛顿的美国人很快提出质疑,付出如此巨大的财力和物力究竟是否值得。他们把蒋介石的政府看作是种盗贼统治,认为他得到军事设备和武器的主要目的是为了二战后与中国共产党打内战。方德万在第十九章提出,不论这种结论是否准确,是否属于私人恩怨、文化偏见的产物,我们尽可以各执己见。但这种感觉和分歧确实存在,它最终对美中关系产生了很大的影响。而这种影响相比战争结局要深远得多。

中日战争的"后勤"议题还是林林总总,而对西方读者来说,"社会"这一层面却一直是个谜。与美国部队不同,中国和日本没有对他们的士兵进行过系统性的社会和精神上的研究,也没有像英国和英联邦国家那样出版《士气报告》,日本和中国战争回忆录也很少被翻译到西方。

在第二次世界大战时期和战后许多年间,我们认为日本士兵的社会行为特点非常独特,与其他国家士兵有着很大的不同。人们眼中的日本士兵是群凶猛、狂热的武士,完全效忠他们神圣的天皇。他们能够忍受任何艰苦,奋战到底,决不投降。日本是个高度纪律化和崇尚集体主义的独

---

　　① 罗伯特·达莱克(Robert Dallek).富兰克林·D·罗斯福与美国对外政策,1932～1945年.纽约:牛津大学出版社,1981 年,P427。

裁国家,士兵除了光荣地死去,没有其他理念,也没有为自己考虑的想法。

但是第十三章河野仁为读者提供了对日本士兵的动机和精神面貌的不同看法。其实像第二次世界大战的西方士兵一样,日本士兵的主要动机也是自我存活,希望看到他的战友们也能存活下来。队伍里的团结、对长官和士官们的绝对信心和忠心是最重要的战斗动机。对天皇和日本的狂热忠诚是存在的,但这是次要的。河野仁采访日本老兵时问:是否有人会喊"天皇万岁"? 一个老兵回答说,"没有一个傻瓜会说这个的!"日本士兵也会受到战斗的压力。河野仁指出驻华日军也存在着作战心理崩溃病症,虽然没有美国部队那么严重,但是可以相提并论的。

日本士兵和他们的西方对手们在战争中的受训鼓舞的动力不同,其最大的区别在于:日本士兵对他们家乡、朋友和家人的热爱和忠诚。英美士兵往往也对家乡感到自豪,当然也热爱自己的家庭。但同时,他们还认为"后方的伙伴们"——报纸的记者们和政治家们——对他们战场经历没什么真实的感受。他们甚至经常怀疑家乡的人们正在利用战争中饱私囊。当本国民众表现出不爱国的举动,或者看到后方过着安逸和舒服的生活,士兵们很容易爆发出愤怒之情。在美国内战时期,北方的部队就曾经表示他们要杀死在纽约示威反抗服兵役的人们。第二次世界大战中的美国士兵也经常发表类似言论,他们想要射杀正在罢工的"煤矿工人联合工会"的成员。如果日本士兵对本土有任何的怨恨,他们也不会公开地表达出来。反过来,河野仁谈到日本士兵的动机,最常听到的是士兵对家庭和社区的热爱和对荣誉的关心。

日本是一个有着强烈的民族认同感、有着完整军事化的社会和教育制度的国家。日本士兵就是这样一个国家的产物,参军被认为是义务和光荣。而在中国,当兵的地位低下,甚至是一群被边缘化的社会成员。大多数中国人的想法类同一句古话,即"好男不当兵"。① 然而,中国共产党的主要成就之一就是改变了当兵的形象。军人再也不是堕落的、残暴的社会另类团体,他们成为了普通平民的朋友和伙伴;共产党让广大民众相信解放军(从1946年开始的称呼)是真正的人民军队。第十二章中杨奎

475

———————————

① 李璜. 口述历史访谈. 第6卷. 转引自: 中国口述历史集. 纽约: 哥伦比亚大学, P656。

松记录了一个山西农民的话:"我们普通村民都爱八路军,村长也是。""当孩子们看到八路军过来了,都争相帮他们遛马……每个人都出来帮部队干杂活。八路军吃饭给钱,从来不欺负村民……许多这里的小伙子都加入了八路军"。

中国社会中最穷苦的群体为了摆脱贫穷而当兵打仗。国民党战争动员还是尽量依赖征兵,这点同日本相似。有人统计,在 1937 年至 1945 年间,中国大约有 1 300 万人应征入伍。① 张瑞德在第三章指出,国民党的征兵系统是一片混乱、管理不善、腐败盛行的过程。富家子弟大部分都通过逃往大城镇来避免兵役,在那里他们可以考入学校、推迟兵役。政府公务员也可以避免兵役。有钱有势的家庭可以利用贿赂和关系来逃避征兵,还可以花钱找人冒名顶替。中国有很多地区根本没有可靠的人口普查,因此征兵也只能是随意的,根本无法系统化。"对中国的农民来讲,征兵就像饥荒和洪水,只是征兵更加频繁"。在中国战场的一位美国指挥官阿尔伯特·科蒂·魏德迈将军(Wedemeyer)这么观察到:"饥荒、洪水、干旱如同征兵一样,简直就是传播性极强的水痘和瘟疫。"②

征兵有时就是强抓壮丁,年轻人经常还在田里干活,说着就被拉走了,"整个村子乱作一团。"③在部队里,新兵很少能够吃饱饭,有时还会饿死。那里没有医疗护理和医院。新兵往往没有受过足够的训练(或根本不加训练)就直接拉上战场作战。最短缺的要数基层军官,中国军队缺乏受过训练的士官生。这点与日本军队形成了鲜明的对比。那些初出茅庐的新兵蛋子要是由一批经验丰富和有才干的士官生和骨干指挥,也许战场形势会有很大的不同。中国军队作战效率差的最关键性因素也许就是没有一批基层指挥员。这比中上级指挥群体薄弱更为严重。

但是,在"社会"这个层面,中日战争中双方军队特点差别还不是最重要的。在 20 世纪各大战争中,克劳塞维茨所定义的平民和军队已经不复

---

① 李璜,P654。

② 查尔斯·F·罗曼努斯(Charles F. Romanus),莱利·桑德兰(Riley Sundrrland).二战中的美国军队:中缅印战场.第三卷,中缅印战场的时间耗尽了.华盛顿特区:军史处处长办公室,1959 年,P369。

③ 李璜,P657。

存在。战争已经不分平民和作战军人了。日本军人在中国的所作所为就是滥杀无辜。杰姆斯·E·谢里丹(James E. Sheridan)专门研究中华民国历史,他的早期的著作至今还很重要。他得出的结论是:在中国广大偏远的农村,反帝爱国热情根本不像城市里的政治激进分子和知识分子那么强烈。他们对外国侵略者的到来最多也就是不理不睬。是日本军人的暴行彻底激怒了他们。

即使在没有受到威胁的情况下,日本士兵仍然行为残暴,他们常常随意地对中国农民采取残忍的杀戮。一旦他们认为某人具有威胁,或者某人帮助过国民党或者共产党,他们所在的整个村庄都会被摧毁,大批无辜百姓被处决,剩下的人们流离失所。① 城镇中的中国百姓也遭受了轰炸。埃德娜·陶在第十章和萩原充在第九章都提到过,重庆成为了第二次世界大战中受到轰炸最严重的城市之一。在整个战争期间,这个中国的陪都遭受了 141 次空袭。日军出动飞机 6 000 架次,导致至少 10 000 平民死亡,城市大部被毁坏(参见萩原充的第九章)。

中国的普通百姓既然成为作战目标,他们同样也能拿起武器。在这点上,中国共产党做得最为出色。他们动员、教育和组织社会的所有阶层,集体参与"人民战争"。杨奎松在第十二章里写道:少年、妇女、老人配合游击队员一起都加入了抗日战争。大家全部动员应征成为侦察员、谍报员、搬运工、宣传员、招募人员和反特人员。大批村庄为抗战提供了安全的住处、食物和其他物资,而且它们还是征兵基地。"人民战争"远远不止是发动了几场游击战,它更是组织了整个社会奋起抵抗日本人。②

中日战争中的所谓"技术"层面比起二战其他交战国意义要狭窄得多。中国没有条件创新技术、改革武装自己的军队。只能依赖苏联和美国提供现有装备。日本开发了一批世界上最先进的武器系统,但这些不都是为了中日战争,也不都适合这个战场。太平洋战争爆发后,一批最有威力的武器被调出中国。马克·皮蒂指出在 1939 年日本海军不断把航空兵从中国调出。到 1941 年秋初,在中国的日本海军的飞机从原来超过

477

---

① 詹姆斯·E·谢里丹(James Sheridan).蜕变的中国:中国历史的共和国时代.纽约:自由出版社,1975 年,P264~265。

② 对爱德华·J·德利亚对这个观点的建议,我表示很感激。

300 架减少到了不到 12 架。[1] 日本大多数最先进的飞机,包括"零式"战斗机和九六式强击机也随着海军一起撤出了中国战场。这意味着,与其说是中国战场拖住了日本的战争机器,倒不如说是盟军牵制了日本的战争机器。中国是受益者。

对于空战,中日战争展示了战争中技术革新的力量及其局限。在战争中第一次出现全金属的单翼机、轰炸机第一次进行长距离跨洋空袭、第一次轰炸机有战斗机护航、第一次交战国尝试只用空军力量瓦解对方政府。[2]

双方都使用了最先进的战机。中国从国外买先进战机,苏联也提供了援助;而日本则是自主研发。战争爆发时,日本更新、扩充陆军和海军航空部队的工作还未完成。但他们现有的技术已经足够让日本在空战中保持长久的优势。然后随着 1940 年第二波先进飞机的投入,比如"零式"战斗机,日本在中国上空夺得了制空权。然而日军仍然不能完全摧毁中国空军,因为中国空军总能够在必要时撤离到远离日机航程以外的基地,这又一次证明了时间和空间的因素,最先进的技术和武器也会受其影响。

战争期间,中国可以说用了三种不同的空军。第一种是开战初期的空军,包括了柯蒂斯霍克战斗机和其他先进的外国飞机类型;当中国在最初几次会战中损失了这些飞机后,接着赶到的是苏联先进的战机,包括I-15 战斗机。有时候这些战机是由俄国飞行员驾驶。章百家在第十一章介绍了俄国为此付出了很大的努力。超过 700 名苏联空军志愿者在中国服役,其中超过四分之一牺牲。苏联训练了超过 9 000 名中国飞行员和技师(参见章百家的第十一章)。最后登场的第三种是美国提供的强大的空军。到 1943 年年底,作为盟军空军组织的一部分,中国空军的战斗力完全超过了日军航空兵。

478　　　日本在中国的空战也是人类战争史上第一次动用空中力量对平民进行恐吓和空袭。他们对中国城市进行了大规模轰炸,尤其是对重庆。这种攻击对平民造成了极大的恐慌,但对战争却毫无作用。就拿重庆为例,

---

[1]　皮蒂.旭日东升.P122。
[2]　关于这些主题的扩展讨论,参见上一条注释。

它变成了一片废墟后,国民党政府和官僚体系照样正常运转,人们照常生活,哪怕他们不得不转入地下。

我们总以为日军在华作战经验能够为空战效果提供实际战例,因为西方自 1920 年代就开始争论空中打击是否可以作为一种有效的武器,用以"摧毁敌人的意志"。但是我们很是失望。西方媒体、军事分析家、空战倡导者们都在中国看到日军的狂轰滥炸。几乎同一时期,他们也看到了西班牙内战中的空中轰炸。当时,许多撰稿人奋笔疾书痛骂日本轰炸中国城市的愚蠢和残忍,认为只有法西斯国家才会干得出来。《科利尔杂志》撰文,宣称轰炸也暴露了无能的民国政府无法保护它的城市。①

在世界军事历史上,中日战争在持久战的理论和实践中都占有重要地位。像拿破仑在西班牙和 21 世纪美国在伊拉克的战争一样,中日战争也算得上是个经典范例:被攻击一方的正规部队被迅速地击溃,但随之而来的是长期的游击战,最终当初强大胜利方的胜利果实逐渐全部丧失。战争长期消耗,没有结局。日本根本没有能力完全征服中国,中国也不会放弃抵抗,但是中国也没有能力把日本赶出中国。

不论华盛顿的领导人和军事策略家如何对中国抱有希望,不论美国为了维持和加强中国战场并为此投入大量的人力、物力,中国对盟军胜利所做出的贡献只能占次要地位(这还是最好的评估)。关于这个结论,中国军事历史学家非常反感并强烈反对。他们认为中国是对抗日本战争的中心,盟军在东南亚和太平洋战场的作战是恢复殖民地的辅助作战。毕竟,抗日战争是中国国家存亡的斗争,这点西方人感受不到,尤其是美国人。美国人认为打败日本只是个时间问题。

中国的确只是牵制了一部分日本的部队,但数量没有蒋介石和他在美国的支持者所吹嘘的那么多。随着技术的快速发展,尤其是远程重型轰炸机和航空母舰舰队的诞生,中国战场作为轰炸日本的空军基地之价值在战争后期逐渐减少。而且,日本没能在 1944 年前从中国战场把大量部队转移到其他更关键的战场的原因,不是因为中国的军队牵制,而是美

479

---

① 迈克尔•S•雪莉(Michael Sherry).美国空中力量的崛起.康涅狄格州,纽黑文:耶鲁大学出版社,1987 年,P70。

国和盟军的潜水艇和空军的猛烈攻击,摧毁了日本商船舰队,使得东京丧失运输能力来调运部队、运输原材料和成品。

日本处境危险,这也部分导致日本发动了战争中最后一场进攻战役"一号作战",战火最终蔓延了整个中国。"一号作战"军事价值不大,但是其真实意义却是军事以外的。原刚在第十六章和王奇生第十七章中都强调,本次会战中相互连贯、前后两段战役给双方都造成了巨大的混乱,日军被迫放弃了之前的治安区域,以保持其南下攻势势头。这就给中国共产党造成一个很好机会,他们迅速涌入那些真空地带。鉴于这个现实,"一号作战"还给我们一个很好的案例:一支传统的军队在战场上连连获胜,达成一连串短期的作战目标,但是,他们却无意中犯了一个严重的深远的战略错误。简而言之,战争的破坏和混乱的特性总是会造成意想不到的后果。

如果说中日战争对美日战争的战略影响不大,中国在对日战争中保持不倒,这本身就是对盟军在政治和精神上的最大贡献。日本战争口号是,要从西方帝国主义手中解放全亚洲。但是只要亚洲人口最多和土地最广的中国能够站在盟军这边,日本人的宣传就会不攻自破。同样,尽管印度同中国国民党和共产党一样讨厌帝国主义,但是他们的部队也同盟军并肩作战,这样日本很容易就被看成是一个由野蛮的军国主义分子统治的国家。不管怎样,中国人民进行了长期抗战、忍受艰难万苦并付出巨大牺牲,这一切不仅仅是为了给盟军作战做贡献,他们是在日本人的铁蹄下解放自己的国土。中国人民最终完成了自我解放,是他们牺牲和正义的最终回报。

最后的思考

1937 年至 1945 年的中日战争对战争本身的演变提供了许多值得思考的地方。这些在当时被西方忽视了。直到 60 年后的现在才引起西方历史学家们的重视。

这场战争有两个显著的特征。在第二次世界大战期间,几乎所有西方政治和军事领导人都没有注意到这两点。首先,中国国民党军队在条令、武器和技战术上与在1914～1918年的西方军队模式没有什么显著的差别。然而中国共产党的部队却截然不同,他们在1937年至1945年间在数量和组织上迅速增强。从战争初期的土枪土炮到战争末期装备相对精良的正规部队,他们在整个战争的每个阶段都是奉行一个不变的、崭新的作战思想:"人民战争"。这是毛泽东倡导的在社会、政治和经济上动员农村人民大众进行的军事斗争。这点过去是、直到现在都是中国对战争历史的最大贡献。人民战争挫败了日本军队对中国广大农村的"治安强化作战"(当然这并不能像某些人所说的"打败"了日本军队);人民战争在后来的内战中削弱了国民党军队,在战后的全亚洲掀起了反帝反殖民的武装游击斗争。[①]

　　其次,这场战争暴露了战略空中打击的能力和它的局限性。当时西方都还没有注意到这点。具体来说,中日战争已经证明,仅仅依靠空中力量是无法帮助陆战解决问题的。空中的打击也不可能达到政治的诉求。在战争的前四年里,日本航空兵总体上处于优势,只是偶尔受到某些挑战。但早在1938年,日军的空中力量已被证明无法打破陆地上的战场僵局。正如埃德娜·陶在第十章指出的,不管日军如何不断地轰炸重庆,它就是无法逼迫国民党政府回到谈判桌上来。当然,必须承认虽然进攻性的空中打击对战争进程无法起到决定性作用,空中力量对于后勤保障还是非常重要的。此时的中国,大部分领土和沿海地区的交通被阻断,靠的就是盟军从印度空运过来的后勤物资来维持抗战。

　　1937年至1945年的中日战争,时间如此之久、规模如此之大,都是双方战略谋划的空缺所造成的,很大程度上也是因为双方的战略优先不同。由于没有一个长远战略计划,日本在1937年误打误撞地发动了战争(按:原文如此)。从1938年至1944年,日本优先考虑就是不择手段地"治安强化"广大农村地区,包括使用残暴的武力、恐吓、恐怖行为、诱降、

---

　　① 关于毛泽东的战略思想的进一步讨论,参见:查默斯·约翰逊(Chalmers Johnson).农民民族主义与共产党的力量:中国革命的诞生.加州,斯坦福:斯坦福大学出版社,1962;M·埃利奥特·贝特曼(Elliot Bateman).在东方的挫败:毛泽东对战争的贡献.纽约:牛津大学出版社,1967;S·M·赵等编著.中国共产党的革命战略,1945～1949年.新泽西州,普林斯顿:伍德罗威尔逊国际事务学院,普林斯顿大学,1961年。

贿赂等等方式。为了达到这个目的,日军在巩固先前占领地区的作战中,苦苦挣扎着。对于中国国民党来说,生存就是胜利,中国只有作为一个国家而生存下去,才能在战后条约谈判桌上占有一席之地。

日本军方缺乏远见和规划使得日本的野心超出了国家的能力,这是个愚蠢的行为。

481　　　战争一开始,现实就暴露了日军兵力不足。尽管日本付出了大量牺牲和钱财,它却从来没有足够的地面部队来"治安强化"所征服的地区。日本战略愚蠢还不仅于此:1941 年 12 月,老的对手还没有倒下,日本又决定进攻世界上最强大的工业国家(美国)。这只有第三帝国希特勒那致命的错误才能同它媲美:希特勒在英国还没投降的情况下,毅然向世界最大的陆军强国(苏联)发动进攻。

* * * * * * * *

在中日战争的外交层面,这场战争暴露出要维系盟军联合作战是多么的困难。日本没有盟国联合作战的问题。由于距离太远,轴心国之间的协调配合作战几乎不太可能。但国民党和英美盟军对物资援助、战略优先等等问题争论不休,大家都有挫折感。特别是盟军领导层中强人当道、个性冲突频繁,蒋介石和约瑟夫·史迪威的冲突使得本来就很紧张的关系更加复杂。

我们再次拿 1937 年至 1945 年的中日战争与 1808 年至 1818 年西班牙—拿破仑战争做比较,它们有着惊人的相似之处:这两场战争都历时多年,其中历次战役胜负其实并没有任何实际意义,侵略军都对平民百姓实施了可怕的暴行。如果要做历史比较,我们也能发现它们的不同之处:比如,西班牙当时驻有威灵顿的英国远征军,但在中国却没有任何西方的军队。然而,西班牙战争的例子可以恰当地帮助我们理解中日战争内在的多样性,它也再次验证了约米尼的担心是正确的。

参考目录：注解

如果要严谨地研究 1937～1945 年中日战争，最起码必须掌握中、英、日三种语言中两种的资料来源。本书中的三种语言参考目录是有选择性的，并不完整，只是给读者一个入门介绍。本书论文中不是所有的引用都标上参考书籍，但是某些同论文无关的一些重要书籍我们却列了出来。早些在学术讨论会上，和以后本书的编辑过程中，我们都是有的放矢地围绕着自己的主题，相关的参考目录内容也就逐渐成型。

我们的目的是向西方读者介绍中日战争这个主题，我们猜想大多数读者都是年轻学者。他们或许是中国和日本历史研究生，或者对中日关系的历史感兴趣，或者是现代战争和第二次世界大战爱好者。我们估计这些学者一定早已学有所长。

关于中日战争的军事历史和文学作品比比皆是，中文和日文的作品尤其如此。把主要作品名列出来，我们就会发现目录不下于几十页长。我们缩短的参考目录只是给学者指引一条探索的道路，他们将获得丰富军事研究成果，也会在档案文献中发现新的资料。我们选择的书目大多是基础介绍性文献，方便大家进一步研究二十世纪最重要的战场之一：中日战争。这场战争至今存在着许多争议和民族感情问题。西方学者至今也对这场战争了解甚少。

我们感谢陶森大学（Towson University）史蒂夫·飞利浦，他为本书的参考目录作出重大贡献。

英语文献资料的部分参考书目

编辑：史蒂夫·飞利浦

Barrett，David　大卫·巴雷特　《迪克西使团：1944 年美军观察组在延安》(Dixie Mission)。美国加州伯克利大学中文研究院，1970 年。这是美军和中共军事合作商谈最为详尽的文献之一。巴雷特是亲历者，当时他随迪克西使团进驻延安共产党总部。他的私人文件目前收藏于斯坦福大学胡佛学院。

Belden，Jack　杰克·拜顿　《和史迪威一起撤退》(Retreat with Stilwell)，纽约 Knopf 出版社，1943 年。展现了盟军对日作战，美国将军（史迪威）个人性格特征，拜顿的私人文件目前收藏于斯坦福大学胡佛学院。

Benton，Gregor　格雷戈尔·班滕　《新四军：1938～1941 年间长江淮河流域共产党的抗战》，加州伯克利大学出版社，1999 年。对新四军做了详尽的研究，记录了新四军被国民党剿灭的史实。作者介绍了国民党嫡系和杂牌部队的矛盾，这种矛盾在全面抗战中所扮演的角色。本书中有大量的参考文献目录，对研究新四军非常重要。

Carlson，Evans Fordyce　埃文斯·福迪斯·卡尔森　《中国的双星：美国海军陆战队员和中国人同吃同住。他所叙述的中国人求生存背景故事》(Twin Stars of China)纽约 Dodd Mead 出版社，1940 年。中日战争初期亲身经历描述，其中包括游击战、八路军、国民党的败退。他的描述非常同情共产党、毛泽东的事业。

Chang，Jui-te　张瑞德　《1937～1945 年中日战争中国民党军官》，《现代亚洲研究》(30，第 4，1996 年)，1033～1056 页。总体介绍了军官团，作者中文作品中的序言部分。

Chennault, Claire Lee 克莱尔·李·陈纳德 《战士人生——陈纳德回忆录》(Way of a Fighter)Robert Horz 组编。纽约，G. P. Putnan's Son 出版社，1949 年。陈纳德为美国空军少将；1941～1942 年指挥美国志愿航空队、中国空军战斗机飞行队；1943～1945 年美国第十四航空指挥官。回忆录对国民党抗战给予肯定的评价。

Chi'，Hsi-sheng 齐锡生 《1942～1945 年的军事层面》(The Military Dimension)，收录于詹姆斯·熊(James Hsiung)和史提芬·乐文(Steven Levine)主编的《中国的惨胜》(China's Bitter Victory)，纽约 M. E. Sharpe 出版社，1992 年，157～184 页。简单概述。本人著作中第二章(本章题目是"1937～1945 年军事上的灾难")有修改，其书名《战争中的国民党中国：1937～1945 年间的军事败仗和政治垮台》，Ann Harbor，密歇根大学出版社，1982 年。

(Chinese Military Studies and Materials in English Translation)《中国军事研究资料英文翻译版》美国陆军部军事历史办公室主任监督审核编写，华盛顿美国国会图书馆缩微服务部，1974 年。这是一份 10 卷微缩胶片文献集，美国陆军部军事历史办公室主任监督审核编写，限量发行。文献内容有些是军事军官们特地为美国相关人士阅读而撰写的，有些是中文资料的英文翻译版本。其中包括了 500 页从国民党观点观察中日战争。

Coox, Alvin D 考克斯·阿尔文 《诺门坎：1939 年日本对抗苏联》(Nomonhan：Japan against Russia，1939)，美国加州斯坦福大学出版社，1985 年。考克斯的研究对象是满蒙边境日军大败的战役，其中有详细的日军陆军战术、武器、指挥等信息。如果对这场战事有兴趣的研究学者需要特别注意本书的参考书目。

Coox, Alvin D 考克斯·阿尔文 《关东军的范畴》(The Kwantung Army Dimension)，收录于《日本在华非正式的殖民帝国(1895～1937)》(The Japanese Informal Empire in China)，彼得·杜斯(Peter Duus)，拉蒙·迈尔斯(Ramon H. Myers)，马克·皮特(Mark R. Peattie)编辑，普林斯顿大学出版社，1989 年。入门介绍关东军如何成为一支强大的军事、政治力量。

Crowley, James B. 詹姆斯·克劳利 《再次思考"七七事变"》(A Reconsideration of the Marco Polo Bridge Incident),发表于《亚洲研究》期刊 22,第 3 期(1963 年 5 月期),227～291 页。文章结论是:"七七事变"不是日本人蓄谋的,日本陆军对于"逐步卷入战争"不能负责。另外参考《日本寻求自主权:1930～1938 年间的国家安全和外交政策》(Japan's Quest for Autonomy:National Security and Foreign Policy)普林斯顿大学出版社,1966 年。

Dorn, Frank 弗兰克·多恩 《1937～1941 年间的中日战争:从卢沟桥事变到珍珠港事件》,纽约 MacMillan 出版社,1974 年。如果对中日战争 1937～1941 年段历史有兴趣研究,多恩的书是最有权威性的亲历记。他战争期间在中国的美军服役。此书附有中日双方作战序列的附带表格。

Drea, Edward 爱德华·德利亚 《为天皇效忠:日本帝国陆军论文集》(In the Service of the Emperor:Essays on the Imperial Japanese Army),内布拉斯加州大学出版社,1998 年。本书不是主要讲述中国战场,但对日本陆军结构、内部政策研究很有价值。该书参考书目是研究者探索的第一步。

Dryburgh, Marjorie 马乔瑞·德伯格 《华北和日军扩张,1933～1937 年:地区霸权和国家利益》(North China and Japanese Expansion,1933～1937:Regional Power and the National Interest),弗吉尼亚里奇蒙:Curzon 出版社,2000 年。本书主角是国民党将领宋哲元,他同蒋介石和日本人的关系。揭露许多国民党内幕和总动员所面临的问题。

Eastman, Lloyd 劳埃德·伊斯曼 《崩溃的原因:抗战、革命中的国民党(1937～1949)》(Seeds of Destruction:Nationalist China in War and Revolution,1937～1949)。美国加州斯坦福大学出版社,1984 年。概述了国民党抗战期间努力建国,军事是主要议题。

Gordon, David M 大卫·戈登 《历史论文:中日战争 1931～1945》(Historiographical Essay:The China-Japan War,1931～1945)《军事历史期刊 2006 年 1 月刊》,137～182 页(Journal of Military History),有用的参考文献。

Harries, Meiron　眉荣·哈里斯,苏西·哈里斯(Susie Harries)合著《太阳旗下的士兵:日本皇军兴亡记》(Soldiers of the Sun: The Rise and Fall of the Imperial Japanese Army)纽约 Random House 出版社,1991 年。总体叙述明治时代到 1945 年间大事记,资料大多源于英文文献。

Hsu, Lung-hsuan　徐龙宣(音译),Chang Ming-Kai 张明楷(音译)《1937~1945 中日战争史》。文合旭(音译)翻译。台北,1971 年。以国民党眼光解读战争和会战最佳作品之一。很好的地图。

International Military Tribunal　远东国际军事法庭微缩胶片上存档的纪录。许多文献资料以微缩胶片形式收录于美国国家档案馆(U. S. National Archives),档案编组 331(Record Group 331)。许多资料同中国抗战有关。

Japanese Monographs　日本人专著集。其中收集了 187 篇作战专著,它们是按照美国远东司令部指令,于 1945 年开始编写。编写者为日本陆军和海军前军官。参考美国陆军部《日本人专著集合日本人对满洲的研究指南》(Guide to Japanese Monographs and Japanese Studies on Manchuria),华盛顿,美国陆军部军事历史处。1962 年和 1980 年。

Johnson, Chalmers　查尔莫斯·约翰逊　《农民民族主义和共产党的力量:1937~1945 年中国革命的出现》(Peasant Nationalism and Communist Power: The Emergence of Revolutionary China)。美国加州斯坦福大学出版社,1962 年。本书采用的是日本原始资料,分析共产党如何发挥社会经济革命和民族主义。第二、三章叙述日本军队和毛泽东部队的成长过程。

Jordan, Donald A　唐纳德·乔丹　《中国战火的洗礼:1932 年上海战事》(China's Trial by Fire: The Shanghai War of 1932)Ann Arbor,密西根大学出版社,2001 年。1937 年全面战争的预演,军事行动论述和参考书目详尽。

Kitaoka, Shini'ichi　北冈伸　《陆军中的中国通》,收录于《日本在华非正式的殖民帝国(1895~1937)》,彼得·杜斯(Peter Duus),拉蒙·迈尔斯(Ramon H. Myers),马克·皮特(Mark R. Peattie)编辑,普林斯顿

大学出版社,1989 年。

Lary,Diana 戴安娜·莱瑞 《保卫中国：徐州会战》,收录于 Hans van der ven 方德万编著《中国历史中的战争》(Warfare in Chinese History),波士顿 Brill 出版社,2000 年。作者在提醒我们徐州会战"中对国民党和共产党的描述都不太准确"。参考她的另外文章《满目疮痍：1938 年徐州地区的破坏》(A Ravaged place：the Devastation of the Xuzhou Region),收录于她和麦金农(Stephan MacKinnon)主编《战争的伤痕：战争对现代中国的影响》(Scars of War：The Impact of Warfare on Modern China),温哥华 UBC 出版社,2001 年,98~117 页。

Lary,Diana 戴安娜·莱瑞 《淹没的大地：1938 年黄河战略性决口》(Drowned Earth：The Strategic Breaching of the Yellow River Dyke,1938)。发表于 2001 年第二期《战争历史 8》期刊,191~207 页。讲述国民党军队拼命迟缓日军,中国民众的大灾难。

Lee,Chong-sik 李重喜 (音译,美籍韩国历史学家—译者)《满洲对付游击队：日本人的经历》(Counterinsurgency in Manchuria：The Japanese Experience) 加州 Santa Monica：Rand Corporation Research Memorandum (兰德公司研究报告),RM 5012 - ARPA,1967 年。其中包括 70 页的叙述,300 页日文翻译,讲述"集体农庄作战"等扫荡战役 (Collective Hamlets)。

Lindsay,Michael 林迈 《1937~1945 年的华北：无人知晓的战争》(The Unknown War：North China)。伦敦,Bergstrom & Boyle Books 出版社,1975 年。林迈在山西和河北同共产党游击队一起生活过。他提供了照片和叙述内容。他的私人文件目前收藏于斯坦福大学胡佛学院。

MacKinnon,Stephen R 麦金农 《1938 年武汉的悲剧》,发表于 1996 年 10 月第 30~4 期,《现代亚洲研究》931~943 页。详细地描述了日军凭借技术优势和严明的纪律。慢慢取得胜利,中国军队损失惨重。但是作者发现这次会战胜利给日本军人"凄惨忧郁的感觉"。

Miles,Milton 米尔顿·马尔斯 《不同的战争：二战中国境内美国海军和中国军队联合组织的游击部队和它鲜为人知的故事》(A

Different Kind of War：The little-known Story of the Combined Guerrilla Forces Created in China by the U. S. Navy and the Chinese during World War II)，纽约 Garden City，Double Day & Company 出版社，1967 年。非常珍贵的一手资料，亲身经历叙述中美合作所（SACO，Sino-American Cooperative Organization)和在中国沿海的作战。

　　Morley，James W　詹姆斯·莫莉　《日本爆发：伦敦海军协议和满洲事变，1928～1932》(Japan Erupts：the London Naval Conference and the Manchurian Incident)，纽约哥伦比亚大学出版社，1984 年；《中国泥潭：日本在亚洲大陆扩张，1933～1941》。纽约哥伦比亚大学出版社，1983 年。秦郁彦《中国泥潭》，他的文章《1937 年卢沟桥事件》非常重要。请参考《华北的设局，1933～1937》，作者岛田《日本爆发》。以上两部书外加莫莉的著作关注重点是外交和日本进军东南亚。其中一部分是七册《迈向太平洋战争》翻译版中转载的。

　　Peattie，Mark　马克·皮蒂　《石原莞尔和日本同西方的冲突》(Ishiwara Kanji and Japan's Confrontation with the West)。美国普林斯顿大学出版社，1975 年。石原莞尔是满洲事变魁首。他的自传和占领满洲。对日本军事战略思想理论有了个概况了解。其中第八章特别提到日本军队对中国的看法。

　　Peattie，Mark　马克·皮蒂　《日出：日本海军航空力量的崛起，1909～1941 年》Annapolis，MD(马里兰州)：Naval Institute Press（海军学院出版社)，2000 年。参考第五章《对大陆的攻击：日本海军航空兵在中国，1937～1941》。中国作战经验如何提高日本以后的作战？

　　Peck，Grahma　格雷牟·派克　《两个时段》(Two Kinds of Time)，波士顿，Houghton Mifflin 出版社，1950 年。对 1940～1945 年华中、华南作战有非常详细的叙述。其重点是说明蒋介石政权的失败。

　　Peterkin，W. J.　威尔伯·彼得金　《在中国内陆 1943～1945 年：美国延安观察团亲历记》(Inside China：An Eyewitness Account of America's Mission in Yenan)，Baltimore（巴尔的摩）Gateway Press 出版社，1992 年。彼得金作为延安美军观察团团长（1944～1945)，他的私人信件收藏于胡佛学院。

Pritchard，John R 约翰·普里查德 《张鼓峰日本得势的再评估》（Reassessment of Changkufeng as a Japanese Victory），发表于 Gordon Daniels 戈登·丹尼尔斯编著《英国协会日本研究部的诉讼》（Proceedings of the British Associations for Japanese Studies），第三卷，第一部《历史和国际关系》（History and International Relations），英国谢菲尔德（Sheffield），谢菲尔德日本研究中心（Sheffield Centre for Japanese Studies）出版，1978 年。

Romanus，Charles F. 查尔斯·罗曼纳斯、Riley Sunderland 莱利·桑德莱 《史迪威到中国的使命》（Stilwell's Mission to China），华盛顿：陆军部历史处，1953 年。这是美国 78 卷宏伟巨作《美军在第二场世界大战中》一部分。是讲述重庆抵抗日本中美国作用和角色的经典著作。是学者开始研究的起始点。每卷中都有价值很高的文献书目。

Romanus，Charles F. 查尔斯·罗曼纳斯、Riley Sunderland 莱利·桑德莱 《史迪威指挥问题》。华盛顿：陆军部历史处，1956 年。

Romanus，Charles F. 查尔斯·罗曼纳斯、Riley Sunderland 莱利·桑德莱 《中印缅战区时间不多了》（Times Runs out in the CBI），华盛顿：陆军部历史处，1959 年。

Sih，Paul K. T.， 施光潜（音译）《中日战争中的国民党中国，1937～1945》。（Nationalist China during the Sino-Japanese War），纽约长岛 Hicksville，Exposition Press 出版社，1977 年。资料不多，在 1970 年代研讨中日战争这个还是比较好的开端。

Snow，Edgar 埃德加·斯诺 《亚洲之战》（The Battle for Asia），纽约，The World Publishing Company 出版社，1941 年。本书对在延安的毛泽东作了著名、富有同情的讲述。

Spector，Ronald 罗纳德·斯佩克特 《鹰和太阳：日美战争》（The Eagle and the Sun：The American War with Japan）。纽约，Macmillan 出版社，1985 年。第十五、十六、十七章对世界大格局下中日战争有出色的全面描述。

Teitler，Ger 吉尔·泰特乐、Kurt W. Radtke 库尔特·拉特克 《中国的荷兰间谍：中日战争第一阶段的报告（1937～1939 年）》（A

Dutch Spy in China)。荷兰 Leiden, Brill 出版社,1999 年。荷兰东印度公司派遣荷兰一名情报官奔赴中国战区,观察战局和中日战争第一阶段日本战略战术。

Tuchman, Barbara　芭芭拉·塔奇曼　《史迪威与美国在华经验,1911~1945》(Stiwell and the American Experience in China)。纽约 Macmillan 出版社,1970 年。对蒋介石的领导做了极其负面的评论,批评蒋介石消极抗日。

United States Department of State　美国国务院　《美国同中国的关系:1944~1949 年的特殊时期》(United States Relations with China: with Special Reference to the Period 1944~1949)。华盛顿:国务院,1949 年。那篇著名的"白皮书"试图解释为何国民党政权会垮掉。口述和历史文献为美国对华政策做辩解。其中提及了国民党战时的种种失败。

Van de Ven, Hans　方德万　《史迪威脱颖而出:二战中中国国民党和盟军》(Stilwell in the Stocks: The Chinese nationalists and the Allied Powers in the Second Wrold War),发表于《亚洲事务 34》第三期(2003 年 11 月),243~259 页。"史迪威之谜"的出现,蒋介石拒绝听从美国战时建议,这是国民党政府无力抵抗日本之主要原因。

Van de Ven, Hans　方德万　《中国的战争和民族主义,1925~1945》(War and Nationalism in China)。伦敦,Routledge 出版社,2003 年。是关于国民党军队的起源和发展非常重要的著作。蒋介石必须应付强大优势的日本人的训练和科学技术。1937 年日本入侵中华大地后,国民党只有防御作战,别无他法。中文和英文参考目录庞大。

Van Slyke, Lyman P.　范力沛　《中国共产党员运动:1945 年 7 月给美国国防部的报告》(The Chinese Communist Movement: A Report of the United States War Department) 美国加州斯坦福大学出版社,1968 年。美国军情局 1945 年编写,其中第七章描述了共产党军队的组织。

Van Slyke, Lyman P.　范力沛　《百团大战:中日战争中协调和掌控问题》(The Battle oft he Hundred Regiments: Problems of

Coordination and Control during the Sino-Japanese War）。发表于《现代亚洲研究 30》第 4(1996 年 10 月期)。作者强调"百团大战"(1940 年 8~12 月)不是集中协调和掌控的。

Wartime Translations of Seized Japanese Documents：Allied Translator and Interpreter Section Report，1942~1946 《战时缴获日本文件的翻译：盟军笔头和口头翻译部门报告，1942~1946 年》。美国加州 CIS 出版，1988 年。包括 2 大卷宗的索引。相关战争 2 200 条微缩胶片的资料。全部 7 200 个文件，一般是审讯报告或缴获文件的翻译。历史学者可以获取大量特殊事件、地点、战役等资料。

Sedemeyer，Albert 阿尔伯特·魏德曼 《魏德曼报告》(Wedmeyer Reports)。纽约：Holt 出版社，1958 年。对国民党抗战褒奖的叙述，同史迪威的报告截然不同。魏德曼是蒋介石 1944~1946 年的参谋长，中国战区美国军队的指挥官。

White，Theodore 西奥多·怀特、Annalee Jacoby 安娜丽·雅克比 《中国发出的惊雷》(Thunder out of China)，纽约：William Sloane 出版社，1946 年。非常出色的一手资料，美国军事观察团报告，此文无疑是对共产党军队好感的典范。

Yu，Maochun 余茂淳(名字音译：美国海军学院华裔教授——译者)《美国战略情报局在中国：冷战的序幕》(OSS in China：Prelude to Cold War)。美国康州耶鲁大学出版社，1996 年。相关主题内最为重要的著作之一。其取材文献资料来自美国国家档案馆和胡佛学院。

中文文献资料的部分参考书目

编辑：史蒂夫·飞利浦

东北抗日联军史料编写组　《东北抗日联军史料》(北京：中共党史资料出版社,1987,2 册)。中国和日本原始文献,包括个人回忆、军事报告、共产党指令。大多文献时期是 1931～1937 年段。有些已经多次发表。

东北抗日联军斗争史编写组编　《东北抗日联军斗争史》(北京：人民出版社,1991)。非常详细地叙述了共产党在东三省的历史。比如,细节到达 1932 年吉林东游击队的组建。

中国人民解放军军事科学院,毛泽东军事思想研究所年谱组编　《毛泽东军事年谱 1927～1958 年》(南宁,广西人民出版社,1994)。极其详细的记录,很好的研究工具,包括和毛泽东有关的重大事件、会议、出版物。

中国新四军和华中抗日根据地研究会编　《华中抗日根据地史》(北京：当代中国出版社,2003)。文献不多,叙述较长。可以同时参考《新四军组建和发展》,2001 年出版,非常有用。

中共中央档案馆编　《中共中央文件选集》(北京：中共中央党校出版社,1982)第 11～15 册简述了抗战年代。对于中共高层决策和战争指令,这里提供了权威的文献。

中共中央党校科研局编　《卢沟桥事变和平津抗战资料选编》(北京：中共中央党校科研办公室,1986)。除了内容外,对研究人员来讲,大家需要熟悉此类文献的格式,非常有用。

中国人民政治协商会议全国委员会文史资料委员会编辑　《从"九一八"到"七七事变"：原国民党将领抗日战争亲历记》(北京：中国文史出版社,1987)。部分重版"爱国"国民党将领对抗战军事作战的回忆。本书强调抗战时的统一战线。系列册中有篇幅描写武汉、徐州、南京、缅甸和其他战场的会战。

中国人民解放军历史资料丛书编审委员会 《新四军文献》(北京：解放军出版社,1992～1995)。四卷大作收集文献和文章介绍八路军。第四卷是从北京中央档案馆、解放军档案馆、南京军区档案馆取出的电报和文献。许多文献有非常有用的注解。

中国人民解放军博物馆 《百团大战历史资料选编》(北京：解放军出版社,1991)。"百团大战"相关的大量文件和辅助资料,包括共产党的命令、各个战斗细节、叶剑英和彭德怀将军的文献。许多文献包含有用的注解,使我们更能够了解一些不著名的个人和事件。

中国第二历史档案馆编辑 《中华民国史档案汇编》(南京：江苏古籍出版社,1994～1998)。第五辑,第一编《南京国民政府建立和十年内战》,第六道第十分册(军事);第二编《第二次国共合作和八年抗战》,第六到第十分册(军事)。著名的文献编辑集,包括军事委员会文件、国军的编制、战争能力的报道、蒋介石重要的电报。

中国第二档案馆编辑 《抗日战争正面战场》(南京：凤凰出版社,2005,3册)。国民党抗战最全面的资料集锦之一。包括蒋介石所有会战中给各大将领的命令。档案文献中皆有详细介绍。这里包括了1 000页文件讲述国民党空军和海军。

万仁元编、中国第二历史档案馆编辑 《抗日战争时期国民党机密作战日记》(北京：中国档案出版社,1995,3册)。对高级研究员来讲,这里提供了极其详尽、有用的资料,这些研究员必须知道他们需要了解的日期和部队情况。文献来自于南京第二历史档案馆。

中华民国重要史料初编编辑委员会 《中华民国重要史料初编：对日抗战时期》(台北：中国国民党中央委员会党史委员会)。参见第二编《作战经过》(1981)和第五编《中共活动》(1985)。以国民党高层观点来看战争中重要的命令和报告。同时包括蒋介石和英国将领商谈中国—缅甸—印度战场的谈话记录。

刘德军主编 《抗日战争研究述评》(济南：齐鲁书社,2005)。关于抗日战争中所有话题这里都有全面、更新的概况介绍。所有主要文献都附有一个序。

刘凤祥　《抗日战史论集——纪念抗战五十年》(北京：东大图书馆，1987)。中央研究院著名学者著述国民党抗战论文集。比如：他挑战大陆学者关于"百团大战"，提出相反论点。书中列出时间表格和注解，帮助大家了解国民党档案资料和历史表述。

何应钦　《八年抗战之经过》(南京：南京政府陆军总司令，1946)。蒋介石最高将领之一观点叙述抗战。对国民党部队损失提供了有价值的附录。

何理　《中国人民抗日战争史》(上海：上海出版社，2005)。中国国防大学讲师、中国抗日战争研究社主席叙述抗战。

何理等编　《百团大战史料》(北京：人民出版社，1984)。再版1940年后作战报告、日本军事原始资料的翻译。

侯坤宏　《粮政史料》。第六册《军粮、战后粮政、统计资料》(台北县：国史馆，1988)。国民党档案资料说明蒋介石的军队是如何补给和指挥的。文史有价值，对未来研究有益。

全国中共党史研究会编　《抗日民主根据地与敌后游击战》(北京：中共党史资料出版社，1986)。论文讲述共产党领导和他们的军事战略、地区各游击队，此外参考张宏志的《八路军挺进敌后的决策与战略实施》。

全国政协闽浙赣抗战编写组编　《闽浙赣抗战》(北京：中国文史出版社，1995)。文献主要是以国民党将领眼光来看抗战。

全国政协湖南四大会战编写组编　《湖南四大会战》(北京：中国文史出版社，1995)。《原国民党将领抗日战争亲历史》系列部分。

曾景忠　《抗日战争正面战场研究述评》。抗日战争研究，第三十三卷，第三本(1999)，77～101页。文章提供有益文献收集和二手素材。

《军事历史》双月刊。许多抗战包括空战、铁路运输、军事行政、将领和士兵的回忆相关有价值的短文。

军事科学院军事历史研究部　《中国抗日战争史》(北京：解放军出版社，2005)。3卷，修订版。二手素材、地图、时间表都有重要的注解。

郭汝瑰、黄玉章主编　《中共抗日战争正面战场作战记》(南京：江苏人民出版社，2002)。2册。有非常详尽的尾注可以帮助未来的研究学者。这是抗日军事著作中最好的作品之一。包括地图、表格、作战序列、官方有选择性的文献。

郭雄等编写 《抗日战争时期国民党正面战场》(成都：四川人民出版社,2005)。此书最有用的是提供了许多国民党将领的简历。

荣维木 《抗日战争史》。收录于曾业英主编《五十年的中国近代研究》(上海：上海书店出版社,2000)。以最新研究成果来叙述战场情况。

《抗日战争研究》期刊(中国抗日战争史学会、中国社会科学院近代史研究所,1991)。期刊每季一期,战争所有议题都会涉及。每年出版当年在中国发表相关作品的参考书目。

董栋、江羽翔 《抗战时期中国空中战场评述》(军事历史,(2)(1993))：34～38页。研究空战可以此开始,包括二手素材和相关文献收集。

山西新军历史资料丛书编审委员会编 《山西新军决死队第一纵队》(北京：中共党史出版社,1993)。参考关于第二、三军的文章,和1993年同时出版的一批历史文献。

广东省档案馆编 《东江纵队资料》(广东人民出版社,1984,2卷)。主要探讨广东的游击队。作战报告和其他材料重整新印刷。让人了解了这些队伍是如何组织的。但是没有素材注解。

廙平 《长江作战：新四军抗战纪实》(北京：团结出版社,1995)。注重共产党的成功领导,对华中地区作战有非常详细记载,但是文献不规范。

张宏志 《抗日战争的战略防御》(北京：军事学院出版社,1985)。比较国民党和共产党在战场上的表现,包括战略和纪律比较。描述时期为战争开始至武汉失落。有些注解。参考张宏志初的新书《抗日战争的战略反攻1944～1945年》(1990),和《抗日战争的战略相持》(1990)。

张宪文等主编 《中国抗日战争史1931～1945年》(南京：南京大学出版社,2001)。宏伟之作,注解和二手素材图书目录齐全,包括台湾档案和出版书籍。此书可以作为学习中国现有档案资料的入门。

张宪文等主编 《南京大屠杀资料集》(南京：江苏人民出版社,2006)。二十八卷巨作,收集了历史口述、文献、回忆录。如果要研究南京大屠杀,不论军事还是其他议题,这是个最好的研究起始点。

张宪文主编 《抗日战争的正面战场》(郑州:河南人民出版社,1987)。抗日战争军事概况最出色的单册书籍,它以南京第二档案馆文献做基础。注解齐全。此书是《中共抗日作战史》修改、扩充版。此书希望修正"左倾思潮",这种思潮过去妨碍了全面、系统地研究抗战。

张瑞德 《抗战时期的国军人事》(台北:中央研究院近代史研究所,1993)。此书连同《役政史料》(后面)对于这个议题作了全面的分析。

王晓辉 《东北抗日联军抗战纪实》(北京:人民出版社,2005)。国防大学教官集体所著。东北抗战最详细的历史记述,包括短篇参考书目、战斗序列、地图。

王秀鑫、郭德宏主编、中共中央党史研究室第一研究部编著 《中华民族抗日战争史》(北京:中共党史出版社,2005)。对1995年版做了修改。对战争作了全面论述。包括了8页参考书目。

朱汇森主编 《役政史料》(台北县:国史馆,1990),2册。大量的文献,提供了深度关于国民党部队兵源政策的研究资料。

李文 《八路军一一五师征战实录》(长沙:湖南人民出版社,2005)。2册。短篇书籍系列重点描述共产党将领,比如林彪或陈毅。没有文献。

杨奎清 《抗日战争敌后战场研究评述》[抗日战争研究33卷,第三(1990)],50~75页。对于游击战的文献和二手资料提供了指导。

《毛泽东军事文集》(北京:军事科学出版社,1993)。6卷巨作,第二卷描述了整个抗战时期,阐述了毛泽东军事政策和战略思想。比如,第二卷包括1938年毛泽东论文《抗日战争的战略问题》。

新四军征战编辑室编 《新四军征战日志》(北京:解放军出版社,2000)。极其详细的时间表。此书是《新四军战史》辅助文献。

胡璞玉、李震等修编 《抗日战史》(台北:国防部史政局,1962~9)101册。出版为了纪念中华民国成立60周年。宏伟巨作,包括战争中所有关键战役。主要叙述国民党正面战场作战,但也有描述游击战。包括地图。

欧阳植梁、陈芳国主编 《武汉抗战史》(武汉:湖北人民出版社)。此书分析了武汉会战所有相关内容,但是只有第一卷是谈军事作战的。

注解齐全。

　　罗焕章、高培编　《中国抗战军事史》(北京：北京出版社,1995)。人民解放军和中国抗日战争史学会监督编辑。书中采用了日本、俄国、美国的原始资料。描写详细,但是地图不多,文献有限。

　　魏汝霖编辑、张其昀主编　《抗日战史》(阳明山：国防部研究院,1966)。从国民党方面看抗日最佳单册书籍之一。地图、照片、图标都有提供,但是没有资料来源的注解。

日本语文献资料的部分参考书目

编辑：爱德华·J·德利亚、户部良一

所有文献都是在东京出版，除非另外特别说明。

原始资料

防卫厅防卫研究所编辑，《战史丛书》。日本防卫厅官方 102 卷战史丛书中有 14 卷是直接记录中国战争的，此外还有 5 卷用了大篇幅记载中日战争。第十八、五十卷中罕见地记录了华北治安作战行动；第八十六、八十九、九十卷详细阐述 1937 年～1941 年间军事行动中战略和作战层面；第七十四卷讲述的是在华空战情况；第七十二、七十九卷讲述的是海军航空兵作战；第五十五、四十二、六十四讲述的是中国派遣军 1942～1945 年间的作战；第四、十六、三十卷讲述的是 1944～1945 年间的"一号作战"行动。第八、二十、三十五、六十九、六十五卷是关于在华政策和军事行动，研讨帝国大本营在战争中的角色。此系列历史文献由过去帝国陆军和海军参谋部人员编写，故此类官方历史带有他们的世界观和偏见。所以，讨论的大多是高层作战和战略军事策略事宜，战术细节被轻视了。这些作者们喜欢复印整个原始文件，而有些文件在其他地方是看不到的，这的确加重了本系列书籍的历史价值。然而，从总体上来讲，他们的描述不均衡，而省略有争议主题是司空见惯的。

《现代史资料》系列，(美铃书房，1964 年)。在本系列中，第八、九、十、十二、十三、三十八卷阐述的是中日战争中的战略和作战问题，起始点是 1931 年。每卷中都包括了许多原始资料，比如皇帝圣旨、陆军作战计划、战争日记、高级指挥官的采访，等等。第八卷有大量关于"满洲事变"

和之后日本计划准备的文献(1931 年),其中包括日军在满洲和华北的作战行动。第九卷按时间记述了 1937 年全面战争爆发,史料充足。叙述一直到 1939 年。第十卷是关于 1939 年诺门坎事件和 1940 年轴心国的三国同盟条约(Tripartite Pact)的政策,而第十一卷又回到了满洲事变,从 1930 年伦敦海军会议开始。第二十卷叙述的是日军在内蒙古的行动、西安事变、卢沟桥事变后重大事件。第十三卷主要论述外交和政策相关事宜,重点是汪精卫伪政府和 1939 年的封锁天津英法租界。第三十八卷概括了在华军事作战和亚太战争(1931～1945)期间太平洋战争(1941～1945)初期日本大本营所扮演的角色。

二手资料

中央大学人文科学研究所编辑　《日中战争:日本、中国、美国》(中央大学出版社,1993)。关于中国战争的研究是在东京的中央大学展开。论文集阐述了战争中各种不同的问题,包括日本兵的暴行和作战中使用毒气。

江口圭一　《十五年战争小史,新版》(青木书店,1991)。1931～1945 年间日本政策简史。书中谈到中国战争的爆发,其战争升级、军事僵局和太平洋战争中在中国发生的战役和战斗。

藤原彰　《太平洋战争理论》(青木书店,1982)。日本军事智库中中国战场的地位再评估,包括中国战争在太平洋战争中的地位。

藤原彰　《昭和的历史》,第五卷《日中全面战争》(小学馆,1982)。把 1937～1941 年间日本在华的作战同日本国内和全世界的政治、社会和经济发展编制一起。

藤原彰　《战线从军纪》(大月书店,2002)。藤原彰生动地描述了他在中国做下级军官的经历。他的描述使得我们了解到在这场遥遥无期、困难重重的战争中年轻军官和士兵们的日常生活。

古屋哲夫　《日中战争》(岩波新书,1985)。非常出色地描述了满洲事变和其后续事件。对 1937～1945 年的军事作战做了扎实的概况。

秦郁彦　《日中战争史》(河出书房,扩充修改版,1972)。对日本 1931～1940 年间把握政治、外交、军事上的主动有着经典的描述。其中

第七章精彩地描述了华北战事开战后到"百团大战"（1940 年）之间的军事行动。

秦郁彦　《卢沟桥事变的研究》（东京大学出版社，1996）。是一本还原事变最好的书。他用详尽的描述记录了战斗的开始到日本决定升级战事的决定这一整个过程。

波多野澄雄　《"大东亚战争"的时代》（朝日出版社，1988）。出色地描述了日本从满洲事变到太平洋战争爆发期间的政治和战略决策。他证明是陆军和海军参谋们的判断和期望促使了战争的升级。

今井武夫　《支那事变的回忆》（美篇书房，1964）。一个日本参谋军官的观点集中记录日本在 1937～1940 年间试图媾和。

井本熊男　《支那事变作战日记》（芙蓉书房，1978）。这是中层参谋军官对日本政策和作战的描述。

伊藤隆　《十五年战争》，《日本历史，第三十卷》（小学馆，1976）。对日本长期战争中的政治、外交、社会、经济等各方面做了广泛的分析。在整个评论中，军事行动的描述也占有很大的篇幅。

笠原十九司　《日中全面战争和海军："帕奈号事件"的真相》（青木书店，1997）。对日本海军在战争升级过程中的角色作了很好的分析。对于美国海军炮艇"帕奈号"受到空中来的攻击，书中详细阐述了原因和背景。

北博昭　《日中开战》（中公新书，1994）。书的主题是对未宣战的战争所带来的法律影响。

儿岛襄　《日中战争》，共三卷（文艺春秋，1974；文艺春秋社 1988 再版，共 5 卷）。详细记录了 1939 年前作战细节。儿岛襄书中没有注解，但是依赖官方的战争日记和档案文件。

河野收辑　《近代日本战争史》，第三卷《满洲事变和支那事变》（同台经济恳话会，1995）。历史学家们的论文集，主要议题是 1931～1941 年日本政治和军事战略。研究的焦点是日本陆军。从军事角度概要地分析了在华各个作战行动。

黑羽清隆　《十五年中日战争》（教育社新书，1979）。发生在中国和日本重大事件作了简单扼要叙述。大量采用当时的摘要、数据和信息，对了解当时驻扎在中国的日本士兵非常有帮助。

黑羽清隆　《日中战争前史》(三省堂,1983)着重叙述满洲事变和1932年上海事变。最后一章分析了导致卢沟桥事变的背景。

桑田悦和前原透编辑　《日本的战争：图解和数据》(原书房,1982)。覆盖了1894～1945年。中国战役大量详尽的作战地图,附带作战解说、作战序列、数据。

每日新闻社编辑　《一亿人的昭和史》,《日本的战争》(每日新闻社,1979)。第三至五卷讲的日中战争。书中以照片叙述为主,但是附带权威日本历史学家或亲历者非常精彩的短文。作战序列详细。

三野正洋　《通俗易懂的日中战争》(光人社,1998)。对战争各个方面作了客观的评述,给本战争的背景和战后影响提供了广泛的政治和军事资料。此作者小有名气,是个出书较多的业余历史学家。

日本国际政治学会编辑　《通往太平洋战争的道路》,共7卷,附加文献卷(朝日新闻社1987年再版)。是日本政治、军事、外交于1928～1941年间所有活动的权威、经典、标准作品。其文献卷至今无人可及。几篇英文版论文被收集于 James Morley 的《走向太平洋战争》。

大杉一雄　《日中十五年战争史》(中公新书,1996)。本书主要是叙述1937年前日本的政治和外交动向。

佐佐木春雄　《长沙作战》(图书出版社,1987)。作为一个下级军官,他亲历了两次长沙会战,1941～1942年。不仅是亲身经历,他对会战作了批判性分析。他战后成为日本自卫队陆军将官,并担任防卫大学军事历史教授。

户部良一　《日本陆军和中国："中国通"的梦想和失败》(讲谈社,1999)。分析了二十世纪初日本军队中"中国通"观点的变化和演变。

臼井胜美　《新编日中战争》(中公新书,2000)。对作者1967年版的同名书作了修改和更新,增加新的资料说明了日本天皇在决策中的作用。对1937～1938年各大战役和1944～1945年"一号作战"军事战役作了概论。

安井三吉　《卢沟桥事变》(研文选书,1993)。这又是一篇一流文章,解剖了事变发生时的军事和作战事件,采用了大量的中方材料,用以提供双方对事变的解读。